国家社科基金项目"中国特色的国家治理制度推进路径研究"（14BKS039）

马克思主义
国家治理理论的创新逻辑

池忠军◎著

中国社会科学出版社

图书在版编目 (CIP) 数据

马克思主义国家治理理论的创新逻辑 / 池忠军著.
北京 : 中国社会科学出版社, 2025. 8. -- ISBN 978-7
-5227-4015-7

Ⅰ. A811.64

中国国家版本馆 CIP 数据核字第 2024QC3507 号

出 版 人	季为民	
责任编辑	田　文	
责任校对	姜晓如	
责任印制	张雪娇	

出　　版	中国社会科学出版社	
社　　址	北京鼓楼西大街甲 158 号	
邮　　编	100720	
网　　址	http://www.csspw.cn	
发 行 部	010-84083685	
门 市 部	010-84029450	
经　　销	新华书店及其他书店	

印　　刷	北京君升印刷有限公司	
装　　订	廊坊市广阳区广增装订厂	
版　　次	2025 年 8 月第 1 版	
印　　次	2025 年 8 月第 1 次印刷	

开　　本	710×1000　1/16	
印　　张	31	
字　　数	504 千字	
定　　价	168.00 元	

凡购买中国社会科学出版社图书,如有质量问题请与本社营销中心联系调换
电话:010-84083683

目　　录

导论　国家治理问题的致思路径

　　国家治理概念以独特的中国政治话语表达后，学界迅即形成解读热点。学术概念被政治所接受、政治概念供给学术的互动状态已经成为中国学术与政治话语的正常生态。作为学术概念的国家治理，对其寻根溯源、实践旨趣、未来指向等研究成为热潮以来，也存在值得商榷的问题。20世纪90年代西方兴起的治理理论思潮引介入中国，学术界开始以治理理论的评鉴性研究关切中国问题。由此，在国家治理概念作为政治话语出场之时，有一种说法就是治理理论被国家所承认，这就形成了"治理—国家治理"的一种解读模式。从治理到国家治理的解读就有"治理"被"国家治理"所表达的看法。与其相对立的是，有学者反对以"治理理论"来"套解"国家治理概念的认知思维。① 从马克思主义国家学说中国化途径解读国家治理概念，起始于2013年底和2014年初，后来居上。这一学术研究途径既遵循政治话语的理论与实践逻辑，又关切已有的治理话语和正在延伸的理论动向，以马克思主义国家学说中国化研究途径质疑"西方治理理论中国化"的致思，具有深刻的辨别力。因为"中国化"这一概念具有以某种理论"化中国"与"在中国的实践中创新发展"相统一的特有品性，"马克思主义中国化"是中国特色社会主义国家治理的理论和实践主题，以"治理中国化"的致思解构和建构中国的国家治理是不当的。无疑，在马克思主义国家学说中国化的途径上解读国家治理概念、理论途径、现实问题、实践指向是正确的道路，但并不否定对中西思想史上关于国家治理的思想、理论、实践智慧批判、鉴别、汲取，这本身就是马克思主义理论和马克思主义者的特有品格。基于这样的认识研究中国特色的国家治理问

---

① 参见王浦劬《科学把握"国家治理"的含义》，《光明日报》2013年12月29日第7版。

题导向、理论源流、实践路径等，遵循一个基本原则，即不仅打破旧世界，而且善于创造新世界，国家性质决定了国家治理的基本理念。

一 西方治理理论的意识形态解蔽

研究中国特色的国家治理必然涉及对西方治理理论的批判性诠释。西方治理理论有三个方面的特质，即治理是一个没有主体的概念框架，它可以随意放置任何主体进入其概念系统；治理是民主的抑或治理等同于民主行为；因为治理是民主的，所以"治理"与"管理"和"统治"相对立，由此治理的逻辑就是以"民主的"行动秩序"反对政府统治"或"反政府"的。这三个层次紧密联系不可分割，由此也引出了一个新概念，即"善治"。善治是治理的规范，其规定性在于民主。治理与善治都是以"新"概念而形成魅力的，但其"新"在何处？如果将其作为"工具"来看就可以"放之四海而皆准"，但治理的"工具论"恰恰是通过制造所谓"新概念"来掩蔽意识形态的战略。

"治理"是英文"governance"术语的中文翻译，问题在于"governance"作为新概念，其"新"在何处？"governance"是动词"govern"加后缀"ance"合成的名词化，它作为术语的出现并不"新"。"govern"源于拉丁文"gubernare"和希腊文"kybernan"，意涵为统治、操控、引导、掌舵等。古法语中"gouverne"（指导、指引）、"gouvernement"（统治、政府）、"gouvernance"（治理）三个概念都源于希腊文和拉丁文，到中世纪末期这三个概念的含义是相同的，可以互替。到新古典主义时代，"gouvernement"意涵体现的是政体、主权国家的统治、管控，而"gouvernance"几乎消失。[1] 14 世纪末期英文的"govern""government""governance"三个概念来源于法文并与法文的三个概念相对应。在 15 世纪的英国就有英格兰学者撰写的"治理"著作问世——*Governance in England*。[2]"governance"的意涵有一组与其相应的概念：从一般的控制的行为和方式

---

① 参见［法］让－皮埃尔·戈丹《何谓治理》，钟震宇译，社会科学文献出版社 2010 年版，第 4—5 页。

② 参见杨光斌《让民主归位》，中国人民大学出版社 2015 年版，第 43 页。

来说，"govern" 体现的是统治、引导、掌舵的意涵；"government" 具有政府统治、掌控、掌舵等含义；"governor" 指称治理者、权威等；"governde" 指管控力或控制力；"governability" 指治理能力、统治能力、管控力、可治理性等。随着欧洲民族国家的兴起和威斯特伐利亚体系的构建，"government" 这一概念流行，"governance" 概念几乎消失。20 世纪 70 年代在政治经济学中 "governance" 概念复活，以至 90 年代大行其道。问题在于经济学、社会学、政治学等学科的学者在使用这一概念的时候出现了随意性、任意性的情况，以致其成为抽象的空洞符号。因此，有些学者批评这是一种赶时髦的乱象，"人们都争相使用这个词，希望成为自己的圈子里第一个使用这个词的人。他们这么做有时是为了给'治理'一个确切的定义，但更多的情况下是有意利用'治理'一词语义上的模棱两可。"① 尽管如此，还是可以从治理概念的出场逻辑来看背后的理论逻辑而被赋予其的新意涵。一个学术概念既有术语的语词意涵，更具有在特定的理论途径而赋予其新内涵的明确指向。西方的治理理论总体上是经济学、国际政治、民族国家内部公共行政改革的三种语境逻辑，这三者之间是相互影响的，但都隶属于新自由主义意识形态的总格局。

治理的英文概念形成影响的主要途径是世界银行和联合国的"全球治理"委员会推动使然，它们分别对"旧术语"赋予了新内涵。法国学者卡蓝默在西方治理扩展的背景上揭示世界银行的善治概念的意识形态战略，"是新自由主义的背景下被大家所熟知的，目的是限制和限定政府的活动的范畴"②。英国学者威廉姆斯和杰克逊深刻解蔽世界银行以治理为工具掩蔽其政治自由主义战略实质，指出治理概念是中性的，表面看起来不像政治那样惹人耳目。③ 在学术引介中更多突出治理的工具理性色彩，但对其新自由主义意识形态属性的价值维度揭示却很少。治理、善治与新自由主义意识形态的关系不是学术思维的建构，而是新自由主义孕育了治理和善

---

① ［法］让－皮埃尔·戈丹：《何谓治理》，钟震宇译，社会科学文献出版社 2010 年版，第 4—5 页。

② ［法］皮埃尔·卡蓝默：《破碎的民主：试论治理的革命》，高凌翰译，生活·读书·新知三联书店 2005 年版，第 5 页。

③ ［英］大卫·威廉姆斯、汤姆·杰克逊：《治理，世界银行与自由主义理论》，赖海榕编译，参见俞可平主编《治理与善治》，社会科学文献出版社 2000 年版，第 163—167 页。

治的观念。在已有研究治理和善治的新自由主义意识形态关系的文献中主要关注"里根—撒切尔主义"的新自由主义与治理的逻辑联系①，但新自由主义起始点更早。美国学者福斯特厘定新自由主义起始于 20 世纪 20 年代，距今已有近一个世纪，其代表人物是奥地利的米塞斯。福斯特给出了新自由主义与古典自由主义差别比较的一个视界，即古典自由主义是资产阶级要求国家为其划出保证自由而不受侵犯的地盘；而新自由主义是将国家嵌入垄断资本的界限内，是资本控制国家和为国家权力限域。② 对新自由主义的这种厘定可以更好地形成新自由主义意识形态孕育治理和善治的解释学路径。新自由主义经过了长期发展到 20 世纪 70 年代末 80 年代初具有了强大影响力，形成了"里根—撒切尔主义"的新自由主义政府改革的理论导向标，这也就是治理与善治生成的逻辑。治理和善治的目标既是对不发达世界和社会主义群体改造的战略，又具有对资本主义阵营自我改造的双重逻辑指向。这可以从新自由主义与古典自由主义、新自由主义与社会主义的关系来审视。

古典自由主义是资产阶级在成长中形成的，它是资产阶级为反对封建专制国家而提出的天赋人权、个人自由至上、平等、法律权威、市场经济等一套新的理念。在资产阶级还没有能力推翻封建专制国家的时候，限制国家权力和划定自由市场经济的场域，或者说构成"井水不犯河水"的格局也是其现实的要求。资产阶级取代封建制度构建资产阶级国家的历史发生学可以从西方两种代表性的理论来省思③。英国剑桥史派学者昆廷·斯金纳从资产阶级与僧侣阶层、封建贵族、专制君主、新兴资产阶级四者的关系上来揭示资产阶级的胜利。欧洲的专制君主制与封建等级制的民族国家化是同一历史逻辑的两个方面。专制君主为排斥封建主独霸权力和自我强大而与资产阶级联盟。资产阶级以市场经济和牟利为原则反对封建主和僧侣阶层的特权，这与专制君主解除封建主和僧侣阶层的特权需要具有一致性，但在君主专制完成的时候，资产阶级就开始推翻专制君主的行动

---

① 参见池忠军《西方治理理论的公共哲学批判性诠释》，《南京师大学报》（社会科学版）2017 年第 1 期。

② 参见［美］约翰·B. 福斯特《作为意识形态的新自由主义：起源、实质与影响》，卢地生译，《国外社会科学前沿》2019 年第 10 期。

③ 关于资产阶级革命推翻封建制的理论界说不仅是这里所说的两种。

了。这一逻辑的治理（government）就是政府统治，而君王及其随从就是治理者（governor）。如果将"government"与"governance"这两个概念加以区分的话，那么前者指政体、权力，后者指具有权力合法性的管理行为。实际上，这两个概念并没有严格的区分，多数情况下是使用者的习惯使然。解释资本主义国家权力的第二种学术路径，是德国思想家马克斯·韦伯的官僚制理论。韦伯认为资本主义与新教伦理是同源的，清教徒将赚取金钱视为"自我救赎"的过程，这样的思想观念极大地促进了工商业的发展，资产阶级构建的国家就是合法使用暴力的工具，它凭借官僚制行政的统治实现社会秩序化，法制权威是其必然的选择。因此，在这一维度上使用的治理概念是"government"，而"governance"的术语死亡也就有了事实根据。这两种资本主义国家生成的逻辑都是古典自由主义意识形态的逻辑。中世纪与现代资产阶级社会交叉点上的法哲学和社会契约论的思想构成古典自由主义的基座，亚当·斯密的市场经济理论构成了限制国家权力和释放"看不见的手"配置资源的资本主义逻辑。在斯密看来，国家的权力最小化或警察职能的国家即"警察国家"与"看不见的手"引导的市场经济是最理想的配置。吊诡的是，斯密延续重农学派的思想，却成了"重金主义"的资产阶级的意识形态代表。其实，资产阶级在可运用的思想观念中具有很强的精神生产能力，美国人类学家摩尔根也发现了这样的问题，资产阶级继承基督教的自由、平等、博爱观念并将其改造成了私有财产的权力。当然，资产阶级的主流意识形态主要是斯密主义的，所以警惕政府权力的扩张和为其划界，将其限定在最小的范围就成为理想。但是资产阶级这条路走不下去，因为市场经济遭遇周期性危机需要政府伸出"可见之手"。美国富兰克林·罗斯福的"百日维新"实际上就是意识形态的调试，推行"新政"改革是加强行政权力，发挥政府对市场的控制功能和调节分配的公共职责，由此"警察型政府"的理想破灭了。但这还是资本主义国家在古典自由主义道路上进行的调整。在"大政府"遭遇困境的时候，新自由主义登堂入室成为引领里根和撒切尔夫人改革政府的意识形态。新自由主义在限制和压缩政府权力、扩大市场经济的逻辑上复兴古典自由主义，但它与古典自由主义有明显的差别，其典型的旨趣在于将政府置于市场经济的框架中，以市场经济的需要调节政府。由此改变了古典自由主义为政府与市场经济划界的逻辑，将政府调节市场颠倒为资本调节国家的逻辑。因此，在新自由主义意识形态上以"治理"（governance）反政府统治的治理（government）也是必然的，两个概念的互相反对不是术语的问题，而在于意识形态。

西方治理（governance）概念的反社会主义意识形态性质，是新自由主义产生的实质逻辑。新自由主义并不是改造古典自由主义而是遏制社会主义的一种意识形态。1848 年，《共产党宣言》的发表引起了资本主义世界的恐慌，诅咒共产主义、限制共产党成为资产阶级的重要任务。但是，在《共产党宣言》的影响下，资本主义国家的工人运动从自发的经济罢工走向政治革命。以德国为代表的工人阶级政党宣称是马克思主义的学生，这虽然是一种命名（因为德国社会党主要是拉萨尔派的，虽然声称是马克思的学生，但游移不定，更倾向小资产阶级的社会主义），但构成了对资本主义的强大挑战。在 1848 年前后的历次革命和影响较大的 1871 年法国巴黎公社相继失败后，以社会民主工党为代表的社会主义运动并未死亡，他们宣称是马克思主义的信徒，转向议会的合法斗争途径争取推行社会主义原则的行动。20 世纪初，维也纳的社会民主工党虽然是一个地区性的政党，但影响力日益增强，在 1917 年 5 月通过修改选举法实现了全民选举，由此获得了维也纳的执政地位。维也纳的社会民主工党推行社会主义改革政策，并形成了"红色维也纳"运动。俄国 1917 年"十月革命"胜利与"红色维也纳"运动和西欧的布尔什维克运动相呼应。奥地利经济学家米塞斯于 1922 年发表了《社会主义：经济与社会学的分析》，对苏联的社会主义和欧洲社会民主工党的社会主义运动展开了批判，同时将批判的矛头引向马克思。他于 1927 年发表了《自由主义》，这部著作所阐释的古典自由主义的欠缺和新的主张形成了"新自由主义"概念。他的著作是用德文写成的，当时并未产生多大影响，他的得意门生哈耶克既传播他的思想同时也在米塞斯的途径上生产他自己版本的新自由主义。哈耶克和米塞斯因受到法西斯主义的威胁相继逃到美国，但他们的思想在 20 世纪 70 年代前都未走向前台，而是边缘化的，因为那时资本主义的一个重要问题是寻找救治最为头疼的经济危机之药方，以疗其伤。在凯恩斯主义失灵的条件下，以哈耶克为代表的新自由主义大行其道。新自由主义不仅仅是经济理论，它还包括对人类社会秩序的本质、本然的生活、经济、政治、道德、法律等诸因素的整体追问。新自由主义在反社会主义的历程中成长，同时也是批判西方国家为救治经济危机的"大政府"的替代理论，所以在"里根—撒切尔主义"新自由主义改革中生成的治理，既是资本主义秩序的替代方案，同时也是为改造社会主义国家和引导不发达的传统国家的世界方案。

新自由主义理论的治理和善治概念，其"新"不在于治理而在于意识形态，但制造概念者却将"术语"当成新的。20 世纪 70 年代，法国著名哲学家福柯在法兰西学院系列演讲中提出了一种重要观点，即自由主义是在封建制度中生产出来的，是依靠自我塑造的社会权力，权力就是政体，而政体实质上就是治理艺术（art of government）和治理术（govern mentality）[1]。新自由主义所指称的治理是新概念，实质上，就是在 governance 与 democracy（民主）相等同的逻辑上来制定的。但矛盾的是，2008 年美国"金融风暴"发生后，"历史终结论"的制造者福山却回头批判民主，进而转向重构国家能力的研究途径。

二 中国特色的国家治理研究边界

无论政治概念还是学术概念都有其理论边界，不存在概念是概念、理论是理论的问题，概念的背后是理论，概念是理论的抽象凝结。国家治理源于马克思主义政治理论的创新发展，突出了国家制度建构的理论逻辑、历史逻辑、实践逻辑的有机统一。理解国家治理概念具有三个基本层次：应在马克思主义国家学说中国化的理论途径上把握国家制度的概念；在中国社会主义基本制度，中国特色社会主义制度，坚持与巩固、完善和发展中国特色社会主义制度的历史逻辑上，深刻把握中国特色国家制度的发展脉络；在运用中国特色社会主义制度和发挥制度优势治理国家和社会、经济事务能力的现实和推进路径上，科学把握国家治理现代化的理论建构和实践规定性。

---

[1] 福柯把在 1978 年法兰西学院所作的系列讲座结集为《安全、领土和人口》，将政体 government（治）、治理技术（governmentality）和治理艺术（art of government）等多个涉及治理的概念带到美国，影响了美国新自由主义学者使用 governance 概念代替 government。因福柯使用 government 概念所揭示的资产阶级治理术实际上揭了自由主义的短，所以在新自由主义途径上使民主（democracy）与治理（governance）等同起来，改变了这个概念的原有意涵。

以马克思主义国家学说的中国化途径认识国家治理与国家制度的逻辑关系，是深刻把握国家治理源于马克思主义政治理论创新发展命题的钥匙。国家治理概念提出后，学界对其来源、理论脉络、现实问题等展开研究和讨论，提出"国家治理就是新时代执政党治国理政"①的新思想新战略新概念的指认。在此途径上，国家治理就与国家产生以来的统治阶级治国理政的思想、智慧、战略、策略形成历史贯穿，在马克思主义国家学说与中国特色社会主义政治发展的历史逻辑上为国家治理现代化确定了创新发展的根据，在问题导向上确定了现实的实践展开逻辑。这些研究在宏观的学理层面确定了理解国家治理的基本路径。但国家治理还是关涉"治理"与"国家"的关系，是从"治理途径"来看"国家治理"还是从"国家治理"作为一个整体的概念来理解中国政治话语的"治理"。显然后者是合理的。

国家治理是个复合概念，但不是国家与治理两个名词的相加。国家是名词，治理在中国语言中是动词，"国家治理"是指国家运行的状态，也可以表述为"国家的治理"。国家治理是从党领导人民依法"治理国家"的语境中生发出来的，这里包括了治理国家的主体型构和行动方式作用于"国家"这个对象。中国古老语义的治理概念是指一种特殊的行动方式。"党领导人民依法"治理是对治理的限定，因此这种语境可以表述为"党领导人民依法治理"国家。从这种分析的逻辑上看，治理国家与国家治理两个概念可以因表述语句的不同而相互等同。但是国家治理与治理国家还有差别的一面，即国家治理包括国家治理体系和治理能力两个方面，是"国家制度和制度执行能力的集中体现"②。从这一意义上说国家治理可以作为国家治理体系和治理能力的简称，也可以说国家治理可区分为国家治理体系和治理能力两个方面，国家治理体系就是国家制度体系的总和，治理能力就是运用国家制度体系的能力而不是其他，但"治理国家"不能分解为"国家制度体系"和"能力"两个方面。由此可见，国家治理包括治

① 参见何毅亭主编《以习近平同志为核心的党中央治国理政新理念新思想新战略》，人民出版社 2017 年版，第 68—70 页；许耀桐《中国国家治理体系现代化总论》，国家行政学院出版社 2016 年版，第 1—6 页；王浦劬《国家治理现代化——理论与策论》，人民出版社 2016 年版，第 32—33 页。

② 《习近平谈治国理政》第 1 卷，外文出版社 2018 年版，第 91 页。

理国家，治理国家就是治理国家的制度体系。对国家治理与治理国家两个概念，有人认为二者等同，大多数并未注意到二者的区分。国家治理从以往语境中的"治理国家"中成为一个独立的政治概念，实现了概念的创新。由此解决了一段时间内我国学界受西方"治理理论"缠绕的困境。中国语义中的治理是行动方式，governance 是动名词，译为中文的治理有合理性，但不能将治理理解为名词，如果将其理解为名词，"治理国家"就可以理解为"治理的"国家。这就造成了用西方治理理论套构国家治理的歧途。在"国家治理"的复合概念中理解中国语义的"治理"具有特殊意义。

中国特殊语义表达的治理具有遵循规律的明确意涵。以"治理"与"管理"一字之差来理解治理的要义是可行的，但仅以此观念来理解国家治理的要义是偏颇的。中国古代的"治"字源于水流的秩序化，是人力作用于水，顺水流之势而为之，由此引申为"治"与"乱"相对的观念生成，再引申为"治国"和"治民""治官"等。"治"与"政"搭配，有"治政"与"政治"两种用法。"政"源于"正"，由"正"到"政"的演化所表明的是出于某种思想的"正"，因"正"的原意只有正确、正当等含义，而出于某种思想的"政"就具有今天人们所说的合法性、合理性等意涵。中国古代的政治和治政都具有天下大治而不乱的意涵。治政还不具有现代的"政体"含义，但古代中国没有发展出西方如亚里士多德的政体概念，只局限于基于某种正确的观念而天下大治的认识，这就是政治的含义。牟宗三认为，中国古代缺乏治政而有丰富的治道思想，治道是指按某种观念管理而天下大治的思想；儒家学说被尊崇以来，治道归于德治，但治政始终没有在儒家学说中发展出来。① "治"与"理"搭配引申出"治理"的基本含义。理源于剖玉，理指玉的纹，由此治理引申为按本来规律使其精美呈现的技艺和方法；监督剖玉的官员也被称为"理"，理也是官职的名分；也有"尊理"即"正"的意思。治可以与人作用的任何对象搭配，如治水、治沙、治人等，但治理的不同之处就在于认识、尊重规律改造对象的方法和技能。中国传统治国理政思想的德治和法治都是基于这样的含义，所以"善治"和"善政"占据治理最高位阶。古代中国的

① 参见牟宗三《政道与治道》，吉林出版集团 2010 年版，第 27 页。

"管"字最早出于六孔吹响十二月之音的玉器，类似于乐器，有声音发出天地开化的神话传说之意；"管"演化为官员权力，指自上而下的对人、对物的控制、掌控的意思。"管理"二字也是尊理之管的意思。中国语义的治理和管理并没有什么本质的差别，但是，治理二字在春秋时代具有了特殊含义，即能够将国家管理得有条理、有秩序才可以称之为治。如"'德政''以德和民''从法'可称为治"，反之，"'教不善''无政德''失刑乱政'则不能称为治"①。国家治理的政治话语作为治国理政的新概念，其"治理"源于中华优秀传统文化的治理思想，与西方的治理（governance）概念没有直接关系。Governance 最早的中文译名为"治道"，但不是完全借用了牟宗三对"治道"的解释。这种翻译是在介绍新自由主义的改革方案的话语中出现的；因牟宗三将政道即政体与治道分开，用治道来翻译其不关涉政体问题，所以也必须赋予治道重构民主政体的意涵。用治理和善治概念翻译 Governance 和 Good governance 两个英文概念也是逐渐稳定下来的。这种翻译实质上赋予了"Governance"中华优秀传统文化中治理的意义。因为世界银行 1989 年对撒哈拉以南地区乱象的描述用了"crisis in governance"，中文将其翻译为"治理危机"。按照中国传统的治理意涵就不能翻译为"治理"危机，翻译为"统治危机"或"管理危机"较为恰当。因为治理（governance）已经被解释为是民主的，与统治、管理相对立，统治与管理是不好的，特别是主张"要治理"而"不要统治"或"多一点治理，少一点统治"，因此从这种限定的解释上，治理就是好的。但是世界银行又用了"好的治理"或"良治""善治"（good governance）与"治理危机"相对，那就说明"治理"是中性的而不具有好坏之分的评价性；如果治理就是好的，那么"好的治理"（good governance）就是多此一举的同义反复。其实，世界银行使用的"治理危机"是针对政府体制及其能力来说的，善治的概念主要指市场经济，也就是以新自由主义的理念改造政府，将政府纳入资本控制的框架。所以世界银行的善治理论并不关心治理与管理的关系。将治理与管理作为对立的范畴是罗西瑙。罗西瑙组织国际政治研究领域的多位专家撰写的《没有政府的治理》一书传播广泛，由此，治理与管理相对立的观念形成一股潮流。"没有政府的治

---

① 卜宪群：《中国古代"治理"探义》，《政治学研究》2018 年第 3 期。

理"是罗西瑙对世界秩序混乱的一种判定，意思是说尽管各个国家的政府参与全球治理，但治理能力很弱，如同没有政府一样。这一观念被一些思考民族国家政府改革的学者所吸收而构成新自由主义的治理理论，它包括民主政治、市场经济、个人自由、自主社团、自主治理等要素，在国家层面以民主政治解构官僚制行政，小国家与大社会、小政府与大市场等是主流话语；在社会层面力主社团和社区自治。以这样的治理理念关涉中国的民主政治、政府与市场、政府与社会等关系。以治理与管理一字之差解读中国特色的国家治理结果是不同的。中国特色的国家治理中的"治理"概念主要源于中华优秀传统文化的治理意涵。中国传统的治理、善治、善政是民本理念的，但没有民主思想。在国家治理中的社会主义民主思想并不是源于"治理"，而是源于国家制度的结构。

在国家制度上理解国家治理也有不同的看法。有的限于政治制度层面，如是，国家治理就与英文关涉政体的治理（government）概念相等同，由此国家治理就是关于"治权"的变革。关于国家权力的主权与治权的划分并不是出于西方的政治理论，而是来源于孙中山的治国思想。国家主权是抽象的人民统治，治权是主权的实现形式和具体化。孙中山的"五权"宪法，即立法、行政、监察、法院、考试的五院制体现的就是这样的理念。毛泽东对孙中山的政治理论有一定的继承，但又有明显的差别。国家性质的国体具有根本性，政体是国体的具体体现和实现形式，在这层关系上体现了马克思主义的国家观，即国家的阶级性质。社会主义国家在政体上是更大多数人的民主，人民民主是社会主义政体的本质属性，人民代表大会制度是国家独立自主的统一的不可分割的主权，即政权，主权派生的治权是实现人民意志的公共权力设置。基于这样的政治理论认知，学界针对西方的权力制衡状况，将其行政权力等同于治权。由此在西方治理理论框架中理解国家治理就是治权的行政。但是，中国的治权包括了主权派生的行政、司法、检察和监督机构。国家治理不仅包括治权的全部，还包括主权行使的代表机制、民主集中制的制度形式的优化。国家治理概念翻译成英文，即"National governance"①，传递给西方人的国家治理就是集中体现国家制度及其制度的执行能力。

---

① 英文中没有出现过 National governance。

马克思主义的国家制度概念区别于唯心主义的唯意志论。马克思最早是在批判黑格尔的唯意志论的国家观时阐释国家制度的。黑格尔的国家制度仅指国家的政治制度，这种理念完全服从他的绝对精神的国家观——国家制度是没有物质内容的。马克思从民主制国家制度的认知逻辑上深刻论证"政治制度本身并不构成国家"①的深刻道理。唯心主义唯意志论和神创国家论，将国家与现实的人民物质生活分离开来，政治国家只是形式的规定性，但在历史唯物主义视界中的民主制的国家制度，既是"形式的原则同时也是物质的原则"②。马克思在发现人类社会历史规律后，阐释了国家制度的历史形态就是人们围绕物质生活的生产和再生产的关系结构："人们在自己生活的社会生产中发生一定的、必然的、不以他们的意志为转移的关系，即同他们的物质生产力的一定发展阶段相适合的生产关系。这些生产关系的总和构成社会的经济结构，即有法律的和政治的上层建筑竖立其上并有一定的社会意识形式与之相适应的现实基础。"③ 在马克思这段言论中并没有出现"国家制度"概念，但实质上就是国家制度的整体结构。以列宁为主要领导人的苏联共产党在创建社会主义国家制度的实践中，将马克思主义国家制度学说俄国化具有重大价值，但在列宁的社会主义制度理论中对国家制度问题的探讨并不显著。在中国政治话语和学术研究中涉及援引马克思《黑格尔法哲学批判》中的国家制度概念外，大多在分层上，诸如政治制度、经济制度、文化制度等方面进行阐释，少见国家制度的具体阐释。习近平总书记在中国共产党十八届三中全会第二次全体会议的讲话中，在深刻阐释国家治理体系和治理能力的时候，明确提出"国家治理体系是在党领导下管理国家的制度体系，包括经济、政治、文化、社会、生态文明和党的建设等各领域体制机制、法律法规安排，也就是一整套紧密相连、相互协调的国家制度"④ 的论说。由此，国家制度概念凸显。学者大多研究中国特色社会主义制度的理论源泉、制度的要素构

---

① 《马克思恩格斯全集》第3卷，人民出版社2002年版，第40页。
② 《马克思恩格斯全集》第3卷，人民出版社2002年版，第40页。
③ 《马克思恩格斯文集》第2卷，人民出版社2009年版，第591页。
④ 中共中央文献研究室编：《十八大以来重要文献选编》上，中央文献出版社2014年版，第548页。

成、发展的历史脉络等，并未太多涉及国家制度概念；在研究社会主义制度的一些文献中也少见国家制度与社会制度的关系，也有的将政治制度与国家制度相等同。有学者从阐释社会主义基本制度与中国特色社会主义制度逻辑关系的研究中，涉及国家制度概念，也注意到了国家制度不等同政治制度，政治制度是国家制度的一部分问题，但因论证的重音符是中国特色社会主义制度的发展问题，对国家制度并未深刻阐释。① 在国家治理的多种研究途径中对国家制度与中国特色社会主义制度关系的关注度不高。党的十九届四中全会明确指出"国家治理体系和治理能力是中国特色社会主义制度及其执行能力的集中体现"②。可见，国家制度就是中国特色社会主义制度，国家制度结构就是中国特色社会主义制度结构。显然，中国特色的国家制度源于马克思主义的国家制度理论，在立足于中国大地使马克思主义中国化的实践道路上，中国特色的国家制度历经社会主义基本制度、中国特色社会主义制度的逻辑演进，坚持和完善中国特色社会主义制度、构建国家治理体系和治理能力现代化是新时代历史征程上的重大任务。由此，奠定了中国特色的国家治理制度推进路径。

三　国家治理的理论创新阐释逻辑

中国特色的国家治理，一方面是运用中国特色社会主义制度管理国家、社会、各领域公共事务的过程和良好绩效的统一；另一方面是在运用中国特色社会主义制度的过程中使其不断完善，这两个方面作为同一历史过程的有机结合，实质上就是中国特色社会主义制度的"坚持与完善"。

中国特色社会主义制度的"坚持与完善"就是"国家治理制度"的推进路径。"国家治理制度"这一概念具有三层意涵：其一，制度这一概念具有超历史性的特征，是关于人们的相互关系及其活动的规范体系，制度可以区分为基于典章的法律、章程等刚性的正式制度和人们遵守自愿认同

---

① 参见肖贵清、刘玉芝《中国特色社会主义制度体系的逻辑分析》，《马克思主义研究》2012 年第 8 期。

② 《中共中央关于坚持和完善中国特色社会主义制度　推进国家治理体系和治理能力现代化若干重大问题的决定》，人民出版社 2019 年版，第 2 页。

的约定的非正式制度。这两种制度在一个社会中有多种存在形式，在正式制度中也有非正式制度的存在，如国家制度与人们的社会日常生活的制度不同，后者既有正式制度也有非正式制度。从马克思主义的国家制度观上看，国家制度是统治阶级实施统治的管理制度，阶级性是其根本特征，因此国家制度是历史的、具体的、现实的，不存在超历史的问题。中国特色的国家治理制度就是党领导人民有效治理国家的制度体系。其二，国家治理制度是关于"国家治理"的"制度化"安排，这种制度化的安排就是"坚持和完善"中国特色社会主义制度。"坚持与完善"具有排他性与批判借鉴性、问题导向性。我们要坚持党的领导和人民中心论的中国特色社会主义制度的优越性，它是适合中国国情的人类历史最优越的制度，发挥制度的优越性、提升国家治理效能是既定的道路；以坚持和发展科学社会主义理论为指南，它拒绝资本主义的治理理论；"坚持与完善"具有人类历史的大视野，既反对崇洋媚外也反对妄自尊大，独立自主地批判借鉴、兼容并蓄是其特征之一；"坚持与完善"是以问题为导向的现实逻辑，即中国特色社会主义制度的优越性一方面还未完全发挥出来，另一方面制度体系还需要进一步完善。"完善"的命题逻辑：不是制度不优越而是还不够优越，"完善"的使命是使制度更加优越，而且实现制度优势转换为治理效能的期待是价值理性的设定。显然，"坚持与完善"既是更加巩固中国特色社会主义制度的优势并运用其治理国家，又是对国家制度整体优化双重逻辑的统一。这就是说，国家治理现代化的推进路径在顶层设计上已经作出了制度化的安排，它不是任意而为的。其三，中国特色的国家治理制度是巩固和发展人民民主的制度。这一点还需要进一步深入讨论。

中国特色的国家治理制度是实现更加广泛更加科学更加管用的人民民主制度。人民民主与中国特色社会主义制度具有统一性，而不是与"治理"的同一性。就这点来说，它与从民主与治理的同一性来解释国家治理区别开来。前述已经指出，"国家治理"的治理既不是从西方的"治理"中"拿来"，也不是与管理相对立，而是比管理范围更大，治理也包含管理在内，但治理理念所突出的规律性也改变着将管理只固化为自上而下的控制的旧观念。中国特色的国家治理的民主观念内在于中国特色社会主义制度的民主结构中，而不是由治理引入的。中国特色的社会主义的民主制度，由人民代表大会的根本政治制度，多党合作政治协商、民族区域自治和基层群众自治的基本政治制度构成，宪法和法律保障人民当家作主，党的领导既是人民民主的制度保障同时也是人民民主的实现形式。社会主义民主制度与资本主义民主制度的本质区别在于劳动人民当权和马克思主义政党的领导。因此，社会主义民主的一个显著特征是"马克思主义政党领导型的民主"，它与资本主义政党代表利益集团的"党争民主"区别开来。运用中国特色社会主义制度的国家治理就是要发挥根本、基本政治制度和各领域的重要制度的效能，这也就是"党领导人民有效治理国家"的民主规定性。民主的阶级性、历史性、民族性、具体性集中于中国特色的人民民主制度创建和坚持、完善、巩固、发展、提升优势这一独特制度的理论、历史、实践逻辑的有机统一。"中国特色"有广义和狭义之分。在狭义上，它指改革开放以来的中国社会主义的独特性；在广义上，它泛指中国共产党领导人民进行新民主主义革命、社会主义革命、确立社会主义制度、进行社会主义初步探索的道路、理论、制度、文化和改革开放以来的新社会主义建设的总体特征。中国特色的国家制度创建及其发展，体现了中国共产党的领导是最本质的特征和最大优势，根基是人民当家作主，社会主义制度是保障，民主集中制是民主的制度形式。在这一基础上将进一步发展社会主义民主作为国家治理制度的推进路径是极为重要的方面。习近平总书记指出，"发展社会主义民主政治，是推进国家治理体系和治理能力现代化的题中应有之义"①。这也就是说，国家治理包含发展社会主义的内容。怎样发展社会主义民主？正确处理"坚持与完善"的关系依然是发展社会主义民主制度的方位，而社会主义协商民主就是国家治理制度中所包含的实现更加广泛更加真实更加管用的民主制度的价值规定性。

　　社会主义协商民主是人民民主的重要实现形式。一段时间以来，来自西方的政治概念和学术概念深刻影响着学术研究的取向，协商民主这一概念也是如此。20 世纪 90 年代在西方兴起的一股协商民主的学术思潮传入中国并形成了一定的影响，也产生了以西方协商民主理论解读中国协商民主的问题。美国学者毕塞特于 20 世纪 80 年代首先使用民主的一个新概念："Deliberative democracy"，其被翻译为"审议民主""审慎的民主"

---

① 《习近平谈治国理政》第 2 卷，外文出版社 2017 年版，第 289 页。

等。"审议民主"和"审慎的民主"的译法是符合英文概念提出者以其解释西方代议制精英民主的初衷的。毕塞特认为，西方的民主政治是精英提出方案，争取大众投票的同意，这就是"审议民主"或"审慎的民主"类型。这可以说是对民主类型的分类概念。20 世纪 90 年代以哈贝马斯为代表的左翼学者赋予"Deliberative democracy"新含义，即"大众参与的民主政治"，这属于哈贝马斯创建的"话语民主"理论。哈贝马斯向中国学者提出了一个新概念："Deliberative politik"，对其解释是，它既不同于自由主义的利益政治也不同于共和主义的道德政治的第三种民主模式。中文将其翻译为"话语政治"或"协商政治"，而"协商政治"翻译是受中国已有的"政治协商"的启发，由此将"Deliberative democracy"译为协商民主而流行。这里应当弄清楚中国已有的"政治协商"概念的自原性和独特性。中国的政治协商是中国共产党领导的人民民主的一种特有形式，它既不是政权的民主也不是行政权力，政治协商翻译为英文的"Political Consultative"，向西方所传达的信息就是咨询形式的民主，它属于人民民主的一部分。社会主义协商民主是一个新概念，它包含政治协商在内，是一种更广泛的人民民主的重要形式。社会主义协商民主翻译为英文"socialist consultative democracy"，应当说向西方传递的信息应包括协商民主是社会主义的，社会主义的人民民主包括协商民主在内。在自我理解上的社会主义协商民主实质上表达了三层意思：其一，社会主义的民主是人民当权的，即人民民主，这是在价值层面的规定性；其二，在制度层面上人民民主的程序制度是民主集中制；其三，发展协商民主使人民群众多层多领域参与国家政治生活和日常社会生活。社会主义协商民主是马克思主义民主理论中国化的创新发展：在党的领导层面，协商民主是群众路线在政治领域的重要体现；在决策层面，协商民主可以使民主决策与科学决策结合起来；在人民参与层面，协商民主可以使人民群众的意见在多层多领域得到真实的表达，体现民主的实质性、真实性；在制约权力滥用方面，协商民主发挥监督职能。因此国家治理制度包含协商民主的内容。

在解决上述认识论问题基础上，可以对中国的善治概念作出基本界定：中国特色的善治是存在于国家治理制度路径之中的，它就是坚持与完善中国特色社会主义制度、不断提高运用制度发挥制度整合效能的过程①。不可以将西方的善治理论移植到中国而构建中国的善治，如是，"善治而不善"。②

自国家治理概念从政治话语走向学术研究以来，有的学者与政治话语保持一致，也有的学者以学术的独立性开展研究，也有的学者延续原有的思路将国家治理纳入原有的治理概念体系。本课题研究既强化政治话语与学术研究的一致性，又深入社会主义制度的科学理论深处揭示国家治理的历史脉络。在创建人类社会历史新的社会主义制度的实践叙事中揭示社会主义国家治理的独特性；在社会主义国家制度创建的历史实践中揭示中国特色的国家治理制度的历史走向，进而提出中国特色的国家治理制度推进路径的新时代历史方位。

本着厘清概念逻辑、把准问题意识、深层切入马克思主义中国化的国家制度的宏大历史方位，揭示中国特色的国家治理制度发展理论与实践的关系，厚植国家治理现代化的马克思主义理论之源和立足中国大地的社会主义制度创建的逻辑关系，在中国特色社会主义国家治理、国家治理制度的场域，建构推进国家治理制度的理论与实践路径，是本课题研究的总体志向。力图实现的学术研究创新主要方面在于：其一，在马克思主义国家学说中国化的系统的、整体性的观照坐标架构中，深度耕耘基于马克思主义之源的社会主义国家治理的中国创造的独特性和自我发展性、批判借鉴性等基本特征，由此确立推进国家治理现代化的新时代历史方位与马克思主义中国化的深层逻辑关系。其二，深刻总结概括国家制度的整体结构和国家治理制度的结构。在历史唯物主义认识论基础上厘定马克思主义的国家制度结构，在此基础上揭示社会主义基本制度、中国特色社会主义制度与国家治理的历史脉络，构建起中国特色的国家制度结构与国家治理体系的逻辑关系，擘画国家治理制度的完整图景。其三，深刻揭示国家治理制度的民主特质。在社会主义民主制度建构的目的性追求与合乎规律的完善、发展历史逻辑上，揭示社会主义协商民主的生成路径；在人民民主制

---

① 参见池忠军《习近平新时代国家治理的善治路径》，《河南师范大学学报》（哲学社会科学版）2018 年第 5 期。

② 参见池忠军《善治的悖论与和谐社会善治的可能性》，《马克思主义研究》2006 年第 9 期。

度的本质规定性与发展社会主义协商民主的关系上，构建"全民主决策"过程的国家治理制度的理论逻辑和实践取向。其四，以意识形态的分析方法厘定中国特色的国家治理制度与西方治理理论的本质差别。以意识形态作为一种关切现实的、历史问题的理论鉴别的分析方法，往往被非自觉使用，本研究所用的意识形态分析法立基于马克思主义的意识形态立场分析和判别各种治理理论的实质。列宁将马克思主义作为意识形态制定了理论、政治、策略一致的革命行动方案，从中可以提炼出"策略—实践"的方法论。以"策略—实践"的马克思主义国别化、民族化的认识方法揭示基于科学社会主义基本原理的社会主义国家制度如何形成问题具有认识论的根基。本课题不局限于这两种方法，但这两种方法既密切相关又具有独特性。

围绕马克思主义中国化的大历史逻辑而形成的对国家治理的基本看法主要体现在：其一，中国特色的国家治理路径是制度化的安排，既具有顶层设计的理论属性又具有实践展开的双重逻辑统一的规定性。作为理论层面的国家治理是基于人类社会历史规律深刻把握、对社会主义国家构建与国家治理的反思、共产党执政的历史经验与教训升华为理性的认识论；理论是实践的先导，国家治理理论是国家治理实践的指导思想，国家治理实践是基于国家治理的认识论而展开的实践布局。其二，国家治理制度的推进路径有明确的规定性，即运用和优化中国特色社会主义制度提升国家事务、社会事务等各领域的治理能力，党的领导是其最本质的特征和最大优势，人民民主制度是支柱。其三，以发展社会主义协商民主构建具体事务治理的"全民主"决策的过程，将法治与民主相结合构建良法与善治的逻辑关系，实现"党领导人民有效治理国家"的历史命题；协商民主在工具理性层面创制了民主决策与科学决策的基本条件，能够有效规避治理风险。其四，国家治理制度是实现人民发展的价值理性与工具理性双重逻辑的统一，人民是否满意是检验国家治理实践的基准，也是坚持与完善国家治理制度的判定标准；"坚持与完善"国家治理制度贯穿于治理体系与治理能力相互协调的关系之中。

本课题研究的学术指向在于为马克思主义政治理论的创新发展增添新的内容和理论思维的方法；在实践的应用价值方面，旨在提出规范国家治理制度推进路径的方位设定，为有效防止偏向的发生和校准提供参照系。

第一章　国家治理现代化的
生成逻辑

国家治理现代化政治话语的凸显，是在"全面深化改革的总目标是完善和发展中国特色社会主义制度，推进国家治理体系和治理能力现代化"①的语境中出现的。国家治理研究热潮兴起的学术话语基本上呈现三种途径：从西方治理理论解释国家治理的影响较大；与这种研究途径相对立，立足马克思主义国家学说及其发展来挖掘国家治理理论，以致形成国家治理理论的创新逻辑，这种研究途径反对以西方新自由主义的"治理"理论"套解"国家治理②；介于这两者之间的第三种途径，往往缺乏明确的立场，有赶时髦、追风、模仿之嫌。准确把握国家治理概念生成的历史逻辑，是科学理解国家治理理论特质和区别于西方治理理论的关键，也是科学把握国家治理概念及其现代化的方向。

一　国家治理的源起语境

作为政治话语的国家治理，其出场语境是党的十八大报告。党的十八大在阐释"政治体制改革"内容时强调"要更加注重改进党的领导方式和执政方式，保证党领导人民有效治理国家；更加注重健全民主制度、丰富民主形式……更加注重发挥法治在国家治理和社会管理中的重要作用，维

---

① 中共中央文献研究室编：《十八大以来重要文献选编》上，中央文献出版社 2014 年版，第 512 页。

② 参见王浦劬《科学把握"国家治理"的含义》，《光明日报》2013 年 12 月 29 日第 7 版。

护国家法制统一、尊严、权威，保证人民依法享有广泛权利和自由"①。文中的"治理国家"与"国家治理"术语同时出现。国家治理首次在党的重要文献中出现，但"治理国家"并不是首次。在党的重要文献中厘清"治理国家"和"国家治理"政治话语的出场语境极为重要。语境是语言环境的简称，对一个术语的使用离不开历史的、社会的、文化的、具体的场域，倘若使一个特定的术语孤立化就会出现随意赋值的混乱现象。剑桥历史语境学派的重要代表斯金纳（Quentin Skinner）认为，政治术语并不是政治家、著作家的想象，而总是与社会历史问题相关，"我们能够开始了解的不仅仅是他们的论点，还有他们的论述和试图回答的问题，以及他们多大程度上接受或赞同，或质疑和排斥，或者说不定出于论战目的不会理会政治辩论中盛行的设想和规范。倘若我们只研究著作本身是不能指望达到这种理解水平的。"② 斯金纳所提出的历史语境方法突破了以"语词"解释一个术语含义的传统，将语义、语用、语境三个变量置于社会历史重大论题、辩题之中，用以审视政治术语使用者的用意，即"语用"的话语指向。借鉴之，从国家治理出场语境的历史叙述逻辑、现实认识论逻辑、理论逻辑三个层次呈现国家治理概念的特定含义。

（一）基于文本的国家治理叙事

在西方治理学术话语已经流行并具有特定含义的条件下，人们思考"国家治理"这一特定概念，容易将"国家治理"在"国家"与"治理"相连接的逻辑上加以界说。在西方的治理理论途径上，治理没有确定化的对象，治理是作为民主的框架而设定的，在言说治理"什么"，"什么"就是它的对象，或者说它的对象就是不确定的 X。就中国语义中治理的一般使用来说也具有这样的特点，治国、治政等概念是自古以来经常使用的术语。"治理国家"是中国古代典籍中的常用语。1985 年，邓小平就指出，"治理国家"是大道理，"要管许多小道理"。③ 中国共产党十三届三

---

① 中共中央文献研究室编：《十八大以来重要文献选编》上，中央文献出版社 2014 年版，第 20 页。

② ［英］昆廷·斯金纳：《现代政治思想的基础》上，奚瑞森、亚方译，译林出版社 2011 年版，第 6 页。

③ 参见《邓小平文选》第 3 卷，人民出版社 1993 年版，第 124 页。

中全会提出了治理经济环境、整顿经济秩序、全面深化改革的指导方针、政策和措施，这是改革开放以来在党的文件中最早使用治理术语。这里的"治理"与"整顿"侧重点有差别："治理经济环境，主要是压缩社会总需求，抑制通货膨胀。整顿经济秩序，就是要整顿目前经济生活中特别是流通领域中出现的各种混乱现象。"① 这里的治理整顿虽然是一个阶段的任务，但它也涉及关键问题，即新旧体制转换时期必然要求加强领导，有秩序地推进相互配套的全面改革。1989 年 11 月，十三届五中全会通过的《中共中央关于进一步治理整顿和深化改革的决定》，肯定了一年治理整顿所取得的成效，决定再用三年或更长一点的时间完成治理整顿的任务。此阶段的治理术语主要是在经济领域的秩序化、推进经济领域全面深化改革的工具意义上使用的。1997 年 9 月，中国共产党第十五次全国代表大会上的报告中明确指出，"依法治国，是党领导人民治理国家的基本方略。"② 从话语的解释逻辑上看，党领导人民治理国家就是依法治国，依法治国就是党领导人民治理国家，这两种表述是一致的。在党的领导、人民当家作主、依法治国三者的逻辑关系上，党的领导是人民当家作主和依法治国的保证和前提，人民当家作主是社会主义的本质属性，依法治国是党领导人民当家作主的实现途径，人民是否当家作主要看人民群众在治理国家中的权利实质。从这一定性上看，将依法治国、党的领导、人民当家作主三者统一起来是着眼于"国家长治久安"的深思熟虑。"党领导人民治理国家"包含着主体与客体的关系，即"党领导人民"是作为治理"主体"设定的，而"客体"或对象就是国家。实际上，对于治理国家的概念，党的文献已经作出了解释，即一方面强化民主与法制建设，在宪法和法律规范下保证使人民群众参与国家政治生活和社会生活管理的制度化；另一方面，一切国家权力主体依法履行管理各方面事务的职责，依制度规范管人、管事，使制度"不因领导人的改变而改变，不因领导人看法和注意力的改变而改变"③。因此，治理国家和依法治国基本同义。在治理国家的概念中包含着法治化路径的确立以及以此框定对存在人治问题的纠偏、着眼

---

① 《改革开放以来历届三中全会文件汇编》，人民出版社 2013 年版，第 52 页。
② 《江泽民文选》第 2 卷，人民出版社 2006 年版，第 29 页。
③ 《江泽民文选》第 2 卷，人民出版社 2006 年版，第 29 页。

于国家长治久安的制度保证等三个主要方面的要义。党的十六大报告和党的十七大报告都是在这一途径上言说治理国家的。党的十八大报告延续了党的十五大以来在政治体制改革和有序扩大人民民主、依法治国、党的领导语境中言说"治理国家",但与以往不同的是,同时出现了"国家治理"术语。问题在于:治理国家与国家治理两个术语是否等同?

在语用的意义上,"治理国家"与"国家治理"因表达逻辑的要求,在特定的语境下可以是等同的,都是言说"党领导人民"的行为体以国家为对象的治理。国家治理这一概念的语用价值,是党的十八届三中全会所凸显的。国家治理不是简单地对"治理国家"表达顺序的颠倒,其特定的含义在于:它包含治理国家和以党的领导、国家机构主体、社会主体治理公共事务的有机统一。国家治理的语用价值不仅仅是一个新术语,其语义内涵包含国家治理体系和治理能力两个不可分割的方面。"国家治理体系和治理能力是一个国家制度和制度执行能力的集中体现。"① 推进国家治理体系和治理能力现代化有明确的问题意识,即适应社会历史条件和环境的变化、前瞻发展目标,对法律法规和管理国家事务、社会事务的体制机制进行科学的变革,着眼于制度权威的确立和"善于运用制度和法律治理国家,把各方面制度优势转化为管理国家的效能"②。可见,在政治话语上,理解国家治理概念有两种途径,即国家治理是国家治理体系和治理能力的简称;或国家治理具体化为国家治理体系和治理能力两个方面,而且与中国特色社会主义制度有紧密相连不可分割的逻辑关系,规定了国家治理的历史发展方向。党的十九大报告制定了推进国家治理体系和治理能力现代化与建成社会主义现代化强国相统一的线路图和时间表:到全面建成小康社会和中国共产党成立一百年之时,国家治理制度化基本定型,到二〇三五年基本实现社会主义现代化之时国家治理基本实现现代化,到21世纪中叶建成社会主义强国之时"实现国家治理体系和治理能力现代化"③。从中可看出,推进国家治理制度化与强国逻辑是一致的。

从党的重要文献考察治理经济环境、治理国家到国家治理的政治话语

① 《习近平谈治国理政》第1卷,外文出版社2018年版,第91页。
② 《习近平谈治国理政》第1卷,外文出版社2018年版,第92页。
③ 习近平:《决胜全面建成小康社会　夺取新时代中国特色社会主义伟大胜利——在中国共产党第十九次全国代表大会上的报告》,人民出版社2017年版,第29页。

转换，国家治理既包含前者又超越性地实现治国理政理论的重大创新。这种持续性创新与发展的逻辑，是基于中国特色社会主义实践经验的理论升华而形成的新概念。推进国家治理现代化作为中国共产党治国理政的新概念新理论新战略，既是中国特色社会主义制度自身完善的具体化和显著标识，同时也是代表科学社会主义国家制度建构的鲜明指向。

（二）国家治理的认识论：社会主义制度自我完善

社会主义国家如何治理？这是中国共产党如何执政、党领导人民如何在国家制度中实现人民当家作主的重大政治理论问题。社会主义国家治理不可能沿用资本主义国家的治理，而是要从社会主义国家制度构建开始就寻求人民当家作主的制度设计方案。马克思和恩格斯关于社会主义国家建构的理论是国家治理理论的奠基，列宁对社会主义国家制度的构建和国家治理作出了初步探索，为其后奠定了理论、实践、制度基础。在后列宁时期，在建构和完善苏联社会主义制度上取得了巨大成效，但存在很大的理论缺陷以及制度建设的不完整性和外于制度的人治弊端，而且体制僵化和对其改革的不得法等问题，是导致其整体崩溃的极为重要的原因。20 世纪80 年代，世界上出现了三种改革路向，第一种是"里根—撒切尔主义"，即新自由主义的资本主义改革浪潮；第二种是苏联的社会主义改革；第三种是中国特色社会主义改革路径。比较三种改革所面对的问题和方向可以发现，苏联的失败与中国的成功、西方国家之乱象与中国之治的差别显而易见。资本主义改革要解决的问题是所谓"福利国家"的困境，以"市场主义"为主导的改革在于压缩政府控制市场的权力，复兴老自由主义的价值规律自发性引导市场经济，压缩福利开支降低社会保障。资本主义的改革不仅是资本主义世界的，而且是作为所谓全球化改革的方案而提出的。实际上，与早期资本主义以世界市场推动全球资本主义化相比，这次改革具有以普遍性改革理论再次使资本主义制度全球化的意味。以戈尔巴乔夫为首的苏联社会主义改革面临的体制僵化问题，以政治上实行民主、经济上实行市场经济的改革为取向。苏联的改革晚于中国，但苏联实行的民主政治以所谓自由社会主义理论为导向，市场经济改革导致经济体制崩溃最终导致了资本主义的死灰复燃，而民主也必然走向了"党争民主"的议会政治。中国的改革也是破解经济体制僵化、生产力发展缓慢、人民生活水平低的问题，但与苏联改革的差别在于，将发挥社会主义制度的优越性与探索构建社会主义市场经济相结合，创造了独立自主的改革开放道路。这条改革开放的成功之路呈现了规律性的方向，即中国特色社会主义道路、理论、制度、文化四者之间的相互联系、相互作用、相互制约、相互促进。这条规律是在坚持社会主义制度并完善这个制度的改革实践中逐渐形成的。在中国特色社会主义制度已经充分显现其独特优势的前提下，鲜明地建构坚持和完善中国特色社会主义制度、推进国家治理现代化的全面深化改革总目标，是马克思主义国家制度理论的创新发展。中国改革开放的总设计师邓小平早在 1980 年《关于党和国家领导制度的改革》中就提出了制度建构的初步思想，着力于从党和国家领导制度的关键之处入手解决人治的弊端，并于 1992 年提出整体性制度建构的历史任务和基本时间表、路线图。从制度与经济社会发展目标上看，前者总是发挥对后者的保证和引领的双重功能。推进国家治理现代化重大理论与实践课题的提出逻辑，就是承接和创新邓小平所提出的党和国家领导制度与整体制度完善的历史任务。习近平总书记指出，"邓小平同志在 1992 年提出，再有 30 年的时间，我们才会在各方面形成一整套更加成熟更加定型的制度。这次全会在邓小平同志战略思想的基础上，提出要推进国家治理体系和治理能力现代化。这是完善和发展中国特色社会主义制度的必然要求，是实现社会主义现代化的应有之义"①。国家治理概念形成于中国特色社会主义制度自我完善的路径、成熟于全面深化改革的新时代。这一历史过程，应从历史唯物主义的认识论上加以解释。

国家治理体系就是管理国家事务和社会事务以及各领域公共事务的体制机制，它内含于中国特色社会主义制度的形成逻辑。1978 年党的十一届三中全会开启了建设中国特色社会主义的新篇章。1985 年，我国在经济体制改革取得重大成就的同时也面临着很多困难，邓小平指出"改革是中国的第二次革命。这是一件很重要的必须做的事，尽管是有风险的事"②。同年，党的全国代表大会成为党的历史上为解决干部新老交替召开的一次重要会议，邓小平指出，"改革是社会主义制度的自我完善，在一定的范围

---

① 《习近平谈治国理政》第 1 卷，外文出版社 2018 年版，第 90 页。
② 《邓小平文选》第 3 卷，人民出版社 1993 年版，第 113 页。

内也发生了某种程度的革命性变革。这是一件大事，表明我们已经开始找
到了一条建设有中国特色的社会主义的路子"①。这就充分说明，改革作为
一场深刻革命，是自我革命，是社会主义制度自我完善的革命，是一场有
风险的必然性的革命。所谓风险，即如果搞不好有可能使社会主义制度发
生颠覆；所谓必然性，即如果不改革，中国的社会主义也面临崩溃的危
险，只有进行刀刃向内的自我革命才有出路。如何推动这场改革？邓小平
提出了社会主义制度自我完善的科学认识论，即只有社会主义才能救中
国，只有社会主义才能发展中国，这是一条不变的法则，在此基础上充分
认识到制度更具有根本性，同时如何正确认识制度及其发展成为关键。正
如在新民主主义和社会主义向外的革命中建构的社会主义基本制度，这个
制度的优越性体现了人类社会发展规律，在社会主义初步探索中发挥了制
度优势，促进了生产力的发展，初步探索了社会主义建设规律和共产党执
政规律。然而仍不可避免地出现了认识的偏差和实践上的挫折，在如何认
识社会主义建设遭遇的曲折问题上，有两种代表性观点，即社会主义失败
论和制度重构论，但二者都过于片面。社会主义制度是优越的，但从构建
到不断完善其是历史的过程，出现某些方面的问题并不是失败，同时制度
的自我革命不是另起炉灶而是在社会主义基本制度基础上的自我完善。基
于这样的基本认识论，社会主义制度的自我完善起始于以经济建设为中心
的经济体制改革。按照经济基础与上层建筑关系的原理，经济体制改革必
然要求上层建筑的政治体制改革与其相适应。完善民主制度与加强法制相
结合成为政治体制改革的重要任务。邓小平指出，"为了保障人民民主，
必须加强法制，必须使民主制度化、法律化，使这种制度和法律不因领导
人的改变而改变，不因领导人的看法和注意力的改变而改变"②。以法律制
度保障人民民主是对社会主义民主政治建设规律的深刻认识，是防止再次
出现个人专断和个人崇拜问题的关键。保障人民民主须臾不能离开党的领
导，同时如何领导的问题也必须在深刻总结历史经验、教训和把握未来的
关系上深思熟虑。邓小平在问题反思和社会主义制度自我完善的双重逻辑
上指出，"过去发生的各种错误，固然与某些领导人的思想、作风有关，

---

① 《邓小平文选》第3卷，人民出版社1993年版，第142页。
② 《邓小平文选》第2卷，人民出版社1994年版，第146页。

但是组织制度、工作制度方面的问题更重要。这些方面的制度好可以使坏人无法任意横行，制度不好可以使好人无法充分做好事，甚至会走向反面"①。民主制度、法律制度、党的领导制度等都是国家制度的组成部分，而制度的关键还是人的问题，因此"领导制度、组织制度问题更带有根本性、全局性、稳定性和长期性"②。以党的领导制度改革为重点带动国家制度改革，体现的是辩证法的重点和一般关系。

制度是人设计的，人既是制度的设计者又在制度约束范围内活动，在适应有目的的社会历史活动中不断依据对规律的把握创新制度规范，这是人类行为制度演化的一般逻辑。现代国家制度的共同特征是政党活动的创设，而马克思主义政党创设社会主义制度就是适应人民群众发展的需要，它建立在人类社会历史规律基础上。因此，党的领导制度居于社会主义国家制度中的首位，可以在思想路线、政治路线、组织路线的相互联系、相互作用的逻辑关系上保证社会主义制度自我完善的方向和人民当家作主制度的本位。思想路线是中国共产党在马克思主义中国化的历史进程中所取得的巨大成就，其核心和灵魂就是"实事求是"的认识论。邓小平以解放思想与实事求是有机统一的辩证观，作为党的思想路线，进一步丰富和发展了马克思主义的认识论。解放思想是克服思想僵化、教条主义、本本主义，科学把握人类社会历史趋势推进社会主义改革的需要，与实事求是相互维护。党的政治路线是在党的思想路线基础上，把握世界历史方向、制定符合中国国情的经济、政治、文化、社会建设的基本路线、方针、政策和战略，是实现人民期待的政治保证。邓小平基于中国国情和社会主义发展目标所确立的社会主义初级阶段理论，丰富和发展了社会主义发展阶段的理论认识，在此基础上所提出的初级阶段的基本路线是认识论与方法论的统一。在"一个中心两个基本点"的基本路线中，以经济建设为中心包含解放和发展生产力、共同富裕的社会主义本质论和方法论。坚持"四项基本原则"和坚持"改革开放"的两个基本点，前者包含社会主义救中国和发展中国的认识论、人民民主的社会主义本体论，后者包含怎样建设社会主义和怎样发展社会主义的认识论和方法论。坚持"四项基本原则"，

---

① 《邓小平文选》第 2 卷，人民出版社 1994 年版，第 333 页。
② 《邓小平文选》第 2 卷，人民出版社 1994 年版，第 333 页。

是坚持以经济建设为中心和坚持改革开放的方向规定性。思想路线和政治路线的有机统一要靠组织路线来保证①，这是邓小平关于建设社会主义的更为深刻的认识论。邓小平深思熟虑，将保证社会主义初级阶段的基本路线毫不动摇与国家制度长治久安的问题建立起逻辑关系，在这一认识论的语境中，于 1992 年明确提出中国特色社会主义制度定型化的发展定向。制度与方针、政策的逻辑关系也属于思想路线认识论，这种认识一旦确立就成为持之以恒的目标和后继者的接力秩序。

邓小平所提出的制度定型化的目标在中国特色社会主义实践中逐渐形成"中国特色社会主义制度"的认识。胡锦涛在庆祝中国共产党成立九十周年大会上的讲话，对中国特色社会主义制度首次进行概括。党的十八大报告指出："中国特色社会主义制度，就是人民代表大会制度的根本政治制度，中国共产党领导的多党合作和政治协商制度、民族区域自治制度以及基层群众自治制度等基本政治制度，中国特色社会主义法律体系，公有制为主体、多种所有制经济共同发展的基本经济制度，以及建立在这些制度基础上的经济体制、政治体制、文化体制、社会体制等各项具体制度。"② 这一界定意味着有别于传统社会主义的中国特色社会主义制度体系已然屹立于世界。这是坚持社会主义改革方向、立足社会主义基本制度进行自我完善所取得的重大历史成就。1978 年党的十一届三中全会确立了党的工作重心转移到社会主义现代化和改革开放上来的宏观政策。1980 年邓小平从组织路线上提出关于党和国家领导制度改革的具体方案，1992 年邓小平南方谈话进一步提出制度定型化的要求，体现了重点与整体的辩证关系。2002 年党的十六大有一个明确的话语转化，即从建设"有中国特色社会主义"到建设"中国特色社会主义"，这说明中国特色社会主义已经显现出其鲜明的特色。党的十六大报告所提出的"依法治国是党领导人民治理国家的基本方略"③，将原来运用于以经济秩序为对象的治理，转换为以"国家"为对象的治理。党的十八大报告是全面深化改革的总体部署，概括了中国特色社会主义制度，在延续党的十六大以来的依法治国是党领导

---

① 参见《邓小平文选》第 2 卷，人民出版社 1994 年版，第 190 页。
② 中共中央文献研究室编：《十八大以来重要文献选编》上，中央文献出版社 2014 年版，第 10 页。
③ 《江泽民文选》第 3 卷，人民出版社 2006 年版，第 553 页。

人民治理国家的语境中提出了国家治理概念。党的十八届三中全会是全面深化改革的具体部署，擘画了全面深化改革的重大举措、时间表、路线图，以推进国家治理现代化来完善和发展中国特色社会主义制度体系作为全面深化改革的总目标，明确了制度体系的协调与联动建设指向。国家治理概念既包含原有的政治体制改革内容的"治理国家"，同时又包含党的领导主体、国家机构主体、社会主体参与治理国家的内容，而这些主体力量的整合既是能力的要求，同时又是制度化的建构逻辑。国家治理体系成为包含经济、政治、文化、社会、生态文明等体制机制和党的领导制度的整体内容。可以说，国家治理是运用中国特色社会主义制度并优化这个制度治理公共事务，重点是适应全面深化改革的新时代要求，使各领域体制机制相互配套及其法律法规安排有序。因此，国家治理不是某一领域的而是全方位的。

国家治理是新时代治国理政理论和战略的概念化，其核心内容是完善和发展中国特色社会主义的工具理性，但同时也包含人民主体的国家性质的价值理性，是价值理性和工具理性的有机统一。从公共权力属性来看国家，国家是政治范畴；从国家包括疆域、人民、主权等主要构成要素来看，国家就是静态的公共事务的整体。国家治理是动态的整体性的国家运行方式，而制度化和各方面制度的相互协调是其目标指向。从中国特色社会主义制度和国家治理的逻辑关系上看，要运用中国特色社会主义制度治理国家，以国家治理的应然理念作为完善和发展中国特色社会主义制度的实践逻辑推进国家治理现代化。这是完善和发展中国特色社会主义制度的新认识论。

（三）国家治理现代化的制度解释途径

国家治理现代化是中国共产党历史上第一次提出的新概念[①]。学界对此现代化的理解有一种代表性的观点：将它与工业、农业、国防、科学技术"四个现代化"相比，称之为"第五个现代化"。现代（Modern）这个术语是文艺复兴时期人文学者用以表达人的精神面貌、艺术和城市化及其

---

① 参见中共中央文献研究室编《习近平关于全面深化改革论述摘编》，中央文献出版社 2014 年版，第 26 页。

建筑风格的新概念，与传统农业文明区别开来。现代化（Modernization）是动态的名词，用以表达生产生活方式的进步状态，物质生产机械化、城市化、经济生活市场化，生活方式多样性，价值多元性，政治民主化等。与现代化既有区别又有联系的概念是现代性（Modernity）。现代性有两个维度：其一，以个人自由、市场经济、民主政治三个要素组合表达其与传统相区别的质性；其二，现代性就是工具理性的时代，是将一切度量化、标准化而使人的个性和个体自由沦丧的时代。显然，这两个维度是冲突的。因此，现代性是"自反性"的，抑或是"悖论"式的。西方学者在多个学科兴起的现代性反思和批判旨在解构其悖论，"后现代主义"（Post-modernism）的兴起将现代性批判推向高潮。后现代主义以反本质主义、基础主义、理性主义、物本主义为旗帜，张扬主体性、个性化、部落化的生活方式而形成一种反现代化的理论思潮。但后现代主义的激进政治哲学很难对超越现实困境提出合理的方案；在历史境遇的现代和后现代的界分并未初现端倪。但后现代主义批判西方选票计算的工具民主、市场经济与个人自由的冲突具有冲击力，一些后现代学者认为马克思首开现代性批判的先河，甚至认为马克思是后现代主义哲学首创者。但一些学者并不这样认为，诸如哈贝马斯和吉登斯等认为现代性是未竟的事业。

在马克思主义的社会历史理论中，并没有关于现代性的专有名词，总体上是基于生产力发展的社会形态理论来划分传统与现代的。现代与传统的区分建立在知识技术化和机器生产力的使用、物质经济生活市场化、资产阶级民主这些要素上。马克思在揭示资本主义内在矛盾的基础上提出的终结资本主义世界历史、开辟无产阶级世界历史的主张，是规避和超越资本主义现代化的科学社会主义理论。在马克思的语境中，现代资产阶级、现代社会、现代民主、现代经济等都是关于现代性和现代化的话语，资本主义开辟的世界历史就是现代化的历史，无产阶级在资产阶级生产力发展的历史成就上开辟社会主义历史，是社会全面现代化的质的规定性。但是，现实的社会主义制度出现在没有经过资本主义充分发展的苏联和其后的中国，因此，一些反社会主义者和马克思主义阵营分裂后的修正主义者、滑向自由主义者都把西方的现代化标准普适化，用以衡量是否具有现代性、是否为现代化国家。在国家治理现代化提出之后，学术界有几种不同的声调：其一，国家治理现代化是适应西方治理理论的现代化；其二，

"第五个现代化"就是世界标准的现代化，所谓世界标准就是西方标准，在观念层面就是西方的民主与法治，因为中国原有的"四个现代化"是器物层面的，而民主与法治的第五个现代化是追赶型的；其三，国家治理现代化是制度的现代化，与第二种观点相类似，认为新中国成立后注重工具的"四个现代化"，改革开放以来开辟了市场经济的现代化，现在该实施制度现代化了。这些观点否定了新中国成立到社会主义基本制度确立以及改革开放以来中国特色社会主义制度的探索是现代化的。有的人将改革开放前的社会主义基本制度、中国特色社会主义制度和国家治理现代化分割开来，视它们为并列的三个阶段，依此认为制度现代化只起始于国家治理现代化。这种认识的错误显而易见。

现代化是持续的进步状态，因社会历史条件因素，社会主义现代化在器物层面落后于资本主义，追赶是事实，但社会主义制度高于资本主义不是以器物性现代化为唯一标准。以西方物质文明、民主政治、市场经济等构成现代化的主要因素作为比较标准，一些落后国家现代化的历史进程令人唏嘘。确实，落后国家和后发国家的现代化存在非整体性的状况，有的通过资源禀赋可以购买先进的器物享受物质文明的成果，但并未实现民主政治，甚至政教还未分离；另一种情况是，将西方的现代科学技术和政治制度全部引进，以为就此进入现代化，但如果"人"还未现代化，那么就有可能发生"传统遗民"操纵现代工具和现代制度而毁坏其现代化的情况。从这一角度看提出"人的现代化"问题具有重大意义。人的现代化包括思想、知识、心理、态度、行为等多个要素，对整体的现代化的影响具有根基性的地位。但是，人的现代化与器物、制度之间的协调关系或整体现代化应是怎样？其实，马克思在社会历史理论中早已经对其进行了清晰揭示。建立在辩证唯物主义和历史唯物主义基础上的科学社会主义原理就是社会整体现代化的理论逻辑。社会是人们的关系范畴，是人们相互作用的产物，但又不是任意作用和随心所欲的相互联系，而是由生产力发展水平所决定的物质生产方式构成人们相互联系的前提条件。资本主义的生产方式被动性地将工人阶级带入现代化的生产领域，异化劳动与"人作为人"之间的矛盾使工人形成具有共同利益的自在阶级联盟。以共产主义思想武装起来的工人阶级、以人的自由而全面发展的合目的性之觉醒，使其上升为自为的阶级，创造全新社会实现无产阶级解放乃至全人类的解放，是马克思主义现代化的整体性理论。无产阶级政治革命是建立全新社会的前提，而建设一个全新的社会是一个长期的历史过程。在马克思的社会历史理论中，建设一个全新社会应当将合乎人的发展的目的性与社会发展的规律性统一起来，而合乎规律性就是以促进生产力发展的科学逻辑改造社会和人本身。社会主义超越资本主义现代化，就是自觉地使人、物质生产力、制度协调发展的现代化。

马克思深刻分析了那些还未经过资本主义发展阶段、生产力发展水平落后的民族国家如何走向现代化的问题。资本逻辑必然开辟世界市场并依赖世界市场，迫使那些落后的民族国家进入资本主义世界分工体系之中是这一世界历史的趋势，资产阶级所开辟的世界历史就建立在这一基础之上。资本主义的作用无论如何都会深刻影响世界历史的发展趋势。但是，这些国家的无产阶级受发达国家无产阶级自我解放运动的影响也存在两种前途：一种是在资本主义作用下被迫进行的资本主义现代化，另一种是在共产主义思想作用下自觉进行社会主义革命，可以不经过资本主义的"卡夫丁峡谷"而建立社会主义制度。马克思深刻地认识到，这种革命的如果能实现，那么，胜利的无产阶级也必须以先进的社会制度保证和促进生产力的发展，自觉使用资本主义已经达到的科学技术乃至人类文明的一切成果，使生产力、人、制度发展协调一致。这也就是说，马克思关于落后民族国家超越"卡夫丁峡谷"的现代化理论预设，是在世界无产阶级同时进行社会主义革命的整体性上来言说的，而且包括发达国家的无产阶级将落后国家带入社会主义之义。对落后国家来说，不经过资本主义制度的"卡夫丁峡谷"而建立社会主义制度，还要以上层建筑反作用于经济基础、生产关系反作用于生产力，进而使生产力与生产关系、经济基础与上层建筑的作用与反作用相协调。马克思也深刻认识到，发达国家的无产阶级革命胜利后，也要经过一个上层建筑反作用于生产力和社会的一个重要阶段，才能走向协调发展阶段。因为资本主义的现代化是建立在生产力历史成就的前提下，受资本逻辑支配的"物"的世界的现代化；而社会主义的现代化以人"是其所是"的合目的性为根基，以社会生产力历史条件为逻辑起点，全面协调发展的现代化。政党政治应现代化的要求而产生，以共产主义思想武装起来的马克思主义政党，超越了其他政党的眼界，扭转了世界资本主义化的历史趋势，社会主义现代化的实践改变了世界。马克思、恩格斯的社会主义革命和社会主义现代化建设思想被列宁领导的俄国共产党人俄国化，并缔造了世界上第一个社会主义国家，列宁的社会主义现代化建设思想深刻影响了中国共产党。中国共产党自诞生之日起就确立了以社会主义革命为手段，以建设社会主义现代化的历史过程实现人的自由而全面发展的远大理想。马克思主义的世界观和方法论、科学社会主义原理与中国革命相结合创造了马克思主义中国化的历史逻辑。经过新民主主义革命缔造了新中国，中国的现代化起始于新中国，以新中国的国家制度为保障实现了社会主义基本制度的确立。

社会主义基本制度是现代化的制度。中国特色社会主义是着眼于社会主义全面现代化历史任务而展开的伟大实践，开辟了中国特色社会主义制度体系的构建，起始于改革开放前的社会主义基本制度的自我革命，"不变"与"变"的历史逻辑贯穿着坚持与发展、继承与创新的历史辩证法。以改革开放的时间节点来划分，改革开放前的社会主义实践探索还属于"传统社会主义"的模式①，包括社会主义现代化的理论解释、历史阶段、经济体制、社会运行方式等。开辟中国特色社会主义道路，既是着眼于纠偏失误的问题意识又起始于对社会主义现代化建设的新认识。党和国家将工作重心转移到社会主义现代化建设上来，也必须对实现"四个现代化"的历史条件有新的认识。从生产力发展水平来说，中国的社会主义还处于并且将长期处于社会主义初级阶段，在这一重大判断基础上，我们对"四个现代化"建设的认识实现了进一步跃升。邓小平指出，"实现四个现代化是一场深刻的伟大的革命。在这场伟大的革命中，我们是在不断地解决新的矛盾中前进的"②。"四个现代化"也就是生产力的现代化，解决生产力发展的矛盾，无疑关涉生产关系和上层建筑的重大问题，这是自我革命的关键所在。

自我革命是中国现代化的社会历史道路，但它必须与世界历史趋势相一致。资本主义的世界历史还在发展，生产力发展水平还高于社会主义国家，资本主义强势与社会主义弱势的力量对比，也使资本主义征服世界的

---

① 参见尚庆飞《"新的历史特点论"：党中央治国理政科学体系的历史基座》，《中国社会科学》2017 年第 4 期。

② 《邓小平文选》第 2 卷，人民出版社 1994 年版，第 152—153 页。

信念始终不变。结束"冷战"的对立格局，既是西方资本主义的愿望，也是社会主义发展的需要，但二者有本质的差别。学习西方的科学技术和管理方法、经验而发展生产力，是中国社会主义的需要，发展生产力实现现代化是社会主义不变的主题，只有如此才能实现社会主义世界历史的强势地位，实现社会主义引领世界历史的任务。资本主义需要社会主义的市场，这是资本家的利益所系，但资本主义消灭社会主义也是它的世界历史的价值命脉。因此，改革开放既是机遇也是挑战的一种新面貌体现在：和平与发展是时代主题的重要判断和坚持"四项基本原则"的刚性规定，保证改革开放既坚持独立自主走社会主义道路又自觉引入市场经济体制，与资本主义形成合作中有竞争、竞争中有合作的新格局。这是正确运用唯物辩证法基本原理，将发展社会主义民主政治与搞好经济改革的相互作用关系置于社会主义制度保证的维度上。邓小平深刻认识到社会主义制度是人类社会最好的制度，但它还不完善，通过自我改革使"我们的制度将一天天完善起来，它将吸收我们可以从世界各国吸收的进步因素，成为世界上最好的制度"①。为实现这一目标，邓小平制定了社会主义现代化建设的三个标准："在经济上赶上发达的资本主义国家，在政治上创造比资本主义国家的民主更高更切实的民主，并且造就比这些国家更多更优秀的人才。……党和国家的各种制度究竟好不好，完善不完善，必须用是否有利于实现这三条来检验。"② 中国特色社会主义制度的探索源于社会主义基本制度，是社会主义基本制度的升级版，是社会主义制度的第二次现代化。坚持党的领导和人民民主专政的政治制度毫不动摇，以社会主义制度的优越性保证经济建设的社会主义方向，以党和国家的领导制度、组织制度的改革优化人民代表大会的根本政治制度；完善政党合作和政治协商制度、民族区域自治制度，积极稳妥推进社会体制改革，构建基层群众自治制度等基本政治制度；推进法治国家建设，完善社会主义法律体系；完善和发展以公有制为主体，发展多种所有制形式和分配政策、构建和不断完善市场经济体制条件下的基本经济制度，使生产力发展水平与发达国家的差距大大缩短，实现从立国到富国的历史转变。从社会主义基本制度到中国特

---

① 《邓小平文选》第 2 卷，人民出版社 1994 年版，第 337 页。
② 《邓小平文选》第 2 卷，人民出版社 1994 年版，第 322—323 页。

色社会主义制度的创新发展始终贯穿着以制度保证社会主义现代化的逻辑。以国家治理现代化推进中国特色社会主义制度的完善和发展是因为，一方面这个制度还未完全定型，另一方面制度的优越性还未充分发挥出来，其中包容和吸纳人民参与国家治理的程度还不够。正是社会主义制度接力式的现代化形成了其独特的制度现代化的历史逻辑。

国家治理现代化既内在于中国特色社会主义制度，同时又是制度自我完善的目标，是新时代中国特色社会主义制度自我完善的理论和历史坐标。国家治理现代化的主要含义是社会主义全面现代化。全面性在于人、生产工具、生产方式、生活方式、文化、制度等都是其应有的内容。党的十八大以来，对社会主义现代化的认识还在不断加深，形成了"新五化"的政治话语，即中国特色的新型工业化、信息化、城镇化、农业现代化、经济发展绿色化①。"新五化"是原有"四个现代化"的升级版。因此，将国家治理现代化作为制度现代化之维，与原有的"四个现代化"相比，将其称为"第五个"现代化是不恰当的。但是，"新五化"的实践逻辑必须上升为制度，它属于中国特色社会主义制度范畴。将国家治理现代化与"四个现代化"相比，称之为"第五个现代化"的解释途径，是将国家治理仅仅置于政治体制改革的内容；而实质上，国家治理现代化是管理国家事务、社会事务以及各领域具体事务的体制机制和法律法规安排的制度化，具有整体性、系统性、全局性的特征。

全面深化改革已经不同于以往的单体改革，推进国家治理体系和治理能力现代化是现实问题和前瞻社会主义现代化的有机统一逻辑。改革开放以来坚持经济与政治的相互作用是正确的，但由于改革的内容是单体性的增量扩容，各领域虽然注重体制机制建设，却存在各自不完善的问题，有些方面处于制度化的初期，碎片化、部门治理各自为政的现象还比较严重，各层次各领域体制机制之间相互冲突，这严重制约着协调发展、科学发展理念的实现。系统解决这些问题要靠高超的治理能力，但治理能力又

---

① 党的十八大报告中提出"坚持走中国特色新型工业化、信息化、城镇化、农业现代化道路，推动信息化和工业化深度融合、工业化和城镇化良性互动、城镇化和农业现代化相互协调，促进工业化、信息化、城镇化、农业现代化同步发展"的"新四化"要求。2015 年 3 月 24 日中共中央政治局讨论通过《关于加快推进生态文明建设的意见》，提出要"协同推进新型工业化、城镇化、信息化、农业现代化和绿色化"，将"绿色化"与"新四化"并列形成"新五化"。

是运用制度治理的执行力问题。因此，在中国特色社会主义制度架构中，以治理公共事务制度化来完善中国特色社会主义制度，进一步发挥制度优越性与以制度优越性治理公共事务的辩证逻辑，就是国家治理现代化的理论和实践逻辑的统一。习近平总书记指出，"我们要更好发挥中国特色社会主义制度的优越性，必须从各个领域推进国家治理体系和治理能力现代化"①。推进国家治理现代化是整体性的制度设计，但制度定型并非僵化，而是着眼于长远的社会主义发展，制度总是随着社会历史进程不断优化的。国家治理现代化是社会主义全面现代化的制度保障和引领，现代化是持续的历史过程，制度现代化发挥了全面现代化引领和保障的双重功能，这是马克思主义历史辩证法的具体体现。

二　基于国家制度建构的国家治理概念生成逻辑

国家治理是治国理政的新概念、新范畴、新表述、新战略，是从人类社会秩序的历史、理论和经验中，特别是从马克思主义的国家理论和马克思主义民族化、具体化的历史演进中抽象出来的新概念。国家治理是理论形态与实践形态的有机统一。作为理论形态的国家治理具有概念思维的一般特征。概念是现象之网的纽结，是深刻反映现象之本质的理论表达，是理论的高度抽象和凝结。首先在国家制度理论基础上理解国家治理概念的生成，其次来理解国家治理概念的内涵和外延是有效的解释途径。

（一）中国社会主义国家制度的形成逻辑

国家治理是当代政治理论的新概念新表述新术语，这是学界的共同认识。但是，在如何理解国家治理概念生成的逻辑上还存在着分歧。作为学术研究来说，概念的清晰性、准确性是基本规范。但学术概念对学术研究者来说却有两种不同的地位：一种是以概念在先，被概念所主导，要求现实的事物必须符合先在的概念，以概念来创造现实事物，使现实事物成为概念这一灵魂的肉体，这就遁入了黑格尔历史唯心主义的窠臼；另一种是

---

①　中共中央文献研究室编：《十八大以来重要文献选编》上，中央文献出版社 2014 年版，第 548 页。

通过对现实感性事物的科学抽象，在思维中形成反映事物本质的概念，这个概念是具体的现实的历史的工具化的，这是辩证唯物主义和历史唯物主义的认识论。概念的具体性有两个方面，一个是整体的或总体的概念，另一个是整体的各个侧面的分支概念。概念的现实性，指概念这一抽象思维的工具是以观察者和研究者为主体的，但它不能代替现实事物的主体①，两个主体必须保持互动状态，力求概念的内涵和外延与事物的发展水平相一致。概念的历史性，是指同一术语在不同的历史时代的内涵和外延不同，它可能或迟或早与事物发展水平相一致。概念是理论中的逻辑体系，理论是认识主体对客观事物的本质、规律的解释途径，实践是理论的源泉，由此构成了解释事物运动的历史逻辑。在历史唯物主义认识论上，马克思提出了一种"后思"的方法："对人类生活形式的思索，从而对这些形式的科学分析，总是采取同实际发展相反的道路。这种思索是从事后开始的，就是说，是从发展过程的完成的结果开始的。"② 基于这一方法，列宁又有很大的发挥，"在社会科学问题上有一种最可靠的方法，……那就是不要忘记基本的历史联系，考察每个问题都要看某种现象在历史上怎样产生、在发展过程中经过了哪些主要阶段，并根据它的这种发展去考察这一事物现在是怎样的。"③ 基于历史唯物主义的认识论，可以揭示中国特色的国家治理概念的理论逻辑和概念框架体系。

国家治理概念是马克思主义关于社会主义制度理论的概念化，它是历史的生成而不是头脑的凭空想象，正如马克思和恩格斯所指出的，"共产党人的理论原理，决不是以这个或那个世界改革家所发明或发现的思想、原则为根据的"④。共产党人的革命理论和如何建设社会主义的理论，是从人类社会历史运动规律、历史发展趋势和基于现实条件的合理超越性实践中形成的。马克思主义政党自产生起就开始了推翻旧制度、建立人民当权的新制度的革命实践。在无产阶级自我解放的制度建构史上，构建区别于资本主义制度的社会主义制度既是初始的动因，也一直是社会主义制度实

---

① 参见《马克思恩格斯文集》第 8 卷，人民出版社 2009 年版，第 25—26 页。

② 《马克思恩格斯文集》第 5 卷，人民出版社 2009 年版，第 93 页。

③ 中共中央马克思恩格斯列宁斯大林著作编译局编译：《列宁专题文集·论辩证唯物主义和历史唯物主义》，人民出版社 2009 年版，第 283 页。

④ 《马克思恩格斯文集》第 2 卷，人民出版社 2009 年版，第 44 页。

践史上的努力方向。巴黎公社是无产阶级建立的第一个经验的制度形式，它虽是人类历史的一项创举，但存在理论的缺陷和制度实践的仓促应对。但公社政权组织的建立标志着人类社会历史上第一个工人阶级政权形式的诞生。巴黎公社之所以被称为"公社"，就是因为当时的巴黎公社的各个派别的工人还未认识到国家与公社的差别。当时的一些工人派别及其所产生的政党受空想社会主义及其变种的影响，蒲鲁东的社会主义、布朗基的社会主义等派别在很大程度上都是巴贝夫、圣西门、傅立叶的继承人，他们钟情于"公社"，而对如何建立无产阶级统治的国家及其长久性问题在理论上持反对态度，他们并不认为公社的政权组织形式是临时性的，试图毕其功于一役而实现公社自治。他们认为公社与个人自由是一致的，而国家是统治工具。法文的公社（Commune）与古德文的共同体（Gemeiewes-en）都具有共有财产、协作劳动的生产生活组织之义。马克思对巴黎公社的经验总结是正与反两方面的：巴黎公社的创举的伟大之处在于它证明了工人阶级能够建立自己政权，典型特征就是有别于资产阶级的一种新型的民主制；但公社没有实现向国家形式发展。在苏俄的社会主义革命运动中所创建的苏维埃也有过一段以巴黎公社为楷模的时期，但在 1917 年"十月革命"胜利建立新政权的时候，以巴黎公社为楷模显然是不可能的，但反对列宁的工人民主派和一些革命政党仍以"公社"为思维范式。当然，俄国人对公社的认识既具有空想社会主义成分，也有基于俄国农业公社历史传统，如民粹派。列宁将马克思主义俄国化初步创建了苏联社会主义国家制度，为后继者奠定了基础，也为中国的社会主义制度建构提供了导向性的启示。

中国的社会主义国家制度建构，一般将改革开放前的社会主义基本制度与苏维埃模式相等同，其差别往往被忽视。实际上，中国的社会主义国家制度与苏维埃式的国家制度模式有明显的差别。从建构国家的历史过程来看两国就存在明显的差别。俄国的"十月革命"是短促的城市工人革命建立的新国家，在随即遭遇的帝国主义和国内反对派的武装进攻的应激转变中采取了"军事共产主义"的特殊政策向社会主义过渡，在这种过渡政策出现严重危机的时候，列宁主张采取"新经济政策"，这也是过渡的形式。在后列宁时期所形成的社会主义制度模式化，被尊为社会主义制度的样板，而且作为评价社会主义制度的典范。一种观点认为，中国 1956 年社会主义改造基本完成后宣布社会主义制度基本确立，但在苏联看来中国还处于社会主义前期，如在苏联哲学家罗森塔尔和尤金编的《简明哲学词典》中的"人民民主"词条的解释中就是如此①。另一种观点认为，改革开放前的中国社会主义基本制度完全是苏联模式的，实际上是一种解释误区。中国的社会主义基本制度的建构与苏联相比有着更为复杂的历史过程。中国在新民主主义革命过程中成功探索了中国共产党领导的人民民主政权建设的革命道路，形成了具有中国特点的马克思主义的新民主主义革命理论和实践经验，为社会主义国家制度建构奠定了基础。建设新民主主义社会，同时也是社会主义革命的开始，在这种双重逻辑有机统一的实践中成功地构建了社会主义基本制度。社会主义基本制度的本质性体现就是以政治的人民代表大会制度为根本的人民民主。这种制度的建构基础，在新民主主义革命的艰难岁月中已经具有了经验积累。

新民主主义革命的性质是无产阶级领导的资产阶级革命，但革命的主体是以无产阶级领导的工农联盟为基础的，正是此原因才构成了新民主主义革命向社会主义革命转变的基础和发展趋势。因新民主主义革命是反帝反封建双重任务的统一，在工农联盟基础上构建了各个革命阶级的联盟，人民就是各革命阶级，与敌人相对立。从新民主主义时期的"人民"概念到社会主义时期"人民"概念的演变，是经过社会主义改造形成的，即原来民主革命的剥削阶级已经基本上成为自食其力的劳动者，由此，人民就是指劳动人民。人民代表大会的根本政治制度就是劳动人民当权的新制度。在人民代表大会的国家主权及其派生的治权外设置多党合作的政治协商制度具有特殊的重大意义。

在民主政治的解释学上，中国逻辑的多党合作与政治协商，是在新民主主义革命的历史时期形成的，原来的民主党派还是资产阶级的，但在新民主主义向社会主义过渡中采取了一种特殊的民主形式，即以政治协商的形式取得共识，为社会主义革命奠定了基础，所以中国的社会主义革命是"改造"形式的温和的革命，创造了历史上阶级革命的独有形式。在社会

---

① 在"人民民主"的解释中，其认为中国和二战后东欧的国家实行的人民民主还存在多党派别，人民民主政权还不是无产阶级民主或工农民主政权，还处于社会主义的入口。参见罗森塔尔、尤金编《简明哲学词典》，中共中央马克思恩格斯列宁斯大林著作编译局译，生活·读书·新知三联书店 1973 年版，第3—9 页。

主义改造基本结束的条件下，原来小资产阶级、民族资产阶级的民主党派也已经消失了原来的阶级基础，将他们设定为劳动人民的特殊阶层，在国家权力体系外表达民意、参与国是、监督权力主体、团结国内外各种力量，是国家基本政治制度的独有设计。基本政治制度还包括城市基层的街区制度、乡村的公社制度。在国家的权力结构上，中国社会主义制度是属于单一制的国家制度，但由人民代表大会的根本政治制度和政治协商、民族区域自治、城乡基层民主的基本政治制度所构成的国家政治制度，有别于苏联的政治制度。中国式的独特的政治制度的形成，就是因为起初的教条主义模仿苏联社会主义革命遭遇失败后，在转向以农村为革命起点构建无产阶级领导的以农民为主力军的成功的革命经验中，团结各革命阶级而构建起来的。科学社会主义基本原理与工人运动相结合是社会主义的，而科学社会主义基本原理与农民解放运动相结合是中国新民主主义革命的，在新民主主义革命基础上的社会主义革命包括了工农联盟主体阶级的社会主义改造和其他革命阶级的社会主义改造。这条构建政治制度的道路具有极强的创造性。这条道路和制度的成功之处就在于坚持中国共产党的领导，正如马克思和恩格斯指出的那样，"共产党是各国工人政党中最坚决的、始终起推动作用的部分；在理论方面，他们胜过其余无产阶级群众的地方在于他们了解无产阶级运动的条件、进程和一般结果"[1]。在中国共产党的政治话语中，关于新民主主义革命领导者基本上是用无产阶级而很少用中国共产党的字眼。产业工人是无产阶级概念的实体内容，但因当时的中国工人阶级在四万万人口中也只不过二百万左右，而且主要集中在殖民者工厂和民族资产阶级、小资产阶级的少数城市工厂、作坊中，因此，无产阶级领导实质上是中国共产党这一工人阶级的先进代表所领导的；之所以强调工人阶级领导，是因为工人阶级运动是代表社会主义方向，而且是作为一个先进的阶级面貌出现的。中国共产党领导新民主主义革命是迄今为止没有任何一个马克思主义政党所经历过的，从农村革命根据地的武装割据时期起就不断积累创建社会主义国家制度的经验。

国家政治制度属于上层建筑，但不是国家制度的全部，国家制度是经济结构与上层建筑的关系总和。经济基础与政治权力、法律、意识形态共

---

① 《马克思恩格斯文集》第 2 卷，人民出版社 2009 年版，第 44 页。

同构成国家制度，社会主义基本制度的构建就意味着中国的社会主义国家制度基本形成。从基本经济制度的形成来看，新民主主义革命胜利之时，中国社会存在解放区少量公有制经济和没收官僚资本国有化的公有经济、具有社会主义趋势的农业合作社经济，而大部分是个体经济，还有一部分民族资产阶级和城市小资产阶级经济成分。在这种条件下也出现了一种声音，即既然是多种经济成分所构成的经济基础，按照经济基础决定上层建筑的理论，国家的政治权力就应当由各个阶级的政党组成。这种解释忽视了上层建筑对经济基础的反作用，只注意了经济基础与上层建筑关系的一个方面，而且忽视了社会转型期新制度代替旧制度的革命性。新民主主义革命之所以成为社会主义革命的必要准备、新民主主义社会建设与社会主义革命作为统一过程的逻辑，就在于无产阶级通过共产党的领导来实现工业化与社会主义公有制的经济基础建设，社会主义经济基础不是自然发生的，而是建构起来的。资本主义社会的经济基础也是建构起来的，它是如何建构的？马克思的《资本论》已经作出了科学解释且至今没有任何一种学说能够超越。与资本主义不同的是，社会主义的经济基础是公有制。虽然社会主义改造也存在过急过快的问题，但公有制的经济基础是在党的领导和国家权力、初步确立的社会主义法律、社会主义意识形态的共同作用下完成的。

经济基础与上层建筑之间的关系用"力"的概念来表达是历史唯物主义的表达方式。就作用力与反作用力的物理学来说，"发力"者或施力的主动方与"阻力"方或"反力"方的关系就是作用与反作用，但是，就经济基础与上层建筑之间的关系来说不能完全用物理学的关系来解释，因为经济基础不是物的结构而是社会的阶级结构及其所有制和分配制度所构成的，从这一史实的逻辑看，构建社会主义的经济基础就是党领导大多数人民的动力，与上层建筑的国家权力、法律、意识形态形成的合力，发力者是上层建筑。在社会主义经济基础基本建立的条件下，上层建筑与经济基础之间的作用力应是相互适应的，而庸俗的经济唯物主义和唯生产力论忽视或错误地解释经济基础与上层建筑"作用力"的关系。就社会主义基本制度来看，政治制度有别于苏联是毫无疑问的，但基本经济制度存在近似苏联的问题。在社会主义初步探索时期，我国经济建设取得了巨大成就，同时也认识到了经济建设模仿他国的欠缺。在社会主义矛盾的认识论上对经济基础与上层建筑相互适应的关系形成成熟的理论；在探索有别于苏联的经济制度和管理体制上的认识也是深刻的，但在实践中没有得到很好的坚持，以致造成了巨大损失。

（二）国家制度发展的历史辩证法与国家治理概念

历史唯物主义的国家制度是与社会形态同构的。有三种国家制度理论与马克思主义的国家制度理论形成明显的区别，一种是神学的政教合一的国家制度；另一种是唯意志论的在精神现象学上解释国家，将政治制度等同于国家制度，将国家制度与物质生活关系总和的市民社会相分离视为现代社会的典型特征，黑格尔的历史唯心主义是其典型的代表；还有一种是自由主义的，将政治制度等同于国家制度，国家制度与社会完全分离开来，这种认识论在于将政治民主的上层建筑与私有制的经济基础分离开来。马克思主义的国家学说在经济基础与上层建筑辩证关系历史发展的原理上科学地揭示了国家制度产生、发展的规律。在中国共产党的主要文献中少见国家制度的表述，多数用经济制度、政治制度、社会制度等概念来表达，但党的十八大后，习近平总书记明确提出国家治理体系和治理能力就是"国家制度和制度执行能力的集中体现"①的鲜明观点，由此，国家制度的概念在学术视野上被人们逐渐重视。但在学术解释学上关于国家制度的讨论大多数还停留在上层建筑层面，很少在国家制度与中国特色社会主义制度等同的逻辑上思考国家治理问题。党的十九届四中全会指出，"我国国家治理体系和治理能力是中国特色社会主义制度及其执行能力的集中体现"②。可见，国家制度就是中国特色社会主义制度的集中体现。

由此推理，社会主义基本制度就是中国社会主义国家制度确立的显著标志。从社会形态、社会性质、国家性质的关系考察国家制度，可以证明社会主义基本制度就是国家制度确立的判断。社会形态是由一定历史时期社会性质所表征的，经济社会形态与政治形态共同构成一定社会形态；社会性质也被称为社会制度，社会制度决定了国家的政治制度，这样的观念

---

① 《习近平谈治国理政》第 1 卷，外文出版社 2018 年版，第 91 页。
② 《中共中央关于坚持和完善中国特色社会主义制度　推进国家治理体系和治理能力现代化若干重大问题的决定》，人民出版社 2019 年版，第 2 页。

已经成为历史唯物主义的一般常识。以往关于社会主义社会的看法很少将其作为一个特定的社会形态来看，一般在共产主义长远目标的大历史逻辑上，以列宁将社会主义作为马克思所说的共产主义第一阶段的看法为标准，将社会主义视作向共产主义过渡的历史阶段，没有将其作为社会形态来看。随着对社会主义建设历史认识的逐渐加深，对其阶段划分已经形成理论认识，但对于社会主义社会是否作为一种社会形态还存有争议。马克思和恩格斯没有将社会主义社会作为一种特定的社会形态有两个原因，其一，是因为当时的社会主义概念出现了混乱而使用共产主义，以此表明共产主义是无产阶级的解放运动，但在提出"科学社会主义概念"后，共产主义与社会主义等同也就是自然的事情了，当然这都是在"科学"历史观上来说的；其二，马克思和恩格斯所言说的共产主义革命起点逻辑是在资本主义已经有了很大的发展，而且是发达资本主义国家都发生共产主义革命的条件下，将共产主义划分为"第一阶段"的过渡时期和未来的共产主义社会形态。就世界历史发展来看，社会主义国家的出现不是在马克思和恩格斯所预料的途径上，而是在落后国家，并且出现了资本主义制度与社会主义制度并列竞争、合作的图景。从发展态势上看，社会主义还有很长的历史阶段，而且与资本主义并列的历史也还会有很长的时间，所以将社会主义作为一个特定的社会形态来看更为科学。从马克思的社会形态理论上看社会制度就是一种社会形态①，由此，社会主义社会性质决定了社会主义的社会制度，社会主义社会制度就是国家制度。这种认识就是马克思通过对社会制度的整体结构论述所表明的："人们在自己生活的社会生产中发生一定的、必然的、不以他们的意志为转移的关系，即同他们的物质生产力的一定发展阶段相适合的生产关系。这些生产关系的总和构成社会的经济结构，即有法律的和政治的上层建筑竖立其上并有一定的社会意识形式与之相适应的现实基础。"② 毫无疑问，马克思在这里所说的是一般的社会制度，包含了经济基础和法律的、政治的上层建筑，以及为它们辩护、论证、教化、认同的社会意识形式。因此，社会制度与国家制度也是相等同的，可以将马克思的这个论断作为国家制度的界说。但这并不否认

① 参见秦宣《科学社会主义基础理论研究》，北京师范大学出版社 2017 年版，第 246 页。
② 《马克思恩格斯文集》第 2 卷，人民出版社 2009 年版，第 591 页。

政治国家或国家的政治制度的特别存在，马克思在社会制度上揭示了政治国家是社会制度的表现形式①，因此，政治国家是国家制度的一部分，而且国家的政治制度表明了社会经济结构中谁是统治阶级、它与社会性质相统一。从国家概念的内容看，它包括疆域、主权、人口、民族等多个要素，国家制度就是国家性质和制度运行的整体，而上层建筑的政治权力制度、法律制度、意识形态制度是国家制度运行的引擎和操控器。但是，应该注意社会形态与国家制度同构只是表明社会制度性质与国家制度性质同构性，但二者还有一定的差别。国家制度是社会制度的具体组织形式和实现社会性质的具体操控系统，它包括社会的价值原则、实现价值预设的体制机制和职能配置、人员任职、法律法规典章规范等一系列要素的组合建构。社会主义社会制度由公有制与人民民主或人民当权两大主要要素体现其性质，它必然要求转化为国家制度的性质、制度的功能价值和实现手段的制度设计。实际上，国家制度的"运行态"就是国家治理的制度。国家制度从社会主义基本制度到中国特色社会主义制度的认识论是国家治理概念生成的历史逻辑和实践逻辑的统一。

从国家制度与社会制度同构的逻辑上，体现和实现社会性质的国家制度，在同一社会性质的不同民族也存在国家制度性质相同，但具体的国家运行体制机制不尽相同、在历史的不同时期也有差别的现象。马克思主义历史辩证法为社会主义国家制度的创建与自我更新、发展奠定了理论基础。社会主义国家制度的建构要将马克思主义基本原理与个别、特殊民族的社会历史条件相结合，以历史辩证法的发展观科学推进国家制度的变革，这是马克思主义者应有的态度。中国共产党百年来的奋斗历史和反帝反封建、缔造新中国和确立了社会主义基本制度，在"改革是社会主义制度的自我完善"②的制度历史辩证法的指引下，立足于社会主义基本制度的自我完善，打破制度僵化的教条主义和经验主义的老路，拒绝自由主义的邪路，在探索中国特色社会主义的实践中形成了中国特色社会主义制度。习近平总书记对社会主义制度现代化的历史进程作出了科学阐释："我国社会主义实践的前半程已经走过了，前半程我们的主要历史任务是

---

① 参见《马克思恩格斯文集》第10卷，人民出版社2009年版，第43页。

② 《邓小平文选》第3卷，人民出版社1993年版，第142页。

建立社会主义基本制度，并在这个基础上进行改革，现在已经有了很好的基础。后半程，我们的主要历史任务是完善和发展中国特色社会主义制度，为党和国家事业发展、为人民幸福安康、为社会和谐稳定、为国家长治久安提供一整套更完备、更稳定、更管用的制度体系。"① 以推进国家治理体系现代化为着力点完善和发展中国特色社会主义制度，是马克思主义国家制度理论发展的一个新的里程碑。

国家治理体系就是国家制度体系，就是中国特色社会主义制度体系，在坚持中自我完善、在自我完善中不断发展和进步的历史辩证法有两层逻辑关系。其一，在中国特色社会主义道路、理论、制度、文化四要素之间的辩证关系上看制度的地位，它是社会主义性质的保证；同时坚持中国特色社会主义道路、创新发展理论为制度的自我变革提供了保障和导航。不坚持中国特色社会主义道路、没有中国特色社会主义理论、离开社会主义市场经济理论的成熟就不会有今天的中国特色社会主义制度。中国特色社会主义制度具有深厚的文化底蕴，以现代的民主思想创造性转化和创新性发展优秀传统文化的民本思想，成为执政党全心全意为人民服务的"天下为公"理念和实践发展的逻辑，它在国家治理体系的领导制度中表现为"不忘初心、牢记使命"的制度化，它服从于人民当家作主的制度价值的实现。其二，国家制度理论已成为政治和学术研究的重要概念。国家制度理论有丰富的中西国家学说史、思想史、制度史等理论遗产，社会主义国家制度理论是科学社会主义基本原理的重要内容。资本主义国家制度理论及其变革，苏联、东欧的社会主义国家制度的创建理论与实践经验教训，都是中国特色社会主义国家制度理论关切的重要方面。更重要的是，在推进马克思主义中国化的历史逻辑上，我们构建了完善国家治理体系和发展中国特色社会主义制度实践的新的理论坐标。

中国特色社会主义制度体系和执行能力就是国家治理的基础概念。学术研究与政治话语的国家治理概念可以有差别，因为在学术研究中一直存在学者独立思考的空间和时间，对国家治理的各种定义在学理途径也有差

---

① 中共中央文献研究室编：《习近平关于社会主义政治建设论述摘编》，中央文献出版社 2017 年版，第 6—7 页。

别，但在政治话语和学术研究相统一的学术道路上，"依照中国特色社会主义制度展开"① 的逻辑理解国家治理概念是合理的解释学途径。国家治理是一个总体概念，它包括治理体系和治理能力两个方面，治理能力是国家制度体系的执行力，而执行本身就是制度化的安排，由此才有国家制度体系。制度体系及其执行就是国家治理体系和治理能力的集中体现或总称的解释学。在国家制度体系中就包含制度执行，亦即国家治理体系中就包含执行的制度安排，这样二者才能够相辅相成地实现一体化。之所以治理体系与治理能力存在辩证的关系，是因为二者之间存在张力：一是治理体系不完善和体系之间不协调，在制度执行中体系之间相互掣肘、相互抵消的问题必然导致治理能力弱；二是治理体系或制度没有得到有效执行，治理主体缺乏尊崇制度权威的意识，制度被虚置；三是制度设计存有行为主体不作为、过度，错位、个人意志、部门意志等滋生的时空。因此，国家治理首要的是治理国家制度体系。如何治理国家制度体系？显然，对这一问题的回答还是要回到治理能力上，由此，这一设问就转换为需要什么能力的问题。治理国家制度体系因"依照中国特色社会主义制度展开"的规定性框定了治理主体的能力范围，治理主体在治理国家制度中就包含对主体自身行为的约束和激励。

国家制度可以区分为"物"的属性的制度、"人"的属性的制度两个方面，但"物"的属性的制度并非纯粹的"物"，而是人与物的关系的制度，自然之物、生产和生活之物的占有、所有、分配、消费等无不是人与物的关系。从历史发展的逻辑上，人与物的关系还有"代际"的关系，"代际正义"理论在这方面的讨论有很大的启发意义。因此说，治理国家制度体系的关键就是对国家中的主体及其关系体系的完善和发展。在治理国家制度体系的主体中，中国特色社会主义最本质的特征和最大优势就是中国共产党的领导，"党领导人民治理国家"的具体化和首要任务就是党的领导和人民参与的制度体系。所以，在国家治理的总体概念中包含着若干子概念系统。大体来说，国家治理概念包括党的领导制度、人民民主的权利与权力制度、法治制度、德治制度、意识形态制度、善制等六个子系

---

① 《中共中央关于坚持和完善中国特色社会主义制度　推进国家治理体系和治理能力现代化若干重大问题的决定》，人民出版社 2019 年版，第 2 页。

统，这六个子系统中各自还包含若干小概念。

党的领导制度是国家制度体系中的顶层设计，是中国特色社会主义制度体系中的根本制度。党的领导制度，一方面直接影响着国家制度体系完善和发展的质量，另一方面党的领导制度是国家制度体系运行的中枢系统。党的领导制度不仅仅是组织制度，还包括永葆初心和使命的制度、坚持科学理论并在实践中不断创新的理论制度、能力提升的制度、优良作风的制度、群众路线和协商民主的领导方式的制度、责任和惩戒制度等。中国共产党重视和加强领导制度建设的态度是一贯的，在推翻旧制度、创建社会主义基本制度、对其自我完善形成的中国特色社会主义制度的实践中贯穿着党的领导制度自身完善和发展的历史逻辑。党的领导制度要适应中国特色社会主义发展的历史进程，是领导制度自我变革和优化的基本要求。在适应全面深化改革的新时代历史方位上，党的自我革命包括领导制度的变革。在国家治理体系的优化设计中，党的领导制度既包括制度设计的领导能力，也包括在制度设计中如何实施领导核心作用和最大优势正确发挥的制度规范。由党章规范的党内法规的制度体系和宪法规范的国家法律体系实施的双重逻辑规定性，构成党的领导制度的基本规范。

人民民主制度既是国家制度体系的权力体系，也是国家治理的权力运行体系。民主是国家治理的本质性要求，但它不是可以忽略制度的民主治理，而是制度化的民主治理。它一方面要求"治理民主制度"，另一方面要求有效运行民主制度。这两个方面的有机统一，是中国特色的治理的独特蕴义，也是与西方的治理概念本质相区别的具体的现实体现。人民代表大会制度是国家治理权利与权力运行的根本制度，是人民当权的实质性体现。多党合作与政治协商的基本政治制度，是在人民民主基础上的扩大民主形式。中国民主党派的属性是参政党，在人民代表大会之外发挥的政策建议、咨询、监督、社会团结等职能，是一种特有的民主形式，既不属于国家权力也不属于国家治权，各民主党派也不代表社会的任何阶层，而是由各阶层中具有参政、议政愿望和能力的知识分子、有影响的精英组成。各党派是人民中的特殊阶层，他们发挥联系各自领域群众，发挥民主参政、民主监督和社会团结的作用，但不是利益集团也不代表任何利益集团，这是中国政党制度的特有形式，是民主制度的一种独特设计，既具有历史的发展逻辑，又要求以扩大人民民主的增量和提升民主"质"性而完善其制度。民族区域自治制度是尊重民族文化特点和生活方式的具体制度设计，是中国特色社会主义的基本政治制度，在单一制的国家制度中是属于地方民主的权力组织，采取在国家法律和授权条件下实行民主集中制的组织制度，与其他地方的民主集中制的形式都是相同的。基层民主制度是按照人民群众直接民主的形式来设计的基本政治制度，民主参与、民主选举、民主管理、民主监督是村（居）民自治的民主形式。在人民民主的制度体系中，全国人民代表大会是国家治理制度体系中的主权机构，按照民主集中制的组织制度的立法和决策，是国家的最高权威，为地方和基层治理提供法律规范的依据。在人民民主的制度体系中，中国共产党作为执政党的重要体现就是发挥总揽全局的领导作用。在西方的国家制度中执政党基本上都是在议会的立法权中占有多数席位和直接拥有国家治权的党派。在中国，共产党执政是在革命的历史逻辑中形成的，其执政意味着在推进科学社会主义原理中国化的历史进程中，在国家主权的代表结构中处于领导地位，在国家主权派生的治权的行政、司法、监察体制中设置党组保证党的领导。执政与领导既有区别又相互联系、不可分割。执政是在权力体制中的，这是任何政党执政的共有特征，但中国共产党的民主执政形式，是党的领导通过人民民主的制度发挥作用，人民立法和行政、司法、监察机构通过党的领导保障和实现人民意志，是中国民主权利表达和权力实施的典型特征。因此，国家治理的一个重要内容就是关于民主的权利与权力以及二者之间关系的治理。

　　法治体系是国家治理的骨干工程。改革开放以来，从重视法制到重视法治是政治话语的重要转变。法治概念的兴起以及学术争鸣在改革开放之初就已经产生了。学术界在争论中基本上弄清楚了"依法"和"以法"、"法治"和"法制"之间的关系，也取得了一定的共识。"依法"与"法治"相适应、与人治相对立；"以法"还未与人治相分离。在学术话语中有一种"从法制到法治"的进步说，似乎"法制"被"法治"代替了；与这种说法不同的一种观点认为，法治与法制没有什么差别，二者的一字之差也没有多大意义。实质上，法治不是代替法制，后者为前者奠定了基础和发展的历史方向。在学术概念上，静态的法治与法制可以同义，但法治更主要强调民主立法的持续性和良法的获得与法律有效执行、法律面前人人平等、没有法外之"法"和人治的现象。中国共产党执政理念上的法治概念，是在治国理政的基本方略意义上使用的。法治在依法治国中就是国家治理的革命性行动方略。法治是良法生成的规定性路径，法制是以法律文本为基准的典章制度，是法治在一定的时期相对稳定的法律体系，法治的外延大于法制，既包括了法律制度的生成，也包括执行、监督、评价和废、改、立等诸环节。党领导人民立法、在宪法和法律的规定实施中依法执政、民主执政、为民执政等是依法治国的重要内容。法治国家、法治政府、法治社会三者之间，法治国家是党领导人民实行民主立法、科学立法、严格执法、公正司法、实施监督等的总称，规定了立法程序和立法质量、依据经济社会发展规律和人民群众的利益诉求等实践立法的要求。法治政府指的是行政系统的权力源于合法授予、依法行政，法外无行政的规范。法治社会是指社会各群体以法律为最高权威。三者一体化推进是以法治国家为统领的，法治作为国家治理的革命性变革就在于立法中的良法体系、执法体系、司法体系、监督体系的各自健全及其相互协调，以"良法善治"的理念构建国家治理的行动逻辑。

德治的制度化。德治与法治二者兼备是中国特色的国家治理制度完善和发展的基本路径。在学界一直存在"要法治"还是"要德治"的争论。就反对德治的根据来说，其认为德治就是人治，中国传统的人治典范就是以儒家伦理为意识形态及其教化的典范；在法治是现代的民主之治、德治是传统的人治的区分认识上将二者对立起来。传统的德治与人治是统一的，但现代的德治并不必然地与人治同构，也不必然地与法治相冲突。德治在依法治国的途径上体现为多个方面。对执政党来说，德治是执政伦理的具体体现，全心全意为人民服务的根本宗旨是执政伦理的根本规定性；为实现人民利益坚守初心和担当使命，作为执政的道德规范始终贯穿在治国理政的历史发展中。对行使国家主权和治权机构、参与国家政治生活的一切代表来说，都应当在现实的具体的行动中秉承真诚、公平、公正、责任、义务等要素相统一的道德规范。在社会治理领域，近年来学界重视"硬法"与"软法"相结合的治理方式，软法就是与国家供给的典章法律的"硬法"相协调的村（居）公约类的、规范公共生活的章程。关于软法是不是道德的"法"的争论，主要围绕关于道德与法律的区分问题，此问题与伦理学界关于制度伦理和伦理法的讨论所关涉的障碍都是法律与道德的界限问题。从人们的社会生活来说，公序良俗既有法律的体现，也有非法律的约定俗成的习俗、习惯。规范人们日常交往和生活的习俗、习惯是文化的、伦理的，既有守旧的一面，也有随着时代的变迁不断适应而创新发展的一面。以社会主义核心价值观为引领创新社会文化，使德治建构在社会主义的社会行为规范的基础上，是社会治理的重要内容。从法治与德治的关系看，在法治的思想中就包含着道德的基础要素，在法律制度中排除道德是实证法的思维逻辑；在处理良法与道德关系上西方的难题在于宗教是道德的基础，所以他们依赖于超越自我的良心和公正；在中国具有共识性的道德传统和社会主义核心价值观的新道德建设指向，道德作为良法的基础对立法主体具有很强的制约性，同时遵法守法也是道德的养成。但是，不能将法治与德治相混淆，以德治滋养法治精神和维护法治实施是正确处理二者关系的基本遵循。

完善和发展意识形态治理制度。在国家治理的讨论中很少涉及意识形态治理问题，实际上，国家治理包含意识形态治理的重要内容。国家制度是任何时代的统治阶级治理国家的整体制度，意识形态是统治阶级实施国家制度的思想观念体系，它是国家制度的合理性、合法性、合乎历史文化的理论论证逻辑和为其辩护的思想武器。从意识形态批判与建构的双重功能看，国家治理需要当代中国马克思主义的意识形态的理论建构和话语言说方式的深刻论证逻辑，需要在意识形态上划清中国特色的国家治理与自由主义的治理概念的界限。将意识形态外于国家制度的看法是欠妥当的。将意识形态作为国家制度的重要部分既是马克思主义国家学说的一部分，也是推进国家治理现代化的现实逻辑。马克思主义意识形态既是发展的也会不断受到反社会主义意识形态攻击，因此，意识形态治理应制度化。意识形态治理包括意识形态本身的治理和以意识形态的教化功能凝聚国家治理的力量整合两个方面。以马克思主义中国化的新成果新成就转换为意识形态话语，提升意识形态的建构和批判功能是治理意识形态的重要内容。以中国特色社会主义的意识形态为引领推进国家治理现代化，应将党治国理政的意识形态话语与社会大众对国家和社会生活的观念相结合。习近平总书记指出的"推进国家治理体系和治理能力现代化，要大力培育和弘扬社会主义核心价值体系和核心价值观，加快构建充分反映中国特色、民族特性、时代特征的价值体系"①，就是关于国家治理与意识形态关系的构建。使意识形态对社会大众发生影响来提升共识和凝聚力量，应与社会主义先进文化建设相结合，以意识形态引领先进文化的发展与以先进文化涵养意识形态是辩证统一的。

善制是善治的制度化路径。善治总是给人们好的期待，但对什么是善治的回答有多种学术理论途径的界定；在讨论善治的种种途径中还少涉及善制的问题。在全面依法治国途径上以良法保证善治的语境，构建了良法与善治的关系，即良法是善治的前提，善治是良法的有效执行。在这个正确逻辑关系确定的前提下，善治是什么呢？在学界的一些解释中往往将西方的善治理念和中国的法治与德治观念结合起来，以民主治理、公共治理、贤明治理、有效治理等观念的组合，或这些要素的某一个重要方面，诸如善治就是民主治理、善治就是有效治理等方式来阐明。毫无疑问，善治包含着法治的、民主的、公共的、贤明的、有效的等诸因素，但这还只是一般的具有普遍意义的善治框架和对其的价值预设。在谁治理、为谁治理、治理方法、治理绩效等要素的组合型构中必须提出善治的主体及其主体间关系的基本问题。界定中国特色社会主义善治应从国家制度和运用国家制度治理的视角出发。善治有善于治理的过程和效果良好的双重之义。善于治理还是抽象的治理能力的规定性。前述已经讨论了中国特色的国家治理中对治理能力提升和发展的约束和激励定性，所以党领导人民有效治理国家就包含善治的理念在内。善治是治理的规范路径，"不断提高运用中国特色社会主义制度有效治理国家的能力"② 就是善治路径的规定性。具体来说，在党统一领导下优化国家制度体系，使其协同发力发挥制度效能就是善治的基本要求。因此，"善治"在于构建"善制"和运用、发挥善制的优势来治理，它包含法治的、民主的、协同共治、绩效良好等要素的统一。就善治与善制的关系来说，善治与良法相互维护的共生性存在，既是构建善制的基础和前提，同时善治作为行动的逻辑贯穿于善制运行和动态性发展的过程中。

国家治理概念的总体包含六个子系统，它们之间相互联系、相互影

---

① 《习近平谈治国理政》第 1 卷，外文出版社 2018 年版，第 106 页。
② 《习近平谈治国理政》第 1 卷，外文出版社 2018 年版，第 104 页。

响、相互制约、相互促进是理想状态，也就是善治的总规定。从现实的层面看，国家治理的法治化与民主化既是发展的路径也是挑战性的考验。如何发扬民主？说民主是"好的"，这是价值的，但民主的运行状况又有良好的和不好的之分，民主碎片化不可能是善治的。人民民主是中国特色的国家制度中的根本属性，社会主义协商民主的多层多领域的制度化发展，使其作为人民民主的重要形式，既是马克思主义民主理论中国化的创造发展，也是国家治理民主化独具特色的制度构建。协商民主的制度化是独具中国特色的善治与善制发展的道路。协商民主是更广泛民主的组织形式，力求通过既民主又协商途径体现实质民主，力求通过民主合法形式的协商达成决策的共识，但协商也有可能使民主碎片化、治理的效率低下和效果不佳。因此，发展协商民主必须与法治同构，同时协商民主也应在民主集中制的制度规范中来实现。

三　国家治理制度运行的辩证法

　　国家治理体系是治理国家制度体系和运行国家制度体系管理公共事务两个方面的辩证统一。国家治理体系是国家制度体系的"运行态"，国家制度体系具有基本原则的不变性和体制机制可变性的特点。因此，在辩证逻辑上深刻认识国家治理体系的制度结构与功能具有重要意义。

（一）中国特色的国家制度建构逻辑

　　中国特色的国家制度就是中国特色社会主义制度，国家治理体系的制度结构就是中国特色社会主义制度体系。治理国家制度和运用国家制度治理公共事务的实践辩证逻辑，是在运用中国特色社会主义制度中优化、在优化中实施变革，在坚持中完善和发展、在完善和发展中坚持。从现代国家建构的实践辩证法维度理解国家治理体系的结构与功能的优化路径，是理解国家制度结构运行逻辑的关键，这实质上是具有中国特色的国家建构理论。其显著特征是"党建人民国家"。

　　国家建构实质上就是国家制度建构。关于国家建构的问题涉及社会建构论和政党建构论之争。有些观点认为，"党建国家"是社会主义国家所走的独特道路，言下之意就是"党国体制"和"国家中心论"，是不够民主的；相反，西方国家就是民主国家而不是党国体制。这种观点缺少对西方现代国家制度体系的型构和运行逻辑的深入研究。用西方学者研究西方现代国家制度体系的代表性观点更能说明这一问题。法国学者布隆代尔和意大利学者科塔在欧洲八国比较研究中得出结论："政党在民主政治中起到了重要作用。由此似乎可以推断，政党对政府的形成方式以及决策方式有极大的影响。不过，就最后这点而言，我们只是半信半疑——因为我们还相信政府不应该是政党的'囚徒'。"① 这两位学者所得出的结论是"政党政府"中的"政府"概念所指是"行政"而不是"政党国家"。在西方国家制度中，行政体制实行文官制，似乎与政党政治分离了。这主要来自马克斯·韦伯的理性官僚制理论。在韦伯的现代理想的官僚制理论设计中，行政与政党政治相分离，将"党争民主"限定在议会政治的界限内，行政系统非政治地运行。但韦伯的政治与行政二分法的纯粹类型或理想类型是否存在，这也是西方学者关注的问题，所以两位学者的研究提供了一种"政党行政"的实证。美国学者福山的"历史终结论"有很大的影响，但在 2008 年美国遭遇金融风暴后他的思想发生了重大转向，提出了"国家建构"的新命题，他认为民主并不能与国家建构能力画等号，国家建构能力的关键在于行政体制的官僚制，以此提升公共管理的能力。这需要一套国家制度为支撑，而不是所谓的善治就是民主的一套说辞，"好的国家制度应带以透明和高效的方式为其顾客（国家的公民）的需要服务"②。实际上，福山回到了一个老问题，即"议会国家"还是"行政国家"，这是西方国家实行分权体制以来一直争论不休的问题，"议会国家"代表的是民主制，而"行政国家"是官僚专制的，这是他们一般的认识论。福山提出国家建构的问题似乎与他的一贯保守主义立场不一致，实质上他的老师亨廷顿，在他之前早就论证了西方民主的困境问题。福山除关注美国民主困境提出国家制度建构的一种指向外，还针对一些在他国支持的新兴国家面对支持国撤离后的自主和国家能力的问题作出判断，但都没有离开保守主义的立场。继 20 世纪 60 年代西方学者开始关注国家建构问题后，

---

① ［法］让·布隆代尔、［意］毛里齐奥·科塔：《政党政府的性质：一种比较性的欧洲视角》，曾淼、林德山译，北京大学出版社 2006 年版，第 1 页。

② 参见［美］弗朗西斯·福山《国家构建——21 世纪的国家治理与世界秩序》，黄胜强、许铭原译，中国社会科学出版社 2007 年版，第 26 页。

2008 年"金融危机"后也引发西方学者对国家建构问题的更多关注和思考。美国学者威默认为，民主建构论不符合事实，一些标榜为民主的国家反而排斥了一些人或族群；以军事力量暂时过渡再建构民主也缺乏成功的案例；通过外部力量而缺乏自主建构国家一般都是纷乱镜像；民族主义的国家建构论并没有使这些国家获得平静。[①] 威默提出以"公民与国家之间权力关系"为假设讨论国家建构，就是由"政治整合"与"国家认同"所构成的一体两面，其可能性在于政府能够提供有效的公共物品而形成与社会群体和个人的交换，好的国家建构在于政治的包容性。[②] 在威默看来，国家建构总是以政治精英为主体来形成社会的政治整合创造国家认同，这肯定与意识形态有关，但不能供给平等的、包容性的公共物品是不可能获得国家和平的。

　　从西方国家建构的历程上看，社会建构论等同于民主建构论，但缺乏解释能力。欧洲的现代国家都是建立在封建君主专制制度的改造基础上，等级制议会制为党派的产生打开了缺口，政党斗争与妥协是现代国家的典型特征。这是马克思实证确认资产阶级政府建立在封建制的废墟上，通过改造议会和设置权力平衡的制度和法律而不至于各派别在斗争中相互消灭的经验基础。英国左翼学者安德森的力著《绝对主义国家的系谱》，深刻揭示了欧洲现代国家由政治的、经济的社会精英建构的过程。美国的国家建构与欧洲不同，但也没有超越精英建构的一般规律。中国学者在理论与史实的逻辑上确证，"政党是现代政治的基本要素：政党因现代政治发展而产生，而现代政治因政党而趋向成熟。因而，现代国家都必然生成政党和政党制度，并与宪法所规定的国家制度一起共同运作现代民主，治理和维系现代国家。从这个角度讲，现代国家最终所确立起来的体制都是'党国体制'"[③]。由此一来，政党性质与国家性质的一致性就显现在国家建构的差别上。

　　社会主义的国家建构理论的根源是历史唯物主义揭示的社会历史发展

---

　　① 参见［美］安德烈亚斯·威默《国家建构——聚合与崩溃》，叶江译，格致出版社、上海人民出版社 2019 年版，第 1—6 页。

　　② 参见［美］安德烈亚斯·威默《国家建构——聚合与崩溃》，叶江译，格致出版社、上海人民出版社 2019 年版，第 26—32 页。

　　③ 林尚立：《建构民主》，复旦大学出版社 2012 年版，第 10 页。

规律、资本主义经济规律、科学社会主义的无产阶级解放的客观条件和主观条件学说。马克思和恩格斯关于无产阶级专政的社会主义国家建构，是以工人阶级先锋队的政党为主体来实现的思想，以政治革命夺取政权为前提条件构建无产阶级统治的新的国家机器，以此为保证推进社会革命，以致实现整体革命，通过促进生产力发展的科学手段走向国家消亡。而马克思和恩格斯的论断主要集中于在发达的资本主义国家范围内工人阶级相互联合的革命，或在世界无产阶级革命意义上的阐释。在马克思晚年，欧洲和北美的资本主义发展出现了新动向，工人阶级的政治革命处于低潮，德国工人阶级政党开始通过议会合法斗争争取权利，马克思也给予一定限度的肯定，但马克思没有放弃他的社会主义国家建构学说。在恩格斯晚年，资本主义向帝国主义转向的趋势已经明显，在很大程度上压制了工人阶级政治革命的时空，德国工人阶级政党利用议会合法斗争既争取普选权又宣传科学社会主义，恩格斯对此给予了肯定，同时也将德国工人政党的做法传达到欧美各国工人政党中去，但将合法斗争与政治革命两者结合起来是恩格斯的总体主张。恩格斯对德国工人政党放弃政治革命、只强调合法斗争或仅以经济的社会革命代替政治革命的倾向予以严肃批判。列宁的社会主义国家建构的实践逻辑在落后的俄国发生。对此，工人阶级政党、反社会主义的政党，还有一些自称不对"主义"感兴趣保持价值中立的学者，认为列宁背叛了马克思主义，与马克思主义关于社会主义国家建构的客观条件与主观条件相统一的学说是中断式的，国家建构是唯意志论的，放弃了客观条件，只强调主观条件。他们对新型苏维埃所发布的咒语在戈尔巴乔夫时代应验了。实质上，列宁的国家建构学说并不是马克思恩格斯关于社会主义国家建构理论的中断，而是马克思主义基本原理的俄国化后果。列宁坚持了以政治革命为社会革命的前提，以夺取政权和掌握政权推进经济社会革命、文化革命建构新国家的策略；而策略并不是所谓的雕虫小技，而是理论立场、革命立场、策略立场的一致性。在俄国革命中，工人争取经济权力的斗争具有自发性地向有利于资产阶级民主革命发展的倾向、占人口比例最高的农民需要土地和自由的反封建斗争也具有自发地向民主主义政治倾向转变的趋势。如此，列宁以构建理论立场与党性相统一、组织制度与党的领导相统一的马克思主义政党为先导，塑造"工农联盟"的革命主体，使俄国实现了社会主义革命的成功。将马克思主义的人类社会历史规律、资本主义经济运动规律、科学社会主义的革命理论的认识论，与俄国的社会历史客观条件相结合，正是列宁主义的党建国家的典型标志。在建党、建国的列宁主义路径上，应世界历史的客观条件发生的变化也不得不改变主观努力的方向和具体的策略、方法。列宁在"十月革命"胜利前后，在建国思想上也有重大变化。在"十月革命"前，列宁构想欧洲各国无产阶级形成联盟，将俄国无产阶级革命与世界无产阶级革命相互联系起来，但面对第一次世界大战无产阶级阵营分裂的情况和俄国混杂的各种"主义"的革命高涨情势，布尔什维克领导工人阶级首先夺取了国家政权，为国家建构开辟了道路。但是，列宁深刻认识到世界无产阶级革命的重大意义，再次构想将俄国革命推向欧洲，使欧洲工人阶级形成革命联盟，构建世界无产阶级大联盟，使俄国社会主义建设能够得到西欧先进生产力的支援，共同建设社会主义国家才是出路。但在事与愿违的客观条件下，列宁推进了国家主权、领土、工农民主制度的国家建构道路。

中国的"党建国家"实践起始于孙中山。早期孙中山的"旧三民主义"还是社会集团类型的党派政治性质的，他在遭遇失败后流亡欧洲，接触到一些小资产阶级党派的理论家、社会主义的理论家也包括俄国民粹主义的赫尔岑等之后，逐渐产生了"新三民主义"转向。辛亥革命是中国历史上的新纪元，缔造了中华民国，这是中国历史上第一次以"民"立国的创举。但在国内封建主义和帝国主义双重打压下，孙中山的党派政治失败了。在再次深化欧洲革命思想中，他开始更多地关注社会主义思想和社会主义党派的政治理论，但他的社会主义思想更多来源于社会民主党的理论。这些思想集中体现于1917年至1919年写就的《建国方略》的国民心智、物质建设、民权的三大内容中。在苏联共产党主动接触并给予切实支持的条件下，孙中山走向改组国民党开辟党建国家的"新三民主义"道路。1919年国民党成立到1924年1月才召开国民党第一次代表大会即改组国民党，就说明了他在建党原则、党与民众、党与国家关系认识上的重要转变。与联俄、联共、扶助农工的三大政策相一致的民生、民权、民族的"新三民主义"的阐释，标志着国民党成为影响全国的党派，孙中山的建国思想发生了重要转向，并于1924年12月写就的《建国大纲》中和盘托出党建国家的新思想。在建国的程序化上规定了军政、训政、宪政的步骤，军政时期重在国家统一、民生和开化民智，在训政时期指导县域自治实行社会民主，在宪政时期构建国家宪法规范的行政、立法、司法、考试、监察"五权"构成的国家制度。孙中山在《建国方略》中将人分为先知先觉、后知后觉、不知不觉三种，在其后的《建国大纲》中实质上是将国民党作为先知先觉来确认，军政时期就是"党军"一体化，而训政、宪政就是党国一体化。但在孙中山的思想中国家力量在于社会的中间势力，无疑在国家政治生活中也就是中间力量的凝聚，而普通大众是"给予"。孙中山的建国思想实质上是共和主义和小资产阶级的社会主义思想的混杂，不是彻底的劳动人民的民主思想。列宁对孙中山的评价是正确的：他的民生主义具有俄国式的"民粹主义"①特点，社会主义还是主观主义的。但列宁看到了孙中山这位资产阶级民主革命先行者对无产阶级革命的重大意义，所以愿意帮助孙中山构建具有现代化特点的国民党并促成与中国共产党的合作。促使国共合作破裂，孙中山的建国思想在实践中的失败，中国共产党走上了领导工农大众建国的道路。

中国共产党的"党建国家"，就是在党领导下构建人民民主的国家制度的道路。它起始于半殖民地半封建社会的现实和以历史任务作为联系的纽结，通过党的领导凝聚工农大众的主体力量、联合各革命阶级的"统一战线"而构建民主，民主建国是典型特征。以马克思主义理论武装起来的中国共产党以构建社会主义的国家制度为历史任务，这个任务又是由新民主主义革命和社会主义革命两个阶段的历史连续而构成的辩证运动，其复杂性远远超过苏联。以政治革命为先导推动社会革命是总体思路，但在模仿苏联革命模式遭遇多次挫折后，还是马克思主义中国化的新民主主义革命理论成功指导了新民主主义国家的构建。在实践的逻辑上，起始于基层农民政权的构建。一般解释党建国家都是自上而下的，但新中国的构建是自下而上与自上而下相结合的历史过程。从大的历史过程来说，起始于井冈山农村根据地的农民政权到中华人民共和国成立，这是一个自下而上的历史过程；新中国成立后走自上而下的道路，确立了社会主义基本制度；改革开放以来开辟了自上而下与自下而上结合的国家制度建构的道路。就历史的每一阶段的静态来说都呈现了自上而下与自下而上相结合的方式。农村根据地的工农民主政权实质上是党领导的农民政权，之所以称之为工

---

① 参见《列宁选集》第2卷，人民出版社2012年版，第293页。

农民主政权，就是因为党是工人阶级的先锋队。自上而下就是以党的先进思想影响和教育农民，在构建新政权及其运作中实现农民当权，自下而上就是在革命浪潮中农民具有解放自己、实现自己当权的愿望，党对土地革命的主张与农民的需要是一致的。从井冈山农村根据地到中华苏维埃共和国的创建，标志着有别于苏联的党建国家的独特道路的开辟。中华苏维埃共和国虽然还具有模仿"苏维埃"的称谓，但政权体制是以"村苏"和"乡苏"的基层农民政权为基础的。如果将这一时期作为实验，可以说它成功地创建了"工农统一战线"的民主制度。在史实的实践逻辑上成功地构建了以工农联盟为主体的团结各革命阶级的民主统一战线的基础。新民主主义理论成熟于抗日战争时期，以新民主主义的政治纲领、经济纲领、文化纲领也称"三大政策"，改造孙中山的"新三民主义"，唤醒更广大的民众，投入反帝反封建反官僚资本主义的新民主主义洪流中。这不仅仅是为实现民族独立的策略，还是人民民主建国理论的重要组成部分和历史阶段。以毛泽东为主要代表的共产党人深刻认识到，共产党是工人阶级的先锋队，工人阶级代表着人类历史上的先进阶级，但国家不是党派的也不是一个领导阶级的，而是全民族的，这就需要工人阶级通过共产党的领导实现社会政治整合，构建抗日民族统一战线，实现向人民民主国家制度的过渡。中国共产党成功构建了抗日根据地"三三制"政权的地方制度，采取在革命阶级联盟中分配民主权利的做法，通过民主实现政治整合。民主不是抽象的，通过民主形式的政治整合可以实现各革命阶级自身利益和整体利益的协调。这种民主的权力体制机制的表现形式是民主集中制的，通过党的领导和工农联盟的基础，将民主扩大到各革命阶级，实质上是基础民主与扩大民主结合的产物。基础民主是社会主义方向的，扩大民主是统一战线性质的，人民民主概念包括了这两部分的政治整合。人民作为政治概念，在革命任务的前提下分清"敌"与"友"，凡是"友"的部分一律实行民主。民主与权利、权力不可分割，民主是利益的表达，通过民主形式的利益协调，创造了"民主协商"的方法，为多个阶级联盟的民主实施创造了主观条件。这种制度的建构将党的领导与人民民主统一起来，为构建人民民主统一战线"政治协商"建国奠定了基础。人民民主统一战线包括了工农联盟的基础、反对独裁政府的各民主党派、小资产阶级、民族资产阶级各革命阶级的联合，中国共产党的领导将协商与民主协同起来，构建了新中国。新中国的国家性质还是新民主主义性质的，但因中国共产党的领导和工农联盟的基础，为新民主主义向社会主义革命过渡创造了条件。在社会主义革命中以人民代表大会成立、社会主义宪法的颁布为标志，中国共产党以宪法为依据的执政党地位合法性得到确立。社会主义性质与新民主主义性质不同，虽然都是人民民主概念，但人民的性质不同。社会主义的人民是普通劳动者，其民主就是劳动者的民主。

从新民主主义的"人民"到社会主义的"人民"概念的演变，是通过社会经济革命来转换的。以社会主义工业化建设为轴心，对农业、手工业、资本主义工商业的社会主义改造来建设社会主义公有制的经济制度，同时将原来的剥削阶级改造成了自食其力的劳动者，为社会主义国家制度建构奠定了基础。社会主义基本制度是单一制的国家制度，在各级人民代表大会制度基础上，中国共产党的执政制度与领导制度是四个方面的有机统一：一是党领导人民建立民主制度是历史成就的结果；二是法律的合法性；三是保证人民实现人民民主；四是由历史的任务所决定的，即由历史唯物主义的社会发展任务目标——共产主义远大理想所决定的。在区分"敌"与"友"的条件下，人民还区分为各个阶层，中国共产党代表人民执政，就是代表各个阶层，但将民主党派作为一个特殊阶层设置，使他们中的个人通过选区的选举成为人民代表进入各级人民代表大会。在人民代表大会的人民主权和治权之外设置的多党合作制度，是在中国共产党领导下的合作制度，党与民主党派之间，既不是执政党与在野党之间的关系，也不是竞争的关系，而是领导与被领导的关系，原因就在于民主党派是属于社会阶层的一个特殊部分。从人民民主与多党合作和政治协商制度的关系上来看，后者是人民民主的一部分，是属于人民代表大会根本民主制度的扩大内容和形式，为发挥参与、评价、监督共产党执政和政府的特殊功能设定的。政党制度作为国家制度的重要部分，在如何建构政党制度上，一方面取决于国家性质，另一方面在相同性质的国家，政党制度的设置及其在国家权力中的构成也不尽相同。在社会主义基本制度中，政党制度是按人民代表大会制度为根本而扩大民主和国家治理功能而设置的，是党领导人民民主进行更广泛的政治整合功能的一部分。社会主义国家制度不是一成不变的，民主不是自然而然形成的，现代民主的形成走的都是政治建构之路，但不同的国家性质决定了政治建构的道路之差别。在中国特色社会主义实践探索中所形成的中国特色社会主义制度是人民民主制度的新发展。

（二）国家治理制度的辩证运动

国家治理制度就是国家制度的运行。在国家建构上来看，国家治理体系的完善和发展就是中国特色社会主义制度体系的整体优化，包括制度结构的关系、整体与部分的关系。国家建构的内容是多方面的，将国家制度作为国家建构的主要内容或重点对象，实质上是国家能力的问题。从社会主义基本制度到中国特色社会主义制度、再到完善和发展中国特色社会主义制度，贯穿着中国人民从站起来、富起来到强起来的发展历程。基于强国逻辑的国家制度建设，是以国家制度的优势引领和保障社会主义全面现代化，以应对中国特色社会主义发展中的不确定性风险，以制度的确定性应对已经认识到的风险和考验，也是马克思主义实践辩证法的基本观点在国家建构上的具体发展。"实践的观点是辩证唯物论的认识论之第一的和基本的观点。"[①] 实践辩证法是正确处理主体与客体之间关系的理论指南，任何实践主体都是通过主观目的的计划和改造自然界的客观对象及自己制定观念的对象来实现的。唯心主义的实践哲学是以"自由意志"的对象化的实现来界定实践的，主观唯心主义的自由意志出于心灵的自我意识，而客观唯心主义的自由意志来自绝对精神。这两种唯心主义都强调了主体的主观能动性，但客观唯心主义集大成者黑格尔的辩证法制定了主体意志对象化规则，即主观辩证法与客观辩证法相统一的认识道路。所谓客观辩证法就是事物自身运动的矛盾对立统一规律，它是事物发展的否定之否定的历史过程，主观辩证法就是把捉这一规律制定主体行动的逻辑。黑格尔的辩证法核心的思想就是"发展""具体"和"否定之否定"，否定之否定也就是自我扬弃，就是在具体化中发展，但他把人类社会历史的一切现象都作为绝对精神的外化和发展，这种唯心主义不能科学解释人类社会历史的现象。但它比旧唯物主义的物质决定论的形而上学具有优越性，旧唯物主义将客观世界视为僵死的、孤立的、静止不变的客体，即使在朴素唯物主义阶段就已经猜测性地得出世界是物质的结论，近代机械唯物论通过自

---

① 《毛泽东选集》第1卷，人民出版社1991年版，第284页。

然科学的发展证明了世界是物质的，但形而上学地解释物质世界，不能科学解释人与自然界的关系和人类社会历史规律。黑格尔肯定形而上学唯物论在思想史上对旧唯心主义的批判，但他认为形而上学的唯物主义以僵死的物质决定论是不能解释人类历史的，所以创造唯心主义辩证法代替之。费尔巴哈的人本学唯物主义炸毁了黑格尔的唯心主义辩证法，但费尔巴哈因为没有形成人类历史的实践的发展观，抛弃黑格尔唯心主义历史辩证法只是为他的人本学唯物主义立足开辟道路和清理场地，他从人的世俗生活立基，解释批判唯心主义有力量，但他没有人们世俗生活的矛盾观念、没有从人们社会生活实践的矛盾上解释人类社会历史。他在言说现实的时候没有历史，在讲历史的时候又超不出唯心主义。马克思的辩证唯物主义与历史唯物主义是在对黑格尔的唯心主义辩证法和费尔巴哈的人本学唯物主义双重批判中获得的。

　　一般以为唯物主义与辩证法相结合就产生了辩证唯物主义与历史唯物主义，这样的结论还是停留于观念的逻辑上，缺乏解释力。实际上，实践唯物主义是辩证唯物主义与历史唯物主义的根基。马克思从人们衣食住行的物质生产这一角度来阐述人类社会的历史前提，这也就是人与自然界的物质变换关系，这种物质变换关系不仅是前提而且贯穿人类社会始终，随着生产力发展水平的提高，人与自然界的物质变换方式发生变化，但无论如何离不开这种变换规律。马克思将人与自然界的物质变换视为永恒的规律，而因由生产力发展水平决定的经济结构变化规律，就是人与自然界物质变换方式变化的经济发展规律，经济发展规律的政治的集中表现就是阶级斗争结果的国家制度，即经济结构与政治上层建筑、法律、意识形态等构成的国家制度。从社会主义国家制度产生以降，很长时间以过渡论为主流，对社会主义国家长期存在问题重视不够，因而在科学社会主义理论中存在国家建构理论研究不足的状况。中国还处于社会主义初级阶段的理论打破了以往的盲目过渡论而构建了社会主义长期发展的科学认知逻辑，以党的领导制度为统领的国家制度定型论开辟了中国特色的社会主义国家制度建构新途径。在一切理论与实践的主题都围绕中国特色社会主义展开的历史逻辑上，国家制度的长治久安不是一蹴而就的，也不是静止的，而是作为全面现代化的保障与引领功能的发挥来完善和发展的，由此构建起国家制度与国家能力辩证关系的认识论。在新时代的历史方位上，从现实的与支持强国逻辑发展要求上的国家能力两个方面来看，提升国家能力必然要求完善和发展国家制度、完善和发展国家制度是提升国家能力的必然选择。这个关系是建立在运用中国特色的国家制度治理各层次和各领域事物和事务的路径所设定的规则之上，因为在经验的事实上存在不执行制度就会发生人治的情况。用什么制度来框定对事物治理的路径，必然要求相应的限制与激励人的活动方式的职责的事务方式，这也涉及国家制度的性质问题。因此，在治理国家的实践中运用和发挥中国特色社会主义制度优势并不断完善、发展、丰富其优势就成为国家制度发展的路径，也是国家能力提升的必然选择。

从顶层设计的战略上看，提升国家能力必然要求完善和发展国家制度结构。国家制度结构与功能是辩证统一的关系。从战略思维逻辑上看，优化国家制度结构，实质上就是将国家制度作为客体来看待的，它也是实践的对象。国家治理实践是历史的、现实的、具体的，总体上呈现主体与客体的关系，主体既要能动自觉地作用于客体同时也受到客体的限制。这种基本观念体现为运用国家制度治理国家，同时不断完善国家制度的实践逻辑。在理论逻辑上，这与马克思主义的世界观密切相关。马克思的"实践唯物主义"，是以"事物"来呈现世界观的，也由此与唯心主义和旧唯物主义的世界观区别开来。实践客体有"事物"和"事务"两个层面，前者是人与物打交道，后者是关于人与物关系、人与人的关系之管理活动。"事物"不是单纯的僵硬的"物"的概念，而是人们改造自然物为人可用之物的过程，这个过程就是生产能力的问题，实质上就是生产力概念。在人的实践活动上，不是"一边是人及其劳动，另一边是自然及其物质"[1]，而是主体的人有意识地作用于物，与物相互作用的结合关系的"事物"。"事务"是关于人与物的关系和人与人的关系的管理活动，可以区分为公共事务与私人事务。从事物的世界观来看，作为生产能力的生产力，它就是人们结合成一定的社会关系的基础，而生产关系又是一定社会的社会关系的基础，因此生产关系一方面是人与自然的关系，另一方面又是人与人的关系，这两个方面彼此制约，前者制约后者，后者反作用于前者。马克

---

① 《马克思恩格斯文集》第5卷，人民出版社2009年版，第215页。

思指出人们的"这种共同活动方式本身就是'生产力'"①，这里的生产力实际上就是生产关系。问题在于为什么生产力就是生产关系？马克思在《1857—1858 年经济学手稿》中将生产力区分为主体生产力和客体生产力，主体生产力就是人们共同生产所结合成的一定的生产关系，而客体生产力就是包括生产工具和劳动资料、自然界在内的要素所构成的，生产力与生产关系的矛盾就是主体之间结合的关系中对客体生产力的占有、所有和运用它们之间的矛盾，这种矛盾不是客体生产力与主体生产力的直接矛盾，而是主体之间占有、所有和运用它们之间的矛盾。马克思指出，"随着新生产力的获得，人们改变自己的生产方式，随着生产方式即谋生的方式的改变，人们也就会改变自己的一切社会关系。手推磨产生的是封建主的社会，蒸汽磨产生的是工业资本家的社会"②。马克思这里所说的恰是主体结合的关系而运用客体生产力进行生产所产生的矛盾，也就是说作为客体生产力的生产工具左右着人们如何结成一定的生产关系，生产工具的改进和运用它产生的效率与既定的生产关系发生矛盾，必然形成阶级矛盾，解决其矛盾也必然诉诸国家，这就是马克思所揭示的国家制度的整体结构的基本理论途径。由于受苏联《政治经济学教科书》的影响，生产力概念只限于人与自然的关系，而忽视生产关系是主体生产力的重要问题，以致生产力与生产关系、经济基础与上层建筑似乎成了两对矛盾体。实际上，人们在一定的生产力水平上结成一定的生产关系，生产关系总和构成一定的社会经济结构，经济结构不是无人身的经济范畴，而是活生生的主体的人的结合关系与对客体生产力的占有、所有和运用客体生产力的矛盾关系，这种关系又集中反映在政治上层建筑、法律、意识形态中。从这一途径理解国家能力，国家制度就具有生产能力的属性，国家治理能力也就具有生产能力的意蕴。因此，国家治理能力就是国家制度的结构与功能的关系。

从马克思主义实践辩证法维度看，国家治理体系就是运用中国特色社会主义制度体系与在运用中的完善和发展的实践逻辑，它规范了治理主体与客体之间的关系。治理主体是具有职责的"事务"行动，主体运用制度

---

① 《马克思恩格斯文集》第 1 卷，人民出版社 2009 年版，第 532—533 页。
② 《马克思恩格斯文集》第 1 卷，人民出版社 2009 年版，第 602 页。

这一客体，客体对主体活动产生约束和激励的双重功能。而制度这种限制又关涉"人与物"关系的事物的客体，由此，制度这一客体就介于治理主体与事物的客体之间，制度是作为治理主体与事物客体的中介。事物的主体是从事物质生产、交换、消费和社会交往、社会生活的人们，在制度体系中已经包括了对这一主体的规范，它包括约束与激励的法律法规安排。治理主体运用制度实现制度安排的活动就是保障事物主体的自主性、自律性，使其在合法合乎社会规范途径上而不受非法侵犯和任意干涉。制度不是一成不变的，制度只有在运用中才能发现结构与功能是否合理。以制度为客体，制度的功能如何，体现在两个方面，其一是运用制度的人之能力问题，其二是制度结构是否合理。由此提升国家治理能力也要从两方面发力，即治理者的观念、理论、知识、技术等诸方面，还有就是优化制度和运用制度的能力方面，前者的能力也表现为对后者的要求。

主体实施对客体的完善是整体与重点相结合的辩证逻辑。从结构与功能关系的视角来看制度，制度结构的实然与应然关系就成为优化制度的着力点。国家治理体系就是运行中国特色社会主义的制度体系，国家治理体系的优化就是从整体上优化中国特色社会主义制度结构。中国特色社会主义制度结构区分为五个层次：第一个层面是根本政治制度；第二个层面是基本政治制度、法治体系、基本经济制度；第三个层面是经济、政治、文化、社会、生态体制机制等重要制度；第四个层面是党的领导制度；第五个层面是马克思主义意识形态。这种结构是否可以在马克思所提出的经济基础与政治上层建筑、法律、意识形式的总体国家制度框架中来解释？我们应当认识到，这个制度结构既符合马克思的国家制度理论的一般性，同时又是依循科学社会主义基本原理与中国社会历史条件相结合的能动的政治建构；它既符合科学社会主义国家制度的一般原理，又是中国特色社会主义特殊实践道路所形成的。党的领导制度、马克思主义意识形态制度、根本政治制度、基本政治制度、法治体系等都属于上层建筑，而基本经济制度与经济基础之间的关系需要深刻讨论。基本经济制度不完全等同于经济基础，社会主义与资本主义的本质区别在于生产资料公有制代替了资本主义的生产资料私有制。公有制是社会主义的经济基础。马克思对共产主义第一阶段提出的经济制度是：土地由国家所有、生产资料由"自由人联合体"共同占有，实行按劳分配，按劳分配就是个人之间的等量劳动交换,即劳动贡献与领取基本相当。这种制度的整体就是国家所有制与社会所有制相结合的公有制。这是马克思所说的共产主义第一阶段的经济制度。但应当把经济制度与经济基础两个概念区分开来,经济基础是生产关系总和,总和中占支配地位的生产关系才是一定社会制度的经济基础,同时也是国家上层建筑的基础;经济制度是上层建筑的部分,是国家政治性质的体现。中国在社会主义改造基本完成和社会主义基本制度确立到改革开放前,实行国家所有与集体所有相结合、按劳分配的经济制度。从认识论上看,这样的公有制的经济制度也就是社会主义的经济基础。

改革开放以来,我国开始探索以公有制为主体和多种所有制协调发展的经济建设形式,党的十五大将其作为制度加以确认,而且明确中国是社会主义国家,坚持以公有制为社会主义基本经济制度的基础,同时指出"我国处在社会主义初级阶段,需要在公有制为主体的条件下发展多种所有制经济"①。需要注意的是,在所有制结构调整情况下对经济制度的表述,即公有制为主体与多种所有制的结构是社会主义初级阶段基本经济制度的"一项"内容,而且公有制是"社会主义经济制度"的基础,它体现为量与质的统一;所有制结构的调整也必然带来分配方式的转变,即"坚持按劳分配为主体、多种分配方式并存的制度"②。由此,教科书一直以公有制为主体与多种所有制共同发展作为基本经济制度,将社会主义市场经济作为经济体制,对于经济制度与经济体制之间的关系,将前者理解为后者的基础,后者是前者的实现形式。党的十九届四中全会指出,"公有制为主体、多种所有制经济共同发展,按劳分配为主体、多种分配方式并存,社会主义市场经济体制等社会主义基本经济制度,既体现了社会主义制度优越性,又同我国社会主义初级阶段社会生产力发展水平相适应"③。这一表述更为全面和科学,从中可以看出,社会主义基本经济制度就是关于初级阶段的生产关系的表述。生产关系包括了所有制、分配和生产的组织形式,而组织形式就是市场经济,所谓市场经济就是按自发价值规律进行资源配置的自主自由交换的组织形式,但社会主义市场经济只是手段,

---

① 《江泽民文选》第2卷,人民出版社2006年版,第19页。
② 《江泽民文选》第2卷,人民出版社2006年版,第22页。
③ 《中共中央关于坚持和完善中国特色社会主义制度 推进国家治理体系和治理能力现代化若干重大问题的决定》,人民出版社2019年版,第18页。

而不是所有制的根据。由此，必须说清楚基本经济制度并不是决定上层建筑的经济基础，在基本经济制度中公有制主体的量与质，是中国特色社会主义制度的经济基础，而基本经济制度是适应生产力发展的战略选择。从社会主义制度与市场经济相结合的实践探索所获得的理论与实践经验，打破了市场经济与公有制相冲突的原有认识，但并不否定二者之间的矛盾运动。认识基本经济制度与经济基础的关系，是为了说明基本经济制度不是决定上层建筑的，但并不否认基本经济制度与上层建筑辩证关系的存在。就辩证关系来说，党的领导制度和意识形态制度，政治的根本制度、基本制度、法治体系，建立在这些制度基础上的重要制度构成上层建筑的总和，作用于基本经济制度，发挥公有制主体的决定性作用，发挥多种所有制的灵活性和多样性，以及与其相适应的按劳分配制度为主和多种分配相结合的制度，调动社会各主体的积极性和能动性，促进社会生产力的发展，提升整个社会的生产能力，是上层建筑反作用于基本经济制度的必然要求。之所以说"反作用"是必然的，就在于经济基础与上层建筑之间的作用与反作用不是物理的发力与反力的关系，上层建筑作为发力者是深刻认识经济社会发展规律、共产党执政规律、社会主义发展规律，正确使用上层建筑反作用于经济社会发展规律的手段而科学"促进"其发展。习近平总书记指出，"一个国家的政治制度决定于这个国家的经济社会基础，同时又反作用于这个国家的经济社会基础，乃至于起到决定性作用。在一个国家的各种制度中，政治制度处于关键环节"[①]；而且"政治制度是用来调节政治关系、建立政治秩序、推动国家发展、维护国家稳定的"[②]。因此，从提升国家能力与国家制度功能发挥的关系上，就必然要求对国家制度整体结构进行优化，而重点是国家制度的法治体系，使市场在资源配置上起决定作用与政府发挥更好作用结合起来。市场在资源配置上起决定作用是关于"事物"的经济社会发展，而政府发挥更好作用是"事务"的上层建筑的政治权力，法治体系是限制权力和用好权力的有机统一，核心是使合乎人民发展的目的性与合乎规律地促进发展相统一。

以人民发展为指向的国家治理制度运行的效果是由人民群众来评价

---

① 《习近平谈治国理政》第 2 卷，外文出版社 2017 年版，第 288 页。

② 《习近平谈治国理政》第 2 卷，外文出版社 2017 年版，第 286 页。

的，它是运用国家制度合理调节经济社会发展矛盾关系的成效。国家治理制度合力作用的目标取向将政治制度的优势转化为治理效能。治理效能是治理能力概念的核心范畴，治理效果的好不好既是一定时期某些领域、某些层次或整体的结果，同时它也是治理理念、策略、方法实施的过程。过程与结果的统一逻辑预设在制度设计的框架中，其核心价值是人民利益至上。国家治理制度的整体与部分都是为实现人民利益的工具理性的设置，价值理性与工具理性的统一，是国家治理制度体系的结构与功能的现实体现。"党领导人民有效治理国家"是通过实施国家制度的整体与部分的耦合功能来实现的。党的领导是保证和引领根本、基本、重要制度运行事物的治理和公共事务的治理，因此党的自我治理具有根本的决定作用。党的自身治理包括党的意识形态和党内法规的不断完善两个重要方面。党的意识形态是党的自身完善和代际承传的思想理论建设，政治路线和思想路线是坚持马克思主义中国化实现理论创新的根本遵循，组织制度是根本保证。坚持以马克思主义创新的理论成果武装全党，解决好为何执政、为谁执政、怎样执政的认识论，形成以党章为根本遵循的党内法规的制度体系，为党领导人民治理国家提供理论和制度的前提。任何执政党都有自己的政策主张，但马克思主义政党的执政政策是以人民发展为中心的价值理念，是在党的民主集中制的制度规范中通过群众路线生成、深刻反映人民群众意愿和发展规律的科学逻辑。党的正确主张源于以人民为中心的执政价值和制度规范的政策生成机制，这是党的执政合法性持续发展的根本保证。党的执政合法性是人民信任和合乎法律的双重逻辑的统一，而前者在于党执政的价值观和依科学理论而生成政策的制度。

党的领导制度是国家治理的核心制度，它深植于根本、基本、重要制度结构中，是通过运行国家制度来实现治理的。党领导人民通过各级人民代表大会行使主权构成国家治理的基础，人民代表大会派生的治权是治理事务的行政主体，它具有三个功能，即执行法律、政策、在自由裁量权条件下制定政府执行的具体规章和政策。在国家制度结构中的重要制度体现为治权的部分，而基本政治制度的多党合作与政治协商制度是调节政治关系的，政治关系实质上是利益关系。基层民主自治的基本政治制度，是人民群众自己直接治理自己事务和公共事务的制度体制和机制。党的领导保证了国家制度结构化的功能协调。主权和治权、政治关系调节功能的政治协商制度合力作用于生产关系总和的基本经济制度，形成经济社会发展的制度集成效能。

在马克思主义经济社会形态发展的认识论上，哪一种经济社会形态都是以决定社会性质的生产关系支配了国家的性质，但生产关系并不是一种，而生产关系总和就是各种生产关系作用的合力，无论哪一种经济社会形态都有一种生产关系起到决定的支配作用。实际上生产关系总和就是生产关系的矛盾体，它凝结成上层建筑的总和来维护特定性质的生产关系发挥反作用的功能。马克思揭示出经济社会形态转型机理就是在新的生产力孕育新的生产关系与旧的生产关系矛盾转化中实现的。毛泽东发展了马克思主义的矛盾理论，提出主要矛盾和矛盾的主要方面学说，丰富和发展了生产关系总和的矛盾体存在的解释理论。社会主义初级阶段的生产关系总和的矛盾学说，坚持了社会主义的生产力与生产关系存在非对抗性与对抗性区分的基本观点。从解放和发展生产力到高质量发展的转变，科学地把握了主要矛盾的转化，依赖主要矛盾及其转化构建了基本经济制度的矛盾统一体，由矛盾的主要方面，即公有制为主体和按劳分配为主要分配原则，决定了基本经济制度的社会主义性质，多种所有制共同发展和多种分配方式是矛盾的次要方面，这种矛盾统一体是非对抗性质的，这是在理论创新的过程中如何实现人民生活水平逐渐提高的认识论。上层建筑的总和能动自觉作用于基本经济制度使其发挥促进生产力发展的作用，并且协调它们之间的关系。公有制为主体与多种所有制共同发展的自信，在于上层建筑总和的政治制度优势作用的发挥。无论是公有制还是私有制，采取市场体制配置资源的手段有其自在的矛盾，但政府发挥更好的作用，实质上指涉的是政府调节功能问题。任何国家政府（行政机构）都具有政治统治、公共事务管理、经济监管、社会服务的职能，但中国特色的行政职能不是"消极政府"而是"积极政府"，即维护市场经济自发的价值规律的作用，但又不能由自发的价值规律支配一切，这就存在政府作用与市场经济运行规律的矛盾和市场经济的自身矛盾，而有效解决矛盾的关键依然在于政府，政府能否更好作用取决于解决矛盾的能力。所以行政体制机制改革与市场经济的改革是联动的。

从国家治理制度的整体结构与部分的关系上看，将国家治理分解为政府治理、市场治理、社会治理还存有值得商榷的问题，如果将这里的政府理解为狭义的行政，那么就仅仅是行政治权的治理了；如果将政府理解为广义，即立法、行政、司法、监督，那么政府就等同于政治国家和国家政治制度的整体，由此而来的就是国家治理、市场治理、社会治理三个层次的划分。实际上，国家治理的制度结构就是上层建筑的制度总和与基本经济制度和人民参与国家政治生活、基层民主自治的总体，它体现的是党的领导与"全民主"治理的过程。人民群众参与国家政治生活就是通过民主制度分级对决策实施影响，而社会治理主要通过以社区为基本单元的民主参与、民主选举、民主管理、民主监督体现的，但因社会治理的组织能力和公共产品的供给能力不足，因此必须以党的领导、政府负责、公民参与构建共有共享共治的"治理共同体"，社会治理所说的"社会"是以社区为基本单位的基层直接民主的组织体，而不是社会形态的社会，因此，社会治理是指人民生活领域的社区实体和社会生活规范领域的。社会组织既可以通过民主渠道参与国家政治生活，也是志愿或受委托承担公共事务的主体，但它并不是要代替政府主体，同样，社会组织本身也需要治理。国家治理制度包括治制、治人、治事，这三个方面是有机联系在一起的，法治是根本。制度、法律、政策三者不完全等同，法律既规范制度设计，制度也规范良法的生成，政策是在制度和法律的环境下生成的，是治事的依据。法律和政策的制定离不开民主集中制的程序规定，民主集中制是党的领导、国家权力、社会权力行使的制度规范，其"全民主"过程在于群众路线和协商民主嵌入各层次各领域的立法和决策过程之中。

第二章　西方治理理论评析：澄清国家治理概念的误解

国家治理概念是马克思主义政党关于如何治理社会主义国家的原则和基于实践经验教训的深刻总结所形成的重大理论创新，与西方世界推广的治理理论具有实质的差别。对西方治理理论的引介虽然在时间上早于国家治理概念，但这并不意味着国家治理概念是西方治理理论的"中国化"，以西方治理理论套解中国独特的国家治理概念是不合逻辑的。这就需要展现西方治理理论形成的逻辑来澄清误解。西方治理理论影响世界以至作为改造世界构想的推广，是由世界银行、国际货币基金组织、联合国全球治理委员会等国际性组织推动的。当然，治理理论作为一个学术流派也深刻影响着西方国家的政府改革。20世纪80年代初，以英国和美国引领的西方国家政府改革，即"里根—撒切尔主义"的新自由主义行政改革，治理成为其主要的理论工具。治理在西方是有多元理论途径的，以"治理"作为新概念也造成了赶时髦的乱象和竞争形态。但总体上是新自由主义意识形态秩序内的，同时都共同关涉公共行政重构的问题。深刻把握西方治理理论的源流和公共行政改革的关系，可以构建与中国特色的国家治理相比较的坐标系，同时也可以透视西方治理理论向中国推行的意图。

一　西方治理理论源流

世界银行的治理理论主要源于新制度经济学的公司治理理论，联合国全球治理委员会的治理理论有其自主的创造性，主要为重构民族国家新的"伙伴"关系而制作的，它与基于新制度经济学的治理理论有差别。但因全球治理委员会所供给的治理概念主要以"公民伙伴"关系而诟病政府的理念，也被构建新治理概念的不同学派所汲取，以构建"民间社会"为导向的自治和多元治理运用于民族国家的公共行政改革作为其指向。

（一）制度经济学途径的公司治理理论

作为企业的一种新管理理念的治理概念，可追溯到 1976 年美国学者詹森（Jensen）和麦克林（Meckling）发表的《企业理论：经济行为、代理成本和所有权结构》一文并形成影响，但构成较大影响的是诺贝尔经济学奖获得者（2009 年）美国学者威廉姆森。威廉姆森是科斯的"新制度经济学"的命名者和继承人，并将他具有开创性的"交易成本经济学"作为新制度经济学的组成部分，开创了公司治理理论。威廉姆森在 1975 年出版了《市场与层级制》专著，由此形成了公司治理理论的开端。科斯的新制度经济学挑战了古典经济学的所有市场交易都是"私人利益最大化"的"经济人"假设，认为任何市场交易都会产生交易费用，企业是一种社会制度安排，是降低交易费用的一种社会选择；交易费用与产权制度安排具有直接和间接的关系。科斯以交易费用影响制度安排的视角阐明了市场机制制度安排的成本问题，在于为人们提供了如何从制度安排的合理化来降低交易成本的新视角，是最有影响力的产权理论。"产权"的观念超越了以往的财产权理论，将企业管理的委托代理理论、交易费用理论综合起来，被委托的代理人（管理经理阶层）在绩效激励的条件下就会以企业的最大利益为重。威廉姆森在科斯的观念引导下进一步更新了传统经济学的"理性人"假设，从"契约人"行为假设逻辑出发，从企业内部"治理结构"的合理性考虑如何降低交易费用的问题。威廉姆森借鉴了罗伯特·西蒙的人是"有限理性"或"欲望理性"的假设，将这一假设应用于市场交易行为的"契约人"假设，得出市场交易各方都是"行为理性"的判断。因为交易合同的确定存在信息鸿沟，在履行契约的过程中面对着诸多不确定性，而交易人谈判奉行的是"机会主义"私人利益最大化，存在蒙蔽、隐瞒、欺骗的风险。因此，威廉姆森将问题锁定在企业的层级制与市场的逻辑关系上。企业的层级制是现代企业组织结构的典型特征，威廉姆森建立的企业组织结构与市场交易费用的逻辑关系是开创性的。威廉姆森认为，企业纵向垂直一体化的层级结构就是降低交易费用的一种设计，但要通过企业并购重组建构企业集团，以往的小型企业的直线职能型组织结构已经不适用了，要建构矩阵型的垂直一体化组织结构，企业内部的各组织之间经授权具有相对独立性。由此，通过并购重组将企业的供应商转变为组织内部的子公司而结构化，原来的外部交易变为内部交易，企业代理人或高管通过垂直权力实施成本控制，从而降低持续谈判的交易费用。西方企业的世界性并购重组集团化、高管薪酬设计等实务操作基本来自威廉姆森的观念。威廉姆森将这种控制交易费用的内部组织结构的运行控制称为治理结构。但是，《市场与层级制》一书对企业治理结构的阐释还是个性化的，对于企业之间的关系还未展开论述。

　　企业之间的治理是威廉姆森对公司治理的理论研究。他在 1985 年的《资本主义经济制度》一书中综合了其前期成果，较为系统地阐释了治理、公司治理结构等概念。威廉姆森认为，"经济组织的核心问题在于节省成本"①；任何经济组织从节约成本的角度都是"合同人"的角色，因此，应把"合同看作一种治理方式"②。什么是治理？威廉姆森将"治理"与"私下解决"等同来看，所谓治理即是"私下解决"③。其核心论点是："对各种合同关系，主要是靠私人秩序所形成的各种制度来治理，而不是通过'法律至上论'（legal centralism）来解决。"④ 因此，治理也可以被称为完整契约的过程，是动态的、具有相当的灵活性。威廉姆森于 1996 年出版了新的著作《治理机制》，构成了他的代表著作三部曲。《治理机制》一书深刻总结了前两部著作的成果，将治理的有关概念确定下来。他认为，"交易成本经济学将企业描述为治理结构（一个组织架构）"⑤；公司之间的契约关系就是治理结构，也称其为制度安排⑥。威廉姆森认为，以

---

　　① ［美］奥利弗·E. 威廉姆森：《资本主义经济制度》，段毅才、王伟译，商务印书馆 2002 年版，第 4 页。

　　② ［美］奥利弗·E. 威廉姆森：《资本主义经济制度》，段毅才、王伟译，商务印书馆 2002 年版，第 65 页。

　　③ 参见［美］奥利弗·E. 威廉姆森《资本主义经济制度》，段毅才、王伟译，商务印书馆 2002 年版，第 65 页。

　　④ ［美］奥利弗·E. 威廉姆森：《资本主义经济制度》，段毅才、王伟译，商务印书馆 2002 年版，第 5 页。

　　⑤ ［美］奥利弗·E. 威廉姆森：《治理机制》，石烁译，机械工业出版社 2016 年版，第 3 页。

　　⑥ ［美］奥利弗·E. 威廉姆森：《治理机制》，石烁译，机械工业出版社 2016 年版，第 377 页。

往学者对制度的定义，包括正式制度的法律典章和非正式的习俗、伦理等规范都是公司治理的制度环境，在制度环境确定的背景下，交易经济学的治理就是"治理机制"，也就是"治理制度"，因此，从交易费用视角的契约关系的制度安排来看，"制度就是治理机制"。[①] 当然，公司治理理论不仅仅是威廉姆森等人独有的制度经济学理论，还有诸如 20 世纪 60 年代菲德勒的"权变理论"，这是注重领导力和组织成员关系的理论；20 世纪 90 年代初迈克·哈默与詹姆斯·钱皮的"公司再造"或"流程再造"理论等，都被引入公司治理理论中。公司治理理论也为公共行政变革提供了导向标。

（二）国际政治领域的治理理论

20 世纪 90 年代国际政治领域兴起的治理理论有世界银行和联合国全球治理委员会两种路径。1989 年，世界银行对非洲的经济、政治、社会状况的评价使用了"治理危机"（crisis governance）概念，由此被确认为"治理"概念在国际流行之渊薮。为什么将世界银行这一经济组织划为国际政治的范畴？原因很简单，世界银行的贷款援助项目是有政治价值观和意识形态标准的，用"governance"这个中性概念可以隐去政治的意识形态，增强了受援国接受其政治民主和政府改革条件的认同度。实际上，在世界银行的报告中，与"Crisis governance"相匹配的还有治理能力（governability）这一概念。治理能力是指政府的统治能力或"可治理"的一种状态。但世界银行强调自己的身份是经济商业机构，将国家和政府机构仅仅作为经济组织而与政治学的概念区分开来。治理危机或治理能力的问题仅仅是非洲的非民主国家的问题吗？

1975 年，由法国的克罗齐、美国的亨廷顿、日本的绵贯让治冠名的《民主的危机——就民主国家的统治能力》写给"三边委员会"[②] 的报告，就是针对西方发达国家治理能力危机问题而作出的评判。这里的"统治能力"就使用了"governability"这一概念。这份报告的核心是民主国家统治

---

① 参见［美］奥利弗·E. 威廉姆森《治理机制》，石烁译，机械工业出版社 2016 年版，第 3 页。
② 西欧、日本、北美的市民为促进这三个地区之间就共同关心问题进行更加紧密的合作，于 1973 年建立的一个组织。

能力或治理能力（the Governability of Democracies）问题。这份报告的主题是"民主的危机"，但与悲观民主论不同，实质上它是建立民主化和政府治理能力辩证关系的一种新观念。作者认为，周期性选举迫使政府不断迎合选民压力而导致了民族主义狭隘化，政府经济社会职能的扩张导致政府超负荷运转，民众对公共事务的漠视、社会利益分散化、政党角斗的公共决策与公共利益之间的矛盾，政府公信力下降等导致了治理危机或"不可治理"的乱象。这份报告并没有对政府能力提出一个完整的定义。达伦多夫在评价这份报告时对政府治理能力给出了一个定义："统治能力大概指的是政府对于它们所统治的经济、社会和政治共同体提供指导的能力，也是有效地这样实施的能力。"[①] 其实，这不是达伦多夫的定义，而是这份报告所隐含的一种定义。因此，达伦多夫在进行这一概括之后，马上就提出了严重的质疑：民主国家的传统特征之一不要求对经济、社会和政治共同体提供指导吗？提出民主国家政府统治能力问题，难道不是暗示增强政府权力吗？难道民主就是使人民权力发挥作用而限制政府权力吗？[②] 实际上，这几个有力发问直指亨廷顿关于美国政府治理能力下降和如何提升政府能力的阐释。亨廷顿认为，美国政府治理能力下降的原因主要是 20 世纪 60 年代民主浪潮的兴起挑战了政府权威，民主活力的增强与政府权威的下降成正比，而政府权威下降与政府职能扩张也成正比，政府职能扩张与福利支出扩张也成正比；民主活力的增强导致政治参与的广泛，但同时导致政党认同中断、投票率下降和政治冷漠症上升，政府管理国家还是反对党和利益集团管理国家的界限模糊。在亨廷顿看来，美国政府治理能力下降的原因就在于没有正确处理政府权威与民主活力上升的关系。但亨廷顿并不是否定民主活力本身，而认为这是民主活力上升的同时出现了民主混乱的问题。亨廷顿提出了提升政府治理能力的一种构想：政府权威与民主活力平衡。亨廷顿引用《联邦党人文集》第 51 篇麦迪逊的一个观点："在构造一个由众人之上的人管理的政府时，最大困难在于：这个政府必须首先能

---

① ［法］米歇尔·克罗齐、［美］塞缪尔·亨廷顿、［日］绵贯让治：《民主的危机》，马殿军等译，求实出版社 1989 年版，第 161 页。

② 参见 ［法］米歇尔·克罗齐、［美］塞缪尔·亨廷顿、［日］绵贯让治《民主的危机》，马殿军等译，求实出版社 1989 年版，第 161—162 页。

够控制被统治者，其次，这个政府必须能自我控制。"① 援引这一观点的用意在于对大众民主与政府权威矛盾关系的确立，他指出，如果无视二者之间的矛盾完全是自欺欺人，而认为二者之间"不可能达到一种大致平衡，就是一种脱离现实的悲观主义"②。亨廷顿所要建立的这种平衡是一种动态的平衡关系，既要民主的活力，因为这是政府权威获得认同的基本需要，但又要限制民主泛滥和过剩问题，"民主政治系统的有效运转通常需要就某些个体和群体而言的某种程度上的冷漠和回避"③。在亨廷顿看来，设定对一些边缘群体政治参与的限制虽然是不民主的，但"这也是使民主有效地发挥功用的原因之一"④。如果能够实现民主与权威的动态平衡，多一点统治少一点民主也是可以的。

在国际政治领域的治理概念恰好与亨廷顿的观点相左。1990 年前德国总理勃兰特出任社会党国际主席，鉴于海湾战争的影响提出"全球治理"的倡议，并于 1992 年成立由政要和学者组成的"全球治理委员会"。1995年发表了该委员会的一份研究报告《我们的全球之家》，阐释了治理全球的行动纲领：治理是各种公共的或私人的个人和机构管理其共同事务的诸多方式的总和。它是使相互冲突的或不同的利益得以调和并且采取联合行动的持续的过程。它既包括正式制度也包括非正式制度。治理有四个特征：治理不是一整套规则，也不是一种活动，而是一个过程；治理过程的基础不是控制而是协调；治理既包括公共部门也包括私人部门；治理不是正式的制度，而是持续的互动。⑤ 经这一途径所阐释的治理影响最大。因为此报告的发表恰逢联合国成立 50 周年之际，被译为 15 种语言广泛流传。学者罗西瑙组织专家撰写了《没有政府的治理》学术著作，进一步加

① ［法］米歇尔·克罗齐、［美］塞缪尔·亨廷顿、［日］绵贯让治：《民主的危机》，马殿军等译，求实出版社 1989 年版，第 57 页。

② ［法］米歇尔·克罗齐、［美］塞缪尔·亨廷顿、［日］绵贯让治：《民主的危机》，马殿军等译，求实出版社 1989 年版，第 57 页。

③ ［法］米歇尔·克罗齐、［美］塞缪尔·亨廷顿、［日］绵贯让治：《民主的危机》，马殿军等译，求实出版社 1989 年版，第 101 页。

④ ［法］米歇尔·克罗齐、［美］塞缪尔·亨廷顿、［日］绵贯让治：《民主的危机》，马殿军等译，求实出版社 1989 年版，第 101 页。

⑤ 参见 The UN Commission on Global Governance, Our Global Neighborhood, Oxford University Press, 1995, pp. 2 – 3.

深了对治理概念的阐释。罗西瑙对治理概念阐释的显著特征是"没有政府统治的治理"。这里必须辨识什么是"没有政府统治"这一问题。自民族国家兴起和威斯特伐利亚体系的建立，主权、领土、人民三者构成国家，国家在疆界范围内行使主权是基本特征。第二次世界大战后联合国成立，各国遵守《联合国宪章》形成了新的世界秩序格局。联合国致力于促进各主权国在国际法、国际安全、经济发展、社会进步、人权及实现世界和平方面的合作。但主权国家间的冲突并未得到有效解决，联合国的协调能力受到主权国家和大国的限制，甚至被超级大国限制。正是鉴于这种现实，罗西瑙等提出的"没有政府统治"这一概念，在一层意思上是指世界秩序的"无政府状态"；在另一层意思上是指世界秩序化并不需要在主权国家之上建立一个"世界政府"统治，联合国不是统治而是治理。这是"没有政府统治的治理"所表达的意思。但是，人们在援引这个概念的时候往往被误解，抑或被重新定义，认为民族国家内部的治理也是"没有政府统治的治理"，这就误入了歧途。

受罗西瑙的影响，欧盟研究治理理论和实务最为兴盛，没有政府统治的治理是他们奉行的一个原则，但并不意味着削弱主权国家而构建一个欧盟国家。罗西瑙等人奉行的治理概念有如下意涵：其一，以治理作为分析框架审视世界秩序，治理是塑造秩序的规范。"没有秩序就没有治理，没有治理也没有秩序"[1]。治理与秩序是可以相互解释的。从逻辑上来说，治理与秩序不存在谁先谁后的问题，但治理观念的确塑造着秩序。其二，治理是"行为体"的正式制度和非正式制度的谋求秩序化的行动原则。"行为体"不仅仅是主权国家，还包括个人的、跨国的经济商业机构、民间社会等多主体。这种多主体的行动逻辑不完全相同，主权国间所形成的规制、制度安排是一个约束行为体的规则，但治理是"通行于规制空隙之间的那些制度安排，或许更重要的是当两个或更多规制出现重叠、冲突时，或者在相互竞争的利益之间需要调解时才发挥作用的原则、规范、规则和决策程序"[2]。但这并不意味着治理概念的外延小于主权国间所缔结的国际

---

① ［美］詹姆斯·罗西瑙主编：《没有政府的治理——世界政治中的秩序与变革》，张胜军等译，江西人民出版社2001年版，第8页。

② ［美］詹姆斯·罗西瑙主编：《没有政府的治理——世界政治中的秩序与变革》，张胜军等译，江西人民出版社2001年版，第9页。

原则、规制和制度安排，以治理作为规范秩序，具有超越民族国家间的秩序规则的特殊功能，治理的范围更大。但因民族国家的存在，国际秩序的无政府状态是缺少权威的，可以将政府权威在治理框架中"缺省"，这就是"没有政府的治理"的分析框架①。由此，"治理就是这样一种规则体系：它依赖主体间重要性的程度不亚于对正式颁布的宪法和宪章的依赖。更明确地说，治理是被多数人接受（或者至少被它所影响的那些最有权势的人接受）才会生效的规则体系；然而，政府的政策即使受到普遍反对，仍然能够付诸实施。"② 治理与统治不同，统治是强势权力自上而下的控制，而治理包含了自下而上和主体之间的互动。"治理则是由共同的目标所支持的，这个目标未必出自合法的以及正式规定的职责，而且它也不一定需要依靠强制力量克服挑战而使别人服从。换句话说，与统治相比，治理是一种内涵更为丰富的现象。它既包括政府机制，同时也包含非正式、非政府的机制，随着治理范围的扩大，各色人等和各类组织得以借助这些机制满足各自的需要，并实现各自的愿望。"③ 这也就是说，治理框架中包含政府，政府只是"行为体"之一。

罗西瑙的同路人霍尔斯帝（K. J. Holsti）认为，治理就是由四大要素所构成的治理体系："谁治理？为何治理？治理者如何治理？治理产生什么结果影响？"④ 这里包含着权威性、合法性，行为体规则的法律、道德规范、程序制度、约束机制、命令与服从等。霍尔斯帝使用此治理体系框架分析 19 世纪欧洲多头政治的治理体系的多边主义，随着单边主义的兴起而瓦解。重构新的治理体系需要将国家间的无政府状态或无效治理转向"国家社会"。社会的含义一般是指自愿结社的社团组织，是人们之间的一种交往关系范畴。马克思在历史唯物主义上对社会如何产生、如何进展重新进行了厘定。但是，西方学者一般是在自愿结社、自治的视角下理解社

① 参见［美］詹姆斯·罗西瑙主编《没有政府的治理——世界政治中的秩序与变革》，张胜军等译，江西人民出版社 2001 年版，第 7 页。
② 参见［美］詹姆斯·罗西瑙主编《没有政府的治理——世界政治中的秩序与变革》，张胜军等译，江西人民出版社 2001 年版，第 5 页。
③ 参见［美］詹姆斯·罗西瑙主编《没有政府的治理——世界政治中的秩序与变革》，张胜军等译，江西人民出版社 2001 年版，第 5 页。
④ 参见［美］詹姆斯·罗西瑙主编《没有政府的治理——世界政治中的秩序与变革》，张胜军等译，江西人民出版社 2001 年版，第 35 页。

会的。所以,"国家社会"这一概念所表明的是国家间的社会化,这也不同于以往的"国际社会"概念,它强调了国家间的相互依赖、合作、权力均势。霍尔斯帝认为这也是"没有政府的治理"。罗西瑙认为霍尔斯帝的研究只是"没有政府的治理"的一个方面。罗西瑙更大的筹划是社会本体论,这意味着在治理框架下对民族国家的改造就是题中之义。

世界银行相对于"governance"的另一个概念是"good governance",中文直译为良治或"好的治理",依其意译为"善治"。治理(governance)是中性的,善治(good governance)是治理的理想目标,也是治理的规范。世界银行以善治为目标作为民族国家内部改革的标准,就将国际政治领域的"没有政府的治理"转换为受援国的改革标准。这一标准首要的是以"民主"解构政府中心主义。因此,世界银行的善治也受到诸多批判。

二　"里根—撒切尔主义"政府改革路向: 新公共管理与治理

20 世纪 90 年代初,在政府改革的主潮中最兴盛的是"New Public Management"(新公共管理)概念。1979 年撒切尔夫人作为英国保守党领袖开始执政,到 1990 年卸任。1980 年里根作为美国共和党领袖开始执政,到 1989 年卸任。这两位政治领导人在西方世界发起了一场政府改革的浪潮,被冠名为"里根—撒切尔主义"的政府改革运动。1991 年由时任伦敦政治经济学院公共行政系主任的著名学者克里斯托弗·胡德率领的评价小组,对"里根—撒切尔主义"的政府改革成效进行评价,胡德对这场改革运动冠名为"新公共管理"(New Public Management,NPM)。由此,新公共管理概念流行起来。

(一)新公共管理的技术主义

新公共管理的策源地是英国。撒切尔夫人的初始改革并没有成形的理论支撑,只是借助于新自由主义政治经济学家诸如哈耶克、弗里德曼等对自由市场经济的推崇和国家主义的批判思想,旨在解决第二次世界大战后西方世界普遍实行福利政策或"福利国家"所面对的困境:福利支出导致财政赤字压力过大、税收较高、效率低下等问题。撒切尔的改革是三面作战的：减少福利必须面对工会对工人的福利要求和维护；对公有企业推行私有化、公共服务社会化和民营化改革，必须面对英国工党和政府行政系统的反对。在面对工会的反对问题上，撒切尔夫人采取公开的政治辩论和政治斗争，修改工人的福利保证法律获得成功，由此具有"铁娘子"之称。减少工人福利与对资本家和富人减税是相呼应的。在面对公有企业的私有化改革方面，由于英国工党的反对，其采取了折中的方案，通过出让股权、分散股权经营、利润分红的方法推行。公共服务社会化和民营化涉及政府行政机构的重组和公务员减员等问题，这就关涉大批公务员的利益问题。对此，采取隐含意识形态的策略，从行政效率着手进行行政组织改革。撒切尔聘用了来自企业的高管捉刀行政组织改革。这是明显地将私人企业的管理经验引入政府组织之中的一种方法。撒切尔夫人有一种认识的前见，即政府机构臃肿、公务员懒惰、擅权、浪费的原因在于权力过大。撒切尔夫人在谋士的推荐下为高层公务员推行读一本书——公共选择学派尼斯坎南所著的《官僚制与公共经济学》。尼斯坎南在这本著作中深刻揭示出福利国家面临困境的一个重要原因在于：行政官僚机构制造预算最大化，为生产无效的、多余的公共产品而证明自己存在的价值，从而赢得改革行政组织的认同。具体改革的措施采取行政组织分散化，实行组织三分，即少数高层从事决策、一部分实施监督、大部分公务员从事公共物品生产的企业化，并且政府部门与私营公司、公有企业实行全面竞争，对这部分行政组织实行经理人制，授权、责任、结果考核、弹性工资是主要方法。

美国的里根改革与英国撒切尔夫人的改革采用的路径是相同的，同样是新自由主义的市场主义，但两国的具体国情有很大差别。1929—1933 年西方遭遇了一场大的经济危机，罗斯福总统在危急时刻走马上任，经济理论上采取凯恩斯主义，政治上采取行政权力扩张的战略，一方面，政府以福利权调解劳资关系、缓和阶级矛盾；另一方面，加强立法和市场监管规制。这一系列措施史称"罗斯福新政"，也被称为"大政府"和"福利国家"策略。二战以后，西方世界普遍学习美国而兴起福利国家。但是，美国的公有企业数量在资本主义国家中是最低的，远远小于英国。里根改革的措施主要表现为放松市场规制、减少工人和底层群体福利、为富人减税。

英国学者胡德等对"里根—撒切尔主义"的行政改革冠之"新公共管理"之名，实际上是贬义的，与其相同或替代性的概念还有诸如"新管理主义""新泰勒主义""市场型政府""市场型公共行政"等。胡德等认为新公共管理有七个特征，即扩大管理者的权限，"让管理者管理"，是权力与责任相一致；目标杠杆控制、绩效管理；实施结果导向和产出控制；授权与分权相结合；以市场竞争的方式提供公共服务；将私人企业的管理经验引入政府部门；对强调资源利用采取竞争性市场规则。① "新管理主义"是相对于"老管理主义"来说的。"老管理主义"的理论创制是由科学管理原理创始人泰勒完成的。泰勒的科学管理原理虽然是针对企业管理的方法而形成的，但他在美国国会的答辩中声明，这一原理不仅可以提高生产效率，还是解决劳资矛盾、缓和阶级冲突的方法；马克思发现劳资矛盾导致阶级斗争，但科学管理原理可以使阶级斗争理论失效。科学管理原理形成影响后，在美国政府行政系统公务员制度巩固和完善时期，是政治学和行政学借鉴的重要理论资源。1887 年，美国年轻的政治学者伍德罗·威尔逊（1913 年就任美国第 28 任总统）发表了《行政研究》，论证了引入欧洲的行政官僚制与议会政治相结合，使民主国家实现廉价、效率管理的合理制度的思想。这也是行政"老管理主义"的早期思想。20 世纪 20 年代初期德国思想家马克斯·韦伯区分了政府行政、私人企业内部管理的行政、家庭内部管理的家政（行政），并且作出了无论是私人企业还是政府实行官僚制是必然趋势的判断。他认为私人企业的家族制已经不适应大企业管理的需要，所有权与经营管理权分离，聘请专业的管理者是应然选择；国家民主制限于议会党派竞争供给法律和政策，而执行需要专业化、职业化的官僚制②管理，议会是党争民主的，行政是执行法律和对具体事物的管理。威尔逊的《行政研究》还是讲座性质的，而韦伯被公认为理性

---

① 参见［美］蓝志勇《行政官僚与现代社会》，中山大学出版社 2003 年版，第 151 页。

② 英文的 bureaucracy（官僚制）来自法文 bureaucratie，意指将权力委托给执行人的一种行使权力的制度。中文有的也将其翻译为科层制，意指权力运行通过自上而下的等级化的层级节制的行使程序。官僚制这一概念包括层级制，但更重要的还体现为将管理权或统治权授予一些管理代理人。奥利弗·E. 威廉姆森在《治理机制》一书中严格区分了 hierarchy（层级制）和 bureaucracy（官僚制）这两个概念。参见［美］奥利弗·E. 威廉姆森《治理机制》，石烁译，机械工业出版社 2016 年版，第 376—377 页。

官僚制或现代官僚制之父。韦伯的著作被他的美国学生帕森斯于 1946 年翻译成英文，就形成了"威尔逊—韦伯范式"的政府管理理论。政府行政被称为"公共行政"（Public administration），与私人行政相区分。公共行政的首位是法律的执行，其下位概念是依法履行公共事务的职责，这是"老公共管理"的内涵。而"新公共管理"之"新"的核心要义在于对"让管理者管理"和市场机制、私人企业管理方法的运用，这又构成了与传统公共行政相区别的"新"。这就是以新公共管理代替公共行政主张出场的逻辑。但是，在里根和撒切尔夫人执政后期，公共服务质量下降、贫富之间的矛盾，改革承诺兑现率差，管制与民主的冲突等问题暴露出来，尤其由于"让管理者管理"的理念，里根和撒切尔夫人超越法律权限任命官员引发的腐败飙升问题遭遇社会的不满。所以，胡德等人将这种改革冠名为"新公共管理"，或是管理主义的"新瓶装旧酒"、一种修辞等。

（二）公共治理：新公共管理的纠偏

作为新公共管理的公共治理是在政党更替中实现的。1992 年美国民主党总统克林顿开始执政，在一定程度上扭转里根改革的后遗症，提出了一些新的理念。不争论政府大小而更加注重政府效率；不在过去的政府应当做什么不做什么兜圈子，而更加注重政府如何做的方法；不纠缠征税多少花钱多少而应强调得体；不辩论政府办事的动机而更加注重后果。克林顿的这些理念来自维·奥斯本（David Osborne）和特德·盖布勒（Ted Gaebler）的成名之作——《改革政府——企业家精神如何改革着公共部门》。这本书之所以成名也在于克林顿向民选官员的大力推荐和颂扬。奥斯本供职的"进步政策研究所"，是智库性质的。克林顿聘请奥斯本为改革政策顾问，重塑政府或改革政府（Reinventing Govrnment）的理念一定程度上成为克林顿政府改革的风向标。奥斯本的核心理念是重塑"企业家精神的政府"。什么是企业家精神？奥斯本通过援引古典政治经济学家萨伊的话来表明："萨伊写道，'企业家把经济资源从生产率和产出较低的地方转移到较高的地方。'换言之，企业家运用新形式创造最大限度的生产率和时效。"① 这

---

① ［美］戴维·奥斯本、特德·盖布勒：《改革政府——企业家精神如何改革着公共部门》，周敦仁译，上海译文出版社 2006 年版，第 4 页。

种观点的进一步延伸,使传统政府是花钱的观念颠覆为:政府不仅仅是花钱的而是还要挣钱的。奥斯本所提出的以企业家精神重塑政府的"十条原则",实际上,是政府企业化、商人化的一种图式。① 奥斯本认为一个治理型政府与传统政府行政的官僚制组织是冲突的,因此,必须对官僚制组织结构的"DNA"进行重组。1996 年克林顿开始第二个任期,奥斯本与彼得·普拉斯特里克合作出版了《摒弃官僚制:政府再造的五项战略》,获得了"政府再造大师"的美誉。他在这部著作中进一步阐释了实现企业家精神的政府必须与传统的官僚制组织决裂。奥斯本认为里根和撒切尔夫人的政府改革虽然注重效率、私有化、精简公务员、通过减少公共服务项目而减少开支,这种改革之所以不成功,就在于未看清官僚制组织的不断增长。而以企业家精神重塑政府不是为私有化,不是为效率而效率,不是为减少公共项目而减少投资,不是为减税而减少福利,不是为官僚制疗伤而是彻底改造。政府再造"是指对公共体制和公共组织进行根本性转型,以大幅度提高组织效能、效率、适应性以及创新能力,并通过变革组织目标、组织激励、责任机制、权力结构以及组织文化等来完成这种转型过程"②。奥斯本的公共治理理论无疑对克林顿产生了重要影响,但政治家还要通过政治宣言赢得选举和政策认同。1992 年克林顿的政治宣言的第三条道路还是微弱的,但在第一个任期内,强调政府改革既不是老民主党的老路也不是自由主义及里根和撒切尔夫人的新保守主义的道路,而是介于二者之间。1996 年克林顿及其美国民主党委员会制定了"新民主党"的"新政"策略,既是国家、社会组织(包括工会)、企业合作治理,也是"政治治理"出场的逻辑。

三 新公共管理的治理失败论与重构图景

前述只是治理概念的出场路径,但学界对"治理"这一新概念的辨识、批判,对治理概念内涵的重建、路径的再探索不应当被舍弃或被遗

---

① [美] 戴维·奥斯本、特德·盖布勒:《改革政府——企业家精神如何改革着公共部门》,周敦仁译,上海译文出版社 2006 年版,第 20 页。

② [美] 戴维·奥斯本、彼得·普拉斯特里克:《摒弃官僚制:政府再造的五项战略》,谭功荣等译,中国人民大学出版社 2002 年版,第 14 页。

忘。不揭示这一问题似乎西方世界对"新治理"都心悦诚服。从时间上看，1996 年前，欧美学者就形成了对治理的批判和对其实质再揭示的一股潮流，1996 年后重建治理的行动逻辑与评判是同构的。为什么批判治理还要重构治理？因为西方世界代替福利国家的方案路径还未找到，治理是一个可以使用的概念，是替代官僚制等级控制的一种形式，但已有的治理含义模糊不清，再加之赶时髦风潮造成的乱用、乱象问题，必须对其重构。主要体现为以下六种解释途径。

（一）自组织治理论

英国学者罗茨在治理概念乱象中清理出至少六种用法：作为最小国家的治理；作为公司治理；作为新公共管理的治理；作为"善治"的治理；作为社会—控制系统的治理；作为自组织网络的治理。罗茨认为，公司治理本来是关于企业组织结构重建的理论，它引入公共事务中试图打破行政官僚机构与市场提供公共服务的二元论，与最小国家与大社会、市场竞争提供公共服务的方式相适应，这是一种努力的方向。新公共管理和善治都是企业化的政府逻辑，但政府与企业是有边界的。社会—控制系统实质上是一种包括政府在内的社会多主体的政治互动关系系统。网络治理是能够体现政府部门、市场、准市场联合提供公共服务的一种方式，但是，它不应该包含企业家精神的政府设计在内。罗茨所给出的治理概念是自组织的、组织之间的网络。这虽然包含了已经有的六种用法中可用的方面，尤其突出了作为最小国家、社会—控制论体系以及自组织网络的用法。但是，自组织的、组织之间的网络治理突出了这些特征：治理的范围大于政府，政府只是作为各个治理网络中的一个，组织网络是相互依赖的，政府并不是王者；协商是组织之间的基本特征，它需要相互信任的治理网络；协商而不是市场竞争是配置资源的基本方式；治理网络不为国家负责，它始终保持自主自治性，与国家权力保持距离。① 实际上，自组织治理作为一种框架，包括了以下的策略。

---

① 参见 ［英］罗茨《理解治理：政策网络、治理、反思与问责》，丁煌译，中国人民大学出版社 2020 年版，第 47 页。

1. 契约、合同治理

瑞士日内瓦大学公共管理学和经济学教授简·莱恩（Jan-Erik Lane）通过系统考察"里根—撒切尔主义"的政府改革及其成效，发现澳大利亚和新西兰才是新公共管理的典范，而英国和美国虽然是新公共管理的发动者，但成效并不明显，反而矛盾重重。莱恩认为，里根和撒切尔主义的新公共管理问题表现为结果导向的经济目标而侵犯了民主，还在于对行政的官僚制依然按政治传统，没有离开官僚制的等级化权力模式。莱恩区分了传统公共治理与现代公共治理两种模式的差别，传统公共治理是民主体制的政府行政，在公法途径上使用官僚机构、公共企业，公共的与私人的决然分离是其典型特征；现代公共治理是以目标为导向的，在司法途径上使用"合同"工具和招投标机制、促进竞争、创造公平的竞争环境。① 新公共管理总体上还是在传统的公共治理轨道上进行的修补，新公共治理或现代公共治理是契约、合同、竞争的总体。莱恩认为新公共治理可以汲取一些新公共管理的理念，但新公共管理缺乏一贯的理论基础，而新公共治理建立在契约民主这一基础上，同时吸收了民主制行政的理念。就公共治理这一概念来说，是以政府单一行政、多主体参与治理公共事务的方式，这是一般的理解。但莱恩的新公共治理是契约及其合同的治理。这也表明对公共治理的理解是多元的。在莱恩对新公共管理进行修正后，新公共管理也就与公共治理等同了。

2. 多中心治理

多中心治理来自民主制行政的理念，其有多个理论流派。20 世纪 70年代美国学者文森特·奥斯特罗姆（Vincent Ostrom）就针对美国议会民主与行政官僚制的非民主问题提出了一套改正方案。奥斯特罗姆认为，一个民主制国家只是议会党派民主是不够的，而行政的民主才是真正向民主社会迈出的坚实一步。在西方行政制度设置上，行政是国家行使权力的工具，这是执法和对具体公共事务管理的领域，实行公务员制度与政党政治分开，行政虽然是执行政党斗争结果的法律，但行政运行是命令—服从的关系，是非民主的领域。奥斯特罗姆提出，行政体制应由社会控制而非议会控制，执行议会立法与社会、社区控制行政这种双元结构就是一种"复

① 参见［英］简·莱恩《新公共管理》，赵成根等译，中国青年出版社 2004 年版，第 42 页。

合政体"的模式。行政的社会化、民主化，使政府部门和社区合作成为交叠管辖的公共事务治理体制。多中心实际上是指公共事务多主体共同作用于社区事务的治理。埃利诺·埃斯特罗姆以公共池塘的合作治理，阐发了政府行政的官僚制与自组织的合作机制多元互动的一种治理形式，其主要思想体现在《公共事物的治理之道》这部成名之作中（是 2009 年获得诺贝尔奖的著作）。两位学者起初都未使用"多中心"这一概念。"多中心"最早出现在波兰尼的"多中心秩序"（polycentric order）语境，意指多个主体共同作用于相同的任务。埃利诺·埃斯特罗姆在经验的研究结论中，认为以自组织为基础而形成多主体的合作治理在水资源的治理中是有效的，并且可以将这一结论推广到其他领域，如社区治安。"多中心体制设计的关键是自发性"，"自发性的属性可以看作是多中心的额外的定义性特质。自发意味着多中心体制内的组织模式在个人有动机创造或者建立适当的有序关系模式的意义上将自我产生或者自我组织起来。"① 这种自发性是与民主、自我负责、参与、政府服务互动的过程。自组织的多中心活动，与传统的政府主体中心—社区或服务对象的"中心—边缘"结构不同，是社区或服务对象的自组织中心和其他组织共同形成合力的体制。这是民主化公共治理的一种理论。

3. 政策网络治理

政策网络是 20 世纪 50 年代在美国兴起的一种公共政策的分析框架。民主与福利国家之间的重要问题是公共政策问题。一些学者发现福利国家和大政府的兴起，已经不是过去的议会制定政策、行政机构执行的结构，而是形成了议会、行政官僚机构、利益集团"铁三角"互动的政策网络格局。在西方新公共管理和公共治理理论流行之时，欧洲学者开辟了基于自组织网络的公共政策网络治理理论。网络治理理论针对新公共管理将市场与政府对立起来所产生的政府空心化、社会利益集团矛盾冲突加剧的现实问题而提出的一种新策略。政策网络的主体是相互依赖的一些群体和联合体，不仅仅是立法机构和行政机构，社会组织、企业、个人都参与公共政策的制定和执行。在工具的使用上采取契约、协商、

① ［美］迈克尔·麦金尼斯主编：《多中心体制与地方公共经济》，毛寿龙等译，生活·读书·新知三联书店 2000 年版，第 78 页。

沟通、激励、约束等,与其他理论消解政府权力的模式不同,与多中心治理也不同,强调政策网络的政府核心作用,但不是统治权力而是协调、导向、控制的能力。政策网络强调公民伦理的支撑作用,以真诚、信任、公共精神、实现公共利益作为交互网络的桥梁和纽带,以规避治理失败的风险。

(二) 西方左翼的治理指向

西方左翼理论家在治理理论论争中提出了一些新的治理方案试图影响政治和政府改革。

1. 整体性治理

整体性治理是希克斯等通过整体性政府理论与治理理论相结合所构想的一种新理论途径。20 世纪 70 年代希克斯就初步形成了整体性政府的理论,最初供给布莱尔执政的理念就来自此处。1999 年,他与同事合作的《面面俱到的治理:建立整体性政府的战略》出版,针对里根和撒切尔夫人政府改革的碎片化等问题进行纠正,提出以政府的力量整合各种资源形成协同治理的格局。2002 年的《迈向整体性治理》综合了以前的整体性政府的理念,批判、改造治理理论形成了新的整体性治理理论。整体性治理以政府和公共部门为主,但私营部门、社会组织参与其中,通过协同性政府的协调实现功能整合。整体性治理强调问题导向和功能整合的治理,政府部门层级整合和横向整合可以减少手段冲突,如社会保障和医疗保障之间由不同的部门负责就会出现资源、目标、手段等方面的冲突。这也是英国大部制改革的一种理论导向。希克斯从比较视野上阐释整体性治理的优势,贵族式政府没有治理;新公共管理的治理具有目标一致,但手段相互竞争、相互冲突、抵消效能;整体性政府的治理可以使目标和手段相互增强。但整体性政府需要信任、合作、交互网络,及时准确的信息沟通机制、打破信息鸿沟的壁垒,需要合理的预算制度供给。负责任的政府和公民伦理等要素,是整体性治理功能不可或缺的。整体性治理是一套制度安排,政府的作用依然是核心,但协调、导向、组织、公共政策产出等都需要新的制度安排;社会参与、合作、协商等功能与政府功能协调一致,这些制度安排不仅需要法律、伦理的支持,还需要人们情感的认同和信念、信心的支持。

2. 元治理

"元治理"是英国左派马克思主义学者杰索普（Bob Jessp）于 1998 年提出的一种新概念。资本主义国家的社会秩序演进历程经历了市场失败、大政府兴起后政府又失败，为解决政府失败又出现了自组织的观念。杰索普认为，这种意识实质上都是单向思维，缺乏系统性。反思资本主义的治理，依靠市场机制，因市场主体追求私人利益最大化必然导致社会分裂和无序，政府职能扩张旨在解决利益集团控制市场和政治而实现公共利益，但政府并未做到，在市场失败、政府失败的连续性发生中，试图以自治组织解决双重失败的神话有何根据？立论者往往声称这是最好的，但自治组织为何没有失败的风险呢？因为自治组织内部、之间的利益冲突并未解决，自治组织与市场、政府之间的矛盾是不可忽视的。杰索普主张以"元治理"作为一种分析框架，创造一种语境，"使不同的自组织安排得以实现，而不是为它们制定特定的战略和采取特定的主动措施"①。元治理作为一种新的治理理念，一方面旨在纠正"治理"被乱用和赶时髦的现象，另一方面旨在重塑政府公信力。杰索普重构了政府权威、市场机制、自组织三者之间的关系，目的是使政府承担起公共责任，引导市场机制，自组织一方面自我治理，另一方面参与公共治理。元治理是重塑政府和公共治理的一种战略，其基本要素由制度和战略构成，实际上重塑制度也是公共治理战略的一个极为重要的部分。杰索普所说的制度是广义的，即公共行为的程序原则，它能够"提供各种机制，促使有关各方集体学会不同地点和行动领域之间的功能联系和物质上的相互依存关系"②。战略上以促进相互合作的组织形成具有共识的远景目标，给人们以切实的激励。"元治理"实质上是关于公共事务的战略与制度重构，以此改变政府市场化的困境。杰索普所提出的元治理具有引导性，在其后的延展研究中不断被细化和增添新的内容，协商治理的观念也从此路径上发展。但总体上离不开政府权威、市场机制、自组织作用三个要素的相互关系。

---

① ［英］鲍勃·杰索普：《治理的兴起及其失败的风险：以经济发展为例的论述》，漆燕译，《国际社会科学杂志》（中文版）1999 年第 2 期。

② ［英］鲍勃·杰索普：《治理的兴起及其失败的风险：以经济发展为例的论述》，漆燕译，《国际社会科学杂志》（中文版）1999 年第 2 期。

四　西方治理理论是民族国家重塑
公共行政的一种指向

西方国家生成的新公共管理和治理理论，实质上是它们在寻找代替福利国家新的管理工具，它涉及政府行政的治权重塑、政府与社会的关系、官民关系、公共管理与公共服务的方式等社会秩序再生产的逻辑。

（一）西方国家在寻找解困福利国家的方法

新公共管理运动和治理理论的形成，或作为一场政府改革运动已经走过了 40 余年，在经验上对其反思是十分必要的，这对思考推进中国特色的国家治理现代化具有重要的比较意义。

1. 西方国家行政制度的演进与国家"治理权"的变革

在西方世界近现代的政治观念中，国家行政就是"活着的国家"，行政人就是国家治理者。近现代西方国家行政制度的演进与君主专制制度、普鲁士的官僚制度密不可分。君主专制与欧洲民族国家的兴起同源，君主独具国家统治权力必须排除原来由贵族分享的世俗权力和僧侣所代表的神圣权力，君主任命效忠、服从、执行自己命令的官员就成为必须。这样的行政或执行权力就是政治。随着资产阶级的兴起和力量的壮大，君主与资产阶级有一个同盟期，这是因为双方有共同的需要。君主借助于资产阶级反对僧侣税收的经济特权、贵族特权，资产阶级借助君主的政治权力反对特权、实现自由交换的贸易，要求推行重商主义的政策。资产阶级的重商主义要求也是专制君主通过税收增加自己的钱库、进一步增强实力而维护自己的权力和进行扩张的需要。资产阶级与专制君主联盟的基础是重商主义，但资产阶级与专制君主的矛盾冲突在于专制与民主的矛盾。英国工业革命和党派议会民主制是一种妥协的结果，但并未形成现代行政制度，行政官员沿袭了君主制时代的恩赐制或庇荫制。近代欧洲最早构建国家学说的是法国让·博丹，在 1576 年发表的《国家六论》中，博丹认为，主权是对疆界范围内的公民和臣民的最高统治权力，对外具有独立平等的权力，是国家的主要标志。国家与政府的区别在于，国家主权是不可分割的，政府是执行权力的一些机构，权力可以分割。根据主权主体的不同可以区分为一人统治的君主政体、少数人统治的贵族政体、多数人统治的民主政体。博丹所处的时代是法国资产阶级成长的历史时期，但博丹反对民主制、贵族制和混合政体的共和制，认为主权不可分割，最好的政体是君主政体。博丹认为，君主就是国家的人格，君主享有国家不可分割的主权，君主的行为不对人民负责，也不受法律约束，主权最重要的任务是制定法律，君主是主权者，当然也就是立法者。博丹的国家主权学说与马基雅维利的《君主论》都是为君主专制的合理性作论证的，但博丹突出了国家概念和国家主权、君主任命臣僚进行统治的观点。法国启蒙运动思想家孟德斯鸠深刻洞察社会发展趋势，提出了君主立宪制的立法权、行政权、司法权三权分立的政体学说，迎合了资产阶级对民主的诉求，初步建立了法律统治的思想。卢梭的社会契约论为资产阶级民主进一步论证。英国洛克的《政府论》提出了初步的立法权、执行（司法）权、对外权的三权分立学说，但都没有形成较为系统的国家管理学说。1789 年法国大革命颁布了《人权与公民权宣言》的资产阶级纲领，但法国并未建立起现代资产阶级民主议会制度和行政制度相结合的系统理论。拿破仑通过任命有才能的官员加强中央集权和国家管理、社会管理产生了很大的影响。法语中服务于君主专制的执行官的一种称谓"bureau"，通过法国大革命的影响传到德国，转化为德语"Bürokrat"。这两个语词中文一般翻译为"官僚"。在古汉语中"官僚"是指服从、效忠于君主或主人的臣仆群体。

德国官僚制的政体在普鲁士国王腓特烈二世（1712—1786）期间达到了顶峰，当时并没有官僚和官僚制的概念，但官房学派对普鲁士的官僚制政体产生了很大影响。普鲁士和奥地利的官房学派是英国重商学派的继承人，但官房学派研究的重点是财政学，这适应了腓特烈大帝富国强兵统一德国的需要。腓特烈大帝受启蒙思想的影响，受理性光辉之照耀、实行开明专制体制，官房学派的一些学者被招募到体制内成为国家治理者。官房学者是政府体制内的亦官亦学的官员和一些研究政府财政、国家学说的知识分子，与重商学派的亦商亦学区别开来。腓特烈大帝依靠官房学派开辟了国家建设的道路，宣布自己是国家的第一仆人，所用官员都是为国家服务的国家仆人，而不是君主一人之仆人，国家主义得到确立。通过设置农业、军事、财政、交通、工业等若干专业化的管理机构向社会渗透实现国家一体化；官员实行选拔制，在很大程度上排除了贵族的特权，行政官僚也开始被称为"文官"。在腓特烈大帝之后，继任者继续推行这套政体，但普法战争之后，德国开始第二轮具有影响力的改革，史称卡尔·施泰因首相改革。改革的特点是实行地方自治；释放农奴并赋予其公民身份，吸纳普通民众参与政治，以唤醒民族情感和国家认同、国家意识；改组、优化行政机构设置，强化文官的知识和管理技能。德国的第三轮政体改革是自上而下的资本主义改革，建构和完善议会民主与行政相结合的国家体制，此时，国家理论基本成熟于以劳伦斯·冯·施泰因为代表的大学教授之中而影响国家建构。施泰因深受黑格尔理性国家学说和法国社会主义理论的影响，高度关注欧洲工人运动的现实和历史趋势，在19世纪40年代就提出了社会平等的社会保障的初步构想。施泰因通过考察法国社会主义和工人运动撰写了《现代法国社会主义和共产主义》一书，这是英法社会主义和共产主义思想在德国的初步传播，他洞察到阶级斗争是社会阶级利益矛盾冲突的表现形式。为避免阶级冲突，施泰因形成了国家与社会二元论的基本思想。国家是一个生物的有机整体，国家意志的立法和国家行政的执法是管理国家的器官，前者是静态的国家，后者是"活着的"国家。行政法是宪法的执行法，"国家行政由'执行（Vollziehung）'构成，即由最高的意志（法规）、职能结构（组织）和意志执行（强制）构成。"① 行政区分为国家行政和社会自治行政两个层次，国家行政既受法规约束又有理性自由的部分，社会自治的行政既有自主的部分也有来自国家监督的部分。施泰因将黑格尔的理性国家观念与社会自治结合起来，以正确处理国家与社会的关系。施泰因面对议会的党派斗争的现实经验，在理论上提出国家就是"理性人格"，国家是"中立"的权威，它超越各阶级的利益，是"社会君主"② 人格，通过行政权威解决社会私人利益矛盾的冲突、实现平等。施泰因出版了8卷本的《行政学》，奠定了他的行政学思想。

2. 从君主专制政体到民主政体转变中的治权设置

西方世界建立起议会民主或代议民主制后，行政制度如何设计经过了

---

① ［德］米歇尔·施托莱斯：《德国公法史（1800—1914）：国家法学说和行政学》，雷勇译，法律出版社2007年版，第523页。

② 在古希腊的话语中，君主的理想人格是"天下为公"，最理想的统治是君主制。亚里士多德阐释了这一古希腊的观念，但亚氏认为事实上这种理想人格并不存在，所以亚氏预设了"好公民"的"公民人格"。施泰因深谙亚氏的学理而提出"社会君主"之称的理性国家的中立说。

一个探索时期，德国的官僚制理论和实践是它们的重要借鉴。从时间上说，法国大革命就摧毁了贵族在国家管理上的特权，执行国家命令的官员要按教育程度、知识和能力配置，这也被称为公务员的早期形式。但行政官僚制的系统建构和理论落后于德国，现代公务员制度直到 1945 年后才建立起来。英国 1854 年后通过借鉴德国的官僚制和中国的科举考试制度逐渐建立其现代公务员制度。由此，在西方的话语中，公务员制度与官僚制度、公务员和官僚是可以互替的。在君主专制到资本主义代议制的转变过程中官僚或公务员这个群体在"政体"中的位置发生了重大变化，职能都是治理者的身份，人格的依附性是其显著特征。在民主制时代，官僚行政与民主社会的矛盾是持续性的问题。

在君主专制时代，国体是君主统治，政体包括议事和决策机构、执行机构。虽然议事和决策机构的设置和具体形式有差别，但执行君主授权的行政官僚基本上是一致的。行政官僚依附于君主，君主制的决策内阁和社会群体的矛盾使官僚群体置于被诟病的境地。巴尔扎克的文学作品《公务员》对这一群体给出肖像画的素描：庞大、臃肿，为庸人所创造，取悦于庸人；卖官鬻爵、尔虞我诈、赤裸裸的金钱交易以及种种腐败的习俗暗规；正直的人很难摧眉折腰忍受下去；一些人才高位卑，另一些人尸位素餐，摧残才华；这个官僚体制像一块沉重的幕布横在要做的事和可以下令做事的人中间。官僚依附于君主而生存，同时也必须营造自己的生存空间和权势的增长。马克斯·韦伯指出，作为依附于君主的臣僚"在政治剥夺的斗争中站在君主一边为他所用，通过为君主料理政事，一方面挣得生活所需，另一方面也获得理想的生活内容"①。君主也必须借助官僚群体排斥特殊利益集团对国家权力的争夺。君主依靠官僚这一特殊群体，将原来那些封建领主权威和僧侣排斥出局，官僚是贵族的天敌，是专制君主实现和巩固王权的工具。亨廷顿指出，这是"由单一权威取代先前许多权威机构的政治合理化"②的重要步骤。所以君主专制时代的政体也被称为官僚制政体或官僚制国家。官僚制自产生以来就毁誉参半。依赖办公室运用知识

---

① 〔德〕马克斯·韦伯：《学术与政治》，冯克利译，生活·读书·新知三联书店 1998 年版，第 61 页。

② 〔美〕塞缪尔·亨廷顿：《变革社会中的政治秩序》，王冠华等译，生活·读书·新知三联书店 1989 年版，第 93 页。

和书写能力是他们的工作特点,但严重的官僚主义（bureaucratism） 日益成为这种制度的顽疾。推进普鲁士国家官僚制建构的卡尔·施泰因晚年显得对这种病症的无能为力,对官僚主义作出了经典描述:官僚是拿工资、受教育、没有利益和产业的人,"拿工资意味着追求生活舒适,受教育意味着与文字而非现实世界打交道。没有利益和产业就是不与其他阶级发生联系。……不管风云变幻、税收增减,不管悠久的权力被破坏还是保持,农民变成雇佣劳动者依附于地主或是受高利贷者盘剥,这一切均无关他们的痛痒。官员们从财政部领取薪水,在紧闭的办公室里写、写、写。不了解也不体察实情,并且还把他们的下一代也带进这个写作机器中来"①。

民主制的国体和政体与君主专制的官僚制是对立的,但资产阶级专政的国体也必须由具体的政体设计来实现。"议会制国家"或"代议制"政体建立后,选择什么行政体制就成为资产阶级建构治理权力的重要问题。对官僚制的行政体制与议会制相结合进行合理化的人,在理论论证上是黑格尔。黑格尔称他自己的《法哲学原理》就是"国家哲学"。黑格尔所处的历史时代正值德国由君主专制向资产阶级民主制转型的历史时期。黑格尔洞察了英、法议会中党派民主的冲突与斗争,行政体制的杂乱无章现象,在理性国家的理论逻辑上将君主制与议会制进行折衷。议会在君王领导下行使立法权,以知识和能力作为行政官僚的条件,打破世袭身份制,实行考试任命制。黑格尔排斥对公务员实行"契约制",因为"契约"关系降低了公务员对国家的忠诚,考试与君王的任命会增强公务员的国家认同、忠诚心、责任心,公务员的薪酬和退休制使其增强荣誉心,不因物质生活匮乏而贪腐。黑格尔在这样精心设计的条件下作出了官僚在各个社会派别和群体中既是一个特殊等级又是普遍等级的论断。所谓普遍等级就是在各阶级中保持中立,代表着社会的普遍利益。黑格尔认为,将行政官员从立法权中排斥出局是错误的,因为官僚对普遍利益的理解和对国家的忠诚超越了其他阶级,民主和公众舆论都不可能达到这种普遍性。黑格尔在给予官僚赞誉的同时没有忽视官僚主义或形式主义的天然症结。他一方面认为,要以自上而下的等级监督和来自市民团体的自下而上的监督,实现履行公共事务职责中的节省、速度和效率;另一方面,"为了使大公无私、

---

① 转引自徐建《近代普鲁士官僚制度研究》,北京大学出版社2005年版,第2页。

奉公守法及温和敦厚成为一种习惯，就需要进行直接的伦理教育和思想教育，以便从精神上抵消因研究本部门行政业务的所谓科学、掌握必要的业务技能和进行实际工作等等而造成的机械部分"①。黑格尔洞察到议会民主在德国不可避免。同时从经验事实上判定议会的党派实质上是市民社会私人利益矛盾冲突的政治化，所以他构想出君主与议会、行政相结合的体制。但黑格尔所说的君主是一种理想类型，类似于柏拉图的"哲学王"，在现实中以腓特烈大帝为楷模。哲学王的君主与理性国家是统一的，君权与行政权结合在一起，尽管受到法律的约束，但国王代表人民的普遍利益、领导和控制议会，不使因议会的党派斗争而分裂，或偏向某一方面的利益而损伤其他利益，行政领受君权对公共事务管理就是实现公共利益的。黑格尔指出，"唯有哲学才能思维地考察这个君主伟大之处的问题，因为除了纯以自身为根据的无限观念的思辨方法以外，一切其它探讨方式都会自在自为地取消君主伟大之处的本性的"②。这是黑格尔基于国家哲学对官僚制行政体制所作出的具有代表性的合理化证明。但是，由于黑格尔对君主制与议会制的混合、折中，没有完成对于议会民主制与行政官僚制关系的论证。

最早作出适应于资本主义议会制国体的行政官僚制合理性论证的是美国的伍德罗·威尔逊。从资本主义议会民主制建立以来，行政事务在议会内设还是外设的问题是不确定的。如密尔在《代议制政府》中还将议会制与官僚制看成是两种政体形式，官僚制的实质意义是"政府的工作处于专业统治者手里"③，官僚制是仅次于代议制的一种政府形式。密尔在《论自由》一书中对官僚制与自由的矛盾进行了深刻的阐释：实行官僚制"这种国度的结构乃是把这个国族的经验和实际能力组织成一个有纪律的团体，为了对其余的人进行管治；这个组织自身愈是完善，它以群体各等级中为自己吸收并训练最能干的人员愈成功，那么它对包括这官僚机构的成员在内的一切人们束缚也就愈加完整。因为管治者自己也成为他们的组织和纪律的奴隶，正不亚于被管治者之成为管治者的奴隶"④。威尔逊在议会民主

① ［德］黑格尔：《法哲学原理》，范扬、张企泰译，商务印书馆1961年版，第314页。
② ［德］黑格尔：《法哲学原理》，范扬、张企泰译，商务印书馆1961年版，第303页。
③ ［英］约翰·密尔：《代议制政府》，汪瑄译，商务印书馆1982年版，第88页。
④ ［英］约翰·密尔：《论自由》，程崇华译，商务印书馆1996年版，第122页。

制政体的条件下论证行政官僚制如何保障个人自由和平等问题。美国是典型的宪法立国的国家，创制了典型的议会、行政、司法三权鼎立的权力制度。总统选举与议会议员选举分别进行，与英国的议会派生行政不同。总统所领导的行政系统对选民负责，而不是对议会负责。美国立国后的最初一段时间实行行政官员恩赐制，实行所谓"绅士治国"。到1829年第七任民主党总统安德鲁·杰克逊执政开始实行政党"分肥"或"分赃"制。所谓分肥或分赃，是指选举获胜的政党将行政职务分配给本党有功人员，肥缺属于胜利者；执政党以国家政策回馈社会利益团体。这种官员政策既有利于增强政党团结和凝聚力，还能在民主社会的理论上得到解释，即行政官员排除身份，随政党共进退。这种行政制度从1829年持续到1883年，其后果是腐败、卖官鬻爵、跑官要官，行政缺乏专业性、知识性和一贯性，民怨沸腾，两大政党本身也难以承受这样的恶果。1883年国会通过了文官法案决定行政系统实行文官制。但文官制度法案通过后建立什么样的行政制度还面临着不确定性。1887年，年轻的政治学者威尔逊发表了《行政之研究》一文，深刻阐释了议会民主制需要与行政官僚制进行结合，既不与民主制相矛盾，相反，又适应民主社会人们对平等的要求。行政官僚和官僚机构非党派化，保持中立，以专业、知识、职业能力的优势为国家为民众服务，使社会成员和各团体得到无偏私的对待。威尔逊认为，行政官僚制是文官制的最佳制度，是符合成本最低、效率最高、廉洁政府要求的最好选择。威尔逊认为，尽管议会供给官僚机构以法律规范，但行政系统对公共事务的具体管理并不是政治的而是科学的。"行政管理的领域是一种事务性的领域，它与政治领域的那种混乱和冲突相距甚远。……行政管理的问题不是政治问题，虽然行政管理的任务是由政治加以确定的，但政治却无需自找麻烦地去操纵行政管理机构。"① 这就是对于政治与行政二分法的初步阐释。威尔逊认为，一个有序、有效的官僚制行政组织必须与民主政治分割开来，"只有当一个国家的全部行政机关与人民、人民领袖以及普通工作人员的共同政治生活隔离的时候，官僚制组织才能

① ［美］伍德罗·威尔逊:《行政学研究》，转引自彭和平、竹立家等编译《国外公共行政理论精选》，中共中央党校出版社1997年版，第14页。

生存"①。威尔逊认识到了官僚主义这一问题，但他认为，官僚制是一种国家工具，关键在于政治官员如何对其进行领导和使用，如果政治领导人是真正为民众服务的，官僚性的独断专行、形式主义等官僚主义陋习很难立足，相反，"例如在普鲁士斯坦因的影响下，一个具有公共精神的政治家，其领导方式可以把自负而且敷衍塞责的机关变成公共政府的具有公共精神的工具"②。

事实上，美国官僚制行政组织的成长，是从 1901 年美国共和党总统西奥多·罗斯福执政开始的。19 世纪末 20 世纪初，美国工业化进程进一步加速，已经成为世界经济大国，发展到垄断资本主义新阶段，社会不平等问题也已经成为亟待解决的问题。以新兴中产阶级（包括公务员、知识分子和中小企业主）为主要力量的政治进步主义运动形成强有力的冲击波，罗斯福总统的执政理念适应了政治进步主义运动的新要求，提出以国家行政的力量建设新美国、调解阶级矛盾、提供公共福利、限制垄断资本的力量等主张，得到了中产阶级、社会底层的支持，特别是一些受到德国讲坛社会主义思想影响的年轻知识分子支持罗斯福的改革。这是美国历史上具有实质意义的行政权力扩张和行政组织优化的重要阶段。美国行政权力第二次扩张和行政组织优化是在民主党总统富兰克林·罗斯福在任期间实现的。面对 1929—1933 年资本主义世界经济危机的震荡，罗斯福总统在幕僚的建议下选择凯恩斯的经济学，采取政府干预经济的手段，一方面加强市场规制的建立；另一方面通过政府投资和市场政策引导，以适当的通货膨胀刺激经济增长。罗斯福的"新政"由"3R"构成：救济（Relief）、复兴（Recovery）和改革（Reform）。美国国会通过了《紧急银行法令》《全国工业复兴法》《农业调整法》《社会保障法案》等。《全国工业复兴法》以政府政策和经济规制的手段复兴实体经济、限制过度竞争、保障工人收入缓解劳资矛盾，政府兴办公共工程提供公共产品，增加就业和刺激消费、生产；《农业调整法》通过政府对农业的补贴和稳定农产品价格，解决农业与工业、商业的矛盾；《社会保障法案》对退休工人提供养

---

① ［美］伍德罗·威尔逊：《行政学研究》，转引自彭和平、竹立家等编译《国外公共行政理论精选》，中共中央党校出版社 1997 年版，第 21 页。
② ［美］伍德罗·威尔逊：《行政学研究》，转引自彭和平、竹立家等编译《国外公共行政理论精选》，中共中央党校出版社 1997 年版，第 21 页。

老金和保险，对失业采取保险金救助，对年幼的母亲、残疾人进行补助，建立急救救济署，为民众发放救济金。这一系列"新政"举措必然带来强化总统行政权力和行政机构职能扩张的后果。罗斯福总统的政策顾问、政治学家梅里亚姆和行政学家古力克等是罗斯福"新政"行政组织理论的供给者。古力克供职于美国行政研究所，主张构建"一体化行政"体系。所谓"一体化行政体系"，是指由行政首长领导的职能合理的行政机构及其官员施政的完整系统。古力克反对威尔逊的政治制定政策行政执行的所谓"政治与行政二分法"，他认为议会政治既缺乏效率又失公平，行政官员和专家是政策形成的第一道工序，而议会实行的是确认或否决的权力，这并不会降低议会和民主的价值和功能。专家参与政策制定具有特殊价值，但不能沦为专家治国的境地；专家发挥的知识判断力为决策增加了科学性和理性，但专家的结论并不是最终的，还要考虑社会主体的接受性。行政官员和专家也要与社会主体进行互动，把握社会主体的感受。政府行政体系与企业有区别，但可以学习企业的效率管理办法。古力克认为，政治与行政二分法是旧的过时的观念，行政系统制定公共政策就是政治的。罗斯福"新政"打破了过去的议会与行政的关系，行政的政治化和议会政治、利益集团的政治形成铁三角关系，而且行政权力不仅是总统权力的加强，还在于行政官僚机构权力的强化和巩固。

第二次世界大战后，西方国家模仿罗斯福新政的策略，"大政府"兴起，形成福利国家时代。20 世纪 80 年代初，"里根—撒切尔主义"的改革被称为一场政府革命，所针对的就是福利国家的问题而进行的行政组织、政府职能、公共权力的重塑。

（二）西方公共行政重塑运动的理论基础

里根和撒切尔夫人所发动的政府改革被称为一场行政革命，实质上言过其实。捉刀改革者没有使用过"新公共管理"概念，只是学界冠之以名。对新公共管理和治理的关系，有的人认为新公共管理是治理的一种途径、一种理论流派，有的人认为治理是对新公共管理的替代。因为治理是与统治、管理相对立的，在英文中突出了"government"与"governance"的对立；在中文中突出了治理与管理的对立，从治与管一字之差来理解二者的区别。就西方的情况来看，治理是左派政党喜欢的一个新概念，也是纠正右派政党重"管理主义"的一个新概念。但是，管理和治理是可以互换的，如果将治理视为比管理的范围更大更广，那么治理就包含着管理在内。要治理不要管理是一种极端的说法。"治理多一点管理少一点"是什么所指？实质上，治理是重程序过程的合作、互动机制。被称为治理理论家的英国学者斯克托就指出，"治理的产出和统治并无任何不同之处，如果有什么差异，那也只在于过程"①。就过程来说，公私伙伴关系和行为者的互动是其基本特征。"治理多一点管理少一点"是指政府权威作用方式的调整，是对私人企业放松规制而使其参与公共产品生产、分配过程。所以，"治理所指，是统治方式的一种新发展"②。因此，试图将政府管理从治理中排除实行所谓的"没有政府的治理"是不可能的。但治理理念确实与政府单一主体的管理有差别。就其差别来说重塑行政组织及其功能、新构公共组织，是自新公共管理运动到治理的政治话语形成的显著特征。因此，从管与治的一字之差解释治理理论是有欠缺的。制造新公共管理、治理普遍化的"神话"波浪是连续的，但从新公共管理到治理理论的内在性来看，西方世界在寻找调适政府与市场、社会之间关系的"公共行政重塑"方案，各民族国家有明显差异，但各种方案还未取得明显成效，从经验上作出失败论判断的学者也有充分的理由。

里根和撒切尔夫人所发动的西方政府改革运动的目的指向是促进经济发展，但不同阶段主导改革的政治话语有差异。里根和撒切尔夫人强调的是"管理"和"控制"，克林顿、布莱尔、施罗德喜欢"治理"术语。这虽然呈现出20世纪80年代与90年代之间具有政党派别的历史线性关系，但不应因为前者强化管理，后者以治理代替管理，夸大治理与管理的术语差别，并不意味着概念的内涵和外延的差别。从20世纪80年代初兴起的政府改革浪潮经历了右派政党的发起和左派政党的调整和推进，到美国克林顿、英国布莱尔、德国施罗德执政结束，西方政府改革的浪潮基本结束。在这一过程中，试图从执政党交替的意识形态的差别来看政治话语的治理和管理差别还是雾里看花，而重塑公共行政组织才是政府改革意向的

---

① ［英］格里·斯托克：《作为理论的治理：五个论点》，华夏风译，《国际社会科学杂志》（中文版）1999 年第 2 期。

② ［英］格里·斯托克：《作为理论的治理：五个论点》，华夏风译，《国际社会科学杂志》（中文版）1999 年第 2 期。

真实。始于里根和撒切尔夫人所发动的政府改革运动也被称为政府"瘦身"或"减负"，有的学者判定这是针对福利国家的矛盾向福利国家宣战"拆散福利国家"。德国法兰克福学派的奥菲指出，二战后的西方世界将福利国家视作创造社会和平、和谐的原则，以削弱阶级斗争的影响，普遍欢迎福利国家，但 20 世纪 70 年代末却又形成了资本主义与福利国家不能共存的矛盾，福利国家是悖论，因此解散福利国家就成为社会政治分裂和矛盾的源泉①。解散福利国家与重构公共行政组织的内在逻辑，可以从政党意识形态差别中的共同取向的理论基础、拆解行政官僚体制、重构公共行政三个层次来看。

"里根—撒切尔主义"的政府改革是以弗里德里希·哈耶克（Friedrich August von Hayek）、米尔顿·弗里德曼（Milton Friedman）等为代表的"新自由主义"经济社会理论为意识形态基础的。这些以诺贝尔奖获得者形成影响力的新自由主义政治经济学与工具主义的政治经济学不同，他们从社会秩序的本原和应然的论证揭示"福利国家—大政府"的失败逻辑。哈耶克的"自发秩序"原理复兴了保守主义的传统，但与伯克传统的老保守主义有差别。哈耶克是新自由主义的，但新自由主义有多个派别，哈耶克不从属于任何一个派别，而是开辟了一条独特的自由主义道路："自由—保守主义"。自由主义有三个阶段，第一阶段是自由放任的市场主义，亚当·斯密是其理论的宗师；第二阶段是二战后的新自由主义时期，凯恩斯的经济学理论是其工具，罗斯福新政或"行政国家"是其典型特征；第三阶段也称"新新自由主义"，总体上是复兴市场主义，但与老自由主义有差别，哈耶克的"自由—保守主义"是"政府瘦身—自由市场"取向的理论底色。人类社会"自生自发秩序"是哈耶克整个学说的轴线。古希腊思想家关于人类社会秩序作出的"自然而然的"（physis）与"人为"约定的（nomos）二元划分，是西方人思考人类社会秩序是何、为何、应何问题的思想之源。在这条道路上西方走过了两个历史阶段，第一个阶段是自然法统治阶段，思想家的智慧集中于论证人定法如何服膺不可证明的天法，或人的推理理性如何是理性的；第二个阶段是实证法阶段，民主议会

---

① ［德］克劳斯·奥菲：《福利国家的矛盾》，郭忠华等译，吉林人民出版社 2006 年版，第6—8 页。

制立法和利益集团都将法律视为理性的，理性成了集体的智慧，实质上是政府的智慧。哈耶克认为，源于古希腊思想家关于人类社会秩序的二元划分本身就是认识的错误，实质上，人类社会秩序是介于自然而然与人为约定二者之间的交往活动的进化，"进化理性"才是人类社会秩序的根本。进化理性一方面是个体之间交往互动的不断试错而使秩序不断增长，各群体之间也是在模仿和试错中进行合理选择的；另一方面，与这种进化理性相对立的是"建构理性"，它被少数人和利益集团所理解和把持，政府强权就是基于建构理性将古希腊思想家的"人定秩序"的思想发挥得淋漓尽致。哈耶克在1937年《经济学与知识》的论文，表达了自由市场秩序是自发秩序的表现形式的思想，与罗斯福新政相对立。1960年出版的《自由秩序原理》在哲学的根基上阐释了政府计划是通往奴役之路。1967年出版的《法律、政治学和经济学的研究》，1978年出版的《哲学、政治学、经济学和观念史的新研究》阐释了政府立法和规制对自生自发秩序的瓦解。哈耶克的最后一部著作是三卷本的《法律、立法与自由》，汇集了他的前期研究成果，系统阐释了以自发秩序为轴心的进化理性思想。哈耶克认为，自生自发秩序是个体之间的合作期待而形成的交往共同体，它区分为内部规则和外部规则。内部规则是基于人们合作行为的社会关系，而政府作为其外部规则实质上是一种组织行为。政府是需要的，但政府行为必须服膺和促进社会关系，政府的外在组织与社会的"自组织"之间，是前者服从后者，而不是相反。因此，在立法上应以私法优先，公法必须维护和实现私法。这就将"政府"是公共利益的形象翻转过来，实质上就是以市场经济和资本调节国家的理念。哈耶克认为"在自由的状态下，每个人都能够运用自己的知识去实现自己的目的"① 就是公共利益的。哈耶克秉承斯密所主张的每个人在遵守公正法律的前提下追求自己的利益是完全自由的观点，实际上这也是自由主义理论家柏林所说的消极自由的观点。他批评一些人将斯密的论式引向"自私自利"，与利他主义对立起来。哈耶克认为个人追求自己的目的，与利他主义和利己主义并不存在必然的联系②。哈耶克区分了利己主义和个人主义，确定个人主义方法论的合理性而排斥

---

① ［英］弗里德利希·冯·哈耶克：《法律、立法与自由》第1卷，邓正来等译，中国大百科全书出版社2000版，第87页。

② ［英］弗里德利希·冯·哈耶克：《法律、立法与自由》第1卷，邓正来等译，中国大百科全书出版社2000版，第88页。

集体主义的方法论。哈耶克认为，近现代西方思想传统可以区分出"伪个人主义"和"真个人主义"，前者是卢梭传统，遵循它会导向大政府或外部秩序和公法统治；而后者是保守主义鼻祖伯克的传统。真个人主义的基本主张认为："第一，人类赖以取得成就的许多制度乃是在心智未加设计和指导的情况下逐渐形成并正在发挥作用的；第二，套用亚当·弗格森的话来说，'民族或国家乃是因为偶然缘故而形成的，但是它们的制度则实实在在是人之行动的结果，而非之人之设计的结果'；第三，自由人经由自生自发的合作而创造的成就，往往要比他们个人的心智所能充分理解的东西更伟大。"[①] 由此，哈耶克确定了"方法论的个人主义"是基于个人自由所解释的社会，在没有政府组织前提下的社会可以被视为自生自发秩序，政府和公法只有服膺于社会才能维护和增进自发秩序，符合方法论个人主义是私法的公法化，民主的重要内容是防范政府权力侵犯社会。这也是所谓的"大社会"或"开放社会"。"开放社会"[②] 是哈耶克借用著名科学哲学家波普尔的概念。开放社会与封闭社会相对立，"每个人都面临个人决定的社会则称为开放社会"；相反，集体主义的社会是封闭社会。[③] 波普尔以个人自由和自主决定的逻辑构建开放社会，与哈耶克反对政府权力干涉具有近似性，但波普尔与自由放任的市场主义保持距离，他反对资本逻辑所控制的经济制度和政治民主制度，他认为政府权力如果是保护弱者权利而不受剥夺是合理的，但以议会民主的所谓集体理性的干涉就是违背开放社会原则。波普尔与哈耶克将社会主义作为开放社会的敌人不同，他将干涉个人自由的政治权力作为开放社会的敌人，他在《无穷的探索》这部思想录中指出，"如果社会主义有可能与个人自由相结合，那么我仍然是社会主义者。因为没有什么比在一个平等的社会中过着一种朴素、简单

---

① ［英］F. A. 冯·哈耶克：《个人主义与经济秩序》，邓正来译，生活·读书·新知三联书店 2003 年版，第 12 页。

② "开放社会"是波普尔的重要社会理论。波普尔在自然科学与哲学之间建立了他独特的知识理论，受到爱因斯坦、罗素等人的赞誉；他的自由主义理论受到哈耶克、柏林的高度认同，并且与哈耶克过从甚密，交往大半生的时间。哈耶克与波普尔的思想既有相近之处又有差别。

③ 参见［英］卡尔·波普尔《开放社会及其敌人》第 1 卷，陆衡等译，中国社会科学出版社 1999 年版，第 325 页。

而自由的生活更好了"①。在个人自由与平等的关系上，波普尔批判罗斯福的新政扩张了官僚机构的权力，以所谓平等权侵犯了个人自由。波普尔是个人自由至上主义者，认为个人自由高于平等。哈耶克借用波普尔"开放社会"概念来加强他对官僚政治的批判，佐证他的"自由—保守主义"主张。

引导里根和撒切尔政府改革的中间理论是公共选择学派的"经济民主理论"。公共选择理论是20世纪40年代形成的一种介于经济学与政治学之间的一种"经济政治学"理论，以斯密的市场经济学、财政学理论为基础，研究政治民主过程对社会福利的生产、分配、消费问题。肯尼斯·约瑟夫·阿罗（Kenneth J. Arrow，1972年获诺贝尔经济学奖）于1951年出版了《社会选择与个人价值》著作，产生了强烈影响。阿罗提出，民主的"多数决"能是公共利益吗？个人以私人利益最大化的策略所形成的多数决定的公共政策实际上是某些人的私人利益，投票就是胜利者所得与失败者所失的关系。因此，个人价值与社会选择是悖论，这就对民主决策的公共利益假设和政府是公共利益化身形象提出了严重挑战。20世纪50年代中后期，以美国学者詹姆斯·布坎南（James M. Buchanan，1986年获诺贝尔经济学奖）为代表的新公共选择理论，以政治学家邓肯·布莱克（Duncan Black）的中位选民理论（median voter theory）为底板，将经济学的"理性人"或"经济人"假设引入政治民主领域，设定政治民主"市场"与经济行为"市场"二元结构，政治民主市场是公共选择行为，经济交换市场是私人选择行为，但二者都是私人利益最大化的竞争。布坎南的《社会选择、民主政治与自由市场》论文开新公共选择理论的先河，他与同事戈登·塔洛克（Gordon Tullock）合著的《同意的计算——立宪民主的逻辑基础》被称为公共选择理论的经典之作。布坎南独著的《自由、市场与国家——80年代的政治经济学》，以罗斯福新政—凯恩斯的政治经济学为批判之的，揭示政府财政赤字的扩张在于政治民主的渊薮。他在《赤字中的民主——凯恩斯勋爵的政治遗产》进一步揭示政治民主与政府财政赤字的逻辑关系。

---

① ［英］卡尔·波普尔：《无穷的探索——思想自传》，邱仁宗等译，福建人民出版社1987年版，第33—34页。

构成撒切尔夫人和里根政府行政改革的表层、直接应用的理论是公共选择学派的行政学家安东尼·唐斯（Anthony Downs）的《民主的经济理论》和尼斯坎南的《官僚制与政治经济学》。唐斯所确定的民主政府的基本逻辑是：政府的公共选择与市场的私人动机的差别在于前者是选票最大化，选票最大化必然采取向选民承诺公共福利最大化，政府实际上是政党竞争公共权力而控制国家机构，并通过国家机构支出公共福利，这就是民主政府支出扩张的逻辑。[①] 唐斯在《官僚制内幕》中揭示了行政官僚机构为维持和扩张自己的权力与政党的复杂关系，行政官僚集权力攀登者、保守者、狂热者、倡导者、政治家于一体。因此，在现实问题上，公共选择理论以行政系统的问题为中心，一方面，在生产提供公共物品上与私人市场是一种竞争关系；另一方面，行政官僚机构为组织存在的意义上，会加强政府生产提供公共产品的强度和范围，因而压缩市场的范围和功能。尼斯坎南的《官僚制与公共经济学》提出了一个新的假设：官僚机构都是预算最大化的，这一判定是私人利益最大化假设在官僚机构中的公共形变。行政机构不是私人机构，但官僚预算最大化是为加强提供公共产品而保持组织和官员地位的现实需要[②]。尼斯坎南的这一假设面临着一个极为重要的挑战：行政机构的预算必须接受议会的审查、监督、批准，如何能够实现预算最大化？尼斯坎南的论证逻辑是：议会议员因选票的需要承诺了对选民的回馈，而实现回馈也必须通过行政官僚机构的预算来实现，由此，官僚机构与议会议员之间形成了双边控制，与利益集团相互动，致使官僚机构预算最大化得以可能。尼斯坎南对解构罗斯福新政—官僚制行政组织膨胀和权力扩张困局的意见是：在不改变基本政治制度条件下，在供给相同或相近公共服务的官僚机构之间采取竞争手段；改变官僚机构的动力以提高低级官僚的工作效率；更多采用私人资源供给公共服务，增强与官僚机构的竞争；由总统和中间投票人的立法代表重新确认对审议程

---

① 参见［美］安东尼·唐斯《民主的经济理论》，姚洋等译，上海世纪出版集团2005年版，第47页。

② 参见［美］威廉姆·A. 尼斯坎南《官僚制与公共经济学》，王浦劬等译，中国青年出版社2004年版，第39页。

序的控制权。①

　　撒切尔夫人所发动的政府改革以尼斯坎南的官僚制解构理论为导向标，是在上述三层理论所构成的基础上进行的。从新公共管理到公共治理演进的内在理论基础都贯穿着这样的理论逻辑。

五　重塑公共行政的治理困境

　　重塑公共行政与公共治理理论是一对逻辑关系。前述已经勘定了新公共管理与治理两个概念出场的不同语境，但在西方民族国家公共行政重塑运动上新公共管理与公共治理有两种解读模式：一种是以新公共管理指称"里根—撒切尔主义"的政府改革，以治理理论指称左派政党执政时期的新政治话语，治理又称为"后新公共管理"（Post- New Public Management），意味着公共行政重塑运动的策略调整；另一种是以公共治理理论作为总体概念，新公共管理作为公共治理理论的一个阶段，尽管左右派政党执政交替对行政改革工具的政治话语不同，但基本上都是在政府与市场、政府与社会关系的中轴线上的行进逻辑。后一种解读模式是多数西方学者的看法。将治理视为总体框架来看西方治理理论的演进与公共行政重塑运动的政党意识形态、民族国家之间的差别、行政概念的重要变化、公共行政重塑运动的成功抑或失败问题，进一步敞现西方治理理论的实践状况。

（一）政党意识形态与公共治理概念工具

　　对西方政党意识形态趋同论的判断，是依据受选票政治影响争取"中间选民"现象所作出的。在粗略的情况下有左派与右派两种划分，这种划分方法有两个标准：一是根据政党的性质和其所代表的选民、政治价值、政治目标，具有派别性和相对的稳定性；二是根据政府与市场的关系，左派政党注重政府作用，右派政党倾向市场。在稍加细化的视界来划分，可区分为右派、中右、右偏左；左偏右、中左、左，这种划分可以考察受选民阶级结构、选举政治情势的变化条件下政党意识形态的调整与治理经济

---

① 参见［美］威廉姆·A. 尼斯坎南《官僚制与公共经济学》，王浦劬等译，中国青年出版社 2004 年版，第 220 页。

社会政策工具的共时性、历时性演变，体现执政党政策工具趋同中的差异和差异中的趋同现象。

从英、美两国的执政党政府改革历时性路线图来看"里根—撒切尔主义"和"克林顿—布莱尔的中间道路"，是否显现政党意识形态差异而致"新公共管理"与"治理"的差异？否定他们差异性首推世界经合组织（OECD），其于1991年将成员国政府改革的共同特点和趋势概括为"3E"（Economy，Efficiency，Effectiveness，即经济、效率和效益）主义或管理主义；在1995年的《转变中的治理：OECD国家的公共管理改革》中声称，经合组织国家的公共管理改革具有一个已经发展起来的共同的议事日程，这就是"新公共管理"或"管理主义"模式，并将其特征概括为八个方面：转移权威、保证绩效、控制和责任制、发展竞争和选择、提供灵活性、改善人力资源管理、优化信息技术、改善管制质量、加强中央指导职能。1997年公共管理发展报告《公共管理的问题和发展：1996—1997美国概况》是评估性的，"重塑政府"运动的成效主要表现为政府的精简，机构的重建，顾客至上原则的确立，市场机制的引入，以绩效为基础的组织的出现和"重塑政府"实验室的建立等方面[1]。从这种评估的线性时间来看，其贯通了"里根—撒切尔主义"与"克林顿—布莱尔中间道路"的历史过程。从其重塑公共行政的治理工具来看，模糊政府行政与市场的界限、构建公私伙伴关系、社区自治、强化社会组织这一主体承担公共事务是其共同特征；罗斯福新政的官僚制行政是其共同的敌手。撒切尔夫人反官僚制行政的理论导师尼斯坎南指出，"现代国家发展的特点是，政府财政支出与官僚组织规模和数量同步增长"[2]，官僚制行政既与代议制政府不可分离，同时又是代议制的弊端。克林顿重塑政府的理论导师奥斯本指出，"政府再造可以创造其运行完全不同于我们熟知却十分厌恶的官僚体制的新型公共体制"，这就是"用企业化体制来取代官僚体制"[3]。这也就

---

① 参见陈振明《走向一种"新公共管理"的实践模式——当代西方政府改革趋势透视》，《厦门大学学报》（哲学社会科学版）2000年第2期。

② ［美］威廉姆·A.尼斯坎南：《官僚制与公共经济学》，王浦劬等译，中国青年出版社2004年版，第9页。

③ 参见［美］戴维·奥斯本、彼得·普拉斯特里克《摒弃官僚制：政府再造的五项战略》，谭功荣等译，中国人民大学出版社2002年版，第14—15页。

是说，在左右派政党交替执政持续推进公共行政重塑运动的历时性过程中无论是使用新公共管理还是公共治理，这两个概念的含义是相通的。但为什么在欧美国家左派政党喜欢"治理"而右派政党喜欢"管理"呢？

克林顿以美国民主党身份执政并开始宣称"第三条道路"，政府改革的政治话语也从顾问的思想中借用了治理概念，对里根的"自由—保守主义"改革路线也作出了一定程度的调整。其后，布莱尔以英国工党身份开始执政也宣布其政治理念是"第三条道路"；施罗德以德国社会民主党身份执政也宣布其政治理念是"第三条道路"。由此治理概念在左派政党中达成了共识。但这并不意味着"自由—保守主义"意识形态与管理画等号，"第三条道路"意识形态与治理画等号，或治理与管理有实质的区别。对此有两种解释途径。第一种，无论是管理还是治理都标明以隐含意识形态的中性政治术语赢得对改革策略的认同。跟踪研究"里根—撒切尔主义"政府改革的英国学者波利特指出，"管理主义是新右派在考虑国家问题时'令人欢迎的面孔'。它是一个'多种构成的混合物'，可以吸引新右派之外的支持。对于较广泛的选民来说，'更好的管理'听起来让人感到合理、中性，像是良好的品德一样不会遭人反对。在公共服务近一段发展中，生产力的逻辑是一种能独立于新右派政治纲领的内在力量。然而，与此同时，对于新右派的追随者来说，更好的管理提供了一种标签，在这种标签之下，可以将私人部门的纪律引入公共服务中，强化政府控制、消减预算，减少专业自主性，消减公务员工会，建立一种竞争框架，这些将洗刷掉官僚'天生的'无效率。"① 在"里根—撒切尔主义"新右派政府改革招致不满陷入困境之时，新左派政党开始执政，使用"治理"概念，强调"少一点管制多一点治理"，一方面标明与新右派改革举措的差别；另一方面治理这一概念表面也是中性的，可以淡化意识形态的冲突。这种策略最早是世界银行使用"善治"概念所采取的，它可以淡化受援国在意识形态上的抵制情绪。世界银行慎用政治敏感的"国家"概念，较多使用狭义"政府"，即行政机构或国家执行机构权力的变革指向，即使用国家概念也限定在经济范畴而不是作为政治范畴。美国学者安东尼·帕格登指

---

① 转引自［奥］欧文·休斯《公共管理导论》，彭和平等译，中国人民大学出版社 2002 年版，第 287—288 页。

出，世界银行以"效率"的经济因素指代治理效能，可以"理解为一种修辞的尝试"，但掩盖不了自由主义意识形态的秘密。① 民族国家重塑公共行政引入治理概念，表面上向大众隐含意识形态倾向性，实质上已经表明了自由主义的意识形态属性。这要从左派政党意识形态的演变加以审视。克林顿的第三条道路是针对罗斯福新政的民主党政治战略强化政府作用的方向的向右偏转，对里根政府的"自由—保守主义"的向左偏转，形成"中左"自由主义的新指向。

克林顿的第三条道路是缺少社会主义基因的，而英国工党的布莱尔和德国社会民主党的施罗德的第三条道路是有社会主义基因的。实际上，第三条道路在欧洲并不是一个新概念，19 世纪末期是指资本主义与社会主义之间的中间道路。欧洲左翼政党使用第三条道路或中间道路是指不通过阶级斗争，以政府和社会改良路线实现社会主义，通过议会斗争争取政治权力、增强政府公共福利生产、分配的权力是其主要含义。在冷战期间，第三条道路还指称既不是苏联式的社会主义，也不是美国式的自由主义。布莱尔和施罗德等欧洲左派政党调整老左派的策略，以减少政府权力、减少财政支出和公共福利的生产而向右偏转。英国著名学者吉登斯判定代替右派政治执政的左派政党以"新进步主义"宣言占位于"中—左"意识形态②。布莱尔重塑新工党的宣言挑明了其意识形态的性质：新工党的"最终目的是达成一个新的中左政治共识，其基础是民主社会主义和欧洲社会民主的主要价值观念。"③ 第三条道路的主张对管理主义所破坏的民主有一定程度的恢复，但公共服务市场取向与"里根—撒切尔主义"的改革策略基本一致。尽管他们凸显"治理"的政治话语，但与新公共管理的经济政策相接近，因此，学界将他们的政策称为"后新公共管理"，也就是对新公共管理进行了新的调整。

从政党意识形态与公共治理的逻辑关系来看，无论是左派政党还是右

① 参见 [美] 安东尼·帕格登《"治理"的源起，以及启蒙运动对超越民族的世界秩序的观念》，风兮译，《国际社会科学杂志》（中文版）1999 年第 1 期。

② 参见 [英] 安东尼·吉登斯《第三条道路及其批评》，孙相东译，中央党校出版社 2002 年版，第 6 页。

③ [英] 托尼·布莱尔：《新英国——我对一个年轻国家的展望》，曹振寰等译，世界知识出版社 1998 年版，第 13 页。

派政党，以及他们各自作出意识形态的调整，都面对福利国家的现实困境。正如吉登斯所指出的那样，福利国家的形成，左派政党和右派政党都有功劳，都作出了贡献，所不同的是自由主义敌视国家，而左派重视国家和政府的作用，但解决福利国家的困境，不可能"通过把国家机构变成市场或准市场"来实现。①

（二）民族国家的治理路径之差别

面对福利国家的困境，20 世纪 80 年代兴起的政府改革浪潮，被称为以新公共管理为统一标准席卷全球的政府改革运动，有一种评价具有代表性："代表这一股潮流、全面推进行政改革的既有君主立宪制国家，也有民主共和制国家；既有单一制国家，也有联邦制国家；在政府制度上，既有内阁制政府，也有总统制政府；在市场体制上，既有自由型市场经济，也有政府导向型经济；高举改革旗帜的，既有右翼政党，也有左翼政党。"②行政改革浪潮是事实，但都是以新公共管理为模板吗？营造以新公共管理为母版而创造世界性行政改革情势的是经合组织（OECD）及其出版物、政府改革的政策顾问及其学术著作。在新公共管理这一概念作为行政改革的新治理工具形成影响之时，有一批学者以价值中立的治学态度对改革的客观事实的经验进行评估呈现了治理的分殊性样态。有的课题组追踪了经合组织（OECD）及其出版物是如何推广新公共管理全球化的。1990 年经合组织（OECD）成立了一个小组——公共管理服务机构及公共服务管理委员会（PUMA），承担对其成员国行政改革进行指导的责任，定期发布报告、编辑出版物、参与治理行动。一些学者判定该组织是将盎格鲁—撒克逊国家（指英语国家）的"里根—撒切尔主义"的改革经验进行包装，以他们的观念将其推向全球化，并作为行政改革的检验标准，但是出现了经验与观念的矛盾。该组织积极工作的原因一个是履行自由主义全球化的任务，另一个是组织生存的逻辑。"PUMA 像其它组织一样，为了生存寻求引人注目并获得资源。自从委员会成立时，它存在的理由就受到质疑，因

---

① 参见［英］安东尼·吉登斯《第三条道路及其批评》，孙相东译，中央党校出版社 2002 年版，第 60 页。

② 国家行政学院国际合作交流部：《西方国家行政改革述评》，国家行政学院出版社 1998 版，第 4 页。

此，它得显示出它对成员国是有用的，它也要拿出几种成果来。为继续运作，PUMA 广泛传播原型和样板，并与正在改革的成员国保持关系，以此维系人们的关注、取得合法地位和资源。"① 当然，对作为福利国家行政官僚体制的新公共管理，学者们的态度是分化的，批评者与赞同者的差别极大，只关注一个方面都有可能被误导。但是，还是可以在改革观念与改革事实之间，勘察经合组织（OECD）部分国家的治理样态。

将新公共管理作为有别于福利国家治理新范式加以推广的影响力到底有多大？有评论认为，新公共管理仅限于盎格鲁—撒克逊范围；有学者访谈了十位美国非常著名的行政学家，他们都表示只闻其名不知其意，据此作出的判断是，新公共管理仅限于英联邦国家②。这就出现了与经合组织（OECD）判断的不同情况，即使在盎格鲁—撒克逊国家范围内，美国与英联邦国家有差别，而在英联邦国家范围内澳大利亚和新西兰被确认为新公共管理的典范。英国与美国是新公共管理运动的发起国和引领者，但两国的改革内容和形式有很大的不同。英国的私有化改革是针对公共服务的国有企业以出售、股权转让、拆分等多种方式的改变，将提供福利的方式市场化，而美国虽然是罗斯福新政的样板，但在福利国家时期，国有企业所占的比重相当低，虽然私有化的口号与撒切尔夫人是一致的，但并没有多少实质内容。里根和撒切尔夫人所主张的私有化的共同价值是"消灭共产主义"。里根所实行的减税、消减福利得到了坚持，但缩减财政预算只实行了一年的时间，其执政的第二年即开始增加军备开支，以"星球大战计划"将苏联拖入军备竞赛，财政赤字不但没有缩减反而增加。里根所提出的缩减行政组织和精简公务员队伍的计划遭到议会的抵制而没有实施。继任的布什总统继续实行里根计划，在行政组织变革和经济政策上只是维持。民主党总统克林顿接替布什明确提出第三条道路的主张。克林顿以经济增长的战略和增税削减财政赤字，以互联网产业和振兴中小企、增加政府公共事业的投资等繁荣经济、扩大就业计划构成其经济改革主张；以人力资源开发辅助贫困人口就业技能的提升，将长期福利变为短期救助；以

① ［挪威］汤姆·克里斯滕森、佩尔·斯格莱德主编：《新公共管理——观念与实践的转变》，刘启军等译，河南人民出版社 2003 年版，第 65 页。
② 参见［美］蓝志勇《行政官僚与现代社会》，中山大学出版社 2003 年版，第 143 页。

提升政府效能为行政改革的基本主张。英国撒切尔夫人执政后期公共服务碎片化、质量下降的问题引起了社会动荡，继任的同党首相梅杰以"公共服务承诺制"提高公务员队伍士气。但保守党执政公信力低迷的态势已无法挽回。英国工党政府布莱尔以"第三条道路"的政治宣言重塑"新工党"，以"整体性政府"和"协同治理"的新理念雄心勃勃开辟治理新道路并形成了影响。社会各界对布莱尔政府的改革举措反响不一。撒切尔夫人认为布莱尔的改革只是"皇帝的新衣"；欧洲老左派反应冷淡，也有的人认为其是模仿克林顿的美国模式。吉登斯认为，布莱尔不是对克林顿的美国模式的简单模仿，既有市场化行政的影像，但在劳动福利政策上不是美国的标签，"其实它的灵感更直接地来自于斯堪的纳维亚半岛诸国"①。

就英联邦国家来说，澳大利亚和新西兰作为新公共管理的典范而不是英国的原因在于：两国资源禀赋优越，人口分散，政府与社会的关系与欧美福利国家时期有很大不同，社区自治和自我服务有其独特性。澳大利亚公共服务企业改革采取将原来分散在多个行政部门集中于一个部门，即大部制改革，将政府拥有的企业通过股权出让和分散的方式，吸引社会主体参与和社会投资，政府掌控，责任、风险共担，盈利分红是其主要机制。在英联邦国家，新公共管理的发起者是英国的右派政党撒切尔夫人，但以新公共管理的标准来衡量，英国是渐进性改革，而澳大利亚和新西兰是激进性改革，因此成为新公共管理的典范。经合组织（OECD）的专家将澳大利亚和新西兰的改革模式普遍化为英国和美国，这是很大的误导；再一个误导是澳大利亚的改革是1983年中左派工党执政开始的，所以经合组织（OECD）作出了无论是左派还是右派政党政府都采取了"里根—撒切尔主义"的目标导向和工具策略的判断。但经合组织（OECD）忽视了一个严重的问题，澳大利亚工党执政所推行的改革与撒切尔夫人改革方案的差异在于：澳大利亚的公有企业改革并不是用一个"私有化"概念来解释的，其中政府"掌舵"驱动企业和社会组织参与，也就是所谓的"公私伙伴关系"的典范，就是克林顿的政策顾问奥斯本所总结的经验。奥斯本还通过美国地方政府，特别是"市镇"的基层政府一些特殊经验概括了这种

---

① ［英］安东尼·吉登斯：《第三条道路：社会民主主义的复兴》，郑戈译，生活·读书·新知三联书店 2000 年版，第 2 页。

模式，将这些经验上升为一种理性认知，即"企业家精神的政府"。克林顿接受了奥斯本对"里根—撒切尔主义"的"小政府大社会"的批判，无论谁执政都以政府最小化、最省钱、最有效率、最廉洁、消灭官僚主义，但这能兑现吗？奥斯本认为抽象地讨论政府大小是假命题，而如何提升政府效能才是真命题。克林顿接受了政府"掌舵"的主张，以重塑行政组织发挥政府效能作为行政改革的策略工具，由副总统戈尔领导课题组制定了"政府绩效评估法案"，并得到议会的通过和执行，这是克林顿行政改革的最大亮点。

在经合组织（OECD）范围内，一些代表性的评价可以进一步显现新公共管理的影响力。英国学者波利特所领导的课题组对美国、英国、德国、澳大利亚、新西兰、芬兰、瑞典、加拿大、荷兰十国进行行政改革比较，得出的结论是这些国家行政改革的取向可以划分为"四种类型"或"四M"。第一种类型是保持（Maintenance），即加强传统行政控制的同时，节约支出、严格限制公务员队伍、反浪费和反腐败，挤压行政和法律系统对公共福利的扩张。这种类型主要是北欧斯堪的纳维亚体系。第二种类型是现代化（Modernization），即以快捷、灵活的方式为预算、会计制度、管理方法提供公共服务，主要体现在德国和法国的行政制度变革中，其中也包括借用一定程度的市场取向。第三种类型是市场化（Marketization），即将行政组织分散化，引进市场竞争机制，改变行政组织传统文化，构建市场价值观和文化理念，以竞争改变行政机构和公务员官僚主义秉性。这种主张主要集中在盎格鲁—撒克逊范围。第四种类型是最小化（Minimization），即将行政组织压缩到最小，强化民选官员与市场经济的直接联系，减少对行政部门的依赖，政治家较少受到行政部门和法律部门的约束。这种类型主要体现在盎格鲁—撒克逊范围。[①] 实际上第三种和第四种都是对盎格鲁—撒克逊主张和部分变革实际的概括，但就改革的事实上看，盎格鲁—撒克逊国家有很大的不同。将这种比较稍微扩展一下，东亚的日本和韩国属于西方政体，改革主张和经验与德国和法国相似，主要体现为行政官僚制现代化类型。吉登斯非常关注起始于克林顿的第三条道路到欧洲中

---

① 参见［英］克里斯托弗·波利特、［比利时］海尔特·鲍克尔特《公共管理改革——比较分析》，夏镇平译，上海译文出版社 2003 年版，第 2 页。

左派政党执政与里根和撒切尔右派的差别，同时也认可了德国社会民主党价值委员会对欧洲中左派政党第三条道路的四种公共治理的判定：第一种是英国布莱尔的市场导向的公共服务模式；第二种是荷兰的市场与协商一致导向模式；第三种是改革的福利国家模式；第四种是法国的国家引导模式。吉登斯认为，这是经过里根和撒切尔主义的自由—保守主义之后，左派政党不得不向右派妥协，但又必须有自己的主张而转向中左的混合物。①就民族国家的治理差别来看，呈现的是"国情"差异的福利国家解构样态。就消解其差异而作为全球运动来看，一种是里根—撒切尔的"自由—保守主义"，被国际组织以新公共管理的治理宣言抹平了民族国家的差异而标签化、普适化②；另一种是将中左派政党的多种路径的第三条道路的差别抹平而形成所谓"宽广的道路"世界化③。因为第三条道路与老左派渐行渐远并开始向自由主义偏转，所以总体上是新自由主义向世界的布展。

（三）公共行政重塑与反官僚制的困境

建立在反官僚制认知逻辑上的重塑公共行政，是为创造新的治理工具所采取的目标行动，其中弱化国家行政职能、构建公私伙伴关系是其主要导向标。但在深化民族国家公共行政差别的认知上，"政党—政府"、历史文化传统和治理风格是内在的，即使受到外来的影响"也要经过两个国内因素的过滤、诠释、修改，其中一个因素是国内的政治—行政历史、文化、传统和治理风格，这些东西是一步一步逐渐形成的；另一个因素是通过宪政和结构要素所显现出来的各种国内政体特征"④。应当说这种判断是更为理性的。美国学者彼得斯（B. Guy Peters）将西方国家重塑公共行政划分为四种模式，即市场式政府（政府管理市场化）、参与式政府（政府

---

① ［英］安东尼·吉登斯：《第三条道路及其批评》，孙相东译，中央党校出版社 2002 年版，第 31 页。

② 参见［挪威］汤姆·克里斯滕森、佩尔·斯格莱德主编《新公共管理——观念与实践的转变》，刘启军等译，河南人民出版社 2003 年版，第 25 页。

③ 参见［英］安东尼·吉登斯《第三条道路及其批评》，孙相东译，中央党校出版社 2002 年版，第 32 页。

④ ［挪威］汤姆·克里斯滕森、佩尔·斯格莱德主编：《新公共管理——观念与实践的转变》，刘启军等译，河南人民出版社 2003 年版，第 24 页。

管理有更多的参与）、弹性化政府（增强政府的灵活性）、解制型政府
（减少政府内部规则）。彼得斯认为，这几种治理模式代表的新的治理趋势
与民族国家的传统治理不可分割，传统的治理模式并不是从一组理导推导
出来的，而是在实践中逐渐形成的，各民族国家的公共行政各有特点，倡
导新的公共行政改革离不开传统。① 美国学者奥尔森（Mancur Lloyd Olson）
将西方国家公共治理的形成逻辑划分为两种大的类型：斯堪的纳维亚地区
以瑞典为典范的民主社会主义国家的"集权国家治理模型"，盎格鲁—撒
克逊范围的"超级市场治理模型"。② 丹麦学者安德森（Gsta Esping-
Andersen）将西方福利国家的公共政策治理划分为三种类型：自由主义、
保守主义、民主社会主义。③ 安德森基于公民权理论解析资本主义福利国
家为何形成三种治理风格的判断产生了很大的影响。自由主义治理模式是
盎格鲁—撒克逊范围的治理形式，受市场驱动是其显著特征，主要由自由
主义右派政党所建立的；保守主义治理模式主要体现在德国、法国、意大
利等欧陆国家，是由基督教民主主义势力影响及其政党所建立的，政府行
政机构、社会组织、家庭互动是其主要特征；北欧的社会民主主义体制深
受普遍平等和普遍福利传统共同体思想影响，由社会民主主义政党所建
立，政府强制公共福利体制是其典型特征。通过这些重要判断既可以更加
认清福利国家是如何形成的，解构福利国家的公共行政重塑治理路径的差
异和困境问题。

　　这里引入法国"年鉴"史学派的布罗代尔（Fernand Braudel）的分析
方法，审视西方国家"政党—政府"治理演进路径的差异。布罗代尔在
《历史和社会科学：长时段》中将观察社会历史的方法区分为短时段、中
时段、长时段三个变量。短时段是重要的历史事件；中时段是与社会结构
相关的社会波动状况，长时段是社会结构左右着一系列社会波动的状况。
从长时段的社会结构深层来看，社会波动状况可以解决个别事件和中时段

---

　　①　参见［美］B. 盖伊·彼得斯《政府未来的治理模式》，吴爱明等译，中国人民大学出版
社 2001 年版，第 2—3 页。
　　②　参见［挪威］汤姆·克里斯滕森、佩尔·斯格莱德主编《新公共管理——观念与实践的
转变》，刘启军等译，河南人民出版社 2003 年版，第 7 页。
　　③　参见［丹麦］考斯塔·艾斯平－安德森《福利资本主义的三个世界》，郑秉文译，法律出
版社 2003 年版，第 3 页。

的社会问题的短期行为。布罗代尔将中时段和长时段历史理论与地理环境的民族史结合起来是有道理的，但在经验上长时段是不易观察的，甚至将长时段设置为静态的，这也是受到批判的方面。马克思、恩格斯在《共产党宣言》中指出："资产阶级除非对生产工具，从而对生产关系，从而对全部社会关系不断地进行革命，否则就不能生存下去。"① 著名美国学者丹尼尔·贝尔在《后工业社会的来临》中判断，代替资本主义政党政治的将是官僚制的社会管理，当然这是对官僚制作为工具生命的一个预测。

西方的"政党—政府"体制是政党通过选票竞争掌控行政机构的体制，执政党支配行政是其共同特征。就美国来说，议会议席的选票竞争与行政总统的选票竞争实行非交叉的平行体制设计，二者在选举时间上相差两年，获胜总统在任期内控制全部国家机器。就英国来说，议会议席选票竞争获胜者成为执政党，执政党党魁出任议会议长，由议会派生的政党党魁出任内阁首脑而控制全部国家机器，显然，在这种集权体制中，在野党少数派处于弱势，为了平衡，反对党在行政体制内再由少数人组成没有行政权力的"影子内阁"。这完全是出于政党竞争平衡需要的设计。美国的政体是议会立法权和监督权、行政权、司法权三权分置而平衡监督的典型特征，其他的议会制民主国家虽然也被称为三权分立与制约，但在具体的政体设计上各有差别，与这个民族国家产生的历史条件、民族文化传统与现代民主政治密切相关。这里不再展现其他西方国家政体更广泛的视野，而是一种预备性的、为讨论政党与行政关系所做的准备。

现代西方民主制国家的道路各有差别，有的是通过自下而上的资产阶级革命而建立的，无论是英国从工业革命开始还是法国的政治革命开始都是如此；有的是通过自上而下的革命，如德国为适应资本主义的世界历史趋势避免激进的资产阶级革命的爆发而走向现代民主制；有的是欧洲移民从自治权到政治独立，如美国先有宪法再建立国家，这是典型的宪法国家；有的是西方的殖民地所建立的英联邦国家，如澳大利亚和新西兰；有的是学习西方民主政体而形成的，但民族传统的连续性明显，如日本从"脱亚入欧"开始的西方化，形成了日本式的政体。行政官僚制是适应政党竞争而逐渐形成的，实行文官制的目的是将行政从政党竞争中脱离出

---

① 《马克思恩格斯文集》第 2 卷，人民出版社 2009 年版，第 34 页。

来，文官不参与党派政治，以价值中立和知识能力作为国家工具，依法对
社会秩序管控和提供公共服务，文官和官僚机构是国家工具和活动着的政
府，康德将其称为国家的法人机构。德国是产生官僚制理论和建构现代官
僚制事实的国度，但只是东亚的日本自觉学习德国行政官僚制，而欧美大
部分国家并不是以德国为楷模，而是在创建资产阶级民主政体的历史过程
中既敌视行政官僚制又不得不选择的一种制度，为终结庇荫制和政党分肥
制而采取的一种新的制度，这是为平衡政党民主而作出的一种实施公共权
力的体制设计。但西方到现在为止还仍然保留部分政党分肥的内容，在行
政官员的配置中，竞选获胜的行政首脑任命行政部门的各部正部长，此部
分称为"政务官"，与副部长及以下的事务官的文官区别开来，他们与政
党竞争的胜利与失败共进退。这就出现了民选官员与事务官及其公务员系
统之间的矛盾。这种矛盾在盎格鲁—撒克逊国家在敌视行政官僚制的历史
逻辑上反而加强了官僚体制。

　　在盎格鲁—撒克逊国家，一些重要的历史事件促使行政官僚制的合法
化，这是资本主义面对长时段的阶级矛盾和资产阶级统治合理性的谋划，
在一个中时段来看，官僚制行政处于波动和震荡的状况。资产阶级个人自
由的政治哲学来自近代自然法推演的自由与平等思想，市场经济的生存哲
学来自斯密的政治经济学，由此形成了一个重要的乌托邦理想，即有一种
理想的市场经济能够使资源得到最大化配置，通过主观为私人利益最大化
进行交换，既满足私人的需要也满足他人的需要，政府最小化，或将其限
定在警察职能的范围，即"警察国家"是最好的。这种理想主要是盎格鲁
—撒克逊范围的，但随着以"看不见的手"所引导的自由市场经济，陷入
难以克服的经济危机和政治腐败、工业化和城市化等一系列困境之时，行
政官僚制的观念得到强化。英国 1846 年东印度公司治理无序腐败高发，
引入中国科举制度，采取公正的录用官员制度，选拔优秀人才加强公司治
理能力。1853 年，英国在克里米亚战争中的惨败，引发了国内对政治腐败
和政府能力的强烈抨击。1854 年，由当时的国会议员诺斯科特（Stannford
Northcote）和杜维廉（Charles Trevelyan）提出建立文官制度的法案建议被
采纳，英国以"诺斯科特—杜维廉报告"为基础的文官制度实现了合法
化。该报告包括四项主要建议：一是将政府行政工作分为智力工作和机械
工作两类，智力工作由大学生来担当，机械性的重复性的操作事务由低级

人员任职；二是要通过严格选拔考核和有计划地培养；三是人员实行统一管理，并可在各部之间互相转调、提升；四是官员的提升以上级的考核绩效为依据。由此英国的文官制度得以形成。文官既是国家的工具同时又是代表国家管理社会事务的主体。但是盎格鲁—撒克逊国家自文官法案诞生后就出现了认同官僚制和反官僚制的对立。咒骂官僚制的有两种人，一种是原来受恩赐制庇护的人，另一种是自由主义的学者以官僚治理侵犯个人自由和官僚主义作风而对其诅咒。但从国家能力建设上赋予了文官群体或官僚以稳健、忠诚、信任、知识、能力的价值。美国 1881 年发生了 1880 年新当选的总统加菲尔德因一位律师向其请官未允而被刺杀身亡事件。1883 年由时任参议员彭德尔顿提出的文官法建议被议会通过，文官制度实现了合法化。20 世纪初，美国工业化、城市化发展迅速，社会阶级矛盾加剧，城市管理被一些私人公司和少数利益集团所垄断，秩序混乱不堪。对此，美国共和党总统西奥多·罗斯福总统，受进步主义政治影响，以国家能力建设为目标，国家行政事务被视为运用知识和能力对经济建设、社会治理的合理手段而得到强化。这是盎格鲁—撒克逊国家自觉学习欧陆国家官僚制的实践。16 世纪末 17 世纪初，意大利传教士利玛窦就将中国的科举制反传回欧洲大陆，他认为中国由知识阶层考试任用的官员制度就是柏拉图理想国的哲学王治理。在欧陆国家现代变革的国家能力建设中，行政官僚制作为政党竞争政治的平衡器而被设置为政治中立的，既受到传统中国官制影响，同时也对其加以与现代民主制度相适应的改造。19 世纪 50 年代，英国实行的文官制改革不是向欧陆国家学习而是重启引介传统中国的科举制，一个重要的原因是自由主义者对欧陆国家的官僚制持排斥态度。但英国即使实行了官僚制，也不能改变官僚制的弱点。在美国西奥多·罗斯福总统领导的"新国家"建设强化了行政官僚制之后，由民主党富兰克林·罗斯福总统领导的"强国家能力建设"以摆脱严重的经济危机再次加强了行政管理官僚制的功能。二战后西方国家学习美国经验都走向了福利国家，行政官僚制的功能得到确认。这个历史阶段的中波现象中包含着一系列的重要事件，从英国 1854 年文官改革法案确立算起，到第二次世界大战结束的百年时间，官僚制行政体制在盎格鲁—撒克逊国家的成熟所体现的基本特征是：无论是哪个政党执政都需要行政官僚制这一国家工具治理。20 世纪 80 年代兴起的西方国家行政改革的浪潮发起于盎格鲁—

撒克逊国家，其以消灭官僚制为口号，经过右派和中左派政党轮替，虽然治理路径有差异，但都将行政官僚制的改革、构建公私伙伴关系的治理作为目标导向。这股以消灭官僚制为指向的改革浪潮，到中左派政党克林顿、布莱尔执政结束后基本平稳，但 2008 年美国金融危机爆发，无论是学界还是政界都判定这是"里根—撒切尔主义"改革的破产，官僚制行政无论是理念还是治理实务都回弹。资本主义并没有结束，也未出现终结的迹象，但从两个阶段来看，一个是建构官僚制，另一个是解构官僚制，但官僚制建立起来后能否轻易地革除？

引入德国思想家马克斯·韦伯的官僚制理论作为分析视角来审视这一问题。在《新教伦理与资本主义精神》中，现代官僚制或理性官僚制理论已经得到基本表述，在其后的《以学术为业》《学术与政治》等演讲、《经济与社会》著作中理性官僚制理论成熟起来。巧合的是，在这部著作写作之前，韦伯赴美国参加学术会议并进行了近三个月的考察，此时的美国正值西奥多·罗斯福总统领导新国家建设、推进政治进步主义时期；为适应罗斯福推进国家能力建设的需要，伍德罗·威尔逊在《行政之研究》中对官僚制行政理论合理性的深刻论述影响得到扩大。吊诡的是，威尔逊借鉴的是德国开明君主专制时代的官僚制理论和实务经验，而韦伯却从美国的现实和趋势上断定，现代民主制国家都要借助官僚制行政实现统治。韦伯认为，现代资本主义企业的典型特征是生产资料与劳动者分离，企业所有权与经营权分离，所有者借助聘用的官僚来管理；国家权力掌握在民选最高官员手里，但他或他们并不实行直接统治，而是依法授权于政治中立的专业化的行政班子来统治，因此，现代国家统治与企业管理相类似。韦伯的《新教伦理与资本主义精神》从人类社会统治类型的历史理论中，将理性官僚制统治视为近现代理智化的结果。韦伯认为，人类社会历史的权力或统治可以划分为三种类型，即人们在观念上以代际承传的观念对统治权力自然认同的传统型统治；建立在对英雄崇拜和追随的"卡里斯马型"统治；现代的合理合法型统治。就三种统治类型的历史形态来说，卡里斯马是早期基督教对得到神谕或帮助具有超凡脱俗、超凡魅力英雄的称谓，这种统治类型是短暂的非制度化的，它既可以短暂存在于传统型和现代法理型中，也可以作为欧洲君主专制时代的特定统治现象。韦伯认为，近现代的进步性就在于运用科学手段和知识解释世界，使技术和计算运用于人类意向性行为之中，"技术和计算发挥着这样的功效，而这比任何其他事情更明确地意味着理智化"①。理智化是祛魅的历史过程，政治民主是人类思想意识理智化的重要表现，法理型统治是对传统型统治和"卡里斯马型"统治祛魅的结果。合乎法律的统治是法理型统治的根基，遵循程序法政党竞争选举而获得统治的合法性，这与历史上统治权力的获得就是合法使用暴力的政治并没有什么不同，但它建立在程序民主途径的法律上就已经是祛魅的结果。韦伯对西方民主现实的判断基本与熊彼特（Joseph Alois Schumpeter）的精英民主理论类似，民主选举就是选举精英集团统治的过程，政治竞争实际上是政党合法垄断国家暴力工具的手段，或者说民主选举就是选主。但韦伯提出了统治的合法化（合法性）与合理化（合理性）的逻辑关系，合法性统治必然要求统治工具的合理性。韦伯区分了价值理性与工具理性两个概念。价值理性是基于信仰伦理的善与恶之分的理性，传统型和"卡里斯马型"统治就是建立在价值理性基础上；而现代理性是工具理性，工具理性是指运用技术手段对其行为结果能够精确计算的能力，这是理性祛魅的结果。韦伯认为，现代国家的民主政治统治与企业管理同样需要理性的或合理化的工具。非民主制以前的国家都以行政掩盖政治，而现代民主国家政治与行政相区分，一方面，行政依然是获胜政党领导和控制的行政；另一方面，政党在议会中的斗争产生国家法律，这为行政系统政治中立或价值中立创造了客观条件。所谓行政系统或官僚机构的价值中立，是指作为国家职能的行政机构尽管受获胜政党领袖和政治集团的领导，但它服从的是国家意志的客观法，而不从属于哪一个政党，不受政党纷争的干扰，与大众民主社会的平等要求和对政府期待的每个人都得到平等对待相恰。这是官僚制政治合法性与合理性相统一的基本理念。②韦伯认识到这样的理性官僚制只是"理想类型"，现实中的现代官僚制并不完全与这样的理想类型相一致，但可以作为一种导向标发挥引领功能。韦伯对理性官僚制作出了几点预测性的判断：第一，理性官僚制的行政体制将公共权力授予科层化文官，具有知识和能力上的优势。第二，公共行

---

① ［德］马克斯·韦伯：《学术与政治》，冯克利译，生活·读书·新知三联书店 1998 年版，第 29 页。

② 参见［德］马克斯·韦伯《经济与社会》下，林荣远译，商务印书馆 1988 年版，第 276 页。

政是对国家、社会事务的管理，这是事实的、经验的领域，行政行为遵循科学的逻辑而非政治；政党政治是价值理性的，既有信仰伦理的传统也有信念伦理（即主观上对事物善方向的判断）混杂，将其限定在政治选举和议会领域，行政尽管受其政治输出的法律规范并作为最高权威，但遵循法律的形式主义精神就是合理的合法的。第三，无论是资本主义的民主制还是如苏联这样的社会主义民主制都必然选择理性官僚制。第四，理性官僚制一旦发展起来，以知识和技能为优势的文官有可能经营自己的地盘，隐瞒信息和加入自己的偏好，使政党和议会、民众无能力，形成"铁笼"统治。第五，理性官僚制成长起来后，就成为不能轻易脱掉的斗篷。可以说韦伯作出的这几点判定是正反两方面的，他对第四点的忧虑和担心也作出了两点预防性的策略：第一，议员是民众选举的，其具有对文官监督的职责，这就需要议员具有文官或高于文官的知识和能力，达到官僚化的水准；第二，民众选举的政党领袖要将信仰伦理和信念理论转换为责任伦理，以忠于国家和民众的责任担当领导官僚机构。韦伯这样的预设是出于理性官僚制"理想类型"的理想设计。

始于盎格鲁—撒克逊国家的政府改革，以改革行政官僚制组织制度和改造官僚人格为突破口，提供其理论支援的智库雄心勃勃以消灭官僚制的激进口号促使政府改革，但也只是在短暂和局部的改进之后又回弹的事实结果。被韦伯的官僚制理论预设言中了。一些理论家只看到韦伯对理性官僚制合理性论证的一个方面，诅咒理性官僚制也诋毁韦伯，但忽视了韦伯对官僚制统治命运的忧虑。韦伯所说的合理的形式主义本身就是官僚主义的一种表现形式，但在政党竞争的背景下政府不得不采取这种形式主义的精神，不得不两害相权取其轻。盎格鲁—撒克逊国家将反官僚主义等同于铲除官僚制，将官僚制重构等同于消灭官僚制。这些激进的口号声，也给一些不明真相的模仿者以误导；而在北欧和欧洲大陆国家、日本，行政现代化改革却体现着官僚制的现代化路径。在改革声浪过后，以改革行政体制来解决福利国家的困境并未取得实质性效果，拆解官僚制本身就是严重的困境。马克思、恩格斯所指出，资本主义只要存在下去就不得不改革的命题，从布罗代尔的长时段理论来看，治理理论多种路向上的展现都使官僚制行政处于风口浪尖上，但这只是资本主义长时段的中波。从比较视域看，两种波动现象的差异明显，在盎格鲁—撒克逊国家是更为激烈的震荡，与他们的政治文化有关，即政党斗争都会将行政作为诟病的对象，但事实上不可能以社会自治和社会组织代替政府行政的官僚制；欧陆和北欧地区却采取审慎的态度，以推进官僚制的现代化为治理取向，这也是在资本主义长时段的历史进程中的另一种波动现象。

六　治理失败的反思与再构

20 世纪 90 年代初，治理失败论就已经产生了，失败论一直持续。曾经以 1989 年苏联社会主义的崩溃而宣扬历史终结论的弗兰西斯·福山（Francis Fukuyama）在 2008 年美国金融风暴后又作出了治理失败的新论断。治理失败论都是针对"里根—撒切尔主义"政府改革以来的实践而言的，有的人从其改革的效果承诺与事实差距上来揭示，在这一基础上有的人在深层上揭示其理论的失败。治理失败论的学者、学派有一个共同特点：在批判中重构新的治理理论。这些理论具有很强的影响力，形成了一些重要的治理意向，但作为理论形态的学术思潮是否可实践化，这是未知的。

在众多的治理失败论中民主制行政、新公共服务理论、吉登斯的社会民主主义复兴理论、福山的国家能力理论具有典型性。对这些理论的简要勾勒可以更加显现西方世界治理理论思潮的多面孔画像。

（一）公共行政民主化的方案

公共行政民主化作为一种理论思潮，最初是由美国政治学行政学家沃尔多（Dwight Waldo）于 1948 年所提出。针对罗斯福行政的后果——国家行政机构扩张、政府职能扩大，以政府干预和增强行政机构公共服务为手段解决社会矛盾的新问题，沃尔多将这种现象称为"行政国家"。在 1946 年至 1948 年的短暂期间，美国学界兴起了两种对立的治理理论思潮。以西蒙（Harbert A. Simon）为代表的决策学派，认为公共治理仅仅局限于官僚制组织的科层化和专业化及其分工是严重的错误，提出政府对公共事务管理或治理就是制定政策，由此形成了简要的命题：行政行为就是治理或管理，治理或管理就是制定政策。西蒙反对威尔逊—韦伯范式的政治与行政二分法，认为行政的制定政策过程就是政治过程，行政机构制定政策尊重的是事实逻辑，应遵循逻辑实证主义的方法，它比议会的政治过程制定政策要科学得多，议会政治还只是局限于价值纷争的领域，很少能在科学上来讨论。显然，西蒙是在休谟所提出的价值与事实对立、不可推论的命题上，将行政政治化，而政治就是管理。从比较的视域来看，政治行政二分法的官僚制行政理论就是管理主义的，而西蒙对议会政治的科学性否定，以及对行政政治化构建"有限理性"的决策模型，还是管理主义的。著名民主理论家达尔（Robert Alan Dahl）和沃尔多，以民主化行政理论向大政府或行政国家、管理主义发起严肃批判。达尔于1947发表了《公共行政科学：三个问题》一文，质疑管理主义仅仅将公共行政等同于事实的、经验的、科学的逻辑，深刻批判将管理主义作为普遍原则植入各民族国家的普世主义弊端，明确提出了基于文化、价值、民主的多元主义治理理念。这与达尔的多元主义民主理论是一致的。沃尔多于1948年出版了《行政国家：美国公共行政的政治理论研究》一书，与达尔对管理主义的治理批判相类似，明确提出公共事务治理不是一般的管理理论能够解释的，它涉及人们对美好社会的价值期待和"谁治理"的关键问题。[①] 沃尔多被称为治理理论的哲学家和历史学家，他在政治哲学和民族国家历史传统、民主治理的途径上明确提出了民主化行政的治理规范。1955年沃尔多发表了《什么是公共行政》一文，认为"公共行政的中心概念是理性行为，即正确地计划实现特定的期望目标的行为"[②]。这一界定的独特性在于：从人类学和文化史上解释行政是人类合作理性的一种集体行动，"公共"对行政的限定体现的不仅是政府是公共的，公民们基于合作理性的公共事务治理本身就是公共的。"公共"与"私人"的区别在于：合作理性的共性属于文化，在公共事务治理行为中可以得到结构——功能的解释，这属于组织理论和管理理论的解释。也就是说沃尔多的公共行政治理理论是建立在公民合作文化基础上的民主治理，是公民参与合作治理的一种途径，它包含组织建构和管理行为在内。在沃尔多民主制行政途径上，于20

---

① 参见［美］德怀特·沃尔多《行政国家：美国公共行政的政治理论研究》，颜昌武译，中央编译出版社2017年版，第110页。

② 参见彭和平、竹立家等编译《国外公共行政理论精选》，中共中央党校出版社1997年版，第195页。

世纪 60 年代末 70 年代初形成了追随沃尔多民主化行政治理的学派，冠名为"新公共行政学派"。这一学派理论研究持续发展，构成了对新公共管理学派强有力的挑战。

对新公共管理的管理主义治理进行深刻批判的两种民主制行政理论，都借鉴了新公共行政的民主治理理论，在理论深层和实践效果双重逻辑上深刻论证管理主义治理的失败。美国学者珍妮特·V. 登哈特（Janet V. Denhardt）、罗伯特·B. 登哈特（Robert B. Denhardt）夫妇试图彻底摧毁里根—撒切尔主义的改革主张及其智库理论，提出了重建新公共服务的理论途径和人本学的组织理论。登哈特认为，新管理主义主张的企业家精神的政府，让管理者管理，将公民作为"顾客"，在理论逻辑上侵犯了民主价值和公民权的基本原则。公共事务治理或公共治理建立在民主公民权基础上，民主治理包括对政府的治理；公民个人和团体是以公共精神参与治理的主体而不是客体。因此，公共治理源于公民参与的美德伦理和追求公共利益的公共精神，公民权是其本质规定，这是在治理过程中建立积极公民参与理论之基础。① 登哈特认为，管理主义的政府改革建立在对文官不信任的基础上而对其诟病，是政党推卸责任的特有现象，是反国家主义的自由主义老套路。新公共服务理论与其相反，"在政治对话和治理的更大系统范围内，公务员可以有助于促进公共利益的对话和为了实现那些价值观而采取的行动……公共官员应当被视为在一个包括公民、团体、民选代表以及其他机构在内的更大的治理系统中的关键角色。"② 从此路径可以看出它隐含着治理组织的重构问题。威尔逊—韦伯范式的官僚制组织理论的最大缺陷在于将政府行政组织作为封闭的体系，对文官的人格以"无情无义的没有心肝的工程师"进行制度设计，而公共治理的公共组织理论是基于公民治理的人本组织重构，改造封闭的文官体系为开放系统，能够接受公民参与，使其成为保持对话的互动过程。

"黑堡宣言"学派的民主治理理论借鉴了新公共行政的理论资源，是

---

① 参见［美］珍妮特·V. 登哈特、罗伯特·B. 登哈特《新公共服务：服务，而不是掌舵》，丁煌译，中国人民大学出版社 2004 年版，第 41 页。

② ［美］珍妮特·V. 登哈特、罗伯特·B. 登哈特：《新公共服务：服务，而不是掌舵》，丁煌译，中国人民大学出版社 2004 年版，第 79 页。

激烈反驳管理主义的另一种民主化行政理论。在撒切尔夫人和里根推动新管理主义兴起之初的 1982 年，由美国学者加里·L. 万斯莱（GaryL. Wamsley）、查尔斯·T. 葛德塞尔（CharlesT. Goodsell）等组成的学术团体，在弗吉尼亚理工学院暨州立大学的黑堡共同撰写了《公共行政与治理过程：转变美国的政治对话》宣言，以重新确立治理新理念的主基调，激烈反击管理主义对公共治理的破坏。此宣言被翻译多种文字广泛传播，在学者中产生了强烈共鸣。宣言的主基调是民主公民权理论，在此基调上重塑文官在公共治理中的价值是主要目标。《为官僚制正名———一场公共行政的辩论》是著名学者葛德塞尔的成名之作，它在现代民主政治与行政官僚制逻辑关系的历史维度上，展现人们对文官治理态度分野的实质。以行政系统的官僚制文官治理公共事务是为解决议会民主制国家治理能力不足问题而产生的，为什么大众舆论对文官和官僚制的反对声浪此起彼伏？这是葛德塞尔及其同事的问题域。他们通过实证调查发现：多数民众对文官是满意和基本满意的[1]，而政党却敌视文官；反文官的浪潮有一个规律，即政党周期性选举前后必然兴起。造成这种现象的原因在于：人们已经厌烦了政党选举的游戏，但从制造信任的选票政治上，竞选者除了双方相互诋毁外，他们都将不能说话的文官及其制度加以羞辱而向选民进行政治承诺。在这一认知的基础上，黑堡宣言的学者们转化了传统的将官僚制行政视为政党斗争和获胜政党工具的逻辑路径，以宪法公民权为逻辑起点，将官僚制的公共事务治理设定为联结多元社会与宪法国家的中介，官僚机构应超越党派纷争，成为扮演捍卫与执行宪法的角色、扮演受人民委托的角色、扮演少数贤明者的角色、扮演多元社会平衡论的角色。[2]宣言学者们认为公共治理是建立在公民参与基础上的，官僚制行政是治理的一部分，文官应发挥知识和判断力、执行能力的优势，但公共事务治理与私人企业不同，它是"道德的政治"，在国家权力体系中，立法、司法、行政都是治理的分支，但行政作为国家"活的要素"是按照宪法明示的平等公民权

---

[1]　参见［美］查尔斯·T. 葛德塞尔《为官僚制正名———一场公共行政的辩论》，张怡译，复旦大学出版社 2007 年版，第 47—48 页。

[2]　参见［美］加里·L. 万斯莱等《公共行政与治理过程：转变美国的政治对话》（节选），锻钢译，《中国行政管理》2002 年第 2 期。

原则，以道德的政治事业诠释着治理的逻辑。① 黑堡宣言学派的治理理论，在公民权的逻辑起点上赋予了政治的道德色彩，并且赋予了文官以道德人格，这与管理主义将行政视为科学的观念大相径庭。

（二）"第三条道路"的社会民主重构

吉登斯和福山都对"里根—撒切尔主义"的治理作出了失败的论断，但因二者无论是学理还是意识形态都属于不同的派系，所以治理理论的差别显而易见。将二者置于同一板块具有比较意义。

人们认为吉登斯是布莱尔推行"第三条道路"治理逻辑的理论导师，甚至美国的克林顿也认为第三条道路的发明权本属于自己，但因布莱尔在理论导师吉登斯的影响下以公开的"第三条道路"的政策主张赢得大选，其后在《新英国——我对一个年轻国家的展望》一书中系统阐释了这一思想，由此第三条道路冠名权归于布莱尔。但欧洲老左派学者认为布莱尔的思想也只是从克林顿那里输入的，并没有新东西。前述中已经关涉布莱尔自我的辩驳，他的思想是在民主社会主义和社会民主主义基础上的调整，吉登斯也说明布莱尔既借鉴美国的因素也吸收了北欧瑞典模式。但吉登斯认为，布莱尔的治理路径与他的第三条道路有很大的差别，以示布莱尔并不是他的学生，布莱尔更多受"里根—撒切尔主义"的影响，向保守主义靠得更近，里根—撒切尔的保守主义实质上就是老自由主义。吉登斯预设了这条道路的失败。美国"金融危机"爆发后的 2014 年，布莱尔在美国《纽约时报》撰文提出了"民主已死"的结论，实质上这也是 20 世纪 80 年代以来西方治理理论和实践已死的结论。吉登斯于 2015 年 4 月 3 日接受意大利《共和报》专访，明示了"第三条道路已死"的判断。对吉登斯的判断，学术界存在一些误解，即认为吉登斯对他自己的第三条道路所下的结论，实质上是对"克林顿—布莱尔第三条道路"的指责。在布莱尔执政初期，吉登斯就批评布莱尔"新工党"的治理理念是广告式的宣传，"在天花乱坠的宣传背后必须要有某种坚实可靠的东西，否则，公众很快就会发现富丽堂皇的外表后面所隐藏的，不过是败絮。如果新工党只能让公众

---

① 参见［美］加里·L. 万斯莱等《公共行政与治理过程：转变美国的政治对话》（节选），锻钢译，《中国行政管理》2002 年第 2 期。

了解一些运用传媒的实际技能，它在政治舞台上逗留的时间不会太长，而它对社会民主主义复兴所做出的贡献也将十分有限。"① 吉登斯所设计的第三条道路是社会民主主义的复兴之路。

社会民主主义最早起始于启蒙时代，是反对专制制度的一种理论和社会变革运动的旗帜。社会民主包含个人自由、经济民主、政治民主。显然，这是资产阶级自由主义的理论，被称为"古典"社会民主主义。这种社会民主主义在社会变革的历史中被资产阶级虚幻化后，产生了18世纪末19世纪初英国和法国空想社会主义及与其相抗衡的思想和实践运动。无产阶级的社会民主主义产生于欧洲1848年革命时期，社会民主主义等同于社会主义。但资产阶级改良派和小资产阶级也是用社会民主主义，与无产阶级的社会主义相混淆。1848年革命失败后，马克思、恩格斯不用社会主义而使用共产主义概念标明无产阶级解放自己的科学社会主义原则。在工人运动和工人阶级政党的分化中，德国的拉萨尔派公开使用社会民主主义，以社会民主党名称将其与共产党区别开来。拉萨尔派的国家社会主义失败后，科学社会主义几乎成为各国工人阶级政党的共同旗帜；以议会斗争和革命手段推翻资产阶级统治实现社会主义是共同的目标。科学社会主义凝集了工人阶级政党，并成立了第二国际（社会党国际）。但在第二国际中后期分化为左、中、右三个派别，中、右派别对马克思主义进行修正，放弃了无产阶级自觉革命理论和实践运动。伯恩斯坦主张回到康德的"新康德主义"社会主义思想，由于迎合了资本主义走向垄断因而破产沦落为无产阶级的小资产阶级、"工人贵族"的心理，产生了很大影响。伯恩斯坦使用社会民主主义，标明与共产主义的区别。第一次世界大战后和苏联社会主义制度的建立，使欧洲工人阶级政党再次分化为左、中、右三派，左派加入了列宁和苏联共产党领导的"共产国际"（第三国际），中—右派坚持第二国际的考茨基和伯恩斯坦的社会民主主义纲领。第二次世界大战后的1951年"社会党国际"再次成立之时，其使用了"民主社会主义"新概念，标明与苏联社会主义的区别。就民主社会主义思想来源问题，他们认为马克思主义仍然发挥着作用，但仅仅是一个方面，还包括欧

---

① ［英］安东尼·吉登斯：《第三条道路：社会民主主义的复兴》，郑戈译，生活·读书·新知三联书店2000年版，第163页。

洲古典哲学、人道主义、基督教社会主义等；承认马克思对资本主义批判的效用，但断然否决实现社会主义道路的正确性，延续了第二国际的考茨基和伯恩斯坦的修正主义路线。在苏东剧变后，如福山预告的"历史的终结"深刻影响了社会党国际的战略调整，对民主社会主义产生了动摇，一部分政党再次使用"社会民主主义"旧概念，代替民主社会主义概念。这些政党完全放弃社会主义的可能性，向"古典社会民主主义"退却。英国布莱尔关于"新工党"的治理理念所包含的"后物质主义"、混合经济、投资人力资源、扩大就业、减税、减少福利等政策就是典型。①

　　吉登斯所宣布的第三条道路，不是向古典社会民主主义的退却，而是复兴第二国际的中—右派的社会民主主义。吉登斯既否定福山的历史终结论，也否定无产阶级国家的有效性；既否定欧洲中左派政党的治理策略，也反对将第三条道路等同于苏联和东欧社会主义与资本主义的混合或中间化。他指出，"第三条道路并不是要试图在控制严密的社会主义和自由市场哲学之间占据一个中间立场，而是专注于重构社会民主主义的原则回应同时发生的两场革命——全球化和知识经济"②。吉登斯的民主社会主义重构是一个思想体系，重构马克思的历史唯物主义是其前提，《超越左与右——激进政治的未来》是其理论基础，《第三条道路：社会民主主义的复兴》是治理理论的集成。在《超越左与右》中，将社会主义与自由主义作为两种此消彼长的政治现象展现在社会主义与资本主义相对立的历史逻辑轴线上。首先，社会主义作为激进政治向资本主义进行攻击，随着"里根—撒切尔主义"的新自由主义兴起和苏联、东欧社会主义失败，资本主义形成了新一波激进政治，消灭社会主义成为主潮，但社会主义政党却采取退却的保守主义策略，实质是投降。吉登斯为遏制这股潮流为社会主义政党设置了复兴社会民主主义的基础理论，即"哲学保守主义"，试图终结墙头变换大王旗的激进政治，使民主社会主义包容自由主义市场哲学。所谓哲学保守主义，是承认人类的"普遍价值"而对传统、权威、忠诚、信仰、团结、责任等的保护行动。它与激进政治力求将传统的抛弃掉相

---

　　① 参见［英］斯图亚特·汤普森《社会民主主义的困境——思想意识、治理与全球化》，贺和风、朱艳圣译，重庆出版社 2008 年版，第 169 页。

　　② ［英］安东尼·吉登斯：《第三条道路及其批评》，孙相东译，中共中央党校出版社 2002 年版，第 165—166 页。

反，是以保持、保护促进人与自然的和谐，而制约过度发展经济，可以通过生态运动或绿色运动来加以调解两种激进政治。哲学保守主义以社会团结、民主、共同承担责任调解右派激进政治的市场主义与左派政治的政府管控的激进政治，政府改革不是拆散福利国家，也不是公共治理和公共服务的市场主义哲学，而是采取积极的福利政策，发挥市场的功能，改变将政府与市场的两极对立观念。吉登斯所建构的第三条道路主要体现在：以哲学保守主义为理论基础，以平等、对弱者的保护、作为自主的自由、无责任即无权利、无民主即无权威、世界观多元化等构成共有价值；在政治国家与市场经济之间有一个积极的市民社会，即社会组织或志愿组织，制约国家与市场经济两种权力的相互侵犯。在公共治理上，政府下放权力、社会组织自治、市场自律，实行新型混合经济；采取积极福利政策，发展包容性平等，实现政府投资和社会投资相互协调的同时更加注重社会投资，向社会投资公共福利转型；重视家庭建设，在保持传统家庭责任伦理基础上构建民主化家庭，父母承担照料子女的责任而不是将其推给国家和社会；第三条道路的治理应成为世界性的方案。可见，布莱尔领导的新工党建设汲取了吉登斯第三条道路的部分思想，但吉登斯认为新工党并没有自己完整的战略框架，而偏向自由主义。

（三）理性官僚制的回归

保守主义者福山在 2008 年美国"金融风暴"之后就作出了与社会主义失败、历史终结判断不同的另一个结论：西方治理失败。2004 年福山撰写的一本小册子《国家构建——21 世纪的国家治理与世界秩序》也引起了不小的波澜。有人认为，这是福山"历史终结"后的大倒退，有人认为是调整，即将历史终结的时间大大向后推迟。实质上，这是福山反思"里根—撒切尔主义"的自由主义治理和世界秩序重建的失败论。福山主要关注美国等发达国家将新自由主义的治理理念，即减少政府职能、市场主义、社团自治等手段，通过世界银行、国际货币基金组织将"华盛顿共识"推向不发达国家，使这些国家陷入动荡和治理能力恶化，恐怖、毒品、艾滋病等又造成发达国家的灾难性后果。福山认为，世界银行所推行的丹尼尔·考夫曼（Daniel Kaufmann）等经济学家所制定的六个善治指标，即话语权和责任、政治稳定性和不存在暴力、政府效率、管理质量、法治和腐败控制；透明国际的清廉指数本身没错，但因不发达国家缺少治理能力，不可能转变治理状况。美国著名经济学家弗里德曼是新自由主义和私有化的引导者，福山认同了弗里德曼 2001 年的自我调整：弗里德曼说，前十年关于社会主义国家向市场经济过渡，我会用"私有化、私有化、私有化"的看法，但我错了；现在来看，法治可能比私有化更具根本性。① 对不发达国家来说，不仅要输入市场经济和政治民主，还要提升国家治理能力；"尽管私有化要求缩减国家的职能范围，但它却需要完善的市场机制和高水平的国家能力来实施。"② 福山认为，尽管经济学家对不发达国家走向私有化和市场经济作出了很大努力，但并没有形成公共管理。③ 显然，福山从比较视野上认为西方发达国家治理能力是强的，是有良好的公共管理的。他以美国为例来说明这一看法，美国是市场经济完善的国家，政府职能是弱的，但国家能力强在行政官僚的质量和组织的合理性上。福山认为市场经济、民主政治、高质量的官僚机构的相互作用是强国家的特征，而行政官僚机构的治理能力是国家能力的重要因素。福山认识到，提升弱国家的公共治理能力，"必须因地制宜，而且要求在发展中国家政府与它们的外援国和指导国之间建立一种截然不同的关系。"④ 福山批评了一些经济学家只注重经济理论而轻视行政组织理论的弊端，同时也批评了一些组织理论学家试图将西方的组织理论普遍化推广的问题。应当说，福山在这方面的判断有一定道理，但仍然是西方导向论的，对这些国家的独立自主现代化持否定态度。但是，2008 年后，福山不再认为美国等发达国家治理能力强，反而得出了其治理失败的结论。

福山于 2013 年发表《什么是治理？》一文，深刻批判世界银行、透明国际、联合国等国际组织的治理和善治评估指标偏重民主、腐败、质量的关系而缺乏治理能力的严重问题。他认为，治理"就是政府制定和执行规

① 参见［美］弗朗西斯·福山《国家构建——21 世纪的国家治理与世界秩序》，黄胜强、许铭原译，中国社会科学出版社 2007 年版，第 19 页。
② ［美］弗朗西斯·福山：《国家构建——21 世纪的国家治理与世界秩序》，黄胜强、许铭原译，中国社会科学出版社 2007 年版，第 18—19 页。
③ ［美］弗朗西斯·福山：《国家构建——21 世纪的国家治理与世界秩序》，黄胜强、许铭原译，中国社会科学出版社 2007 年版，第 3 页。
④ ［美］弗朗西斯·福山：《国家构建——21 世纪的国家治理与世界秩序》，黄胜强、许铭原译，中国社会科学出版社 2007 年版，第 44 页。

则的能力，而不管这个政府是否民主"①。这也就是说，福山否定了将"治理"等同于"民主"的西方主流观念。福山在治理与民主的关系上否决了民主促进善治的观念，善治是针对治理质量而言的，是关于"好的政府"的目标导向，但这只是"一种理论层面的假设，并没有在经验上得到事实验证"②，治理与民主不能相互包含，应当区分开来。福山指出，"治理质量与治理要达到的目标不同。这就是说，治理是代理者行使委托者意愿的表现，而不是委托者设定的目标。政府作为一个机构可能是好的也可能是坏的，而治理则是关系到执行，属于传统公共行政系统的领域，与政治与公共政策是相悖的。一个威权政体有可能是实现善治的，正如一个民主国家有可能是管理错乱的。"③ 显然，福山把治理限定在公共行政领域，将民主限定在政党争夺领导权和议会制定法律领域，这就明显地回到了韦伯理性官僚制途径上。福山正是在韦伯理性官僚制的途径上对美国等西方国家和不发达国家治理能力采取了二元论的方法进行重构。对不发达国家来说，行政系统应实现理性官僚制要求的文官才能、价值中立，严格控制自由裁量权，强化法制监管等；而对美国等民主国家来说，行政官僚机构应更多地强化自主性。就这点来说，福山于 2014 年撰写的《政治秩序与政治衰败——从工业革命到民主全球化》和在美国《外交》发表的《衰败的美利坚——政治制度失灵的根源》，深刻剖析了美国改革的死路一条是和它相互印证的。美国三权分立的政府体制本来是出于民主限制精英集团和社会庞杂的利益集团对公共行政控制的初衷，但政党分赃制严重破坏了这一初衷，实行行政文官制是对其弊端的扭转，文官制实行初期，以知识和能力选拔文官治理发挥了重要作用，但政党斗争、议会立法，再加之与行政系统抗衡的各种委员会的管制，使具有知识和治理能的官僚机构失去自主，官僚机构只能将心思用在保持拨款和体现存在价值上而碌碌无为。福山的理性官僚制治理比韦伯走得更远，官僚机构不仅是执行而且具有超越议会制定法律的权限。他显然没有体会到韦伯对官僚制壮大的担忧。

西方的治理理论不仅是多元的而且是论争的。从事实的经验上看，无

---

① ［美］弗朗西斯·福山：《什么是治理》，郑寰译，《国家行政学院学报》2013 年第 6 期。
② ［美］弗朗西斯·福山：《什么是治理》，郑寰译，《国家行政学院学报》2013 年第 6 期。
③ ［美］弗朗西斯·福山：《什么是治理》，郑寰译，《国家行政学院学报》2013 年第 6 期。

论是经合组织成员国，还是盎格鲁—撒克逊范围，没有哪一个国家的政府改革和治理实践从属于哪一种治理理论，也不可能把某一国家的治理方案普遍化。西方学者也注意到澳大利亚和新西兰的新公共管理不可能被其他国家复制。在各国的治理实务上，理论家和政治家的关系表现出一种规律：理论家对自己的理论有一种理想，希望培育出政治家来实现，政治家总是以改革家的面貌赢得执掌国家的权力，需要选择改革的理论。正如科斯所说的理论家置于思想市场中的竞争，政治家选择了哪一种理论作为改革导向标，哪种理论就在竞争中胜出。但因政党竞争，政治家更加务实，不可能完全从属于哪种理论，更多是杂烩型且变动的。如在罗斯福新政前，凯恩斯理论还不知名，甚至在斯密学派来看是一种异端邪说，那时指导西方经济理论的智库是"斯密学社"；里根和撒切尔夫人所发动的政府改革通过哈耶克、弗里德曼等新自由主义的经济学家又复兴了市场主义的传统，再次燃起了自由主义的理想，使"没有政府的治理"大行其道。就欧洲左派政党来说，"费边学社"长期作为政策智库，但在20世纪90年代也转向中间道路。一些学者批评西方政治家所推行的治理缺乏一贯的理论，实际上就是这种现象的规律写照。

第三章　社会主义国家治理的
理论源泉

国家治理是马克思主义政党治国理政的新概念、新范畴、新表述、新战略，是从人类社会秩序治理的历史中，特别是从马克思主义国家理论和马克思主义中国化的历史演进中抽象出来的新概念。国家治理是理论形态与实践形态的有机统一。作为理论形态的国家治理之源是马克思恩格斯所揭示的国家生成和统治阶级治国理政的理论。尽管马克思和恩格斯没有亲身经历治理一个全新的社会主义国家的实践，但他们创建的辩证唯物主义和历史唯物主义、科学社会主义基本原理，对人类社会历史规律的科学揭示，为社会主义国家治理奠定了理论基础和实践的历史方位。

一　历史唯物主义的国家逻辑

以人类社会秩序为对象的治理，是关于集体行动的规则和管理活动，这是普遍的现象。但规则从哪里来、谁来治理、怎样治理、治理得怎样，对这些问题的回答，从思想史来看大体上可以区分为历史唯心主义和历史唯物主义两大思想体系。以马克思为"第一提琴手"、恩格斯为"第二提琴手"所创立的历史唯物主义，科学地揭示了人类社会秩序发生、发展的原理。历史唯物主义与辩证唯物主义不可分割。辩证唯物主义是哲学唯物主义，是关于自然界、人类社会和思维规律的科学。以世界的整体都是其内在矛盾运动着的观点来看世界，而思维方法也必须与世界自身运动相一致，它改变了旧唯物主义以僵死的物质世界决定论和唯心主义以绝对精神为主体的宿命论的世界观。自然界是物质世界的整体，其自我生成自我运动有其内在的矛盾运动规律。人既从属于自然界、依赖于自然界，又以自然界为第一对象，利用自然界的生成物来生存，这是不变的法则。人类的早期就是使用自然界的生成物直接生存的，因此自然界本身的"自然生产力"曾经是"第一生产力"。随着人口的增加和人们为了生存发明"人造工具"这一新的生产力，以人的需要加工和改造自然物为我所用，由此人类社会发生了整体面貌的改变。马克思在人与自然界的辩证关系上将人类社会称为"第二自然界"，这是马克思主义国家治理理论的基础逻辑。

马克思在人类生产力发展的主体生产力和客体生产力的区分和相互关系上揭示人类社会秩序的发展逻辑。"作为第一个伟大的生产力出现的是共同体本身；特殊的生产条件（例如畜牧业、农业）发展起特殊的生产方式和特殊的生产力，既包括表现为个人特性的主体的生产力，也包括客体的生产力。"① 共同体作为原始共产主义的组织形式是整体生产力，它包括"表现个人特性的主体的生产力"和"客体生产力"两个方面。自然界的土地生产力是第一个客体生产力，人制造的工具生产力与人的主体个性密切相关，它属于主体的生产力。但它属于共同体"占有"还是个人"占有"与共同体的"所有"还是个人"所有"的问题就是划分历史不同阶段的基本依据。原始共产主义是"占有制"，共同体集体占有土地客体生产力和个人生产力，以共同体为对象再生产共同体本身是这一阶段的特征。马克思的总体生产力概念就是生产能力，正是在这一维度上，人们创造自己的历史不是随心所欲而是有规律的创造，"人们不能自由选择自己的生产力——这是他们的全部历史的基础"②。生产力的代际传承和创造性发展造成了人们的历史联系，形成人类的历史。马克思的结论是："人们的社会历史始终只是他们的个体发展的历史，而不管他们是否意识到这一点。他们的物质关系形成他们的一切关系的基础。这种物质关系不过是他们的物质的和个体的活动所借以实现的必然形式罢了。"③

马克思在由生产力发展水平决定的个体与共同体关系上区分了"人的依赖性"、"人对物的依赖性"、个体独立的"自由个性"发展的三大社会形态。人对人的依赖关系的早期是本原共产主义的共同体时代，这时谈不

① 《马克思恩格斯文集》第8卷，人民出版社2009年版，第146页。
② 《马克思恩格斯文集》第10卷，人民出版社2009年版，第43页。
③ 《马克思恩格斯文集》第10卷，人民出版社2009年版，第43页。

上个人自由，但个体间的平等是其主要特征。人对人的依赖关系的第二阶段是奴隶制和封建制的历史时代，这是因为以个体特性的主体生产力为基础进行分工和协作劳动提升了整体生产力，原来的共同体已经不适应这样的生产力发展，进而出现了男权家长制的家庭公社所有制，这是私有制的入口，也是原来占有制向"所有制"的转型，但其初期还是在本原共同体的废墟上加以重建的家庭共同体的共同私有制。建立在劳动分工基础上的所有制和私有制是一个概念，与分工一体两面，分工是形式，"私有制"是实质的。马克思、恩格斯指出，"所有制是对他人劳动力的支配。其实，分工和私有制是相等的表达方式，对同一件事情，一个是就活动而言，另一个是就活动的产品而言"①。

　　私有制与政治国家同源，起初的政治国家是家长之间的联合，采取"虚幻共同体"的形式，建立在氏族、语言、信仰基础上。这种共同体虚幻性的实质在于，在观念上采取政治国家与物质生产相分离的一种形式，政治国家以一种"神性"独立的外观超然于物质生产之上，统治阶级借以遮蔽政治国家的阶级统治性质。也就是说，政治国家的实质是统治阶级实施对被统治阶级管理的工具。由于物质生产与精神生产的分工，建立在物质生产基础上的精神生产掌握在统治阶级手中，所以被统治阶级也就自然地认可这种"神性"的国家。这种"神性"包括祖先神和上帝神与族群意识、语言的相互联系等，这是借以建构政治国家这一虚假共同体及其共同体意识的基础。人类社会脱离人的依赖关系而建立"物"的依赖关系是现代资产阶级国家建构的基础。

　　马克思主义的社会历史理论的着力点是科学揭示资产阶级建构政治国家的历史根据。资产阶级的国家建立在封建制度的废墟上，依然采取虚幻共同体的观念，但与人的依赖性时代的思维形式不同。自阶级产生而超越本原共同体时期人的平等依赖关系后，奴隶制和封建制建构了人身依附的依赖关系，虽然这还是人的依赖关系，但已经表现为政治国家与社会物质生产的直接的"现实的二元论"②。现代资产阶级的生产方式打破了原来的血缘、地缘、语言共同体，政治国家的神性外观自然被打破，国家的物质

---

① 《马克思恩格斯文集》第 1 卷，人民出版社 2009 年版，第 536 页。
② 《马克思恩格斯全集》第 3 卷，人民出版社 2002 年版，第 43 页。

性显现出来，再也不需要神性外观的掩盖。但资产阶级采取抽象反思的逻辑，"是抽象的二元论"①，它借用基督教的自由、平等、博爱作为先天的人性，由此证明私有财产的神性不可侵犯的逻辑，再将私有财产抽象为普遍的共同利益，政治国家就采取公共利益的形式而被确认。这种超阶级的中立的国家观以人对"物"的依赖性掩盖了人与人的真实关系，表象上人通过"物"的中介的非直接关系，使政治国家的阶级性质再次被掩盖。马克思的历史唯物主义打破了资产阶级国家哑谜，科学揭示了建立在私有制基础上的政治国家的真相。无产阶级在认识到国家的实质及其历史的前提下，运用生产力发展的历史成就建立无产阶级专政的新国家，并以这样的国家为保障发展生产力消灭阶级产生的物质基础，以至国家走向消亡，实现"自由人联合体"的共产主义社会。马克思和恩格斯所揭示的国家产生、历史演进、自然消亡的历史逻辑，是建立在辩证唯物主义和历史唯物主义基础上的，是对国家历史规律的揭示，打破了一切时代国家的神坛外观和抽象反思的谬误，使国家敞现在物质生产的前提下。

二　国家制度的历史形态

马克思、恩格斯所揭示的国家的历史逻辑和国家治理的演进是统一的，国家治理方式与国家形态、性质不可分割。国家与阶级的产生同源、政治就是统治阶级联合实施对被统治阶级的统治，政治国家是统治阶级的工具，国家治理就是统治阶级凭借国家工具来实现阶级统治的目的。任何时代的统治阶级都以国家的公共性作为意识形态为其统治的合法性进行辩护。但真正到了无产阶级绝大多数人统治的时代，国家的公共性才成为真实，它不仅体现为绝对数量，更重要的是以民主的"质"的规定性来体现的，而且内在于国家制度。

（一）国家形态及其性质

要搞清楚国家、国家制度与政治国家之间的关系，应在国家的历史存在形态及其演进的过程中来科学把握。英文的国家概念有三种表述：

---

① 《马克思恩格斯全集》第 3 卷，人民出版社 2002 年版，第 43 页。

"state" 侧重于主权和权力的政府；"country" 侧重于地域文化传统的共同意识；"nation" 侧重于民族传统的全体人民的意志。保守主义和自由主义的学者喜欢后两个国家概念，而对主权和权力结构的国家加以批判，认为"state" 这一概念强化政府权力而反民主。但是，国家是主权、疆域、人口等主要因素构成的统一体。主权和权力结构是政治范畴，它标明了国家的性质。在马克思关于社会形态演进的历史中来审视国家的存在形态，政治国家与国家不完全等同，社会形态与国家形态相对应。马克思指出，"社会——不管其形式如何——是什么呢？是人们交互活动的产物。人们能否自由选择某一社会形式呢？决不能。在人们的生产力发展的一定状况下，就会有一定的交换［commerce］和消费形式。在生产、交换和消费发展的一定阶段上，就会有相应的社会制度形式、相应的家庭、等级或阶级组织，一句话，就会有相应的市民社会。有一定的市民社会，就会有不过是市民社会的正式表现的相应的政治国家。"① 可见，马克思是将市民社会与政治国家作为一对范畴来看的。

市民社会这一概念在 14 世纪的法文 société civile 和英文 civil society 都是拉丁文 civilis societas 的翻译。civilis societas 是对亚里士多德《政治学》中的市民团体、市民联盟、自愿结社的社团的表达。"civilis" 这一概念有多种意涵：有财产的城市居民，那些有教养的、谦恭的、礼貌的、有文化的市民，因此 civilis societas 也具有 "文明社会" 之义。市民社会的另一层含义是法律，是西塞罗关于 "自然法" 或天赋 "正义法" 的意思。罗马人从正义法演化的市民法来理解生活于市民法中的人。亚里士多德的市民社会是政治概念，西塞罗的市民社会是法律概念，这两个层次结合的 civilis societas，就是指那些参与公共事务治理的贵族政治团体及因知识、艺术等构成的社团。法文 société civile，既延续了拉丁文的古义又指一个新的市民团体——"布尔乔亚"。这是中世纪后期出现在封建庄园边缘地带的一群没有地产而以买卖 "交换" 为生的商人团体的称谓。英文 civil society 与法文类似，是从法文翻译来的。

马克思和黑格尔使用的德文市民社会是 Bürgerliche Gesellschaft。黑格尔的市民社会概念既受希腊文和拉丁文的影响，同时更受古典经济学家斯

① 《马克思恩格斯文集》第 10 卷，人民出版社 2009 年版，第 42—43 页。

密、穆勒、萨伊等市民社会就是"商业社会"的影响，确定市民社会是近现代的产物并赋予其"需要和满足需要的体系"① 的内涵；在经验的描述上，市民社会是私人利益的战场，人们为私人利益的满足而结合成商会、同业公会、政党等社团和司法体系。黑格尔认为市民社会为满足私人利益所生成的政治国家是"外部性"国家，是行使警察职能的"警察国家"。所谓"外部性"，是市民社会自身的外化，即将内在需求外化为外部的、人与人机械性结合的关系，每个人都将他人视为工具而满足自我需要，这与斯密的"主观为自己客观为别人"的市场经济命题是一致的。黑格尔认为，卢梭基于社会契约论的国家概念是粗陋的，他忽视了市民社会自身物质利益冲突的现实，是自然主义的纯粹的哲学抽象。

黑格尔有两个国家概念，即市民社会的国家和理性国家。市民社会的国家还只是市民社会本身的发展阶段，真正的国家是内在于历史经验的"理性国家"。作为市民社会的政治国家发展到"伦理国家"阶段，理性国家的内在性和支配性才通过经验的伦理国家显现出来，以国家制度的作用来解决市民社会自身的矛盾。黑格尔所谓"国家决定市民社会"命题中的"国家"，是"伦理国家"或"伦理实体"。黑格尔从内在国家与外在国家的历史辩证法来揭示国家的历史演进：内在国家是人类社会历史中经验的古典国家和现代国家、伦理国家的前提；内在国家就是绝对精神的理性国家，它外化为外在国家的历史，历经带有自然伦理色彩的古典国家到市民社会两个大的经验阶段。在黑格尔的国家史理论中，封建制和奴隶制时代都是古典国家范围，古典国家与内在的理性国家还未完全分离，但其自然伦理色彩是情感性的，它是在内在理性外化过程中被情感化的。市民社会是理性外在化超越了情感而被"物化"的阶段，黑格尔承认市民社会的国家是经验的现实的国家，但不是卢梭的所谓自然状态的契约国家，而是将私人利益作为公共利益来维护的"警察"职能的国家。黑格尔在理性外化的自然伦理国家、市民社会的国家、伦理国家的历史三段论，即正题—反题—合题的辩证法逻辑上认为，市民社会是国家还未成熟的阶段，由市民社会发展到伦理国家的阶段，是内在理性与外在国家重新结合在一起的开端，也是世界历史的开端。黑格尔所说的国家与市民社会分离是矛

---

① ［德］黑格尔：《法哲学原理》，范扬、张企泰译，商务印书馆 1961 年版，第 203 页。

盾的，这里的国家是指理性国家而不是现实的市民社会的国家，市民社会即国家，这也是黑格尔的重大判断。市民社会自身产生的现实国家，是市民社会自身矛盾的产物，即私人利益的矛盾；国家将私人利益作为公共利益来维护，公共利益与私人利益也有矛盾，但黑格尔认为这种矛盾是理性物化的外在必然性的代价，而深刻的矛盾是市民社会与理性国家之间分离的矛盾。黑格尔所说的国家是"地上的神物"①"永世勿替的"②，是在内在的理性国家途径上来说的；他所说的"国家制度"也是指"内在国家制度"，这是黑格尔设计伦理国家制度的根据。马克思的"市民社会决定国家"这一黑格尔的反命题，建立在对黑格尔将理性国家作为经验国家的前提批判基础上，在市民社会经验史的逻辑上揭示国家存在形态。

马克思超越黑格尔赋予市民社会新的含义。马克思的市民社会概念具有三重意涵。第一，继承黑格尔关于市民社会是"需要和满足需要体系"的思想，进一步将其概括为"物质的生活关系的总和"③的内涵。第二，市民社会就是人们的"交往形式"④，马克思的"交往形式""交往关系"的外延大于"生产方式""生产关系"，但交往关系受生产力发展水平所决定的生产关系制约，因此交往关系有时也等同于生产关系，这是在交往关系中起决定作用的部分，这与"物质生活关系的总和"的表述既具有一致性，但同时又提升了认识的境界，即生产关系总和就是社会的经济结构，是政治国家的经济基础。易而言之，市民社会就是经济结构和经济制度。第三，"真正的市民社会只是随同资产阶级发展起来的；但是市民社会这一名称始终标志着直接从生产和交往中发展起来的社会组织，这种社会组织在一切时代都构成国家的基础以及任何其他的观念的上层建筑的基础"⑤。马克思在这里强调的两点非常重要，因此也引起了误读的问题。其一，真正的市民社会是资产阶级社会，因此，人们也将这种阐释理解为"狭义的市民社会"，而将"物质生活关系总和"理解为"广义的市民社会"。如何处理二者之间的关系呢？如果从物质生活关系总和的角度理解

---

① ［德］黑格尔：《法哲学原理》，范扬、张企泰译，商务印书馆1961年版，第285页。
② ［德］黑格尔：《法哲学原理》，范扬、张企泰译，商务印书馆1961年版，第290页。
③ 《马克思恩格斯文集》第2卷，人民出版社2009年版，第591页。
④ 《马克思恩格斯文集》第1卷，人民出版社2009年版，第540页。
⑤ 《马克思恩格斯文集》第1卷，人民出版社2009年版，第582—583页。

市民社会，那么就有可能得出如日本市民社会学派中的个别观点：市民社会贯穿于人类社会历史。由此而来，与马克思关于"旧唯物主义的立脚点是市民社会，新唯物主义的立脚点则是人类社会或社会的人类"① 的论断相矛盾。有的日本学者由此而得出结论，市民社会概念是马克思思想还未成熟时期的用语，他在后期的政治经济学批判中已经放弃了这个不成熟的概念。实质上这是误解。其二，"社会组织在一切时代都构成国家的基础以及任何其他的观念的上层建筑的基础"② 的论断，揭示了社会组织与国家的关系。问题在于一切历史时代的社会组织都是市民社会？肯定地说，决不是。到共产主义时代有更发达的社会组织，即国家消亡的"自由人联合体"。无产阶级自觉革命建立无产阶级专政的国家后，社会组织还是市民社会吗？按马克思将共产主义的历史划分为两个阶段来看，共产主义第一阶段虽然还是共产主义前夜的阵痛，但要超越市民社会，已经是以"每一个个人的全面而自由的发展为基本原则"③ 的新社会，社会组织不是市民社会。马克思所说的市民社会的历史开端，"是以简单的家庭和复杂的家庭，即所谓部落制度作为自己的前提和基础的"④。这里的部落所有制实质上是"氏族"所有制，因为在写作《德意志意识形态》的时候，马克思、恩格斯在知识上还未弄清"部落"和"氏族"的关系。在后来的人类学研究中，他们清楚了历史的第一个所有制性质是氏族所有制，而且它正处于向阶级社会转向的中介地带。因此，马克思所说的市民社会是从阶级社会的出现到资产阶级社会。社会组织是统治阶级的社会组织。统治阶级之所以构成社会组织，是因为他们能够从物质生产中分离出来形成各种社团。市民社会起初发生于基于分工的"交换劳动"到"剩余产品交换"，而产品交换起初也只是发生在酋长所代表的氏族与氏族之间的交换，建立在这些基础上的"家长统治"物质生产和"家长联盟"，古典古代国家之雏形就形成了。因此，市民社会早期就是从物质生产中分离出来的家长联盟组织，它就是古典古代国家的基础，而国家是家长联盟的一种统治形式。深入把握马克思的市民社会历史演进思想还要在社会形态的历史转型

---

① 《马克思恩格斯文集》第 1 卷，人民出版社 2009 年版，第 502 页。
② 《马克思恩格斯文集》第 1 卷，人民出版社 2009 年版，第 583 页。
③ 《马克思恩格斯文集》第 5 卷，人民出版社 2009 年版，第 683 页。
④ 《马克思恩格斯文集》第 1 卷，人民出版社 2009 年版，第 540 页。

中来考察。

社会形态、意识形态概念都是马克思借鉴了地质学家的地层学知识独创的概念，用以描述由生产力发展水平决定的社会整体结构。社会是人们相互作用的关系，它既建立在人与自然界相互作用的基础上，又使人们必然通过这种关系发生与自然的关系和其他交往关系。英文的 society（社会）来自希腊文和拉丁文的自愿结社的社团，但马克思认为社会并不是出于人们的主观意志和情感使然，而是受生产关系所决定的。"各个人借以进行生产的社会关系，即社会生产关系，是随着物质生产资料、生产力的变化和发展而变化和改变的。生产关系总合起来就构成所谓社会关系，构成所谓社会，并且是构成一个处于一定历史发展阶段上的社会，具有独特的特征的社会。古典古代社会、封建社会和资产阶级社会都是这样的生产关系的总和，而其中每一个生产关系的总和同时又标志着人类历史发展中的一个特殊阶段。"① 马克思的这一段言述，深刻说明了社会及其性质的历史演变。人们之间交互关系的社会概念，可以用于任何时代，但奴隶社会、封建社会、资本主义社会、社会主义社会、共产主义社会是生产关系异质性的社会。从人的依赖关系、物的依赖关系、自由个性的三大社会形态来看，原始共产主义是本原共同体的人们平等地相互依赖阶段，每个个人都依赖共同体而获得生命的存在，物质生产既生产共同体本身同时又生产自己的生命。家长制市民社会组织的出现是对本原共同体的初步瓦解。奴隶制社会、封建制社会以人身依附关系的依赖性重构了物质生活的虚假共同体和政治国家的虚假共同体。随着交换的扩大和商业民族的出现，真正的市民社会，即资产阶级的市民社会渐趋成熟。原来的血缘、地缘共同体的生产组织被交换价值所决定的商品生产所瓦解，虽然还存在信仰的、语言的共同体，但它只属于精神层面。在市民社会与政治国家的关系上马克思的唯物史观得到初步揭示。"从直接生活的物质生产出发阐述现实的生产过程，把同这种生产方式相联系的、它所产生的交往形式即各个不同阶段上的市民社会理解为整个历史的基础，从市民社会作为国家的活动描述市民社会，同时从市民社会出发阐明意识的所有各种不同的理论产物和

---

① 《马克思恩格斯文集》第 1 卷，人民出版社 2009 年版，第 724 页。

形式，如宗教、哲学、道德等等，而且追溯它们产生的过程。"① 自从阶级社会产生以来的社会形态，是经济社会形态所决定的上层建筑的总和，这样的社会形态也就是国家形态，它标明了疆域、主权、人口的整体建构。经济社会形态演变就是市民社会形式的演变，这是社会制度的根基，经济社会制度就是国家制度，政治国家只是市民社会的表现形式。超越市民社会的无产阶级国家与其前史的阶级国家之不同在于，资产阶级及其前史的阶级国家是在生产力发展水平所决定的生产关系总和支配下所建构的，而无产阶级专政的国家是将其前史的物质条件总和作为工具条件，使其受"自由人联合体"所支配，这就是超越市民社会的新历史阶段。马克思主义的国家治理理论就存在于国家的历史理论中。

（二）国家制度及其历史演进

马克思、恩格斯的社会历史理论服务于无产阶级革命和人的全面而自由发展的历史任务，他们的关注点更主要集中于无产阶级国家代替资产阶级国家的科学根据、价值，以及如何实现等问题。因此，要完成这一命题必然要揭示国家治理的历史形态。在国家形态、性质的历史理论中，国家治理就是国家制度及其运行的基本形式。可以把马克思、恩格斯的国家制度理论及其运行的理论形态划分为两个大的历史阶段，即前社会主义国家的客观存在之实然和社会主义国家制度的价值应然阶段。马克思、恩格斯没有亲身经历过全新的社会主义国家的治理实践，他们关于社会主义国家制度及其运行的论述是建立在历史唯物主义科学逻辑之上的，根据欧洲工人阶级解放运动的经验，以劳动人民当家作主为旨归作出的科学预测，为社会主义国家治理提供了理论指引。

国家制度理论是国家治理的理论基础。马克思在民主和生产力两个维度上阐释了国家制度的思想。在《黑格尔法哲学批判》中以民主为维度区分了两种国家制度，即"在民主制中，国家制度本身只表现为一种规定，即人民的自我规定"②。就其本质特征来说，民主制即人民创制国家制度和法律，国家制度和法律是"现实的人、现实的人民，并被设定为人民自己

① 《马克思恩格斯文集》第1卷，人民出版社2009年版，第544页。
② 《马克思恩格斯全集》第3卷，人民出版社2002年版，第39页。

的作品"①。而在非民主制的国家制度中，现实的人和现实的人民是国家前提下的存在和法定的存在。马克思深刻指出了区分国家制度及其性质的钥匙："民主制是一切形式的国家制度的已经解开的谜。"② 马克思这一方法论的制定能够从民主制的国家制度的规定性来审视谁来创制国家制度、怎样创制国家制度、谁来治理国家等重大问题。马克思在讨论这些问题之时已经初步讨论了国家制度和政治制度之间的关系。历史唯心主义将政治制度等同于国家制度的整体，其要害在于主张国家制度与人们生活和物质内容毫无关系。马克思认为，"政治制度本身并不构成国家"③。国家是物质实体、权力实体和人口等构成的整体，而国家制度是国家实体的性质和治理形式的总称，政治制度是国家物质实体和人口的组织形式，社会物质生产的权力性质规定了国家性质，政治制度是社会权力的表现形式。这种状况在不同的社会形态中，在人们的观念上表现形式不同，在民主制中，国家制度是"形式的原则同时也是物质的原则"④。马克思以民主制作为分析维度的国家制度思想已经接近于生产力维度。在《〈政治经济学批判〉序言》中，马克思自我陈述在对黑格尔法哲学理论进行批判之时就得出一个结论："法的关系正像国家的形式一样，既不能从它们本身来理解，也不能从所谓人类精神的一般发展来理解，相反，它们根源于物质的生活关系，这种物质的生活关系的总和"是市民社会。⑤ 马克思的自陈印证了上述的国家制度思想的理论根基和方法论，已经是历史唯物主义的了，虽然那时马克思还未阐释历史唯物主义。当然，在黑格尔法哲学批判时期的马克思，一方面将理论视角已经转移到人们现实生活的物质利益的基础上得出市民社会决定国家的结论；另一方面主要的阐释方法还是哲学的。马克思以政治经济学研究市民社会的本质和人的解放的社会历史条件，其哲学方法论已经内置其中，得出了总体的国家制度历史理论。"人们在自己生活的社会生产中发生一定的、必然的、不以他们的意志为转移的关系，即同他们的物质生产力的一定发展阶段相适合的生产关系。这些生产关系的总和构成社

---

① 《马克思恩格斯全集》第3卷，人民出版社2002年版，第40页。
② 《马克思恩格斯全集》第3卷，人民出版社2002年版，第39页。
③ 《马克思恩格斯全集》第3卷，人民出版社2002年版，第40页。
④ 《马克思恩格斯全集》第3卷，人民出版社2002年版，第40页。
⑤ 参见《马克思恩格斯文集》第2卷，人民出版社2009年版，第591页。

会的经济结构，即有法律的和政治的上层建筑竖立其上并有一定的社会意识形式与之相适应的现实基础。"① 马克思在这里没有专门指明国家制度是什么，而是着重指出一定历史阶段的国家制度是怎样形成和其现实基础的问题。但是，这里就包含着国家制度的完整概念，即建立在经济结构或经济基础之上的政治上层建筑、法律、意识形态等要素所构成的国家制度。

国家制度是一个总体概念，经济结构、政治上层建筑、法律、意识形态等都是一个独立的概念，在马克思的国家制度总体概念中都是一个子概念或范畴，而他们之间的关系有着内在的逻辑顺序。生产力发展水平所决定的生产关系总和，实质上是社会的经济权力。经济权力本身就是人们相互作用的结果，从共产时期的"占有制"转型到"所有制"，土地等财富资源属于谁得到了法律的确认。法律包含"天法"或来自人之外的法则和人定法两个层次，而人定法又从天法中获得证明，自古希腊的亚里士多德和古罗马的西塞罗都是这样的论证逻辑。这也是西方一直延续的政治制度等同于国家制度的谬传。马克思深刻揭示出政治上层建筑是国家权力的组织形式，它包括政治制度及其运行两个方面；国家权力就是政治权力或公共权力。权力是对物和人的支配性力量，而政治支配力的"实质"是经济权力。但在不同的社会形态中，对支配力来源的解释差别巨大。在人类社会早期，一般以"自然宗教"对权力来源赋予神性的力量，诸如自然界具体的神物、抽象的超人力量、祖先神等的崇拜。对自然神的崇拜建立在恐惧的心理基础上，这也是社会意识的问题。马克思把社会存在与社会意识作为一对哲学范畴，社会存在的基础是人们相互作用的物质生产关系，社会意识就是社会存在的主观反映。每个个人都有其对自然、自身、周遭事物的主观反映，但社会意识是人们相互影响、相互作用所形成的共同的群体意识，它包括习俗、习惯等生活秩序规范和对周遭世界的看法、观点，以及思维方式等。社会意识与个人意识是矛盾的统一体，社会意识对个人意识具有统治地位，个人意识难以对抗社会意识，只有新的群体的社会意识瓦解旧的社会意识，才会发生社会意识的转型。社会存在决定社会意识，社会意识又反作用于社会存在的基本原理，深刻说明任何时代的意识形态的现实基础都来源于社会意识，同时意识形态又反作用于人们的社会

---

① 《马克思恩格斯文集》第 2 卷，人民出版社 2009 年版，第 591 页。

存在与社会意识的矛盾关系。

意识形态的德文 Ideologie 词语是马克思独创的①。法国哲学家特拉西（Destutt de Tracy）最早创造了意识形态（idéologie）概念，用以表达"观念的科学"或"思想体系"的内涵。特拉西主张建立一门意识形态学或观念的科学，应从先入为主的客观思想返回到感觉，从感觉的经验出发构建科学化的观念思想体系。可以说特拉西拉近了意识形态与实践活动的距离，但因特拉西的意识形态思想向感觉主义退回，与拿破仑的政治意识形态有明显的冲突，所以拿破仑指责特拉西学派为"空想家"、"幻想家"或"意识形态家"。由此，意识形态成为贬义的。马克思的意识形态概念是什么？一般认为，马克思是在否定的意义上来使用意识形态概念的，也就是说，意识形态是"虚假的观念体系"或"虚假的思想体系"。这种理解图式是值得商榷的。在一般意义上，马克思的意识形态概念是指统治阶级的思想体系，但马克思、恩格斯的一个重要观点是"意识形态家使一切本末倒置"②的根本原因是从思想家的观念来解释人们的社会生活实践，而正确的解释途径应当是"始终站在现实历史的基础上，不是从观念出发来解释实践，而是从物质实践出发来解释各种观念形态"③。每个人都会有一种在他从事的活动中所产生的意识，而且也会意识到他的活动是一种"关系"，"因为他们没有超越这些关系，所以这些关系的概念在他们的头脑中也成为固定概念"④。将人们弥散性的社会意识上升为抽象的意识形态就脱离了社会意识，并且用意识形态统治社会意识。马克思、恩格斯从物质生产与精神生产的分工维度深刻揭示了意识形态生产是脱离物质生产的统治阶级及其具有独立性的知识分子所制造的观念思想体系，而知识分子在经济生活上是依附于统治阶级的，虽然其思想可能与政治统治当局存在差别，但他必然服从统治阶级而生产适合统治阶级需要的思想观念⑤。意

① 参见俞吾金《意识形态论》，上海人民出版社 1993 年版，第 61 页。
② 《马克思恩格斯文集》第 1 卷，人民出版社 2009 年版，第 586 页。
③ 《马克思恩格斯文集》第 1 卷，人民出版社 2009 年版，第 544 页。
④ 《马克思恩格斯文集》第 1 卷，人民出版社 2009 年版，第 586 页。
⑤ 这些生产意识形态的思想家个人的思想也就充当社会意识，进而影响人们的一般社会意识，因为给人们的感觉似乎社会和人的关系就是意识产生的。因此，"哲学家、思维着的人本身自古以来就是在历史上占统治地位的"观念也被人们所接受。参见《马克思恩格斯文集》第 1 卷，人民出版社 2009 年版，第 553 页。

识形态生产因与物质生产分离而获得独立地位，社会历史就成为思想史、意识形态史。这就是幻象、假象、虚假的意识形态。"统治阶级的思想在每一时代都是占统治地位的思想"① 是马克思和恩格斯所得出的关于意识形态与阶级统治之间逻辑关系的基本结论。任何阶级要上升为统治阶级都必然将自己阶级的思想普遍化而获得社会意识的现实基础。统治阶级的意识形态是观念的政治上层建筑，以批判、引领社会意识发挥对政治权力合法性的解释、辩护功能。

　　一定社会的法律思想与意识形态具有相同的一面，社会意识是它们的共同基础，但法律是统治阶级为维护其所有制而制定的社会关系的刚性调节器，它不仅发挥统治与被统治的调节功能，同时也发挥统治阶级内部的调节功能。唯心主义法学从"天启"或"神启"的先天逻辑来区分"法"与"法律"两个概念，由此为"人定法律"确立根据。"法"是"法律"的上位概念，延续希腊文的中世纪拉丁文"jus"是"权利"和"正义"之义，但它表达的内涵是"亏欠"，即一个人对"他者"的亏欠②。也就是说一个人亏欠于上帝、主人，债务是先天注定的，信仰、服从是前定的义务。这种观念逻辑源于古希腊的自然正义的自然法思想，古罗马的西塞罗使其达到理论的鼎盛，市民法和万民法都来自"自然正义"的先天法则。在中世纪宗教意识形态占统治地位的时期，自然法的上位是上帝法，在其之下是理性法。而理性法已经转换了古希腊的思想逻辑，成为领悟上帝法和人定法的中介。上帝法以理性法为中介下沉到市民法和万民法。这种逻辑也就是被上帝授予了主权者、代表上帝的僧侣、贵族的世俗权力等级的合法性。到资产阶级的历史时代，其法律（law）的论证逻辑是权利（right）。权利依然沿袭中世纪自然法"jus"的正义之义，但这个正义转换为先天的自由、平等、博爱的逻辑上，也就是说现实的财产权来自天赋人权，因此，其在现实上就成为"私有财产神圣不可侵犯"的法律制度。在马克思看来，资产阶级实现自己的统治也采取"召唤亡灵的行动"③ 而掩盖本阶级的自身物质利益的真实。

---

① 《马克思恩格斯文集》第 1 卷，人民出版社 2009 年版，第 550 页。
② 参见［德］海因里希·罗门《自然法的观念史和哲学》，姚中秋译，上海三联书店 2007 年版，第 20 页。
③ 《马克思恩格斯文集》第 2 卷，人民出版社 2009 年版，第 471 页。

在国家制度的整体结构中，经济基础与政治权力的实体上层建筑和观念的上层建筑、法律，都在社会存在与社会意识的关系中得到体现。经济基础或社会的经济结构是人们社会存在的根基，它决定了各个人在结构中的位置和经济权力，要实现这种权力就必须诉诸政治国家的组织形式。"因为国家是统治阶级的各个人借以实现其共同利益的形式，是该时代的整个市民社会获得集中表现的形式，所以可以得出结论：一切共同的规章都是以国家为中介的，都获得了政治形式。由此便产生了一种错觉，好像法律是以意志为基础的，而且是以脱离其现实基础的意志即自由意志为基础的。同样，法随后也就归结为法律。"① 这也就是说，一些思想家以意识形态的生产构建了先验的国家及其国家制度掩盖了市民社会的政治国家基础，而以意识形态的国家为中介来为现实的国家制度的真实性加以掩盖，使国家成为全体人民的国家而获得社会意识的现实基础，因此政治权力也获得了法律的刚性维护。马克思认为，"法也和宗教一样是没有自己的历史的"②。国家制度由经济结构所决定，政治制度和国家制度整体也没有自己的历史，它从属于统治阶级的性质，经济结构和统治阶级的转型，国家制度也相应地发生整体转型。马克思指出，"物质生活的生产方式制约着整个社会生活、政治生活和精神生活的过程。不是人们的意识决定人们的存在，相反，是人们的社会存在决定人们的意识。社会的物质生产力发展到一定阶段，便同它们一直在其中运动的现存生产关系或财产关系（这只是生产关系的法律用语）发生矛盾。于是这些关系便由生产力的发展形式变成生产力的桎梏。那时社会革命的时代就到来了。随着经济基础的变更，全部庞大的上层建筑也或慢或快地发生变革。"③ 当然，上层建筑的变革也不一定同步，作为统治阶级思想体系的意识形态是随着阶级力量的转变而变化，新生的阶级能够将本阶级的思想普遍化为社会意识，同时也就具有了代替旧统治阶级意识形态的条件，因此意识形态有可能先于经济基础的变革步伐，起到加快或摧毁旧经济基础的作用。在一个社会形态之中，受生产力影响的阶级结构和经济结构处于渐变之中，随社会形态的转

---

① 《马克思恩格斯文集》第 1 卷，人民出版社 2009 年版，第 584 页。
② 《马克思恩格斯文集》第 1 卷，人民出版社 2009 年版，第 585 页。
③ 《马克思恩格斯文集》第 2 卷，人民出版社 2009 年版，第 591—592 页。

型国家制度整体结构发生变革，是国家制度演变的历史逻辑。每一国家制度都是经济结构、政治上层建筑、法律、意识形态的整体。

三 国家治理与国家制度的逻辑关系

国家治理大体包括治理国家制度本身、统治阶级治理内容、治理方法三个方面。从大的历史阶段来看，区分为市民社会历史阶段和超越市民社会两个历史时期。就市民社会的历史阶段来说区分为"奴隶制—封建制"和资本主义两个阶段。这种划分是基于马克思关于社会形态历史时代的论说来进行的。

（一）基于社会形态理论的国家治理的一般特征

关于马克思对社会形态的划分大体上有"五形态""三形态""两形态"的解读模式。五形态说和两形态说主要是依据马克思《〈政治经济学批判〉序言》的论说得出的。"大体说来，亚细亚的、古希腊罗马的、封建的和现代资产阶级的生产方式可以看做是经济的社会形态演进的几个时代。"[1] 以此为依据所形成的五形态说，即原始社会、奴隶制社会、封建制社会、资本主义社会、共产主义社会。在学界的讨论中有两个问题困扰着人们：亚细亚生产方式是原始社会吗？亚细亚生产方式与西欧处于不同地域，它们之间有线性关系吗？有些学者认为苏联教科书由此形成的五形态说的依据不充分。从马克思的论证逻辑来看，此语境的经济社会形态四阶段说，是关于生产力发展水平所决定的阶级对抗的不同阶段，而且"不是指个人的对抗，而是指从个人的社会生活条件中生长出来的对抗"[2]。这说明这几个阶段是阶级社会的几个不同阶段。马克思在《1857—1858年经济学手稿》中关于所有制形式与生产方式的思想已经深入人类学的历史知识中，揭示了亚细亚生产方式、古典古代的希腊和罗马、日耳曼三种形态是并列的，它们并不存在线性关系。亚细亚生产方式包括中国和印度公社等，古老中国的独特性在于还处于君王个人的"家"就是"国"的境地，

---

① 《马克思恩格斯文集》第2卷，人民出版社2009年版，第592页。
② 《马克思恩格斯文集》第2卷，人民出版社2009年版，第592页。

它"最顽强也最长久",是农业和手工业结合在一起,其原因的一个重要方面是它没有受到外力的破坏。① 马克思在回答俄国社会党人查苏利奇提出的立足于俄国的农业公社是否可以越过资本主义制度的卡夫丁峡谷直入共产主义的问题时有两点说明:其一,分析资本主义起源和经济社会形态几个必然阶段是"限制在西欧各国的范围内"② 的。其二,在俄国和德国、印度等还保留的传统"农业公社"是超越原始共产主义的第一阶段,但它已经不是原始共产主义或本原共同体。马克思指出,"把所有的原始公社混为一谈是错误的;正像在地质的层系构造中一样,在历史的形态中,也有原生类型、次生类型、再次生类型"③。马克思与人类学家不同,不是在人类学知识上建构叙事逻辑,而是更关注资本主义起源和灭亡的社会历史条件。各民族国家的经济社会形态历史演进既具有客观的经济结构条件,还有主体结合方式和反作用的主观条件问题。马克思再次回答关于西欧的历史阶段等同于普遍的误解时指出:"把我关于西欧资本主义起源的历史概述彻底变成一般发展道路的历史哲学理论,一切民族,不管它们所处的历史环境如何,都注定要走这条道路,——以便最后都达到在保证社会劳动生产力极高度发展的同时又保证每个生产者个人最全面的发展的这样一种经济形态。但是我要请他原谅。(他这样做,会给我过多的荣誉,同时也会给我过多的侮辱。)"④

　　从马克思的论证逻辑来看,亚细亚的、古希腊罗马的、封建的和资本主义的几个对抗的历史时代指的是西欧,而且更重要的,这是就揭示资本主义起源的课题来说的,至于说亚细亚的东方社会生产方式置于西欧的古典古代奴隶制之前,可能是受人类学家毛勒依据经济社会的次生形态"还原出它的古代原型"的"还原法"启发⑤,将奴隶社会之前的一段"王政"时期与亚细亚等同,或者认为亚细亚这种顽固的长久的古老形式的阶级关系早于西欧的奴隶制。总而言之,马克思是从阶级对抗的角度大体上

---

① 参见《马克思恩格斯文集》第 8 卷,人民出版社 2009 年版,第 134—136 页。
② 《马克思恩格斯文集》第 3 卷,人民出版社 2009 年版,第 570 页。
③ 《马克思恩格斯文集》第 3 卷,人民出版社 2009 年版,第 581 页。
④ 《马克思恩格斯文集》第 3 卷,人民出版社 2009 年版,第 466 页。
⑤ 参见《马克思恩格斯文集》第 3 卷,人民出版社 2009 年版,第 570—573 页。

作出的阶段说明，以共产主义为标准，将前共产主义时期作为"史前时期"①。马克思的这个"史前期"指的自阶级产生以来的对抗形式的诸阶段，不包括原始共产主义阶段。马克思、恩格斯在写作《德意志意识形态》期间的"社会历史"概念都是"至今一切社会的历史都是阶级斗争的历史"②，恩格斯在1883年为《共产党宣言》所写的德文版序言中将其调整为"（从原始土地公有制解体以来）全部历史都是阶级斗争的历史，即社会发展各个阶段上被剥削阶级和剥削阶级之间、被统治阶级和统治阶级之间斗争的历史"③。这也就解答了人们的一种疑问，即《德意志意识形态》中关于前资本主义的部落所有制、古典古代的公社所有制和国家所有制、封建的或等级所有制三种形式，与《〈政治经济学批判〉序言》中关于亚细亚的、古希腊罗马的、封建的和现代资产阶级的经济社会形态之间的关系。部落所有制是不准确的，因为当时马克思在历史学研究和初步的政治经济学研究的基础上把所有制与国家的关系已经搞清楚了，但人类学知识尚有不足，准确地说，应当是氏族所有制。马克思在后来的人类学研究中搞清楚了氏族—胞族—部落的关系，胞族是氏族的亲属联盟，部落是超越胞族的联盟，已经是国家的入口了。在古希腊的历史上，这种部落联盟有一个"王政"时期，已经出现了战俘奴隶，联盟的形式也是家长联盟。正如马克思和恩格斯在《德意志意识形态》中所指出的那样，"所有制是对他人劳动力的支配"④。因此，这里的部落所有制与亚细亚的东方所有制向西欧的还原，都是指西欧脱离本原共同体向古典古代过渡的一种形式，也可以划入奴隶制的大历史时期。所以，将西欧的经济社会形态区分为原始社会、奴隶社会、封建社会、资本主义社会、共产主义社会阶段是有根据的，但并不普遍适用于各民族国家的历史。就西欧地域的经济社会形态来说，关于人的依赖关系、物的依赖关系、自由个性全面发展的三阶段划分，与五阶段、两阶段划分并不冲突，其中人的依赖关系包含了本原共同体、奴隶制和封建制三个阶段；在前共产主义和共产主义两阶段的划分中，前共产主义包含了本原共同体和阶级对抗的各阶段。但三阶段和两

① 《马克思恩格斯文集》第2卷，人民出版社2009年版，第592页。
② 《马克思恩格斯文集》第2卷，人民出版社2009年版，第31页。
③ 《马克思恩格斯文集》第2卷，人民出版社2009年版，第9页。
④ 《马克思恩格斯文集》第1卷，人民出版社2009年版，第536页。

阶段划分更具有普遍意义。马克思、恩格斯发现资本主义的历史时代，以世界市场为工具开辟世界历史，将各民族国家纳入世界分工体系的历史趋势，必定打破那些停留在民族史或停滞状态的国家。但各民族国家走向共产主义是否必经资本主义"卡夫丁峡谷"，这要看世界无产阶级运动、民族国家的无产阶级主体条件和历史的客观条件是否形成辩证关系。因此，在这一世界历史条件的基础上，无产阶级开辟世界历史，不是消灭民族国家的治理，而是通过民族国家的治理与各国无产阶级的联合推进国家的自然消亡。

国家治理是统治阶级使用公共权力对被统治阶级和统治阶级内部所进行的管理活动。诚然，马克思和恩格斯并没有关于国家治理的定义，但可以在他们的国家或公共权力理论中提炼出这样的界定。恩格斯依据马克思的《人类学笔记》和有影响的人类学家的研究资料，在辩证唯物主义和历史唯物主义的逻辑上，完成了《家庭、私有制和国家的起源》，从阶级前史深刻揭示国家的起源、性质、国家的职能、国家消亡的历史等重大问题。氏族制是建立在婚姻关系觉醒基础上的人类社会最早的组织化制度，家庭从氏族制度中发展出来，家长代表的血亲胞族就形成了公共权力联盟，在此基础上的部落联盟形成更大的公共权力，国家是公共权力的装置。它是通过排挤掉氏族制度的公共权力，并使氏族制度的公共权力转向家长的私权力而建立起来的。恩格斯从史实的历史逻辑上概括出"国家的本质特征，是和人民大众分离的公共权力"[1]。这是国家的共有本质特征，但各民族基于氏族制度上的国家的具体生产逻辑却有差别。恩格斯揭示国家的本质特征的一个重要解释学维度，是批判唯心主义以先验国家观强加于社会的谬误；另一个维度是立基于社会物质利益矛盾冲突的国家职能解释学，即国家不是从社会外强加于社会，它源于社会又异化于社会。"这个社会陷入了不可解决的自我矛盾，分裂为不可调和的对立面而又无力摆脱这些对立面。而为了使这些对立面，这些经济利益互相冲突的阶级，不致在无谓的斗争中把自己和社会消灭，就需要有一种表面上凌驾于社会之上的力量，这种力量应当缓和冲突，把冲突保持在'秩序'的范围以内；这种从社会中产生但又自居于社会之上并且日益同社会相异化的力量，就

---

[1]　《马克思恩格斯文集》第 4 卷，人民出版社 2009 年版，第 135 页。

是国家。"① 由社会物质利益矛盾产生的物质力量就是公共权力，也就是国家的权力，国家与社会相异化也就是公共权力的异化。公共权力之所以能够脱离社会而成为先验的独立力量，依赖的是意识形态的软权力和法律。马克思和恩格斯基本上是从公共权力的真实与其异化的一体两面来看阶级社会的国家治理的。意识形态和法律等上层建筑将具有物质力量的政治权力披上神秘的外衣，遮蔽了其真实性的一面，它是通过整体的国家制度来完成的。由于马克思、恩格斯批判唯心主义突出了经济社会形态及其转型的阶级结构的基础和根本地位，由此也形成了忽视上层建筑反作用的误解。对此，恩格斯用作用力与反作用力的"平行四边形"加以解释，历史的总体趋势是经济基础决定上层建筑，但每一时代都是各种力量的合力，宗教的、道德的、哲学的意识形态都是以头足颠倒的形式规定现实，给人们一种假象，似乎现实的公共权力就是意识形态所创造。实际上，这种异化，与费尔巴哈所揭示的宗教就是人的本质异化的道理一样：人的现实生活意识创造了上帝，而上帝又以独立的力量统治人。在这一逻辑基础上，恩格斯认为："经济关系反映为法的原则，同样必然是一种头足倒置的反映。这种反映是在活动者没有意识到的情况下发生的；法学家以为他是凭着先验的原理来活动的，然而这只不过是经济的反映而已。这样一来，一切都头足倒置了。而这种颠倒——在它没有被认识的时候构成我们称之为意识形态观点的那种东西——又对经济基础发生反作用，并且能在某种限度内改变经济基础，我认为这是不言而喻的。"②

　　由于马克思和恩格斯基于政治国家是社会物质利益矛盾异化的途径来阐释国家与社会的分离，被一些误读者理解为国家与社会的分离是真实的。上述援引的恩格斯关于国家与社会异化的阐释无疑说明了这一问题。如果国家是独立的、与社会是分离的，而不是异化形式，那么国家就成了超阶级的中立性质的。一些误解还来自《德意志意识形态》中关于资产阶级国家的阐释："由于私有制摆脱了共同体，国家获得了和市民社会并列并且在市民社会之外的独立存在；实际上国家不外是资产者为了在国内外

---

① 《马克思恩格斯文集》第 4 卷，人民出版社 2009 年版，第 189 页。
② 《马克思恩格斯文集》第 10 卷，人民出版社 2009 年版，第 598 页。

相互保障各自的财产和利益所必然要采取的一种组织形式。"① 有些误解只切割出前一句，却将后一句的关于市民社会与国家关系的实质揭示抛弃了。实际上国家获得与市民社会并列、独立的假象也是一种异化的观念形式，只不过是采取抽象反思的形式，即将私人利益抽象为普遍的公共利益而已。因此，在市民社会与政治国家的关系逻辑上来把握马克思和恩格斯关于市民社会历史时期国家治理形态的演变是合理的路径。

国家治理形态的演变就是公共权力的获得、使用的历史发展。奴隶制与封建制是紧密相连的两个历史时期，其国家治理也就是"市民社会治理"。与资产阶级市民社会相区别，马克思将奴隶制和封建制的市民社会称为"旧的市民社会"②。奴隶制和封建制的市民社会就是从生产劳动中分离出来的家长联合组织，物的管理是由家长自己来过问的，他直接支配奴隶和农奴。古希腊时期的政治国家还未表现为物质形式，还是一种氏族制度之后的共同体形式。马克思指出："像希腊那样，respublica 是市民的现实私人事务，是他们的活动的现实内容，而私人则是奴隶，在这里，政治国家作为政治国家是市民的生活和意志的真正的惟一内容；或者像亚洲的专制制度那样，政治国家只是单个人一己之任意。"③ 在比较的意义上，东方专制社会还未出现市民社会，君主之家即国家，普天之下莫非王土的土地制度与古希腊的家庭私有制不同。古希腊城邦制的市民原指住在卫城里的掌权贵族，后指居住在城市里的支配农村或乡下奴隶和农奴的贵族。这些贵族的结社才是市民社会，那些小土地所有者的贵族因没有奴隶支配，虽然具有市民身份，但因自己劳动而被捆绑在土地上，也就失去了参与公共事务的权利。此时的市民社会是政治社会，政治团体就是城邦，也就是国家，市民社会制度也就是国家制度。这也是亚里士多德在《政治学》中所揭示的。从古希腊梭伦改革的市民分层和立法、权力体制设计的经验来看也是如此。当然，那时的立法既不是市民议事会立法也不是元老院立法，而是"贤人"立法，贤人也等同于"哲学王"，实际上是以城邦神和通过超验世界的哲学王的意识形态为公共权力的源泉。在城邦奴隶制的历

① 《马克思恩格斯文集》第 1 卷，人民出版社 2009 年版，第 584 页。
② 《马克思恩格斯文集》第 1 卷，人民出版社 2009 年版，第 44 页。
③ 《马克思恩格斯全集》第 3 卷，人民出版社 2002 年版，第 43 页。

史时期，元老院的政治权力与市民议事会的决策权、执行权、监督权已经形成了分解体制，但这种制度也只是以雅典城邦为典范，而且处于不稳定状态。到伯利克里时代，古希腊的公民民主被推向顶峰之时也是毁坏之时。古希腊的市民既有与公民相等同的一面，也有差别的一面。市民是与物质生活相联系的贵族阶层和具有自由身的自由人，公民是指有财产、有本城邦族群血缘传承和到承担公共治理义务年龄的人。这也就是说，公民是参与国家治理或城邦治理的人，是身份政治或伦理政治。古罗马的政治制度是对古希腊雅典的模仿，但突出先天法则的先验正确性，以意识形态为市民法和万民法论证，在政治权力的架构中由元老院、市民议事会构成决策主体，市民议事会选举两位执行官和保民官，在危急之时由元老院授予执行官独裁。恺撒就是由执行官通过合法程序走向独裁的。古希腊和古罗马体现了国家主权、行政执行权、监督权的配置方式，但独裁官可以使行政权跃居主权之上和消解监督权。罗马因地域庞大，构建了向地方派遣行省和地方自治的治理制度。从整体上看，构成国家制度的经济基础与政治上层建筑依赖意识形态的解释和辩护功能。到东罗马帝国时期，产生于贫民中的基督教上升为国家意识形态，构架了政教合一的国家。欧洲的中世纪形成了国家权力与领主权力契约治理，市民社会的等级化与国家权力结构相统一。也就是说宗教成为世俗权力的前提，世俗政治被宗教化、伦理化，或政治就是宗教伦理。中世纪的市民社会都是政治性的，但有两个不同的维度，一个是对农奴统治的政治之真实，在这一层面上"政治制度是私有财产的制度"①，但在宗教意识形态的维度上，政治权力来自神权的授予。因此，马克思指出，中世纪是国家制度"完成了的异化"②。也就是说，中世纪的"农奴、封建庄园、手工业行会、学者协会等等……每个私人领域都具有政治性质，或者都是政治领域"③，他们都披上了神性的外衣，将基于物质利益的政治权力遮蔽了。奴隶制和封建制时代的政治史就是宗教史、伦理史，实质上是政治的异化史。政治的宗教化、伦理化是人身依附关系的虚假意识形态，依靠意识形态治理公共权力和运用公共权力

---

① 《马克思恩格斯全集》第 3 卷，人民出版社 2002 年版，第 42 页。
② 《马克思恩格斯全集》第 3 卷，人民出版社 2002 年版，第 43 页。
③ 《马克思恩格斯全集》第 3 卷，人民出版社 2002 年版，第 42 页。

治理公共事务是一体两面的。从经验上看，奴隶制和封建制的国家治理，包括主权的治理、行政权的治理，有这两个方面的实际需要，也必然有意识形态的治理和律法的治理。东方专制制度的主权和行政权是合一的，但在意识形态上与西方不同，其意识形态来自祖训和适应政治统治的经典学说，到独尊儒术罢黜百家的时代，统治的意识形态达到稳定。因此，自国家产生以来都存在意识形态治理的问题。

（二）资本主义国家治理的本性

资本主义的国家治理是自国家产生以来最为复杂的治理。资本主义国家的治理，在公共权力体制上的国家主权、行政权、司法权的配置有其共性的方面，但具体到民族国家上这三种权力配置的形式又有不同。马克思和恩格斯在世时所经历的资本主义国家治理还处于自由资本主义时期，但他们所创立的辩证唯物主义和历史唯物主义的世界观和方法论，是有效分析资本主义国家治理的理论工具。以阶级分析和历史辩证法的方法论可以穿透资本主义国家治理表面现象而达实质。

个人自由、市场经济、民主政治是资本主义国家治理的观念基础，体现了资本主义的"自由、平等、博爱"的基础意识形态。自由、平等、博爱本来是基督教的意识形态话语，即上帝面前皆自由、皆平等，上帝的爱是广博之爱。资产阶级将其转换为先天的个人自由或自然原始状态的个人自由，"原始状态"或"自然正义"是哲学抽象。希腊化时期的哲学家伊壁鸠鲁就提出了基于原始契约的个人自由、平等理念，到犹太教时期这一思想就转换为上帝对犹太人的偏爱，基督教将上帝的博爱作为普世原则来为个人自由进行论证。到资产阶级时代，基督教的论证逻辑已经失去了有效性，法国的卢梭和英国的洛克等从自然状态的个人自由来为政治权利平等的契约进行论证；与之相反的是霍布斯从自然的"丛林法则"论证政治权力生成的逻辑。康德在现实的经验上一定程度地接受了霍布斯的论断，但他认为从经验上推不出个人自由和平等来，所以退回到卢梭的自然正义，从原始契约来构建柏拉图意义上的理想国，它就是基于公民德性的"公民共同体"①。黑格尔对个人自由和丛林法则两种原始状态加以批判，

---

① 参见［德］康德《历史理性批判文集》，何兆武译，商务印书馆 1990 年版，第 12—13 页。

确立绝对精神的本质就是自由、人的本质就是自由这一世界历史的前提，从绝对精神外化的历史解释人的自由历史。这种绝对自由外化的历史经验就是："东方从古到今知道只有'一个'是自由的；希腊和罗马世界知道'有些'是自由的；日耳曼世界知道'全体'是自由的。所以我们从历史上看到的第一种形式是专制政体，第二种是民主政体和贵族政体，第三种是君主政体。"① 黑格尔在这里所说的东方即是"亚细亚"② 地域。黑格尔认为，人的自由从东方开始到西方，是从专制君主一个人觉醒的；古希腊和罗马时期只是部分贵族觉醒了自由；到犹太教时期，犹太人的觉醒在于将个人自由建立在一种绝对精神或绝对自由的前提下，但犹太教是缺乏理性的，还只是出于集体情感的国家意识和对人的管理意见；到基督教时期只是信徒群体觉醒了"上帝"这一自由的普遍性，但这还只是接近世界的实体—主体的理性的一步，精神再向前发展就是"理性宗教"，这是"理性国家"和"理性法"的历史前提，依据理性国家和理性法的原则建构日耳曼君主政体可实现国家的理性化，个人自由建立在此国家的前提下，其可能性在日耳曼世界。黑格尔论证的第二重逻辑是，德国可以不经过英国、法国的市民社会国家或资产阶级国家。黑格尔关于个人自由的历史逻辑是历史辩证法的，是精神外化而普遍性消融于外在经验通过特殊性实现的历史过程，但正如黑格尔自己所说，"这是真正的辩神论"③。马克思在写作《〈黑格尔法哲学批判〉导言》之时也有明显的德国意识，给予黑格尔很高的评价，认为黑格尔的"法哲学和国家哲学是唯一与正式的当代现实保持在同等水平上〔al pari〕的德国历史"④。马克思的评价在于黑格尔的历史辩证法贯穿着精神发展原理和一种德国意识——超越市民社会国家。但马克思颠倒了黑格尔的"国家决定市民社会"命题，以"市民社会决定国家"的唯物辩证法逻辑，揭示了基于个人自由、市场经济、民主政治之间的内在与外在逻辑关系。

资产阶级的国家治理是"社会权力"所支配的。这一问题要从个人自由说起。个人自由的前提是什么？马克思对所谓理性、上帝、绝对精神、

① ［德］黑格尔：《历史哲学》，王造时译，上海书店出版社1999年版，第110—111页。
② ［德］黑格尔：《历史哲学》，王造时译，上海书店出版社1999年版，第110页。
③ ［德］黑格尔：《历史哲学》，王造时译，上海书店出版社1999年版，第469页。
④ 《马克思恩格斯文集》第1卷，人民出版社2009年版，第9页。

自然正义等前提的批判，使个人自由敞现在人们相互结合与自然界物质变换的历史逻辑中，而且这是人类社会历史不变的规律，人们的"全部社会生活在本质上是实践的"①。人们怎样创造自己的历史不是随心所欲的，而是在遇到生产力总和的前提下的继承和再创造的辩证统一。自阶级社会产生到资本主义时代，国家都是市民社会的国家。揭示这一问题需要再次阐释共同体、市民社会、社会三个概念之间的关系。社会是人们相互作用的关系，但怎样相互作用就是人们创造历史的过程问题。共同体这一概念在马克思的历史理论中并不是一个道德哲学的概念，而是个人自由与平等的关系上的结合形式。原始共产主义的本原共同体突出的是个人间的还未出现性别差异的平等，但这时还谈不上个人自由，个人的生命存在以共同体为前提，每个人都捆绑在共同体的锁链上。本原共同体的瓦解在于物质交换的交往，最初的物质交换也只是发生在共同体的边缘，即酋长所代表的交换，物质交换的交往是向文明迈进的一大步，起初共同体之间的交往只是战争，对失败者的蓄奴行为加快了家长制的步伐，家长之间的物质交换既是分工的结果又与市民社会同源。市民社会的源头是物的交换，它与阶级社会同源。奴隶制和封建制时代的血缘、语言、信仰共同体的虚幻性是伦理政治化，它建立在奴隶、农奴与主人的交换上。黑格尔将这种交换关系称为"相互承认"，也就是仆人依赖主人对其生命的承认，而主人依赖仆人生产自己所需物，进而也是他的生命。当然，这种主奴关系的辩证法是内部的。黑格尔也从发展原理上揭示了"奴"的人格独立的历史逻辑。但黑格尔并没有将这种结合形式称为市民社会，同样马克思也是如此。但马克思发现这种结合关系是伦理政治的市民社会，就是虚假的共同体。到资本主义时代全面的交换关系再不需要这样的共同体，真正的市民社会是交换价值所决定的物质生产逻辑，它又重新建构了"资本共同体"。马克思在历史唯物主义基础上揭示了"货币共同体"瓦解了封建制的生产方式，而且这是封建制自我否定自己的结果。这是主人在建立与农奴以"货币"代替"实物"的交换关系中而瓦解自身的。资本共同体从货币共同体发展而来，资本共同体实质上也就是"资本家共同体"。所以从物质生产中分离出来的资产阶级组织就是资产阶级的市民社会。从奴隶制、封建制

———

① 《马克思恩格斯文集》第1卷，人民出版社2009年版，第501页。

的伦理共同体到资本家共同体都建构了"国家共同体",这些共同体的虚假性,一个是与社会相异化的形式,另一个是与本原共同体的经验比较而言的。在这一历史逻辑上,用以指称人们结合关系的社会概念的外延大于共同体和市民社会,社会历史阶段的自我否定是共同体与市民社会矛盾运动的过程与结果。到资本主义时代的"市民"已经不是历史上的城市居民,而是指交换关系中的人,市民社会只是人的各种关系的经济生产关系的部分,但它决定了社会的性质。自由主义以社会与国家分离说将国家共同体设定为"中立"的,掩盖了国家的本质根基在于市民社会的生成逻辑。

　　基于市民社会的国家,社会权力的凝结就是国家权力,也就是政治权力。马克思在个人自由的唯心主义前提批判基础上再进行私有制与市场经济的现实批判,揭示了资本主义国家谁在治理、怎样治理的本质问题。马克思并未使用"市场经济"这一概念,包括斯密也未使用这一概念,只是后来学者用此概念指称资本生产决定的全面交换的经济形式。在资产阶级自由主义的论证逻辑上,市场经济不仅是一个经济学的概念,还具有先验的个人自由、普遍平等的、人性的等现实化的含义,自由竞争和平等交换是其现实表现。在这一逻辑上,如果设定政治国家是中立的,那么国家的职能就是保护自由竞争和平等交换,它不偏不倚地实现私人利益,充当了"公共利益"的职能;因为所谓公共利益就是具有共同性的私人利益。但马克思否定政治国家中立性的虚幻,在市民社会的社会权力上揭弊政治权力的源泉。统治阶级实施政治统治的条件,是"这个阶级的由其财产状况产生的社会权力,每一次都在相应的国家形式中获得实践的观念的表现"①。政治权力并不是从"无"中生"有",而是建立在社会权力基础上的。由此,一切虚假的国家共同体就被揭弊了。毫无疑问,资产阶级的国家是市场经济原则的外推逻辑,国家是市场经济的外部性,国家的政治权力是社会权力的抽象,通过国家工具社会权力获得政治表现形式。这种关系是由交换价值生产所决定的。马克思指出,"因为对于每个个人来说,只有通过交换价值,他自己的活动或产品才成为他的活动或产品;他必须生产一般产品——交换价值,或本身孤立化的,个体化的交换价值,即货

---

① 《马克思恩格斯文集》第1卷,人民出版社2009年版,第542页。

币。另一方面，每个个人行使支配别人的活动或支配社会财富的权力，就在于他是交换价值的或货币的所有者。他在衣袋里装着自己的社会权力和自己同社会的联系。"① 社会权力是人们在社会生活中影响和支配他人的能力，其中的影响力是"权威"，即指话语和行为对他人的作用力，"不令而从"是理想的权威。本原共同体时代的集体行动是权威性权力。奴隶制和封建制时代的社会权力由土地资源所有制决定的经济权力、信仰权力、宗族权力等构成，这三种权力是相互影响的，但根本的是土地所有权，其他权力是从劳动中分离出来的人所生产出来的精神权力，这些人又是组织化的社会结构，而那些被捆绑在土地上的劳动者在社会结构中是分散开来的，属于各个"家庭"生产单位中的"私人"。因此，在这样的社会结构中社会权力就是土地所有者的权力，包括宗教组织也依赖占有土地和税收的特权。到资本主义时代人们以"物"为中介的相互联系瓦解了封建制的虚假共同体，社会似乎成为"无人"的关系结构，但一些思想流派又认识到个体受社会统治，由此就成为"无人的统治"。

马克思看穿了资本主义社会统治的实质在于"社会生产力""资本生产力"。土地资源、劳动工具的传统生产力在资本与雇佣劳动一体化的资本主义时代，与劳动者分离是利害攸关的。"资本只不过是把它找到的大量人手和大量工具结合起来。资本把它们聚集在自己的统治之下。"② 马克思的这一洞见深刻揭示了资本主义时代的物质生产是怎样组织起来的问题。机器这一新的生产工具与生产效率之间的逻辑关系带动了资本家的生产竞争，生产已经不是个别资本家独立进行而是成为一种无形的"社会劳动生产力"，社会生产力是具体生产力的抽象，也就是一种关系，这种关系就是生产关系，也就是资本生产力，"资本的生产力是社会劳动生产力的资本主义表现"③。资本并不是无人身的物的表现形式，资本包含物质生产客观条件的人格化和劳动者的主体被降低到劳动的客体或客观条件，同时"资本的概念中包含着资本家"④ 这一主体。资本家既是资本的所有者同时又是资本的执行人，资本家在竞争中以资本生产为对象化的劳动难以

① 《马克思恩格斯文集》第 8 卷，人民出版社 2009 年版，第 51 页。
② 《马克思恩格斯文集》第 8 卷，人民出版社 2009 年版，第 161 页。
③ 《马克思恩格斯文集》第 8 卷，人民出版社 2009 年版，第 392 页。
④ 《马克思恩格斯文集》第 8 卷，人民出版社 2009 年版，第 167 页。

统治资本，"他的统治只不过是对象化劳动对活劳动的统治，工人的产品对工人本身的统治"①。这种物与人的颠倒似乎表明社会统治就是无人身的，但资本家共同体执行着社会有机体的社会权力。

资本主义的政治民主在表象上采取选举一人一票，似乎与私有制和市场经济没有关系，但实质上是以市场经济为本原的外推逻辑，政治和法律上层建筑建立在社会权力基础上。理论上，马克思对国家制度的两种判定的一致性就说明了这一问题；在《德意志意识形态》中对国家制度的揭示是：从物质生产中分离出来的社会组织构成国家的基础以及任何其他的观念的上层建筑的基础；在《〈政治经济学批判〉序言》中再次揭示了生产关系总和构成社会的经济结构，经济结构决定了法律、政治权力和意识形态。实质上，马克思都是在社会权力决定政治上层建筑总和的科学逻辑上揭示国家一般特性的。从生产中分离出来的社会组织是基于分工的结果，资产阶级社会之前的旧市民社会，是王公贵族的各类团体，这些社会组织的等级结构就是国家结构，市民社会与国家是直接统一的，所以直观思维就可以看透。社会组织与社会权力的一致性贯穿了奴隶制、封建制的时代。到资本主义时代，阶级关系简单化了，社会划分为资产阶级与无产阶级两大对立的阶级，但国家与社会的关系复杂化了，直接的直观思维已经不能达到对其本质的认识。黑格尔以反思的抽象思维逻辑早于马克思揭示了资产阶级国家是市民社会的外在化，实质上，这一结论对马克思来说极为重要。但马克思扭转了黑格尔的认识论道路，科学揭示了资产阶级国家的表象与社会相分离，但实质上依然是从物质生产中分离出来的社会组织构成国家权力及其观念的基础。这里的社会组织概念，包括商会、工会、政党、学者学会、各种自愿结社的社团组织等，这些是社会权力存在和活动的现实，在这些社会权力的型构中，经济地位具有决定性，因此资产阶级决定国家是资本主义国家的实质。马克思关于经济结构决定上层建筑总和的判断，有的人将其解释为物的结构，似乎经济结构或经济基础就是无人身的物的堆积。经济结构是所有权支配的人的物质生产结构，它不是"物"的结构，而是人及其"所有物"的结构。所以社会组织掌握的社会权力依然是资本主义国家制度的基础是没有问题的。但是，理论上

---

① 《马克思恩格斯文集》第 8 卷，人民出版社 2009 年版，第 393 页。

和法律上的政治选举实行一人一票，不限于资产阶级范围而是全体公民，这就使资产阶级掌握国家权力的真实性被隐蔽了。此问题是属于社会权力受具有决定意义的资本权力支配、政治选举被金钱政治所操控的实质问题。

资本主义国家政治权力的实质是资本的权力。资产阶级和无产阶级都是从封建制度的母腹中脱离出来的，当资产阶级已经自觉地组成一个新阶级的时候无产阶级还处于分散的自在状态，资产阶级团结无产阶级反对封建特权的斗争胜利后，社会的阶级结构简单化了，分裂成资产阶级和无产阶级两大对立的阶级，但这时资本主义国家制度已经建立起来了，无产阶级反对资产阶级的斗争只能是推翻资本主义国家。马克思在《论犹太人问题》一文中，针对德国要建立什么国家的问题考察了英国、法国、美国等资本主义国家形成的逻辑，认为它们共同的特征都是政治国家与宗教相分离，但英国和法国还或多或少带有宗教的遗迹，而美国从宪法上彻底消除了宗教，政治与伦理已经分离，政治已经显现了它的物质利益的真实属性。但政治权力平等建立在抽象的个人自由、人格平等的理论逻辑上，与事实上市民社会经济地位不平等是矛盾的。市民社会经济地位的不平等与政治权利平等的张力，在政党政治与代议制政府特殊设计的关系中就得到充分的体现。政党政治是资本主义时代或现代政治特有的现象，政党是一个阶级集团的集中代表，也存在一个阶级集团中不同利益群体派别的政党组织。美国的立宪过程即建立国家制度的过程，著名历史学家查尔斯·奥斯汀·比尔德的名著《美国宪法的经济观》，深刻挖掘了美国宪法制定的主体是大农场主、大资本家、大律师等特殊利益集团的型构，揭示了宪法和代议民主制或代议制政府的经济基础、阶级基础。民有、民治、民享是美国民主的意识形态表达，但在代议制政府与政党政治的逻辑关系上，这种意识形态是真实的还是虚假的？从麦迪逊式民主与杰斐逊式民主之争来看就不言自明了。麦迪逊享有美国宪法之父的美誉，他认为财产权是天然的，保障财产权的不平等即是对个人自由和平等的保障，美国宪法和代议制政府的设计就体现了这样的原则。代议制政府不是贫民民主，而是政党争论代表大众舆论；大众为了生计既无闲暇参与政治又是理性的无知，因此代议制民主政府是共和制而不是民主制。①《独立宣言》也是美国宪法的主要思想来源，杰斐逊享有美国《独立宣言》之父美誉，他认为财产权不是代议民主制的前提，追求幸福的权利才是天赋人权和民主政治的前提，这似乎更体现民有、民治、民享的原则。但吊诡的是：杰斐逊这位平等人权的旗手却没有放弃占有奴隶的权力，他儿子也继承了他的私人奴隶专有权；他当选美国第三任总统期间，将政党分赃制，亦即获胜政党将行政权力赏赐给追随者的权力配置推行开来，造成了长达八十余年严重政治腐败。这些事实经验充分说明，政党与利益集团之间的逻辑关系是金钱统治的政治民主，政党政治通过代议制政府权力体制表现出来。民主选举是选举政党政策和政党的代理人，选举政治的社会动员无不是塑造对政党政策和代理人忠诚的政治活动。可见，自由主义的民主政治理论的争论和现实政治现象，都可以成为对马克思市民社会决定国家命题的注脚。

从上述可见，资本主义的国家治理包含立法权、行政权、司法权、意识形态权及它们的关系，这"四权"是广义的政府权力。自代议制民主确立以来，政党通过选举占有议会的席位以立法和监督行使国家最高权力，代表国家主权。行政权是政府权力，是治权。因此，往往将资本主义国家的治理等同于行政权的治理或治权的治理。因行政权由政党选举获胜的政党代表领导考试任命的公务员组成的科层化的权力体制，执行公共管理的职能，因此，在一般的认知上也就将治理行政权力和运用行政权力等同于国家治理。实际上，在马克思和恩格斯的国家理论中国家治理是国家制度架构中的权力整体。马克思和恩格斯在不同的文本中对"四种权力"有不同的侧重，也有对几种权力关系的简要分析。马克思和恩格斯在《共产党宣言》中就明确指出了资产阶级发展的每一阶段都包含相应的政治发展，"它在现代的代议制国家里夺得了独占的政治统治。现代的国家政权不过是管理整个资产阶级的共同事务的委员会罢了"②。这里所说的国家政权也就是国家权力的整体。马克思在对巴黎公社经验总结中简要分析了代议制政府的立法权和行政权相互倾轧，以及它们践踏委托人权利的事实。议会

---

① 参见［美］汉密尔顿、杰伊、麦迪逊《联邦党人文集》，程逢如等译，商务印书馆2004年版，第46—48页。

② 《马克思恩格斯文集》第2卷，人民出版社2009年版，第33页。

的立法权表象代表了民意，但实质是代表特定阶层在国家中谋求私人利益，他们以受托人的名义表达自己和小利益集团的政策主张，使国家意志凝结和异化为少数人的利益。行政权是作为国家意志的执行而设定的，但行政权与立法权谁高谁低？在现实中并不确定，如拿破仑和俾斯麦的行政权力极度扩张，视议会如掌上玩物招之即来挥之即去。马克思在黑格尔法哲学批判时期，就批判黑格尔将行政官僚设定为代表国家意志和普遍意志是唯灵论的。在马克思看来，领国家薪水的行政官僚是市民社会的成员，他们寄生于国家权力，"在官僚政治内部，唯灵论变成了粗陋的唯物主义，变成了消极服从的唯物主义，变成了信仰权威的唯物主义，变成某种例行公事、成规、成见和传统的机械论的唯物主义。就单个的官僚来说，国家的目的变成了他的私人目的，变成了追逐高位、谋求发迹"①。这是马克思针对黑格尔为德国君主制的理性国家所设定的官僚制进行的批判，但马克思的理论批判是源于行政官僚观念和行为的事实经验逻辑。马克思在对巴黎公社的经验总结中再次针对资产阶级代议制国家的官僚制行政进行批判。资产阶级国家不但继承了君主专制的官僚制而且分工更细密，政党"操治理国家之心，得治理国家之利"② 也必然借助行政官僚制这一工具。行政官僚机构是国家机器、国家工具，资产阶级国家的性质决定了这一工具的职能设计。资本主义时代行政官僚机构的权力来自法律授权，法律权威代替了古代的人格权威。恩格斯指出，"文明国家的一个最微不足道的警察，都拥有比氏族社会的全部机构加在一起还要大的'权威'"③。

马克思和恩格斯在总体上认为，资本主义的国家权力源于市民社会的私人权力，国家权力各部门既有相互倾轧的一面又有凌驾于社会之上的异化问题，所以资本主义国家也必然存在主权、治权、司法权、意识形态权本身的治理与运用这些权力治理公共事务的双重逻辑。虽然马克思、恩格斯没有使用"意识形态权"这一概念，但在他们的论述中隐含着这一概念。意识形态权力是一种无形的软权力、精神权力，既具有相对独立发挥作用的一面，又具有弥散在立法权、行政权、司法权，以及社会意识之中

---

① 《马克思恩格斯全集》第 3 卷，人民出版社 2002 年版，第 60—61 页。
② 《马克思恩格斯文集》第 3 卷，人民出版社 2009 年版，第 152 页。
③ 《马克思恩格斯文集》第 4 卷，人民出版社 2009 年版，第 191 页。

的两面性。当然，我们也应认识到，随着国家资本主义的出现，资本主义国家的行政权随之扩张，国家治理关注于治权的行政，但也构成了立法权、行政权、司法权之间对抗的新形式。

四 社会主义国家建构的马克思主义理论指向

社会主义国家建构源于马克思、恩格斯所创立科学社会主义基本原理，源于社会主义国家治理的理论发展和实践经验的理论升华。马克思和恩格斯没有亲身经历过社会主义国家治理的实践，但他们关于社会主义国家的科学推论建立在人类社会历史发展规律基础上，为社会主义国家建构指明了理论方向。

马克思和恩格斯在辩证唯物主义和历史唯物主义基础上所创立的科学社会主义基本原理，包含了社会主义的制度理论之科学推论和价值预设。国家消亡理论、无产阶级专政理论、所有制与分配的自由人联合体理论等是社会主义制度建构和发展的理论渊源。在人类社会历史规律上，国家是社会发展到阶级分化之时自然而然产生的，随着生产力发展水平的提高，社会产生阶级基础的因素自然消亡，到那时国家也就自然消亡了。国家的自然消亡论和人为消灭国家的无政府主义的社会主义有本质的不同，后者洞见到国家的异化问题，但无视国家的必然性和国家存在与产生阶级的经济因素，或无视物质生活条件是产生阶级和国家的基础问题。人类学家摩尔根采用田野调查和入族古代遗存下来的部落体认，也能得出平等的共产—私有和追求私人财富—平等的规律。摩尔根认为，追求私人财富时代的终结，"在政治上的民主、社会中的博爱、权利的平等和普及的教育，将揭开社会的下一个更高的阶段，经验、理智和知识正在不断向这个阶段努力。这将是古代氏族的自由、平等和博爱的复活，但却是在更高级形式上的复活"①。但是摩尔根终究没有发现社会发展的动力，还停留在人类经验、理智和知识的诉求上。

马克思、恩格斯在人类社会历史规律上提出了掌握规律和运用规律，科学"促进国家消亡"的理论。他们预测，"共产主义只有作为占统治地

---

① ［美］摩尔根：《古代社会》，杨东莼等译，江苏教育出版社 2005 年版，第 445 页。

位的各民族'一下子'同时发生的行动，在经验上才是可能的，而这是以生产力的普遍发展和与此相联系的世界交往为前提的"①。这一预测，也是基于当时发达资本主义国家工人运动的经验，期待无产阶级运用生产力的历史成就开创无产阶级世界历史的新时代，代替资本主义的世界历史。关于共产主义第一阶段和共产主义两个阶段的划分也是基于这一世界历史预见来言说的。在共产主义第一阶段为什么要建立无产阶级专政的国家？马克思、恩格斯深刻回答，即使无产阶级政治革命胜利了，但产生阶级的物质生活条件还未达到自然的消亡，无产阶级革命与历史上的一切阶级革命的不同之处就在于不是为了更换统治阶级和为少数人谋利益，而是"为绝大多数人谋利益的独立的运动"②。因此，为消除产生阶级的物质生活条件，"在资本主义社会和共产主义社会之间，有一个从前者变为后者的革命转变时期。同这个时期相适应的也有一个政治上的过渡时期，这个时期的国家只能是无产阶级的革命专政"③。这也就是说，无产阶级专政的国家是向共产主义过渡的共产主义第一阶段的国家制度。马克思和恩格斯的社会主义国家治理思想包含在"过渡"论说中，这是一个促进国家消亡的社会历史理论。

　　社会主义国家治理必须符合人类社会历史规律。生产力与生产关系、经济基础与上层建筑的矛盾运动是人类社会历史发展的基本规律，但它们之间的作用方式在不同的历史阶段有差别。这种差别就在于生产关系反作用于生产力、上层建筑反作用于经济基础的方式不同。作用与反作用是从牛顿经典物理理论中发展出来的概念。德国古典哲学家康德和黑格尔将"力"哲学化，并将其作为辩证法的概念。唯心主义历史观以自然必然性的世界的先验或超验本体作为一切事物生成的主体，也就是以精神或上帝作为力量的发动者规范人类的任性，使其朝向理想的目标迈进。在辩证唯物主义和历史唯物主义的视界，"历史的每一阶段都遇到一定的物质结果，一定的生产力总和，人对自然以及个人之间历史地形成的关系，都遇到前一代传给后一代的大量生产力、资金和环境，尽管一方面这些生产力、资

---

①　《马克思恩格斯文集》第 1 卷，人民出版社 2009 年版，第 538—539 页。
②　《马克思恩格斯文集》第 2 卷，人民出版社 2009 年版，第 42 页。
③　《马克思恩格斯文集》第 3 卷，人民出版社 2009 年版，第 445 页。

金和环境为新的一代所改变，但另一方面，它们也预先规定新的一代本身的生活条件，使它得到一定的发展和具有特殊的性质"①。在封建的社会制度演化中出现"商人共同体"，亦即"货币共同体"，这是货币累积的结果，商人将先进的生产技术或生产力转变为商品，为资本家共同体或资本共同体创造了条件，资本主义制度也是在封建制度所创造的生产力总和的条件下建立起来的。

马克思、恩格斯在《共产党宣言》中指出，"在资产阶级社会里是过去支配现在，在共产主义社会里是现在支配过去"②。这一重要判断深刻指明了资产阶级社会和其前的历史阶段都是建立在"过去"历史成就的生产力总和前提下并受其支配的，马克思将这样的历史发展称为社会运动的"自然规律"③，也就是由物质生活条件产生的对抗的历史阶段。共产主义运动或共产主义是终结社会按自然规律演进的历史阶段，所以马克思将对抗性的自然规律阶段称为"共产主义前史"。"现在支配过去"就是将受生产力总和支配颠倒为支配生产力总和，也就是以无产阶级专政的国家和"自由人联合体"支配作为历史成就的生产力总和。这是共产主义运动的历史方位。就共产主义前史与共产主义运动的作用方式来看，自阶级产生到资本主义阶段，旧的经济社会形态被新的经济社会形态所代替，都是在生产力总和的历史成就上瓦解旧的生产关系，建立新的生产关系、政治上层建筑以适应生产力发展，再到生产关系、政治上层建筑阻碍新的生产力发展，以致再次被瓦解；每一个阶段的统治阶级都会运用上层建筑的力量作用于物质生产力来生产自己和被统治阶级，或生产社会本身，但他们却不知道生产力自然而然发展的能动力量，以及社会制度就是由生产力发展水平所决定的，所以阶级社会是被生产出来的，同时生产物质生活本身的历史最终也会消灭阶级社会。这与本原共同体的瓦解走的是同一条道路。如果对每一个经济社会形态的瓦解道路进行细分的话，那就是生产力与生产关系从适应到矛盾僵持或保持力量的平衡，再到打破平衡，每一阶段都重复着这样的周期律。马克思在政治经济学的批判研究中发现了这个历史

① 《马克思恩格斯文集》第1卷，人民出版社2009年版，第544—545页。
② 《马克思恩格斯文集》第2卷，人民出版社2009年版，第46页。
③ 《马克思格斯文集》第5卷，人民出版社2009年版，第10页。

规律，"无论哪一个社会形态，在它所能容纳的全部生产力发挥出来以前，是决不会灭亡的；而新的更高的生产关系，在它的物质存在条件在旧社会的胎胞里成熟以前，是决不会出现的。所以人类始终只提出自己能够解决的任务，因为只要仔细考察就可以发现，任务本身，只有在解决它的物质条件已经存在或者至少是在生成过程中的时候，才会产生"①。马克思深入研究资本主义的经济规律，就是为无产阶级自觉革命提供思想武器，能够自觉能动地终结这种"自然规律"历史，"能缩短和减轻分娩的痛苦"②。但是共产主义运动是不能跳过生产力发展的自然规律的，也不能用法令取消经济规律；它必须采取促进生产力发展的经济规律。马克思提出了共产主义第一阶段的价值原则、推论了促进生产力发展的经济规律和经济社会治理形式。

马克思关于共产主义第一阶段的价值原则是基于社会历史条件提出的。"资本家只有作为人格化的资本，他才有历史的价值，……他的动机，也就不是使用价值和享受，而是交换价值和交换价值的增殖了。作为价值增殖的狂热追求者，他肆无忌惮地迫使人类去为生产而生产，从而去发展社会生产力，去创造生产的物质条件；而只有这样的条件，才能为一个更高级的、以每一个个人的全面而自由的发展为基本原则的社会形式建立现实基础。"③ 马克思的这段言述至少说明了三层意思。第一，以"个人全面而自由发展"作为共产主义的价值原则，不是伦理的虚构而是基于一定的社会历史条件。随着资本主义以狂热的交换价值为目的的生产或以资本为目的的生产与再生产，人沦丧为工具，但它也创造了全面的社会分工和世界化的分工、普遍的联系、全面的交往关系，而资本生产关系又限制着这种关系，发展生产力、扬弃资本的限制就成为个人全面发展可能性的基础。因此，"个人的全面性不是想象的或设想的全面性，而是他的现实联系和观念联系的全面性"④。第二，实现个人全面而自由发展是一个历史的过程。马克思、恩格斯在《共产党宣言》中指出："代替那存在着阶级和阶级对立的资产阶级旧社会的，将是这样一个联合体，在那里，每个人的

① 《马克思恩格斯文集》第 2 卷，人民出版社 2009 年版，第 592 页。
② 《马克思恩格斯文集》第 5 卷，人民出版社 2009 年版，第 10 页。
③ 《马克思恩格斯文集》第 5 卷，人民出版社 2009 年版，第 683 页。
④ 《马克思恩格斯文集》第 8 卷，人民出版社 2009 年版，第 172 页。

自由发展是一切人的自由发展的条件。"① 马克思在政治经济学批判的深入研究中，以个人全面而自由发展代替了自由发展的特殊意义在于，它突出了生产力发展、社会化劳动、社会生产力所创造的全面交往关系的现实与资本生产力的矛盾，扬弃资本限制，立足现实的社会生产力所创造的全面的社会关系才是每个人自由发展的现实条件。从共产主义两个历史阶段划分来看，全面而自由发展是对共产主义社会的擘画，但作为价值设定，它必须前置于共产主义第一阶段作为其开端原则，使历史发展的科学论断与价值原则统一起来。第三，共产主义第一阶段是大力促进生产力发展的阶段，"要达到这点，首先必须使生产力的充分发展成为生产条件，不是使一定的生产条件表现为生产力发展的界限"②。这是马克思以个人全面而自由发展为目的重构新社会的科学基准与价值设定的有机统一。但重构新社会并不是重构经济社会发展规律。

经济社会发展规律是过去发展的客观史，它又是未来的趋势。历史是人创造的，历史新人再创造历史总是在立足前人创造的现在起步，历史新人总是以主观来判定现在如何立足和未来取向。但其基于个人的发展还是一个阶级或社会的整体？有本质的差别。马克思和恩格斯立足于无产阶级解放和人类解放的大历史视野，将主观辩证法和客观辩证法统一起来，制定了合乎每个人全面而自由发展与合乎规律发展相统一的新社会的规范。立足于生产力发展的历史成就而促进生产力发展就是实现共产主义的经济社会发展规律的基本原则，它包含了怎样促进生产力发展的科学推论和价值的规定性。对此，马克思和恩格斯有三个层次的论证。

其一，超越市民社会，重构"真正的共同体"。自由人联合体与真正的共同体表达的内涵是一致的，前者是后者的具体表达。"自由人"这一概念在西方话语中有不同的意涵，在古希腊和古罗马是指非奴隶也非贵族没有财产的游民，马克思的"自由人"概念是指人格独立和脱离生产力总和决定的被迫分工的锁链、没有私有财产的工人。"联合体"不是一般意义上的联合，而是"共同体"。古德文的 Gemeinwesen（共同体）相当于

---

① 《马克思恩格斯文集》第 2 卷，人民出版社 2009 年版，第 53 页。
② 《马克思恩格斯文集》第 8 卷，人民出版社 2009 年版，第 172 页。

法文的"公社"①。也就是说共同体是公有制的生产、分配的组织体。马克思、恩格斯在《德意志意识形态》中所说的真正共同体是共产主义性质的："它推翻一切旧的生产关系和交往关系的基础，并且第一次自觉地把一切自发形成的前提看做是前人的创造，消除这些前提的自发性，使这些前提受联合起来的个人的支配。因此，建立共产主义实质上具有经济的性质，这就是为这种联合创造各种物质条件，把现存的条件变成联合的条件。"② 这也就是说，立足社会生产力总和构建自由人联合体，将生产的物质外部条件控制、支配于它之下，改变历史上受生产力总和自发性支配的状况。"这个共同体中各个人都是作为个人参加的"，不存在人身依附关系和受个人物质条件偶然性支配的问题。"没有共同体，这是不可能实现的。只有在共同体中，个人才能获得全面发展其才能的手段，也就是说，只有在共同体中才可能有个人自由。"③

其二，自由人联合体包含重建个人所有制的特定形式。马克思、恩格斯在《共产党宣言》中批判了共产主义否定"所有的"所有制的谬误，无产阶级的所有制是公有制，但此时主要突出的是国家所有制。马克思在《资本论》中从所有制的否定之否定的历史逻辑上提出了重建个人所有制的主张。"资本主义的私有制，是对个人的、以自己劳动为基础的私有制的第一个否定。但资本主义生产由于自然过程的必然性，造成了对自身的否定。这是否定的否定。这种否定不是重新建立私有制，而是在资本主义时代的成就的基础上，也就是说，在协作和对土地及靠劳动本身生产的生产资料的共同占有的基础上，重新建立个人所有制。"④ 从马克思的叙述逻辑上看，与个人所有制相等同的一个概念是"社会所有制"⑤。学界对个人所有制和社会所有制存在长久的争议。实际上，马克思受文本叙述逻辑的限制，在这里并未提出国家所有制的话语，但是，应当将其与《共产党宣言》中的国家所有制结合起来理解。只有建立无产阶级专政的国家，重建个人所有制或社会所有制才有可能。土地归国家所有，而土地和生产资料

---

① 参见《马克思恩格斯文集》第 3 卷，人民出版社 2009 年版，第 414 页。
② 《马克思恩格斯文集》第 1 卷，人民出版社 2009 年版，第 574 页。
③ 《马克思恩格斯文集》第 1 卷，人民出版社 2009 年版，第 571 页。
④ 《马克思恩格斯文集》第 5 卷，人民出版社 2009 年版，第 874 页。
⑤ 《马克思恩格斯文集》第 5 卷，人民出版社 2009 年版，第 874 页。

的共同"占有"不是"所有",它是建立在国家所有的前提下,协作劳动是自由人联合体式的合作和协同,因此,个人所有制是自由人联合体的所有制形式。也就是说,在国家所有的"大公有制"的前提下,社会层面是自由人联合体的占有制。社会是由各个自由人联合体的相互联系所构成的,它是国家的社会基础,同时它又在国家的作用下保证促进自由人联合体和整个社会的发展。在自由人联合体内部,共同占有生产资料和协作劳动,采取按劳分配的形式,按劳分配是"领回"个人生活资料,所以在一个自由人联合体内部是共同占有与个人领回的关系。马克思在《资本论》中对自由人联合体协作劳动形式作出了前瞻性的构想:自由人联合体占有公共的生产资料是社会劳动,"这个联合体的总产品是一个社会产品。这个产品的一部分重新用做生产资料。这一部分依旧是社会的。而另一部分则作为生活资料由联合体成员消费"①。对于个人生活资料的份额,马克思引入新社会的劳动价值提出了基本构想:"每个生产者在生活资料中得到的份额是由他的劳动时间决定的。这样,劳动时间就会起双重作用。劳动时间的社会的有计划的分配,调节着各种劳动职能同各种需要的适当的比例。另一方面,劳动时间又是计量生产者在共同劳动中个人所占份额的尺度,因而也是计量生产者在共同产品的个人可消费部分中所占份额的尺度。"② 马克思在《哥达纲领批判》中又指出,每一个生产者的劳动成果在扣除再生产和扩大生产的生产资料、保障公共福利的基金后,"从社会领回的,正好是他给予社会的。他给予社会的,就是他个人的劳动量"③。可见,国家所有制与自由人联合体的集体占有制,将《共产党宣言》中所指明的"把资本变为公共的"④,使其成为一种社会力量,将无产阶级占有社会生产力等主张现实化和具体化了。

其三,交换劳动是共产主义第一阶段的经济社会发展规律。马克思在辩证唯物主义和历史唯物主义成熟后,对"社会"这一概念的解释更加深刻。在1865年向工人发表的《工资、价格和利润》演讲中指明"所有商

---

① 《马克思恩格斯文集》第5卷,人民出版社2009年版,第96页。
② 《马克思恩格斯文集》第5卷,人民出版社2009年版,第96页。
③ 《马克思恩格斯文集》第3卷,人民出版社2009年版,第434页。
④ 《马克思恩格斯文集》第2卷,人民出版社2009年版,第46页。

品共同的社会实体是什么呢？这就是劳动"①。这就将社会的经济社会形态演进的历史与劳动的组织形式以及否定之否定的逻辑敞现在无产阶级创造新的历史起点上。资本主义社会是以交换价值来承担社会职能的，而自由人联合体是以交换劳动量来体现的。马克思认为，每一个劳动者"以一种形式给予社会的劳动量，又以另一种形式领回来"②，就是以按劳分配的交换劳动调节人们之间的社会关系的。这与调节商品生产的交换原则具有相同的一面，但"内容和形式都改变了，因为在改变了的情况下，除了自己的劳动，谁都不能提供其他任何东西，另一方面，除了个人的消费资料，没有任何东西可以转为个人的财产。至于消费资料在各个生产者中间的分配，那么这里通行的是商品等价物的交换中通行的同一原则，即一种形式的一定量劳动同另一种形式的同量劳动相交换"③。由此可见，共产主义第一阶段的经济社会发展规律也就敞现了。

适应共产主义第一阶段的经济发展规律必然涉及马克思主义无产阶级专政国家建构论的问题。虽然马克思、恩格斯没有为后人留下这方面的遗产，但他们在《法兰西内战》中关于巴黎公社经验的总结和预设的国家制度思想具有深邃的理论和实践价值。巴黎公社的指导思想还主要受蒲鲁东的无政府主义和布朗基的少数革命家密谋主义导向，但巴黎公社的短暂存在使马克思从经验事实上看到工人阶级构建"社会共和国""劳动共和国"的可能性。建立"社会共和国"本来是 1848 年法国二月革命时工人阶级的口号，但那时的工人阶级仅仅是取代君主专制和阶级统治的"一种模糊的意向"④。马克思在《路易·波拿巴的雾月十八日》中深刻地分析了工人阶级革命成果怎样被资产阶级政党所窃取的问题，其深刻的原因在于工人阶级没有形成有领导力量的政党和科学的未来理论，而以历史记忆和模仿 1879 年大革命这种召唤亡灵的形式被资产阶级主导。"二月革命被一个狡猾的赌徒的骗术所葬送，结果，被消灭的不再是君主制度本身，而是一个世纪以来的斗争从君主制度方面夺取来的自由主义的让步。结果，不是**社会**本身获得了新的内容，而只是**国家**回到了最古的形态，回到了宝

---

① 《马克思恩格斯文集》第 3 卷，人民出版社 2009 年版，第 47 页。
② 《马克思恩格斯文集》第 3 卷，人民出版社 2009 年版，第 434 页。
③ 《马克思恩格斯文集》第 3 卷，人民出版社 2009 年版，第 434 页。
④ 《马克思恩格斯文集》第 3 卷，人民出版社 2009 年版，第 154 页。

剑和袈裟的极端原始的统治。"① 马克思从巴黎公社的经验上看到了公社就是工人阶级"劳动解放"的政治形式。也就是说公社是建立合作、协作劳动的基础，从而也是实质上瓦解基于经济地位不平等的社会权力决定的"社会奴役"② 的前提。在马克思看来，公社作为劳动解放的组织形式也具有自由人联合体的性质，因此公社在政治上是一种"劳动共和国"或"社会共和国"的组织形式；"它是想要把现在主要用做奴役和剥削劳动的手段的生产资料，即土地和资本完全变成自由的和联合的劳动的工具，从而使个人所有制成为现实。"③ 尽管巴黎公社并没有将公社的组织形式向其他城市和乡村推行，没有形成工人与农民广泛革命力量的联盟，也没有建立起国家银行，仅仅以公社作为一种国家形式，但马克思还是在事实的经验基础上推论国家建构的一种方向。公社的伟大之处是工人阶级掌握政权，它具有建立一个民主的、廉价的、廉洁的、效率的，为工人阶级本身服务的政府的基本特征。如果将公社组织向更广泛的城市和乡村推行，那么，一个建立在各个公社相互联系的全法国乃至欧洲的"社会共和国"就有可能④。马克思基于巴黎公社的经验提出了无产阶级专政的共和国"不应当是议会式的，而应当是同时兼管行政和立法的工作机关"⑤。马克思作出应当的推论，在一个层面是为了回应西方一些政要，如德国的俾斯麦等作出的公社与以往没有差别的城市政府的判断；在另一层面上是以巴黎公社的经验为典范指涉工人阶级自我解放而建构"议行合一"的国家权力组织形式。马克思这样的推论是从巴黎公社的经验中得出的：由普选产生的工人代表组成委员会兼具立法和行政两种职能，法官和警察也由选举产生公社任命，薪酬与普通工人一样，随时可以罢免，委员会和任命的官员都向选民负责，"一切有关社会生活事务的创议权都由公社掌握。总之，一切社会公职，甚至原应属于中央政府的为数不多的几项职能，都要由公社的勤务员执行，从而也就处在公社的监督之下"⑥。从这种经验中所推论出的

---

① 《马克思恩格斯文集》第 2 卷，人民出版社 2009 年版，第 473—474 页。
② 《马克思恩格斯文集》第 3 卷，人民出版社 2009 年版，第 152 页。
③ 《马克思恩格斯文集》第 3 卷，人民出版社 2009 年版，第 158 页。
④ 参见《马克思恩格斯文集》第 3 卷，人民出版社 2009 年版，第 205 页。
⑤ 《马克思恩格斯文集》第 3 卷，人民出版社 2009 年版，第 222 页。
⑥ 《马克思恩格斯文集》第 3 卷，人民出版社 2009 年版，第 222 页。

"议行合一"权力体制,恩格斯也将其解释为是无产阶级专政的权力体制。无产阶级专政与议行合一到底是什么关系?大约在 1875 年 5 月,马克思在《法兰西内战》中提出"议行合一"的权力体制主张。1879 年 4 月底 5 月初,马克思在《哥达纲领批判》中提出了"无产阶级专政"的权力体制概念。一些无政府主义者对"无产阶级专政"表现出冷淡甚至是挖苦,如巴枯宁派认为,一切国家都是祸害,专政是少数人对多数人的,而无产阶级是多数人,多数人对少数人专政不合常理,要么是无产阶级专自己的政,要么是无产阶级中的少数人专多数人的政。恩格斯对无政府主义的种种谬论进行了坚决的反击,在 1891 年纪念巴黎公社 20 周年之时,恩格斯在为《法兰西内战》所写的导言中指出,要想知道无产阶级专政是怎样的,"请看巴黎公社。这就是无产阶级专政"①。

马克思、恩格斯关于共产主义第一阶段国家建构的思想,基本上立足于发达资本主义国家工人阶级的自觉联合革命,各自建构无产阶级专政的新国家,并且能够将落后国家导向于共产主义运动之中而超越资本主义的卡夫丁峡谷。在这个思想总体上,国家建构论与国家消亡论走的是一条道路。马克思的两个"阵痛"论都是针对欧洲和北美发达资本主义国家的社会历史条件来说的。在为《资本论》第一卷所写的序言中,马克思指出了研究和把握资本主义的经济社会规律是为无产阶级新国家的创建"缩短和减轻分娩的痛苦"②。马克思在《法兰西内战》中指出,"工人阶级不能简单地掌握现成的国家机器,并运用它来达到自己的目的。"③ 这既是巴黎公社的经验,同时也具有无产阶级建构国家的普遍性意义。马克思在《哥达纲领批判》中又指出,共产主义第一阶段是走向共产主义前的"阵痛"④,指改造资本主义社会建构向共产主义"过渡"的新社会,但这个过渡时期到底通过多长的历史时间来完成,马克思、恩格斯并没有明确的说明,按他们一贯的历史条件论的说法,应当是要看社会历史条件,这不是主观猜想的问题。恩格斯指出,科学社会主义原理的"任务不再是构想出一个尽可能完善的社会制度,而是研究必然产生这两个阶级(无产阶级与资产阶

---

① 《马克思恩格斯文集》第 3 卷,人民出版社 2009 年版,第 112 页。
② 《马克思恩格斯文集》第 5 卷,人民出版社 2009 年版,第 10 页。
③ 《马克思恩格斯文集》第 3 卷,人民出版社 2009 年版,第 151 页。
④ 《马克思恩格斯文集》第 3 卷,人民出版社 2009 年版,第 435 页。

级）及其相互斗争的那种历史的经济的过程；并在由此造成的经济状况中找出解决冲突的手段"①。应当注意的是，不能把马克思、恩格斯的国家建构论和消亡论看作同期完成的。恩格斯所说的公共权力回归社会，国家的政治统治职能从对人的统治转为对物的管理，是在这样的语境中来言说的："随着阶级的消失，国家也不可避免地要消失。在生产者自由平等的联合体的基础上按新方式来组织生产的社会，将把全部国家机器放到它应该去的地方，即放到古物陈列馆去，同纺车和青铜斧陈列在一起。"② 但这要经过一个长期发展的过程才能实现。确切地说，巴黎公社还不是国家形式，如果按布朗基主张的全法国形成公社的联邦，公社也只能是一个地方政府或新型的城市政府。巴黎公社还未建立起协作劳动的"自由人联合体"，马克思设想可以通过工人的生产合作社向自由人联合体过渡。即使构建了自由人联合体，也只是开端性的，还需要长时间的发展才可能到共产主义的自由人联合体。这个历史过程是以无产阶级的政治国家反作用于社会，实现社会变革和人的改造，逐渐建立起生产力与生产关系、经济基础与上层建筑相互适应的国家制度，通过合理的国家权力反作用于生产力发展，才能为国家消亡创造社会历史条件。马克思、恩格斯在《德意志意识形态》中就指出了"革命之所以必需，不仅是因为没有任何其他的办法能够推翻统治阶级，而且还因为推翻统治阶级的那个阶级，只有在革命中才能抛掉自己身上的一切陈旧的肮脏东西，才能胜任重建社会的工作"③。用以改造工人阶级自身的思想武器是辩证唯物主义和历史唯物主义、科学社会主义基本原理、共产主义理想，工人阶级不能为这个思想所塑造就不可能完成这个自我革命和社会革命的双重任务。如何建设新国家？恩格斯指出了国家权力反作用于经济发展的基本原理："国家权力对于经济发展的反作用可以有三种：它可以沿着同一方向起作用，在这种情况下就会发展得比较快；它可以沿着相反方向起作用，在这种情况下，像现在每个大民族的情况那样，它经过一定的时期都要崩溃；或者是它可以阻止经济发展沿着某些方向走，而给它规定另外的方向——这种情况归根到底还是归

---

① 括号内容系作者所加《马克思恩格斯文集》第 3 卷，人民出版社 2009 年版，第 545 页。
② 《马克思恩格斯文集》第 4 卷，人民出版社 2009 年版，第 193 页。
③ 《马克思恩格斯文集》第 1 卷，人民出版社 2009 年版，第 543 页。

结为前两种情况中的一种。但是很明显，在第二和第三种情况下，政治权力会给经济发展带来巨大的损害，并造成大量人力和物力的浪费。"[1] 从这个原理来看，共产主义第一阶段的政治权力反作用于经济是促进它的发展，但同时也必须给它规定发展方向，阻止它向资本主义的倒退。这也就是说，恩格斯将第三种情况中可能出现的两种情况再加以区分，那种既规定共产主义方向又阻止资本主义经济的政治权力反作用，就是共产主义第一阶段的正确选择。恩格斯针对那些误解、曲解马克思的经济基础与上层建筑关系原理、只是强调经济决定论的庸俗生产力论而否定政治权力对经济的反作用之人进行深刻纠偏，主张政治权力也是一种经济力量，割裂二者之间的关系"所缺少的东西就是辩证法"[2]。恩格斯在 1882 年为《社会主义从空想到科学的发展》德文版所写的序言中指出，科学社会主义"不仅继承了圣西门、傅立叶和欧文，而且还继承了康德、费希特和黑格尔"，因此，"唯物主义历史观及其在现代的无产阶级和资产阶级之间的阶级斗争上的特别应用，只有借助于辩证法才有可能"[3]。同样，无产阶级创建国家制度也必须懂得政治权力与经济社会发展的辩证法，将符合人的全面而自由发展的目的性与合乎经济社会发展的规律有机结合起来，只有这样才能很好地治理国家。

---

① 《马克思恩格斯文集》第 10 卷，人民出版社 2009 年版，第 597 页。
② 《马克思恩格斯文集》第 10 卷，人民出版社 2009 年版，第 601 页。
③ 《马克思恩格斯文集》第 3 卷，人民出版社 2009 年版，第 495—496 页。

第四章 关于东方社会主义国家创建的可能论

学界针对马克思和恩格斯是否有东方社会理论存有争议，确认马克思和恩格斯有东方社会理论的学者，往往在"亚细亚"的人类学生产方式界面来阐释。马克思在《1857—1858年经济学手稿》中关于亚细亚生产方式的揭示，是较为集中的关于东方社会的所有制、生产生活组织形式的重要论述。马克思关于俄国社会历史条件和俄国社会主义革命的阐释，是在俄国民粹派的学者兼革命家、俄国马克思主义者与马克思的交往过程中发生的。恩格斯与俄国民粹主义革命者展开了激烈论战，恩格斯晚年关于俄国和西欧无产阶级革命可能性的论断，成为困扰俄国与落后国家无产阶级革命建构国家的重大问题。关于俄国跨越资本主义"卡夫丁峡谷"直接进入社会主义的命题，不是马克思和恩格斯最早提出的，而是俄国民粹派的理论家、政治家的设想，但马克思、恩格斯对此深切关注，在科学社会主义途径上阐释了有可能跨越资本主义"卡夫丁峡谷"而构建社会主义国家的逻辑指向。在苏联崩溃后，一种理论思潮产生了很大的影响，即马克思和恩格斯否决了东方落后国家建成社会主义的可能性，这就是所谓"社会主义早产论"的理论根据。我们应当回到马克思、恩格斯与俄国民粹派关于俄国社会主义革命何种可能性的纷争中来回答这一问题，否则任何东方社会主义国家的创建都没有合法性。

一 特殊的东方社会主义议题：马克思与俄国民粹派"跨越"论的分歧

马克思于1846年起就已经与俄国政治活动家开始书信往来，如托尔斯泰、安年柯夫、巴枯宁等①。从通信双方关注的问题来看，马克思、恩格斯关注俄国无产阶级解放运动的条件和道路、方向、理论与实践的关系问题；而俄国政治活动家更加关注民主与自由问题，民主主义是其主要的导向标，双方围绕《共产党宣言》和《资本论》的科学与价值，在俄国的实用性，俄国革命的道路、目标等问题展开争论。遗憾的是这些人大多没有成为马克思主义者。

（一）俄国民粹派的农民社会主义构想

受法国大革命和卢梭、孟德斯鸠、伏尔泰思想影响，俄国历史上第一次爆发了反对封建专制制度的资产阶级民主革命，这一革命以废除农奴制实现民主与自由为旗帜，时间是 1825 年 12 月，因此史称"十二月党人"起义。"十二月党人"主要是由 1812 年反拿破仑的卫国战争中的贵族军官和平民兵士组成，他们在反攻法国军队的路途中发现了资本主义的新世界。他们的革命缺乏理论指导和充分的条件准备，起义是在老沙皇死亡后因继位风波短促激发。民粹派的政治活动家一方面是"十二月党人"的"遗民"，以封建统治为革命对象，以建立民主与自由的新社会为革命目标；但另一方面，这些以知识分子为代表的群体属于俄国现代革命的第二代，最早的一部分人是背叛贵族家庭、同情农民的知识分子，另一部分人是"十二月党人"事件后从平民中成长起来的知识分子，他们既受到空想社会主义思想的影响，也受到英、法社会主义运动的影响，还受到科学社会主义理论《共产党宣言》和《资本论》的强烈影响，因此这些人更关心俄国是否必然经过资本主义"卡夫丁峡谷"。那些背叛贵族家庭的知识分子，受空想社会主义影响，既痛恨封建主义也痛恨资本主义，试图走出一条起始于乡村公社的农民社会主义道路，他们对农民具有同情心，以"民"为"粹"，这是民粹主义的渊薮。巴枯宁及其追随者，受到英、法工人阶级解放运动的影响，将空想社会主义思想与蒲鲁东的小资产阶级社会主义和无政府主义混杂起来，形成了巴枯宁的无政府主义，进而招揽门生。巴枯宁将社会不平等的原罪等视为由"国家"造成，只有消灭国家才

---

① 从《马克思恩格斯与俄国政治活动家通信集》（人民出版社，1987 年版）来看，马克思、恩格斯大约从 1846 年开始与俄国民粹主义政治活动家有书信往来。

能彻底铲除不平等，因此他反对无产阶级革命而建立无产阶级专政国家的主张。巴枯宁曾经是《德法年鉴》的作者之一，也是卢格的朋友，于1844年在巴黎与马克思相见，此时的马克思已经转向政治经济学研究，正在走向科学共产主义，但巴枯宁是一个有革命热情而不懂政治经济学的蒲鲁东主义者，在哲学上是黑格尔唯心主义者。1848年初两人再次相见，是因都流亡于比利时布鲁塞尔，马克思正在写作《共产党宣言》，而巴枯宁的无政府主义思想，即"自治团体"的社会主义革命欲望很高，因此两人没有好感甚至很敌视。两人第三次相见是在马克思主导"第一国际"成立之初，因为巴枯宁相继参加了几次工人起义，"国际"需要能干的人，马克思欣赏巴枯宁的组织能力而将其吸收到组织中。但巴枯宁反对"国际"工人阶级政党的民主集中制，强调各组织自治，而且他组建自己的秘密团体加入"国际"，以无政府主义思想和小组自治的所谓民主，反对集中和集权、消解马克思在"国际"中的权威。本来"第一国际"就派系林立，如拉萨尔派、布朗基派、蒲鲁东派，再加之巴枯宁的加入并公开派系活动抢夺领导权，严重影响了"第一国际"的团结，马克思与巴枯宁派进行了坚决的斗争，将巴枯宁派开除出"国际"。"第一国际"的解散与巴枯宁的分化行动有直接的关系。在共产主义运动史上对这一事件有争权说和两败俱伤说，但恩格斯认为，工人阶级政党要尽力争取各派别集中到马克思主义旗帜上来，但也决不能因一味地团结而丧失原则，坚持原则气泡就会破灭，如果调和宗派活动，那么，气泡虽然不会破灭，但"它将由于被针刺破而慢慢地瘪下去"，这会因"'团结'而灭亡"[①]，为使发达国家的工人运动少受损失，必须坚持原则。巴枯宁派贩卖的"泛斯拉夫主义"[②]和无政府主义在俄国思想界乃至欧洲工人阶级中有相当程度的影响。当然，斯拉夫主义的村社精神应是巴枯宁无政府主义的重要思想之源。不仅仅是巴枯宁，就连安年柯夫也没有走出这种思想的困境。1846年马克思致巴瓦·安年柯夫的信，是批判蒲鲁东而阐释唯物史观的重要文本，对安年柯夫的影响很大。安年柯夫于1847年给马克思的回信中既表达了对马克思

---

① 参见《马克思恩格斯文集》第10卷，人民出版社2009年版，第392页。
② "斯拉夫主义"是19世纪30—70年代兴起的具有俄罗斯人文化自信的哲学思潮，源于对"东正教"作为基督教的正统解释学，在社会生活上源于村社共同体的组织形式的历史精神遗产，俄罗斯人称为"米尔"的村社联盟就是经济上自给自足的生活共同体，就是世界、和平的意思。

的尊敬和对其观点的认同，但也表达了不同意见，同时也认为蒲鲁东的经济思想在"涉及法国资产阶级的政治、教育和倾向方面却没有丧失其重要性"[1]。从安年柯夫对马克思的政治经济学研究的期待来看，俄国政治活动的知识分子团体也会对后来的《资本论》产生多种疑问。

俄国政治活动家一部分最早读到的马克思的著作是德文的《资本论》第一卷。1868 年俄国的丹尼尔逊和柳巴文致信马克思商量出版《资本论》俄译本[2]，1872 年《资本论》俄译本出版。俄国知识分子对《资本论》序言中的一句话展开争议："我的观点是把经济的社会形态的发展理解为一种自然史的过程。"[3] 这个重大的理论学说与《〈政治经济学批判〉序言》中关于经济社会形态"五阶段"划分（前述已援引，这里不再重复）相联系，产生了俄国独特的疑问：俄国是否必然经过资本主义阶段再走向社会主义，是否可能跨越资本主义阶段直入社会主义？再者，《资本论》揭示的是资本主义的经济规律，《共产党宣言》是关于无产阶级革命的理论，虽然后者的文本在前，但前者恰恰成为无产阶级革命条件的学说，因此，俄国独特的问题在于还未发展到资本主义，是否也要按照一般历史的必然性或自然史的进程发展到资本主义？这两个问题就形成了跨越论和工人阶级革命"非理性"两种论调。1881 年 2 月，由普列汉诺夫创办的，作为传播马克思主义的"劳动解放社"重要成员的查苏利奇致信马克思，就是基于村社的跨越论与经过资本主义再过渡到社会主义的自然史论的问题。[4]马克思答复这一问题极其认真和审慎，第一稿内容丰富，第二稿、第三稿将一些重要的论证进行了文字压缩，第四稿作为复信极其简略，主要表达了三个观点。其一，关于历史必然性的"五阶段论"问题，是"明确地限制在西欧各国的范围"[5] 的，其所揭示的问题在于农民"以自己的劳动为基础的私有制……被以剥削他人劳动即以雇佣劳动为基础的资本主义私有制所排挤"[6]，这是马克思揭示资本主义在西欧如何起源的问题域中阐释

---

① 参见《马克思恩格斯与俄国政治活动家通信集》，人民出版社 1987 年版，第 18—20 页。
② 参见《马克思恩格斯与俄国政治活动家通信集》，人民出版社 1987 年版，第 37—38 页。
③《马克思恩格斯文集》第 5 卷，人民出版社 2009 年版，第 10 页。
④ 参见《马克思恩格斯与俄国政治活动家通信集》，人民出版社 1987 年版，第 378 页。
⑤《马克思恩格斯文集》第 3 卷，人民出版社 2009 年版，第 589 页。
⑥《马克思恩格斯文集》第 3 卷，人民出版社 2009 年版，第 589—590 页。

的，是一种私有制到另一种私有制的转换。其二，俄国的村社如果按西欧社会运动的历史逻辑就会出现"把他们的公有制变为私有制"①。其三，马克思表明《资本论》并没有提供俄国农村公社是否有生命力的论据，"但是，我根据自己找到的原始材料对此进行的专门研究使我深信：这种农村公社是俄国社会新生的支点；可是要使它能发挥这种作用，首先必须排除从各方面向它袭来的破坏性影响，然后保证它具备自然发展的正常条件。"② 马克思告诉查苏利奇这封简短的回信不宜发表，查苏利奇信守诺言，直到 1924 年才收入《马克思恩格斯文库》公之于众，但因前三稿马克思没有发出，所以查苏利奇并不知道。正如马克思所言，《资本论》没有提供俄国乡村公社是否有可能成为社会主义的支点，因此，俄国的政治活动家们关于俄国是否按照《资本论》的结论来发展的问题产生了激烈的争论。

马克思 1877 年致信俄国社会党人杂志《祖国纪事》，阐明了他与村社民粹派和自由经济派观点的差别，以及他们对《资本论》的误读问题。这是辩证唯物主义和历史唯物主义的马克思与民粹派的理论家、文学批评家、社会学家米海洛夫斯基的一场对话。俄国经济学家茹柯夫斯基于 1877 年在《欧洲公报》第九期上发表攻击《资本论》的文章：《卡尔·马克思及其著作〈资本论〉》，他认为马克思是亚当·斯密古典经济学的最后代表。米海洛夫斯基出于为《资本论》辩护，在《祖国纪事》上发表反驳文章：《卡尔·马克思在茹柯夫斯基的法庭上》，一方面纠正对《资本论》的误读和歪曲，另一方面提出了对《资本论》的一种元理解及其关于俄国村社社会主义的观点。但马克思并不同意米海洛夫斯基的观点。马克思通过敞现"俄国伟大的学者和批评家"车尔尼雪夫斯基的问题来阐释自己的看法："俄国是应当像它的自由派经济学家们所希望的那样，首先摧毁农村公社以过渡到资本主义制度呢，还是与此相反，俄国可以在发展它所特有的历史条件的同时取得资本主义制度的全部成果，而又可以不经受资本主义制度的苦难。"③ 马克思明确表示同意车尔尼雪夫斯基的后一种观点，

---

① 《马克思恩格斯文集》第 3 卷，人民出版社 2009 年版，第 590 页。
② 《马克思恩格斯文集》第 3 卷，人民出版社 2009 年版，第 590 页。
③ 《马克思恩格斯文集》第 3 卷，人民出版社 2009 年版，第 464 页。

也就是认同这种跨越论。但米海洛夫斯基的误解在于，因马克思不同意"文学家"赫尔岑的泛斯拉夫主义而否定了车尔尼雪夫斯基的跨越论。[①] 马克思为了不留给俄国政治活动家的"揣测"而表明了一个直截了当的判断：即从经济发展状况来看"如果俄国继续走它在 1861 年所开始走的道路，那它将会失去当时历史所能提供给一个民族的最好的机会，而遭受资本主义制度所带来的一切灾难性的波折"[②]。马克思的一个科学判断：如果俄国依然是资本主义影响乡村公社，那么俄国也必然是走资本主义道路，其原始积累也必然是拆毁村社公有制为私有制，必然出现农民既被剥夺而又被私有制雇用的现象。但马克思不同意俄国的发展道路就是如此，极为反感将他关于西欧的资本主义起源的历史概述为一般的历史哲学理论，而不顾各民族的历史环境和条件。马克思认为，这种以"超历史"的历史哲学强加于他而套解俄国革命的道路，不是对他的赞誉而是"侮辱"。[③]

遗憾的是，马克思给《祖国纪事》的信并未发表，恩格斯发现了这封未发出的信件，于 1883 年将其转交给《祖国纪事》编辑部，但仅仅在地下刊物有少量印数。恩格斯将信的复印件转交给查苏利奇，委托她全权负责公开发表，但直到 1888 年由丹尼尔逊译成俄文才在合法刊物《司法通报》发表，由此产生了又一次争论。米海洛夫斯基认为，马克思看到了他的文章才改变了在《资本论》中的判断，而普列汉诺夫却抱怨这封信将马克思退回到民粹主义的怀抱去，还有的人认为马克思是"假设"并没有确定的判断。[④] 普列汉诺夫为什么阻挠这封信公开发表？原因可能有两个：其一，他坚信人类社会历史是自然史的过程；其二，他认为基于农业公社的农民社会主义革命这种老民粹派的观点是不可能取得社会主义革命胜利的。米洛海夫斯基似乎从马克思的跨越论抓到了有利于自己的证据，但他的跨越论是基于劳动组合的社会组织理论，而深层的理论根据是抽象的人

---

① 马克思在文中用"文学家"代替赫尔岑的名字，用"伟大的文学家和批评家"代称车尔尼雪夫斯基。马克思没有将车尔尼雪夫斯基称为哲学家，可能因为他还仅仅停留于费尔巴哈的人本学唯物主义的水平，尽管车尔尼雪夫斯基重视辩证法，但也只是限于观察问题的层面，缺少历史辩证法和实践辩证法，没有达到辩证唯物主义和历史唯物主义的水平。

② 《马克思恩格斯文集》第 3 卷，人民出版社 2009 年版，第 464 页。

③ 参见《马克思恩格斯文集》第 3 卷，人民出版社 2009 年版，第 464—467 页。

④ 参见张静《马克思与米海洛夫斯基关于俄国道路的对话》，《哲学动态》2017 年第 6 期。

性论假设，是依从经验唯物主义和费尔巴哈的人本学唯物主义的混合物——人性天然是合作的，他以为通过生产力的劳动组合设计就可以实现社会主义。车尔尼雪夫斯基也是依从费尔巴哈的人本学唯物主义，将"普爱"作为人的天性，他批判黑格尔的辩证法，也试图把握唯物辩证法，但他的辩证法贯彻不到社会历史和革命之中去。

普列汉诺夫与民粹派的论战，一方面涉及什么是马克思主义，另一方面是马克思主义真理的普遍性与特殊性的关系问题。但普列汉诺夫回避俄国的跨越论，坚守社会历史的自然必然性，这也是与列宁产生分歧的重要原因。普列汉诺夫和米海洛夫斯基都没有看到马克思 1881 年给查苏利奇的复信原件，这也是如何理解马克思关于俄国跨越论的重要文本。回到这一重要文本，理解马克思的跨越论就容易了。马克思发给查苏利奇的信作为第四稿，除了前三稿开篇就指明的《资本论》只是关于西欧地域范围的资本主义起源和原始积累，并不涉及俄国特定地理环境问题，第四稿极为简短的内容都是前三稿中依据俄国特殊的历史、农业公社和世界历史趋势所作出的结论，这些结论在前三稿中都有原本的表述。第一稿内容最为丰富，如同一部关于俄国农业公社及其历史发展趋势著作的绪论一样，第二稿、第三稿至第四稿越来越结论化。前三稿中关于俄国农村公社的历史阶段、特性、内因与外因的关系问题，并不是马克思回复查苏利奇才匆忙研究的，也不完全是《资本论》第一卷完成转向人类学研究而获得的成就，而是经历了一个长期的资料准备、经验总结、比较等环节向理论升华的过程。马克思在克罗茨纳赫集中一段时间研究历史，对经济与政治权力、国家、人们的社会观念、政治观念、法律等要素之间关系产生新认识，这是马克思跃出黑格尔唯心辩证历史观的重要一步，与马克思重要观点，即一切现实的矛盾都是基于物质利益的冲突而导致法律、政治权力、观念的冲突是相互印证的。马克思、恩格斯在《德意志意识形态》关于分工与所有制的阐释中已经涉及人类学和历史知识的丰富材料，已经是在人们的社会历史性存在这个前提下，来揭示人们的社会存在与社会意识的辩证关系了。马克思对俄国农村公社的关注，大多研究者认为是 19 世纪 50 年代转向政治经济学批判时期，在关涉资本主义原始积累和土地制度、地租等问题上开始的。恩格斯指出了这样一条线索：俄国乡村公社是普鲁士政府顾问哈克斯特豪森于 1845 年发现并大肆宣扬的，于 1847 年出版了两册《俄国的国内状况、国民生活、特别是农村设施概况》的书，"身为俄国地主的赫尔岑，从哈克斯特豪森那里第一次得悉，他的农民们是共同占有土地的，于是他便利用这一点来把俄国农民描绘成真正的社会主义体现者、天生的共产主义者，把他们同衰老腐朽的西欧的那些不得不绞尽脑汁想出社会主义的工人对立起来。这种认识由赫尔岑传给了巴枯宁，又由巴枯宁传给了特卡乔夫先生。"① 应当说马克思在 1845 年至 1847 年间，已经通过哈克斯特豪森关于俄国公社，以及哈克斯特豪森在他自己的家乡威斯特伐利亚也发现了这种公社的残余，并给予高度关注。马克思可能受其启发，在自己的家乡特里尔也发现有农业公社的残存。但与赫尔岑不同，马克思以更多的人类学家和历史学家、经济学家多视角提供的俄国村社制度的资料，特别是来自俄国人的研究资料和政府披露的资料、村社的政策等作为研究资料。在马克思看来，赫尔岑只配一个文学家的称号，没有理论基础。赫尔岑在俄国期间是作为"十二月党人"继承人的小资产阶级民主主义活动者，1847 年离开俄国流亡英国和法国，他看到资本主义的腐朽，也期待工人阶级的社会主义革命，但在 1848 年革命失败后他丧失了信心，转而从普鲁士政府顾问奥·哈克斯特豪森的著作中发现了"'俄国'共产主义，并且俄国公社在他手中只是用以证明腐朽的旧欧洲必须通过泛斯拉夫主义的胜利才能获得新生的一种论据"②。当然，赫尔岑对俄国村社的看法也有他自己的经验观察，但都不是系统的，更不是在历史唯物主义上的，而是在村社天然土地公有制和农民天然的合作品性的逻辑上，对"庄稼汉"合作、自治社会主义跨越西欧资本主义的畅想。实际上，赫尔岑已经转向了傅立叶式的空想社会主义。马克思在《1857—1858 年经济学手稿》中就已经获得了更为丰富的人类学家关于古代土地制度的研究资料，在以亚细亚所有制、古希腊和罗马古典古代所有制、日耳曼所有制为重点的考察中，已经涉及印度公社、斯拉夫公社土地所有制的问题，在《资本论》的原始积累部分也涉及俄国土地所有制，但它不是马克思研究的重点，只是作为比较层面的资料，因为揭示西欧资本原始积累与对农民剥夺的逻辑关系，才是马克思主导性的问题意识。

---

① 《马克思恩格斯文集》第 3 卷，人民出版社 2009 年版，第 396 页。
② 《马克思恩格斯文集》第 3 卷，人民出版社 2009 年版，第 463 页。

　　马克思深入研究俄国村社，一方面是因为寻找俄国革命道路的知识分子政治活动家们关心《资本论》中有关俄国土地所有制与未来道路问题；另一方面在 1871 年巴黎公社失败后，马克思关注俄国和东方革命问题。对马克思来说这两个问题是一个问题的两个方面，即俄国革命道路是否成为西欧的后继者还是跨越的问题。恩格斯在整理《资本论》手稿时发现，马克思在 1869—1873 年为深化土地所有制与资本、雇佣劳动的历史关系研究，已经"非常详尽地探讨俄国的土地所有制形式"① 了。

（二）马克思对"农民社会主义"的否决

　　从马克思与俄国政治活动家的交往来看，1869 年丹尼尔逊致信马克思把弗列夫斯基长达十五年左右时间精心研究的成果《俄国工人阶级的状况》寄给马克思，期待作为充实《资本论》中俄国的材料。② 马克思 1870 年在国际工人协会给俄国支部的信中赞誉车尔尼雪夫斯基的著作和弗列夫斯基的《俄国工人阶级的状况》是俄国革命的荣誉之作，是西欧社会主义运动的同路人，虽然在理论上《俄国工人阶级的状况》还不是很成熟，但在无产阶级革命实践上的价值重大。③ 1870 年政治活动家格·亚·洛帕廷弗列夫斯基论述劳动组合的专门著作译成英文寄给马克思。④ 1871 年女革命活动家托马诺夫斯卡娅告诉马克思，哈克斯特豪森的《俄国内部状况、人民生活、特别是农业组织的研究》书有俄文版本，车尔尼雪夫斯基经常引用他的书，如果马克思需要可以寄去；同时她告诉马克思，马克思关于俄国农村公社要么成为新社会的支点要么被资本主义否定二者必择其一的判断，现在由于政府政策导致正在走向个人所有制。⑤ 丹尼尔逊 1871 年还为马克思寄送了车尔尼雪夫斯基的《论土地所有制》等著作。⑥ 1872 年马克思致信丹尼尔逊，表示按他的要求准备在《资本论》第二卷关于土地所

---

① 《马克思恩格斯全集》第 33 卷，人民出版社 1973 年版，第 549 页。
② 参见《马克思恩格斯与俄国政治活动家通信集》，人民出版社 1987 年版，第 47—48 页。
③ 参见《马克思恩格斯与俄国政治活动家通信集》，人民出版社 1987 年版，第 50—51 页。
④ 参见《马克思恩格斯与俄国政治活动家通信集》，人民出版社 1987 年版，第 68 页。
⑤ 参见《马克思恩格斯与俄国政治活动家通信集》，人民出版社 1987 年版，第 69—70 页。
⑥ 参见《马克思恩格斯与俄国政治活动家通信集》，人民出版社 1987 年版，第 82 页。

有制篇"非常详尽地探讨俄国的土地所有制形式"①。1873 年丹尼尔逊致信马克思，希望马克思关注对别利亚耶夫关于《罗斯农民》一书的述评，并提供了马克思阅读这部著作的一些值得注意的相关文献。② 1879 年丹尼尔逊致信马克思多封长信，提醒马克思关于俄国的农村公社与习惯法关系研究中一些值得注意的文献，并向马克思介绍俄国政府法律与农业公社走向、农民日常生活等状况。

马克思研究俄国农村公社的资料和文献是相当丰富的。1881 年马克思自己初步整理关于俄国的书籍有 150 余种，有俄文、英文、法文不同语言的，既有学者的论著，也有来自政府关于土地权政策的报告资料等。③ 马克思逝世后，恩格斯在整理马克思的遗物时发现，凡是有关俄国方面的出版资料"差不多都收集起来了"④，恩格斯估量"单是俄国统计学方面的书籍就有两个多立方米"⑤。可见，马克思在 1877 年给《祖国纪事》的信中，表达他对车尔尼雪夫斯基关于俄国的跨越论的认同是有根据的判断。但马克思与车尔尼雪夫斯基的跨越论有很大的不同。

马克思在 1870 年 12 月下旬至 1871 年 3 月中旬，与托马诺夫斯卡娅两次会晤，所讨论的主题就是俄国农村公社是作为社会主义的新支点还是被资本主义所否定的问题。马克思对这一问题的关注，我们可以有一个基本的判断：与俄国民粹派重要代表赫尔岑在西欧大肆宣扬"庄稼汉"社会主义所带来的严重影响有关、与无政府主义者巴枯宁宗派活动分裂"第一国际"有更为直接的关系。1871 年 3 月至 4 月仅存 72 天的巴黎公社虽然失败了，但马克思备受鼓舞，深刻总结巴黎公社的经验，试图将这一经验推广到发达的资本主义国家再次形成工人阶级运动的浪潮。但事实却与马克思的愿望相差很大。"第一国际"内部的纷争到了不得不解决的时候，于 1873 年在西班牙海牙召开的代表大会既清除了巴枯宁分子，同时也导致"国际"的事实解散。其后，马克思把更多的精力用于《资本论》第二卷、第三卷上。国内外学术界关于第二卷、第三卷为什么马克思在世时没

① 参见《马克思恩格斯与俄国政治活动家通信集》，人民出版社 1987 年版，第 185 页。
② 参见《马克思恩格斯与俄国政治活动家通信集》，人民出版社 1987 年版，第 197—222 页。
③ 参见《马克思恩格斯全集》第 50 卷，人民出版社 1985 年版，第 372—380 页。
④ 《马克思恩格斯全集》第 36 卷，人民出版社 1975 年版，第 96 页。
⑤ 《马克思恩格斯全集》第 36 卷，人民出版社 1975 年版，第 47 页。

有出版，大多数学者认为是因马克思的兴趣和注意力发生了转向，即从《资本论》转向人类学研究。在这个总的认识上，还有不同观点，如晚年马克思与历史唯物主义断裂，恢复青年马克思哲学人类学智趣，创立经验人类学，或晚年马克思成为怀古恋旧的浪漫主义者，成为礼赞原始社会、鄙视现代社会的思想家，或马克思更大的兴趣是向人文社会科学更广泛领域推进。① 这种评价仅仅将马克思作为学问家来看待，即使如此也有很大的偏颇。有的人认为马克思晚年处于"慢死状态"，根本无法完成这一愿望。马克思学术传记作家梅林否定了这一看法，认为这是"过分夸张"，但梅林将马克思的"慢死状态"实际上分为两个时期，即 1878 年开始的"思想"慢性死亡状态，妻子燕妮去世后马克思最后十五个月的"生理"慢性死亡，这两个慢性死亡致使他没有完成他的愿望。② 梅林所说的 1878 年开始的思想停滞不符合事实，因为马克思虽然重病缠身但仍在进行人类学研究。1870 年 6 月马克思致信库格曼说："至于迈斯纳催着要第二卷的问题，这项工作整整中断了一个冬天，这不仅仅是因为我生病。我发现有必要认真学习一下俄文，因为在探讨土地问题时，就不可避免地要从原文材料中去研究俄国的土地所有制关系。"③ 从 1870 年到 1882 年，马克思大量阅读有关土地制度的历史演进、现实状况，对一些重要文献作出了有分量的评注，如对多卷本的俄国《税制委员会报告》作出了 40 多个印章的四大本笔记；对柯瓦列夫斯基的《公社土地占有制、它的瓦解原因、过程和结果》阅读非常仔细，就其中的公社性质、不同时代的表现、不同民族存在的样态、经济社会作用等作出详细的评论性笔记；对民粹派政论家恩格尔·伽尔特的《乡村来信》还作出了札记：《俄国的状况、资产阶级的形成，资本、地租（以俄国为例）》。马克思关注的问题除俄国外还有更广泛的视野，如美国摩尔根的《古代社会》笔记，还有通过美国友人获得有关美国土地制度，爱尔兰的土地制度等有关资料。在研究马克思晚年笔记中有"人类学笔记""历史学笔记""古代史笔记""晚年笔记""国家与文

---

① 参见〔美〕唐纳德·R.凯利《晚年马克思与人类学》，《马克思主义来源研究论丛》1987 年第 8 辑。

② 一般将 1873—1883 年作为晚年马克思，参见〔德〕弗·梅林《马克思传》，樊集译，生活·读书·新知三联书店 1965 年版，第 670—673 页。

③ 《马克思恩格斯文集》第 10 卷，人民出版社 2009 年版，第 339 页。

明起源笔记"等不同的冠名，但这些命名主要涉及柯瓦列夫斯基、摩尔根的上述著作，还有梅恩的《古代法制史讲演录》、拉伯克的《文明的起源和人的原始状态》、印度菲尔的《印度和锡兰的雅利安人村社》笔记摘要、评述等。这组笔记、述评，因 20 世纪 60 年代末至 70 年代初，美国人类学家劳伦斯·克拉德在阿姆斯特丹国际社会史研究所保存的马克思大量手稿中发现，于 1972 年他编译整理了《卡尔·马克思的民族学笔记》或称《人类学笔记》流传开来。马克思逝世后，恩格斯从马克思的遗稿中发现了大概写于 19 世纪 70 年代末至 80 年代初主要关于西欧的四大本历史笔记。马克思按编年顺序摘录了公元前 1 世纪初至 17 世纪中叶欧洲各国的政治历史事件，对各民族经济发展史的材料还重点作出札记。恩格斯给这部笔记群以《编年摘录》的标题，这部分被后来人往往冠以"历史学笔记"。马克思关于俄国、印度、波斯、中国的有关土地制度、所有制、公社、政权组织方面的有关资料摘录、评注、札记又称"东方社会笔记"。所以对马克思内容如此丰富的笔记如何冠名也一直有争论，这也要看整体研究选取哪部分而定，如果将俄国部分作为单独来研究，那就确实存在俄国村社制度的演化史及其与封建制度、资本主义制度、社会主义制度之间的关系问题的学说，其中也包含马克思 1877 年给《祖国纪事》编辑部的信和 1881 年给查苏利奇的复信。这两封信从农村公社是否可以作为社会主义社会的支点的结论上看基本一致。在 1887 年给《祖国纪事》的信，马克思除了纠正米洛海夫斯基的误解外，还说明自己如何得出这样的结论，并重点澄清了《资本论》第一卷中西欧"原始积累"的历史逻辑。马克思认为，对俄国来说，既有复制西欧通过剥夺农民实现"原始积累"资本主义道路的可能，也有不需破坏农业公社使其作为跨越资本主义走社会主义道路的可能。但这已经不是农业公社自然演进的问题，要看世界历史与俄国民族史、政治运动的外在因素对农业公社所施加的影响力。这样的结论，马克思在 1881 年给查苏利奇复信的第一、第二、第三稿的草稿中已经作出较为充分的论述。

农业公社的客观史与无产阶级主体能动作用，是农业公社作为社会主义新支点的条件。这是马克思给查苏利奇复信草稿所着力论证的。关于俄国农业公社的历史位置和性质的界定，马克思严谨地区分了"农村公社"或"公社"与"农业公社"这两个概念的差别。农村公社是离原始共产主义最近的类型，是以村社为单位的公有制和血缘关系，除了住宅是公有私用外，园圃、牧场、林地、河水资源等都是共有的；而俄国的农业公社已经摆脱了血缘关系的纽带，其特征体现在：房屋及其附属物的园地归私人所有，耕地归公社所有，但要定期在公社成员之间进行分配，"每一个农民用自己的力量来耕种分配给他的田地，并且把生产得来的产品留为己有"①。这样的公社之所以被称为农业公社，就是因为在土地共有的条件下，个体家庭经营农业。农村公社的公有制的"合作生产或集体生产显然是单个人的力量太小的结果，而不是生产资料公有化的结果"②。马克思把从原始氏族公有制公社向现代演化的历史逻辑划分为原生形态、次生形态、再次生形态三个大的历史时段，即远古的公社制、自我演化或受战争等外因作用形成私有制的奴隶社会和封建社会的次生形态，再次生形态就是资本主义的私有制和农业公社的瓦解。马克思认为各民族的公社的产生都不是从外面输入的，而是自有其传统。从原生形态到次生形态也有多个环节，俄国的农业公社与印度的农业公社相近似，都属于"古代形态的最后阶段或最后时期"③，它也类似于"日耳曼人在所有被征服的国家建立的新公社，由于继承了古代原型的特征，在整个中世纪时期，成了自由和人民生活的唯一中心"④。马克思根据丰富的材料判定，俄国的农业公社是在全国范围内保存到现在的"欧洲唯一的国家"⑤，其原因可能是不像印度那样被外来征服者所破坏，也不像西欧那样遭受资本原始积累而瓦解，它在俄国获得了与资本主义并存的形式。从俄国农业公社的性质和内在的发展趋势上来看，它本身"所固有的二重性能够成为它的强大的生命力的源泉，因为，一方面，公有制以及公有制所造成的各种社会关系，使公社基础稳固，同时，房屋的私有、耕地的小块耕种和产品的私人占有又使个人获得发展，而这种个人发展和较古的公社的条件是不相容的"⑥。这种不相容性就在于个人逐渐通过畜牧积累和动产积累逐步向私有过渡，这就形成

---

① 《马克思恩格斯全集》第 19 卷，人民出版社 1963 年版，第 434 页。
② 《马克思恩格斯全集》第 19 卷，人民出版社 1963 年版，第 434 页。
③ 《马克思恩格斯全集》第 19 卷，人民出版社 1963 年版，第 434 页。
④ 《马克思恩格斯全集》第 19 卷，人民出版社 1963 年版，第 433 页。
⑤ 《马克思恩格斯全集》第 19 卷，人民出版社 1963 年版，第 435 页。
⑥ 《马克思恩格斯全集》第 19 卷，人民出版社 1963 年版，第 434 页。

公有制与私有制的矛盾。但这种对立的力量并不意味着私有制自身的能量大于公有制而一定会走向私有制，"一切都取决于它所处的历史环境"①。这个历史环境既具有俄国的统治阶级要实现的新的统治形式，一个是培植资本主义增长的因素，另一个是培植地主剥夺农民的土地，还有就是所谓"社会新栋梁"（新兴资产阶级）将这种瓦解农业公社的外在力量"说成是公社衰老的自然征兆"②。马克思指出，关于农业公社作为新社会的支点问题，俄国的"'马克思主义者'，我完全不知道。现在和我保持个人联系的一些俄国人，就我所知，是持有完全相反的观点的"③。那些持农业公社必然解体的观点实际上都是将西欧资本主义道路推论到俄国的，而看不到资本主义的危机和农业公社对俄国走向社会主义的独特价值。

抛开俄国 1861 年资本主义改革的政治作用来看，将农业公社置于正常的状态和借用资本主义生产力的关系，"土地公有制赋予它以集体占有的自然基础，而它的历史环境（资本主义生产和它同时存在）又给予它以实现大规模组织起来的合作劳动的现成物质条件。因此，它可以不通过资本主义制度的卡夫丁峡谷，而吸取资本主义制度所取得的一切肯定成果"④。马克思这一著名的关于俄国跨越资本主义的论说，在给查苏利奇复信的第一、第二、第三稿中都有近似的表达，但在第四稿的简短的正式复信中却恰恰省略了。这三个未发出的信件最初问世于 1924 年俄文版的《马克思恩格斯文库》第一卷。

从马克思与俄国政治活动家交往情况看，俄国民粹主义的不同分支都关注一个共同的问题，即农业公社与社会主义、资本主义的关系。对资产阶级来说，西欧的昨天就是俄国的今天和明天，瓦解村社是毫无疑问的；但是，对民粹主义来说情况就不同了，他们尽管有不同的派别，但公社前途面临的两难境地是共同的。马克思从 19 世纪 50 年代开始与赫尔岑、巴枯宁的民粹社会主义的斗争持续到离世。俄国民粹派理解马克思的无产阶级革命思想有一个特殊的比较途径，即从赫尔岑、巴枯宁所传回俄国的社会主义思想与《共产党宣言》的革命原则之分歧，引起了更多人对农业公

---

① 《马克思恩格斯全集》第 19 卷，人民出版社 1963 年版，第 435 页。
② 《马克思恩格斯全集》第 19 卷，人民出版社 1963 年版，第 440 页。
③ 《马克思恩格斯全集》第 19 卷，人民出版社 1963 年版，第 443 页。
④ 《马克思恩格斯全集》第 19 卷，人民出版社 1963 年版，第 451 页。

社前途命运的关注。《共产党宣言》是俄国政治活动家们理解马克思无产阶级革命原则最为重要的文本，再一个就是《资本论》，可以说这两个文本是俄国革命派理解马克思关于通过政治革命建立新国家的最为重要的文本，但也引起了不同派别的激烈争论。《共产党宣言》的无产阶级革命理论主张，其革命主体是工人阶级，革命对象是资产阶级，这就存在无产阶级革命理论是否适合俄国的问题。《资本论》关于经济规律自然必然性的明确论断，在一些小资产阶级民主革命者看来，资本主义在俄国也是自然必然性的历史阶段。在民粹主义者看来，马克思没有否定俄国跨越资本主义的论断。但民粹主义者对如何实现社会主义的问题存在严重分歧，民粹主义的保守派将期望锁定于皇权的恩典，革命的民粹主义要么是经济主义的，要么将一切不平等问题都视为国家原罪，试图消灭一切国家来演奏社会主义的浪漫曲，他们看不清马克思的跨越论所揭示的世界历史与俄国民族史的辩证关系，弄不清楚俄国革命的主体与对象、社会主义与农业公社、社会主义与资本主义所创造的生产力等之间的辩证关系。

马克思在 1848 年欧洲无产阶级革命浪潮过后再次转向政治经济学的深入研究，但无产阶级革命是其主调，目的是科学揭示资本主义必然灭亡的客观历史规律，同时为无产阶级这一主体制定自觉能动革命的科学纲领。《共产党宣言》是马克思在唯物史观已经确定和政治经济学的初步研究中所获得的人类社会历史规律、资本主义基本经济规律，并在这一基本认识条件下所制定的无产阶级革命纲领。在革命浪潮后，马克思再次转向政治经济学的深入研究不是以一般的学问家姿态，而是在科学逻辑上深化《共产党宣言》的革命原则认识。马克思、恩格斯在 1872 年《共产党宣言》德文版序言中指出，"不管最近 25 年来的情况发生了多大的变化，这个《宣言》中所阐述的一般原理整个说来直到现在还是完全正确的。某些地方本来可以作一些修改。这些原理的实际运用，正如《宣言》中所说的，随时随地都要以当时的历史条件为转移"①。马克思对俄国革命趋势和具体的社会历史条件的高度关注，与赫尔岑、巴枯宁的社会主义思想有关，但 1868 年在《资本论》德文版问世和对其进行俄文翻译的过程中，因俄国革命者高度关注"原始积累"中的俄国材料，马克思的重点关注对

---

① 《马克思恩格斯文集》第 2 卷，人民出版社 2009 年版，第 5 页。

象增加了俄国部分，收集研究俄国土地制度、革命主体、发展趋势等问题的兴趣明显高于以往。1872 年与巴枯宁决裂后，再次感受到民粹主义在俄国革命的影响力，所以研究俄国问题，尤其是俄国民粹派极为关心的农业公社与资本主义、社会主义的历史逻辑问题上升为极为重要的问题。急切等待《资本论》第二卷的俄国民粹派知识分子主要关注马克思关于农业公社与原始积累的俄国阐释，但马克思不止如此，作出俄国革命跨越资本主义的准确回答是其新的使命。

马克思在对俄国革命的社会历史条件作出科学研究之后，于 1878 年给《祖国纪事》编辑部的信，已经说明不想留下猜测的余地，如果俄国继续走 1861 年以来的道路，那么农业公社不免遭受瓦解的灾难；如果俄国革命是无产阶级为主体的革命，那么，农业公社可以保持它的自然历史状态而成为社会主义的新支点。所谓农业公社的自然历史状态就是其自在自为的"二重性"，这一揭示性的历史规律是马克思在 1881 年给查苏利奇复信的三篇草稿中极为重视的。马克思客观地研究了俄国 1861 年以来资本主义的发展趋势和避免资本主义灾难的民粹派跨越论，已经明确民粹派的各种跨越论，只有车尔尼雪夫斯基的跨越论具有唯物主义的色彩，赫尔岑、巴枯宁也持跨越论，但都是唯心主义的历史观，是虚幻。只有以无产阶级为主体的社会主义革命建立无产阶级专政的新国家，才能使农业公社不需要瓦解而获得新生，其条件是打破农业公社孤立的与世隔绝的状态，使其以符合社会主义发展方向的公有制为起点，对其不需剥夺而"改造它的农村公社的古代形式"①，以无产阶级专政的新国家帮助其引进资本主义创造的机器生产力"进行大规模组织起来的、实行合作劳动的农业耕种。至于最初的创办费用（包括精神的和物质的），俄国社会有支付的义务"②。实质上，马克思从农业公社自在自为的二重性的历史逻辑上，审视由外力作用下发生两种必然性的抉择，就俄国 1861 年以来的外力作用

---

① 《马克思恩格斯全集》第 19 卷，人民出版社 1963 年版，第 444 页。

② 马克思在说明保持公社的自然状态不需毁坏就可以成为新社会的支点，其重要的条件是"俄国革命"，虽然并没有使用无产阶级的社会主义革命的字眼，因为这是给民粹派的信件，在民粹派看来俄国还没有西欧那样的工人阶级的主体条件，但马克思所重视的无产阶级政党和俄国已经具有了一定数量的产业工人及其革命动向。马克思用"俄国革命"一般的字眼回答民粹派的问题。参见《马克思恩格斯全集》第 19 卷，人民出版社 1963 年版，第 438 页、441 页。

显然是资本主义正在瓦解农业公社，但在西欧工人阶级革命影响下，俄国的工人阶级革命蓄势待发，农民革命需要燃点和引爆。在科学社会主义逻辑上只有共产主义理论武装的工人阶级才能组织和领导社会主义革命，虽然俄国工人阶级还弱小，但俄国革命有可能成为整个欧洲工人革命的引爆点。因为马克思从资本主义危机的理论上判定资产阶级与工人阶级的矛盾已经不局限于一个国家而是世界历史的范畴。因此，马克思、恩格斯在1882年《共产党宣言》俄文版序言中阐明"假如俄国革命将成为西方无产阶级革命的信号而双方互相补充的话，那么现今的俄国土地公有制便能成为共产主义发展的起点"①。这里应当注意的是，马克思关于俄国跨越资本主义问题的回答不是基于农业公社的客观史，而是以科学社会主义为原则的，无产阶级主体开辟无产阶级世界历史，并运用资本主义发达的生产力和人类所创造的文明成就，使俄国革命进入这样的世界历史，就能够改变农业公社的民族史而避免被资本主义世界历史化。这一问题实际上又是国际共产主义运动与俄国共产主义运动的逻辑关系。因此，俄国民粹派构想的"一国"跨越资本主义是不可能的。这是马克思的遗论，也是对民粹派的农民社会主义理论的否定。

二 恩格斯关于东方社会构建 社会主义国家的理论

恩格斯是否否决了马克思关于俄国的跨越论？这是关涉列宁领导的十月革命和东方社会创建社会主义可能性的一个重要问题。在反马克思主义者和马克思主义阵营内部，有一种解释认为恩格斯否决了马克思关于俄国革命的跨越论，晚年的恩格斯放弃了无产阶级专政，强调议会斗争、和平进入社会主义。由此，十月革命和苏联的社会主义国家治理只是一场另类的实验或一场游戏。就解读模式来说，存在着这样相反的结论：论证恩格斯否定俄国革命跨越论和放弃无产阶级专政经典论断的文本，同样具有相反的论断，难道是恩格斯的自我矛盾吗？问题在于：一些解读者忽视了恩格斯论证问题的语境，只是摘取诸如车尔尼雪夫斯基、无政府主义、村社

---

① 《马克思恩格斯文集》第 2 卷，人民出版社 2009 年版，第 8 页。

社会主义的跨越论相反的语句,来证明恩格斯对马克思跨越论的反驳。这是典型的"张冠李戴"现象,即摘取恩格斯否定民粹主义跨越论的语录强加于恩格斯对马克思跨越论的理解。恩格斯深刻理解了马克思关于俄国农业公社跨越资本主义的条件学说。

(一) 恩格斯否决了俄国民粹派的社会主义构想

对恩格斯误解的文献,主要源于对恩格斯 1874 年 5 月至 1875 年 4 月间所写《流亡者文献》的解读。恩格斯在《流亡者文献》中,深刻总结巴黎公社失败的经验教训,尖锐批判一些流亡国外的革命者对本国缺乏了解,以及他们革命纲领背离《共产党宣言》的问题,关涉对巴枯宁和特卡乔夫等民粹主义者的俄国革命纲领的批判。恩格斯特别针对特卡乔夫写于 1874 年的一本《俄国的革命宣传的任务》小册子进行批判。恩格斯认为通过这本小册子看出特卡乔夫"是一个幼稚的、极不成熟的中学生"[1]。对此,特卡乔夫发表了反批恩格斯的公开信。恩格斯准备反击,得到了马克思的认同,但马克思告诉恩格斯:"不过要用讥讽的笔调。这愚蠢透了,连巴枯宁也能插一手。彼得·特卡乔夫首先想向读者表明,你是把他当作自己的敌人来对待的,因此他编造出各式各样不存在的争论问题。"[2] 这也就是说,马克思判断特卡乔夫与巴枯宁已经分裂,应团结特卡乔夫而不应当将其推到敌人一边。特卡乔夫有把自己的俄国革命理论装扮成马克思主义的,这就需要恩格斯在理论与实践上揭穿特卡乔夫纲领的非马克思主义特质。恩格斯应马克思的要求写出了《论俄国的社会问题》,揭穿特卡乔夫关于俄国革命纲领的虚幻性。这就需要首先来看特卡乔夫关于俄国革命的理论制定的核心思想是什么,再来看恩格斯对其的批判。

特卡乔夫、巴枯宁、拉普罗夫都是俄国流亡者中革命民粹派的重要代表。在巴黎公社失败后,他们形成立足于俄国乡村公社进行社会主义革命、跨越资本主义的三种路向。特卡乔夫式的革命民粹主义,是与巴枯宁、拉普罗夫决裂后构建的,他们之间有很大的不同。实际上,巴枯宁在 1864 年"第一国际"建立的时候,就秘密建立了"国际革命协会"并制

---

① 《马克思恩格斯文集》第 3 卷,人民出版社 2009 年版,第 371 页。
② 《马克思恩格斯全集》第 34 卷,人民出版社 1972 年版,第 5 页。

定了革命网络，这是无政府主义的理论与革命纲领和策略的混合体，以自由作为人的本性，以自由与权力的天然对立的逻辑论说提出，要自由就必然否决权力，要权力就必然否决自由，权力就是国家，由此证明无产阶级专政的国家就是无产阶级为自己制造的权力牢笼。由此，这个纲领的目的就是"要彻底消灭一切现存的宗教、政治、经济和社会的组织和机构，并且首先在欧洲，然后在世界范围内重新建立以自由、理智、正义和劳动为基础的社会"①。1968 年，巴枯宁组织成立"国际社会主义民主同盟"，制定了消灭一切国家和反对无产阶级专政的革命纲领，马克思发现了这个纲领后，与巴枯宁展开了斗争。巴枯宁为了利用"国际"所形成的影响采取了以退为进的策略，试图保留纲领的理论部分，但受到马克思的坚决否决。巴枯宁提出建立"自由统一体"的主张，"这种自由的统一体应当是自下而上地组织，由公社联合成省，省联合成民族，民族联合成欧洲联邦"②。这就意味着巴枯宁的无政府主义又与小资产阶级共和主义进行了融合。1873 年巴枯宁的《国家制度与无政府状态》出版，标志着巴枯宁的无政府主义理论的完成，它与老民粹主义相比，不同之处就在于：与小资产阶级共和主义相融合，抛弃了无产阶级政治革命而采用"社会革命"，即经济革命的手段来实现社会主义的主张。1873 年巴枯宁为反驳马克思，力图对俄国青年精英形成影响又补写了《〈国家制度与无政府状态〉补充》，再次强化他的纲领。1874 年至 1875 年初，马克思直击巴枯宁无政府主义的理论基础，开始对其革命纲领彻底批判，进而揭示巴枯宁试图以农民的小块土地私有和自由耕种的联合组成公社自治体，再以公社的联合构建广泛的联邦构想，这是唯意志主义的虚幻。马克思指出："彻底的社会革命是同经济发展的一定历史条件联系着的；这些条件是社会革命的前提。因此，只有在工业无产阶级随着资本主义生产的发展，在人民群众中至少占有重要地位的地方，社会革命才有可能。无产阶级要想有任何胜利的可能，至少应当善于变通，直接为农民做很多的事情，就像法国资产阶

---

① 中共中央马克思恩格斯列宁斯大林著作编译局资料室编：《巴枯宁言论》，生活·读书·新知三联书店 1978 年版，第 73 页。

② 中共中央马克思恩格斯列宁斯大林著作编译局资料室编：《巴枯宁言论》，生活·读书·新知三联书店 1978 年版，第 91 页。

级在进行革命时为当时法国农民所做的那样。"① 马克思在历史唯物主义的逻辑上判定，封建制度下的农民解放的核心是对土地的要求，这是有利于资产阶级的，同时也会在无产阶级革命与资产阶级革命交织期，容易被资产阶级所利用。1789 年法国大革命以推翻封建专制制度为对象，资产阶级以建立政权为主要目的，而农民以对面包和土地的要求成为资产阶级的同盟者，雅各宾派所颁布的土地法满足了小农对土地的要求。但是农民的这种要求只是为资产阶级的私有制和资本主义经济发展扫清了封建专制的道路，而农民却很快面对被资本家所剥夺的境地，随着资本主义的发展大批农民成为无产者。1848 年至 1851 年无产阶级革命高潮在法国再度兴起，无产阶级发动起义提出建立"社会共和国"的要求，历史的闹剧再次重演，大资产阶级联合小资产阶级和农民，而无产阶级孤立无援，最终政权落到大资产阶级手里。

马克思对无产阶级革命的基础理论和革命纲领的阐释，除《共产党宣言》外，《路易·波拿巴的雾月十八日》是站在历史唯物主义途径上的关于无产阶级革命经验的经典总结之一。自阶级产生以来就是阶级斗争的历史，现代社会的阶级斗争就是工人阶级与资产阶级的斗争，但无产阶级联合农民并解放农民，无产阶级的典范主体是工人阶级，领导其的是共产主义思想武装的组织纪律严明的工人阶级政党，这是科学社会主义的基本原则，也是马克思毫不妥协的无产阶级革命原则。巴枯宁诋毁马克思主义政党领导权威和无产阶级革命建立无产阶级专政国家的总体纲领，试图消解无产阶级领导的组织化的"政治革命"这一前提，而以所谓"社会革命"跨越资本主义论代替马克思的主张。拉普罗夫试图调和巴枯宁纲领与马克思、恩格斯《共产党宣言》的关系，以《我们的纲领》提出了一个等待革命客观条件和时机成熟的中间道路。当然，拉普罗夫还有一层对俄国流亡者的团结与帮助的用意在内。但特卡乔夫不同意拉普罗夫采取只作宣传而不发动暴力革命的策略，提出了立即革命的纲领。特卡乔夫的纲领坚决反对拉普罗夫强调革命要有成熟的理论准备和教育大多数人能够理解的时候、能够自觉地理智地认识现实的社会生活条件是非人的状态的时候，真

---

① 《马克思恩格斯文集》第 3 卷，人民出版社 2009 年版，第 404 页。

正的人民革命才能到来的观点①。他认为，所谓俄国的"经济进步"就是资产阶级私有制火焰的燃起，它使"村社生活的旧形式正在遭到破坏，'村社原则'本身正在遭到毁灭，这个原则本来应当成为我们大家都梦寐以求的未来社会制度的基石"②；现在革命正当时，革命不应当等到人民觉醒，"革命是由革命者来进行的，而革命者是由当时他们周围环境的社会条件造就出来的"③，革命不是哲学斗争而是行动，革命党不要争论政变密谋、民众宣传鼓动、直接鼓动人民暴动孰是孰非，"现在哪有工夫来长时间地打点行装，哪有时间无休止地作启程准备，——就让每个人迅速收拾好自己的家什，赶快上路吧。做什么？这已不再是我们应该讨论的问题了。它早已解决了。这就是干革命。怎么干？谁能怎么干就怎么干，谁会怎么干就怎么干"④。特卡乔夫不忍心眼见农村公社被资本主义所瓦解，以立即革命的主张保存村社，构建农民社会主义展现了他的急迫心情，虽然他也深受马克思主义理论的影响，但他终究没有走出民粹主义的主观社会主义泥潭。

　　恩格斯《论俄国的社会问题》，不仅是对特卡乔夫俄国革命纲领的批判，更主要是由特卡乔夫制定的纲领与拉普罗夫主导的纲领之论战引发恩格斯对他们纲领的批判，这既引起了马克思和恩格斯的朋友拉普罗夫的不满，更引起了特卡乔夫的强烈反感。"第一国际"开除巴枯宁派后，拉普罗夫就表示了不满，他抛出的俄国革命纲领也是在巴枯宁与马克思之间的折中，但这也不意味着拉普罗夫没有自己独到的理论和实践形式的俄国式考虑。马克思一直保持与拉普罗夫的朋友关系，并没有直接对其进行批判。特卡乔夫是俄国流亡革命者的青年代表，受到拉普罗夫的礼遇，接纳他作为《前进》杂志的编辑。因拉普罗夫反对特卡乔夫激进的革命主张，两人分裂，特卡乔夫抛出了《俄国革命宣传的任务》的纲领攻击拉普罗夫。恩格斯撰写《流亡者文献》是针对巴黎公社失败后几个特定类型的流亡者的革命纲领进行评论性的批判，其目的还是在维护《共产党宣言》的革命原则，使特定国家的无产阶级革命与世界无产阶级革命相互联系。恩

①　参见国际共运史研究室编译《俄国民粹派文选》，人民出版社 1983 年版，第 346 页。
②　国际共运史研究室编译：《俄国民粹派文选》，人民出版社 1983 年版，第 374 页。
③　国际共运史研究室编译：《俄国民粹派文选》，人民出版社 1983 年版，第 354 页。
④　国际共运史研究室编译：《俄国民粹派文选》，人民出版社 1983 年版，第 370 页。

格斯批判的第一个纲领是《波兰流亡者告英国人民书》，这是一份波兰流亡革命者反对俄国沙皇统治而与欧洲资产阶级政府结盟的错误主张，包括与德国俾斯麦政府结盟。恩格斯认为，"波兰的独立和俄国的革命是互为条件的"①，波兰独立的民族解放运动应与"德国工人政党结成同盟，参加国际的斗争行列"②。恩格斯批判的第二个是巴黎公社布朗基派流亡者的纲领。恩格斯批评影响巴黎公社工人阶级革命的布朗基派只重视实干而缺乏社会主义理论。"由于布朗基把一切革命想象成由少数革命家所进行的突袭"③，因此没有将少数人的专政上升到"整个革命阶级即无产阶级的专政"④。巴黎公社失败后，流亡者内部不断争吵而致分裂，一部分加入巴枯宁派，另一部分成为布朗基的第二代继承人。在恩格斯看来，布朗基派与巴枯宁派理论上不是同路人，但手段上具有一致性，有为公社复仇的激情，"在任何时刻都可以'马上干起来'"，在干了很多蠢事之后再"策划下一次'干起来'"⑤。但是，恩格斯还是承认巴黎公社失败后重新组成的"革命公社"的新布朗基派，尽管做了不少蠢事，但他们的宣言已经举起了"共产主义"的旗帜，尽管他们对共产主义的理解还与《共产党宣言》有很大的距离，但必定比布朗基向前跨出了极为重要的一步，"这是法国工人赞同现代德国共产主义的第一篇宣言"⑥。恩格斯认为这个团体成员精通德文和德国社会主义文献，有与德国工人阶级政党团结在一个共同的旗帜下的可能，又因为"德国的社会主义工人在1870年证明他们完全摆脱了一切民族沙文主义，现在他们会把法国工人接受正确的理论原理（尽管这些原理是从德国来的）这一事实看做良好的预兆"⑦。显然，在恩格斯看来流亡者的布朗基派有被《共产党宣言》塑造的可能性，但对巴枯宁派不留余地地进行了严肃的批判。恩格斯的第三个批判是针对俄国流亡革命者拉普罗夫关于俄国革命的《我们的纲领》。恩格斯在人格上视拉普罗夫为

① 《马克思恩格斯文集》第3卷，人民出版社2009年版，第356页。
② 《马克思恩格斯文集》第3卷，人民出版社2009年版，第355页。
③ 《马克思恩格斯文集》第3卷，人民出版社2009年版，第358页。
④ 《马克思恩格斯文集》第3卷，人民出版社2009年版，第358页。
⑤ 《马克思恩格斯文集》第3卷，人民出版社2009年版，第359页。
⑥ 《马克思恩格斯文集》第3卷，人民出版社2009年版，第364页。
⑦ 《马克思恩格斯文集》第3卷，人民出版社2009年版，第365页。

可敬的学者——即使论战也不点名道姓批评人，但恩格斯批判了拉普罗夫对待"第一国际"海牙代表大会开除巴枯宁而发的牢骚和抱怨："没有把整个工人运动当做贡品奉献于心爱的'团结'"①。恩格斯认为，拉普罗夫有为"团结"而牺牲原则的重要缺陷，对巴枯宁主义与马克思主义的调和集中体现于他的"折中主义"的哲学观，即"他力图从各种千差万别的体系和理论中选择最好的东西：把一切都试一试，把最好的留下来！他知道，一切东西都有好的一面和坏的一面，重要的是，好的一面应当吸收，而坏的一面则应抛弃"②。恩格斯进一步批评拉普罗夫不公开制止巴枯宁主义对西欧工人运动的影响。恩格斯在话语中还包含这样的意思：巴枯宁派影响俄国革命者你不制止也就罢了，这是俄国人的事，但影响西欧就应当坚决制止。恩格斯友善地批评拉普罗夫，你礼遇特卡乔夫但很快向你宣战和公开批判，你还是为了所谓团结而陷入矛盾中，还要"两害相权取其轻"。恩格斯所要解决的问题表现在以下方面：其一，英国工人的工联主义，法国工人受法国本土的各种社会主义思潮影响，德国工人既受马克思主义影响也受修正主义、改良派思想的影响，俄国民粹主义流亡者各派别既有农民社会主义的一致性又有关于如何革命的各种纲领的冲突，这些都严重影响着国际工人运动的发展方向；其二，俄国民粹派质疑马克思无产阶级革命理论在俄国的适用性。因此，力求以马克思主义引导欧洲工人运动的方向就成为恩格斯要着力解决的重大问题。恩格斯用讥讽的语言批判特卡乔夫不仅仅是为拉普罗夫打抱不平，重点还是批评特卡乔夫的纲领，认为这个纲领"整个看起来和经院哲学家关于童贞马利亚的研究似有异曲同工之妙。在这里'革命'本身成了某种像童贞马利亚之类的东西，理论成了信仰，参加运动成了祭祀，而一切活动都不是在平庸的尘世展开的，而是在泛泛空话的九霄云外进行"③。恩格斯将特卡乔夫的革命纲领定性为巴枯宁主义的，在理论上还是一个"幼稚的、极不成熟的中学生"④。俄国民粹派深受马克思主义理论的影响，但在马克思主义是否适用于俄国的问题上与恩格斯形成了严重的意见分歧。虽然冲突是在马克思与巴枯宁、恩

① 《马克思恩格斯文集》第3卷，人民出版社2009年版，第367页。
② 《马克思恩格斯文集》第3卷，人民出版社2009年版，第366页。
③ 《马克思恩格斯文集》第3卷，人民出版社2009年版，第373页。
④ 《马克思恩格斯文集》第3卷，人民出版社2009年版，第371页。

格斯与特卡乔夫之间发生，但通过特卡乔夫对恩格斯的反驳可窥见一斑。

　　特卡乔夫针对恩格斯的批判与指责，激愤地写了一封致恩格斯的公开信发表于 1874 年苏黎世的《哨兵报》。特卡乔夫批评恩格斯不懂俄国的情况："我们完全拥护欧洲工人政党的社会主义基本原则，但不赞同它的策略，也不赞同而且也不应当赞同只通过实践和革命斗争实现这些原则的方式（至少是以马克思和恩格斯先生为首的派别所采取的方式）。我们国家的情况非常特殊，它与西欧任何一个国家没有共同之处。西欧国家采取的斗争手段对于我们来说至少是不适用的。"① 特卡乔夫在信的末尾强调巴枯宁的纲领、拉普罗夫的纲领、他的纲领都适用于俄国，其差别只是革命的不同的层面，是可以同时混合使用的，他还强调自己与巴枯宁、拉普罗夫都是志同道合的革命者，马克思、恩格斯对巴枯宁的批判是错误的，拉普罗夫对巴枯宁的辩护是正确的。马克思阅读了特卡乔夫致恩格斯的公开信后相当冷静，以理论家和革命家的沉稳要求恩格斯不要使用讥讽的语调，要写出东西来，也就是说要从科学社会主义的理论根基上来批判。恩格斯针对特卡乔夫的纲领文本在理论上的几处幼稚观念，站在历史唯物主义的境界进行深刻批判的文章是作为《流亡者文献》第四篇发表的。恩格斯摘取了特卡乔夫纲领中对于革命胜利后的社会主义描述的观点："庄稼汉也就会过起载歌载舞的快乐日子来……他的钱包装得满满的，并且装的是金币而不是铜子。家里的大小牲畜和家禽应有尽有，要多少有多少。他的饭桌上摆着各式各样的肉食，还总是有节日的糕点，还有各种甜酒，从早到晚随时可以享用。他又吃又喝，肚子能装下多少就装多少，而干活干多干少随他的便，谁也不敢强迫他去干什么事情：想吃就吃，想睡就往床上一倒。"② 显而易见，特卡乔夫还停留在空想社会主义的境地，而毕其功于一役的革命策略还是巴枯宁和布朗基式的。恩格斯以文本批判的方式深刻揭示了特卡乔夫的幼稚。但恩格斯并没有停止，经过充分的资料准备撰写了《流亡者文献》第五篇——《论俄国的社会问题》。

---

　　① 《彼·特卡乔夫致弗·恩格斯的公开信》，张静译，《当代世界社会主义问题》2014 年第 3 期。

　　② 这是恩格斯从拉普罗夫回应特卡乔夫革命纲领小册子的内容摘录。为试图消解特卡乔夫对俄国革命青年的影响，这位谦恭的学者不得不以《致俄国社会革命青年。关于小册子：俄国的革命宣传的任务》加以回应。参见《马克思恩格斯文集》第 3 卷，人民出版社 2009 年版，第 385—386 页。

《论俄国的社会问题》表面上还是批判特卡乔夫，但实际上是对俄国民粹主义的批判。民粹主义有一个共同的认识：乡村公社是俄国天然的"米尔"，它是俄罗斯人天生的世界观和共产主义的固有品性。恩格斯在历史唯物主义途径上揭示乡村公社是人与自然环境、受生产力发展水平制约所形成的一种生存和生活方式。民粹派将乡村公社的劳动组合神秘化，恩格斯必须对此加以指正。事实上，乡村公社的劳动组合在任何民族的历史上都存在过，它是超越血缘共同体而受生产力发展水平制约和自然环境影响的一种生存、生活方式，在西欧基本上已经被资本主义瓦解了，还有零星的残存，而俄国还有更多的存在是一种特殊，但俄国的乡村公社的劳动组合"不是起源于斯拉夫族，而是起源于鞑靼族"①。包括特卡乔夫在内的一部分俄国民粹派还是以德国人哈克斯特豪森对俄国乡村公社性质的判断所得出了一种假象，即俄国农民是天生的社会主义者、共产主义者。恩格斯对此再次指正，这种糊涂的观念是"赫尔岑传给了巴枯宁，又由巴枯宁传给了特卡乔夫先生"②。恩格斯在经济基础与上层建筑的关系上确定：俄国的乡村公社与东方专制制度是一对逻辑关系，米尔（mup）事实上就是公社社员大会制度，公社成员将其作为世界观，恰恰反映的是各个公社彼此隔绝，公社成员将公社视为"全世界"；"这种完全隔绝的状态，在全国造成虽然相同但绝非共同的利益，这就是东方专制制度的自然形成的基础。从印度到俄国，凡是这种社会形式占优势的地方，它总是产生这种专制制度，总是在这种专制制度中找到自己的补充。不仅一般的俄罗斯国家，并且连它的特殊形式即沙皇专制制度，都不是悬在空中，而是俄国社会状态的必然和合乎逻辑的产物"③。俄国的民粹派革命者误认为俄国的封建专制制度与农业公社是分割开来的，将经济基础与上层建筑作为两个独立的存在，否定了二者的逻辑关系，正是在这一认识论的基础上，他们以为推翻专制的政治制度一切都会应然而解。马克思和恩格斯确认他们是"主观主义"的社会主义。恩格斯在确证农业公社是封建专制制度的基础这一逻辑上，进一步深化俄国农业公社的劳动组合是否更接近于共产主义

---

① 《马克思恩格斯文集》第 3 卷，人民出版社 2009 年版，第 393 页。
② 《马克思恩格斯文集》第 3 卷，人民出版社 2009 年版，第 396 页。
③ 《马克思恩格斯文集》第 3 卷，人民出版社 2009 年版，第 397 页。

的问题。农业公社在生产力发展水平上更接近于血缘共同体的公社制，与其相比，西欧的劳动组合已经大大前进一步，已经抛弃了乡村公社的自然形态而出现了多种"合伙"形式，它扩展到工商业，这虽然有利于资本家，但同时也有利于社会主义。因此，虽然乡村公社的劳动组合形式在俄国占有优势，但不可能依赖它"直接跳入社会主义的社会制度。要实现这种过渡，首先劳动组合本身应当能够向前发展，抛弃它本身那种自发的，如我们所看到的与其说为工人不如说为资本家服务的形式，并且它应当至少提高到西欧合作社的水平"①。应当注意的问题是：一些判定恩格斯否定马克思跨越论的人就是以这段论述为一个重要支点的。

实际上，恩格斯针对包括特卡乔夫在内的民粹派跨越论理论与观点的指正与确证，并不意味着恩格斯否定马克思的跨越论。一些误解就在于：将恩格斯否定民粹派的跨越论曲解为否决了马克思的跨越论，强加于恩格斯。这种误解、曲解，忽视了马克思论证的仅以俄国乡村公社作为社会主义的新支点是不可能的，必须以工人阶级革命阻止它被私有化破坏的遭遇，对其加以改造和援助，注入机器生产力和发展资金才有可能使其带有原始共产主义色彩的古老形式现代化。恩格斯写作此文时还未到马克思给《祖国纪事》的新文章和查苏利奇的复信的时候，但马克思在《1857—1858 年经济学手稿》中关于亚细亚、古典古代的希腊罗马、日耳曼的所有制之历史演进形式已经进行了论述，关于日耳曼乡村公社超越血缘共同体所面对的二重性的分析，与对俄国乡村公社的分析相似。恩格斯对此知识点是非常清楚的，加之他对毛勒的马尔克公社论述的资料和俄国乡村公社的资料分析，俄国的乡村公社正在遭遇俄国资本主义的瓦解，同时它也遭遇资本主义世界的瓦解，所以民粹派试图以公社的自然状态直接跳入或跨越资本主义是不可能的，它只能以俄国革命和世界无产阶级革命来创造其跨越的可能。这一结论，与恩格斯批判特卡乔夫指认的俄国没有无产阶级和资产阶级的论题所得出的结论是一致的。特卡乔夫在致恩格斯的公开信中指责恩格斯将西欧特别是德国工人阶级政党理论和无产阶级革命理论强加于俄国，他指认俄国与西欧的不同在于："我们这里没有城市无产者，这的确是事实；然而我们这里也没有资产阶级。在我们这里在受苦受难的

---

① 《马克思恩格斯文集》第 3 卷，人民出版社 2009 年版，第 395 页。

人民与压迫他们的专制国家之间没有任何中间阶级；我们的工人只需要同政治权力作斗争，因为资本的权力在我们这里还处于萌芽状态。阁下，你应当知道，同前者作斗争要比同后者作斗争容易得多。"① 特卡乔夫这段言述是他关于俄国跨越资本主义论断的关键，但明显地暴露出其理论的弱点。恩格斯指摘这个论断②，首先指正特卡乔夫"没有城市无产阶级""也没有资产阶级"的问题，同政治权力作斗争的人是谁，无非是"农夫"，但农民还不是无产阶级，大多数农民是小土地所有者。从阶级结构来说，俄国 1861 年以来的改革农村的阶级结构是大农、小农、失去土地的贫雇农，恩格斯根据来自俄国政府和各种新近的资料判定农业公社正在遭受地主和富豪高利贷和各种徭役的盘剥，"土地公社所有制已不再是一种恩惠，而变成了一种桎梏。农民时常全家或只身逃出公社，抛弃自己的土地，靠做短工谋生。由此可见，俄国的公社所有制早已度过了它的繁荣时代，看样子正在趋于解体。"③ 在这样判断的基础上，恩格斯断定俄国正在走向资本主义，特卡乔夫所谓的农民是天然的"本能的共产主义者"的政治革命和经济革命却有利于资本主义的发展。资本主义的发展是生产力自然演进的结果，资本主义在这一历史成就基础上加速了金钱向少数人手里集中，剩余价值生产竞争又加速了生产力的大发展。对于这一历史逻辑，马克思、恩格斯在《共产党宣言》中已经阐释得很清楚了，"资产阶级在它的不到一百年的阶级统治中所创造的生产力，比过去一切世代创造的全部生产力还要多，还要大"④。特卡乔夫以农民是天然的共产主义者和本能革命者的理论，能够逆社会生产力发展吗？如是，那么原始共产主义为什么瓦解呢？

恩格斯在生产力发展的历史唯物主义根基上，针对特卡乔夫痛恨阶级差别和农民天性社会主义本能理论加以指正，"现代社会主义力图实现的变革，简言之就是无产阶级战胜资产阶级，以及通过消灭一切阶级差别来建立新的社会组织。为此不但需要有能实现这个变革的无产阶级，而且还

---

① 《彼·特卡乔夫致弗·恩格斯的公开信》，张静译，《当代世界社会主义问题》2014 年第 3 期。
② 参见《马克思恩格斯文集》第 3 卷，人民出版社 2009 年版，第 389 页。
③ 《马克思恩格斯文集》第 3 卷，人民出版社 2009 年版，第 398 页。
④ 《马克思恩格斯文集》第 2 卷，人民出版社 2009 年版，第 36 页。

需要有使社会生产力发展到能够彻底消灭阶级差别的资产阶级"①。恩格斯的这个论断也成为一些判定恩格斯否定马克思跨越论的又一个支点。实际上，恩格斯的这个结论是基于历史唯物主义的一个基本原理，即人类社会从无阶级差别到阶级产生，在阶级社会的历史进程中，资本主义的经济社会形态使阶级关系简单化了，形成资产阶级与无产阶级两大对立集团，而资产阶级与无产阶级是孪生的，不是凭空产生的，是机器工业广泛运用的结果，资产阶级因资本生产竞争不断扩大机器的适用范围、不断提高机器的技术水平，这又促进了无产阶级本身的发展。马克思和恩格斯在《德意志意识形态》中就已经形成了经典的论证："没有蒸汽机和珍妮走锭精纺机就不能消灭奴隶制；没有改良的农业就不能消灭农奴制。"② 资本主义的发展促进了城市与乡村的分离与矛盾的开始，"城市和乡村的分离还可以看做是资本和地产的分离，看做是资本不依赖于地产而存在和发展的开始，也就是仅仅以劳动和交换为基础的所有制的开始"③。马克思在批判蒲鲁东的无政府主义的社会主义经济理论时又进一步强化了这种论证逻辑："社会关系和生产力密切相联。随着新生产力的获得，人们改变自己的生产方式，随着生产方式即谋生的方式的改变，人们也就会改变自己的一切社会关系。手推磨产生的是封建主的社会，蒸汽磨产生的是工业资本家的社会。"④ 机器的使用和资本生产竞争，工人的劳动组合不是出于自愿，"机器是劳动工具的集合，但决不是工人本身的各种劳动的组合"⑤。因为特卡乔夫缺乏唯物史观的境界，所以恩格斯针对他关于俄国既没有城市无产阶级也没有资产阶级而消灭阶级差别的革命更容易的论断，进一步加以指正："只有在社会生产力发展到一定程度，发展到甚至对我们现代条件来说也是很高的程度，才有可能把生产提高到这样的水平，以致使得阶级差别的消除成为真正的进步，使得这种消除可以持续下去，并且不致在社会的生产方式中引起停滞甚至倒退。但是生产力只有在资产阶级手中才达到了这样的发展程度。可见，就是从这一方面来说，资产阶级正如无产阶

---

① 《马克思恩格斯文集》第3卷，人民出版社2009年版，第389页。
② 《马克思恩格斯文集》第1卷，人民出版社2009年版，第527页。
③ 《马克思恩格斯文集》第1卷，人民出版社2009年版，第557页。
④ 《马克思恩格斯文集》第1卷，人民出版社2009年版，第602页。
⑤ 《马克思恩格斯文集》第1卷，人民出版社2009年版，第626页。

级本身一样，也是社会主义革命的一个必要的先决条件。因此，谁竟然断言在一个虽然没有无产阶级然而也没有资产阶级的国家里更容易进行这种革命，那就只不过证明，他还需要学一学关于社会主义的初步知识。"① 显然，恩格斯是在历史唯物主义视界纠正特卡乔夫的理论错误和实践路向偏见的。但这也再次形成恩格斯认为俄国跨越不了资本主义的论据。实质上，恩格斯在生产力与生产关系、经济基础与上层建筑辩证关系原理上，有两个历史境界，即资本主义世界历史与俄国民族史，就其关系来说资本主义生产力的发展和世界市场、世界分工体系的推进，俄国革命是不可能孤立的，现实的趋势是资本主义的。民粹派也看到了这种趋势，但因痛恨资本主义而又缺乏辩证唯物主义和历史唯物主义的理论工具，看不到马克思主义政党领导的科学社会主义运动是立足资本主义生产力的历史成就，吸引和团结小资产阶级、联合农民的革命策略，他们的跨越论即使有革命短促成功的可能，但立足于恢复农业公社的社会主义，因其本身固有的二重性和世界资本主义作用的影响，难以逃脱资本主义死灰复燃的窠臼。

毫无疑问，恩格斯是在唯物史观的逻辑上否定民粹派的跨越论的。但恩格斯对马克思的跨越论并没有否定或模棱两可，而是在俄国农业公社正在趋于解体的条件下指出有一种跨越的可能条件，"即西欧在这种公社所有制彻底解体以前就胜利地完成无产阶级革命并给俄国农民提供实现这种过渡的必要条件，特别是提供在整个农业制度中实行必然与此相联系的变革所必需的物质条件"②。这是恩格斯 1875 年否定民粹派跨越论而指正一种马克思的跨越论之可能性。这与马克思 1877 年给《祖国纪事》编辑部的信和 1881 年给查苏利奇的复信之一致性是毫无疑问的。1880 年马克思在为恩格斯的《社会主义从空想到科学的发展》法文译本所写的前言中，高度评价恩格斯的《论俄国的社会问题》是一篇重要论文③。应当说，马克思评价具有这样的意义：这篇论文是科学社会主义原理俄国化的一个典范。马克思和恩格斯在 1882 年《共产党宣言》俄文版序言中，又就俄国的农业公社在资本主义狂飙中是被瓦解还是直接过渡到共产主义高级形式

---

① 《马克思恩格斯文集》第 3 卷，人民出版社 2009 年版，第 389—390 页。
② 《马克思恩格斯文集》第 3 卷，人民出版社 2009 年版，第 399 页。
③ 参见《马克思恩格斯文集》第 3 卷，人民出版社 2009 年版，第 492 页。

问题进行简要阐释，共同作出"目前唯一可能的答复是：假如俄国革命将成为西方无产阶级革命的信号而双方相互补充的话，那么现今的俄国土地公有制便能成为共产主义发展的起点"①。这也就是说土地公有制可以作为共产主义的起点，但它本身不可能过渡到共产主义高级形式，它作为起点和过渡的条件也应建立在《共产党宣言》的无产阶级革命原则基础上才是可能的，这是马克思、恩格斯的基本结论。马克思、恩格斯承认俄国流亡者中革命民粹派的重要价值，但不同意他们关于跨越资本主义的理论、革命纲领、实践途径；马克思、恩格斯试图以《共产党宣言》的革命理论影响俄国革命民粹派，这是他们一致努力的方向。

（二）恩格斯晚年的社会主义革命理论与国家建构思想

恩格斯晚年放弃无产阶级革命主张了吗②？马克思逝世后，恩格斯挑起了为马克思主义辩护、阐释、传播，根据社会发展新趋势进一步发展无产阶级革命理论和实践策略的重任，于1889年主导成立"第二国际"，使其成为国际无产阶级革命运动的理论创新和承担领导任务的中枢，为发展马克思主义作出了卓越贡献。但是，有一种论断即恩格斯晚年根据资本主义发展的新趋势放弃了《共产党宣言》中的无产阶级革命纲领，将策略转向通过议会斗争和平长入社会主义的主张。基于此认识，在发达资本主义国家工人阶级革命已无可能，俄国革命就不存在与西欧无产阶级革命相互策应和补充的问题，所以马克思关于俄国的跨越论也就失效。得出的结论更主要是根据恩格斯的《1891年社会民主党纲领草案批判》，1895年《新时代》发表的《卡·马克思〈1848年至1850年的法兰西阶级斗争〉一书导言》（以下简称《法兰西阶级斗争》《导言》）两个主要文本中的两个论断。

我们先来看《导言》的论断。《导言》是应1895年德国社会民主党《前进报》社经理查·费舍之邀，为即将出版的《1848年至1850年的法兰西阶级斗争》而写。《导言》贯穿着使无产阶级政党深刻理解马克思这部著作在事件分析背后的基本原理，这是恩格斯为《导言》所指定的红

---

① 《马克思恩格斯文集》第2卷，人民出版社2009年版，第8页。
② 一般以1883年马克思逝世至恩格斯逝世这段时间作为恩格斯的晚年期。

线。恩格斯在《导言》开篇中就指出，《共产党宣言》是从经济状况出发来揭示"一段现代历史的初次尝试"，而马克思的《1848 年至 1850 年的法兰西阶级斗争》的方法，"要把一个对全欧洲都很关键而又很典型的多年发展过程中的内在因果联系揭示出来，照作者看来，就是把政治事件归结为最终是经济原因的作用"①。也就是说，《共产党宣言》是在唯物史观上科学揭示现代社会的经济斗争就是无产阶级反对资产阶级的斗争，无产阶级必然胜利、资产阶级必然灭亡是经济社会形态矛盾运动的趋势；而《1848 年至 1850 年的法兰西阶级斗争》是以政治斗争事件反射其内在的基础的根据。这两个方面相互映照，是理解无产阶级革命不可阻挡的唯物史观的体现。马克思自己在《1848 年至 1850 年的法兰西阶级斗争》的简短前言中就指出，法兰西无产阶级的失败所灭亡的并不是"革命"而是革命前的传统的残余，也就是封建制度的残余，无产阶级与资产阶级斗争已经成为现代阶级斗争的主要特征，无产阶级革命的失败同时也是其进展；"革命的进展不是在它获得的直接的悲喜剧式的胜利中，相反，是在产生一个联合起来的、强大的反革命势力的过程中，即在产生一个敌对势力的过程中为自己开拓道路的，只有通过和这个敌对势力的斗争，主张变革的党才走向成熟，成为一个真正革命的党"②。马克思以法兰西革命事件编年史安排的四个篇章贯穿了这样的思想。马克思认为 1848 年二月革命是经济事件引发的无产阶级革命，工人阶级在街垒仗中付出了巨大牺牲，但政权却落在资产阶级手中，工人阶级试图要将革命推向前进的是少数。从工人阶级内部分化的状况看，少部分监工阶层的工人贵族幻想有好的工作和薪俸，流氓无产者作为游民是最看重眼前利益的，还有一部分破产的小资产阶级幻想着昨天的美梦，因此，只有遭受资产阶级压榨的产业工人试图将革命推向前进。再看另一个层面的争夺统治权力的阶级结构构成，他们有封建土地贵族的残余、已经资产阶级化的商业贵族（这部分人大多是大资产阶级行列的）、大资产阶级、中等资产阶级、小资产阶级。在工人阶级和上层阶级中间是小资产阶级和大量的农民。在资产阶级领导权争夺的时候农民阶级的立场左右摇摆。马克思在因阶级利益所决定政治革命立场

---

① 《马克思恩格斯文集》第 4 卷，人民出版社 2009 年版，第 532 页。
② 《马克思恩格斯文集》第 2 卷，人民出版社 2009 年版，第 79 页。

和政治权力变异的关系分析中揭示了几个极为重要的理论问题。首先，"一般说来，工业无产阶级的发展是受工业资产阶级的发展制约的。在工业资产阶级统治下，它才能获得广大的全国规模的存在，从而能够把它的革命提高为全国规模的革命；在这种统治下，它才能创造出现代的生产资料，这种生产资料同时也正是它用以达到自身革命解放的手段。只有工业资产阶级的统治才能铲除封建社会的物质根底，并且铺平无产阶级革命唯一能借以实现的地基。"① 法国二月革命有利于工业资产阶级的发展，但它并没有获得政治统治，除巴黎以外，主要是以农民和小资产阶级为主。马克思预料法国工业资产阶级的发展造成全国生产关系的改变也必然依赖世界市场，这就有可能构成与实际市场霸主英国的战争问题，这就有可能造成随法国工业资产阶级一道发展的无产阶级成为世界无产阶级革命的典范。其次，在资本主义"普遍繁荣的情况下，即在资产阶级社会的生产力正以在整个资产阶级关系范围内所能达到的速度蓬勃发展的时候，也就谈不到什么真正的革命。只有在现代生产力和资产阶级生产方式这两个要素互相矛盾的时候，这种革命才有可能"② 。这种矛盾就是经济危机，"新的革命，只有在新的危机之后才可能发生。但新的革命正如新的危机一样肯定会来临"③ 。再次，无产阶级革命必须以"不断革命"和"无产阶级的阶级专政"来达到其目的，"这种专政是达到消灭一切阶级差别，达到消灭这些差别所由产生的一切生产关系，达到消灭和这些生产关系相适应的一切社会关系，达到改变由这些社会关系产生出来的一切观念的必然的过渡阶段"④ 。最后，在基于经济利益的阶级斗争和政治权力争夺中，在工业资本主义发展中，农民、小资产阶级、整个中间阶级也向无产阶级靠拢，但是法国无产阶级的无政府主义却有利于资产阶级，而无产阶级革命需要形成联盟的力量，无产阶级应是"联盟的首脑"⑤ 。毋庸置疑，恩格斯写作《导言》的目的是使阅读马克思这一文本的人，能够理解到马克思所得出的深刻结论，但恩格斯还强调非常关键的问题：马克思的这个文本原来是

① 《马克思恩格斯文集》第 2 卷，人民出版社 2009 年版，第 88 页。
② 《马克思恩格斯文集》第 2 卷，人民出版社 2009 年版，第 176 页。
③ 《马克思恩格斯文集》第 2 卷，人民出版社 2009 年版，第 176 页。
④ 《马克思恩格斯文集》第 2 卷，人民出版社 2009 年版，第 166 页。
⑤ 《马克思恩格斯文集》第 2 卷，人民出版社 2009 年版，第 168 页。

前三个政治斗争的编年史，但这三个文本是根据当时的材料和社会矛盾状况所写，现在已经发生了一定的变化，因此恩格斯在马克思的前三个文本之后，将马克思和恩格斯共同撰写的法兰西阶级斗争动向的"时评"作为前三个文本的续篇，即第四篇收入其中，由此构成整个文本。恩格斯这样做的理由在于：前三篇马克思写于1849年底至1850年春天，但因革命高潮已经过去，马克思从1850年春天开始再次回到政治经济学研究中，马克思深化了1847年世界贸易危机孕育了1848年的二月革命和六月革命的结论。但是，危机从1848年就很快得到恢复，并且在1850年出现了工业繁荣的景象，这就出现了与前三篇对事变叙事所期待的再一次革命高潮到来的强烈反差。由此，马克思、恩格斯对这一现象返回经济社会的根基上加以深刻思考，放弃了将经济繁荣与无产阶级高涨的预断，因此在1850年二人根据新的情况写出了一篇"时评"，提出了"新的革命，只有在新的危机之后才可能发生。但新的革命正如新的危机一样肯定会来临"。恩格斯认为这个结论是"必须作的唯一重大修改"[①] 的。可见，恩格斯将这篇"时评"编进来的特殊价值就体现在，重要结论是不是真理要由历史发展的实践来检验，将马克思的结论教条化与马克思主义政党不相容，这应算是恩格斯的遗嘱之一。再者，放入这篇"时评"的价值还在于：马克思不停顿地追踪法国政治权力与社会的经济矛盾、政治统治方法之间的关系，这篇文章深刻分析了选举法、新闻出版法颁布后，法国立法权和行政权关系调和的新现象，以及国家将新闻出版权力作为第三种权力掌控到国家手里，资产阶级各政党派别虽然在政治上争吵不休，但无产阶级还没有动摇其经济基础的能力，农民也没有进行革命的愿望。恩格斯又指明，马克思在1851年12月12日波拿巴政变后所写的《路易·波拿巴雾月十八日》的一个结论要吸收进来，也就是马克思"第一次提出了世界各国工人政党都一致用以扼要表述自己的经济改造要求的公式，即：生产资料归社会所有"[②]。

马克思总结的波拿巴复辟的一个重要原因就是其是通过法律和政治策略来实现的，六月革命前的宪法草案排除了工人阶级对劳动权的要求，仅

---

① 《马克思恩格斯文集》第4卷，人民出版社2009年版，第536页。
② 《马克思恩格斯文集》第4卷，人民出版社2009年版，第536页。

以"享受社会救济权"代替，这就在法律上将工人成为资产阶级国家的附庸了。"劳动权"是工人阶级革命要求最初概括的"拙笨公式"，这是受法国无政府主义影响所形成的。但这毕竟是向前跨出了一步，有了共同的革命目标。马克思对此加以科学社会主义的改造：无产阶级所要求的"劳动权就是支配资本的权力，支配资本的权力就是占有生产资料，使生产资料受联合起来的工人阶级支配，也就是消灭雇佣劳动、资本及其相互之间的关系"①。恩格斯通过援引和重释，深刻阐明"马克思后来把这个公式也扩大到占有交换手段上，那么这种扩大不过是从基本原理中得出的结论罢了，况且，按《共产主义宣言》来看这种扩大是不言而喻的"②。恩格斯认为，在唯一的一个重要结论修改和吸收一个结论的情况下，《法兰西阶级斗争》"叙述对事变内在联系的揭示达到了至今无人达到的程度"③，它可以作为《共产党宣言》的扩展。由此可见，恩格斯所写《导言》的主旨思想是强化和加深马克思主义的世界观和方法论，旨在塑造马克思主义政党、推进无产阶级革命。在这个范围内，恩格斯对工人阶级政党特别是德国社会民主党，在把握社会历史发展趋势的条件下，如何组织和发动无产阶级革命的方法提出了具体指导思想。

坚持和发展马克思主义、与时俱进地推进无产阶级革命是马克思主义政党的历史使命，这应当是恩格斯的政治遗嘱。与之相反的解读是：从恩格斯的《导言》中解读出晚年恩格斯放弃暴力革命而转向改良。这种解读的严重错误在于：忽视恩格斯关于《共产党宣言》与《法兰西阶级斗争》关系的阐释，离开恩格斯阐释的语境断章取义地摘引必然造成误解。恩格斯关于"我们错了"的表达是："历史表明我们也曾经错了，暴露出我们当时的看法只是一个幻想。历史走得更远：它不仅打破了我们当时的错误看法，并且还完全改变了无产阶级进行斗争的条件。1848年的斗争方法，今天在一切方面都已经过时了，这一点值得在这里比较仔细地加以探讨"④。恩格斯在叙事的逻辑上关于"我们错了"的检视，至少说明三种情况：将1848年的革命简单地等同1789年大革命的翻版；庸俗民主派幻

① 《马克思恩格斯文集》第2卷，人民出版社2009年版，第113页。
② 《马克思恩格斯文集》第4卷，人民出版社2009年版，第537页。
③ 《马克思恩格斯文集》第4卷，人民出版社2009年版，第535页。
④ 《马克思恩格斯文集》第4卷，人民出版社2009年版，第538页。

想等待革命高潮不久将再次爆发；马克思和恩格斯 1849 年就批评庸俗民主派的判断，于 1850 年秋预告至少革命第一阶段已告结束，随后得出了经济危机与革命的逻辑关系，这就是恩格斯所强调"唯一修改的原理"。这三个方面是"我们错了"的实质。恩格斯在这一语境的逻辑上对"我们错了"进行的深刻分析主要体现在：法国工人阶级革命与历史上的革命有相同的一面，即总是少数人革命多数人随从，最后再建立少数人统治的政权；而不同的是工人阶级虽然是少数却是代表多数人利益的。但是，法国工人阶级却不知道革命的方向往哪里走，人民群众本能的、自发的革命一旦遭遇困难就分化和转变立场。马克思认真地追踪研究这一现象，一方面在 1850 年春季就已经发布了政权已经被具有保皇主义倾向的大资产阶级所掌控，但另一方面也预告了农民和小资产阶级向无产阶级靠拢，决定再次革命的主要因素已经是有了经验变得聪明的无产阶级的判断。但是，恩格斯强调如果将马克思的这一判断，仅仅理解为这"难道不是完全存在着少数人的革命变成多数人的革命的前景吗？"[①]，那就误解了马克思！对此，恩格斯转入《法兰西阶级斗争》文本中再次解释马克思对无产阶级革命与工业无产阶级、工业资产阶级的历史关系的重要论断。恩格斯接续马克思的分析，认为 1848 年革命后，德国已经成为欧洲工业国的巨头，这虽然是以资本主义为基础的，但大工业既有利于工业资本家同时也造成了无产阶级革命的客观条件。因此，"现在则是马克思的理论，是一个得到大家公认的、透彻明了的、明确地表述了斗争的最终目标的理论。"[②] 恩格斯认为，德国社会民主党在思想理论上受拉萨尔派的影响已经瓦解，坚持马克思主义的爱森纳赫派形成了强有力的组织，这就需要德国无产阶级政党坚持和发展马克思主义理论，团结世界无产阶级进行革命，创造无产阶级的世界历史。

无产阶级政党如何在社会历史条件变化中制定合理的革命策略？恩格斯在《导言》中进行了历史唯物主义的发挥。恩格斯总结 1848 年革命到 1871 年巴黎公社期间工业革命在欧洲的发展，认为巴黎公社的失败不但没有消灭无产阶级，而且在大工业发展中无产阶级队伍不断壮大，随着德国

① 《马克思恩格斯文集》第 4 卷，人民出版社 2009 年版，第 540 页。
② 《马克思恩格斯文集》第 4 卷，人民出版社 2009 年版，第 541 页。

成为欧洲工业第一强国，巴黎公社失败后，布朗基派和蒲鲁东派的社会主义在法国也被瓦解，无产阶级革命的中心已经从法国转移到德国。德国社会民主党人善于利用 1886 年开始的普选权，党以惊人的业绩取得了长足的发展，但 1887 年德国政府为遏制社会民主党，颁布了《反社会党人法》，即使在出版刊物、结社、发动工人等受到严重制约，党组织处于"非法"的恶劣条件下，社会党人在选举中赢得的选票还在持续增长。恩格斯认为德国社会民主党利用普选权向人民讲清楚了党的使命得到了人民的支持，因此，德国工人为社会主义作出的巨大贡献，一个是以严明的组织纪律性和社会主义的目标追求不断发展壮大，另一个是向世界无产阶级证明最锐利的武器就是"应该怎样使用普选权"①。怎样认识和使用普选权？恩格斯认为一些国家的工人阶级对此表现得很消极，如法国，因普选权被波拿巴政府滥用而声名狼藉，巴黎公社失败后没有工人政党利用它，在西班牙、瑞士、罗曼语国家都把普选权视为陷阱。但是在德国，工人阶级按照《共产党宣言》早已宣布的争取普选权、争取民主的原则，通过议会斗争，将争取选票和宣传共产主义结合起来，成为世界工人阶级的典范。马克思主义工人政党领袖奥古斯特·倍倍尔首先进入了第一届制宪帝国国会。恩格斯特别提到，拉萨尔在背叛马克思主义的条件下向俾斯麦提出恩惠请求，这从另一个角度有利于普选权确立。但是，恩格斯强调以《共产党宣言》为指导的马克思主义政党能够使普选权这一"欺骗的工具变为解放的工具"②。恩格斯于 1879 年确实担心过拉萨尔的投降主义会使工人政党局限于合法活动，只是为了选票而把重要的无产阶级革命忘记掉。恩格斯坚持《共产党宣言》的无产阶级革命原则，指导德国工人阶级政党乃至世界无产阶级政党利用各种条件进行社会主义革命，但在条件发生变化的时候革命策略也要进行相应的调整，也是恩格斯的明确主张。恩格斯在分析德国的斗争条件时得出了一个判断："这里斗争的条件毕竟已经发生了根本的变化。旧式的起义，在 1848 年以前到处都起过决定作用的筑垒巷战，现在大大过时了。"③ 人们基于这一判断与恩格斯对德国马克

---

① 《马克思恩格斯文集》第 4 卷，人民出版社 2009 年版，第 544 页。
② 《马克思恩格斯文集》第 4 卷，人民出版社 2009 年版，第 545 页。
③ 《马克思恩格斯文集》第 4 卷，人民出版社 2009 年版，第 545—546 页。

思主义政党利用选举权的进步，得出了恩格斯放弃革命转向改良的结论，并将其作为恩格斯的最后"政治遗嘱"，一直影响到现在。这对恩格斯是极大的误解和极端的不尊重。只根据"筑垒巷战过时了"就能得出恩格斯主张停止革命转向改良了吗？

经济危机是否造成无产阶级革命的高潮？马克思和恩格斯不断在具体的社会历史运动中检验他们原有的结论：经济危机必然造成无产阶级革命高潮的到来。马克思和恩格斯在社会情势和国家权力关系的新变化上，否定了这一结论的普遍性。在 1848 年革命后，欧洲进入工业革命的快车道，同时政府职能不断加强，1847 年、1857 年、1866 年、1873 年等经济危机是马克思研究资本主义深层矛盾与政治上层建筑关系的重要参照系。1847 年的经济危机是导致法国二月革命和六月革命的主因，但其后的经济危机并未导致阶级革命的原因又是什么？一个重要的方面是资本主义通过政府管控市场、补贴企业。德国俾斯麦政府在 19 世纪 80 年代颁布《疾病保险法》、《工人赔偿法》和《伤残和养老保险法》，通过调整生产关系容纳生产力总和，生产力还有发展的余地，还未达到摧毁资本主义经济政治体系的客观条件。但马克思、恩格斯认为这种客观条件同时也加速了无产阶级成长壮大的主体条件，但这需要科学的革命理论为革命实践指明方向，由工人阶级主体及其先进分子组成的政党来领导无产阶级革命才有可能。但是，在德国，俾斯麦政府具有的强大军队和对社会的管控能力，以及法律手段在国家职能上的强化，都使过去那种通过突然袭击的筑垒巷战夺得革命胜利的方式不可能了。这就使恩格斯不得不考虑将合法斗争与新的暴力革命如何结合的问题。问题在于：恩格斯在《导言》中为什么没有突出这一问题？在恩格斯《导言》写就后，编辑部害怕引起德国政府的报复，因当时德国政府正在讨论制定防止暴力推翻现行国家秩序的反政变法案，要求恩格斯将革命言论进行修改。在《导言》中关于德国革命的言辞都已经消失，突出了合法斗争，只保留了"不言而喻，我们的外国同志们没有放弃自己的革命权。须知革命权是唯一的真正'历史权利'——是所有现代国家无一例外都以它为基础建立起来的唯一权利"[①]。恩格斯在给费舍的答复信中强调：尽可能考虑到编辑部的严重担忧，但绝不能放弃无产阶级革

---

① 《马克思恩格斯文集》第 4 卷，人民出版社 2009 年版，第 550—551 页。

命的目标即实现生产资料公有制的基本公式，利用普选权的合法性既是革命者的策略同时也是反革命者的策略，资产阶级到时候会用国家权力采取非法暴力手段维护自己的统治，"如果你们宣扬绝对放弃暴力行为，是决捞不到一点好处的。没有人会相信这一点，也没有一个国家的任何一个政党会走得这么远，竟然放弃拿起武器对抗不法行为这一权利"①；在考虑期刊安全和费舍等人的担心情况下，恩格斯不得不同意对几处的修改。但恩格斯强硬指出，还有法国人、英国人、意大利人等外国人看文章，"我绝不能在他们面前这样糟蹋自己的名誉。"② 文章修改至此，"我绝不会再多走一步"③。但编辑并没有完全尊重恩格斯的意见，当恩格斯看到《前进报》断章取义地发表《导言》时非常气愤，指出"在这篇经过修饰整理的摘录中，我是以一个爱好和平的、无论如何要守法的崇拜者出现的。我特别希望《导言》现在能全文发表在《新时代》上，以消除这个可耻印象"④。恩格斯一直坚持根据情况变化把握革命条件制定革命策略，始终坚持实现无产阶级专政的首要目标，并以此为保障实现生产资料公有制。可见，运用合法手段不等同于放弃革命，也不等于"改良"主义。

恩格斯是在什么条件下阐释"和平长入社会主义"的？恩格斯在《1891年社会民主党纲领草案批判》中一个关于"和平长入社会主义"的简短论中说，是否与《导言》前后呼应，表明由革命转向改良呢？恩格斯在对社会民主党纲领草案提出修改意见时，批判德国社会民主党重要领导人李卜克内西的"和平长入社会主义"的观点，提出了另一种有可能"和平长入社会主义"的可能性。李卜克内西关于"和平长入社会主义"的语境构造是：德意志帝国议会相当软弱，它只是专制制度的遮羞布，只要德意志境内的原来各个小邦形成联盟，实现生产资料公有制就可以"和平长入社会主义"。恩格斯指正李卜克内西，现实的德国的国家权力掌握在行政长官手里，行政权实质上就是国家最高权力，国会实质上是民主的遮羞布，"政府几乎有无上的权力，帝国国会及其他一切代议机关毫无实权"⑤。

① 《马克思恩格斯全集》第39卷，人民出版社1974年版，第401页。
② 《马克思恩格斯全集》第39卷，人民出版社1974年版，第401页。
③ 《马克思恩格斯全集》第39卷，人民出版社1974年版，第402页。
④ 《马克思恩格斯全集》第39卷，人民出版社1974年版，第432页。
⑤ 《马克思恩格斯文集》第4卷，人民出版社2009年版，第414页。

这是德国国家权力的真实。因此，试图通过揭去"国会"的遮羞布和平长入社会主义，"这样的政策长此以往只能把党引入迷途"①。恩格斯深刻揭示了德国社会民主党关于和平长入社会主义观念的由来：德国执行"反社会党人法"期间，一些社会民主党人在报刊中散布机会主义言论："'现代的社会正在长入社会主义'。"② 恩格斯提出了与德国相比较的其他国度是否有和平长入社会主义的可能？恩格斯指出，"可以设想，在人民代议机关把一切权力集中在自己手里、只要取得大多数人民的支持就能够按照宪法随意办事的国家里，旧社会有可能和平长入新社会，比如在法国和美国那样的民主共和国，在英国那样的君主国。英国报纸上每天都在谈论即将赎买王朝的问题，这个王朝在人民的意志面前是软弱无力的。"③ 需要注意的是，这是恩格斯在与德国比较途径上的一种设想。这是恩格斯为启发地指引李卜克内西等社会民主党的领导者们，如何制定无产阶级革命政策和策略而提出的一种设想。但恩格斯又对这样的"和平长入"进行了批判。在这些国度里要求和平长入新社会的原来是资产阶级，政治要求是民主共和国，但资产阶级要求的是贸易自由。无产阶级试图在这样的民主共和国里和平长入社会主义，只注重眼前利益而热衷于投票是不可能的。实际上，马克思和恩格斯认为，无产阶级如果有能力以和平的方式夺得政权而改变私有制经济，实现生产资料公有制，这是最好的办法。但是，这是马克思、恩格斯对实行民主共和制国家的工人阶级的一种可能性的建议。实质上，这些国家后来都走向了强权国家。恩格斯指出，在德国这样行政权力强盛的国家，试图"可以用舒舒服服和平的方法建立共和国，不仅建立共和国，而且还可以建立共产主义社会，这是多么大的幻想"④。恩格斯批评德国社会民主党只顾眼前利益而忠于投票，不顾社会主义目标，"为了运动的现在而牺牲运动的未来，这种做法可能也是出于'真诚的'动机。但这是机会主义，始终是机会主义，而且'真诚的'机会主义也许比其他一切机会主义更危险"⑤。恩格斯在这之后，应法国社会主义者之邀所写的

---

① 《马克思恩格斯文集》第 4 卷，人民出版社 2009 年版，第 414 页。
② 《马克思恩格斯文集》第 4 卷，人民出版社 2009 年版，第 413 页。
③ 《马克思恩格斯文集》第 4 卷，人民出版社 2009 年版，第 414 页。
④ 《马克思恩格斯文集》第 4 卷，人民出版社 2009 年版，第 415 页。
⑤ 《马克思恩格斯文集》第 4 卷，人民出版社 2009 年版，第 414—415 页。

《德国的社会主义》一文，在充分肯定德国利用普选权积蓄革命力量所取得的成就时，也表现出对只限于投票的忧虑与担心。恩格斯声明不代表德国社会民主党，只以个人的看法来谈论德国无产阶级革命策略问题，认为在德国国家权力强大的条件下，不能简单地、匆忙地再重复街垒巷战，而是要以科学社会主义影响年轻的士兵，并设法形成社会主义的军队作为社会主义革命准备的一个重要方面。"资产阶级曾经多少次要求我们无论如何要放弃使用革命手段而待在法律的框子里"①，但是，当资产阶级运用合法性因无产阶级的壮大而不能容忍的时候，他们会将这种合法转变为非法，不定哪一天他们会开枪，这种状况的出现，因"反革命势力的暂时优势也许能把社会主义的胜利推迟几年，然而这只能使今后的胜利更彻底和更巩固"②。可见，恩格斯一直坚持和平方式也是实现生产资料公有制的手段，暴力是革命，和平方式也是革命，要根据条件的变化制定行动策略。恩格斯指出，"我们的策略不是凭空臆造的，而是根据经常变化的条件制定的"③。恩格斯既反对不顾客观条件变化而经验主义地将过去的行动用于现实造成无谓的牺牲，又反对只强调客观条件的客观主义而忽视无产阶级革命主体塑造的主观条件，使马克思主义政党在主体与客体、主观与客观的辩证运动中正确抉择革命手段，这是恩格斯晚年所努力的方向。

恩格斯晚年放弃了马克思关于俄国跨越资本主义"卡夫丁峡谷"的论断了吗？断定恩格斯晚年转向改良主义，主要依据对于《论俄国的社会问题》的断章取义，得出其否定马克思的俄国飞跃资本主义的可能性论说。恩格斯晚年在关于德国和欧洲其他国家的社会主义运动的问题论述中，一般都关涉俄国沙皇政权、军队、社会经济政治发展状况、无产阶级发展趋势等问题。因为当时的德国与俄国是欧洲两大军事强国，如果德国工人阶级有推翻统治阶级的可能，那么就有可能招致俄国沙皇的军队将其扑灭的危险。恩格斯1894年撰写的《〈论俄国的社会问题〉跋》进一步阐释了对俄国革命以及与欧洲特别是与德国之间关系的观点。恩格斯首先纠正了自己对特卡乔夫的"主义"定性的一个错误，即原来将其视为巴枯宁主义

---

① 《马克思恩格斯文集》第4卷，人民出版社2009年版，第430页。
② 《马克思恩格斯文集》第4卷，人民出版社2009年版，第430页。
③ 《马克思恩格斯全集》第38卷，人民出版社1972年版，第439页。

者，实质上他是"冒充的'布朗基主义者'"①。实质上，特卡乔夫在发表
《俄国革命的宣传的任务》之时，他自己并没有撇清与巴枯宁的关系，再
加之他在对恩格斯所致公开信中公然为巴枯宁辩护。可能特卡乔夫一部分
接受了恩格斯的批评，同时他抛出的纲领也受到了来自巴枯宁主义追随者
的批判。他在《国家与革命》《人民与革命》的两篇论战性檄文中接受了
恩格斯对村社性质的判定，不再使用农民是天然的共产主义者、本能的共
产主义者的字眼。特卡乔夫分析了村社正在遭遇资本主义的瓦解，它处于
走向社会主义或资本主义的岔路口上，但农民只固守传统的生活方式，愚
昧落后地将自己的"米尔"视为神圣，这与共产主义还差得很远，只是共
产主义的种子和胚胎，但要及时终止资本主义对其的破坏，"人民没有能
力在旧世界的废墟上建立一个能够朝着共产主义理想的方向前进和发展的
新世界；因此在建设这个新世界时，人民不能，也不会起到任何突出的、
首要的作用。这种角色和这种作用仅仅属于革命的少数人"②。可见，恩格
斯将这位民粹主义革命者定性为冒充的布朗基主义者是合适的。恩格斯并
没有对特卡乔夫思想的转变谈什么看法，而重点还是在农业公社与共产主
义的关系问题上。恩格斯除了指出农业公社从 1861 改革以来正在瓦解的
事实、"从氏族社会遗留下来的农业共产主义在任何地方和任何时候除了
本身的解体以外，都没有从自己身上生长出任何别的东西"③ 这两点外，
主要重释了马克思 1877 年给《祖国纪事》的信所表达的观点和马克思、
恩格斯共同撰写的 1882 年《共产党宣言》俄文版序言的观点。恩格斯还
特别解释了马克思在《资本论》德文第一版第一卷中评论赫尔岑和车尔尼
雪夫斯基的观点。在《资本论》俄文第二版的《跋》的观点与《给祖国
纪事》的信的观点都是一致的。恩格斯最后得出了和马克思一致的结论：
"要想保全这个残存的公社，就必须首先推翻沙皇专制制度，必须在俄国
进行革命。俄国的革命不仅会把这个民族的大部分即农民从构成他们的
'天地'、他们的'世界'的农村的隔绝状态中解脱出来……俄国革命还
会给西方的工人运动以新的推动，为它创造新的更好的斗争条件，从而加

---

① 《马克思恩格斯文集》第 4 卷，人民出版社 2009 年版，第 451 页。
② 国际共运史研究室编译：《俄国民粹派文选》，人民出版社 1983 年版，第 410 页。
③ 《马克思恩格斯文集》第 4 卷，人民出版社 2009 年版，第 457 页。

速现代工业无产阶级的胜利；没有这种胜利，目前的俄国无论是在公社的
基础上还是在资本主义的基础上，都不可能达到社会主义的改造。"① 由此
可见，恩格斯晚年否定马克思的俄国飞跃资本主义之论断是不成立的。恩
格斯与马克思一致，对包括车尔尼雪夫斯基的民粹派之超越论是否定的。

三　普列汉诺夫、列宁对俄国民粹派的批判

普列汉诺夫脱离民粹派成为马克思主义者，关于俄国革命论战的对手
不是资产阶级自由主义而是民粹派。在 1861 年俄国废除农奴制的同年，
受赫尔岑"庄稼汉社会主义"思想的影响，在一些知识分子"到农村去"
的具体行动中成立了"土地与自由社"，这是村社社会主义的最早组织。
这个组织的名称就是其理念，即以村社集体占有土地，由各个村社自由联
合形成公社联邦。这里所谓的自由不是资产阶级自由主义个人的自由，而
是村社自治和自主联合的自由。这是由民粹主义反对资产阶级自由主义的
世界观所决定的。显然，这是赫尔岑"庄稼汉社会主义"的无政府主义主
张现实化的一种具体行动。但是，他们的社会主义思想在农民中并不能得
到认同，而农民需要的是废除农奴制后地主对他们原有土地的"割地"，
最大的愿望是自己占有土地。因他们没有得到农民的响应和支持，一部分
成员受马克思、恩格斯无产阶级革命思想的影响，转向将工人作为革命的
重要主体之一，但总体思想还停留在：通过少数革命家的密谋与暴力革命
建立"人民统治"的政权，解放农民，在村社基础上建立社会主义制度。
由此"土地与自由社"开始形成一分为三的分化：一部分激进的青年于
1879 年从"土地与自由社"分化出来组建成"民意党"；另一部分组成
"人民党"仍然以农村为根据地；普列汉诺夫率领其追随者成立新的组织
"土地平分社"。这三个派别虽然都受到马克思主义的影响，但因对马克思
主义的理解及其对俄国的实用性的认识不同，各自走各自的路。"人民党"
所宣布的纲领依然坚持农民的世界观就是社会主义，革命就是扭转俄国的
资本主义趋势，对革命后的国家制度无须过多考虑，村社依然存在，以觉
醒的知识分子与农民结合就能获得革命的成功，革命后将权力交给人民，

---

① 《马克思恩格斯文集》第 4 卷，人民出版社 2009 年版，第 466—467 页。

由人民组成委员会批准政府组织，在经济上"土地、工厂、大型劳动工具
的最高所有权属于全体人民，同时其使用权仍属于城乡劳工集体"①。这个
纲领接受马克思的共产主义思想，但不同意俄国要走西欧的道路。"民意
党"所抛出的纲领，主张以少数工人为主体的精英革命家组成密谋团体，
在农民和工人中加强革命纲领宣传，突袭发动革命，实现公有制、按需分
配，村社成员享有充分自由、各村社享有自己的决定权，以村社联盟构建
国家制度，"这样的社会制度和国家体制是会保障人民的幸福的"②。可见，
人民党和民意党的纲领有极其相近的一面，在革命道路和革命主体的选择
上有明显差异；它们共同的特征还有对赫尔岑的社会主义思想进行了马克
思主义的改造，抛弃巴枯宁的无政府主义。这应当是他们接受了马克思、
恩格斯对巴枯宁主义的批判的结果。但是这两个派别距离马克思的科学社
会主义相当远，还带有浓重的空想社会主义色彩，实际上他们更接近车尔
尼雪夫斯基的跨越论思想。以普列汉诺夫为主组成的"土地平分社"与前
两个派别的明显差别在于，从车尔尼雪夫斯基的社会主义跨越论思想向马
克思主义转型，认为俄国村社要经过自然历史规律，在生产力与生产关
系、经济基础与上层建筑社会历史的矛盾运动原理上来审视俄国的村社制
度。普列汉诺夫尽管在 1879 年至 1880 年受《资本论》中"经济社会规律
自然性"观点的引导，但还是认为通过土地平分具有绕过西欧资本主义的
可能性，因此，此时的普列汉诺夫尽管有经济社会形态规律自然性的思
想，但对俄国革命还带有明显的民粹主义意识。普列汉诺夫将这三个派别
的政党都用"社会革命党"来称呼，试图再将这三派整合起来实现土地平
分社的主张。"社会革命党"这一名称实际上来自民粹派的社会革命的话
语，也就是基于村社的经济生产方式的革命，但因"土地平分社"宣言曲
高和寡，再加之普列汉诺夫流亡，他陷入对民粹主义及其革命派别的怀疑
之中。流亡的普列汉诺夫有机会更为系统地研究马克思主义著作，于 1881
年完整地翻译了《共产党宣言》俄译本，于 1883 年在日内瓦成立"劳动
解放社"，组织翻译马克思的著作和恩格斯的《社会主义从空想到科学的
发展》《反杜林论》。普列汉诺夫及其"劳动解放社"作为俄国人的第一

① 国际共运史研究室编译：《俄国民粹派文选》，人民出版社 1983 年版，第 550 页。
② 国际共运史研究室编译：《俄国民粹派文选》，人民出版社 1983 年版，第 534 页。

个马克思主义者和研究传播马克思主义的组织。

普列汉诺夫成为马克思主义者后即展开与民粹主义的理论论战。民粹主义知识分子是马克思主义在俄国传播的启航者，同时也引发了马克思主义革命理论在俄国是否适用的大争论。马克思、恩格斯参与了 19 世纪 80 年代民粹派关于是否可以跨越资本主义"卡夫丁峡谷"的争论。普列汉诺夫成为马克思主义者的显著标志就是其以辩证唯物主义的世界观和方法论为思想指引，科学把握世界历史趋势和俄国革命的社会历史条件，探索俄国社会主义革命的理论、道路、革命主体及其塑造问题。理论问题是普列汉诺夫革命活动的主要指向，基于马克思主义的立场、观点、方法指出俄国无产阶级革命的方向，其所面对的是资产阶级自由主义和民粹派的各种理论对马克思主义理论的曲解问题。民粹主义与马克思主义的关系是一个复杂的问题。因为民粹主义痛恨资本主义并试图绕过资本主义而构建村社社会主义的构想有很大的影响力。民粹主义是俄国本土社会主义思想，又与西欧空想社会主义、现代工人运动中的如法国蒲鲁东的无政府主义的社会主义、德国受康德思想影响的哲学共产主义等思想的影响有密切的关系。民粹主义的各个派别，既有赫尔岑、车尔尼雪夫斯基、巴枯宁、拉普罗夫、特卡乔夫的线性演化关系，还有修正主义的马克思主义和反马克思主义者。普列汉诺夫以马克思主义者的角色展开与民粹派的论战，其对手是革命民粹派与非革命民粹派两种思想体系。就非革命民粹派来说，拉普罗夫的理论宣传派已经转向文化，受马克思《资本论》特别是关于"原始积累"思想影响的经济派和自由派放弃了无产阶级革命道路。组织《资本论》第一卷俄文翻译并迫切关心第二卷、第三卷出版的丹尼尔逊成为经济派的主要理论家，还有米海洛夫斯基、格丹诺夫斯基等转向对马克思革命理论，也就是《共产党宣言》的批判。他们认为俄国还未达到资本主义，无产阶级的社会主义革命不可能越过资产阶级革命，资产阶级在政治上革封建专制的命，会破坏村社经济，因此他们从阻止资产阶级革命到资产阶级在俄国已不可阻挡的现实面前转向书斋或退回神秘的精神世界，如别尔嘉耶夫等，但在理论上发布反马克思主义学说成为马克思主义的对手。但这一派别也不是全部都放弃了革命，如丹尼尔逊既属于经济派，也属于自由派民粹主义。自由派民粹主义是以丹尼尔逊、沃龙佐夫、米哈伊洛夫斯基等为代表的，他们既承认资本主义经济对村社的瓦解又以村社集体制的占有和生产资料的市场经济设置，阻止私有化蔓延，同时以工人和农民参与合法的议会斗争为基本方法，反对暴力革命。这是受德国社会民主党影响所形成的，这种理论思潮也被称为"合法民粹主义"。之所以称之为民粹主义，就是因为他们阻止和不情愿走西欧的道路。他们"被称为自由主义"的民粹派，是因为他们试图通过宪政的自由主义选票政治，将社会历史拉回农民民主主义的轨道。这种道路对俄国来说，是有利于资本主义发展的，因此马克思主义者也就将他们称为自由主义的民粹主义。自由民粹主义和经济民粹主义都放弃并且反对马克思主义的无产阶级革命理论，但与"合法马克思主义"观点是对立的。"合法马克思主义"是19世纪90年代初，一些自由主义学者在俄国政府官方合法的报刊上以马克思主义者旗号宣传资本主义在俄国的必然性，否认资本主义阶级矛盾和无产阶级革命的合理性的一股潮流。民粹主义与这样的所谓"合法马克思主义"又形成了一种论战的场域。在这些复杂的理论思潮镜像中，革命民粹派依然是俄国"革命"的同路人，但他们的理论与行动主张与科学社会主义存在很大的分歧，所以普列汉诺夫与民粹派的多种理论思潮展开激烈论战。一方面，通过批判传播马克思主义，以消除民粹派对无产阶级革命的消极影响；另一方面，也努力争取革命民粹派马克思主义化。这两个方面的任务是普列汉诺夫努力的方向。

马克思主义的俄国革命理论是普列汉诺夫与民粹派论战所要达到的目的。马克思主义理论与俄国革命条件相结合，这是普列汉诺夫深刻回答民粹派关于马克思主义是否适合俄国还是只是适合西欧问题必须解决的理论问题。马克思、恩格斯回答了俄国有可能跨越资本主义的问题，而普列汉诺夫要回答的是以马克思主义理论为旗帜进行无产阶级革命的社会历史条件是否具备的问题。普列汉诺夫于1883年和1884年撰写了《社会主义与政治斗争》《我们的意见分歧》两篇文章，标志着俄国的马克思主义者走上了无产阶级革命的前台，真正开辟了俄国马克思主义者批判民粹派和改造民粹派使其走向马克思主义革命道路的先河。《社会主义与政治斗争》一文是普列汉诺夫提出构建社会民主主义政党的宣言和纲领，贯穿着以无产阶级革命理论为指导的主导逻辑。普列汉诺夫指出，"要知道，没有革命的理论就没有名副其实的革命运动。任何一个力图解放自己的阶级，任何一个力求达到统治的政党，只有在它代表最进步的社会思潮，因而，是自己时代的最先进思想的担当者的时候才是革命的。"① 这里所说的"统治的政党"或"政党统治"是代表一个先进阶级的政党，尽管如此，对马克思主义者来说"政党统治"也会避讳的，普列汉诺夫的表述具有教育革命民粹派的意味。民粹派以"人民"无知与"爱民"的情怀、舍生忘死的革命激情，主张"革命家"组织来实现这一任务。尽管它们分化出不同的党派，但都以"社会革命党"这一总的称呼来指明民粹派与资产阶级的自由主义立宪派政党、保皇党之间的差别。普列汉诺夫提出"劳动解放社"的纲领是以社会民主主义政党来实现无产阶级革命为任务的，是俄国各革命派别中的马克思主义政党。

普列汉诺夫认为，《共产党宣言》还没有完成无产阶级革命理论的构建，《资本论》的完成以及恩格斯对马克思主义进行阐释的一些重要文献、与俄国民粹派通信对俄国革命的重要阐释，深刻体现着历史辩证法，它居于科学社会主义原理的中心。科学社会主义原理是建立在唯物史观基础上的科学的历史哲学，它揭示了"历史是最大的辩证主义者"②。普列汉诺夫进一步分析，历史的辩证运动一方面是客观的不以人的意志和革命家的思想为转移，也不被革命家的情怀所主导，它是由社会生产力发展水平所决定的；另一方面，人的团体间的阶级斗争又贯穿其中，科学社会主义的普遍真理就在于使人们的思想达到了对社会历史运动规律的科学认识。马克思主义的传播"向俄国思想界介绍了辩证法，教给了俄国思想界一个后来多次被人遗忘的真理，那就是说，在社会生活中'一切在流'，'一切在变'；社会生活中的诸现象只有在运动中，在自己的发生、发展和没落过程中方能被理解"③。普列汉诺夫批评民粹主义不深入研究俄国村社的历史和还将村社理解为具有原始共产主义性质的错误；在历史唯物主义上指正了村社已经是封建沙皇政府借以统治社会的工具。普列汉诺夫抛给民粹派的重磅炸弹，一个是村社不但不是科学社会主义的基础反而是其桎梏；另一个是对资本主义的正面认识。"在资本主义社会中产品分配的一些规律是对于工人阶级极为不利的。但是为资本主义所特有的生产组织和交换形

---

① 《普列汉诺夫哲学著作选集》第 1 卷，生活·读书·新知三联书店 1959 年版，第 98 页。
② 《普列汉诺夫哲学著作选集》第 1 卷，生活·读书·新知三联书店 1959 年版，第 79 页。
③ 《普列汉诺夫哲学著作选集》第 1 卷，生活·读书·新知三联书店 1959 年版，第 145 页。

式第一次创造了解放劳动人民的客观和主观的可能性。资本主义扩大了工人的世界观，打破了他们从旧社会承受下来的一切成见；它推动他们去斗争，是在增加他们的人数和提供给他们以组织劳动王国的经济可能而保证了他们的胜利。"① 普列汉诺夫的这段陈述，针对的是民粹派的资本主义观，即资本主义是"瘟疫"，对俄国来说，资本主义不是必然性的，而是"人为"制造的。但普列汉诺夫对民粹派的批判是有分别的，对放弃革命的、向皇权期待道德恩赐的民粹派毫不留情；但对革命民粹派来说，试图以科学社会主义原理为理论旗帜、以工人为无产阶级革命的主体、以社会民主党来团结和协调各个革命民粹主义党派，以期一致行动。普列汉诺夫的社会民主主义方案和社会民主党的纲领迅速引起了民粹派的强烈反响，甚至民粹派的重要理论家拉普罗夫也产生了误解和批评。普列汉诺夫撰写了应答式的长文《我们的意见分歧》，郑重声明："我们是坚决信仰马克思主义的人，我们始终忠于我们导师的嘉言，我们要走自己的道路，别人想说什么，就让他们去说吧。"②《我们的意见分歧》贯穿着马克思的辩证唯物史观的思想光辉，指正和劝诱革命民粹派马克思主义化。普列汉诺夫重申《社会主义与政治革命》作为社会民主党的纲领贯穿着这样的思想："我们向俄国国内活动的同志提出这个俄国马克思主义者纲领的第一个草案的时候，不仅不愿和民意党竞争，而且再没有比我们更激烈地希望和这一党获致完全而彻底的协议的。我们以为，民意党只要愿意忠于自己的革命传统，愿意把俄国的运动从它现在所处的消沉状态中拯救出来，就必须成为马克思主义的党。"③ 普列汉诺夫耐心教育革命民粹派，应放弃将一切政治革命都视为资产阶级革命的错误认识，确立政治斗争就是阶级斗争的新观念。普列汉诺夫以科学的历史辩证法为思想工具，深刻阐明俄国村社正在遭遇资本主义瓦解、在资本主义萌芽阶段，以工人阶级为主体的社会主义革命才是俄国的光明前途。普列汉诺夫对马克思主义的阐释，以及与民粹派的论战，对马克思主义俄国化具有奠基性的价值，但也有局限性。普列汉诺夫以侧重于马克思主义适合俄国的总体认识论，是在俄国发展资

---

① 《普列汉诺夫哲学著作选集》第 1 卷，生活·读书·新知三联书店 1959 年版，第 93 页。
② 《普列汉诺夫哲学著作选集》第 1 卷，生活·读书·新知三联书店 1959 年版，第 136 页。
③ 《普列汉诺夫哲学著作选集》第 1 卷，生活·读书·新知三联书店 1959 年版，第 134 页。

本主义的观念上来言说的，民粹派最为恼火的就是俄国资本主义必然性的问题。但普列汉诺夫与民粹派认为马克思主义只符合西欧而不适合俄国的论战，以马克思主义适合俄国的主调和重音符凸现出来，加速和扩大了马克思主义的传播。

列宁是从革命民粹派成为马克思主义者的。列宁是通过民粹派翻译的《资本论》开始研究马克思主义理论的，同时也大量阅读民粹派期刊，如《祖国纪事》《同时代的人》《欧洲导报》《俄国财富》，对车尔尼雪夫斯基的《怎么办》反复研读。列宁 1888 年 9 月参加了一个马克思主义小组①，普列汉诺夫对马克思主义社会历史理论的阐释和对民粹派的批判，对列宁与民粹派的决裂起到了重要作用。成为马克思主义者的列宁，于 1895 年 12 月将彼得格勒的马克思主义小组联合组建成"工人阶级解放斗争协会"，这是俄国无产阶级政党的萌芽。因工人起义被镇压，列宁被捕入狱并在狱中秘密筹划成立俄国社会民主工党并制定了初步纲领。1898 年 3 月列宁还在流放期间，通过战友组织在明斯克秘密成立俄国社会民主工党并召开第一次代表大会，但很快遭到警察的破坏。1900 年 1 月底列宁流放期满，与秘密回国的"劳动解放社"重要成员查苏利奇见面，商谈共同举办马克思主义《火星报》和《曙光》杂志，列宁走访多地马克思主义小组并征得他们的同意和支持。1900 年 7 月列宁来到日内瓦，与劳动解放社负责人普列汉诺夫商谈合作《火星报》和《曙光》杂志，并对革命纲领、任务、宗旨、编辑人员构成、撰稿人等事宜提出主导意见。列宁的主导思想是以"一报一刊"将俄国境内分散的马克思主义小组联系起来，将遭受破坏的俄国社会民主工党恢复起来、发展壮大，以实现无产阶级革命的任务。在 1903 年前期，列宁、普列汉诺夫并肩作战的主要理论对手是民粹派，但之后列宁与普列汉诺夫产生了激烈的冲突，其焦点主要在于俄国革命的理论和实践策略问题。尽管如此，列宁对普列汉诺夫给予极高的敬重。没有比恩格斯和列宁对普列汉诺夫在阐释和传播马克思主义方面所作贡献的评价更高的了。恩格斯曾经在马克思主义者的评价上给予普列汉诺夫极高的赞誉："我认为只有两个人理解和掌握了马克思主义，这两个人

---

① 1888 年列宁与民粹主义决裂，从此走上了马克思主义者的道路。参见张建华《从民粹主义到列宁主义：俄国知识分子思想的艰难跋涉》，《当代世界与社会主义》2001 年第 6 期。

是：梅林和普列汉诺夫。"① 在列宁与普列汉诺夫分离后，列宁依然对普列汉诺夫给予极高赞誉：《社会主义与政治斗争》是俄国第一个社会主义纲领性文献、《我们的意见分歧》是俄国科学社会主义理论的第一部著作、《论一元论历史观之发展》培养了整整一代马克思主义者；列宁要求布尔什维克必须研究普列汉诺夫的哲学著作，主张再版这些著作并将其列入《共产主义必读丛书》中。② 在研究和传播、捍卫马克思主义理论上，普列汉诺夫是列宁的老师，但在马克思主义俄国化上是列宁主义的马克思主义，其特质在于"无产阶级革命的辩证法"和"社会主义过渡的辩证法"。

---

① 转引自［俄］约夫楚克、库尔巴托娃《普列汉诺夫传》，宋洪训等译，生活·读书·新知三联书店 1980 年版，第 156 页。

② 参见《普列汉诺夫哲学著作选集》（第一卷"绪论"），生活·读书·新知三联书店 1959 年版，第 11—12、49 页。

第五章　列宁东方社会主义国家 制度建构路径

列宁主义是马克思主义俄国化、时代化、具体化的典范，具有马克思主义世界历史的普遍意义。列宁主义奠定了落后的民族国家社会主义运动的立国、建政、治制的理论基础，探讨社会主义"国家治理实践"必然起始于列宁主义。在列宁主义的形成和发展的逻辑中包含着社会主义国家治理的深刻思想，没有建国哪有治国，建国与治国是一体两面。列宁并不是天生的马克思主义者、列宁主义者，但列宁并没有如马克思那样经历青年马克思走向马克思主义的思想阵痛阶段，列宁在俄国民粹主义简短停留后就转向了马克思主义。列宁是马克思主义的革命家、理论家，但理论创新是服从革命需要的，与纯粹的理论家不同。社会主义国家在人类社会历史上的出现，是列宁主义实践的重要成就，构建什么样的社会主义国家决定了国家如何治理的基本问题。社会主义国家治理的基本理论和实践的基本经验，无论是成功还是失败都要认真研究列宁的国家治理基本思想。

一　列宁主义国家建构思想的源起

列宁的国家治理理论是马克思主义哲学、政治经济学、科学社会主义三者的有机统一，是整体性马克思主义创新发展的重大成果。社会主义国家治理既不是从"无"开始，也不是照搬《共产党宣言》，但列宁的国家治理思想又确实是从《共产党宣言》这一无产阶级"圣经"中发展出来的。《共产党宣言》是世界无产阶级革命的理论，也关涉社会主义国家治理的基本精神，但从其文本特征和精神实质来说，它是科学社会主义的首创文本，马克思主义哲学、政治经济学与科学社会主义的整体性在此得到了充分体现。探索经济、文化落后的俄国如何进行社会主义革命和社会主义建设是列宁主义的主题，这也是列宁将马克思主义整体性理论俄国化，形成国家治理理论的主轴。

（一）列宁主义与国家建构思想的初步探索

列宁逝世后关于什么是列宁主义的争论因为斯大林的界定胜出而被确定下来，从而制约了人们对列宁主义及其国家治理思想的深刻解读。西方"列宁学"和西方马克思主义学者对列宁哲学思想的研究打破了这一沉寂局面，但对列宁主义的阶段划分也存在明显的欠缺。马克思传记学者麦克莱伦将列宁思想划分为两个阶段，1914 年以前的列宁只注重党的建设和革命理论而没有哲学思想，主要倚重普列汉诺夫的哲学思想；1914 年后列宁转向黑格尔辩证法研究，退回到唯心主义辩证法，"党的路线"消失了。[1]以美国莱文为代表的一些学者将列宁思想划分为三个阶段：1894 年至1905 年是青年期，此时列宁没有哲学思想只有党的建设和革命策略，而且错误地将马克思的历史唯物主义理解为类似达尔文的生物进化论；1905 年至1914 年是列宁哲学思想成熟时期，其代表作是《唯物主义与经验主义批判》（以下简称《唯批》），这阶段列宁的哲学思想是机械唯物主义的，主要来自恩格斯科学的机械唯物主义支持；1914 年至列宁逝世是第三阶段，列宁受黑格尔唯心主义辩证法的影响，力图实现辩证法与唯物主义的结合，但不仅出现了对黑格尔辩证法的错误理解，也致使马克思唯物辩证法的黑格尔传统消失了，其实质是"黑格尔化的列宁主义"。[2]中国学者对这些判断进行了回应和有力的反驳，有的学者对列宁辩证法的科学体系进行深刻揭示，有的学者在批判西方"列宁学"和西方马克思主义学者的错误判断中阐释列宁辩证法思想形成和发展的逻辑。[3]但这些研究更主要针

---

① 参见［英］戴维·麦克莱兰《马克思之后的马克思主义》，余其铨等译，东方出版社1986 年版，第 131—134 页。

② 参见［美］诺曼·莱文《辩证法内部对话》，张翼星译，云南人民出版社1997 年版，第325—327 页。

③ 中国学者王东教授的独著《辩证法科学体系的"列宁构想"》（中国社会科学出版社 1989年版）一书，深刻揭示了列宁辩证法思想的科学体系和对马克思主义哲学的贡献；张一兵教授的力作《回到列宁：关于"哲学笔记"的一种后文本学解读》，评析了西方学者对列宁哲学思想发展的错误和曲解问题，指出了列宁哲学思想特别是马克思主义辩证法思想发展的轨迹。

对列宁的辩证法哲学思想。因缺少针对经济、文化落后国家如何进行社会主义革命和社会主义建设这一独特对象，所以一些西方学者不可能从马克思主义整体性理论的继承与创新关系上来阐明列宁主义的实质。1925 年后苏联共产党高层展开了关于什么是列宁主义的论战，各自从列宁文本中寻找根据，也缺乏对列宁主义整体性思想的观照。实际上，西方学者将 1914 年列宁重点关注黑格尔辩证法研究为坐标所作出的向唯心主义辩证法的退回说，暗含对列宁关于社会主义国家建构和国家治理作出唯心主义辩证法的解释，将列宁主义退回到民粹主义的主观唯心主义道路上，同时也是关于苏联社会主义国家早产论和必然失败论调的理论根据。本书认为，对什么是列宁主义的解释，不能离开马克思主义俄国化的生成逻辑。

　　青年列宁接受马克思主义影响就是从研读《资本论》开始的，这也是他在俄国民粹主义和各种社会解放、人的自由等理论学说逗留时间很短的重要原因。从列宁成为马克思主义的信徒到列宁主义的形成，列宁在辩证唯物主义和历史唯物主义基础上深入研究《资本论》《共产党宣言》，科学把握人类社会历史规律，深刻观察世界历史趋势、俄国革命前途与命运，在运用马克思主义进行俄国革命实践中形成了列宁主义。列宁主义就是基于俄国特殊的国情如何进行社会主义革命、社会主义国家建构、社会主义建设的思想体系，当然也包括世界无产阶级革命的理论内容。列宁关于马克思主义的整体性论述中有几点经典表达。其一，"一整块钢铸成的马克思主义哲学中，决不可去掉任何一个基本前提、任何一个重要部分，不然就会离开客观真理，就会落入资产阶级反动谬论的怀抱。"① 这是列宁批判经验主义一元论的认识论，以及建立在这一认识论基础上而否定客观规律、否定马克思所揭示的资本主义经济规律的客观性和自然性，甚至将马克思的经济规律曲解为经济形而上学问题而阐发的。列宁从马克思主义的哲学唯物主义与哲学唯心主义的区分上，阐释马克思主义哲学的特点是"特别强调的是**辩证**唯物主义，而不是辩证**唯物主义**，特别坚持的是**历史**唯物主义，而不是历史**唯物主义**"②。列宁的这一指认，是反驳那些认为马克思的经济理论和历史理论与哲学是分离的，特别是俄国民粹派的主观社

---

① 《列宁选集》第 2 卷，人民出版社 2012 年版，第 221—222 页。
② 《列宁选集》第 2 卷，人民出版社 2012 年版，第 225 页。

会学，认为马克思的历史理论是经济决定论的。列宁对其纠偏，旨在阐明马克思主义理论不仅适用于西欧同样也适用于俄国。其二，列宁在关于马克思主义三个来源和三个组成部分的阐释中认为，马克思主义学说继承了人类历史以来最先进的三大思想，即德国古典哲学、英国古典政治经济学和法国的社会主义，但马克思运用德国古典哲学巨大成就的辩证法，超越了18世纪法国唯物主义，使辩证法与唯物主义结合形成辩证唯物主义，"把它对自然界的认识推广到对人类社会的认识。马克思的历史唯物主义是科学思想中的最大成果"①。马克思主义三个组成部分与其来源相对应，即哲学唯物主义、政治经济学、科学社会主义。但这三者之间是有机的辩证统一，这也就是列宁所认识的马克思主义理论的"整块钢板"说。辩证唯物主义和历史唯物主义的哲学世界观和方法论是基础，政治经济学所揭示的经济规律既建立在世界观和方法论基础之上，同时又是科学社会主义的根据。列宁认为，马克思主义的辩证法是"最完备最深刻最无片面性的关于发展的学说"②，因此，"只有马克思的哲学唯物主义，才给无产阶级指明了如何摆脱一切被压迫阶级至今深受其害的精神奴役的出路。只有马克思的经济理论，才阐明了无产阶级在整个资本主义制度中的真正地位。"③ 当然，三个来源和三个组成部分并不是全部而是具有理论和学科取向的主要成分，它还包括人类社会历史多方面的知识和观念的成就、无产阶级革命的实践方案和策略，正是这一点，使马克思主义理论的完整性和完备性不可分割，只有建立在这一整体性的理论基础上才能有正确的革命实践和策略。其三，"马克思主义的全部精神，它的整个体系，要求人们对每一个原理都要（α）历史地，（β）都要同其他原理联系起来，（γ）都要同具体的历史经验联系起来加以考察。"④ 这一点恰恰将前两个方面置于无产阶级自觉能动革命的社会历史维度之中。实质上，这正是列宁主义作为马克思主义整体性理论体系俄国化的鲜明写照。

根据列宁关于俄国革命所经历的阶段与布尔什维主义的发展来确定他的社会主义国家建构理论的发展是可以的。列宁将1903年作为布尔什维

---

① 参见《列宁选集》第2卷，人民出版社2012年版，第309—311页。
② 《列宁选集》第2卷，人民出版社2012年版，第310页。
③ 《列宁选集》第2卷，人民出版社2012年版，第314页。
④ 《列宁选集》第2卷，人民出版社2012年版，第785页。

主义的诞生年①；1903—1905 年是理论准备年代；1905—1907 年是革命年代；1907—1910 年是反动年代；1910—1914 年是革命高潮年代；1914—1717 年是帝国主义世界大战年代，这段时间布尔什维主义进一步发展；1917—1920 年是围绕苏维埃的斗争，这是构建社会主义国家的关键时期。② 列宁针对布尔什维主义的产生及其在斗争中发展阶段的划分，是 1920 年作出的。以此为参照坐标，可以将列宁的社会主义国家建构与国家治理思想划分为诞生期（1894—1905）、基本形成期（1905—1907）、深化发展期（1907—1917）、实践探索期（1918—1924）、社会主义国家治理的理论与实践探索期（1918—1924）。布尔什维主义的诞生就是列宁主义的基本形成，它是马克思主义俄国化的巨大成就。只有实现了马克思主义与俄国具体相结合的列宁主义，才可能在 1905 年大革命中明确提出构建苏维埃式国家的构想。列宁与普列汉诺夫不同的是，普列汉诺夫是马克思主义理论家，他只是完成了马克思主义适合俄国的第一步，而列宁实现了马克思主义俄国化的伟大创举。

倚重马克思、恩格斯所提出的世界历史理论，是列宁在 1894—1903 年探索俄国民主革命道路和构建无产阶级专政国家的第一阶段。在这一阶段列宁思考的主题是以欧洲工人阶级的社会主义革命与俄国民主革命相互策应，使俄国民主革命成为世界无产阶级革命部分，特别侧重于马克思主义政党的理论武装和组织路线、政治路线的探索。列宁的探索并不是书斋式的，而是结合第二国际继承和发展马克思主义的一系列主张与俄国的社会历史条件相结合，探索俄国民主革命道路的可能性。在恩格斯的主导下，1889 年第二国际成立，其所面对的问题是在资本主义趋于稳定化、资本主义国家工人运动转向低潮的形势下如何指导各国工人阶级以科学社会主义为原则建党，能够在有可能的条件下武装夺取政权，或通过和平选举参与议会，争取工人阶级和劳动人民的权益，在议会斗争中夺取政权争取走和平道路或二者兼而行之，总之要主动夺取政权。恩格斯的主张代表了第二国际第一阶段的主导思想③。但是，一些国家的民主派政党却将恩格

---

①　参见《列宁全集》第 39 卷，人民出版社 2017 年版，第 6 页。

②　参见《列宁全集》第 39 卷，人民出版社 2017 年版，第 6—11 页。

③　第二国际的第一阶段是以 1899 年至 1896 年恩格斯逝世这一阶段，1896 年至 1914 年第一次世界大战爆发为内部分裂阶段，1914 年至 1923 年是停止活动和再恢复、调整阶段。

斯的主张曲解为放弃暴力革命、取消无产阶级专政，只强调议会民主的一面。俄国的民主派有斯拉夫主义的村社社会主义、无政府主义、伦理社会主义、资产阶级小生产者的自由主义等，列宁在这一时期主要是针对民粹主义的论战，旨在阐明俄国民主革命不可能与世界历史的大趋势相分离，俄国革命的道路要么是资本主义，要么是社会主义，但村社社会主义与这两大历史趋势都是相背离的。1894 年夏，列宁的《什么是"人民之友"以及他们如何攻击社会民主党人?》，是以批判米海洛夫斯基、克里文柯、尤沙柯夫等俄国自由主义民粹派的经济理论对唯物史观的反驳和曲解问题而阐发的整体性马克思主义的光辉著作，也是列宁关于俄国民主革命走向的具有奠基性的著作。

（二）以农民为主的落后国家的社会主义革命理论

以马克思主义社会历史理论和科学社会主义基本原理为认识论，超越俄国民粹主义的农民社会主义幻想，是列宁将马克思主义俄国化的重要途径之一，也是列宁的布尔什维主义诞生的基本逻辑。马克思主义者的列宁，必须面对在俄国这一农民占多数的落后国家进行无产阶级革命的社会历史条件问题。在发达的大工业时代，无产阶级与资产阶级的对立充分地显现出来，资本主义的私人所有制与社会化大生产的基本矛盾，必然上升为资产阶级与无产阶级两大对立的阶级矛盾，资产阶级会采取改良的手段来暂时修补而维持资产阶级统治。马克思基于人类社会历史发展规律主张，解决资本主义矛盾的根本在于无产阶级政治革命，从而形成整体的社会革命。实现这样的革命不仅需要工人阶级作为主体，同时工人阶级还必须以马克思主义理论来武装，如此才可能实现这样的目标。对俄国来说，作为社会主义革命主体的工人阶级还很弱小，更缺乏科学社会主义理论，但俄国不缺少社会主义理论，同时也不缺少社会主义革命。俄国民粹派的社会主义观，一方面以马克思关于人类社会历史的自然必然性的论断，证明俄国不具有科学社会主义的能动革命的客观条件；另一方面，又反对以马克思的论断证明俄国必然走向资本主义，因此，主观主义的农民社会主义革命理论在俄国革命的知识分子中大有影响。在列宁成为马克思主义者以前，俄国革命民粹派已经从情感的、伦理的、唯心主义史观的、费尔巴哈人本学唯物主义的（如别林斯基和车尔尼雪夫斯基等）等方面，提出了基于"村社"跨越资本主义的俄国社会主义道路。正如别尔嘉耶夫所指出，因"村社"的历史存在"民粹主义是俄罗斯的特殊现象"；因此，在"十九世纪的俄罗斯意识中，社会课题占优势地位。甚至可以说，十九世纪俄罗斯思想的重要部分都染上了社会主义色彩"[①]。列宁不是天生的马克思主义者，革命民粹主义是他的第一启蒙老师，是他走上革命道路的第一驿站。列宁在民粹主义驿站虽然停留短暂，却懂得了一个道理：俄国国情与西欧不同，俄国社会主义革命必须面对农民占人口多数情况和村社的历史遗产问题。俄国社会主义道路不同于西欧，这是作为革命者的列宁关于俄国社会主义实现途径具有民族历史特点认识的重大思想启蒙。但是，转向马克思主义者的列宁与俄国第一个马克思主义理论家普列汉诺夫一道，将马克思主义基本原理运用于俄国社会主义革命，首先面临着革命者之间关于马克思主义理论在俄国的实用性、革命道路、革命主体、国家制度建构等诸方面的认识冲突问题。受《共产党宣言》和西欧工人运动的影响，俄国的彼得堡伐木工人按照西欧社会民主工党的任务和目标，于1876年成立"南俄工人协会"，1878年成立"俄国北方工人协会"，但在物质利益要求上还限定在工作日缩短、改善物质待遇的眼前利益，具有工联主义性质，在政治上的政治自由和政治权利要求还限定在言论自由、出版自由、集会权利等民主主义界限内，与社会主义运动还有相当大的差距。而对俄国社会主义运动影响最大的是革命民粹派。民粹派大体可以被划分为理论家的民粹主义者和直接组织革命运动的行动者，当然这两部分并不是决然分开的，有的既是理论家又是组织行动者。理论家具有强大的塑造革命者的能力，因俄国的特殊国情，理论家就革命道路问题分化为两大派别，即一种主张从村社直接过渡到社会主义，这是"跨越论"的；另一种主张瓦解村社通过资本主义的原始积累再过渡到社会主义，这是两次革命论的主张。这两种革命道路的主张之差别使民粹派分化出多个派别，这是马克思主义者所必须面对的。

列宁主义就是布尔什维主义。列宁所确认的布尔什维主义出场是1903年，也就是说布尔什维主义与布尔什维克政党诞生是同一事件的一体两

---

① 参见［俄］尼·别尔嘉耶夫《俄罗斯思想》，雷永生等译，人民出版社1995年版，第99—102页。

面。列宁在 1920 年的《共产主义运动中的"左派"幼稚病》中总结性地
回忆对于俄国革命真理的探索，是从 19 世纪 40 年代开始的，这也就是说
是从赫尔岑、车尔尼雪夫斯基等民粹主义者开始的，经过了民粹派和欧美
西化派的理论斗争和历次革命起义，适应俄国革命的布尔什维主义，"是
1903 年在最坚固的马克思主义理论基础上产生的"①。这是"俄国在半个
世纪里，经受了闻所未闻的痛苦和牺牲，表现了空前未有的革命英雄气
概，以难以置信的毅力和舍身忘我的精神去探索、学习和实验，经受了失
望，进行了验证，参照了欧洲的经验，真是饱经苦难才找到了马克思主义
这个唯一正确的革命理论"②。列宁所说的这样艰辛的历史探索也包括民粹
派所作出的巨大牺牲和努力，其对布尔什维主义的诞生也具有基础性的价
值。列宁在 1912 年评判民粹派的两种具体的倾向中强调了这样的观点：
"很明显，马克思主义者应当剔除民粹派乌托邦中的糟粕，细心剥取它所
包含的农民群众的真诚的、坚决的、战斗的民主主义的健康而宝贵的内
核。"③ 普列汉诺夫及其"劳动解放社"的成员，从成为马克思主义者开
始就以辩证唯物主义和历史唯物主义为理论工具，清理民粹派的理论地
基，试图把民粹派引导到马克思主义革命道路上来，坚决抵制民粹派向反
革命的退却。1889 年，普列汉诺夫对从革命民粹派到反向而行的列·吉荷
米洛夫的批判，主要是针对吉荷米洛夫的《为什么我不再是革命者》一文
所表达的历史观之错误进行的批判。吉荷米洛夫错误地将唯物史观理解为
生物进化的自然必然性，在阶级革命遭遇挫折之时，将历史观转向于英雄
创造，如是，得出革命无理的结论，宣布告别革命转而祈求专制皇权对农
民的"爱"。实际上，这种现象不是个案而是代表了一部分民粹主义者的
思想倾向。普列汉诺夫立足辩证的唯物史观，既在理论上批判这种反革命
思潮又阐明俄国正确的马克思主义革命道路；《论一元论历史观之发展》
这部论战性的马克思主义历史哲学的光辉著作，主要为批判和指正米海洛
夫斯基所代表的经济民粹派的历史观而作。列宁从理论上与民粹派的告
别，也是从确立马克思主义的历史观开始的。列宁在 1912 年回忆性地总

---

① 《列宁全集》第 39 卷，人民出版社 2017 年版，第 5 页。
② 《列宁全集》第 39 卷，人民出版社 2017 年版，第 6 页。
③ 《列宁选集》第 2 卷，人民出版社 2012 年版，第 301 页。

结与革命民粹派的关系时指出，"从 19 世纪 80 年代老的马克思主义著作中，可以看到为取得这种（民粹主义）宝贵的民主主义内核一贯所作的努力。总有一天，历史学家会系统地研究这种努力，并且考察出这种努力同 20 世纪前 10 年内被称为'布尔什维主义'的那种思潮的联系"①。列宁这里所说的前十年也就是从 1903 年以来的时间，可以显现普列汉诺夫对马克思主义的阐释和对民粹主义的态度，以及对布尔什维主义的重大影响。从文献中看，列宁 1893 年始就以马克思主义者的角色意识，展开同民粹主义的论战了，既继承了普列汉诺夫对民粹主义的态度，但同时也显现出与普列汉诺夫的差别。

在马克思主义理论基础上的布尔什维主义，立足于俄国历史的、现实的、具体的阶级矛盾，塑造马克思主义的无产阶级政党，并在其领导下将国内的阶级矛盾推进到代表世界历史趋势的无产阶级与资产阶级的矛盾，不但顺应国内资产阶级反对封建制度的民主主义运动的自发性，而且将其扭转到无产阶级专政的历史飞跃。这就是列宁主义形成的实质基础。科学社会主义基本原理在俄国的实现，必然要求在俄国塑造马克思主义的无产阶级政党来完成这一使命；无产阶级政党必须掌握阶级斗争的历史规律，并能动地创造性地将其运用于俄国现实的社会经济矛盾之中，将这种矛盾转化为有利于无产阶级实现使命的方向。因此，这必然需要马克思主义的社会历史理论为基础，也就是马克思主义哲学这一基础，即世界观和方法论基础上的科学的社会历史观。马克思的《资本论》是建立在科学的唯物史观基础上的对资本主义世界历史发展规律的科学揭示，前资本主义时代的各民族国家之民族史不尽相同，但在资本主义以世界市场开辟的资本统治时代的世界历史，将落后国家纳入世界分工体系是必然趋势，无论落后国家是被动的还是主动的。这是马克思在《资本论》中所揭示的深刻道理。但马克思在与俄国那些因痛恨而试图跨越资本主义的民粹派革命家的理论讨论中，指出了俄国避免资本主义灾难而跨越的可能条件。普列汉诺夫在与民粹派的论战中着重于马克思主义的历史观和历史辩证法的阐释，既强调了社会历史规律的自然必然性，也深刻揭示了社会主体的个人作用、无产阶级能动的主观性与客观性的辩证关系。1896 年，普列汉诺夫针

① 括号内容是笔者所加，参见《列宁选集》第 2 卷，人民出版社 2012 年版，第 301 页。

对"经济唯物主义"和民粹主义的主观社会学等两种主要的理论流派进行批判,这是严重影响马克思主义在俄国传播以及造成马克思主义社会历史理论被严重曲解的理论思潮。"经济唯物主义"抛弃辩证法,既然经济社会形态是自然必然性的,政治革命是无意义的;革命民粹派只出于痛恨资本主义的情感,对历史的必然性进行反驳,由此必然质疑历史的客观性,他们制造出主观社会学理论来解释历史现象,认为历史是由独立的"心理因素"所造成的,这也是民粹派的跨越论的历史唯心主义的实质。普列汉诺夫认为民粹派和经济唯物主义的历史观都是错误的,因此他再次深刻地揭示了马克思主义的社会历史辩证法:人类社会历史的经济发展规律由很多转折点构成,"它任何时候都不是在一种经济层面上进行的。……从一个转折点到另一个转折点的道路,总是要通过'上层建筑'。经济几乎永远不会自然而然地取得胜利,关于它永远不可能说:farà da se(自然而然地活动)。不,永远不会 da se,而是永远必须通过上层建筑,永远必须通过一定的政治制度。"① 这可以说是普列汉诺夫对马克思关于自然性的社会历史规律的历史辩证法的经典阐释。普列汉诺夫还进一步深刻阐释一个国家的政治制度"是经济关系的表现。但是这种为经济所决定的政治制度要成为现实,必须以某种概念的形式通过人的头脑。所以人类如果不先经过自己的概念的一系列变革,就不可能从自己经济发展的一个转折点过渡到另一个转折点"②。这是普列汉诺夫关于革命主体理论思维的辩证法或主观辩证法与历史的客观辩证法有机统一的论证。普列汉诺夫从历史转折点的辩证法的"飞跃论"逻辑上,指明了俄国无产阶级革命的一种"飞跃论"。但普列汉诺夫忽视了俄国社会历史现实的农民和村社问题。1895 年恩格斯逝世后,普列汉诺夫将重点转移到对西欧反马克思主义思潮和第二国际的伯恩斯坦的"修正主义马克思主义"的批判。这对捍卫马克思主义在国际共产主义中的指导地位起到了关键的作用。

从列宁成为马克思主义者到 1903 年以前,与普列汉诺夫在马克思主义理论上的高与低之分是没有意义的,但普列汉诺夫是列宁成为马克思主义的列宁主义的一个阶梯是没有问题的。列宁在 1889 年前后发现了普列

---

① 《普列汉诺夫哲学著作选集》第 2 卷,生活·读书·新知三联书店 1961 年版,第 237 页。
② 《普列汉诺夫哲学著作选集》第 2 卷,生活·读书·新知三联书店 1961 年版,第 237 页。

汉诺夫批判伯恩斯坦对马克思主义的康德式修正，忽视了俄国民粹派的"合法马克思主义"派正在按伯恩斯坦的修正主义路数将马克思主义资产阶级化的问题。普列汉诺夫在列宁的提示下再转回对俄国司徒卢威所代表的"合法马克思主义"派别进行批判，发现了一个重大的问题：原来在"合法马克思主义"与经济民粹派的论战中所判定的，"希望这一资产阶级的理论将逐渐为存在于他的思想中的马克思主义的成分所战胜"① 令人失望。普列汉诺夫转向对民粹派的再次批判，也确实深刻揭示了民粹派已经将马克思主义康德化的严重偏差。但普列汉诺夫对民粹派自身演化的阶级基础问题缺乏深刻的揭示，有将知识分子的民粹派作为独立于社会的、没有阶级基础的"公共人"之嫌。实质上，这就显现出列宁与普列汉诺夫之间的差别，也是普列汉诺夫缺少对农民问题这一俄国特殊国情的关注，而过多地将俄国的无产阶级革命与西欧的无产阶级革命拉平处理。

　　列宁关于布尔什维主义与布尔什维克有机统一的思想，贯穿了列宁对俄国无产阶级革命理论准备期。"没有革命的理论，就不会有革命的运动"②，列宁不是简单地继承普列汉诺夫的思想，列宁所强调的是俄国化的马克思主义理论与革命实践的关系问题。从列宁最早的文献来看，1893 年关于的批判民粹主义《南俄农民经济》《所谓市场问题》两篇文献，前者缺少对社会性质的深刻揭示，仅仅停留于显现的具体问题。后者是民粹派否定俄国的村社经济不会自然而然地出现"国内市场"，因此也不会走向资本主义的错误判断，列宁通过深刻分析，以与其相反的观点加以反驳，即村社经济必然地出现市场经济，也必然地与国外市场相互联系。列宁主要指向的是经济派的、与马克思和恩格斯长期联系并组织翻译《资本论》的丹尼尔逊。在列宁看来，丹尼尔逊的经济理论故意排斥《资本论》中关于资本主义形成的规律，试图以他的经济学说将俄国引向跨越"资本主义罪恶"的社会主义道路。列宁提取了丹尼尔逊经济理论的核心论据：即俄国"国内市场的'缩小'和农民购买力的'降低'，是俄国资本主义发展的最大'障碍'"③。丹尼尔逊知道马克思关于手工业是资本主义原始积累

① 《普列汉诺夫哲学著作选集》第 2 卷，生活·读书·新知三联书店 1961 年版，第 586 页。
② 《列宁选集》第 1 卷，人民出版社 2012 年版，第 311 页。
③ 《列宁全集》第 1 卷，人民出版社 2013 年版，第 98 页。

的入口，而他认为手工业的资本主义化排挤家庭工艺生产，农民必须扩大农业生产来获得购买自己所需的钱财，以致使其超过合理耕种和经营的范围，导致农民破产，资本主义就在俄国发生危机，于是资本主义被迫停止，因此俄国没有走资本主义道路的基础。当资本主义在俄国发展到这样的危机之时，无须农民革命，长官命令将社会大生产移植到村社上去，就能实现社会主义。丹尼尔逊这是将无产阶级的贫困化转化成"人民贫困化"①。列宁在马克思的论断上批判丹尼尔逊的观点是虚构，而且将这种变化视为历史规律更是虚构。农民贫困化正是雇佣劳动的开始，也是商品经济社会分工的开始，它活生生地在人们面前展现了社会生活变化的有机过程，这包括农村自在的资本主义化和与城市资本主义市场之间的联系，这是商品经济发展与资本主义增长过程的开始。列宁指出，"农村中的'非农民化'向我们表明这个过程的开端，它的萌芽，它的早期阶段；城市中的大资本主义向我们表明这个过程的结尾和它的趋向。若想把这两个现象分割开来，若想把它们看作孤立的互不依赖的东西，那你就不能使自己的论断前后一致，就不能说明人民的贫穷化和资本主义的增长这两个现象。"② 可见，这虽然是列宁对"合法民粹主义"重要代表丹尼尔逊的批判，但更重要的是将马克思关于资本主义形成规律的原理具体运用于分析现实的俄国经济结构和社会发展趋势，资本主义在俄国不是未来而是现在。

列宁关于马克思主义俄国化的话语出场，就是在批判民粹派的过程中表达的。列宁对民粹主义进行的更深入批判是 1894 年的《什么是"人民之友"以及他们如何攻击社会民主党人？》。有的认为这篇文章是列宁主义诞生之作，实际上，这篇文章就批判"自由民粹派"的理论导师米海洛夫斯基来说，与普列汉诺夫对其的批判，是同一水平的马克思主义的批判。但列宁在 1892—1893 年为准备这篇文章而对民粹主义派别之争的评论中，驳斥民粹派所说的俄国既没有如美国那样的资产阶级，所以也不会走资本主义道路；也没有马克思所说的"现成的工人阶级"，所以也不会出现如此的科学社会主义的工人阶级革命；俄国的特殊社会主义道路是土地社会化和组织人民生产。列宁在社会生产关系正在发生的变化的现实逻辑上指

---

① 民粹派的"人民"概念指的是农民，人民就是村社，就是米尔、就是世界观和生命。
② 《列宁全集》第 1 卷，人民出版社 2013 年版，第 100—101 页。

出了民粹主义的虚构性，同时也进一步揭示一些民粹主义理论家为什么看不出俄国社会民主党是工人运动与社会主义的结合的问题，原因在于俄国的无产阶级与资产阶级对抗性矛盾没有充分显现出来，无产阶级的公开斗争还没上升到自觉。列宁提出俄国社会主义者"应该更详细地探讨对俄国历史和现实的马克思主义观点，应该更具体地考察在俄国特别模糊而隐蔽的一切阶级斗争形式和剥削形式"①。把这句话稍微作一下调整，就是符合俄国社会历史条件的马克思主义革命理论，这是不应当被人们所忽视的"马克思主义与俄国社会历史条件相结合"的列宁观点出场语境。列宁还强调应当"把这个理论通俗化，把它灌输给工人，应该帮助工人领会它并制定一个最适合我国条件的组织形式，以便传播社会民主主义并把工人团结为一支政治力量"②。列宁批评俄国社会民主党人还未完成并且是永无止境地塑造"工人阶级思想家"③ 的工作。这也就是说，"原本"的马克思主义理论为什么被俄国民粹派所曲解或被认为不适合俄国、为什么未达到塑造工人阶级及其先进分子的政党之目的。列宁的《什么是"人民之友"以及他们如何攻击社会民主党人？》的论题，实际上来自其前的准备"附录"④，列宁提出，为什么自由民粹派米海洛夫斯基将马克思主义的社会历史发展学说曲解为"经济唯物主义"？其主要原因在于要宣扬他的主观社会学的自由个性理论，即农民的小块耕种和村社的自由社会主义思想。列宁深刻揭示出米海洛夫斯基实质上是代表农村"小生产者"利益的社会主义狂想曲，但他不知道这正在俄国历史上为资本主义鸣锣开道。这种民粹主义披着人民——农民之友的传统民粹外衣却行了资产阶级意识之实。列宁回答的第二个问题就是在文本的"附录二"中所提出的问题，即文本的结尾处就是论证的结论："所以，社会民主党人把自己的全部注意力和自己的全部活动都集中在工人阶级身上。当工人阶级的先进代表领会了科学

---

① 《列宁全集》第1卷，人民出版社2013年版，第284页。
② 《列宁全集》第1卷，人民出版社2013年版，第284页。
③ 《列宁全集》第1卷，人民出版社2013年版，第284页。
④ 列宁在1892年至1893年专门批判性评论自由民粹派与合法民粹派论战对马克思主义的要么否定要么剪裁使其符合自己的理论的错误，提出了实质上的马克思主义俄国化问题。但是他之所以被埋没，一个重要的原因是列宁对这部分文献只是在马克思主义工人小组宣读过未正式发表，在发表《什么是"人民之友"以及他们如何攻击社会民主党人？》时作为"附录"出现。

社会主义思想，领会了关于俄国工人的历史使命的思想时，当这些思想得到广泛的传播并在工人中间成立坚固的组织，把他们现时分散的经济战变成自觉的阶级斗争时，俄国工人就会起来率领一切民主分子去推翻专制制度，并引导俄国无产阶级（和全世界无产阶级并肩地）循着公开政治斗争的大道走向胜利的共产主义革命。"①实际上，这是列宁关于俄国社会主义革命初步纲领的制定，即阐明关于俄国特殊经济结构的阶级矛盾及其历史趋势的科学理论，制定马克思主义政党能动自觉引领工人阶级制定合理的斗争策略，以无产阶级领导反封建专制制度的斗争，直接实现社会主义革命。

二　列宁国家建构的理论基础：
马克思主义俄国化

苏联崩溃后学界对俄国民粹主义的研究兴起了一种思潮，认为列宁没有与民粹主义决裂而是重新拾起了特卡乔夫式的民粹主义革命理论，致使俄国缺少资本主义环节，因此苏联的道路不是从封建制到资本主义，再到社会主义的历史必然逻辑，这是其一。其二，列宁已经放弃了跨越论，因为列宁认为当时的俄国已经是资本主义了。这两个问题与列宁主义的初步形成密切相关。我们可以从列宁对民粹主义的全面批判、列宁对俄国资本主义的认识、俄国革命怎么办等重大问题的探讨来说明。

（一）列宁主义的重要维度之一：超越民粹主义

列宁在社会发展历史维度上将基于村社的农民社会主义确立在小资产阶级民主革命的范围。列宁在发表《什么是"人民之友"以及他们如何攻击社会民主党人?》之后，1894年至1895年对民粹主义进行了系统研究和批判，形成了民粹主义研究的长篇文献，它为列宁主义的进一步发展奠定了基础。列宁对民粹派的批判是针对民粹派之间的论战以及它们对马克思主义理解的偏差进行的指正性阐释，同时也体现为列宁对民粹派某些方面的认同或对某一派别的一些方面的认同，但这都是在马克思主义的逻辑上的批判与继承。列宁对民粹主义的定义是科学认识民粹派的关键，也是列

---

① 《列宁全集》第1卷，人民出版社2013年版，第264页。

宁民粹主义的认识论。列宁对民粹主义的定义是针对司徒卢威的民粹主义的广义界定之不足而引发出来的。列宁从民粹派的论战中概括出民粹主义者对民粹主义定义的典型特征："第一，它清楚地表明，民粹主义的实质就是从农民、从小生产者的角度来反对俄国的农奴制度（旧贵族阶层）和资产阶级性（新小市民阶层）；第二，它同时表明这种反对是充满幻想的，是回避事实的。"① 列宁认为民粹派对民粹主义的这种理解是广义的，还没有体现出民粹主义的历史演进逻辑和时代特征。民粹派著名学者司徒卢威发现经济派丹尼尔逊是"民族社会主义"者，这与旧的斯拉夫主义没有联系。列宁批评司徒卢威对丹尼尔逊和经济派民粹主义的界定过于抽象，经济派已经是现代民粹主义了，"民族"应改为"农民"。列宁认为应将民粹主义区分为"旧的"或传统的与现代的，"旧民粹主义是一个相当严整的学说，它形成于这样一个时代，那时俄国资本主义的发展还很薄弱，农民经济的小资产阶级性质还根本没有显露出来，学说的实践方面还是纯粹的空想"② 。显然列宁所说的旧民粹主义包括斯拉夫的民族主义和赫尔岑、车尔尼雪夫斯基等的农民社会主义。但列宁在这里抛弃了唯心主义的仅仅从思想意识的线性逻辑来解释民粹主义的历史演变，而是从马克思主义的社会历史条件与思想意识，也就是社会存在与社会意识的关系上来解释。因此，只有在这一历史逻辑上，司徒卢威对经济派的指摘才是有道理的。但司徒卢威对现代民粹主义没有能力达到对其实质的揭示。列宁认为，现代民粹主义"是小生产者阶级在改革后的资本主义俄国占了优势"的社会历史条件下"小市民"意识。③ 而"小市民"概念不是一般意义上的，而是政治经济上的"在商品经济体系中从事经营的小生产者"，同时也是"小资产者"，它具有小生产者与小资产者一体两面的双重特征。④ 列宁这一揭示的重大意义在于：不是在民粹派的争论中来阐释民粹派，或站在哪一民粹派的立场来批判其他，而是在历史唯物主义的社会存在与社会意识的辩证观上来揭示其实质。经济民粹派的米海洛夫斯基与丹尼尔逊的思想就有很大的差异，前者也在为马克思的《资本论》进行辩解以反对宫廷官

---

① 《列宁全集》第 1 卷，人民出版社 2013 年版，第 302—303 页。
② 《列宁全集》第 1 卷，人民出版社 2013 年版，第 358—359 页。
③ 参见《列宁全集》第 1 卷，人民出版社 2013 年版，第 358 页。
④ 参见《列宁全集》第 1 卷，人民出版社 2013 年版，第 358 页。

员对马克思主义的敌视，但它对马克思的资本主义"原始积累"理论体现出恐惧，因为如此一来俄国的资本主义就是自然必然性的，所以他将马克思的社会历史理论说成是经济唯物主义而没有人的主观性的学说，出于反对宫廷封建主义、抵制资本主义、反对"原始积累"理论，构建基于"个性"的主观社会学曲解了马克思关于人"自由个性"概念，他认为农民占有小块土地生产的自由和村社的自由就是人的自由个性。丹尼尔逊与米海洛夫斯基的主观社会学相反，在客观社会逻辑上，认为农民小生产者的出现破坏了传统村社的同时也与城市大资产阶级相对立，它正是使资本主义在俄国不可能的条件，同时也是"人民经济"的条件。如此的经济派民粹主义还有一个名称，即"自由主义民粹派"。必须注意，对限定一种民粹派类型的"自由主义"与资产阶级的自由主义有本质的差别，这里是指农民自己耕种的自主和村社自由，因为凡是民粹主义都是立足农民自由和村社制度而痛恨资本主义瘟疫的，否则就不是俄国特有的民粹主义。批判自由民粹主义的司徒卢威是合法马克思主义派的主要代表，这也是当时的马克思主义阵营的一支重要的力量。但是，所谓"合法马克思主义"的"合法"，主要是指在俄国当时法律许可的刊物上将马克思关于西欧资本主义形成和发展规律作为普遍规律来解释俄国资本主义的必然性，是代表自由资本主义的取向，因此"合法马克思主义"者批判经济民粹主义也是必然的。"合法马克思主义"者的一个显著特点，是肯定资本主义的进步性，认为村社是阻滞社会进步的壁垒，必须给予瓦解。列宁在对民粹派的批判中似乎是肯定和站在司徒卢威一边，更有甚者认为此时的列宁是司徒卢威化的，这是严重的误解。司徒卢威1894年出版的《俄国经济发展问题的评述》，就是运用马克思的原始积累理论来批判经济民粹派的。列宁将这本著作与马克思主义的关系定位于"马克思主义在资产阶级著作中的反映"①。列宁与合法马克思主义者合作的重要原因，是他们可以在俄国境内通过对资本主义的宣扬传播马克思主义，相比那些流亡者和地下书刊对工人阶级的影响更有利，这是其一。其二，这些表达小资产阶级利益的知识分子对马克思主义的理解存在曲解、误解等严重问题，但是也有争取他们，使其成为革命的同路人之可能。从列宁批判司徒卢威理解马克思主义

---

① 《列宁全集》第 1 卷，人民出版社 2013 年版，第 297 页。

的欠缺和对民粹主义批判的不彻底性来看，可以进一步加深列宁主义与民粹主义的关系的认识。列宁认为，司徒卢威将西欧的资本主义道路视为普遍的必然性，进而将其解释成马克思主义的社会发展的普遍性原理是不恰当的，俄国的资本主义趋势不等于俄国必然性地走资本主义道路，这一点是极为关键的。司徒卢威是一位客观历史主义者，用经济社会形态演进的普遍性来说明，俄国走欧美资本主义道路的必然性是合理的，但看不透经济民粹主义实质上代表小生产者的同时也代表小资产阶级的利益。实质上，民粹派就俄国独特特征的社会主义纲领，包括民主、自治、农业和小生产的技术改造、贷款资助、使人民获取知识等，都是正确的主张。列宁由此看出民粹派所主张的小生产者的社会主义在既有利于资本主义同时也有利于科学社会主义的双重逻辑，这恰恰是体现俄国特点的社会主义逻辑。因此，列宁指出，"民粹派在这一方面是无比正确地了解和代表了小生产者的利益的。马克思主义者摒弃他们纲领的一切反动部分之后，不仅应该接受其一般民主的条款，而且应该更确切、更深入、更进一步实现这些条款。"① 列宁认为民粹派的小生产者社会主义确立了俄国式的社会民主主义的一条线路，而资产阶级自由主义者为保证俄国走所谓欧美资本主义道路正在切断这条道路，马克思主义者与其相反，"是想发展和加强这个潮流，想使它接近生活，想拾起这根被'社会'和'知识分子'抛弃的'线'"②。列宁在对经济民粹派和合法马克思主义者论战双方的批判性评论中，坚定历史唯物主义的哲学基础和经济社会形态演进的一般规律、探索俄国特殊社会历史条件下实现科学社会主义革命的客观条件和主观条件的统一规律，认为必须深刻认识"唯物主义本身包含有所谓党性，要求在对事变作任何评价时都必须直率而公开地站到一定社会集团的立场上"③。显然，列宁既不是民粹主义化，也不是资产阶级自由主义化，而是站在辩证历史唯物主义的制高点，在无产阶级革命的世界历史逻辑上，探索俄国特殊的社会主义革命能够使无产阶级策略和民粹派的社会主义策略相结合的可能性。

---

① 《列宁全集》第1卷，人民出版社2013年版，第463页。
② 《列宁全集》第1卷，人民出版社2013年版，第463页。
③ 《列宁全集》第1卷，人民出版社2013年版，第363页。

（二）列宁主义重要维度之二：俄国特殊的农民资本主义理论

列宁关于俄国社会主义道路特殊性之初步揭示，必然涉及对俄国特殊国情所处的一种自然必然性或自发性的历史方位与无产阶级能动自觉的革命斗争之间关系的问题。这就不能停留于对民粹派和资产阶级自由主义的一般评论性批判层次。列宁于1895年至1899年花大功夫写就了《俄国资本主义的发展》长篇论著，这也是《资本论》第三卷俄译本出版五年后的一本重要著作，这是否意味着列宁有意要为《资本论》中关于俄国部分增加内容，弥补马克思的遗憾呢？恩格斯在《资本论》第三卷《序言》中指出，俄国友人十分完整地为马克思提供了1861年改革以来的"土地所有权的统计资料及其他出版物……由于俄国的土地所有制和对农业生产者的剥削具有多种多样的形式，因此在地租这一篇中，俄国应该起在第一册研究工业雇佣劳动时英国所起的那种作用。遗憾的是，马克思没有能够实现这个计划"[1]。从实际结果上看，《俄国资本主义的发展》这部著作确实具有填补俄国资本主义原始积累的巨大理论和学术价值，但是马克思主义不是为学术而学术、为理论而理论，而是服从于无产阶级革命需要的理论和学术。在列宁写作这部著作的过程中，考茨基于1899年完成了《土地问题。现代农业趋势和社会民主党的土地政策问题》专论，列宁给予高度赞誉，认为"考茨基的这本书是《资本论》第3卷出版以后当前最出色的一本经济学著作。在此以前马克思主义还缺少一部系统地考察农业中的资本主义的著作"[2]。考茨基以英国、法国、美国、德国最近的统计资料为依据，系统分析了现代农业资本主义的问题，对列宁具有极大的启发价值。列宁非常重视考茨基得出的"农业协作社"的结论：农业协作社无疑是进步的，"但并不是向村社生产前进，而是向资本主义前进；协作社不是减弱而是加强了农业中大生产对小生产的优越性。期待农民在现代社会里转向村社生产，那是荒谬的"[3]。这一点与列宁对俄国民粹派的批判是一致的，所以列宁认为这也是考茨基对俄国民粹派的批判。列宁的《俄国资本

---

① 《马克思恩格斯全集》第46卷，人民出版社2003年版，第10—11页。
② 《列宁全集》第4卷，人民出版社2013年版，第79页。
③ 《列宁全集》第4卷，人民出版社2013年版，第81页。

主义的发展》中的一个很重要的问题就是批判民粹派否定俄国农业资本主义的趋势。这部著作基于辩证唯物主义和历史唯物主义，科学揭示了俄国现实的经济结构中的阶级矛盾，既有农民、地主与封建残余贵族之间的矛盾、农民与地主、个体农民与村社之间的矛盾，又有这些主体与拥有政权的统治官僚阶层之间的矛盾。这些矛盾在受马克思《资本论》影响的经济民粹派或自由主义民粹派中也能看得到，但这些矛盾是前资本主义的还是处于资本主义的萌芽还是已经是资本主义的初期？它的发展趋势是不是要完成资本主义？民粹派之间对这些问题有不同的看法，自由民粹派认为这些矛盾是抵制城市资本主义的，而农村的这些矛盾却是消灭封建残余和地主的条件，但也会导致个体农民的破产，由此可以通过村社的集体化实现社会主义。这样的思想成为否定俄国正处于资本主义原始积累的事实，忽视俄国正在明朗化的无产阶级与资产阶级斗争的现实，严重阻滞了以马克思主义塑造无产阶级革命政党的应然要求。经济民粹派是马克思主义理论在俄国现实化的最大敌手。当然，这并不是说，西方化的资产阶级自由主义不是马克思主义者的敌手，而是说，在瓦解封建残余上马克思主义与资产阶级自由主义是同盟者，但又不是一条道路上的，因为他们从《资本论》来解释俄国资本主义的必然性；而民粹派痛恨资本主义，这点与马克思主义者是同盟的，但因为俄国式的空想社会主义与科学社会主义不是一条道路，由于他们回避无产阶级与资产阶级的矛盾，反而帮了自由资本主义的忙。因此，列宁批判民粹派的经济理论、阐释俄国的资本主义不是未来而是现实，正如恩格斯所指出的那样，俄国正处于马克思在《资本论》第一卷中关于英国资本主义原始积累之初农民向被雇佣阶段的转变相类似的初始阶段，当然，俄国的土地所有制更复杂。所以称列宁的这部著作为具有俄国个性的"资本论"也不过分。正因为具有俄国特点的资本逻辑的阐释，其引起了"合法马克思主义"者的不满，如斯克沃尔佐夫尖锐批评列宁不完全按《资本论》的逻辑来论证俄国资本主义必然性的历史逻辑，而更多的是辩证思维。实际上，斯克沃尔佐夫是以"批判的马克思主义者"身份自居，对马克思关于经济社会形态和经济规律的自然必然性教条化的坚持到底，而对马克思关于俄国有可能跨越到科学社会主义道路加以否定，因为马克思的跨越论是历史辩证法的，所以斯克沃尔佐夫反对列宁辩证法的阐释。从合法马克思主义者的思想变化来看，他们已经放弃了无产阶级革命的"旧主张",而转向第二国际伯恩斯坦的修正马克思主义道路,向康德道德理想回归,清除马克思主义社会历史理论的辩证法因素,将事实论证与道德回归结合起来。斯克沃尔佐夫在这种思想逻辑上按第二国际的说法指责列宁作为"正统马克思主义者"还不够。列宁在这部著作中既体现了现实的经济结构分析、阶级矛盾分析的俄国特点,又在辩证的历史发展逻辑上指明了俄国革命的出路,即只能是通过无产阶级革命来创造科学社会主义的未来。这体现了列宁作为马克思主义者的党性原则和立场,创造性阐发唯物辩证法,指出俄国革命的方向。列宁以《非批判的批判》一文作为对于斯克沃尔佐夫攻击的辩答,并明确提出了这样的问题:真正的马克思主义者奉马克思、恩格斯所创立的理论为"正统"是什么意思呢?是将"正统"视为神明或只作单纯的解释?列宁指出,"我们决不相信:正统思想容许把任何东西奉为信仰,正统思想排斥批判的改造和进一步的发展,正统思想容许用抽象公式掩盖历史问题。如果有正统派的学生犯了这种确实严重的错误,那么责任完全是在这些学生身上,而绝不能归罪于性质正好与此相反的正统思想。"① 这是列宁对教条主义的严肃批判,同时也指出了真正的马克思主义者就是在尊重正统的前提下发展马克思主义,但这不是单纯的解释,而是"根据改变了的条件和各国当地的特点来发展马克思主义的基本原理,进一步研究马克思的辩证唯物主义和政治经济学理论"②。列宁在回应批判者的辩答中,正面阐释了俄国资本主义的发展实质。实际上,列宁的这部重要著作基本实现了辩证唯物主义和历史唯物主义、政治经济学原理俄国化的一个方面,也就是俄国发展道路的客观历史,即基于经济社会发展自发性的自然必然性一面。

无产阶级的主体自觉是改变俄国资本主义趋势的自发性而转向科学社会主义道路的关键。列宁在《俄国资本主义的发展》中揭示了农民在资本主义化客观逻辑的同时也对俄国革命的主体、无产阶级革命的策略进行积极探讨。多个阶级混杂,各个阶级都以分散的自在状况为争取各自的利益而斗争,而且要紧的是他们也没有把争取局部利益上升为自觉的阶级斗争层次。俄国的一个特殊情况是代表各阶级利益的知识分子都

---

① 《列宁全集》第 3 卷,人民出版社 2013 年版,第 583 页。

② 《列宁全集》第 3 卷,人民出版社 2013 年版,第 584 页。

围绕马克思主义而展开论争，这是马克思主义诞生以来在俄国的一种特有现象。列宁的主导思想是，以马克思主义革命家组织为核心，向工人阶级灌输科学社会主义理论，使其从自在走向自觉，并使潜在的农民无产者和农业雇佣阶层（农民工人）一同走向这一道路；对革命民粹派和资产阶级自由主义者、合法马克思主义摇摆派等，采取革命同盟和统一战线，共同推翻封建残余；以马克思主义政党为领导，将社会主义与工人运动结合起来，在反封建残余的革命斗争中就不是在自然必然性的逻辑上建立资产阶级专政，而是建立无产阶级专政，创造向社会主义过渡的政权条件。列宁于 1900 年与合法马克思主义重要代表司徒卢威商议合作和联合事宜，此时的司徒卢威已经明显受资产阶级自由主义和伯恩斯坦的修正主义影响，向自由宪政主义靠拢，普列汉诺夫认为不能与资产阶级的代表进行合作，可以与革命民粹派又斗争又合作，因为革命民粹派也已经将革命主体转向工人阶级。但在列宁的协调下普列汉诺夫作出了让步，1901 年 1 月，俄国社会民主党与司徒卢威的立宪民主派达成了建立革命联盟的协议，这使以《火星报》的马克思主义理论为旗帜的"火星派"由此形成。列宁在此时就提出了无产阶级革命与农民革命相结合的社会民主党的策略问题。改变村社不受资本主义深度破坏和改善农民生活的出路在于："小农只有参加工人运动，帮助工人为争取社会主义制度、为把土地和其他生产资料（工厂、机器等）变为公有财产而斗争，才能摆脱资本的压迫。"[①] 这是列宁关于构建工农联盟革命主体的思想。在当时的马克思主义各种思想流派也包括普列汉诺夫看来，绝大多数农民还不是无产者，农民革命只能是资产阶级革命，由此也埋下了后来普列汉诺夫与列宁冲突的种子之一。

　　1901 年由美国引起的世界性经济危机与俄国大饥荒相互联系，俄国革命高潮又一次到来，工人罢工出现明显的政治倾向，农民暴动、学生运动、资产阶级反专制斗争异常活跃。在马克思主义者看来，经济危机有可能造成政治危机，成为革命高潮的客观条件，但也未必是普遍规律。这是马克思和恩格斯追踪考察资本主义运动趋势时极为关注的一个问题。当时的俄国社会民主党还处于分散的状态，流亡国外和国内的社会民主党既以

---

　　① 《列宁全集》第 4 卷，人民出版社 2013 年版，第 381 页。

分散的小组活动为主，又因受民粹派、修正马克思主义、合法马克思主义、资产阶级自由主义等思潮的影响，特别是受"经济主义"的自发性和改良思想影响，严重忽视自觉的政治斗争意识。列宁在普列汉诺夫的支持下，将俄国社会民主工党在国外彼此独立的组织，如经济派的"俄国社会民主党人联合会"；普列汉诺夫领导的"社会民主党人革命组织"；"绷得"派，即民族派（立陶宛、波兰和俄罗斯犹太人）国外委员会；国外著作家的"斗争社"；革命民粹派；此前不久形成的"火星派"等联合成革命同盟。显而易见，因各派别都有自己的"主义"和学说，而且都有自己理论生产的能力，以列宁为主导的"火星派"能否成为"联盟"的领导者就是严峻的考验。在这个联盟刚刚联络起来的时候冲突就已经非常明显了，俄国社会民主党中的"经济派"坚持经济斗争，将政治斗争推给资产阶级，这是他们一直坚持的歪曲的"马克思主义"教条路线，认为现实是资产阶级推翻封建专制的政治斗争，还未到无产阶级推翻资产阶级的时候，在当下资产阶级推翻封建专制的政治斗争中，工人应当进行的是改善工资、工作条件和福利待遇的政治斗争，只有资产阶级政治斗争胜利后，随着资本主义的发展无产阶级获得发展以至强大，才到无产阶级革命的时候。这种扭曲的消解马克思主义历史辩证法的教条主义成为列宁"火星派"的最大阻力，再加之合法马克思主义者走折中路线以及他们提出的以地方自治来瓦解封建专制的主张，都有可能致使革命联盟散伙。列宁旗帜鲜明地在《火星报》发表《从何着手?》社论，分析革命靠恐怖和突然袭击的老观念是不可能的，必须有准备、有计划地构建起统一的无产阶级政党组织领导工人阶级革命。这是列宁为《怎么办?》所做的准备。

　　《怎么办?》是列宁关于无产阶级革命主体塑造的经典文献。列宁用《怎么办?》来为这篇文献冠名有着特殊的意义。车尔尼雪夫斯基的文学名篇《怎么办?》，在俄国思想界乃至民众中有广泛的影响，也是后来的革命民粹派知识分子思想之渊薮，是俄国社会民主主义的先驱，甚至被认为是培养几代革命者的重要思想。车尔尼雪夫斯基以"新人的故事"作为《怎么办?》的副标题，实际上这也是整部小说的核心思想。车尔尼雪夫斯基尽管是在继承费尔巴哈人本主义哲学思想基础上对未来社会主义充满着乐观主义的畅想，尽管社会主义还是基于村社的农民社会主义，但这部文学作品表达了"新人"塑造与新社会创造之间的逻辑关系，内含深刻的哲理。列宁在《怎么办?》中针对俄国特殊的社会历史趋势和革命条件下就如何塑造革命"新人"的论题,指出了民粹派和资产阶级自由主义派的错误,深刻阐释了无产阶级革命是理论斗争、政治斗争、经济斗争"三位一体"的主导思想,而这种"三位一体"必然要求塑造俄国的马克思主义政党。列宁是在重释恩格斯关于无产阶级解放自己的斗争必须将经济斗争和政治斗争结合起来的思想时明确提出还有"理论的斗争"①。列宁这一定论不是在恩格斯关于两种斗争形势论述上的一般添加,而是俄国的无产阶级革命将经济斗争和政治斗争结合一体,首要的是理论斗争问题。列宁之所以提出这一关键问题,是因为两个重要的原因。其一,19 世纪末 20 世纪初,俄国各革命组织及其党派出现了新的动向,革命民粹派已经开始自觉组建"社会革命党",资产阶级自由主义的"立宪民主党"也日益活跃,革命马克思主义的社会民主党正在组建以"火星派"为旗帜的社会民主主义联盟,都在新的革命形势面前制定革命纲领。列宁对这种趋势在历史的逻辑上作出了一个概括:"我们正经历着一个暴风雨的时代:俄国的历史一日千里地向前发展,现在的一年有时要超过平静时期的几十年。人们在给改革后时代的半个世纪作总结,在为那些将长久决定全国命运的社会政治大厦奠立基石。革命运动以惊人的速度在继续发展,'我国的派别'也在异常迅速地成熟(和凋谢)。凡是在俄国这样迅速发展的资本主义国家的阶级结构中有着扎实基础的派别,几乎一下子就找到了'自己的位置',探索到了同自己有血缘关系的阶级。"② 稍微展现 1901 年至 1903 年,俄国社会民主工党第二次代表大会召开前这一很短的时间段,各政治派别日益活跃的情况就很清楚地可以看出列宁关于"怎么办"的主旨问题了。革命民粹派发展的最高成就就是"社会革命党"的正式成立。社会革命党并不是什么新的称呼,特卡乔夫的"社会革命"理论造成了"社会革命党"的理论来源,但在俄国社会历史发展中革命民粹派已经作出阶级基础及其革命策略的调整。20 世纪 90 年代的革命民粹派继承了特卡乔夫关于农民落后应以先进知识分子革命家统治落后,使落后的农民享受社会主义生活的观点。这种"警察"民粹主义或曰"人民统治",或"人民专政",实质

---

① 《列宁全集》第 6 卷,人民出版社 2013 年版,第 24 页。
② 《列宁全集》第 6 卷,人民出版社 2013 年版,第 365 页。

上就是国家万能论或国家社会主义，他们的公式就是"国家土地占有制——由国家把土地转交农民—村社—合作社—集体主义"①。这种警察民粹主义除极端的背叛革命民粹主义一直反封建皇权专制而转向祈求皇权恩赐的萨宗诺夫为代表的极少数外，基本上走在推翻封建残余的革命道路上。他们对原来的农民社会主义观念作出新的调整，看到了无产阶级自发革命的政治倾向，不再反对政治革命，而提出了"'知识分子、无产阶级和农民'三位一体论"②。革命民粹派成立的社会革命党在俄国有着土生土长的特点，他们将密谋、冒险与群众运动相结合，对马克思主义的无产阶级革命理论具有很大的杀伤力。以西欧资产阶级为榜样的大资产阶级的立宪派也开始走上政治舞台。从民粹派中分化出来的地方自治民主派在民众中有一定的影响。列宁将反封建制度的政治派别划分为三类，即大资产阶级的政治自由派、小资产阶级的民主派、无产阶级的社会民主主义政党。为什么将社会革命党划分为小资产阶级民主派？③ 因为列宁在《俄国资本主义的发展》中已经揭示了地主优先使用了先进的生产力——农业机器，生产效率大大提高，土地和财富向地主集中，农民已经一部分成为雇农或农业工人，小块土地所有者的个体农民正在走向破产和贫困化，他们即将成为农业工人或城市工人，总体上是农业资本主义化中的资本家和工人。列宁批评民粹派无视农民正在资产阶级化和被无产阶级化的现实。列宁在这种复杂的阶级矛盾和党派斗争中深刻分析了代表无产阶级的俄国社会民主党的处境和"怎么办"的出路问题。

三　社会主义国家制度建构的实践道路

布尔什维克是在马克思主义俄国化途径下产生的马克思主义政党，以

---

① 《列宁全集》第6卷，人民出版社2013年版，第382页。
② 《列宁全集》第6卷，人民出版社2013年版，第376页。
③ 在苏联崩溃后再次兴起的对俄国民粹派的研究中，有的认为列宁将革命民粹派划分为小资产阶级派不妥，因为民粹派还有民主派、宗教派超阶级的团体。实际上，这一问题在1905年至1907年间民粹派进一步分化时期就已经出现了，但列宁是基于阶级分析方法将革命民粹派划分为小资产阶级的，并不意味着农民和村社的消失，而是特指革命民粹派的知识分子阶层代表了小资产阶级，只是这些知识分子并不承认他们代表了小资产阶级。原因就在于他们不承认或回避农业资本主义的现实问题，而且这些知识分子将自己视为独立的特殊的社会群体。

布尔什维主义建党和构建社会主义国家是一体两面的。布尔什维克是从俄国社会民主党中分化出来的。俄国社会民主党是受西欧特别是德国社会民主党的影响而产生的。列宁将俄国社会民主党划分为四个阶段。第一阶段是 1884—1898 年，这是在没有工人运动的条件下提出理论和纲领的阶段，"它作为一个政党当时还处在胚胎发育的过程"①。实际上，这也是马克思主义培育的知识分子领导的力求使俄国革命马克思主义化的阶段。第二个时期是 1894—1898 年，是工人阶级政党的童年期阶段，其典型特点是走反民粹派的道路，但是他们崇拜民粹派的民意党进行恐怖活动的英雄们，热衷于到工人中去宣传鼓动，工人也热衷于罢工；他们在斗争锻炼中不得不去研究"各种派别的秘密著作，努力研究合法的民粹主义的问题"，但因启发他们思想的"马克思主义理论以及推翻专制制度的任务"的重大成就是在 1898 年春成立了社会民主党。② 第三阶段是 1898—？列宁这里用的问号具有特殊意义。现在社会民主党正处于第三阶段，这是一个瓦解、动摇，乃至危机时期。列宁用了一个非常形象的比喻，这是正在度过童年期用假嗓发声的特殊时期。也就是说借经济派、自由派民粹主义合法期刊为载体传播的庸俗马克思主义培养领导者，而还没有发挥用真正的马克思主义培养领导者和工人自觉的斗争功能，而领导者又落后于工人的自发斗争，工联主义成为工人自发斗争的旗帜。工联主义与工人自发斗争的逻辑关系并不是没有理论依据的，它是庸俗马克思主义和伯恩斯坦的修正马克思主义的合流，还有英国的知识分子萧伯纳和悉尼·韦伯夫妇等制造的"费边社会主义"在俄国工人中的影响的结果。伯恩斯坦的马克思主义阶级斗争和无产阶级专政过时论、工人贫困化过时论，大大消解了马克思主义的影响力。在这种情况下革命民粹派的社会革命党人也攻击社会民主党没有理论，拓展了俄国的"批评马克思主义"的生长空间。由此，列宁指出，"把上述一切加以归纳，我们对于'怎么办？'这个问题，可以作这样一个简单的回答：结束第三个时期。"③ 只有结束第三个时期，开启第四个时期的新阶段才有可能。布尔什维克正式代表俄国马克思主义政党走上历

① 《列宁全集》第 6 卷，人民出版社 2013 年版，第 171 页。
② 参见《列宁全集》第 6 卷，人民出版社 2013 年版，第 171—172 页。
③ 《列宁全集》第 6 卷，人民出版社 2013 年版，第 173 页。

史舞台承担领导无产阶级革命而开辟新时代的任务。

（一）俄国真正的马克思主义政党：布尔什维克的诞生

布尔什维克是在布尔什维主义的逻辑上产生的马克思主义政党，是在俄国工人阶级政党内部关于怎样建党、党的使命、党与国家关系的激烈争论中诞生的。于 1903 年 7 月 17 日至 8 月 10 日召开的俄国社会民主工党第二次代表大会，亦即代表工人阶级的"火星派"联合各派别社会民主党试图形成马克思主义旗帜下的统一政党组织。但是，这是一次大成功小失败的会议，最大的成功就是"布尔什维主义"和"布尔什维克"在俄国的诞生。"布尔什维主义"（Bolshevism）的初始是"多数主义"，布尔什维克（большевик）的原意就是"多数派"。这种"多数主义"和"多数派"是一个逻辑，前者表明理论，后者是秉承这一理论的工人政党中的一个派别。实质上就是列宁主义与列宁主义政党的有机统一，或者说列宁主义政党就是坚持列宁主义的政党。列宁主义是马克思主义俄国化的成就，是理论、政党、经济斗争、政治斗争四者的有机统一。在马克思主义俄国化实践中形成的关于俄国无产阶级革命的列宁主义理论与政党，坚持在俄国革命实践中实现理论斗争、经济斗争和政治斗争相结合，科学把握俄国社会经济结构及其变动趋势，将列宁主义灌输到工农联盟的运动中去，创造了独特的实现科学社会主义原则的社会主义道路。这在俄国社会民主工党第二次代表大会上的分裂中得到了充分的体现。

由"火星派联盟"组成全俄的工人政党组织是这次大会的主要任务，也"就是在《火星报》所提出和制定的原则基础和组织基础上建立真正的党"①，但从发生分歧的几个主要问题来看，"没有革命的理论，就没有革命的行动"还具体体现为站在什么立场决定了怎样理解马克思主义、怎样建立党组织、怎样进行革命等重大问题。一个问题是"绷得派"坚持党的民族主义立场，这与马克思主义政党超越民族利益的国际主义原则是格格不入的。民族主义立场否定了阶级差别，"绷得派"坚持按民族组建联邦制的政党，这就与列宁主张的坚决建立统一的工人阶级政党形成了对立与冲突。列宁主张无产阶级革命的要求是实现各民族完全平等，在沙皇专制

---

① 《列宁全集》第 8 卷，人民出版社 2017 年版，第 203 页。

的国家条件下实现各民族自决和独立，这是瓦解专制制度的有效策略，但这是无产阶级的国际主义立场和服从无产阶级自我解放的任务所要求的。列宁认为世界无产阶级的解放运动就是实现各民族完全平等的无产阶级世界历史的新境界。这在马克思和恩格斯的无产阶级世界历史理论中完全得到了合理解释。第二个争议的焦点是土地纲领问题。以列宁为主的"火星派"的土地纲领要求成立"农民委员会"代替"连环保"这种沙皇对农民专制的旧制度；收回1861年废除农奴制改革时从农民那里割去的田产、森林、牧场等"割地"，将其归还给村社；废除一切限制农民支配自己土地的法律；强制地主用赎金和代役租等，把从农民手中勒索的钱财归还给农民；没收皇族和寺院田产和对土地贵族占有土地课以特别税，以此用于村社文化和慈善事业的国民基金；取消赎金、代役租以及目前这个纳税等级所承担的一切义务；授权法庭降低过高地租裁决权和宣布盘剥性契约无效的权力。① 这个土地纲领不主张土地国有化，而是维护个体农民利益和保存村社的，而且个体农民和村社的这种性质既是拆除封建残余的手段，同时也具有向资本主义发展或社会主义发展的两种趋势，这要看作用于其的即科学社会主义和资本主义两种外在力量的对比。

显然，这种土地制度是列宁基于俄国现实经济结构向社会主义过渡的方案，也是"为了使农村阶级斗争自由发展"的一种自觉能动的设计。列宁认为这种土地制度中关于农民最为关心的"割地"问题的处理，"不管民粹主义（就其广义而言）同马克思主义在对俄国经济制度和经济演进的评价方面分歧多么深刻，两个主义在这个问题上却没有分歧"②。但是，民粹派试图在村社基础上直接进入社会主义就必然实行"警察国家"的政治制度；而列宁对这种土地制度的看法是，这种有利于社会主义和有利于资本主义的两种趋势都是消解封建残余的有效手段，同时它构成了农村分化的阶级斗争的自发趋势，这更加有利于自觉构建工农联盟的无产阶级革命主体。这也是这种土地制度不再给农业工人（雇农）分配土地的理由之一。理由之二，它真正反映了俄国经济结构和土地制度的复杂性，"用马克思的术语来说，工役地租、实物地租、货币地租和资本主义地租在我们

---

① 土地纲领的内容来自《列宁全集》2013年版的第六卷第284页，表述有所调整。
② 《列宁全集》第6卷，人民出版社2013年版，第302页。

这里极为奇妙地交织在一起"①。既有封建残余、新的资本主义因素在成长，还有村社的古老社会主义遗存，现实的农民还不能以两个对立的工人阶级和资产阶级划分，"所以'农民'还仍然是一个阶级，也就是说，我们重说一遍，这不是资产阶级社会的阶级，而是农奴制社会的阶级"②。处于这样的历史阶段，农民的分化已经具有自发阶级斗争的现实性，但民粹派忽视阶级分化的现实，而马克思主义的教条主义者却只认为工人阶级是革命的，而农民即使革命也是资产阶级性质的，无产阶级推翻资产阶级也包括对农民的革命。列宁所设计的俄国社会主义革命道路是以无产阶级自觉革命为引领的，将农民的自发斗争引向自觉革命构建起工农联盟的革命主体。争论的第三个焦点是无产阶级政党的组织路线和政治路线问题。以列宁为主的"火星派"明确主张以"集中制"建立真正的"革命家组织"作为组织路线。在这点上"火星派"内部的分化比前两点大得多。"革命家组织"虽然与革命民粹派的说辞一样，但列宁的"革命家组织"是前述中关于社会民主党发展史的"第四阶段"任务，这既是适应秘密革命的需要，也是实现无产阶级专政并以此为保障改造经济社会结构实现社会主义的策略。

革命家组织的集中制具有三个层次的含义。其一，组建革命家组织作为工人阶级的先锋队或先进部队是必要的，马克思主义知识分子从研究和传播马克思主义，到推进工人阶级运动与社会主义相结合，是重大转变。然而，工人的自发斗争在一定程度上是从模仿革命民粹派的密谋方式开始的。随着工人运动和农民运动的蓬勃兴起，部分社会民主党成员却选择了背离初衷，受德国社会党修正主义的影响，他们要么盲目追随自发的运动潮流，要么重蹈革命民粹派的老路。为切实改变这种状况，列宁主张以集中制的组织制度将知识分子革命家和工人中成长起来的先进分子组成革命家组织。其二，集中制作为组织制度和组织路线，要求党员个人服从组织，少数服从多数，下级组织服从上级组织，全党服从中央权威；中央集中统一领导有合理计划和正确策略的革命运动。这就将集中制作为党的组织制度结构和行动的或组织运行的"计划—策略"统一了起来。列宁坚决

---

① 《列宁全集》第6卷，人民出版社2013年版，第288页。
② 《列宁全集》第6卷，人民出版社2013年版，第288页。

反对没有理论立场、策略立场的观念，他明确提出"党应当是组织的总和（并且不是什么简单的算数式的总和，而是一个整体）"①。列宁明确了"党"和"组织"两个概念的区别与联系，"使作为阶级的先进部队的党成为尽量有组织的，使党只吸收至少能接受最低限度组织性的分子"②，以钢铁般的组织纪律约束每一个党员，使其服从于无产阶级革命的需要。其三，建立集中化的党组织，集中统一领导全俄无产阶级革命运动。列宁强调集中制能够解决长期以来小组分散各自为政、散漫松懈习气、缺少无产阶级革命的整体目标，只注重一个领域或一个层面的短期利益的斗争现象。"近年来我们的运动恰恰是由于地方活动家过分埋头于地方工作而受到损害；因此，把重心稍稍转移到全俄工作上去是绝对必要的；这种转移不会削弱，而会既加强我们的联系的牢固性又加强我们的地方鼓动工作的稳定性。"③ 实际上，这是列宁关于组织层级或中央与地方关系的民主问题的论述，也就是说组织的集中制与民主制并不矛盾，集中制是相对于党组织的地方自治而设定的。党组织的集中制还在于对组织内党员的纯洁性要求，加入党的组织一定承认党的章程规定的权利与义务条款，并为组织工作。党组织的政治路线是领导工农进行自觉性的"计划—策略"的阶级斗争，首先实现最低纲领，即推翻沙皇专制制度建立民主共和国，但这个民主共和国是无产阶级专政的工农民主政权；再以无产阶级专政为保证推进广泛的民主和实现地方自治，改造社会经济结构实现生产资料公有制，以至实现共产主义的最高纲领。

与列宁主张相冲突的焦点在于：其一，经济派和民族派不承认列宁的阶级划分，受伯恩斯坦的影响，认为资本主义发展不会出现无产阶级贫困化的问题，抵触无产阶级领导和无产阶级专政，这也就意味着"火星派"的土地纲领和政治路线与经济派和民族派难以达成共识；其二，"火星派"内部出现了以马尔托夫为代表的反对列宁的党员条件的问题，提出在党的组织之外也可以成为党员的主张，这就出现了工人阶级的先锋队与工人阶级混淆的问题，实质上也就是反对集中制而强调民主的主张。关于入党条

① 《列宁全集》第 8 卷，人民出版社 2017 年版，第 252 页。
② 《列宁全集》第 8 卷，人民出版社 2017 年版，第 252 页。
③ 《列宁全集》第 6 卷，人民出版社 2013 年版，第 136 页。

件的问题，列宁的主张失败，大会表决通过了马尔托夫的主张，这也预示着后来的决裂。列宁坚决主张，党的纯洁性必然要求以集中化的组织为边界。党章规定，党的代表大会是党的最高机关，由民主选举产生的党的中央委员会在两次代表大会之间是党的领导机关，中央机关报编辑部在思想上领导党，设置党的总委员会，其主要职责是使中央机关报编辑部与党的中央委员会协调一致，中央委员会具体实施对全俄党的组织建设和斗争策略的领导。大会选举按派别分配选票，因民主派和经济派的代表退出大会，以列宁为主的"火星派"成为多数，列宁、马尔托夫、普列汉诺夫被选举为中央机关报《火星报》编辑部成员，也就是组成党的领导机构。党的总委员会设定由 5 人组成，普列汉诺夫被选举为党的总委员会委员，另外 4 名委员由中央机关报编辑部和中央委员会各推举 2 人参加。在这个结构中列宁及其拥护者成为"多数派"——布尔什维克，马尔托夫及其拥护者成为"少数派"——孟什维克。一些学者认为多数派与少数派的区分并不能表明布尔什维主义是理论形态的，而只是政党制度形式。但是，这种看法忽视了布尔什维主义的理论形态与布尔什维克"政党制度"的关系。

（二）"四位一体"的政党纲领

布尔什维主义是马克思主义俄国化的巨大成就，布尔什维主义的诞生就是列宁主义的基本形成。列宁在无产阶级革命实践中形成了理论、政治、经济、策略四位一体的政党纲领。列宁指出，"无产阶级在争取政权的斗争中，除了组织，没有别的武器。无产阶级被资产阶级世界中居于统治地位的无政府竞争所分散，被那种为资本的强迫劳动所压抑，总是被抛到赤贫、粗野和退化的'底层'，它所以能够成为而且必然会成为不可战胜的力量，就是因为它根据马克思主义原则形成的思想一致是用组织的物质统一来巩固的，这个组织把千百万劳动者团结成一支工人阶级的大军。"①《共产党宣言》《资本论》《法兰西阶级斗争》《法兰西内战》，恩格斯辩护和阐释马克思主义的《反杜林论》《家庭、私有制和国家的起源》，以及马克思和恩格斯关于俄国革命趋势的分析等，对俄国知识分子具有普遍影响。影响最大的民粹派逐渐分化出多个派别，但他们都有曲

① 《列宁全集》第 8 卷，人民出版社 2017 年版，第 415 页。

解、误解，有的甚至是曲解性地创造新的理论，如丹尼尔逊以农民社会主义理论否决农民资本主义的必然趋势；有的民粹派如司徒卢威运用马克思的政治经济学说论证资本主义的必然性及其永久性，已经转向资产的自由主义；革命民粹派的社会革命党人接受了无产阶级革命的现实，但还是在"为农民社会主义服务"的逻辑上所接受的。以普列汉诺夫为代表的正统马克思主义在俄国的传播和社会民主主义运动，建立了社会主义与工人运动相结合的逻辑，这是俄国社会民主党、工人运动、马克思的无产阶级革命理论三者统一的初步建立。因社会民主党的分散性和小组习气、地方自治的民主意向等，其力量远远落后于革命民粹派的社会革命党，再加之恩格斯逝世后伯恩斯坦修正主义的影响，社会民主党面临着一场生死攸关的抉择。普列汉诺夫与列宁的联合，一方面是建立在深厚的马克思主义理论基础上的无产阶级革命指向上；另一方面，俄国社会民主党统一在社会民主工党的旗帜下联合各革命派别形成统一的力量，是基于现实的条件和历史任务的选择。这两个方面是普列汉诺夫支持列宁在 1903 年第二次俄国民主工党代表大会上取得多数支持的关键。但代表大会的结果出现了布尔什维克与孟什维克的分裂，普列汉诺夫迅速撰写了批判列宁的《怎么办？》的反文《不该怎么办》，致使两个派别分裂公开化，形成了普列汉诺夫与列宁的一场辩论。有些误读以为普列汉诺夫是针对列宁刚毅、强硬的人格，实际上是对列宁革命策略和革命理论的批判。

列宁与普列汉诺夫的激烈论战中显现了列宁的革命理论和党的建设思想。普列汉诺夫的《不该怎么办》一经发表，就形成了一种强烈的冲击波，革命民粹派的社会革命党人迅速捕捉到列宁的革命理论遭遇瓦解，社会民主党进入了不需要理论的时代的信号。但普列汉诺夫却看透了列宁的革命理论、革命策略与自己的差别。普列汉诺夫是卓越的马克思主义理论家，看透了不同的革命派别各有其理论基础，形成联盟的基础在于他们一起革命。普列汉诺夫认为，俄国革命必然经历资产阶级革命这一阶段，农民革命是小资产阶级革命，在资产革命中，无产阶级政党面临的不是夺取领导权的问题而是保持独立性积蓄力量，无产阶级在俄国资本主义增长中发展壮大，到资本主义危机时才是无产阶级推翻资产阶级统治的时候。因此，普列汉诺夫主张在资产革命的客观历史过程中，如果无产阶级政党跟着资产阶级尾巴，就等于死刑判决，如果要求资产阶级跟着无产阶级走等于荒漠里的呼声，因此革命的策略就是"分开走，一起打"①。可见，普列汉诺夫关于俄国革命的理论是依据马克思关于社会历史的客观条件来论证的，因此革命策略服从于这种客观条件。普列汉诺夫坚决反对伯恩斯坦对马克思主义客观历史理论的修正，但也接受了考茨基的建议，普列汉诺夫采取温和的团结的态度来处死修正主义者，而不是激烈的斗争。因此他反对列宁关于党组织的集中制和党员的纯洁性主张，转向维护孟什维克的所谓民主派。普列汉诺夫批评列宁不懂辩证法的尚武精神会给联盟造成损失，普列汉诺夫用"套中人"比喻列宁坚持原则的立场。"一切都在流动，一切都在变化。我们的活动方式也不能始终不变。契诃夫的'套中人'其所以出类拔萃，因为他出外的时候永远穿着套鞋带着雨伞，而且一定穿着暖和的棉大衣，甚至天日晴和也是如此。我们社会民主党人和套中人不相干。如果我们不适应政治气候的要求，那就很可笑，而且也很坏。彻底的马克思主义者不可能是、当然也不会是集中制的空想主义者。"② 普列汉诺夫对列宁的尖锐批判不仅是建党原则和组织制度、组织路线、政治路线的问题，而且是在他的革命理论上的批判。实际上，普列汉诺夫的理论已经是第二国际考茨基的中间道路了，既反对右派的修正主义，也反对左派的革命论，坚持资本主义发展的尽头就是社会主义开端的客观历史规律或经济社会演变自然必然性的逻辑。在这种理论逻辑上，普列汉诺夫用社会民主党的名称也是在模仿或者就是沿用欧洲社会民主党。孟什维克派别的出现，与考茨基的理论具有一致性，而在政党冠名上没有模仿或沿用德国工人阶级左派的社会民主工党之名。在第二国际时期，考茨基和倍倍尔已经不同意恩格斯的不断革命理论，将合法斗争奉为法宝，甚至对恩格斯进行反批评。这些被孟什维克所继承。普列汉诺夫和孟什维克没有实现马克思主义的俄国化，而是直接运用和尊崇马克思的客观历史逻辑，按第二国际的中间道路理论构建所谓的民主策略。马克思主义俄国化的布尔什维主义坚持理论的"党性原则"，使理论立场、策略立场、党的组织制度相统一。

列宁强调理论斗争、政治斗争、经济斗争三者统一，首先是理论斗争

---

① 《普列汉诺夫机会主义文选（一九〇三——一九〇八年）》上，虚容译，生活·读书·新知三联书店 1964 年版，第 142 页。

② 《普列汉诺夫机会主义文选（一九〇三——一九〇八年）》上，虚容译，生活·读书·新知三联书店 1964 年版，第 9 页。

的问题。理论斗争不胜利就不可能将政治斗争与经济斗争统一起来，社会主义运动与工人运动相结合就不可能实现，这就必然要求由一支理论立场坚定的马克思主义政党来完成这一历史使命。实际上，这就是马克思主义塑造工人阶级政党，工人阶级政党具有马克思主义现实化的工具属性；但马克思主义政党作为领导社会主义革命的主体，又承担着历史的、现实的、具体的创新发展马克思主义，使其与特殊国情相结合产生特殊民族国家的无产阶级革命理论的任务，在这一层面上的马克思主义就是马克思主义政党的理论工具。列宁实现了马克思主义塑造无产阶级革命主体和他作为无产阶级革命主体之认识工具的有机统一。这本身就是辩证法的。在以马克思主义对马克思主义政党塑造功能上，列宁坚定马克思主义理论立场来制定革命策略，以马克思主义的报纸和期刊作为意识形态主阵地，而且设定其对党的领导地位和对工人阶级先锋队的塑造功能。列宁从科学社会主义学说的产生和社会主义学说转化为工人阶级自觉的社会主义革命两个层面来阐释理论灌输的重要性。"社会主义学说则是从有产阶级的有教养的人即知识分子创造的哲学理论、历史理论和经济理论中发展起来的。现代科学社会主义的创始人马克思和恩格斯本人，按他们的社会地位来说，也是资产阶级知识分子。"[1] 注意这里所说的两种社会主义理论虽然都是背叛本阶级的知识分子创造的，但科学社会主义并不是思想家头脑思维的产物，而是历史规律与工人运动相结合的产物。这一点，列宁是非常清楚的。列宁在这里强调分散的工人阶级的自发运动尽管看重眼前利益，但也会产生政治要求，但这种要求也只是对统治者提出修改法律保障现实利益、改变生产生活条件而已；工人阶级革命不断受到理论家创造的各种理论之影响，还有工人阶级自身也会产生理论家，如法国的蒲鲁东、德国的狄慈根等，但这都未达到科学社会主义的理论水准。所以，列宁强调真正的马克思主义理论家不仅仅使马克思主义理论走向工人进行宣传和鼓动，还要融入工人阶级自发斗争中去，使其在斗争中内化为工人阶级的自觉斗争，这就是理论在现实化中塑造实现的主体，主体又以理论为工具实现主体预期目标的逻辑。就灌输来说，民粹主义知识分子拉普罗夫的宣传鼓动派、特卡乔夫的密谋派也将宣传和暴动结合起来。列宁所说的灌输当然包

———————————

[1] 《列宁全集》第6卷，人民出版社2013年版，第29页。

括成熟的马克思主义理论家走向工人，革命民粹派也开始了这样的工作。但不同的是，列宁主张的独特性在于，以马克思主义理论塑造工人阶级的先进部队组成革命家组织，革命家组织领导工人阶级革命运动，这就不是知识分子能独立完成的，而是整个阶级的"自我革命"。所以，马克思主义革命家以马克思主义为党性原则使理论立场和策略立场一致起来，只能是集中制的组织。这就是列宁的一个结论："无产阶级在争取政权的斗争中，除了组织，没有别的武器"[1]，只有克服组织的分散化采取集中制的组织路线，才能使"战斗的马克思主义巩固起来"[2]。所以，列宁的灌输论就是塑造论，即马克思主义理论（意识形态）与钢铁般意志和严明纪律的革命家组织的有机统一，而且是以马克思主义意识形态领导权来保证无产阶级革命家或工人阶级先锋队持续塑造，因为先锋队不是一劳永逸的。这一问题又必须在无产阶级先锋队以马克思主义理论为工具创新发展马克思主义的途径上来解答。

（三）列宁的不断革命理论

马克思主义政党在运用马克思主义实现俄国无产阶级革命历史使命的时候，俄国的社会历史条件与马克思主要依据西欧社会历史条件所指出的无产阶级壮大和贫困化具有历史的时间间距。与马克思有长期友好合作关系的民粹派经济学家们早就介入了对这一问题的讨论而提出了跨越资本主义的农民社会主义理论。革命民粹派特别是民意党看到马克思写给《祖国纪事》编辑部的信后，他们欢欣鼓舞，误认为马克思关于俄国革命的理论与他们是一致的，因此试图通过工人革命来实现农民社会主义的理想目标。普列汉诺夫对民粹主义毫不让步，坚持俄国资本主义的必然性，以及无产阶级随资本主义发展而壮大，到无产阶级贫困化和资本主义危机推翻资产阶级统治建立无产阶级专政。列宁在《俄国资本主义的发展》中运用马克思主义经济学方法论深刻揭示了俄国农业资本主义与城市资本主义之间的关系，对俄国复杂的经济结构及其阶级矛盾进行分析，特别是农民在什么条件下才可能成为革命的主体，才能构建起工农联盟这一俄国式社会

---

[1] 《列宁全集》第 8 卷，人民出版社 2017 年版，第 415 页。
[2] 《列宁全集》第 6 卷，人民出版社 2013 年版，第 173 页。

主义革命主体。这种社会主义革命的道路就是客观史与科学的主观设计相统一。在辩证法上，既把握客观社会历史条件及其发展趋势，又能够创造无产阶级革命的现实主观条件，这就是列宁所提出的土地纲领。土地纲领尽管与革命民粹派相接近，但列宁的设计逻辑，是让农民感受到布尔什维克是保护农民利益的，纲领也确实是保护农民利益，也如马克思所说的能够使村社不再遭受资本主义的瓦解，对其实施正当的共产主义作用可以作为社会主义的新起点。列宁的土地纲领既体现了马克思的看法，但又对个体农业和对公社瓦解的内在因素加以保留，同时对农业工人这一新生长的自发社会主义主体给予恰当的设置。列宁与普列汉诺夫的不同之处是：无产阶级领导的推翻封建专制残余的革命，尽管资产阶级与无产阶级是共同的，但这一过程不能形成资产阶级专政的共和国，而是要形成无产阶级专政的后果，以无产阶级掌握政权为保证实现生产资料公有制的共产主义历史方位。列宁认为马克思主义的社会历史理论是客观辩证法的，是科学，但马克思主义的革命理论还有主观辩证法的一面，以及客观与主观的辩证关系。人类社会历史不是物质的自我运动，而是人的主体与物质世界的交往运动、是人们创造生活所形成的过去与现在的客观，但对这一科学问题的解答也是有阶级立场的。无产阶级认识到这一历史的客观逻辑将转换为运用这种规律，即生产力发展水平所决定的规律实现自我解放，并创造运用这一规律的自由条件。唯心主义哲学家康德和黑格尔都强调在把握规律条件下的自由问题，但马克思主义真正实现了把握规律与自觉能动运用规律获得自由的科学和价值相统一的逻辑。所以列宁的布尔什维主义实现了马克思主义俄国化，并坚持毫不妥协的原则，而普列汉诺夫没有实现马克思主义俄国化，从1903年开始其立场左右摇摆，直到第一次世界大战的爆发其立场完全退回到德国社会民主工党的立场上去了，实际上是考茨基主义的同盟。列宁布尔什维主义坚定的理论立场和策略立场，体现了理论、无产阶级先锋队、政治斗争、经济斗争、策略的有机统一。

普列汉诺夫发现列宁的布尔什维主义是"不断革命论"的。普列汉诺夫认为，列宁的不断革命论是继承马克思1850年写给德国社会民主党的《告同盟书》的"不断革命论"，但列宁教条地不顾历史条件地将其搬到俄国来是违背马克思主义的。马克思确实强调了资产阶级革命后再有无产阶级革命的图景是庸人的理解，无产阶级的"不断革命"可以越过资产阶级革命。普列汉诺夫对此的分析逻辑是，马克思后来对自己的结论进行了纠正，恩格斯后来也进行了纠正，都认为西欧的无产阶级革命和建立无产阶级专政不具有"客观条件（因此也没有'不断革命'的主观条件，即心理条件）"①。列宁确实在《怎么办？》和《进一步，退两步》（对普列汉诺夫的《不该怎么办》的反批判）中虽没有涉及"不断革命"的字眼，但无产阶级政党领导的推翻封建残余的后果却不是资产阶级专政，而是要造成无产阶级专政的后果，并以此为开端改造社会、造成生产资料公有制后果。这就是列宁的不断革命论的明确主张，这是鲜明的革命辩证法的逻辑。列宁在 1913 年 1 月所写的《关于布尔什维主义》一文指出，"布尔什维主义的产生，是同 1897—1902 年期间所谓的'经济主义'（即否定工人阶级的政治斗争和它的领导作用的机会主义）反对革命的社会民主主义的那场斗争有密切联系的。"② 布尔什维主义在与孟什维克的分歧中诞生，就是在"布尔什维克则提出，工人阶级在资产阶级民主革命中的目标是：带领民主派农民，不顾自由派的背叛，把这场革命进行到底。"③ 这也恰恰说明了"不断革命"的飞跃论辩证法。

列宁的社会主义国家制度的初步形成，是在布尔什维主义与布尔什维克相统一的逻辑上，由革命群众所创造的"苏维埃"这种"代表会议"形式的新制度所奠定的。1904 年日俄战争爆发，列宁和一些马克思主义者分析，这是 1901 年经济危机的结果，俄国将国内的尖锐阶级矛盾转嫁到帝国主义战争，日俄争夺亚洲有可能引起资本主义国家间的战争，俄国工人阶级革命有可能成为欧洲工人阶级的引爆点。1905 年 1 月彼得堡一个工厂的工人为反对厂主开除工人举行罢工，其他工厂工人群起响应。正如列宁所分析的工人的自发斗争会提出资产阶级革命的要求，如言论出版自由、八小时工作制、土地归农民、人民在法律上一律平等、召开立宪会议等要求。工人以和平方式向沙皇政府递交请愿书，但遭到反动政府预谋性的血腥镇压。工人罢工风潮向全国扩散，彼得堡印刷工人选举工人代表成立"罢工委员会"，也称"工人委员会"，或"工人苏维埃"。"苏维埃"是代

---

① 《普列汉诺夫机会主义文选（一九〇三——一九〇八年）》上，虚容译，生活·读书·新知三联书店 1964 年版，第 154 页。

② 《列宁全集》第 22 卷，人民出版社 2017 年版，第 298 页。

③ 《列宁全集》第 22 卷，人民出版社 2017 年版，第 299 页。

表委员会之义，类似于"巴黎公社"。社会民主党的各派别认为这是与政党组织相对立的，有的感到震惊、有的反对、有的观望；而列宁指示布尔什维克迅速积极靠近苏维埃并领导苏维埃。在罢工持续进行中农民起义接连爆发，士兵起义此起彼伏。到 1905 年 8 月沙皇政府被迫采取缓和策略，匆忙颁布《关于国家杜马的法令》《国家杜马选举条例》，但选举条例剥夺了大多数劳动人民的选举权，1905 年 10 月布尔什维克领导工人政治总罢工并迅速形成全俄政治总罢工的宏大气势，以推翻专制制度建立"人民共和国"为总动员口号。但是，影响工人运动的有多个理论指向和策略，各政治派别要实现的目的相互抵制，普列汉诺夫的"分开走，一起打"的策略，却帮了沙皇政府耍政治手腕分离工人运动的忙。自由派资产阶级转向与沙皇合作，相信沙皇"赐予"诸如信仰、出版、言论、结社的自由，私有财产的自由，孟什维克对无产阶级革命还未做好准备，沉睡在资产革命阶段的陈旧公式中。"赐予"人民以公民自由和人身、财产不可侵犯的诏书颁布，各政党从秘密活动转向公开化、工会组织纷纷成立，有些地方的农民成立农民委员会。因工人和农民运动目标的分化，造成了反动政府喘息的机会和"十月事变"的后果，即群众运动再次被镇压。但是布尔什维克并未停止革命而是在多地建立"工人苏维埃""农民苏维埃""士兵苏维埃""工人农民联合苏维埃""工人士兵联合苏维埃"等，也有的成立了具有民族性的苏维埃（如哥萨克苏维埃）。苏维埃成为推翻沙皇政权的领导中心。列宁认为人民自己创建起来的苏维埃是政权性质的，它不同于资产阶级式的议会制共和国，它是人民共和国的雏形。列宁对这次革命高潮的重大意义给予高度评价："这种不是知识分子的，不是密谋家集团的，而是工人和农民的革命政权，在俄国已经有过了，在我国革命进程中实际上已经存在过了。"[1] 列宁认为，苏维埃的创建是建立革命政权反对旧政权的方法，"人民的创造性"促成了"革命政权机关的明显的萌芽"[2]。

　　布尔什维主义的国家治理思想的萌芽，具有布尔什维主义理论的坚实基础和人民群众创造性经验的总结相结合的典型特征；开创了马克思主义政党的组织体制与国家政权相结合的实践探索道路，为在革命实践

---

　　[1]　《列宁全集》第 12 卷，人民出版社 2017 年版，第 331 页。
　　[2]　《列宁全集》第 12 卷，人民出版社 2017 年版，第 330 页。

中基于特殊国情创新发展马克思主义国家理论及其国家治理实践奠定了
基础。

四 列宁的国家治理理论与实践探索： "不断革命" 的辩证法

列宁的社会主义国家理论既具有马克思主义国家理论的基础，又具有
在俄国社会历史条件基础上创造性发展的独特性。其典型的特质在于马克
思主义政党与国家、国家政权的组织制度、国家政权与地方权力、民主的
形式和内容、苏维埃式的权力制度与工会、社会团体的关系。对于这些问
题的解答既不是一蹴而就的，也不是思想家的理论推论，而是布尔什维主
义在革命实践中通过将创造性的经验累积升华为认识论而达到的。从 1905
年苏维埃工农权力制度的萌芽到 1917 年十月革命胜利苏维埃国家制度正
式创建，其中贯穿着党的组织制度和领导制度建设，党如何领导工农进行
自我解放的社会主义革命而创建自己当权的国家成为迫切的问题。布尔什
维克领导工农联盟的社会主义革命奠定了其领导国家治理的实践基础，但
领导地位的确立是一个艰难的理论斗争、政治斗争、经济斗争、政党组织
建设四位一体的过程。

（一） 社会主义苏维埃制度的初步确认

列宁在 1905 年至 1907 年基本形成了马克思主义政党的组织原则和苏
维埃作为社会主义国家制度的构想。1905 年至 1907 年是俄国激烈动荡的
两年，人们对其的解释有不同的路径。有的从传统与现代的关系上，将这
两年解释为俄国现代化或西欧化的强力交锋年代；有的从民主与专制角度
来解释。这两种解释都是相对于列宁关于这两年是无产阶级革命理论与策
略论述的挑战和反解释。列宁对这两年的重要论述由两个层面构成：其
一，在革命进程中对各政治派别的阶级基础以及要实现的目标判断，对布
尔什维克的组织制度、领导制度进行精心的设计和调整，对苏维埃的定
性，对布尔什维克革命目标和策略的制定等；其二，对事件过后的经验总
结并上升到理性认识。总体上，列宁是在阶级利益根基上来看各政党、政
治派别斗争情势的。列宁不仅从阶级斗争的理论上，而且从这场革命的组

织和领导者的角色上来看政权制度构建的可能性。在苏联崩溃后，前两种解释试图超越阶级斗争的框架围绕着"村社"的民粹主义和现代化的冲突，或无产阶级专政的苏维埃是民主的还是专制的而展开？这并不是什么"新"解，实际上，在这场革命的过程中资产阶级自由主义、孟什维克的中右派、社会革命党的中右派就已经以这些观念与列宁论战了，其中在革命派别之间关于这场革命的性质、革命阶段如何设置、如何采取正确的革命策略就是这些问题的具体化。讨论这些问题都离不开 1905 年 10 月统治者暴力镇压革命者无果，而为平息所谓"动乱"被迫颁布"诏书"组建的立宪机构——"加布里根杜马"有关。就杜马的性质来看，它只是"咨议"性机构，是向君主立宪制迈出的具有象征意义的一步。即使这微小的一步也促成了政党活动的合法化和公开化，但同时也体现了各政党派别意见的严重分歧，温和的资产阶级改良主义对诏书的承诺抱有民主主义的幻想，而资产阶级革命者、社会主义革命者，尤其是在农民被排斥的问题上产生激烈反抗，致使"杜马"夭折在文本上。在革命气势的撞击下，统治者尽管与日本帝国主义协议结束战争，调回军队增强了统治力量，但旧的专制统治也已无法挽回，采取既维护君权又与资产阶级民主妥协的折中改革方案成为现实的需要。1906 年 4 月第一届杜马成立并召开立宪会议，这是迈向民主主义的关键一步，但杜马各党派的构成就是阶级意志及其力量的激烈碰撞。在杜马成立前已经颁布了俄国基本法，制定了国家权力结构的位阶，即国家行政、军事、外交、宗教等事务、大臣任命并组成大臣会议为君权所属；沙皇诏书规定国务会议是立法机构的上院，其代表一半由沙皇指派，另一半在贵族、僧侣、资产阶级中选举产生；杜马是立法机构的下院，其代表的一半由大臣会议选派，另一半由选举产生，这也就限制了杜马中各阶级的、民族的权重和位阶。第一届杜马因土地问题的冲突而解散，第二届杜马也因土地问题于 1907 年 6 月 3 日再度解散，致使"六三政体"诞生。

现代政治现象集中体现在政党活动上。政治是经济的集中表现，这是马克思主义的基本观点。1905 年俄国各政党和政治派别公开出现在政治舞台上就是如此。1905 年 10 月以前各政党和政治派别都是国外的流亡者组织和地下秘密组织，"诏书"颁布后，各政党从地下浮出并开始公开活动。

列宁对当时出现的俄国政党按从右到左的政治派别区分为 11 类①。这是不完全列举，无政府主义思想家克鲁泡特金组建了"无政府主义政党"，他认为人民还未做好革命准备，没有提出具体纲领，列宁没有将其列在之内。这些党派起初都是知识分子的，除自由思想派、激进派、无题派这些自由知识分子构成的政党保持"洁身自好"外，其他都逐渐走向与工人和农民建立联系的道路。列宁从阶级根源上将这十一类进一步划分为五类："（1）黑帮；（2）十月党；（3）立宪民主党；（4）劳动派和（5）社会民主党。"②"黑帮"作为一个政党派别是代表维护君主和上层官僚集团、一些特殊农民利益的集团。"黑帮"在俄罗斯的特有含义是指耕种黑土地给君主纳税的人的统称，也指"干粗活的"君主的臣民，因此这个政治派别并不讨厌"黑帮"的指称，因为它有普通百姓的基础。但作为一个政党主要以"俄罗斯人民同盟"为主要力量，组织机关是"俄罗斯人民代表大会"，这种组织对工人和农民来说具有很强的欺骗性，以民族、文化、信仰等超阶级的共同体来聚合民众，但实质上是封建残余的贵族、大地主联合宗教界、知识分子、城市小资产阶级、工人、农民和流氓无产者，其政治纲领也在一定程度上体现了民主、百姓利益、反专制等，但反对地方和民族自治，走君主"赐予"民众自由的道路，拒绝俄国走西方化的资本主义民主制的道路。"十月党"是基于 1905 年 10 月"赐予"人民公民化的所谓自由权利诏书，以地方自治派组合起来的，主要是代表地主和富农的利益，是大资产阶级的代表，其政治主张的右翼与"黑帮"接近，左翼与"立宪民主党"接近。立宪民主党是一个知识分子群体，以反专制制度建立欧美化的议会制度和瓦解村社为目的，以实现西方化议会民主制为政治目标而反对封建专制制度。"劳动派"是列宁对社会革命党的不同派别和农民"劳动团"之共同基础所进行的概括，也就是代表劳动人民是他们共同的政治取向。列宁把这个派别划入小资产阶级派别，这是列宁根据俄国农业资本主义的趋势和他们主张的利益来对其归位的。虽然社会革命党的

---

① 列宁初步将俄国政党区分为 11 类：（1）俄罗斯人民同盟，君主派等；（2）法制党；（3）十月党；（4）和平革新党。（5）民主改革党。（6）立宪民主党。（7）自由思想派，激进派，无题派等；（8）劳动人民社会党；（9）社会革命党；（10）最高纲领派；（11）社会民主党——孟什维克和布尔什维克。参见《列宁全集》第 14 卷，人民出版社 2017 年版，第 22 页。

② 《列宁全集》第 14 卷，人民出版社 2017 年版，第 22 页。

左派是社会主义的，但因这种社会主义还是民主主义性质的，因此也就是小资产阶级派别。唯一代表无产阶级的是社会民主党，但又区分为布尔什维克左派和孟什维克右派。列宁指出，在1905年至1907年的革命年代，"一切阶级都公开登台了。一切纲领观点和策略观点都受到群众行动的检验。罢工斗争的广泛和激烈是世界上前所未见的。……没有1905年的'总演习'，就不可能有1917年十月革命的胜利。"① 列宁的这一论断可以从无产阶级政党布尔什维克与孟什维克的革命理论、革命主体、革命对象、革命策略的差别，以及与其他政党的关系上来看。

　　1905年至1907年的革命与反革命的激烈较量，"革命"的性质具有两层次之分，即资产阶级革命与社会主义革命；"反革命"性质也是两个层次的，即维护皇权统治的资本主义改良和资本主义的社会主义改良。从各政党的派别来看，列宁领导的布尔什维克坚决主张将科学社会主义基本原则与俄国具体的阶级结构相结合，以自觉能动的无产阶级革命领导资产阶级革命，以民主主义摧毁封建专制制度，以资产阶级经济形式瓦解封建残余，同时将资本主义经济制度和政治制度作为革命的对象。这也就是说，无产阶级领导的资产阶级革命是将封建制度与资本主义制度作为双重对象来设置的，但对这两种对象的处置方法是不同的。从经济社会形态自然演进的规律来看，代替封建制度的资本主义制度是俄国的必然环节，但在世界历史的生产力发展水平上来看，俄国借助发达国家先进的生产力可以不经过资本主义制度转向社会主义，也就是说基于俄国的特殊国情利用资产阶级革命的政治手段和经济手段为社会主义革命服务，把资产阶级革命作为工具而不是目的，就是列宁的"不断革命"理论的本真。如是，作为唯一无产阶级政党的社会民主党的布尔什维克与孟什维克的派别分歧、劳动派内部的分歧与分化、革命民粹派与布尔什维克的分歧，在这次革命浪潮期间，通过对杜马的态度和苏维埃的态度、政党纲领等充分显现出来。导致1905年"加布里根杜马"夭折的最主要力量是布尔什维克和社会革命党。当然，立宪民主党和孟什维克反对杜马只具有咨议功能，而主张立宪性质也具有了相当大的作用，布尔什维克和社会革命党领导的大规模有组织的工人和农民起义是促成1906年4月第一届杜马组成的最重要原因。

――――――――

① 《列宁全集》第39卷，人民出版社2017年版，第7页。

布尔什维克和社会革命党判定杜马的资产阶级性质而抵制和拒绝参选，在这届杜马中缺席。在这届杜马构成中资产阶级的立宪民主党占有优势，其领导人出任杜马主席，但杜马中一种特殊身份的农民"劳动团"具有特殊意义。"劳动团"作为农民代表的这一特殊的团体既体现了一种独立的力量同时又是各种力量争取的对象。从维护君权的保守势力来看，农民"劳动团"是维护"村社"的，因此也是维护君权的重要支持力量，统治者凭借当时垄断政治的有利优势，故意使农民"劳动团"在杜马中占有很大的分量。社会革命党虽然判定杜马是资产阶级的议会而坚决抵制，但认为争取农民"劳动团"将议会转变为反对政府改革法案的重要政治力量是可能的。但农民"劳动团"的政治行为大大出乎社会革命党和君权保守势力的预料，"劳动团"采取了与立宪民主党联盟的策略。孟什维克代表拒绝与农民"劳动团"组成联盟，而与立宪民主党联合并成为其附庸。这届杜马因土地法案的冲突无法和解而被政府宣布解散。第二届杜马依然遵循君权与资产阶级民主妥协的预想而组建，布尔什维克和社会革命党对这届杜马的态度发生了转变，都参加了杜马选举，而社会革命党因内部意见的分歧只以"小组"形式参加，虽然联合左派政党形成联盟，但没有形成影响力，但因土地纲领与农民"劳动团"存在较大分歧形不成联盟；又因社会革命党左派的不断组织农村暴动成为政治保守势力和黑帮党团加以敌视的对象，同时占有多数的立宪民主党拒绝与社会革命党联合。孟什维克依然与立宪民主党联合而反对社会革命党。布尔什维克主张与社会革命党和其他左派政党联合，利用议会合法斗争宣传科学社会主义原则，争取农民"劳动团"的支持并试图夺取革命领导权。第二届杜马还是围绕"土地法案"这一中心问题的冲突难以达成一致而被解散。

两届杜马相继成立和被强制解散的遭遇是俄国现代化的道路问题，但如何现代化又有革命与改良的区分，对革命政党来说又存在如何革命之分。对两届杜马的资产阶级议会性质的判断，无论是布尔什维克、孟什维克，还是社会革命党都是一致的。但是，孟什维克认为无产阶级革命还未到时，在资产阶级革命之后才是无产阶级推翻资产阶级的时间，因此在当下资产阶级革命的时候是参加和支持，而不是领导权的问题。在社会革命党的眼里，两届杜马关于土地改革法案摧毁了"农民社会主义"所赖以立基的"村社"，因此社会革命党的左派阻滞俄国的资本主义化，抓紧时机实现农民社会主义是其革命的主调。在第一届杜马中采取不合作的态度，在第二届杜马中试图将议会变为与反动政府对立的工具，这是社会革命党左派暴力革命的策略部分。立宪民主党在两届杜马中都占有优势并试图与保守派和政府妥协的原因在于，两届杜马的土地政策都是私有化，这与立宪民主党的俄国资本主义化主张基本一致。第一届杜马的土地政策史称"维特法案"。维特出身于贵族官僚家庭，受到良好的教育，在走向仕途之初具有斯拉夫主义的情怀，但在担任交通大臣期间认识到俄国的工业化是现代化必由之路。他在 1882 年转任财政大臣后形成了一个新的认识，即俄国的工业化需要来自农业的税收支撑，但农业税收欠账问题严重。维特认为，这一问题的原因是 1861 年的改革不彻底，村社经济严重制约了农业发展，因此瓦解村社实行土地私有化成为经济改革的核心。但维特所推行的私有化改革激怒了贵族和皇族保守派、黑帮党派。在贵族和皇族保守派来看，村社是借以统治的基础，也是黑帮党派的利益所在。因为 1861 年在瓦解原来村社由领主管辖的时候，村社的大片好土地被地主所购买，由国家派遣代理人和人为划定村社土地范围，选举村社领导人形成"连环保"制度，国家代理人和村社代理人是这次改革的利益受益者，因此维特改革为瓦解村社采取的取消连环保制度，引起了黑帮党团和贵族、皇族保守派的激烈反对。马克思和恩格斯认为俄国村社在其演进的历史中已经成为封建专制制度的基础，这是保守势力攻击维特土地法案的根本原因。但在 1905 年激进革命浪潮的打击下，维特的土地法案不得不加以实施。立宪民主党的土地私有化与维特的主张没有本质的区别，在立法权不受君权干预问题上的冲突是主要的。维特的改革目标是建立资本主义的经济私有制与上层建筑的君主立宪制，但还属于温和的渐进性改革方案。继任维特的斯托雷平采取的改革是在第二届杜马的短暂存续期间，在经济上依然延续土地私有化，但在政治上采取"警察"高压手段实施控制，实行政治激进改革，土地私有化改革更加有利于地主、富农、贵族等大资产阶级的利益，对村社采取大强度的瓦解和剥夺。立宪民主党因还顾及小农的利益在土地法修正案上与斯托雷平产生分歧不能和解，斯托雷平于 1907 年 6 月 3 日解散第二届杜马，后成立以"十月党"大资产阶级为主体的杜马，致使 1905 年至 1907 年革命高潮退却。在列宁的布尔什维主义看来，维特和斯托雷平改革是属于资本主义革命的范畴，斯托雷平所建构的所谓"六三政体"也不是君主制的复辟，相反加速了俄国资本主义化的进程，它成为社会主义革命的手段。但社会革命党认为斯托雷平的"六三政变"是封建制复辟，对其完全丧失了信心，一部分与自由民粹主义相近的人民党遁入"寻神派"，到神学的知识和唯心主义的信仰中去探讨纯理论的道德、自由社会主义；其中间派有的孟什维克化，有的立宪民主党化；左派的一部分布尔什维克化，有的依然保持社会革命党本色。1905—1907 年的革命虽然失败了，但它为 1917 年"十月革命"的爆发奠定了基础，列宁真正懂得了怎样使俄国农民成为民主主义的革命力量，深刻认识到构建工农联盟民主政权的可能途径。

（二）构建工农民主专政的苏维埃

在革命党派对"苏维埃"的性质和功能的认识上，以列宁为首的布尔什维主义和布尔什维克，与孟什维克和社会革命党有着本质的差异。1905年 10 月工人代表苏维埃在自发的罢工中产生，起初是反动政府要求工人选出代表进行谈判，彼得堡工人罢工组织随之形成了工人代表委员会并成为领导罢工的组织机构。在社会民主党看来，苏维埃与党组织存在冲突，试图将苏维埃党组织化。但列宁在返回俄国路途中迅即以"我们的任务和工人代表苏维埃"致信《新生活报》，首先声明的是"工人代表苏维埃是从总罢工中产生的，是由于罢工、是为了罢工的目的而产生的"[1]。列宁特别强调自己"不在彼得堡，一次也没有看到过工人代表苏维埃，又没有在工作中跟同志们交换过意见，就几乎没有任何可能对这个具体的实际问题提出正确的见解。"[2] 但是，列宁作出了五个关键的预断：其一，"在政治上必须把工人代表苏维埃看作临时革命政府的萌芽。我觉得，苏维埃应当尽快地宣布自己是全俄国的临时革命政府，或者（完全是一码事，只不过是形式不同而已）必须建立一个临时革命政府。"[3] 其二，列宁强调对马克思主义政党建设的原则依然是在《怎么办？》中所阐释的观点，党既不可苏维埃化，苏维埃也不可党化，马克思主义政党必须保持无产阶级先锋队

---

① 《列宁全集》第 12 卷，人民出版社 2017 年版，第 56 页。
② 《列宁全集》第 12 卷，人民出版社 2017 年版，第 55 页。
③ 《列宁全集》第 12 卷，人民出版社 2017 年版，第 57 页。

的纯洁性，而苏维埃作为临时政府的革命组织的核心可以团结一切革命的力量，马克思主义政党要进入苏维埃并领导苏维埃实现夺取政权的目的。其三，列宁反对社会民主党和社会革命党将苏维埃党派化。列宁指出，"革命"的主体力量不能强调社会民主党或社会革命党的某一方面的狭隘性，苏维埃作为临时革命政府，它应当联合各个革命团体，"不怕成员广泛和成分复杂，而是希望这样，因为没有无产阶级和农民的联合，没有社会民主党人和革命民主派的战斗的合作，就不可能取得伟大的俄国革命的彻底胜利。"① 其四，列宁认为在革命中的苏维埃作为临时政府是组织"起义的机关"②，但没有这样为组成人民力量的、为起义需要的临时政府就不会有未来的苏维埃政府。为建立未来的人民的苏维埃政府必须将现在的苏维埃组建成无产阶级革命的临时政府，列宁领导布尔什维克向工人、农民、学生和各中有革命愿望的群众发出成立苏维埃的呼吁。其五，列宁在"不断革命论"上来看临时政府的苏维埃性质，临时政府性质的苏维埃作为革命阶级和党派的联合，"这是为了完成明确规定的当前实际任务而结成的临时联盟，而捍卫社会主义无产阶级的更重要的根本利益，捍卫它的最终目标，则是独立的、坚持原则的俄国社会民主工党的坚定立场"③。

列宁对苏维埃在工人罢工中自然发生的性质的判断是带有工联主义性质的，但预断将其作为临时政府的苏维埃是建构性质的。就苏维埃作为临时政府建构论来说，马克思主义俄国化的布尔什维主义是其理论基础。列宁得到1905年俄国革命爆发的消息，就立即着手研究这次俄国革命的情势，作出了俄国革命高潮到来的判断，坚持《怎么办？》中"不断革命论"的思想并将其付诸实践。实际上，列宁在《怎么办？》中并没有用明显的字眼阐释"不断革命论"，但普列汉诺夫在批评列宁的《怎么办？》而提出《不该怎么办》中，认为列宁曲解了马克思和恩格斯于1850年对德国无产阶级的指示，即当资产阶级派别反对封建专制取得胜利而不再提出推翻私有制的时候，无产阶级"为了要达到自己的最终胜利，他们首先

---

① 《列宁全集》第 12 卷，人民出版社 2017 年版，第 60 页。
② 《列宁全集》第 12 卷，人民出版社 2017 年版，第 61 页。
③ 《列宁全集》第 12 卷，人民出版社 2017 年版，第 60 页。

必须自己努力：他们应该认清自己的阶级利益，尽快采取自己独立政党的立场，一时一刻也不能因为听信民主派小资产者的花言巧语而动摇对无产阶级政党的独立组织的信念。他们的战斗口号应该是：不断革命"①。普列汉诺夫反对列宁关于 1905 年俄国革命爆发中无产阶级夺取领导权和组建政权机构的主张，认为列宁弄错了俄国所处的历史阶段，俄国无产阶级还没有力量推翻封建制度，试图将俄国的资产阶级革命转向无产阶级革命，就像烙馅饼一样，面和馅儿都没有准备好，完全是虚幻。尽管普列汉诺夫对列宁的"不断革命论"的批判是激烈的，但他并不希望作为无产阶级政党的布尔什维克与孟什维克分裂，这和列宁的看法是一致的。但列宁依据经济危机和日俄战争"帝国主义"特点的客观条件，对 1905 年初俄国发生工人罢工作出了革命高潮到来的判定，并认为无产阶级政党应不失时机地领导这场资产阶级性质的革命，进而转向社会主义革命是有可能的。列宁以布尔什维主义为原则，试图召开俄国社会民主工党代表大会统一布尔什维克和孟什维克的意志。但事与愿违，于 1905 年 4 月在伦敦召开的第三次俄国社会民主工党第三次代表大会孟什维克拒绝参加，但孟什维克又单独召开大会，这是工人政党的一次分裂。"不断革命"是列宁坚定的无产阶级革命立场，列宁并没有放弃以布尔什维主义团结孟什维克的希望。但普列汉诺夫和孟什维克的主要领导人依然坚持俄国革命的两阶段论，即在资产阶级革命推翻封建制度后，再经过资本主义充分发展而工人阶级随之发展壮大使阶级意识得到提升，在资产阶级与无产阶级矛盾充分显现之时，才达到无产阶级革命的客观条件和主观条件的统一。因此，他们对工人罢工出现的苏维埃是极为轻视的，将其作为一般的工会组织是他们的主要判断。彼得堡工人代表苏维埃中骨干力量的是孟什维克，托洛茨基曾出任苏维埃副主席和主席，1905 年 10 月其领导的彼得堡大规模工人罢工对迫使沙皇颁布改革诏书起到了重要作用。此时的托洛茨基刚刚脱离孟什维克，也不是布尔什维克，而是站在二者之间，但他批判列宁更多，更加接近孟什维克。在工人罢工取得明显效果的情况下彼得格勒苏维埃退却了，这与托洛茨基的"不断革命论"有密切的联系。托洛茨基的"不断革命

---

① 《马克思恩格斯选集》第 1 卷，人民出版社 2012 年版，第 564 页。

论"主要来源于帕尔乌斯①的观点。帕尔乌斯判定日俄战争是帝国主义战争的导火索，俄国革命是世界无产阶级革命的一部分，只有发达资本主义国家的工人阶级革命的支援，俄国无产阶级革命才有可能，所以将俄国革命推向世界无产阶级革命是唯一出路。这就是帕尔乌斯和托洛茨基"不断革命论"的本真。当日俄战争出现转向和俄国工人运动没有引起世界工人运动爆发的时候，托洛茨基和帕尔乌斯也就随即作出了退却的决定。普列汉诺夫认为考茨基在资本主义向帝国主义发展和完成的阶段，得出无产阶级革命是不可能成功的判断是正确的，所以他判定当下的俄国革命是资产阶级革命，无产阶级革命尚未到时。② 由此，在普列汉诺夫和孟什维克来看，将工人代表苏维埃建构为临时政府是奇谈怪论。列宁试图将苏维埃建构为无产阶级革命的临时政府并不是突发奇想，而是以不断革命论为理论基础的。

列宁的不断革命论，既区别了俄国民主主义革命的资产阶级性质与社会主义革命两个阶段的差别，又建立了两种革命的辩证联系，即将以马克思主义的无产阶级政党领导资产阶级性质的民主主义革命转变为社会主义革命，将俄国革命与世界无产阶级革命相结合，在俄国特殊的社会历史的"现在"连接过去与未来，立足于历史成就的当下，将未来的目的和目标前置于当下的民主主义资产阶级革命，将其作为无产阶级革命的手段，从而奠定向无产阶级革命转型的客观和主观基础。这只有在构建起世界无产阶级革命与俄国革命的辩证关系、俄国社会的历史辩证法和革命的辩证法相统一的逻辑上才能得到实质的切实理解。这也就是列宁特别坚持俄国资产阶级革命必须有马克思主义政党领导的道理。因为只有坚持以马克思主义的无产阶级政党领导民主主义革命才可能将科学社会主义原则前置于资产阶级民主主义革命的阶段，也才能以民主主义革命作为工具而不经过建

---

① 帕尔乌斯全名亚历山大·利沃维奇·帕尔乌斯（Александр ЛьвовичПарвус），原姓格尔方德（Гельфанд），曾先后参加德国社会民主党和俄国社会民主工党的活动。他出生于俄国犹太家庭，1905 年俄国革命爆发后回国成为孟什维克的重要理论家，与托洛茨基密切合作，在彼得堡苏维埃被镇压后出任地下苏维埃主席，后被政府逮捕。在第一次世界大战爆发后，与德国社会民主党一道背叛无产阶级国际主义。

② 参见《普列汉诺夫机会主义文选（一九〇三——一九〇八年）》上，虚容译，生活·读书·新知三联书店 1964 年版，第 153—155 页。

立资本主义制度转向社会主义革命，也才能在资产阶级民主革命中塑造马克思主义政党和无产阶级革命的主体。

建立"无产阶级和农民的革命民主专政"的政府，是列宁在 1905 年 3 月俄国工人罢工正在发展中所提出的主张，也是为俄国民主工党第三次代表大会制定的党的革命纲领的一个重要内容。但是遭到了普列汉诺夫和孟什维克的强烈抵制，其差别就在于他们机械地坚持革命两阶段论，即前一个阶段完成并得到充分发展后才是第二个阶段的开始。所以他们认为，列宁所提出的"无产阶级和农民的革命民主专政"的临时政府既不可能也拒绝参加，其理由在于：无产阶级专政是社会主义性质的，主体是工人阶级，俄国是农民占多数，农民革命是小资产阶级范围内的，因此"无产阶级"与"革命农民"的民主专政是矛盾的混合物，这是不可能的；如果列宁执意构建这样的临时政府也是资产阶级性质的，那么工人阶级政党有充分的理由拒绝参加资产阶级性质的政府，参加就是党对无产阶级的背叛；再者，农民的保守和落后性不可能使其成为民主专政的主体，列宁所说的"民主专政"就是一党专政，所以他们批评列宁建立临时政府夺取政权的主张，是"'雅各宾主义'、巴枯宁主义、特卡乔夫主义和其他可怕的主义这些魔怪"①。列宁指出了布尔什维克与孟什维克的差别就在于"做君主派资产阶级的尾巴，还是做革命无产阶级和农民的领袖？"②列宁始终站在无产阶级立场上运用阶级分析的方法深刻审视俄国革命的走向，维特和斯托雷平的君主立宪改良派与资产阶级立宪派会相互妥协，但他们都会争取农民的支持，而孟什维克却将农民排斥在外，认为农民的小资产阶级革命不可能与无产阶级革命相结合，农民不会产生科学社会主义思想，普列汉诺夫和孟什维克的主要领导人马尔丁诺夫强烈指摘列宁的灌输论，反对列宁建立"无产阶级和农民的革命民主专制"临时政府的构想。普列汉诺夫和马尔丁诺夫的孟什维主义是历史客观主义的，主张马克思主义的社会主义革命是工人阶级为主体的革命，在俄国是资产阶级革命及其发到一定程度后的事情，在资产阶级革命之时，无产阶级既支持资产阶级革命又独立地发展地方自治为推翻资产阶级统治积蓄力量。列宁坚决反对沉陷于这种历

---

① 《列宁全集》第 10 卷，人民出版社 2017 年版，第 3 页。
② 《列宁全集》第 11 卷，人民出版社 2017 年版，第 188 页。

史客观主义的教条主义和自发论，坚持将历史辩证法和革命辩证法统一起来。所谓历史辩证法就是生产力发展水平所决定的"经济基础—上层建筑"的矛盾运动规律，其具有客观的历史自然性，但哪一种经济社会形态的上层建筑都会发生不同形态的反作用，哪一种新的经济社会形态建立和巩固也都是上层建筑的观念意识和法律、政治权力的作用下使生产关系适应生产力的发展，这是恩格斯为马克思辩护而批判庸俗经济唯物主义所着力阐发的。所谓革命的辩证法就是正确处理主体与客体、主观与客观的辩证关系。只有深刻掌握马克思主义的历史辩证法，革命的辩证法才能真正地建构起来。马克思主义的革命的辩证法要求立足当下将过去与未来结合起来，当下就是现实的实际，它是过去的历史成就的结果，未来起始于当下的历史结果，但马克思主义者不受这一结果支配，与其相反，是将未来的"目的"植入当下而支配历史结果，或运用超越民族限界的世界历史结果的客观物质工具（物质生产力），构建起合目的性与合规律性相统一的新的历史发展方向，推进人的发展与生产力发展、社会发展相协调的历史进程。列宁在现实的苏维埃出现之前所提出的建立"无产阶级和农民的革命民主专政"临时政府，发展了马克思主义无产阶级专政的"过渡"思想。马克思所说的通过无产阶级专政向共产主义过渡：在地理空间上是指西欧和北美的资本主义国家范围，无产阶级政治革命要实现由资产阶级专政（统治）向无产阶级专政（统治）过渡；在历史时间上这一"过渡"不是稍纵即逝的，而是指共产主义第一阶段的过程。列宁依据俄国特殊的历史国情提出的"无产阶级和农民的革命民主专政"临时政府概念，既是俄国革命的第一阶段的目标，也是马克思所指地理空间范围的"共产主义第一阶段"的"第一阶段"，这是基于俄国国情乃至落后国家的共产主义的第一阶段。列宁"从破坏历来的旧制到创新制度"的历史逻辑上，将"从资本主义中生长出来的新社会制度的低级发展阶段"称为共产主义的"初级发展阶段"①。列宁所设定的"无产阶级和农民的革命民主专政"的临时政府是领导起义性质的过渡，也是向具有特定意义的俄国共产主义初级阶段的过渡。这种起义性质的临时政府在革命成功之后即转变为正式的政府实现向社会主义的过渡，即过渡到无产阶级专政的政府。与列宁相

---

① 参见《列宁选集》第 4 卷，人民出版社 2012 年版，第 129—130 页。

比，孟什维克在1905年至1907年的革命情势中没有对未来政府提出明确的纲领，支持资产阶级革命并保持党的独立性开展地方自治运动是其主导意见；而革命民粹派的社会革命党人提出了建立"人民专政"政府的主张，但他们所说的"人民"的主要含义还是民粹主义的"农民"，虽然重视工人阶级的重要价值，但避讳工人阶级领导这一重大问题，将工人阶级只作为农民社会主义的一部分，而不是农民革命作为无产阶级革命的一部分。社会革命党人的"人民专政"思想和行动，虽然克服了孟什维克机械性的"二次"革命论，试图毕其功于一役，但混淆了农民革命与无产阶级革命性质的差别。列宁设定的"无产阶级和农民的革命民主专政"政府建构思想，实质上就是无产阶级领导农民革命的航船驶向社会主义大道，它既不是资产阶级专政的政府，也不是社会革命党农民社会主义政府，也不是社会主义的政府，它是向社会主义过渡的阶梯。问题就在于其是在农民革命还是小资产阶级革命范围内的，它能否成为无产阶级革命的一部分，无产阶级与农民革命的民主专政是否可能？这还要从1905年至1907年这场革命浪潮的经验中来验证。

（三）工农联盟的苏维埃国家制度

俄国是农民占多数的落后国家，无产阶级革命需要建立工农联盟，这就需要理解农民。列宁在1905年俄国革命的初期即还未得到"苏维埃"概念的时候，深刻分析工人自发的罢工并已转向民主诉求与封建专制制度对立的发展趋势，在以布尔什维主义为原则制定俄国民主工党纲领中提出了建立"无产阶级和农民的革命民主专政"临时政府的主张。在10月回国途中得到"工人代表苏维埃"的概念，针对孟什维克、社会革命党人包括布尔什维克内部对苏维埃的轻视以至敌视，甚至认为与党组织相冲突的认识加以纠正，同时列宁将"苏维埃"与"无产阶级和农民的革命民主专政"临时政府联系起来，深刻认识到苏维埃不是政党组织，但以布尔什维主义为原则领导苏维埃使其具有全俄统一的临时政府是可能的。列宁于11月回到国内，在托洛茨基和孟什维克领导的彼得堡苏维埃退却的情况下，布尔什维克加强对莫斯科工人代表苏维埃的组织领导，试图以此建立全俄的革命临时政府领导工人罢工，使其不失时机地转变为有组织的起义。

列宁对俄国革命的趋势有一个基本的判断，"现在政治斗争恰好已发展到这样的阶段：革命的力量和反革命的力量趋于平衡，沙皇政府已经没有力量镇压革命，而革命也还没有强大到足以彻底消灭整个黑帮政府。"[1]在这种判断下，列宁领导布尔什维克以莫斯科苏维埃为主要领导力量发动了11月和12月起义，与社会革命党人深入农村组织发动农民起义和"恐怖"形成强大的影响力，迫使"加布里根杜马"夭折。布尔什维克抵制1906年4月的第一届杜马并拒绝参加选举，其中一个重要原因是列宁此时还未改变对俄国革命形势的判断，认为建立"无产阶级和农民的革命民主专政"临时政府领导起义还是有可能取得革命胜利的。布尔什维克参加1907年6月的第二届杜马的一个重要原因，是列宁在日俄相互妥协后反动政府加强了暴力工具、增强了镇压革命的能力情势下所作出的新判断，将议会的合法斗争与联合农民革命力量准备进行有组织的公开起义结合起来。列宁也在一定程度上承认了社会革命党人革命"恐怖"剥夺地主土地所具有的重大意义，但批评他们仅限于革命的"恐怖"而不能提出被农民理解的代替专制政府的新政府的目标，反动政府和资产阶级都会以其大做文章，其会被指责为"违法乱纪"的另类，失去农民和广泛的社会支持。列宁的革命策略既具有布尔什维主义的革命理论的原则性又具有审时度势的灵活性。列宁在后来的反思和自我批评中认为拒绝参加第一届杜马选举是错误的，因为"在当时的客观条件下狭义的革命的完成还谈不上"[2]，但列宁认为1906年至1907年的两届杜马都可以将合法斗争与武装起义有机地结合起来，以第二届杜马来看，可以说"那时有世界上最革命的议会和几乎是最反动的专制政府。在这种情况下，除了从上面发动政变或从下面举行起义之外，是没有直接的出路的"[3]。虽然没有实现建立无产阶级和农民革命民主专制政府的构想，但在这场革命中检验了农民革命能否成为无产阶级革命的一部分，这直接涉及"无产阶级和农民革命的民主专制"的"苏维埃"的预断是否可能的问题。

　　从列宁评价斯托雷平政府的"最反动"与议会的"最革命"对峙来看，所谓"议会"的"最革命"是指立宪民主党坚持议会对斯托雷平

---

① 《列宁全集》第12卷，人民出版社2017年版，第57页。

② 列宁将无产阶级革命称为狭义的革命，将各革命派别反对封建制度的革命称为广义的革命。参见《列宁全集》第19卷，人民出版社2017年版，第244页。

③ 《列宁全集》第19卷，人民出版社2017年版，第245页。

"土地私有化"方案的修改主张,所谓政府的"最反动"是指斯托雷平坚持土地私有化毫不妥协。立宪民主党的土地政策也是私有化,实现土地私有而瓦解村社的政策,但这是反映农民"个人自由"和买卖平等的主张,而斯托雷平的法令有利于大地主、富农和上层贵族的利益,也就是大资产阶级和黑帮官僚集团的利益。但就立宪民主党反映农民要求的小资产阶级意识与反动政府维护大资产阶级和皇族的利益上来看,议会是采取妥协态度的,但议会是否拥有修改法律的权力是关键,斯托雷平的方案不得修改就意味着议会的立法权被虚置化了,这是议会革命性的体现。实际上,这两种资本主义的改革法案都与农民的切实利益要求相差甚远。维特对两届杜马在土地法案的失败提出了自己的看法:农民的要求是"给我们土地,土地应当属于我们",这一要求在 1905 年至 1907 年的革命中对君主派打得最疼。① 因为君主派预断农民劳动团最爱村社,但现实却是无偿归还"割地"是农民劳动团最高的关切。列宁从这一点作出了俄国农民还具有独立性的一个阶级的高超判断。在第一届杜马中农民劳动团要求"所有的土地连同土地上的资源和水源都属于全体人民,它只能归靠自己的劳动耕种它的人使用,所有的公民都享有平等的使用权"②。由此,农民劳动团对立宪民主党关于"割地"的赎买和自由买卖的法案、自由民粹派(人民党)的保有个体农户自由的法案都不买账,革命民粹派的社会革命党自以为完全是保护农民利益的,但农民对其"土地社会化"的法案同样持否定态度。但社会革命党有两点做法还是靠近农民的,其一,在第二届杜马中将"土地社会化"修改为"土地国有化",以此来保证农民因劳动力的现实平均使用要求而废除土地私有化;其二,社会革命党组织农民乡村暴动夺回"割地"充分显现了农民的革命性。在斯托雷平的"六三政体"政变后,列宁作出了革命不是结束而是继续的判断。这一判断的根据就在于从农民对土地和自由的现实要求上,农民既不是无产阶级的社会主义要求,也不是资本主义的要求,但它既有利于资本主义改革,但更加有利于社会主义革命,"农民争取土地和自由的斗争是向社会主义迈进了一大步,但

---

① 参见金雁、秦晖《农村公社、改革与革命——村社传统与俄国现代化之路》,东方出版社 2013 年版,第 168 页。

② 转引自刘显忠《近代俄国国家杜马:设立及实践》,社会科学文献出版社 2007 年版,第 134 页。

是还远远不是社会主义"①。只有列宁在马克思主义的革命辩证法的眼界上才能看到这样的深处。

列宁提出的在"六三政体"和社会主义制度之间需要以革命的意志构建"无产阶级和农民的革命民主专制"的临时苏维埃式过渡政府，也是基于农民的革命性与农民革命还具有二重性的问题，以无产阶级革命思想将农民引导到社会主义革命上来，只有社会主义革命性质的临时苏维埃政府才能解决农民对土地和自由的要求。列宁在 1906 年全俄农民代表大会召开之际就指示布尔什维克试图将其苏维埃化，因当时布尔什维克主要力量集中于城市和工人运动，在农民当中影响最大的还是社会革命党，但列宁由此断言是可以将农民革命引向社会主义革命的。列宁深刻认识到社会革命党所提出的"人民统治"或"人民专制"② 概念在农民中的影响，因此也使用了这一概念，但列宁已经在"无产阶级和农民的革命民主专制"的具体含义上解释"人民专制"概念了。列宁深刻认识到俄国革命的现实问题在于"农民运动问题不仅在理论上，而且在最直接的实践上都是一个迫切的问题。现在必须把我们的一般口号变为革命无产阶级对革命农民的直接号召。现在已经是农民以俄国新生活方式的有觉悟的创造者的姿态出现的时刻了。俄国大革命的进程和结局在很大程度上取决于农民觉悟的提高"③。列宁基于农民作为一个阶级还具有其独立性、革命性二重性的特点，认为马克思主义政党领导农民革命首先必须明白农民革命要什么，这就是"土地和自由"；其次，要向农民说明白如何才能获得土地和自由，这就是"政权"④；最后，苏维埃是工农民主的政权制度，其代表"会议"与资产阶级的"议会"制度有本质的区别，它保障了人民充分自由，所谓"'充分自由'，这就是说管理社会和国家大事的官吏和公职人员要由选举产生。'充分自由'，这就是说彻底消灭那种不是完全和绝对依靠人民的、不是由人民选举产生的、不是向人民汇报工作的、不能由人民撤换的国家政权。'充分自由'，这就是说不是人民应当服从官吏，而是官吏必须服从

①　《列宁全集》第 12 卷，人民出版社 2017 年版，第 75 页。
②　《列宁全集》第 12 卷，人民出版社 2017 年版，第 69 页。
③　《列宁全集》第 12 卷，人民出版社 2017 年版，第 88 页。
④　《列宁全集》第 12 卷，人民出版社 2017 年版，第 69 页。

人民"①。列宁从农民所要"充分自由"的三个层次上深刻回答了苏维埃的本真，它是替代共和制政府、资产阶级代议制政府、君主立宪政府等人民"权利"抽象承诺的最真实的权力体现。

代替旧政权的苏维埃这一新的政权制度是一个历史的范畴，它有一个从无产阶级和农民革命的民主专政向无产阶级专政转变的过程，这是俄国国情所决定的。列宁始终坚持基于俄国革命的客观和主观历史条件来审视这一问题，现实的俄国工人革命"提到日程上的只是工人在政治上的民主要求以及在经济上属于资本主义范围内的经济要求。甚至可以说，无产阶级是在最低纲领范围内，而不是在最高纲领范围内进行革命的。至于农民这个在数量上占压倒优势的广大居民，就更不用说了"②。就革命阶级主观条件来看，基于俄国客观的社会历史条件其革命目标不是导向资本主义的现实，而是社会主义的方向，要实现最低纲领首先就必须建立工人与农民的革命联盟即苏维埃政权代替旧政权。列宁批评孟什维克派仅仅将苏维埃作为"自治机关"和将农民的资产阶级革命与无产阶级革命视为分裂的两个历史阶段的落后看法，明确提出临时苏维埃不仅是无产阶级革命最低纲领阶段的新共和国的"政体"，而且苏维埃还指"最低纲领中民主改革的全部总和"③。列宁对苏维埃这一新型的政权形式没有使用民粹主义的"跨越资本主义制度卡夫丁峡谷的说法，而是使用了辩证法的"飞跃"概念。孟什维克坚持一种落后的"直线"观念，即"首先是自由派大资产阶级争取专制制度让步，然后是革命小资产阶级争取民主共和国，最后是无产阶级争取社会主义革命"，这一直线式的革命图景，"只有像小学生那样了解历史的人，才会把事情想象成缓慢而均匀上升的没有'飞跃'的直线"④。这也就是说，列宁对代替旧专制制度的新型苏维埃临时革命政府是在革命辩证法的境界中设定的，列宁用辩证法的特有概念"飞跃"代替了"跨越"，其实质内涵就是以临时苏维埃代替旧政权，使无产阶级领导的资产阶级革命不经过资本主义国家制度而过渡到社会主义制度。这就是革命辩证法的体现。尽管它没有在1905年至1907年革命的大潮中成为现实，但

---

① 《列宁全集》第12卷，人民出版社2017年版，第89页。
② 《列宁全集》第12卷，人民出版社2017年版，第125页。
③ 《列宁全集》第10卷，人民出版社2017年版，第24页。
④ 参见《列宁全集》第10卷，人民出版社2017年版，第24页。

为 1917 年"十月革命"的成功奠定了基础。

五　社会主义国家制度的创建：苏维埃

1907 年俄国大革命失败后无产阶级运动转向低潮，列宁进一步深化理论研究，1914 年专门研究黑格尔的辩证法不是退回到黑格尔，而是为再次深入研究《资本论》做准备。以唯物辩证法的眼光深刻理解《资本论》中的辩证法思想，是列宁形成帝国主义理论和俄国无产阶级革命可能性和社会主义国家建构的理论准备。

以列宁为主的苏联共产党创设了第一个社会主义国家制度，同时也创造了辩证唯物主义和历史唯物主义、科学社会主义基本原理俄国化的典范。与马克思、恩格斯在经验上所推论的共产主义发生于欧洲和北美发达的资本主义国家工人阶级联合行动才有可能的判断不同，俄国还处于封建帝制时期。1861 年俄国废除了农奴制，资本主义在城市有了发展的空间，中央集权与地方局部割据、部分斯拉夫人的农村公社残片还依然存在，广大农村的农奴制还没有从根本上瓦解，但已经受到资本主义的强烈影响。受欧洲各种社会主义思潮的影响，俄国兴起了民粹主义思潮。民粹主义反映了农民和广大劳动者"对农奴制残余和资本主义双重压榨下而产生的反抗情绪，因而也反映了农民群众抗议农奴制及其掠夺性改革，抵制资本主义奴役，面对资本主义发展所产生的恐惧情绪"[①]。民粹主义的肇始者是一些叛逆贵族的知识分子，如克鲁泡特金、托尔斯泰、巴枯宁等的田园诗情调的无政府社会主义。他们以斯拉夫人的农业公社为对象，从伦理、宗教、人性是合作的不同途径构想美好的社会。"斯拉夫主义者不喜欢国家和政权，他们把任何一种政权都看成是恶的"[②]，因此农业公社途径的社会主义在当时的俄国作为改造旧社会的新思想有很强的影响力。普列汉诺夫在成为马克思主义者之前也是一位"乡社社会主义"的实践推动者，在成为马克思主义者后，他与乡社的民粹主义决裂。他的学生、俄国社会党人

---

① 陈之骅等主编：《苏联兴亡史纲》，中国社会科学出版社 2004 年版，第 11 页。
② ［俄］尼·别尔嘉耶夫：《俄罗斯思想》，雷永生、邱守娟译，生活·读书·新知三联书店 2004 年版，第 145 页。

查苏利奇向马克思询问，奠基于俄国的农业公社是否可以跨越资本主义卡夫丁峡谷，马克思的慎重回答构成了生产力落后民族国家创建社会主义制度的著名论断。但正如自由主义理论家柏林（Isaiah Berlin）所说"民粹主义是一种'灰姑娘情结'"①，它总体上敌视各种政党政治和政府，而就敌视政府来说，它又可以作为各种反政府的政治组织、社会组织的理念。因此，以列宁为主的俄国共产党领导无产阶级革命就必须面对国际资本主义、国内封建主义、资本主义、民粹主义的社会主义等多重矛盾。

列宁依据辩证唯物主义和历史唯物主义、科学社会主义基本原理作出了关于俄国无产阶级革命的两个重大判断。第一，资本主义已经发展到帝国主义阶段，由国内垄断发展到国际垄断致使帝国主义之间的矛盾难以调和，社会主义有可能在帝国主义统治薄弱环节的少数国家首先取得胜利。列宁指出，"资本主义的发展在各个国家是极不平衡的。而且在商品生产下也只能是这样。由此得出一个必然的结论：社会主义不可能在所有国家内同时获得胜利。它将首先在一个或者几个国家内获得胜利，而其余的国家在一段时间内将仍然是资产阶级的或资产阶级以前的国家。这就不仅必然引起摩擦，而且必然引起其他各国资产阶级力图打垮社会主义国家中胜利的无产阶级的直接行动。"②从经验上看，列宁的判断是正确的，俄国无产阶级在第一次世界大战中获得了政治革命的成功，但也遭到了联合起来的帝国主义的围攻。第二，无产阶级革命只能以城市工人阶级为主体，工人阶级不仅解放自己，而且要解放农民而形成工农联盟的革命主要力量，不可能起始于农业公社。列宁在深刻把握世界历史趋势与俄国无产阶级革命所面对的复杂矛盾时，将马克思、恩格斯的阶级斗争学说俄国化，批判民粹主义和无政府主义的社会主义谬论，建构了无产阶级革命要经过民主主义革命再过渡到社会主义的阶段论，形成了其策略思想。在民主主义革命阶段，"一种是社会主义的表现（反对资本家阶级，目标是破坏阶级制度，组织社会主义社会）；另一种是民主主义的表现（反对专制制度，目标是在俄国争得政治自由，并使俄国政治制度和社会制度民主化）。"③但

---

① ［英］保罗·塔格特：《民粹主义》，袁明旭译，吉林人民出版社 2005 年版，第 2 页。

② 《列宁专题文集·论社会主义》，人民出版社 2009 年版，第 8 页。

③ 《列宁选集》第 1 卷，人民出版社 2012 年版，第 140 页。

这两种表现并不是平衡的，社会主义表现要求必须以科学社会主义武装工人阶级，工人是社会主义革命的主力军代表社会主义方向；在此前提下以民主主义团结追求民主的政党。在列宁正确的理论和革命策略的指导下民主主义革命取得了胜利，但因其他民主派政党发动武装分裂并没有建立起民主主义的国家政权，而直接建立了无产阶级专政的政治国家。由此也开启了社会主义国家治理实践的探索。

从 1917 年 10 月社会主义革命胜利到列宁逝世前，是社会主义国家制度建构和国家治理的探索时期，国家治理的重大课题是一国能否建成社会主义的问题。为缩减历史叙事的冗长，对这一历史成就的探索可以从苏维埃制度创建的维度来考察。1904 年日俄战争爆发，列宁和托洛茨基在《火星报》上发表评论文章，认为俄帝国将卷入帝国主义瓜分世界的行列，无产阶级革命的新时代即将到来。1905 年彼得格勒爆发工人起义并随即成立工人代表苏维埃。苏维埃是俄文"совет"的音译，其含义是"代表会议"或"会议"。"工人代表苏维埃"是工人首创的一种直接民主形式，原意是"工人代表开会协商的意思"[1]。工人代表苏维埃是苏联社会主义国家制度的萌芽。1917 年 2 月俄国爆发了声势浩大的民主革命，推翻了封建帝制，工人代表苏维埃再度复活，但此时的苏维埃是属于各政党派别成立的临时政府和议会——杜马之下的工人自治组织，还不具备以此建构国家政权的条件。当时的工人代表苏维埃是由彼得格勒工兵代表苏维埃组成，其中兵士代表主要出自农民身份，因此也代表了农民。小资产阶级民主派孟什维克是苏维埃的主要领导者，布尔什维克只有两名代表。[2] 孟什维克将工人阶级革命确定为资产阶级民主革命的一部分，布尔什维克还没有做好建立无产阶级专政国家的准备，革命思想还停留于先建立资产阶级共和国再到无产阶级共和国的线性思路。列宁在 1917 年 3 月《远方的来信》中深刻分析了俄国革命的三种力量，即旧沙皇的封建保守力量、资产阶级民主力量、无产阶级民主力量是相互矛盾的，但前两种力量在资产阶级取得胜利后会形成合力反对无产阶级。由此，列宁明确提出不再经过资产阶级共和国直接进行社会主义革命的主张。无产阶级不应再从属于资产阶级民

---

① 陈之骅等主编：《苏联兴亡史纲》，中国社会科学出版社 2004 年版，第 76 页。
② 参见姚海《俄国革命》第 1 卷，人民出版社 2013 年版，第 154 页。

主革命，而应组成农民和半农民的同盟，建立农民苏维埃；建立反帝国主义的无产阶级国际同盟，这两个同盟才是俄国工人阶级的真正同盟。列宁认为，"工人代表苏维埃是工人的组织，是工人政府的萌芽"①。也就是说，在工人代表苏维埃的推动下解放农民，成立农民苏维埃，进而形成工兵农苏维埃的革命政权形式，通过这种政权形式向社会主义和平过渡，构成社会主义革命的两个阶段。列宁的这一主张在 4 月 4 日关于无产阶级革命的"提纲"中得到了系统的阐释，深刻说明工兵农苏维埃为什么能够不经过资产阶级共和国而过渡到社会主义的理论问题。

列宁在 1917 年 8—9 月写就的《国家与革命》一书，系统提炼了马克思、恩格斯的国家学说，深刻阐释了工兵农代表苏维埃制度就是无产阶级专政学说在俄国的现实化。1917 年"十月革命"胜利后，于 11 月 7 日成立"俄罗斯苏维埃联邦社会主义共和国"，它开辟了社会主义国家治理的新时代。

能否以苏维埃制度创建社会主义"民族—国家制度"是列宁所面对的重大理论和实践课题。从"俄罗斯苏维埃联邦社会主义共和国"到"苏维埃社会主义共和国联盟"的历史逻辑上看，建党、建国、治国三个方面密不可分。布尔什维克从弱小到强大、从跨越资本主义"卡夫丁峡谷"的犹疑中觉醒，列宁的建党思想在革命的实践中逐渐成熟，马克思主义政党构建苏维埃的构想在实践中得到检验。以马克思主义理论武装全党、以民主集中制的组织原则治党，使其成为无产阶级革命和社会主义建设的领导核心是首要任务。列宁坚决抵制来自第二国际社会党对布尔什维克的影响和国内孟什维克的小资产阶级思想、民粹主义等的抵制，在俄国资产阶级民主革命中及时嵌入社会主义革命的新航向。在工人阶级革命还局限于工联主义和工团主义的现实面前，列宁是以马克思主义政党作为无产阶级的"理想类型"② 来看待的。马克思在《路易·波拿巴的雾月十八日》中就深刻地分析了无产阶级中有普通产业工人、工人上层的监工、城市流氓无

---

① 《列宁选集》第 3 卷，人民出版社 2012 年版，第 9 页。

② 理想类型是德国思想家马克斯·韦伯所使用的一种研究社会秩序或权力统治的一种社会学研究方法。理想类型也称纯粹类型，是一种类型学的方法。用这种方法来看，在实践经验上工人阶级政党也有不同类型，但马克思主义的工人阶级政党是无产阶级革命的典范类型。在列宁看来没有马克思主义武装的工人阶级政党社会主义革命就不可能。

产者、失地农民等的具体情况，无产阶级革命的主要力量应是普通的产业工人；在产业工人中以共产主义思想来引领才能在工人中嵌入科学社会主义原理，这是马克思对无产阶级革命的基本看法。在列宁看来，没有革命的理论就不会有革命的行动，革命的理论首先是一些精通马克思主义的理论家将科学社会主义理论灌输给工人和劳动群众，塑造工人阶级的先锋队才是可能的。列宁在 1917 年 4 月 4 日所发表的《论无产阶级在这次革命中的任务》（也称《四月提纲》）中提出了布尔什维克党的理论重建的重大课题。列宁提出了修改党纲、将布尔什维克改名为共产党、创建"公社国家"的主张。列宁在《论策略书》中深刻阐发了马克思主义无产阶级革命理论创新发展的重大历史意义，提出将教条化的坚守资产阶级革命成功后再进行社会主义革命的老布尔什维克的主张抛进"古董保管库"[①] 去。事实上，列宁在《四月提纲》中所提出的建党"新思想意味着布尔什维克革命理论的根本改变"[②]。从事实逻辑上看，列宁所领导的布尔什维克依靠工人阶级建构了"俄罗斯苏维埃联邦社会主义共和国"，这也是"党建国家"的典范。苏维埃国家政权的创建开辟了国家治理的新征程。列宁逝世前的国家治理实践，探索了马克思主义政党规范化建设的实践路径，民主集中制的建党原则现实化。党的代表大会是党的最高权力机关，由其产生的中央委员会以及政治局、书记处、党的监察委员会、中央监察委员会进行权力分工，向党的代表大会负责，这是党内民主的方面；赋予政治局、书记处、中央检查委员会、党的监察委员会各自分工的权力，是执行党的决议和实施监督的权力配置，这是集中的方面。列宁的建党思想具有无产阶级世界历史的远大视野，建党实践深刻影响着旧俄国版图中各个布尔什维克政党争取社会主义民族国家创建的新历史方向，以至实现了党的组织形式由 1918 年的"俄共（布）"到 1922 年联共（布）的转变，创建了"苏维埃社会主义共和国联盟"亦即"苏联"这一新型的国家制度。

　　在 1917 年"十月革命"前，列宁关于如何创建社会主义制度的问题，主要以"巴黎公社"经验为参照坐标，他将苏维埃工兵农代表会议与资产

---

① 《列宁选集》第 3 卷，人民出版社 2012 年版，第 26 页。
② 姚海：《俄国革命》第 1 卷，人民出版社 2013 年版，第 218 页。

阶级议会制国家区别开来，它是使劳动获得政治解放的"再现了巴黎公社所创造的那种国家类型"①。由于资产阶级政党和布尔什维克内部的反对派不理解苏维埃这种新国家类型，列宁专门撰写的《国家与革命》小册子集中阐发了苏维埃制度的性质和特点。列宁认为，社会主义制度是马克思所指陈的共产主义第一阶段，而苏维埃制度是向社会主义过渡的制度形式，它还不是社会主义制度，但它是社会主义性质的，或者说它还是社会主义开端形式。苏维埃制度就是真正的民主制度，"民主意味着平等"②，平等意味着每个人"都有决定国家制度和管理国家的平等权利"③。列宁在这一意义上强调苏维埃制度既是无产阶级民主制度也是无产阶级专政制度。列宁关于"民主是国家形式，是国家形态的一种"④ 的重要观点是为批判无政府主义社会主义和民粹主义社会主义、资产阶级民主而阐发的。在列宁看来，苏维埃制度作为巴黎公社类型国家的现实表现，它不仅是人类社会历史上多数人的民主，而且取消了职业化的官吏和官僚制度，甚至是常备军和警察等国家机器，代之的是武装的普通工人和普通劳动者进行国家管理、工厂管理、农业管理。因此，这样的民主是"'量转化为质'，因为这样高度的民主制度，是同越出资产阶级社会的框子、开始对社会进行社会主义的改造相联系的。如果真是所有的人都参加国家管理，那么资本主义就不能支持下去"⑤。我们要深刻地认识到，这几点关键的重要阐释是列宁对创建苏维埃制度所作的理论准备，苏维埃制度创建的实践形式与理论阐释有很大的出入。

"十月革命"胜利后的苏维埃制度强化了法律制度的规范价值。1918年，全俄苏维埃第五次代表大会通过了《俄罗斯苏维埃联邦社会主义共和国宪法（根本法）》。这是社会主义国家的首部宪法，一方面突出了法律治国的实践，另一方面也超出了巴黎公社的经验。列宁在《国家与革命》和十月革命胜利的初期还主要以巴黎公社的经验来阐释苏维埃的性质和特点，一个重要的方面是要实现单一制的"公社国家"而反对"联邦制国

---

① 《列宁选集》第 3 卷，人民出版社 2012 年版，第 49 页。
② 《列宁选集》第 3 卷，人民出版社 2012 年版，第 201 页。
③ 《列宁选集》第 3 卷，人民出版社 2012 年版，第 201 页。
④ 《列宁选集》第 3 卷，人民出版社 2012 年版，第 201 页。
⑤ 《列宁选集》第 3 卷，人民出版社 2012 年版，第 201 页。

家",但在苏维埃的初步实践中,列宁深刻认识到俄罗斯是一个多民族构成的国家,民主的一个重要方面是各民族平等,加之党内外的狭隘民族主义思想和大俄罗斯的沙文主义的存在,因此,社会主义联邦制的治国思想通过宪法的形式得以确定。在宪法的框架下苏维埃从乡镇基层到全俄工兵农代表大会为国家权力体制,一切权力归苏维埃,由其派生的中央委员会和各级委员会作为苏维埃权力的执行机构,亦即行政机构向各级苏维埃负责,但中央委员会具有集中垂直领导下级委员会的权力,下级服从上级既是政治的组织原则也是法律制度,这是集中行使国家权力的规定性。中央委员会产生核心领导层负责苏维埃周期性会议期间的领导工作,在中央委员会下设具体的经济、工业、农业等人民委员会负责具体行政事务。这一体制从权力体制来说已经不同于巴黎公社,是针对现实的历史条件的创造,但因为除宪法外的立法权,中央委员会和具体的行政部门都拥有,因此将这种状况称为"议行合一"的巴黎公社模式。俄罗斯苏维埃联邦社会主义共和国的国家治理成为各个布尔什维克领导的民族国家社会主义共和国创建的楷模,在布尔什维克党纲与俄共(布)一致、苏维埃制度一致、民主和自愿的条件下构建了"苏维埃社会主义共和国联盟"。列宁因病没有参加联盟成立大会,但他亲自指导了联盟条约的制定。由斯大林主持起草的联盟条约具有俄罗斯民族沙文主义色彩——其他民族国家以"自治化"的身份"加入"俄罗斯联邦,但有的共和国对其不满,认为联盟是"以国际无产阶级团结精神解决民族问题的最好形式"①。列宁严肃批评民族沙文主义,明确提出各加盟共和国一律主权平等地组成社会主义国家联盟,各共和国不是"加入"俄罗斯联邦而是"同俄罗斯社会主义联邦苏维埃共和国一起正式联合成欧洲和亚洲苏维埃共和国联盟"②。列宁建议新联邦的名称应为"欧洲和亚洲苏维埃共和国联盟"③。列宁对这种联盟提出了新的看法:"重要的是,我们不去助长'独立分子',也不取消他们的独立性,而是再建一层新楼——平等的共和国联邦。"④ 列宁认为社会主义联盟机关中有权威的都是共产党人,巩固社会主义共和国联盟"正如全世界共

---

① 转引自陈之骅等主编《苏联兴亡史纲》,中国社会科学出版社 2004 年版,第 116 页。
② 《列宁全集》第 43 卷,人民出版社 2017 年版,第 217 页。
③ 《列宁全集》第 43 卷,人民出版社 2017 年版,第 217 页。
④ 《列宁全集》第 43 卷,人民出版社 2017 年版,第 218 页。

产主义无产阶级需要它来同世界资产阶级作斗争，来防备世界资产阶级的阴谋一样"①。因联盟组建之时还未形成宪法，列宁初步形成了联盟执行权力结构的制度安排，即设立全联邦中央执行委员会，行使决定领导、指导各加盟共和国中央执行委员会的权力，由各加盟共和国派出少数代表组成一个小的协商机构，协调全联盟中央委员会与各加盟共和国之间的关系。1924 年苏联宪法颁布之时列宁已经逝世，但宪法贯彻了列宁的社会主义共和国联盟思想。《苏维埃社会主义共和国联盟宪法（根本法）》确立了联盟苏维埃是统一的主权国家，同时保留各联盟共和国的主权地位。联盟采取 "两院制"，按地域和人口比例选举产生的联盟苏维埃是最高权力机关，由其派生的中央执行委员会及其主席团是行政执行机构，主席团是大会闭会期间的具体领导机构；由各加盟共和国等量选出的代表组成民族院。联盟院与民族院同等享有立法议案权力，两院共同票决立法，如不一致可通过两院协商解决，如不能通过解散联盟院重新选举。中央委员会主席团具有制定法律和法令的权力，联盟行政机构人民委员部也具有制定法令的权力。联盟统一领导外交、军事，国民经济计划、预算、交通和工业等方面的权力。各加盟共和国除联盟宪法约束外享有不可侵犯的主权，有制定自己宪法和具体法的权力；同时具有自主与联盟分离的自由。《苏维埃社会主义共和国联盟宪法（根本法）》开辟了苏联社会主义国家制度的先河，是一项伟大的历史创举。列宁对社会主义国家治理的贡献具有深远的理论和实践意义。列宁关于社会主义国家治理的思想和实践探索的基本经验，尽管受其本人生命短暂和社会历史条件所限有其局限性，但仍然具有当代价值，对其创新发展必须以社会历史条件为转移。

---

① 《列宁选集》第 4 卷，人民出版社 2012 年版，第 760 页。

第六章　民主集中制的重大价值：
　　　　　建党与建国

　　列宁在马克思主义政党组织制度发展的历史上建构了"民主集中制"。建构民主集中制是马克思主义政党组织建设理论的重大创新。近年来，因对个人专权问题的反思而提出了民主集中制与民主的矛盾问题。就民主集中制本身来说，是列宁首先提出还是另有其人？其争论的焦点在于"民主集中制"是"民主"＋"集中"，还是"民主的集中制"，是"集中制的民主"抑或是"民主"与"集中"的矛盾对立统一？在这些争论中有一个共同的问题域，即对列宁的民主集中制是坚持还是放弃？从政党、国家制度乃至决策制度来看，确实存在正确处理民主与集中关系的问题。可以将民主制度与集中制度作为两种不同的制度类型，也可以将集中制度作为专制制度。但是"集中"有多种含义：如果将"集中"作为排斥民主的个人和少数人决定的确切的刚性制度就可以将其等同于专制制度；但是如果将集中作为民主"过程"和结果达成的形式，其性质就不同了。从政治学的决定、决策途径来看，民主是"权利"主体表达意见并达成结果的过程，其结果并不是每个人的意见都能得到体现，而是"票决"的多数或"多数决"，集中在这里就是"聚合"的"多数决"，也被称为"全体一致"。这就是西方自由主义民主理论中的"集中"，集中是作为民主过程的环节，民主与集中是"非矛盾"关系。但是，西方共和主义的民主理论批判自由主义的所谓"多数决"的"全体一致"，而将"全体一致"置于"公共善"的逻辑基础上。从中可以看出共和主义在指责自由主义的话语中已经包含民主与集中的矛盾；同样，自由主义者也指责共和主义，"公共善"因其多元的理解性而陷入矛盾。这里不展开西方两种民主理论更复杂的辩论，只是从一种参照系的视角来看民主与集中的一种关系设定。从马克思主义政党组织制度的学说和实践上来看，马克思和恩格斯在党的组织制度上更多强调民主制而批评集中制有多处表述，但并没有明确提出民主集中制的组织制度学说。民主集中制是列宁在构建布尔什维克组织制度的实践中形成的，乃至成为马克思主义政党组织制度的理论形态。问题在于：列宁的民主集中制是违背马克思和恩格斯的学说还是其重大的创新？民主集中制是不是国家治理的制度形式？运用民主集中制的制度形式治理国家是否有效？

一 马克思恩格斯关于政党组织制度的艰难探索

马克思、恩格斯没有明确提出过民主集中制的概念，但是否具有民主集中制的思想呢？从马克思和恩格斯对"集中制"的批判是否能得出对民主集中制的否定呢？马克思和恩格斯批评的"集中制"的对象主要是拉萨尔派的工人政党的宗派性和"国际工人联合会"中的小团体主义和宗派性，更多强调民主与纪律的关系，以民主制反对小派别的"集中"和无政府主义。

（一）马克思恩格斯的党内民主制思想与实践

由英国学者汤姆·博托莫尔等主持，集中东欧 81 位"新马克思主义"研究者编撰的《马克思主义思想辞典》[①] 设置了"民主集中主义"（democratic centralism）词条，作者认为，马克思和恩格斯于 1868 年 7 月的通信中批评全德工人联合会主要领导人约翰·巴普提斯特·施韦泽（J. B. Von-Schweitzer）强制推行集中制的严密组织，而施韦泽[②]于 1868 年 10 月 7 日在《社会民主党人报》中以"民主集中制"（democratic centralization）为自己辩护，这是民主集中制最早的出处。[③] 如果按此文献能够确认施韦泽

---

① 成书于 1983 年，1991 年出版了修正版。

② 施韦泽是德国工人运动拉萨尔派的主要成员，是《社会民主党人报》的主要创办人和编辑，在 1867 年至 1871 年担任全德工人联合会主席，是俾斯麦政府的追随者，阻止德国工人参加第一国际，反对德国社会民主工党的民主，因与普鲁士政府相勾结败露于 1872 年被开除出全德工人联合会。

③ 参见 Tom Bottomore, *A Dictionary of Marxist Thought*, Secondrevised Edition, Oxford：Blackwell Publishers Ltd, 1991, pp. 134 – 137.

是最早使用这一概念的话,那么,也不会造成马克思和恩格斯对列宁的民主集中制的批判,抑或列宁对民主制的背离问题。从全德工人联合会的构成来看,由拉萨尔派的改良主义工人组织和马克思、恩格斯亲自指导的以李卜克内西和倍倍尔为领导人的工人组织共同组建,两者在组织制度上产生了冲突,拉萨尔以集中主义反对民主,而李卜克内西和倍倍尔强调民主。拉萨尔死后施韦泽接替并奉行拉萨尔的集中主义。1867 年在是否参加第一国际的问题上他们发生激烈冲突,施韦泽拒绝德国工人联合会参加第一国际,李卜克内西和倍倍尔派退出全德工人联合会参加了第一国际。马克思和恩格斯于 1868 年 9 月 19 日、21 日、23 日、24 日、25 日密集的往返信件都是针对德国工人联合会矛盾冲突而进行的讨论,对施韦泽的宗派极权主义问题进行批判①。1868 年 10 月 13 日马克思致信施韦泽,以一种说服和教育的方式指出施韦泽应如何处理工人联合会和德国共产主义协会关系问题:其一,工人联合会和共产主义协会是阶级运动,与宗派主义是不相容的;其二,马克思指出,"集中制的组织对秘密团体和宗派运动是极其有用的,但是同工会的本质相矛盾。"② 显然,马克思在此语境中有将民主制与集中制视为对立的意思。马克思针对德国的具体情况又指出了对这一问题的看法:集中制"这种组织是可能存在的——我说它根本不可能存在——,那它也是不适宜的,至少在德国是这样。这里的工人从小就受官僚主义的训戒,相信权威,相信上级机关,所以在这里首先应当培养他们的独立自主精神"③。就这一看法来说,马克思强调了基于一种特定文化的集中制也一定要对工人强化民主训练,这显然是强调民主的,但同时也包含着以民主解构特定历史文化的集中制。马克思在这里还将集中制与官僚主义、权威主义、上级决定等同起来。其三,马克思指出了施韦泽所推行的工人联合会的权力冲突问题,即工会选出的委员会、普选的主席、地方选出的代表大会"到处都是冲突"④。马克思告诉施韦泽要在国际工人协会中选出总委员会作为代表大会的执行机构,他自己不仅拒绝了主席职务而且取消了主席的制度设置,书记是总委员会的日常事务负责人,每周例

① 参见《马克思恩格斯全集》第 32 卷,人民出版社 1974 年版,第 147—154 页。
② 《马克思恩格斯全集》第 32 卷,人民出版社 1974 年版,第 558 页。
③ 《马克思恩格斯全集》第 32 卷,人民出版社 1974 年版,第 558—559 页。
④ 《马克思恩格斯全集》第 32 卷,人民出版社 1974 年版,第 559 页。

会由选出的执行主席履行主持会议的职责。^① 马克思在这里强调的是如何进行民主制的制度设计而防止个人和少数人的权力专断，民主如何不致造成权力冲突的问题。但马克思在这里始终没有将总委员会作为"集中"制概念。从马克思后期批判拉萨尔派及施韦泽来看，都是对宗派性的严密的组织之"集中"的批判，其中包括巴枯宁、蒲鲁东、布朗基派别等^②。从中可以看出马克思对集中制的贬评是针对严密的宗派组织来说的，对真正的工人联合会和马克思主义政党的组织制度强调的是民主制，但在民主制的框架下是否反对"民主的集中"？这是需要进一步探讨的问题。

马克思、恩格斯主张的政党制度建构与工人协会制度建构是一个问题，还是两个有差别的问题？从马克思和恩格斯阐释逻辑上看，这两个方面是有差别的，不应将其作为一个问题来看待，但又不能割断二者之间的内在逻辑联系。马克思、恩格斯在《共产党宣言》中分析了共产党产生的历史原因在于阶级运动的历史规律。资产阶级作为一个阶级首先是自己的联合，同时"资产阶级为了达到自己的政治目的必须而且暂时还能够把整个无产阶级发动起来"^③ 反对封建制度；随着资产阶级的发展无产阶级自身也得到了发展壮大，工人把自己生活的苦难归咎于"机器"。这时工人还不知道"机器"这种新的生产力是历史的巨大成就，他们更不理解新的生产力决定了生产方式的变革和资产阶级统治代替封建主统治的社会历史运动，但砸毁机器的行为已经开始了无产阶级朦胧的阶级意识，之后出现了个别工人、一个工厂、一个地区工人反对资本家的斗争，工人逐渐懂得了只有联合才能强大的简单道理，开始以资产阶级反对封建制度的广泛联合的形式而组成工人团体反对整个资产阶级。工人从最初的作为资产阶级附属的联合，还是"资产阶级联合的结果"^④ 或被资产阶级所联合，但基于这一结果的工人自觉联合，标志着人类社会历史的面貌就发生了深刻的变化，无产者成为一个阶级也就有了组成政党的现实需要，因资产阶级的防范和工人内部自相竞争出现了遭受破坏再重生的循环，但每一次重生都会得到更大的发展并促进其成熟。马克思、恩格斯深刻揭示出无产阶级政

---

① 参见《马克思恩格斯全集》第 32 卷，人民出版社 1974 年版，第 559 页。
② 参见《马克思恩格斯文集》第 10 卷，人民出版社 2009 年版，第 368、580、379、604 页。
③ 《马克思恩格斯文集》第 2 卷，人民出版社 2009 年版，第 39 页。
④ 《马克思恩格斯文集》第 2 卷，人民出版社 2009 年版，第 39 页。

党的产生是阶级矛盾历史运动的结果，这是建立在历史唯物主义根基上的科学论证，其目的是使工人阶级真正掌握人类社会历史规律和无产阶级解放运动的历史方位。

马克思和恩格斯对无产阶级建党原则的阐释主要体现为这样几点。其一，理论的科学性具有根本的规定性。恩格斯在为马克思的《政治经济学批判第一分册》所写的书评中指出，"我们党有个很大的优点，就是有一个新的科学的世界观作为理论的基础"①。恩格斯在这里所强调的是强化无产阶级政党对《共产党宣言》的历史唯物主义的理解，正确的世界观和历史观是无产阶级政党的理论根基，离开这个根基就有可能被形形色色的非科学的社会主义理论所误导，正因为如此，《共产党宣言》在简短的篇幅中专辟"社会主义和共产主义的文献"部分，对各色社会主义进行批判。其二，无产阶级政党是无产阶级的先进代表。无产阶级政党是将广大的无产阶级群众运动的自发性转变为自觉革命的领导者和组织者，"工人们所具备的一个成功因素就是人数众多；但是只有当群众组织起来并为知识所指导时，人数众多才能起决定胜负的作用"②。无产阶级政党的先进性之关键就在于以科学的世界观、历史观、方法论塑造工人运动的共产主义品格，"在实践方面，共产党人是各国工人政党中最坚决的、始终起推动作用的部分；在理论方面，他们胜过其余无产阶级群众的地方在于他们了解无产阶级运动的条件、进程和一般结果"③。其三，共产党是开辟"无产阶级世界历史"的领导者。马克思、恩格斯在《德意志意识形态》中明确指出以无产阶级的世界历史代替资产阶级世界市场的世界历史的新方位，在《共产党宣言》中又指出，"过去的一切运动都是少数人的，或者为少数人谋利益的运动。无产阶级的运动是绝大多数人的，为绝大多数人谋利益的独立的运动"④。共产党作为无产阶级的先进代表除了无产阶级的利益没有自己特殊的利益，由此才能使民族国家内的阶级斗争与超越一切集团的、地方的、民族的特殊利益的世界无产阶级统一起来，才可能使"全世界无

---

① 《马克思恩格斯文集》第2卷，人民出版社2009年版，第599页。
② 《马克思恩格斯全集》第21卷，人民出版社2003年版，第14页。
③ 《马克思恩格斯文集》第2卷，人民出版社2009年版，第44页。
④ 《马克思恩格斯文集》第2卷，人民出版社2009年版，第42页。

产者，联合起来"① 开辟无产阶级世界历史。其四，无产阶级政党的独立性、纲领、行动应保持一致。无产阶级政党的独立性是由其特殊的历史使命和实现共产主义的社会历史行动逻辑的规定性所决定的，由此也将其与形形色色的其他政党区别开来。无产阶级政党自诞生起就肩负起推进人类社会发展的历史任务，因革命的需要联合其他革命政党是策略使然，但绝不是从属或附庸，这就必然要求以其纲领规定党的性质、任务、策略、组织形式，"如果建立一个没有纲领的党，一个谁都可以参加的党，那末这就不成其为党了"②。只有纲领而无现实行动，纲领就是废纸，"一步实际运动比一打纲领更重要"③；但纲领错误和抛开纲领的行动都会使党遭受严重的打击；只有制定科学纲领使其现实化，并在现实行动的实践中不断完善纲领的无产阶级政党才算成熟的党。

马克思、恩格斯没有具体领导一个民族国家的无产阶级政党建设实践，但对建党原则的指导意见在《共产主义者同盟章程》和《国际工人协会共同章程》等中都具有关于无产阶级政党组织建设的开创性价值。1834年，大部分激进的无产阶级分子从德国流亡而散落在欧洲，他们在巴黎组建了秘密组织"流亡者同盟"或"民主共和主义的秘密同盟"。1836 年大部分以工人为主的成员从中分离出来组建了"正义者同盟"，1847 年，在马克思和恩格斯亲自指导和参与下对"正义者同盟"进行改组，由此诞生了"共产主义者同盟"。从"民主共和主义"到"正义者"，再到"共产主义者"的历史转变可视为工人阶级社会主义思想转变的一个坐标系。其中，一方面渗入了马克思和恩格斯科学社会主义世界观、历史观的深刻影响；另一方面也深刻影响了马克思和恩格斯在科学社会主义基本原理上理解工人运动的思想倾向，以及所受的理论思潮的影响。"民主共和主义"作为无产阶级的社会主义运动还是小资产阶级范围内的，在现实面前，无产者工人也认识到了它的历史局限性，之所以发生分离和重新组建"正义者同盟"，是由于受到法国巴贝夫的"财产公有"和"平均"平等主义影响，工人和手工业者认为这就是共产主义、就是正义，由此认为秘密组织

---

① 《马克思恩格斯文集》第 2 卷，人民出版社 2009 年版，第 66 页。

② 《马克思恩格斯全集》第 35 卷，人民出版社 1971 年版，第 401 页。

③ 《马克思恩格斯文集》第 3 卷，人民出版社 2009 年版，第 426 页。

暴动取得革命的成功就是正义者的行动。此时由德国流亡工人和手工业者组成的正义者同盟，作为法国巴贝夫主义影响的共产主义秘密组织，属于布朗基领导的"四季社"的德国分支。从中可以看出，德国工人和手工业者接受了这样的共产主义理念和布朗基的革命道路，即革命家领导的武装暴动—建立"革命家专政"的共和国—实现平等。1939 年法国工人暴动失败，"正义者同盟"也被瓦解。"正义者同盟"恢复和重建的第二阶段受到魏特林共产主义理论体系的影响，或者说，就是被魏特林的《和谐和自由的保障》所滋养。1840 年"正义者同盟"在巴黎以魏特林为旗帜重新聚集，在其发展壮大中成员已经不仅仅是德国的工人和手工业者而成为一种国际性的组织了。因魏特林的共产主义理论体系离现实越来越远，尤其是魏特林抛出的《一个贫苦罪人的福音》，将共产主义回归原始基督教，再加之德国产生的格律恩和赫斯的所谓"真正的社会主义"学说，使"正义者同盟"陷于理论纷争不能自拔的境地。从马克思、恩格斯与"正义者同盟"的关系来看，恩格斯介入较早，1843 年恩格斯受其领导人邀请入盟，被恩格斯否决了，但恩格斯保持着与他们的通信联系。恩格斯在马克思的影响下不仅成为科学社会主义理论的"第二提琴手"，而且于 1845 年春后以阐释科学社会主义原理为原则同他们交往，指出他们不能陈情于"爱"的共产主义的劝导也被他们部分接受。① 马克思在莱茵报工作期间审阅了形形色色的共产主义学说并与之展开过激烈的交锋和论战。在 1841 年关于"林木盗窃法"的论战中，马克思发现国家权力和法律的根基在于现实的物质利益，这是马克思突破黑格尔唯心主义的理性国家、理性法笼罩的重要转折点。国家结构就是阶级结构是马克思的重大发现，在经历史学研究和政治经济学的初步研究后得出了市民社会决定国家的正确论断。马克思在《1844 年经济学哲学手稿》中就对巴贝夫和格律恩等人的共产主义理论进行了深刻批判，并阐释了自己的共产主义观和共产主义社会历史运动的方向，其后写就的《评一个普鲁士人的〈普鲁士国王与社会改革〉》一文，标志着共产主义思想的进一步成熟。这篇文章批判的对象是共产主义者卢格，卢格经常以"一个普鲁士人"作笔名，他对德国工人的起义极为轻视，在社会认识论上认为德国推翻封建制度是资产阶级领导的

---

① 参见《马克思恩格斯文集》第 4 卷，人民出版社 2009 年版，第 233—234 页。

"社会革命"而不是无产阶级的"政治革命"。马克思与其相反，认为自己在《黑格尔法哲学批判》所写的"导言"中已经"找到理解这种现象所需的初步原理"①，即哲学与无产阶级的结合。马克思和恩格斯于 1845年春开始写作《德意志意识形态》，标志着由生产力发展水平所决定的历史唯物主义的共产主义观基本形成，因为著作本身是叙述逻辑的，也是马克思和恩格斯清洗和真正超越唯心主义历史观的标志，这也就是恩格斯所说的 1845 年春马克思已经"大致完成了阐发他的唯物主义历史理论的工作"② 的确证。在历史唯物主义的逻辑上，资产阶级和无产阶级都是大工业社会的产物，经济事实形成了现代阶级对立的基础，阶级对立又集中体现在政党形成的基础上，因此阶级—党派—党派斗争就成为现代"全部政治史的基础"③。

马克思和恩格斯的这一重大的历史政治理论形成与着手准备组建共产主义政党就成为一致的行动。1847 年春"正义者同盟"负责人与马克思和恩格斯协商，并接受了马克思和恩格斯对其改组的建议，马克思和恩格斯同意加入。以"共产主义者"代替"正义者"即是科学社会主义理论的重要体现。马克思、恩格斯的历史唯物主义的历史观初步确定后，两人就开始着手制定"在各个极为不同的方面详细制定这种新形成的世界观了"④，其中，在工人运动的实践中考察，"在 1847 年，社会主义是资产阶级的运动，而共产主义则是工人阶级的运动"⑤。这就是马克思和恩格斯为什么主张要将"正义者"改为"共产主义者"，也是将"正义者同盟"的主题标识的意识形态——"人人皆兄弟"改为"全世界无产者，联合起来"的理由。"共产主义者同盟"的组织架构由支部、区部、总区部、中央委员会以及代表大会构成，这样的组织建构就是以全世界无产者联合起来，共同去实现"推翻……资产阶级社会和建立没有阶级、没有私有制的新社会"⑥。但是，我们应当认识到"共产主义者同盟"是包含各个"工

---

① 《马克思恩格斯全集》第 3 卷，人民出版社 2002 年版，第 391 页。
② 《马克思恩格斯文集》第 4 卷，人民出版社 2009 年版，第 232 页。
③ 《马克思恩格斯文集》第 4 卷，人民出版社 2009 年版，第 232 页。
④ 《马克思恩格斯文集》第 4 卷，人民出版社 2009 年版，第 232 页。
⑤ 《马克思恩格斯文集》第 2 卷，人民出版社 2009 年版，第 14 页。
⑥ 《马克思恩格斯文集》第 4 卷，人民出版社 2009 年版，第 236 页。

人"派别的组织，这个组织的设置是按"民主制"，即"它的各委员会由选举产生并随时可以罢免，仅这一点就已堵塞了任何要求独裁的密谋狂的道路"。① 这种民主制的组织架构包括实现民主和以民主抵制独裁的双重功能，但还不是一个独立政党的组织架构。在马克思和恩格斯看来，这种组织的一个重要功能是宣传科学社会主义，它也确实起到了这方面的作用，组织的建立还没有清除密谋团体的旧习气，但在各支部按民主程序讨论马克思和恩格斯影响下的"章程"过程中，科学社会主义理论指向的社会主义得到了工人的赞同，所以才有"共产主义者同盟"第二次代表大会邀请马克思和恩格斯来制定纲领，也才有了《共产党宣言》的问世。

《共产党宣言》是指导无产阶级的先进分子自觉组织共产党的纲领性文件，同时也是深刻阐释共产主义原理和建构党组织结构的指导思想。但是各国工人运动的指导思想来源混杂，马克思和恩格斯以其制定的共产主义纲领引导工人阶级及其政党的组织建设，具有的里程碑意义体现在1864年"国际工人协会"的纲领和组织建构上。马克思主导的"国际工人协会"即"第一国际"，其纲领是科学社会主义或共产主义的，在组织建构上也与"共产主义者同盟"有所差别。"同盟"的代表大会为立法机关，代表大会选举的中央委员会是两次会议期间的执行行政机构，这种设置类似于工人阶级政府。"国际工人协会"的最高权力机构是各国支部或联合会选派代表参加代表大会，由其选举的总委员会在两次代表大会期间执行指导和沟通各国工人运动并实行对其统一领导。应注意的是"国际工人协会"还不是纯粹共产党的组织，组织国际工人协会有两种功能，其一是以科学社会主义的世界观、历史观和革命策略影响各国工人运动，其二是塑造工人阶级先进分子组建共产党。"协会"的成功之处在于《共产党宣言》得到广泛传播，尤其是如英国工联对共产主义的态度改变了——"'大陆社会主义对我们来说再不可怕了'"②。国际工人协会的组织建构贯彻了民主制原则，但巴枯宁的无政府主义恰恰利用了这种民主制大搞宗派主义，以致"协会"于1874年遭遇瓦解。恩格斯主导的"第二国际"是在工人运动及其政党在地理空间上得到很大发展的条件下成立的，当时资

① 《马克思恩格斯文集》第4卷，人民出版社2009年版，第236页。
② 《马克思恩格斯文集》第2卷，人民出版社2009年版，第12页。

本主义国家的社会主义政党以合法斗争为主争取工人权益，工联主义和无政府主义具有"取消革命"的改良主义倾向，并已经有了一定程度的国际联系。通过恩格斯的努力于 1889 年成立了"国际社会主义者代表大会"，也称"第二国际"，其重要的目的是强化马克思主义对工人运动的指导地位和抵制"取消主义"。第二国际还是"国际工人协会"性质的，以代表大会决议的方式指导各国工人运动，起初没有颁布正式的章程，也没有组建常设机构，到 1900 年设置常务委员会（社会党国际局），成员由各国社会党等额选派代表组成。第二国际是按民主制组建的，虽然组织结构不是很精密，但恩格斯在世的时候还是以"组织"的形式通过党内斗争有力抵制了无政府主义、取消主义、修正主义的影响。从第一国际到第二国际都如恩格斯所指出的那样是无产阶级政党"光辉青年时代"①。

无疑，国际工人协会强调以民主制反对宗派小团体的集中制，这时的集中制是指少数所谓"知识分子"组成的小团体主义，与工人运动相脱离的一种境况，无产阶级政党是否需要集中制、需要什么样的集中呢？即使在"共产主义者同盟"和"第一国际"的组织建构中既有民主元素，也有集中元素②，但在马克思和恩格斯的文献中很难找到关于民主与集中关系的论述。我们稍加展开马克思和恩格斯关于小组派别"自治"与"民主""自治"与"权威"关系的论述，对马克思和恩格斯的"集中"概念理解可能会得到深化。应当注意，"工人政党"与"马克思主义政党"的区分，"工人政党"有多种"社会主义"或"共产主义"的理论指向，其策略也千差万别，《共产党宣言》发表后断章取义者有之，另造社会主义理论或共产主义理论者有之。组建第一国际的一个重要任务是实现科学社会主义原理与工人阶级的自我解放运动相结合，没有工人阶级的自我解放运动，只靠觉悟的马克思主义政党解放工人是不可能的，马克思主义政党的历史使命就是将科学社会主义原理植入工人运动的始终，领导和指导工人阶级将自我解放运动自觉能动地置于社会历史运动规律与合乎每个人全面而自由发展有机统一起来。马克思和恩格斯深刻认识到开展"工人政党内

---

① 《马克思恩格斯文集》第 4 卷，人民出版社 2009 年版，第 227 页。
② 参见 Tom Bottomore, *A Dictionary of Marxist Thought*, Secondrevised Edition, Oxford：Blackwell Publishers Ltd，1991，pp. 134 – 137.

部的斗争"是使无产阶级政党走向科学社会主义的重要手段，这也是组建国际工人协会的初衷之一。

（二）马克思恩格斯批判的集中制与认同的集中制

马克思在批判拉萨尔派、巴枯宁派中既反对集中制又承认集中制，这是否矛盾？在德国工人政党两派的矛盾中，马克思和恩格斯支持倍倍尔和李卜克内西组织的民主派，批判拉萨尔派的集中制的态度是明确的。但马克思的批判是有前提的，因为拉萨尔派放弃了公开斗争而转向类似傅立叶和欧文派遁入宗教密团的集中制。马克思在与巴枯宁的无政府主义斗争中，针对巴枯宁对"人民国家"批判的反批判，初步阐释了无产阶级民主制的基本精神。"人民国家"这一概念是倍倍尔和李卜克内西领导的埃森纳赫派所提出的新概念。巴枯宁对此发难：将"人民国家"解释为"无产阶级统治"，如果无产阶级统治那就意味着"将来还有另一个无产阶级要从属于这个新的统治，新的国家"①，无产阶级统治与无产阶级专政并没有什么不同，问题在于巴枯宁否定无产阶级革命的社会历史条件和经济革命与政治革命的关系。巴枯宁认为俄国的农民革命依赖"意志"和人的本性，而不是经济条件的问题，因此革命就是消灭国家、专政制度，还要什么无产阶级专政？这与马克思主张的是相对立的，即无产阶级对旧的经济制度进行革命要以政治革命建立"无产阶级革命专政"为其前提，无产阶级的任务是建立新的所有制关系和发展生产力、消灭产生阶级差别的社会历史条件，这是一个历史过程。在这个历史过程中无产阶级专政是向无国家、无政府、共产主义的过渡。由于李卜克内西的"人民国家"概念过于抽象被巴枯宁误解以致挖苦马克思。马克思认为，李卜克内西的"人民国家"概念是与《共产党宣言》相抵触的，因为"人民"这一概念还不是无产阶级，它是各阶级的一般抽象。尽管如此，"人民国家"还是有进步意义的，"由于无产阶级在为摧毁旧社会而斗争的时期还是在旧社会的基础上进行活动，因此自己的运动还采取多少同旧社会相适应的政治形式；所以，在这一斗争时期，无产阶级还没有建立起自己的最终的组织，为了

---

① 参见《马克思恩格斯文集》第3卷，人民出版社2009年版，第403页。

解放自己，它还要使用一些在它获得解放以后将会放弃的手段"①。这也就是说，巴枯宁将李卜克内西的"人民国家"的概念强加给马克思并认为马克思与拉萨尔的思想都是一样的②，这是严重的误解。

马克思虽然批评李卜克内西为与拉萨尔派联合放弃无产阶级的革命专政而制造"人民国家"概念的错误，但马克思退一步在一定程度上也承认，如果根据革命情势建立无产阶级专政前的"人民国家"，再向无产阶级专政的国家过渡，以致过渡到无阶级的共产主义社会也是可行的。马克思指出，"只有在工业无产阶级随着资本主义生产的发展，在人民群众中至少占有重要地位的地方，社会革命才有可能。无产阶级要想有任何胜利的可能性，至少应当善于变通，直接为农民做很多的事情，就像法国资产阶级在进行革命时为当时法国农民所做的那样。"③ 这是马克思教育巴枯宁错误地将无产阶级革命专政理解为是工人阶级对农民阶级的专政，从正面阐述无产阶级革命专政就是工人阶级解放自己，同时也是解放农民的历史过程，是实现工农民主的过程。巴枯宁指摘马克思将民主与无产阶级革命专政对立起来，在二者必居其一的选择中确定了无产阶级专政，就是普选的少数代表实行的"人民统治"。对此，马克思予以坚决批判："蠢驴！这是民主的胡说，政治的瞎扯！选举是一种政治形式，在最小的俄国公社和劳动组合中都有。选举的性质并不取决于这个名称，而是取决于经济基础，取决于选民之间的经济联系；当这些职能不再是政治职能的时候，（1）政府职能便不再存在了；（2）一般职能的分配便具有了事务性质并且不会产生任何统治；（3）选举将完全丧失它目前的政治性质。"④ 马克思在公有制的根基上阐释政治统治是如何消亡的历史过程，巴枯宁根本不知道"工人国家"或无产阶级专政是如何实施统治的。马克思用列举的方法告诉巴枯宁工会组织物质生产是如何进行的，"难道在工会中，它的执行委员会是由工会全体组成的吗？难道在工厂中一切分工和由分工而产生的各种不同的职能都将消失吗？难道巴枯宁的'自下而上'的结构中，人人都在'上面'吗？如果那样，岂不就没有什么'下面'了。难道公社的

---

① 《马克思恩格斯文集》第 3 卷，人民出版社 2009 年版，第 408 页。
② 参见《马克思恩格斯文集》第 3 卷，人民出版社 2009 年版，第 403 页。
③ 《马克思恩格斯文集》第 3 卷，人民出版社 2009 年版，第 404 页。
④ 《马克思恩格斯文集》第 3 卷，人民出版社 2009 年版，第 406 页。

全体社员将同时掌管一个'地区'的共同利益吗？如果那样，公社和'地区'之间也就没有任何差别了。"① 马克思进一步在国家和政府消亡的历史逻辑上，通过质问巴枯宁谬论的方法，阐明工会的代表会议和其产生的执行委员会的关系，执行委员会在代表会议委托授权并受其监督随时可以罢免的条件下，依然具有协调指挥的职能，如果这里用"集中"的概念来说明执行委员会的职能也不为过。巴枯宁以为自己最理解俄国村社的自治，以村社自治反对超越自治的民主政治；马克思质问巴枯宁，村社的自治难道是就村社彼此隔绝没有联系的宗法制度吗？农民社会主义就没有"集中"的统治吗？毫无疑问，马克思是将"民主制"作为一种"统治"形式来看的，这完全符合政治学的常理，亚里士多德就已经以一人统治为君主制、少数贵族统治是贵族制、多数的平民统治是民主制来划分统治制度了。由此将无产阶级民主与无产阶级专政（或统治）看作一个概念也是没有异议的。无产阶级专政及发挥政治职能，同时也是委托授权并接受监督的政府职能，还包括社会经济运行的组织职能，这就是科学社会主义的基本原理。针对巴枯宁指摘马克思将无产阶级革命专政等同于少数"博学"的社会主义者实行统治的"博学社会主义"，马克思指出，所谓"博学社会主义"还从来没有过，但在批判蒲鲁东的那本书中倒是提出了"科学社会主义"概念。②

　　马克思所说的批判蒲鲁东的那本书就是 1847 年的《哲学的贫困》，这是反驳蒲鲁东《贫困的哲学》滥用黑格尔的辩证法，将经济运动规律视为经济范畴的自身运动，这就如同黑格尔的人类社会历史是思想范畴的自身运动一样。马克思指出蒲鲁东的错误在于不知生产力与生产关系的矛盾、经济基础与上层建筑的矛盾运动的历史辩证法，所以蒲鲁东是不可能搞清楚资本主义经济运动规律的，他的无政府社会主义是小资产阶级范畴内的，其经济范畴运动的辩证法严重曲解了黑格尔的事物自身矛盾辩证法，错误地将"好的一面"与"坏的一面"作为矛盾，而消除矛盾就是保留"好的一面"而消除"坏的一面"。马克思在正文中并没有明确使用"科学社会主义概念"，在这之前的 1846 年，马克思在致安年科夫的信就已经

---

① 《马克思恩格斯文集》第 3 卷，人民出版社 2009 年版，第 405 页。
② 参见《马克思恩格斯文集》第 3 卷，人民出版社 2009 年版，第 407 页。

批判了蒲鲁东的"无人身的人类理性"① 辩证法，以什么是"社会"，社会为什么是一种关系范畴②，社会关系为何是因生产力发展水平所决定的而不是人们出于良好愿望或人的本性任意建构起来的。马克思在"人们不能自由选择自己的生产力——这是他们的全部历史的基础"③ 的根基上，阐释生产力变更基础上的人们的历史联系或人类历史。无产阶级在认识客观必然性的历史运动规律的前提下，运用资本主义生产力总和的历史成就，自觉能动地推动生产关系和上层建筑的革命性变革，将发展生产力与人的发展统一起来，使无产阶级的社会主义运动建立在历史科学的基础上。历史科学不仅仅是对过去的规律把握，而且更重要的是拥有未来，将目标建立在历史成就的当下，即现在的使命逻辑中。马克思于1865年应施韦泽之邀对蒲鲁东进行评价，指出了蒲鲁东的辩证法之"伪科学性"就在于"他不是把经济范畴看做历史的、与物质生产的一定发展阶段相适应的生产关系的理论表现"④。这也就意味着马克思对施韦泽这位拉萨尔派的工会组织者进行说服教育，具有引导他看懂《哲学的贫困》最后一章的意思，也具有如何使他理解科学社会主义和革命辩证法的意味。1859年，马克思在《〈政治经济学批判〉序言》中指出，"我们见解中有决定意义的论点，在我的1847年出版的为反对蒲鲁东而写的著作《哲学的贫困》中第一次作了科学的、虽然只是论战性的概述"⑤。

恩格斯在《反杜林论》中，在深刻阐释历史唯物主义根基的共产主义历史理论基础上使用"科学社会主义"概念得到了马克思的赞同，这也是在社会历史科学逻辑上指正制造各种形形色色共产主义和社会主义学说影响工人运动的必要工作。因为共产主义与社会主义两个概念在当时的欧洲并没有区分，共产主义概念在西方也是源远流长的，在制定"共产主义者同盟"章程的时候，以共产主义与工人阶级的自我解放运动之统一性的实践逻辑，与小资产阶级的社会主义相区分是必要的，但共产主义这一概念也各具特色，作为无产阶级的理论指向也往往被滥用。马克思、恩格斯的

① 《马克思恩格斯文集》第10卷，人民出版社2009年版，第42页。
② 参见《马克思恩格斯文集》第10卷，人民出版社2009年版，第42页。
③ 《马克思恩格斯文集》第10卷，人民出版社2009年版，第43页。
④ 《马克思恩格斯文集》第3卷，人民出版社2009年版，第19页。
⑤ 《马克思恩格斯文集》第2卷，人民出版社2009年版，第593页。

共产主义概念尽管限定在无产阶级的自我解放运动范围内，但也往往被误解和曲解。"科学社会主义"这一概念制定出来后，人们将马克思和恩格斯所指称的"共产主义"与"科学社会主义"或"科学共产主义"概念等同起来。即使如此，社会主义概念正如恩格斯所指出的那样"也从没有想到要把这个名称抛弃"①，这对工人阶级科学理解马克思主义的共产主义和社会主义具有较大的帮助。这对工人组织化起到了重要作用，如恩格斯在 1847 年写信向马克思通告，海尔贝格在比利时组织"工人协会"，即是"有幸读了《哲学的贫困》的最后一章"② 所受的启示。马克思在 1874 年至 1875 年初，批判巴枯宁强加给马克思的"博学社会主义"概念，才明确指出在批判蒲鲁东时就已经有了科学社会主义概念了。而海尔贝格受马克思《哲学的贫困》最后一章的影响组织工人协会，这是理解科学社会主义包含工人自觉组织化的要领，因为只有工人的自我组织化才可能扭转被资产阶级组织化的困境。马克思在《哲学的贫困》最后一章着重阐述了阶级斗争的客观历史规律的突出表现，这是资产阶级首先联合成为一个阶级而开展反对封建制的斗争，这是一种阶级的自觉。无产阶级经历了被资产阶级联合参加推翻封建主义的斗争，现在到了无产阶级自己组织同盟、有组织地反对资产阶级的时候了。工人联合的"同盟总是具有双重目的：消灭工人之间的竞争，以便同心协力地同资本家竞争。……在经常联合的资本面前，对于工人来说，维护自己的联盟，就比维护工资更为重要"③。马克思为工人阶级提出了认识历史规律的指向："劳动阶级在发展进程中将创造一个消除阶级和阶级对抗的联合体来代替旧的市民社会；从此再不会有原来意义的政权了。因为政权正是市民社会内部阶级对抗的正式表现。"④ 从这一意义上说，资产阶级专政向无产阶级专政的历史性转变，无产阶级专政的民主形式是无产阶级超越市民社会，既是消灭产生经济根源的私有制社会的必要前提和保证，同时也是消灭自己政权的历史过程。

---

① 《马克思恩格斯文集》第 2 卷，人民出版社 2009 年版，第 14 页。

② 《马克思恩格斯全集》第 27 卷，人民出版社 1972 年版，第 101 页。

③ 《马克思恩格斯文集》第 1 卷，人民出版社 2009 年版，第 654 页。

④ 这里的市民社会概念是在与资产阶级社会相等同的意义上使用的，参见《马克思恩格斯文集》第 1 卷，人民出版社 2009 年版，第 655 页。

建立政权的过程也必须是通过工人的联合，即工会组织的基础。马克思在批判巴枯宁无政府主义的时候将工会与工人国家、政府区分开来，这是具有重大意义的。

马克思、恩格斯在民主与权威的关系上具有将权威与集中等同之意。对民主与权威关系的指正主要是恩格斯。马克思和恩格斯对"权威"问题的重视是在第一国际的后期与解散后。国际工人协会的民主制与民族国家范围的工人组织、政党组织的民主制是如何建构的，是马克思、恩格斯一直探索的问题。坚持科学社会主义理论，并以社会历史的客观辩证法与主观辩证法的统一发展这一理论的实践，使其与民族国家社会历史条件相结合，是马克思主义政党独有的特色。因此，马克思和恩格斯语境中的"权威"概念的一个重要的层次是科学社会主义理论。在这一层次上马克思并不直接使用"权威"概念，而是通过与巴枯宁的论战和指正拉萨尔派为科学社会主义辩护中体现的。巴枯宁指摘科学社会主义的一个重要方面，是认为马克思主义理论只适用于发达的欧美资本主义国家而不适用于俄国，另一个方面是巴黎公社失败后指摘马克思在对巴黎公社经验总结基础上所提出的无产阶级专政。马克思维护科学社会主义原理主要以温和的批评、指正、劝诱、争取方式体现的。恩格斯为维护马克思主义理论的"权威"性，对伪科学社会主义的批判更具有战斗性。恩格斯在《论权威》的短文开篇就指出了一些社会主义派别贬损马克思主义权威的情况："有些社会主义者近来开始了一次真正的十字军征讨，来反对他们称之为权威原则的东西。他们要想给这种或那种行为定罪，只要把它们说成是权威的就行了。"[1] 恩格斯在这里批判的主要对象是无政府主义的社会主义团体，他们攻击马克思领导的国际工人协会总委员会是"权威主义"[2] 行为，以小组"自治"和小组自由联合或"联邦制"反"权威主义"。这就出现了"组织权威"与"组织自治"的对立问题。但问题的实质在于社会主义理论问题的冲突，以巴枯宁为代表的无政府主义者指责"总委员会保证了它的少数几个委员的'特殊纲领的统治'，'他们个人的学说'、'正统的学说'、

① 《马克思恩格斯文集》第 3 卷，人民出版社 2009 年版，第 335 页。
② 《马克思恩格斯全集》第 18 卷，人民出版社 1964 年版，第 129 页。

'唯一在协会中具有公民权的正式理论'的统治"①。实际的情况是巴枯宁大搞宗派活动试图将他的社会主义学说加进国际工人协会章程中，而且试图将自己派别的人增进总委员会，这招不成功又另立"社会主义民主同盟"试图代替国际工人协会。对这一公案西方有一种解释途径，即马克思与巴枯宁对国际领导权力之争。这种解释也具有站在质疑马克思主义的立场为巴枯宁辩护的味道。"协会"一经成立就以《共产党宣言》作为指导思想，争取在各国工人自发组织基础上将其塑造为共产主义的组织，协会内部存在理论分歧不是因为巴枯宁集团的加入才有，而是一开始就存在。马克思构建民主制组织制度，一方面以民主消解小组宗派活动，另一方面通过民主的公开讨论化解分歧达成共识形成集体决议，使其具有权威性，由总委员会执行。这是一种区别于小组自治和联邦制的政府组织，也区别于资产阶级政党的议会制。如果说马克思争权，那么就不能说清楚马克思拒绝总委员会主席，甚至取消"主席"职位制度而采取每周主持召开例会的执行主席制度。工人国际协会还有一种职能是教育。在"正义者同盟"改组之前就已经产生了"社会主义教育协会"的组织机构，当然这是法国社会主义者卡贝和德国的格律恩所主导的，但马克思对他们的教育活动所取得的成效是高度赞扬的，国际工人协会教育功能的重要方面就在于以科学社会主义教育社会主义者并指导各国和各派别的工人协会成为马克思主义者。国际工人协会的内部分歧一直作为内部争论而存在，但巴枯宁争夺领导权无疑是对理论权威的严重挑战。巴枯宁一方面要求"协会"承认"社会主义民主同盟"章程和组织的独立存在，另一方面又要求其作为"协会"的组成部分，这就使问题的性质转变了。巴枯宁攻击国际工人协会是"教阶制"的"权威主义制度"，由此以"自下而上"的"自治"民主解构这种所谓的"权威体制"就是他的主要方案，但他的"社会主义民主同盟"却是真实的"自上而下"的独权体制。②恩格斯在四个层面上提出权威论题。其一，"权威又是以服从为前提的"③。这就有两种情况，第一种是将命令强加于别人，这就是专制或独裁；第二种是通过充分民主所

① 《马克思恩格斯全集》第18卷，人民出版社1964年版，第37页。
② 参见《马克思恩格斯全集》第18卷，人民出版社1964年版，第129页。
③ 《马克思恩格斯文集》第3卷，人民出版社2009年版，第335页。

形成的共同决议并加以执行，共同决议具有权威性，执行也具有权威性，但这方面是委托授权并接受监督随时可以罢免，恩格斯认为这种权威在劳动组合的条件下是不可能被取消的，到共产主义社会也是如此；第三种就是"真理"的权威性；第四种是恩格斯认为现代化工业生产以致现代农业生产存在客观的操作程序和劳动纪律的权威，而且这是不得不服从的，现代工厂的大门上都可以写上这样一句话："进门者请放弃一切自治！"① 这是科学的劳动规律的权威，或客观性权威。恩格斯认为在危机的特殊时刻甚至"专断"意志的权威也是必要的，如航行在汪洋大海上遭遇危机的船，所有人必须绝对服从船长一个人的意志。阶级斗争的历史也是权威的转换，"革命无疑是天下最权威的东西"②，资产阶级革命就是以资产阶级为权威而颠覆封建主的权威，而无产阶级革命就是以无产阶级革命获得权威，并在革命后来维持自己的统治，到阶级的社会经济根源消除之时，一切政治职能都将消失，代之以管理职能或管理权威。恩格斯在这里无非是说"真理"权威，而且它具有阶级属性和不相容的排他性。

马克思、恩格斯对无产阶级的集中制也有明确的阐释。在共产主义者同盟出现分裂活动的 1850 年 8 月，马克思、恩格斯在《中央委员会告共产主义者同盟书》中针对自治与集中的关系告诫德国工人，"不仅要力求建立统一而不可分割的德意志共和国，而且还要极其坚决地把这个共和国的权力集中在国家政权手中。他们不应当被民主派空谈乡镇自由、自治等花言巧语所迷惑。"因为"革命活动只有在集中的条件下才能发挥全部力量。……目前在德国实行最严格的中央集权制是真正革命党的任务。"③ 1872 年 1 月，恩格斯在致卡·特尔察吉的信中总结巴黎公社的教训时说："巴黎公社遭到灭亡，就是由于缺乏集中和权威。……如果有人对我说，权威和集中是两种在任何情况下都应当加以诅咒的东西，那么我就认为，说这种话的人，要么不知道什么叫革命，要么只不过是口头革命派。"④ 从马克思和恩格斯的这些论述来看，权威与集中既有等同的一面也有差别的一面。集中是一种统一性和整体性的组织行为，集中制是以统一意志为原

---

① 《马克思恩格斯文集》第 3 卷，人民出版社 2009 年版，第 336 页。
② 《马克思恩格斯文集》第 3 卷，人民出版社 2009 年版，第 338 页。
③ 《马克思恩格斯文集》第 2 卷，人民出版社 2009 年版，第 197 页。
④ 《马克思恩格斯文集》第 10 卷，人民出版社 2009 年版，第 375—376 页。

则的集体行动制度，它包含着刚性的纪律约束和个体对其的认同、遵循。马克思和恩格斯所批判的"集中制"概念，是指那些没有民主的宗派"自治"组织，而认同的"集中制"是指民主基础上的统一意志的行为。权威概念在组织行为上与集体程序的"决议""决定""决策"等概念相等同，同时权威包含什么世界观、什么立场、为了谁等基本原则。正如恩格斯所指出的那样："一方面是一定的权威，不管它是怎样形成的，另一方面是一定的服从，这两者都是我们不得不接受的。"①

　　引入资本主义民主制的视角来看民主与集中的关系。所谓资本主义的民主制没有集中和权威吗？人类社会到了资本主义时代，公共权力的普遍现象就是法律化的权威，作为民主选举的程序法律化、国家执行机构的权力法律化，公共政策在法律程序的框架下获得权威，一切权威都具有在合法化途径生成并获得强制性，这是法治国家的典型特征，也是程序国家或形式法的国家权威。但合法的民主程序或形式民主与实质民主的矛盾是难以突破的困境。恩格斯另一处讨论权威问题，是在《家庭、私有制和国家的起源》中区分了古代酋长或氏族长道德类型的权威和现代法律化的警察型权威，"文明国家的一个最微不足道的警察，都拥有比氏族社会的全部机构加在一起还要大的'权威'；但是文明时代最有势力的王公和最伟大的国家要人或统帅，也可能要羡慕最平凡的氏族酋长所享有的，不是用强迫手段获得的，无可争辩的尊敬。"② 马克思和恩格斯深刻考察资产阶级民主国家和政党民主的历史局限性，创造超越资产阶级民主的人类社会更高的科学社会主义民主的一个重大努力，就是将民主实质与形式或程序统一起来。在共产主义者同盟、国际工人协会的创建和实践中就包含代表会议程序合法性和决议的权威性、委托授权的执行机构的权威性、监督的权威性。这三个层次的权威性既是相互联系不可分割的又有职能的区分，而最根本的在于代表意见的真实、真诚、责任，但这三者都不能等同于真理。资产阶级政党和资本主义的民主是"意见"政治，而马克思主义政党的上层建筑是原则政治，或真理政治，而下层是意见政治，这就包含真实、真诚、责任。因此，马克思主义政党的民主根基是科学社会主义的真理，这

---

① 《马克思恩格斯文集》第 3 卷，人民出版社 2009 年版，第 337 页。
② 《马克思恩格斯文集》第 4 卷，人民出版社 2009 年版，第 191 页。

是组成政党的原则政治，也是真理权威的规定性，马克思主义政党的组织
建构中的民主程序就是按这一原则形成民主的话语逻辑和程序化的决定、
决议，通过委托执行机构加以执行，监督机构实施监督。将这种权威设置
等同于集中是可以的。但我们应当认识到马克思和恩格斯并没有完成一个
具有独立性的马克思主义政党的组织建构。

恩格斯在总结第一国际的组建初衷时指出，"这个协会成立的明确目
的是要把欧美正在进行战斗的整个无产阶级团结为一个整体，因此，它不
能立刻宣布《宣言》中所提出的那些原则。国际必须有一个充分广泛的纲
领，使英国工联，法国、比利时、意大利和西班牙的蒲鲁东派以及德国的
拉萨尔派都能接受。马克思起草了这个能使一切党派都满意的纲领，他对
共同行动和共同讨论必然会产生的工人阶级的精神发展充满信心。"[1] 因
此，不能把马克思和恩格斯对无产阶级的国际组织建设的探索作为一成不
变的教条。第一国际的"国际工人协会"和第二国际的"国际社会主义者
代表大会"都具有"同盟"性质，而且"政党"和"工人组织"或"无
产阶级组织"没有明显区分出来，组织内部的"主义斗争"导致了两次解
散，马克思和恩格斯主张的科学社会主义原理与工人阶级的自我解放运动
相结合、与各国的国情相结合受到曲解。1863 年，德国社会民主党成立，
这是一个民族国家范围内的第一个社会主义政党，马克思为争取将这个政
党建设成为一个具有示范性的共产党倾注了很大精力，但拉萨尔一方面承
认自己是马克思的学生，另一方面却行小资产阶级的社会主义之实。1869
年，马克思的学生倍倍尔和李卜克内西组建了德国社会民主工党（爱森纳
赫派），这是民族国家范围内的第一个马克思主义政党。但在 1875 年与拉
萨尔派合并成德国社会工人党的时候，倍倍尔和李卜克内西为合并作出了
很大让步，这也意味着马克思主义政党的退却，一方面，马克思予以严肃
批评，在《哥达纲领批判》中深刻阐释基于科学社会主义基本原理的无产
阶级革命运动的历史指向；另一方面却又为德国工人政党两个派别的合并
耐心调解。实际上，德国的工人阶级政党组织就是爱森纳赫派的德国社会
民主工党，拉萨尔派是全德工人联合会性质的，还算不上一个纯粹的政
党。因两派的合并李卜克内西用"人民国家"概念代替"无产阶级专

---

① 《马克思恩格斯文集》第 2 卷，人民出版社 2009 年版，第 12 页。

政"，马克思对其既加以批判也给予一定程度的认同。马克思在世的时候没有看到一个纯粹的马克思主义政党组织建构的完成。马克思逝世后，各国的政治情势发生了变化，德国政府运用法律手段设置了颠覆国家政权罪的"反社会主义法案"，因形势所迫德国工人党改名为德国社会民主党。1901年，在恩格斯的指导下由考茨基和伯恩斯坦起草《埃尔福特纲领》并成为党的章程，这个章程在阐释马克思的历史唯物主义的基础上指明了无产阶级革命的历史任务是共产主义，最低纲领是夺取政权，但主要限于通过议会的合法斗争，恩格斯一方面认同合法斗争的重要性，但另一方面批评放弃暴力革命和回避无产阶级专政的倒退行为。比较而言，恩格斯在世的时候，德国社会民主党在欧洲具有典范作用，恩格斯也不断加以宣传，但还不是正统的马克思主义政党。恩格斯逝世后伯恩斯坦的修正主义开始抬头，放弃革命转向改良以及转型民族主义，抛弃国际主义，造成了第二国际的瓦解。从这些经验可以看出创建马克思主义政党的组织制度之艰难。

以上可以看出，马克思和恩格斯所批判的集中制是宗派团体性质的组织，这是没有民主的。主张无产阶级政党要实行民主制，但实行集中制是必要的，但这种集中制显现的是作为民主实现的形式。恩格斯在论权威的时候，实质上涉及真理的权威、尊重组织制度的权威、民主程序的权威等，并将其诉诸集中制。

二　列宁创建民主集中制的跋涉

列宁依据马克思和恩格斯建立共产党的基本原则和俄国国情，创造性地构建了布尔什维克的民主集中的组织制度，在马克思主义政党组织制度建构的历史上具有开创性的里程碑意义。列宁在1903年和1904年的《怎么办？》《进一步，退两步》中强调马克思主义政党首先是革命家组织的集中制，这里就包含着以真理的权威性为根基的基本观点。

（一）从集中制到民主集中制的重要转换

列宁针对俄国工人政党的分散、派别、缺少纲领、革命理论相互冲突的问题，明确提出以"集中制"构建党的秘密组织，而且在"组织"概念的广义和狭义上论证了集中制的必要性。列宁充分认识到马克思主义政党的使命，实现建立在辩证唯物主义和历史唯物主义基础上的科学社会主义基本原理的实践，最低纲领是实现无产阶级专政的新国家制度建构、最高纲领是共产主义，这就要求马克思主义政党必须以"组织"的力量来实现这一历史使命。因此，只有党的组织的纯洁性才能保证真理的权威性。

组织（organization）这一概念，作名词是指团体、机构、体制、结构、配置等，作动词是指有组织的集体行动的筹划、协调、分配等程序化安排，其复数是指多个组织的联系、协调、体制机制、行动规范等。组织的存在各种各样，有公开的、秘密的、合法的、非法的，小组织与大组织、自然而然的与人为筹划的，等等。这些都是"组织制度"这一概念，也就是将一个团体的体制机制制度化，它是组织的狭义。"制度"有自然而然地形成的习俗、习惯、伦理的文化的约束规则与法制化的典章规则之分。前一种制度是农业社会的典型特征，而现代社会的制度多种多样，具有法制化的典章组织的制度、自愿结社的组织制度、基于伦理的组织制度等。从制度建构的视角看，它包含抽象原则、体制、机制三层意思，而体制机制是实现原则的过程。列宁总结了无产阶级政党组织建设的经验教训，一个是组织内部成员混杂由此而造成组织目标分化和冲突，再一个是派别性的组织与组织之间的冲突，工人政党很难形成统一的强有力的大组织，即使构建起来的统一组织也因其内部小的组织之间以及他们与大的组织冲突而导致毁灭。列宁所提出的马克思主义政党的"组织"就是党的"总和"，也就是"整体"。整体意味着它有统一的原则，这就是由科学社会主义原理和最低纲领、最高纲领的目标、任务所构成的共同意志，这是根本的规定性；以实现这一共同意志来建构体制，就是列宁所提出的党的下级组织与上级组织之间的关系建构，体制的运行就是机制的问题，列宁所提出的"革命家组织"的坚强领导就是机制的核心。从这一组织制度型构看，列宁在《怎么办?》和《进一步，退两步》中的集中制概念就是专指党的制度结构中的核心层组织，即"革命家组织"。这是由少数人所构成的团体，他们肩负着马克思主义原则在历史运动中实现的使命担当。列宁在阐释以"集中制"反对小组派别自治中针对的问题主要在于构建纯洁的党的基层组织。

自工人政党产生以来，人们对政党组织与阶级未加区分，政党组织与工会、社会团体未加区分,实际上还是在模仿资产阶级政党的松散组织形式,平时并不明确党员身份,到选举时支持谁就属于哪一个政党。孟什维克派坚持不加入党组织也可以成为党员和轻视党员条件的认识,实际上是德国社会民主党拉萨尔派的还未脱离小资产阶级政党的圭臬。列宁既对倍倍尔和李卜克内西领导的爱森纳赫派的德国社会民主工党有一定的继承,同时也在此基础上实现了重要创新。这就是作为工人阶级先锋队的党必然要求其独立性和先进性、革命性三者的有机统一。工人自发组成的工会为争取工资和八小时工作制的斗争,或领导罢工都发挥着重要作用,但还不是马克思主义政党组织,罢工所提出的要求还停留在小资产阶级民主范围内,俄国又是一个农民占多数的国家,在这种社会历史条件下党的基层组织是塑造马克思主义政党的必然环节。所以列宁在这个时候所提出的集中制主要是为了解决两个问题,其一是以集中制解决小组派别自治;其二,所有党组织的集中制是区分社会团体的重要标志。与列宁集中制的组织制度相对立的是小组"自治",这也就构成了自治与集中的矛盾。马克思和恩格斯在讲民主制的时候,讲的是民主与自治的矛盾,在这个矛盾中派生了民主与集中的矛盾,因为那些所谓自治的组织恰恰是领导人的专断。而反对者又将马克思所建构的民主选举基础上的委员会制称为权威机构,从马克思和恩格斯对这种观点的批判上看,权威与集中是可以等同的,这也是学界的基本看法,可以说不能将马克思和恩格斯批判的集中制界定为都是坏的、不可用的,或使用它就是对马克思主义的背离。事实上,马克思和恩格斯批判的一些重要概念都是马克思主义理论中的重要概念,问题就在于概念是思维的工具,而不是黑格尔历史唯心主义的受概念统治。既要区分什么集中制是需要的、什么集中制是反对的,也要看对集中制赋予什么内涵。

民主与集中的关系是列宁急切要解决的问题。按马克思主义的建党原则,民主制是基本要求,但实行民主制是有客观环境要求的。在恐怖的条件下只能实行秘密的小组集中制,尽管如此集中制也需要民主,因为马克思主义政党与其他秘密社团不同,虽然作为秘密组织是自治的,但与其他秘密组织的自治有本质的差别。在客观环境不允许公开而只能秘密行动的条件下要想形成较大的组织,是以各个秘密组织为单位的民主,还是给以打破而实行党员个人独立表达意见的民主?如果要前者,民主就是党派性的，这如同"第一国际"的情形，既不能实现理论、纲领、意志、策略的统一，还会遭遇瓦解，或成为资产阶级议会式的。列宁出于马克思主义建党原则和经验，选择后者，即个人依条件参加组织，独立表达意见，无论是哪一个小组的成员，在大的组织中都是作为具有独立权利的党员表达意见。由此，正确处理民主与集中的关系就成为需要解决的现实问题。在列宁关于建党原则的有关论述中，实质上存在客观环境与党组织制度的逻辑关系，一般将其概括为，在秘密的情况下，以集中制为主但这也是集中下的民主，或可以称为"集中的民主制"，或"集中民主制"；在公开活动的条件下，应实行"民主的集中制"或"民主集中制"。从列宁提出集中制到民主集中制的转变也确实存在这样的发生学的事实逻辑。列宁在 1905 年 9 月对德国社会民主工党耶拿代表大会的评论中，第一次指出了党内的集中与民主的关系问题，"要实行彻底的集中制和坚决扩大党组织内的民主制，这并不是为了蛊惑人心，不是为了哗众取宠，而是要随着俄国社会民主党的活动自由的扩大切实地加以实现"①。列宁的阐释包含这样的一些要义：其一，只有纯洁的党组织实行彻底的集中制消除小组派别自治，才能坚决地扩大和实行切实的党内民主。其二，从集中向民主的扩展需要的条件是党的活动自由的扩大，在防止政府镇压的条件下保持秘密的集中制是必要的，但党组织也必须保持纯洁性和独立性，不允许"界限模糊"②。其三，党内的"集中民主制"向"民主集中制"发展要随着党的自由活动程度来完成，它是党组织建设的一个历史过程。列宁在这里论述的不仅是"集中的民主制"或集中条件下的民主，而且视野已经进入了一个新的境界，即党组织体制机制的集中与民主的关系问题。

民主集中制是在工人政党分化与整合中提出的新概念。列宁在考虑如何把布尔什维克和孟什维克整合为具有一致的理论、统一的意志、统一领导、统一行动的政党，于 1905 年 12 月就两党统一的组织制度方案提出了民主集中制概念。诚然，1905 年 11 月，在孟什维克在代表大会中就提出了"民主集中制"的组织制度方案，并加以基本的阐释：代表和领导机构由选举产生，并有一定的任期，他们必须向党员报告工作，可以撤换；党

---

① 《列宁全集》第 11 卷，人民出版社 2017 年版，第 325 页。
② 《列宁全集》第 11 卷，人民出版社 2017 年版，第 326 页。

的上级机关的所有决定对下级具有约束力，党的地方组织的自主权不得超过中央委员会的权力。① 实际上，孟什维克的方案受两方面影响，一个是第二国际建党原则的影响，当时第二国际最主要的参照坐标是德国社会民主党，而德国社会民主党的民主集中制概念，是拉萨尔派的施韦泽，在受到马克思和恩格斯对他的集中制批评后所提出的折中方案。孟什维克紧跟第二国际考茨基的机会主义但还未沦落到无政府主义，虽然使用了"民主集中制"概念，但并未消除地方派别、民族派别、小组派别。另一个来自列宁的集中制的影响。普列汉诺夫和孟什维克派于 1905 年 9 月的代表会议上已经认识到自治对集中的破坏作用，列宁对他们认同了集中制持欢迎态度，但是列宁也期待他们对"组织上的含混不清和策略上的含混不清"问题加以进一步纠正。② 列宁于 1905 年 12 月主持召开布尔什维克代表大会并明确提出"民主集中制原则是不容争论的"③，认为必须实行广泛的选举制度，赋予选出的中央机构以进行思想领导和实际领导的全权，同时各中央机构可以更换，具有广泛的公开性和严格的报告工作制度④。从中可以看出，在俄国允许政党活动的条件下，列宁坚持民主选举和赋予中央机构思想领导和实际工作的全权领导，这是民主与集中相结合的一种组织制度，思想领导是作为"集中"项来说的，对马克思主义的理论权威给予明确的定位，这也就标示着马克思主义政党的民主集中制的特有规定性。1906 年 3 月，列宁在《提交俄国社会民主工党统一代表大会的策略提纲》中再次强调"党内民主集中制的原则是现在一致公认的原则"，即使现在政治条件还很困难，但在"一定范围内还是可以实行的"⑤；同时区分了党的秘密机关与公开机关、党与非党的差别，工会和苏维埃都是非党组织，但二者还有差别。党要深入非党的工会并领导工会，加强对工人的教育和塑造，使觉悟的工人向党靠拢；苏维埃是非党的政权组织的萌芽，尽量吸收各个革命派别参加，党要加强与苏维埃的联系，在苏维埃建立党组织直

---

① 参见《国内外民主理论要览》，中国人民大学出版社 1990 年版，第 455 页。

② 参见《列宁全集》第 11 卷，人民出版社 2017 年版，第 325 页。

③ 《苏联共产党代表大会、代表会议和中央全会决议汇编》第一分册，中共中央马克思恩格斯列宁斯大林著作编译局译，人民出版社 1964 年版，第 119 页。

④ 参见王贵秀《民主集中制的由来与含义新探》，《理论前沿》2002 年第 8 期。

⑤ 参见《列宁全集》第 12 卷，人民出版社 2017 年版，第 214 页。

接领导苏维埃，否则苏维埃就会遭遇失败。列宁对党的组织制度与工会、苏维埃的区分，以及党与工会、苏维埃的关系的确立意义重大，为社会主义国家的诞生和国家治理奠定了基础。

民主集中制是党组织制度建构的实践成就。列宁以马克思主义社会历史理论为根基，在无产阶级革命历史方位上，深刻认识到只有坚强有力的马克思主义政党的领导，才能建立工农民主政权并以此为保障向社会主义过渡，民主集中制就是实现这一伟大历史任务的组织保证。党的组织制度是党的生命，马克思主义理论是其生命之源和养料。列宁提出并实践了关于民主集中制的构想，也由此诞生了具有重大理论形态意义的马克思主义政党的组织制度。马克思主义政党的组织制度的实践形态起始于"共产主义者同盟章程"的原则规定和具体的组织制度设计，为后来的国际工人协会的组织制度设计奠定了基础，但后者又有很大的发展，总体上都是按民主制的原则来规范的。马克思和恩格斯在实践探索中所遇到的是关于自治与集中、自治制与集中制的关系问题，他们所反对的"集中"和"集中制"是针对具有宗法派别的"自治组织"而言的，与其相反，马克思和恩格斯却主张既具有整体性、统一性又有民主与集中相统一的组织制度。在"同盟章程"中的原则条件就包括了必须承认共产主义并进行革命，包括生活方式和活动方式必须与实现共产主义"同盟目的"相一致、必须将共产主义的信仰信念与行为的"纪律约束"相统一。在民主制的建构上，以基层支部打破"派别自治"，每一个成员在革命目标一致的前提下一律平等，都有发表意见的权利，由支部联合成的地区组织打破地方主义、民族的狭隘观念；组织内按选举程序组成的中央委员会为最高权力机关，由中央委员会派生的中央执行委员会为执行机关。这种制度是作为民主制而设计的，显然，这里包含集中制。但马克思和恩格斯没有将这种制度称为"民主集中制"。在"共产主义者同盟"和"国际工人协会"出现的同马克思和恩格斯主张相反的问题是：反对在民主选举基础上的中央委员会及其执行委员会的集权和统一领导，以"派别自治"的"民主"来代替。所谓"派别自治"就是依赖具有宗法性质形成组织团体，将一个派别作为一个整体或抽象为"一个整体的人格"，这样的民主只是资产阶级"议会民主"式的"派别"竞争民主。这种状况延续到德国社会民主党的组织制度建构。对俄国工人政党来说有两种民主形式选择，即一个民族国家范围内的工人阶级政党是以小组派别的民主；还是以每一个认同共产主义理想并为之奋斗，参加一个基层支部，在基层支部基础上构建中层组织，以至在选举程序上产生中央机构。列宁的主张是后者。在理论上坚信马克思主义的社会历史理论和不断革命论，是列宁在党组织建构上毫不妥协的原则。列宁在《怎么办?》和《进一步，退两步》的论战性文章中着力阐明整体性和统一性的党组织是党的生命，集中制的党组织是实现无产阶级历史使命的保证。

集中制是纯洁党组织的必要环节。在党与工人自发的自治、各社会团体、各政治派别自治之间不能划清界限，马克思主义政党的奋斗目标就会落空。俄国的各种社会团体和各政治派别基本上由受到过较好教育的知识分子自发组成，都有自己的社会价值观，如具有植根于俄国大地上也自称对俄国国情谙熟的民粹派知识分子，以及最革命的"革命民粹派"等，与马克思主义的冲突不言自明。马克思主义政党是工人阶级的政党，但工人阶级并不天然的是科学社会主义者，当时的俄国工人不仅力量单薄，同时也受到各种关于"美好社会"理论思潮的影响和诱惑，既有各种派别的存在又缺少科学社会主义原理支撑的革命思想相互竞争、相互冲突、相互抵消。但列宁看到，工人从罢工的经济主义到提出民主的政治诉求是一个大的进步，尽管还只是小资产阶级民主范围内的。俄国工人并没有受到大工业社会的洗礼，工人能够作为社会各阶级中最先进的阶级首先是指最容易接受科学社会主义理论，但没有以马克思主义理论塑造的工人阶级的先锋队，科学社会主义理论与工人运动相结合就不可能。由此，由成熟的马克思主义理论家承担塑造工人阶级先锋队的使命就成为急迫的现实问题。在史实的逻辑上，西欧的工人运动也会产生社会主义理论，如法国蒲鲁东的无政府社会主义，工人中也会产生如狄兹根等这样接近马克思主义社会认识论的具有理论成就的人，工人也是能够接受理论塑造的，正是因为这样的事实，马克思和恩格斯开辟了以科学社会主义理论塑造工人的道路。在俄国，开始以科学社会主义理论塑造工人运动的革命道路是以普列汉诺夫为理论舵手的，而组织上还是模仿德国社会民主党，一方面对党与非党不加区分，另一方面以纯粹的工人阶级作为社会主义革命的主体，这两个方面又构成了工人阶级与党不加区分、工会与未来政府不加区分的混乱现象，尤其是作为政党派别竞争、冲突的严重问题，极大地制约着工人政党与资产阶级政党、保皇派别的党、民粹主义者竞争式影响工人、农民和广大民众的能力。因此，普列汉诺夫起初对列宁关于建立统一的工人阶级组织及其政党是高度赞同和大力支持的，但对列宁再进一步将工人阶级先锋队纯洁化的集中制思想就产生了严重的分歧。

列宁的"集中制"理由之一，是基于俄国特殊的政治环境即政党活动还处于"非法"的秘密活动期间，另一个重要的问题是俄国工人对科学社会主义还属于"陌生"期。列宁提出构建集中制的"革命家组织"的构想，是为实现科学社会主义原理俄国化的现实化策略，即以坚定的马克思主义理论立场和具有坚强意志的和受过革命锻炼具有斗争艺术、领导才能的人形成革命家组织。革命家组织的秘密性和集中制是领导革命的"稳定的和保持继承性的反政府的斗争"①的需要，因为工人运动和学生运动都会产生委员会，但这是不够的，他们"还需要用多年的时间把自己培养成职业革命家"②。只有职业革命家与外围的群众运动相结合才能塑造工人运动的方向，也才能将理论斗争、经济斗争、政治斗争和策略统一起来。就这"四个统一"来说，理论斗争是职业革命家主导的以科学社会主义理论驳倒其他形形色色社会主义理论流派对工人运动的影响是最重要的，因为工人自发的斗争已经受到经济派理论影响，要使政治斗争引导工人的经济斗争必然需要理论斗争，"三大斗争"要同策略相统一。因此，集中制是组织制度的，但它不是一般的集中制，其政治性质是由无产阶级革命的目的、目标和现实条件所决定的。列宁最初所提出的集中制论题，一是基于特殊的政治环境；二是基于俄国工人和社会团体对社会革命的认识的现实条件；三是基于历史使命所决定的能动自觉意识。因此，列宁以"彻底的集中制"反对"派别自治"，它服从于党的纯洁性和先进性的需要，它服从于党以马克思主义统一纲领、意志和塑造科学社会主义历史方位的无产阶级的需要，它服从于革命策略的需要。

（二）民主集中制的理论意义

民主集中制是列宁关于党的组织制度理论基本成熟的标志。民主集中制实质上是"民主的集中制"，这应是列宁的确切思想。列宁关于党组织

---

① 《列宁全集》第6卷，人民出版社2013年版，第119页。
② 《列宁全集》第6卷，人民出版社2013年版，第119页。

制度的叙事逻辑确实是从集中制过渡到民主集中制的。但是否如有些学术观点所解释的那样：列宁的党组织制度思路是从"集中制"到"民主集中制"再过渡到民主制，前两个阶段已经走完，最后一段路程被放置了。具体来说，集中制是适应客观政治环境不得已采取的非民主制；在允许政党活动条件下，民主集中制将民主与集中两个矛盾的方面结合在一起，是保留革命家组织，其目的是通过革命建国；在胜利后的和平年代，应抛掉集中制而实行民主制。本书认为，列宁所说的集中制在特殊的条件下指革命家组织，但集中制更主要是指民主程序的。任何民主都有由分散的意见而集中的过程，马克思主义政党的民主程序也不例外，但还有马克思主义理论的权威性和党统一领导的特殊性，这是集中制的特定含义，这点上述已经指明。在学界，关于集中与集中制的关系有不同的看法，都不否定任何民主程序都有集中，但因"集中制"是一种制度，并且它等同于专制制度，由此，集中与集中制就不同了。我们一方面要搞清楚集中制有不同的意涵，这如同"统治"这一概念，它可用以表达阶级社会的任何时代，但谁统治、如何统治是不同的。将集中的程序原则上升为一种制度称其为集中制是没有什么可怀疑的。实质上，"民主集中制"是一个完整的民主程序概念，而不是机械的"民主制"＋"集中制"；"民主集中制"是广义的一种特殊的"民主制"，民主制有多种存在形式，"民主集中制"是"马克思主义政党的民主制"。马克思和恩格斯开创了探索有别于资产阶级政党民主制的无产阶级政党民主制的道路，列宁创造性地将其实现，具有重大的理论和历史意义。

列宁的集中制概念与专制的集中制不同，这是马克思和恩格斯已经区分开来的，同样，列宁也知道什么是民主，而且对资产阶级的民主形式也非常清楚。事实上，列宁在明确提出民主集中制的党组织概念的时候，就已经不是拉萨尔派的施韦泽的"民主集中制"的"新瓶装旧酒"，而是赋予了民主集中制新的含义。民主集中制包含党员权利本体上的集中，也就是严格入党条件和参加一个党的组织，在权利基础上按程序选举和程序决策形成统一意志并加以执行；同时，在这样的民主集中制中还有少数革命家的权威的集中。

这可以从卢森堡解读列宁的集中制是一种无产阶级的"自我集中制"的一个坐标来看。在列宁阐释集中制，以及与普列汉诺夫、孟什维克论战之时的 1904 年 7 月，女革命家、理论家卢森堡写了评论列宁的集中制的文章，即《俄国社会民主党的组织问题》。卢森堡在此文中论述了三个主要观点，即无产阶级政党不能从资产阶级民主中继承政治原料，在分散、自治的状态下提出成立集中制的统一的工人阶级政党是困难的，但又是必要的，因为俄国的马克思主义政党"不能建立一个由许许多多民族的和省份的独立组织联合起来的联邦团体，而必须在俄国建立一个统一的紧密团结的工人政党。至于在团结统一的俄国社会民主党内部，关于集中程度的大小和集中化的更准确的性质，那是另外一个问题"①。其一，卢森堡认为这一建党的指向是从自发到自觉的阶级斗争"辩证的矛盾之中发展的"②。但是，卢森堡也认为这是列宁的冒险，一方面俄国既不具有集中制的政治条件又不能从资产阶级已经准备好的原料来建构，是一种虚无缥缈的幻象；另一方面，集中制突出革命家组织有落入布朗基派和雅各宾派的专断，以及与群众运动脱离之风险。其二，卢森堡指出了列宁的集中制的一种解释途径，即集中制概念"同布朗基主义的集中制在性质上必须有本质的区别。社会民主党的集中制无非是工人阶级中有觉悟的和正在进行斗争的先锋队（与它的各个集团和各个成员相对而言）的意志的强制性综合，这也可以说是无产阶级领导阶层的'自我集中制'，是无产阶级在自己的党组织内部的大多数人的统治"③。其三，卢森堡认为列宁的集中制既与资本主义官僚集权的制度相对立，又是一种阻断机会主义的努力。但列宁的集中制一旦走向"极端的集中主义"就会丢失大批民众，给那些现在正在从事资产阶级民主主义运动的具有议会民主倾向的知识分子造成机会，有可能造成无产阶级政治斗争的结果轻而易举地落入资产阶级手中。④应当说，卢森堡对列宁的集中制解读是有启示性的，一方面在于，列宁的集中制需要觉悟的工人这个主观条件，"集中制根本不是在工人运动的任何阶段都可以实现的绝对概念，而不如把它理解为一种倾向，它随着工人阶级

---

① ［德］罗莎·卢森堡：《卢森堡文选》，李宗禹编，人民出版社 2012 年版，第 118—119 页。

② ［德］罗莎·卢森堡：《卢森堡文选》，李宗禹编，人民出版社 2012 年版，第 120 页。

③ ［德］罗莎·卢森堡：《卢森堡文选》，李宗禹编，人民出版社 2012 年版，第 120—121 页。

④ 参见［德］罗莎·卢森堡《卢森堡文选》，李宗禹编，人民出版社 2012 年版，第 130—133 页。

在其斗争过程中觉悟和政治训练的增长而逐步得到实现"①；另一方面，这种集中制的设计需要觉悟的工人在党组织内部来实现多数统治，但在这种条件还不具备的情况下只能以中央委员会的集中机构来代行统治职能而监督工人阶级的活动，但如果没有觉悟的工人对中央委员会的监督，就是单向的。实际上，这是卢森堡在批评列宁只有集中而缺少民主。应当说卢森堡对列宁的批评是善意的，而且列宁也应当吸收了卢森堡的一些合理看法，其中"自我集中制"是接近于列宁的革命家组织的解释的。卢森堡的文章发表于俄国社会民主工党机关报《火星报》1904 年 7 月 10 日，于 7 月 13 日转载于德国社会民主党的理论刊物《新时代》，并在加了一个说明中强调了俄国社会民主工党的组织问题已经具有了国际意义，对德国社会民主党的组织建设具有极大意义。②

参照卢森堡所提供的关于列宁的集中制是一种无产阶级政党的"自我集中制"解释，以列宁提出民主集中制的回溯其含义更具有说服力。列宁于 1905 年 9 月就论述了以彻底的集中制与扩大党内民主结合的原则建构党组织制度的构想，于同年 12 月明确提出民主集中制概念是同一语境的。列宁在 1905 年 7 月，在《〈工人论党内分裂〉一书序言》中阐释了民主制组织制度的基本要点：（1）少数服从多数不是派别的力量均势的概念，而是真正体现每一个党员权利与义务相统一的民主制的一般组织；（2）民主代表制度的原则应以代表大会作为最高权力机关，享有全权的代表所作出的决定是最后的决定，它具有权威性和合法性，这种民主代表会议的决策与协商会议的原则和将会议决定交付各种组织表决的全民投票相反；（3）党的中央机关的选举必须是直接选举，必须在代表大会上进行，其他是不许可的；（4）党的一切出版物绝对服从党的代表大会；（5）党员资格的概念必须作出明确的规定；（6）对党内任何少数人的权利同样应在党章中作出明确的规定。③ 其中第三条款需要加以说明，小组派别的民主制是由各派别协商、协议形成决策再去投票，而列宁强调每一个代表权利的行使，这与第一条款的"少数服从多数"而不是"派别均势"具有一致性。由此

---

① ［德］罗莎·卢森堡：《卢森堡文选》，李宗禹编，人民出版社 2012 年版，第 122 页。
② 参见［德］罗莎·卢森堡《卢森堡文选》，李宗禹编，人民出版社 2012 年版，第 115 页注释。
③ 参见《列宁全集》第 11 卷，人民出版社 2017 年版，第 154—155 页。

凸显了党员"权利"之基的民主规定性。列宁的这一阐释，与卢森堡1904年7月对列宁的集中制解读性的诠释相差一年，从中即可以看出卢森堡的解释与列宁的差距。如果将以上六点作为列宁关于集中制的建构是对卢森堡回应的话，那么，这也就是对"民主集中制"基本含义的阐释。列宁在1905年12月所指出的"民主集中制原则是不容争论的"恰恰就是建立在这6点要义的基础上，而且这里的"不容争论"是指自《怎么办?》《进一步，退两步》发表以来所引起的辩讼已经有了基本共识，包括孟什维克派、德国社会民主党等对列宁的党组织制度的质疑，在卢森堡解释途径上的"自我集中制"或"党内多数统治"有了共识。从中也可以看出，列宁从集中制到民主集中制的话语转换，有一条明晰的叙事逻辑。起初，列宁是在与分散的"派别自治"对立的含义上使用"集中制"的，同时也包括秘密组织条件下的集中制，还包括理论家和革命家核心或权威的集中制。这三层集中制的含义也是俄国马克思主义政党与工人运动相结合，在工人和农民、知识分子中塑造共产党员和革命家的史实逻辑。实际上，这一逻辑也是俄国马克思主义政党发展壮大的历史逻辑，同样，资产阶级各政党派别不也是少数核心动员民众或塑造大众忠诚吗?马克思主义政党因使命和目的所决定，必然是纪律严明的政党，但党内民主是其根本。列宁在侧重于"集中制"与"自治制"对立的叙事逻辑上没有对集中制的性质作出论述，这也是引起误解的重要方面。列宁在1906年3月《提交俄国社会民主工党统一代表大会的策略提纲》中贯彻了民主集中制的组织原则。具体来说有五点要义：（1）党组织的选举应该贯彻自下而上的原则；（2）只有在警察阻挠和极为特殊的情况下才可以放弃这一原则，实行二级选举或对选出的机构进行增补；（3）迫切需要保持和加强党组织的秘密核心；（4）为举行各种公开的活动，诸如组织工会、出版、集会、结社等应该成立专门的行动组，但是这些组织在任何情况下也不能危害秘密制度的完整性；（5）党的中央机关应该是统一的，党的中央委员会实行对全党和中央机关报的统一领导。① 这五点要义，基本体现了在当时的条件下列宁对民主集中制设计的基本框架，但还是过渡性质的。因为列宁所提出的这个方案是为了同孟什维克达成一致意见，实现两个派别的统一而作出了一

---

① 参见《列宁全集》第12卷，人民出版社2017年版，第214页。

定的让步，这五点要义与稍前的六点要义相比，明显缺少了第六点，即保护党内"少数人的权利"这一条款。在政治环境还不允许党的组织全部公开的条件下党的核心作为秘密组织还是必要的。列宁并没有对民主集中制的理论内涵作出直接的阐释，由此也导致了民主与集中关系的学术纷争。

从列宁论战的文献对民主集中制的阐释来看，民主集中制与民主制、专制集中制有差别。民主制是现代政治的本质属性，资产阶级是现代阶级最早觉醒的以民主制代替封建专制君主制的先行者，党争政治的议会民主是其典型特征。正如卢森堡所说的那样，无产阶级不可能在资产阶级的原料上来建立无产阶级民主制。马克思主导的"共产主义者同盟"和"国际工人协会"就是按民主制原则来建构的，它是一个完整的程序：代表大会最高权力机关的设定和自下而上的选举和决议的程序规则无疑是民主的，代表大会选举派生的执行机构也无疑是集中的，集中的执行机构受到监督可以随时罢免。实际上，这种设计的整个程序就是民主的循环，在民主制的框架中包含集中，但它不是单一的集中制。这种民主程序与资产阶级政党的议会民主制的异同体现在哪？如果仅从程序民主来说，并没有实质的区别；但从实质民主上来看，马克思主义政党的特有本质属性就在于：共产党是没有自己的特殊利益的无产阶级利益的担当者。马克思在对黑格尔法哲学批判时期就已经对什么是真正的民主制作出了实质性的探索，"民主制是内容和形式"的统一，民主制是人民创制国家制度，君主制是国家制度创制人民，资产阶级议会民主是将私人利益作为普遍利益，人民在国家中是抽象的公民而在现实社会中却又是经济地位不平等的实实在在的个人。党派的议会政治是利益集团以金钱操控的政治，人的本质异化为金钱的本质。马克思的深刻揭示并没有过时，当代试图救治资本主义民主的有影响的理想自由主义学者也难以治疗这一痛处。马克思以彻底的无产阶级民主来构建民主制度具有道路的奠基性和实验性的双重功能。马克思和恩格斯对无产阶级国际组织民主制探索的根基是无产阶级的根本利益，也是实质民主的基座。这与资产阶级民主立基于先验人权和现实的个人自由的"权利"至上有本质的差异。无产阶级根本利益的实现是民主的，这就需要与此实质相一致的形式或合理的形式。以"共产主义同盟"为例证，在无产阶级根本利益一致基础上的自下而上选举代表会议就是集中的程序，代表会议产生的执行机构也是集中，集体决策和执行接受监督又是民主的。所以整个程序运行的过程就是无产阶级利益的权利实现的过程；不仅如此，作为无产阶级政党的民主程序，在根本上，要看其是否真正代表无产阶级根本利益，因此，必然要求无产阶级政党有严明的"组织纪律"。当然，仅从无产阶级政党的组织纪律来与资产阶级政党相区分也是困难的，因为资产阶级政党也有组织纪律，甚至更严苛。但组织纪律的差别就在于无产阶级政党的本质属性上，即无产阶级政党担当实现无产阶级利益的使命，首先建立在无产阶级自我解放的社会历史真理的基础上，这是首位的纪律。所以要求加入"同盟"的条件必须承认共产主义并为之而奋斗。在成为党组织成员的条件、在组织中遵守纪律是属于在组织运行程序中的行为规范；个人服从组织、少数服从多数、下级服从上级、全党服从中央的"四个服从"既是纪律约束同时也是民主集中的程序规则。但对"四个服从"的纪律约束的理解，在西方自由主义党争议会民主的框架下解释，就成了等同于"专制"的"集中制"了，因此得出马克思和恩格斯是反民主的结论；有的将民主与集中拆分为二就形成了民主与集中的对立。实质上，马克思和恩格斯更强调的是自下而上的民主过程及其生产的权威和权威接受监督的双重逻辑。也就是说，马克思和恩格斯对党的组织制度设计是民主制的，民主制是其根本，民主制内包含集中。① 列宁所提出的民主集中制是在马克思和恩格斯民主制基础上的进一步发展，而不是背离。列宁的民主集中制包含民主程序的集中和"革命家组织秘密核心"的集中两部分，但不是民主制与集中制的相加，而是革命家核心领导建构马克思主义政党的民主集中制，从史实的逻辑上，由革命家组织的集中制扩展到民主集中制，这是随着工人被马克思主义理论所塑造和党的扩大的发展历史逻辑而形成的。马克思所奠定的党的民主制实践探索道路，还未将党组织与政府、工人的组织加以区分。列宁在区分党组织、工人组织、政府组织，以及党组织与他们之间的关系的基础上，民主集中制限定在党组织这一范围。民主集中制这一概念，与资产阶级政党的组织原则区分开来，民主基础的程序、纪律原则的集中和"核心"的组织领导是一体化的，它不同于资产阶级政党的程序"多数决"。组织内的核心作用具有自上而下的特点并不是自下而上的民主实质，但它是为实现自下而上的民主

---

① 参见许耀桐《关于民主集中制实质问题的探讨》，《上海行政学院学报》2010 年第 3 期。

的功能性设定,即马克思主义的意识形态的引领和塑造功能,这是列宁强调意识形态灌输论的一个重要根据。

由上可见,民主集中制就是马克思主义政党的民主制。民主集中制,一方面是区别于资产阶级政党制度而形成的马克思主义政党组织制度;另一方面,民主集中制是民主制的一种特殊组织类型。这也需要简要说明资产阶级政党组织制度的基本型构。资产阶级政党与资产阶级联合成为一个阶级是同一历史逻辑。资产阶级政党由职业政客作为核心层——政党机器操纵选举,社会各利益集团需要政党代表、职业政客需要利益集团的供养,他们这种相互依赖性是随着资本主义议会政治的建构而逐渐形成的。政党内部管理是严格的职业政客的等级制,各政党之间以派别的意识形态和公共政策主张塑造民众构建选举竞争,它受金钱所控制。马克思主义的民主集中制既是民主制的一种特殊类型又是实现民主的组织形式,同时它具有纯化、塑造马克思主义政党的功能。

(三) 列宁的“不断革命论”与民主集中制对党塑造的功能

列宁的“不断革命论”与党的民主集中制的历史发展是同一逻辑过程。民主集中制作为党的组织制度具有塑造党的强大功能,这与无产阶级的不断革命论是内在统一的。党的民主集中制是长久的,只要还未实现最高纲领,党组织的民主集中制就不会消亡。马克思所提出的不断革命论,明确了共产党的长久历史任务:“直到把一切大大小小的有产阶级的统治全都消灭,直到无产阶级夺得国家政权,直到无产者的联合不仅在一个国家内,而且在世界一切举足轻重的国家内都发展到使这些国家的无产者之间的竞争停止,至少是发展到使那些有决定意义的生产力集中到了无产者手中。”① 马克思的不断革命论还体现在无产阶级政党构建独立的组织制度的要求上。马克思认为资产阶级在反对封建专制制度的斗争中会争取和团结无产阶级,但它并不允许无产阶级提出独立的利益要求,无产阶级这种被资产阶级的联合,既是附庸的,又会使革命成果完全丧失。马克思对民族国家范围内的德国工人党派提出构建党的独立组织制度的要求,是适应德国资产阶级民主派反封建专制制度的历史阶段的工人政党就采取争夺领

---

① 《马克思恩格斯选集》第 1 卷,人民出版社 2012 年版,第 557 页。

导权的不断革命的要求。俄国又有别于德国，农民占多数的国家和农民革命的小资产阶级民主取向，再加之民粹派、巴枯宁的无政府主义派和克鲁泡特金派的无政府主义、受英国工人影响的工联主义等，构建秘密的革命家的核心是列宁构想实现工农民主专政政权的必要环节，因此，列宁的民主集中制概念在俄国革命时期，包含自下而上的民主集中和革命家核心的集中就成为适应特定环境和特定历史时期的不二选择。

列宁的"不断革命论"与党组织的民主集中制具有不可分割的逻辑联系。列宁将马克思和恩格斯的不断革命思想俄国化的问题意识表现于：一方面是将俄国革命道路划入共产主义轨道和历史方位；另一方面，俄国是农民占主体的国家，还处于推翻封建制向资产阶级民主转变的历史阶段，革命的性质是民主主义的。由此，是在民主主义胜利后再进行社会主义革命还是在民主主义革命中就植入社会主义革命？在俄国工人政党中对俄国革命的最高纲领即共产主义的目标的认识没有分歧；但是，在民主主义革命与社会主义革命两个环节的分开还是一致问题上产生了激烈的冲突。

普列汉诺夫和孟什维克制定了"分开打"的纲领，其理论依据在于民主主义革命是资产阶级性质的，只有资产阶级胜利后无产阶级才能随着大工业的发展而壮大，无产阶级的阶级意识和社会主义革命思想才能在与资产阶级的冲突中产生和发展，工人阶级才能接受科学社会主义的理论；在实践策略上，在民主主义革命中无产阶级支持资产阶级革命，但要保持党的独立性以及与工人阶级经济斗争的结合，以"革命公社"的组织形式参加资产阶级革命，以图实现彻底的民主主义，所谓彻底的民主主义就是彻底的真正的立宪会议的共和国，以此作为无产阶级革命的最低纲领。

与孟什维克有差别的民粹主义革命派的社会革命党可以作为一个参照系来看。1905 年社会革命党正式成立，于 1906 年颁布了历史上第一个纲领性文件[1]，制定了"人民劳动主义"最低纲领和"社会主义"最高纲领。即政治上构想建立以法律为保障的村社和城市公社、地方自治的民主共和国；在经济上实行"土地社会化"，即废除土地私有制，使其转变为不能买卖的全民财产，以民主的方式建立村社和城市公社、地方和中央机

---

[1] 参见解国良《俄国社会革命党研究（1901—1925）》，社会科学文献出版社 2012 年版，第 63 页。

关管理土地的使用，按照"平均—劳动"的原则，也就是所有劳动者都有平均使用土地的条件。通过土地社会化和合作社的建立实现劳动社会化。最高纲领是实现消除阶级差别和私有制的社会主义社会。显然，这样的纲领是马克思主义的历史唯物主义与民粹派知识分子农业社会主义理论的混合物。尽管如此，列宁对民粹派的纲领给予高度评价，"从民粹主义进到马克思主义，从民主主义进到社会主义。我们对社会革命党人的批判已经有了成果：批判迫使他们特别强调他们的社会主义的善良愿望和他们与马克思主义一致的观点。"① 但列宁批评革命民粹主义还未在马克思主义的社会历史理论上来构建其纲领，只是实现了对社会主义的善良愿望与马克思主义的观点相一致，纲领实质上还是小资产阶级属性的。他们的纲领继承了经济民粹派和自由民粹派关于农业社会主义的构想，它们认为资本主义好的方面是发展生产力，坏的方面是破坏村社，从村社起步的社会主义可以使用先进的生产力和发展工业，突破资本主义的城市工业与农业的对立。社会革命党的革命理论与策略存在内在的矛盾，列宁预计到了"内部必然发生分裂是显而易见的"②。社会革命党分裂为右派的"劳动人民社会党"而成为机会主义者，停止了政治革命转入合法主义行列；中派继承老社会革命党的传统，坚持"庄稼汉社会主义"道路；左派高举最高纲领坚持"直接革命"论，毕其功于一役，决不给资本主义喘息机会。③ 最高纲领派依然保持秘密的小组习气，其战斗意志和忘我精神可歌可泣，但"组织上的虚无主义，没有明确的组织界限"④ 和继承主观主义的社会学也成为致命的问题。列宁试图通过合作、论战、批判使社会革命党实现"从民粹主义到马克思主义"的转变是其最大愿望，同时列宁也从社会革命党的分裂中再次体会到了俄国革命的特殊性，农民革命的历史取向决定于农民的现实需要。社会革命党的右派劳动人民社会党在第二届杜马中提出的"土地国有化"口号得到了农民劳动团的认同。农民革命要实现的是"土

---

① 《列宁全集》第 9 卷，人民出版社 2017 年版，第 176 页。
② 《列宁全集》第 13 卷，人民出版社 2017 年版，第 391 页。
③ 参见马龙闪、刘建国《俄国民粹主义及其跨世纪影响》，广西师范大学出版社 2013 年版，第 301—302 页。
④ 李永全：《俄国政党史——权力金字塔的形成与坍塌》，社会科学文献出版社 2017 年版，第 54 页。

地与自由"，这就是列宁建构无产阶级革命的最低纲领——"无产阶级和农民的民主革命专政"所要解决的极为迫切的现实问题。因此，列宁的不断革命论是基于俄国国情的革命道路、革命策略、革命主体的设计。列宁认为，民主主义革命是资产阶级性质的，但农民对"土地国有化"的要求是依据劳动力平均使用和对国家平均分配土地政策的幻想，只有彻底的民主主义即社会主义的民主主义才能满足农民对土地和自由的要求。

列宁将俄国革命划分为社会主义民主主义革命和社会主义革命两个阶段。显然，这种划分与普列汉诺夫机械的资产阶级民主革命与社会主义革命分开论不同，也与左翼社会革命党"直接革命"论相区别，两个革命环节的有机联系是辩证法的革命策略。列宁认为，"党的策略是指党的政治行为，或者说，是指党的政治活动的性质、方向和方法。"① 如何将俄国的资产阶级民主革命转变为社会主义民主主义革命实现彻底的民主主义，就是列宁不断革命思想的理论与实践要求。列宁在《社会民主党对农民运动的态度》一文中指出，"我们将立刻由民主革命开始向社会主义革命过渡，并且正是按照我们的力量，按照有觉悟有组织的无产阶级的力量开始向社会主义革命过渡。我们主张不断革命。我们决不半途而废。"② 由此，在俄国当时社会条件下构建"革命家组织"与民主集中制无疑是正确的选择。普列汉诺夫与列宁的辩讼不在此，或者说，即使按普列汉诺夫关于革命阶段的划分也必然需要革命家组织，普列汉诺夫在批评列宁的不断革命论中将农民作为社会主义革命的一个主体力量。但孟什维克的马尔托夫对列宁的民主集中制是抵触的，他在俄国民主工党第四次代表大会上进行派别活动，组织民族派和自治派阻止通过列宁提出的党纲，在严格入党条件的问题上以微弱优势通过。民主集中制写入党章是列宁的胜利。实行民主集中制的独立政党与不断革命的实践要求是一致的，因为只有民主集中制的党组织才能实现彻底民主主义的策略计划，即"无产阶级应当把民主革命进行到底，这就要把农民群众联合到自己方面来，以便用强力粉碎专制制度的反抗，并麻痹资产阶级的不稳定性。无产阶级应当实现社会主义革命，这就要把居民中的半无产者群众联合到自己方面来，以便用强力摧毁资产

---

① 《列宁全集》第 11 卷，人民出版社 2017 年版，第 6 页。
② 《列宁全集》第 11 卷，人民出版社 2017 年版，第 223 页。

阶级的反抗，并麻痹农民和小资产阶级的不稳定性"①。毫无疑问，列宁关于俄国民主主义革命的"彻底"，就是针对孟什维克派的所谓"彻底"——就是党派民主的立宪共和国的"议会制"，致使无产阶级和农民革命的果实遭受资产阶级剥夺，这是半途而废的；而要实现列宁所说的"彻底"——民主主义革命目标就是工农联盟专政的政权，就必然要求无产阶级政党夺取革命的领导权，因此，也必然要求以民主集中制为制度保证来实现。

三　列宁式民主集中制的确立

马克思主义政党的民主集中制有别于资产阶级党争议会制度，是马克思主义政党组织制度的创造。创建有别于资产阶级政党的组织制度始于马克思和恩格斯，完成于列宁。党的民主集中制概念在特定的革命时段提出，随着革命环境变化和革命成功后出现的新的社会历史条件，民主集中制的含义和适用范围会发生何种变化？列宁关于党的民主集中制组织制度的构想被写入俄国社会民主工党的党章，在工人阶级政党组织制度构建的历史上具有里程碑意义。这种独特的组织制度的确立经过了激烈的斗争，来之不易。

（一）两种"民主集中制"的论争

针对俄国社会民主党派别性的小组自治，力量分散、革命道路主张各自为政、相互抵触的现状，列宁提出了以"集中制"来统一构建整体的党组织的构想，这个集中制就包括以统一的党章来规范党的统一意志及其一致行动，在这个原则问题上普列汉诺夫充分认识到"集中制"与"自治"的对立，给予列宁很大的支持。在以党的组织制度为保障实现统一的问题上，布尔什维克与孟什维克开始分裂，普列汉诺夫滑向孟什维克，首先是在党的中央"集权制"这个问题上产生了分歧。孟什维克提出了"组织—过程"理论对抗列宁的民主集中制。民主集中制提出后，在持续的论争过程中，俄国工人政党中只有布尔什维克实行民主集中制，而孟什维克的组

---

① 《列宁全集》第 11 卷，人民出版社 2017 年版，第 83 页。

织制度是高层决策小组派别协商、投票，如果将这种制度解释为民主集中制，那么它只能是孟什维克的"集中民主制"。

普列汉诺夫是马克思主义的重要理论家，在民主集中制上他首先认同了集中制，但后来与孟什维克一道对列宁的民主集中制采取否决的态度。普列汉诺夫认为，小组习气的旧恶坏处很大，"而当俄国社会民主工党终于得到它如此必需的中央集权制组织的时候，中央所犯的每一个错误就必然流毒所有的地区。给谁的多，对他的要求就多。我们的中央所需要的人物不仅必须勇敢坚定，果断顽强，而且也必须极端谨慎。他们的确要聪明得像蛇一样"①。普列汉诺夫是否在说明，中央集权制就是克服派别自治旧恶的不二选择呢？如果是，那么，它也会面对犯错的风险，同时对领导人的要求更高，也会发生脱离群众的问题。但普列汉诺夫基于下述认识就对民主集中制产生了很大的抵触。他认为在俄国的现实条件下即使成立统一的党组织也不是取消派别，俄国的工人党派还处于"小手工业者"的纪律涣散状态，强化纪律教育是必要的，但同时也要考虑现实，"不适时的严格要求，就其对事业的影响说，很容易招致比任何软弱性都更坏的后果。同样非常明显，为了支持纪律和巩固纪律，有时对破坏纪律的行为闭着一只眼睛是有益的"②。普列汉诺夫在小组派别与集中制两害相权取其轻的见识上坚持保留小组派别，致使民主集中制在俄国工人政党中陷入困境。

列宁对普列汉诺夫进行了严肃的批判。普列汉诺夫在认同统一党纲和整体的党组织重要性方面前进了一步，但孟什维克以派别活动通过了否决党组织纯洁性的党章条款，这是后退了一步。会后孟什维克不执行党的决议，在普列汉诺夫的帮助下孟什维克又占有了《火星报》的多数，这就使党的意识形态滑入孟什维克派的手中，这是再次后退了一步。普列汉诺夫的急速转变实际上是受考茨基的影响。普列汉诺夫是发起批判修正主义者伯恩斯坦的主要旗手，列宁紧随其后，但考茨基要求普列汉诺夫采取容忍的态度，而普列汉诺夫却将这一要求转换到俄国社会民主工党的组织建构上来。普列汉诺夫不仅是"闭只眼"容忍孟什维克派，而且他的革命理论

---

① 《普列汉诺夫机会主义文选（一九〇三——一九〇八年）》上，虚容译，生活·读书·新知三联书店1964年版，第2页。

② 《普列汉诺夫机会主义文选（一九〇三——一九〇八年）》上，虚容译，生活·读书·新知三联书店1964年版，第7页。

也完全考茨基化了，这与孟什维克是完全一致的。在组织制度上直接展开对列宁"不断革命论"的批判。列宁认为这是普列汉诺夫和孟什维克倒退的"第三步"。列宁对孟什维克1905年独立召开代表会议所作出的后退第三步的论断主要是针对其组织结构和运行程序的设计。他们决策程序构建了非民主的从上而下的六层大厦，即"（1）领导集体，（2）委员会，（3）区域代表大会，（4）区域委员会，（5）代表会议，（6）执行委员会"①。这种自上而下的决策体制被孟什维克称为没有"权威"，没有"少数服从多数"的"'组织—过程'论"②。孟什维克保持小组自治，代表会议采取委托的形式，由代表和来宾协商和提出建议，表决再到各个分散的组织进行，他们将这种表决称为"全民投票"和"协商"原则。列宁认为，"这个全民投票制度总是蜕变成一出滑稽剧"③，这与德国社会民主党的少数服从多数，自下而上的选举的民主制都相差很远；这种所谓"组织—过程论"的混乱"不在实践上，而在原则上"④。一些研究者指认孟什维克早于列宁使用了"民主集中制"的概念，如果这是事实，那么，中央机关不是直接选举而是间接选举，即先选出复选人再进行更广泛的选举，中央执行机构不是由代表会议选举而是实行四级选举；决策实行上层"协商"，将决策方案交由"全民投票"；中央机关与执行机构之间实行协商形式的咨询，这些就是所谓的"民主集中制"了。孟什维克也试图创造出一种有别于资产阶级议会党团的民主制度，但这不是对资产阶级民主的复杂模仿吗？它强调上层决策垂直向下的审议性协商和所谓的"全民投票"是不可能建立统一党组织的。列宁指出，布尔什维克是按自下而上的"民主选举产生并负责报告工作的享有全权的组织的代表协商和决定问题"⑤。这就是说，列宁在1905年的《〈工人论党内分裂〉一书序言》中所设计的民主制就是1906年所提出的民主集中制较为完整的建构，虽然此时列宁还没有使用民主集中制的概念，但已经在民主制的框架中包含"集中"项在内了。列宁从纯洁党组织的建构上就已经针对孟什维克《倒退的第三步》提

---

① 《列宁全集》第10卷，人民出版社2017年版，第301页。
② 《列宁全集》第10卷，人民出版社2017年版，第302页。
③ 《列宁全集》第10卷，人民出版社2017年版，第301页。
④ 《列宁全集》第10卷，人民出版社2017年版，第302页。
⑤ 《列宁全集》第10卷，人民出版社2017年版，第300页。

出党组织建构的六项原则了。① 其中，自下而上的民主选举的代表会议的决定是最后的决定，这是民主制的原则，"它同协商会议的原则和把会议决定交付各组织表决即举行'全民投票'的原则是相反的"②。事实证明，孟什维克的组织制度的混乱设计是不成功的，布尔什维克和孟什维克统一代表大会认同了列宁的民主集中制原则，这是经过激烈的斗争所获得的基本共识。但孟什维克并未按民主集中制的原则建党，这也是与布尔什维克矛盾难解的重要问题。

（二）以民主集中制塑造工人革命家

列宁按民主基础上的集中来设置民主集中制的组织制度，也与受到工人要求建立具有统一意志政党的影响有关。1902 年一位工人致信批评工人组织存在的问题，即先进工人缺乏认真训练和革命教育，不恰当地过分使用选举原则，工人不积极参加活动。列宁在答复信中指出了这位工人批评的正确，并在对他所提出的党章草案评论中阐明组织制度构想，即不仅先进的工人而且知识分子也缺乏认真训练和革命教育③；俄国社会民主工党不能区分为知识分子和工人两个委员会而应当是一个，"应当特别努力使尽可能多的工人成为完全自觉的职业革命家并且进入委员会"④；党必须要有领导核心，中央机关报与中央委员会承担起对党的一切事务的领导责任，"前者应担负思想上的领导工作，后者则应担负直接的实际的领导工作。这两个组织的行动统一，它们之间必不可少的团结一致，不仅应由统一的党纲来保证，而且应由两个组织的组成人员（两个组织即中央机关报和中央委员会的成员之间应当完全协调一致）以及它们经常举行定期联席会议来保证"⑤；党的地方委员会"必须根据多数（或者三分之二等等）委员的决定来补充委员"⑥，委员会要在安全的地方召开会议指导更多的基层小组建立，"优秀的革命家"应当到各个小组中去，委员会一经取得与

① 参见《列宁全集》第 11 卷，人民出版社 2017 年版，第 154—155 页。

② 《列宁全集》第 11 卷，人民出版社 2017 年版，第 154 页。

③ 参见《列宁全集》第 7 卷，人民出版社 2013 年版，第 1 页。

④ 《列宁全集》第 7 卷，人民出版社 2013 年版，第 5 页。

⑤ 《列宁全集》第 7 卷，人民出版社 2013 年版，第 2 页。

⑥ 《列宁全集》第 7 卷，人民出版社 2013 年版，第 5 页。

中央委员会的联系就要在其指导下工作并经常汇报工作。这是列宁关于在专制制度条件下工人政党组织建构的较为系统的一次阐释。其实，早在《〈工人论党内分裂〉一书序言》中就已经包含了这样的思想，只是当时以秘密材料在俄国社会民主工党和工人组织中散发。之后的《论党的改组》，明确提出组织建设的新方式就是上述思想的进一步深化，这一思想被吸收到俄国社会民主工党第二次代表大会关于党的组织制度构想中，由于孟什维克的阻挠并没有完全实现。会后孟什维克破坏党的决议，在普列汉诺夫的帮助下中央机关报成为孟什维克的"多数派"，这就构成了中央委员会布尔什维克多数派与中央机关报孟什维克"多数派"的冲突。由于孟什维克掌握着党的意识形态主阵地的权力，普列汉诺夫将党内冲突公之于众，在工人中造成了严重的影响。列宁试图解决这一问题并着手准备召开第三次代表大会，但孟什维克拒绝参加，导致布尔什维克召开会议，孟什维克随之召开独立会议。正因为如此，布尔什维克在独立召开会议的条件下实行了民主集中制。列宁指出，"我们布尔什维克一向承认，在新的条件下，在向政治自由过渡的情况下，必须转而采用选举原则。如果需要证明的话，那么俄国社会民主工党第三次代表大会的记录就特别令人信服地证明了这一点"[1]。

布尔什维克与孟什维克在组织原则问题上冲突的一个重要方面，即孟什维克认为在专制制度下不可能实现自下而上的选举而只能是秘密派别自治、"工人政党"也只能是知识分子的组织，因为工人在民主主义革命时期还是社会民主主义者。列宁认为，在专制条件下采取秘密组织是正确的，不能实现选举也是事实，但是，工人政党由知识分子的组织向工人扩大，"吸收尽可能多的工人参加委员会"[2]，使其真正成为工人政党，在党组织当中使工人接受教育和训练，这是俄国工人阶级政党发展壮大的基本原则。这两种不同的认识是在布尔什维克与孟什维克于 1905 年分裂并召开各自会议上表现出来的。双方争论的焦点就是：工人政党是知识分子还是工人阶级的，在俄国社会民主主义革命的历史进程中工人是民主主义的还是社会主义的？俄国社会民主工党的内部分裂，造成了工人对加入党组

---

[1] 《列宁全集》第 12 卷，人民出版社 2017 年版，第 78 页。
[2] 《列宁全集》第 10 卷，人民出版社 2017 年版，第 156 页。

织的冷淡和对"知识分子党"的质疑，认为知识分子就善于搞分裂。实际上，俄国社会民主党作为唯一的俄国工人政党就是由知识分子组成的，对工人的怀疑与工人对其信任度低是个历史问题。

从上述两个派别关于党的组织制度建构的知识分子与工人的关系的焦点来看，列宁坚持从知识分子的革命家组织向工人的逐步扩展的态度是始终如一的。俄国社会民主工党第三次代表大会关于党章的第一条的分歧在于：列宁坚持认为无论是知识分子还是先进的工人都必须参加党的组织和遵守党的纪律，而孟什维克并不是考虑工人而是一些知识分子，即使在党外能够支持党的工作就可以成为党员。一般以为这是布尔什维克与孟什维克分裂的全部原因，或孟什维克的主张是民主制而列宁的主张是集中制所导致的。其实，关于党章第一条的冲突列宁已经容忍了孟什维克通过操纵以微弱优势通过的他们的主张。再从民主与集中的关系来看，会议决议的少数服从多数、下级服从上级，自下而上地选举中央委员会、中央委员会派生中央执行委员会和中央机关报，已经显现了民主集中制的雏形。无疑列宁这个时候所说的集中制是对立派别自治的，并不存在集中与民主的冲突问题。从普列汉诺夫与列宁的冲突来看，确实有一个集中与自治的焦点问题，这既不是民主与集中的关系也不是问题的全部。普列汉诺夫在当时是赞同以集中制原则克服组织分散而各自为政的无政府状态的。在集中制争论中聚焦的另一个重要问题还有中央委员会是集权还是分权的问题，孟什维克坚持分权制，认为集权和上级组织监督下级组织就是对自治的危害，也是多数对少数的侵犯。

列宁在基础概念上探讨了党与党组织、工人的组织与党组织的区别与联系，在组织概念上说明了组织广义与狭义之间的关系。党组织是"党性"原则在组织制度中的体现，是党员权利与义务的统一，同时它还具有实现任务的功能要求。无产阶级组织是广义的，党组织和工人组织都是狭义的，二者的区分在于党与非党的关系。列宁在专制制度的现实条件下，按照组织程度，尤其按照秘密程度区分了组织的几种类型："（1）革命家组织；（2）尽量广泛和多种多样的工人组织（我只说到工人阶级，当然，在一定条件下，这里也包括其他阶级中的某些分子）。这两种组织就构成为党。其次，（3）靠近党的工人组织；（4）不靠近党，但是事实上服从党的监督和领导的工人组织；（5）工人阶级中没有参加组织的分子，其中一部分——至少在阶级斗争的重大事件中——也是服从社会民主党的领导的。"① 列宁认为这些组织的界限不能混淆的原因就在于其性质和功能。孟什维克派批评列宁的集中制，却从列宁的主张中看出了这是"希望的那种民主制的基础"②。在由革命家组织塑造工人扩大党组织的现实要求下，列宁认为"吸收工人参加委员会不仅是一个教育任务，而且是一个政治任务。工人有阶级本能，工人只要有一点政治修养，就能相当快地成为坚定的社会民主党人"③。这就是列宁与孟什维克关于"革命家组织"是单一的"知识分子"还是少数知识分子不断地通过组织的塑造功能将工人群众中的先进分子提升为革命家之争论的实质问题。列宁指出，"社会民主工党有觉悟的拥护者的任务就是要全力巩固党同工人阶级群众的联系……关心由工人群众选拔尽可能更多的、能够领导运动和党组织的工人作为地方核心和全党中央的成员，尽量建立更多加入我们党的工人组织，设法使那些不愿意或没有可能加入党的工人组织至少是靠近党。"④ 关于党的委员会的构成，列宁建议"知识分子和工人的比例是二比八"⑤。列宁批评孟什维克固执坚持在专制条件下选举做不到的责难，指出了两种不同历史阶段所采取的措施，即能够排除自治限制，"就是在专制制度下也有可能在比现在更加广泛得多的范围内运用选举制度"；"在自由的政治条件下，选举原则可能而且必须居于完全的支配地位"⑥。

可见，在上述的争论语境中，列宁所说的集中制与孟什维克所批评列宁的集中制都没有将民主与集中对立起来，而是集中制与自治制的对立，而列宁所说的"集中"是"民主"的"集中"。其实，这就是列宁关于"民主制"包含集中和集中制是有别于资产阶级党争议会民主制的一种新的民主制的双重论证逻辑。这种论证逻辑一方面受到历史的现实政治环境限制，革命家组织作为党组织构建的原初组织形态也是有原因的。从革命家组织向工人先锋队扩建的历史途径上看，列宁的建党理论

---

① 《列宁全集》第 8 卷，人民出版社 2017 年版，第 261 页。
② 《列宁全集》第 8 卷，人民出版社 2017 年版，第 261 页。
③ 《列宁全集》第 10 卷，人民出版社 2017 年版，第 157 页。
④ 《列宁全集》第 10 卷，人民出版社 2017 年版，第 166—167 页。
⑤ 《列宁全集》第 10 卷，人民出版社 2017 年版，第 157 页。
⑥ 《列宁全集》第 10 卷，人民出版社 2017 年版，第 166 页。

应在 1905 年 4 月由布尔什维克组织召开的俄国民主工党第三次代表大会期间列宁对党的民主制的阐释中成熟的；但列宁认为，这还是关于"党的统一的'灰色理论'"①。所谓"灰色理论"就是还在话语的阐释和文本中的，还未实现的理论。因此，列宁指出，"工人同志们！请帮助我们把这个灰色理论变成活生生的现实吧！"就将它看成"一分理论九分实践吧"②。列宁在其后的布尔什维克与孟什维克统一代表大会上明确提出，"在党组织中真正实现民主集中制的原则，——要进行顽强不懈的努力，使基层组织真正成为而不是在口头上成为党的基本组织细胞，使所有的高级机关都成为真正选举产生的、要汇报工作的、可以撤换的机关。要进行顽强不懈的努力来建立一个包括全体觉悟的工人社会民主党人、独立进行政治活动的组织。"③ 这是列宁对民主集中制的组织理论最为完整的一次阐释。这也表明了列宁领导布尔什维克坚决实现民主集中制组织理论的坚强决心和意志。

从民主集中制的组织原则和实践的统一逻辑上看，只有布尔什维克实行了民主集中制，而且布尔什维克以民主集中制立党、塑造党，因而构建了苏联社会主义国家。"十月革命"后，苏联共产党通过坚持民主集中制克服了建国治国的艰难险阻。但是，在斯大林时代以及其后也出现了严重的问题。

四　国家治理制度与民主集中制

列宁的民主集中制是党组织制度的建构，由起初的革命家组织向工人扩展的现实要求，这是事实逻辑，但它更重要的在于理论逻辑。普列汉诺夫和孟什维克认为社会民主主义革命是资产阶级革命性质的，工人的民主主义还不是社会主义的，由此，将以知识分子为主的秘密组织与工人组织区分开来也就成为理所应当的策略选择。列宁在不断革命论的基础上，在民主主义革命历史阶段夺取无产阶级领导权，构建民主集中制的组织制度

---

① 《列宁全集》第 12 卷，人民出版社 2017 年版，第 86 页。
② 参见《列宁全集》第 12 卷，人民出版社 2017 年版，第 86 页。
③ 《列宁全集》第 13 卷，人民出版社 2017 年版，第 59 页。

既是现实的也是历史的任务。列宁在其后没有在对党的民主集中制作出进一步的阐释，在苏维埃制度的阐释上也只有一次在民主集中制维度上进行了阐释。这也就是说，民主集中制作为党的组织制度而确定，但是否可以作为国家治理制度，列宁时期并没有定论。

（一）苏维埃制度的创建与治理：未定论的民主集中制

关于苏维埃的民主集中制概念，是列宁在 1918 年 4 月关于《苏维埃政权的当前任务》一文中提出的，但在其后并没有进一步阐释，这是为什么？为什么列宁会在这个时候对苏维埃的组织制度在民主集中制的逻辑上进行阐释，而在 1905 年提出苏维埃时没有对其是什么民主形式的问题加以阐释？

列宁最初在确定苏维埃具有临时革命政府的性质和未来政府萌芽的判定上，是将党的民主集中制与苏维埃、工会区分开来的，苏维埃是非政党的政府组织形式。在社会民主主义革命的历史阶段，苏维埃中还是多派别的，或由不同阶级的革命者构成。在列宁看来，在革命阶级推翻专制制度的共同目标下联合的临时革命政府的苏维埃，是"协议""磋商""协商"一致的革命组织。作为工兵农代表会议的革命群众组织，列宁没有作出实行民主制还是民主集中制的定论。如果实行民主制其结果只能是有利于资产阶级，它是资产阶级建立立宪民主共和国的需要，列宁对孟什维克所主张的所谓全民选举的民主共和国、社会革命党的所谓人民统治共和国的批评就是这一理论逻辑上的。列宁还有一个极为重要的认识，工兵农代表会议自发于工人罢工组织，类似于巴黎公社，但如果像巴黎公社那样的民主制还会走上由于外在的镇压和内在的派系冲突而覆灭的覆辙。列宁主张在社会民主主义革命时期以强有力的马克思主义政党领导苏维埃，在革命中塑造工人和农民使其社会主义化，才能将社会民主主义的苏维埃过渡到社会主义的苏维埃。在斯托雷平的"六三政体"后革命转向低潮，列宁除了论证苏维埃是工人与农民的革命民主专政的一种独特类型外，对其民主形式没有作出明确的论断。1917 年 2 月革命推翻了专制政府建立起了工兵代表苏维埃和以立宪民主党、社会革命党为主的资产阶级两个政府并存的临时政府。列宁于 1917 年 4 月发表了《四月提纲》的演讲，其主体思想包含在《论无产阶级在这次革命中的任务》一文中。列宁认为，两个并列的临时政府的建立是资产阶级性质的，它意味着社会民主主义革命阶段的完成，临时政府没有掌握在无产阶级手中，事实上"在大多数工人代表苏维埃中我们党处于少数地位，比起受资产阶级影响并把这种影响带给无产阶级的一切小资产阶级机会主义分子的联盟……暂时还处于较弱的少数地位"①。由此列宁提出两个任务，其一，布尔什维克要向工人、农民、士兵讲明白我们要的不是议会制共和国而是从下到上遍及全国的工人、雇农和农民代表苏维埃的共和国，议会制共和国使苏维埃共和国退后一步；苏维埃共和国是巴黎公社性质的另一种新形式，即一种新的国家类型，是政权掌握在无产阶级手里的新型国家类型。其二，两种政权同时并存，苏维埃已经基本形成，这是在此基础上进行不断革命的基础。列宁关于构建苏维埃国家制度的构想形成于 1905 年工人罢工委员会的苏维埃，深化于从辩证法再读《资本论》时期。

列宁在 1914 年第一次世界大战爆发期间的一个重要研究领域，是在马克思唯物辩证法的解释途径上再深入研究《资本论》。《帝国主义是资本主义的最高阶段》是这期间的重要理论成果，得出了帝国主义战争是无产阶级革命的条件的重要认识。《无产阶级革命的军事纲领》是其延伸的理论成果，科学预断了"社会主义不能在所有国家内同时获得胜利。它将首先在一个或者几个国家内获得胜利，而其余的国家在一段时间内将仍然是资产阶级的或资产阶级以前的国家"②。列宁的《四月提纲》实质上就是在苏维埃初具规模的基础上不断革命的主张。列宁提出要通过党的纲领重构领导扩大苏维埃，改变资产阶级强无产阶级弱的两种并存的临时政府现状，使其走向工兵农的苏维埃占统治地位，进而建立社会主义的苏维埃。前述援引列宁的判断已经说明，当时的苏维埃的主要力量还不是布尔什维克，城市的主要力量是孟什维克，在村社影响最大的是革命民粹派，还有一些群众组织受各种小资产阶级和各种社会主义思想的影响。列宁以不断革命论为理论主导，号召布尔什维克和工人政党强化对苏维埃的领导和改造苏维埃使其成为革命组织。但是，列宁的主张又一次受到普列汉诺夫和孟什维克派的抵制，布尔什维克与孟什维克又一次分裂。布尔什维克按列

---

① 《列宁全集》第 29 卷，人民出版社 2017 年版，第 114—115 页。
② 《列宁选集》第 2 卷，人民出版社 2012 年版，第 722 页。

宁的民主集中制原则加以巩固，党的名称正式改为"布尔什维克"。"十月革命"胜利后，工兵农代表会议的苏维埃制度得以确立。列宁在关于修改党章的草案中指出，"巩固和进一步发展苏维埃联邦共和国，它是比资产阶级议会制要高得多和进步得多的民主形式，根据 1871 年巴黎公社的经验以及 1905 年和 1917—1918 年俄国革命的经验看来，它是适合于从资本主义到社会主义的过渡时期即无产阶级专政时期的唯一的国家类型。"① 列宁在 1917 年 10 月革命前的《国家与革命》中是否定联邦制而主张单一制国家的，这次对苏维埃制度设计的转变，是因为俄国是一个多民族国家，在民主制国家中尊重民族自决权是其基本体现，那么"俄罗斯苏维埃共和国"的组织制度是民主制还是民主集中制呢？一些研究者认为，列宁在《〈苏维埃政权的当前任务〉一文初稿》（口述）中论述了苏维埃制度就是民主集中制的。实际上，列宁在这里所谈的民主集中制是指经济领域的而不是指政权组织。列宁在有计划地组织经济竞赛这一前提下阐述了实行民主集中制的重要性："我们主张民主集中制。因此必须弄明白，民主集中制一方面同官僚主义集中制，另一方面同无政府主义有多么大的区别。反对集中制的人常常提出自治和联邦制作为消除集中制的差错的方法。"② 下文也是在经济组织上来说民主集中制与联邦制、地方自治关系的，"实际上，民主集中制不但丝毫不排斥自治，反而以必须实行自治为前提。实际上，甚至联邦制，只要它是在合理的（从经济观点来看）范围内实行，只要它是以真正需要某种程度的国家独立性的重大的民族差别为基础，那么它同民主集中制也丝毫不抵触。……它也丝毫不排斥各个地区以至全国各个村社在国家生活、社会生活和经济生活方面有采取各种形式的完全自由，反而要以这种自由为前提。"③ 下面的观点就更明确了："我们目前的任务就是要在经济方面实行民主集中制，保证铁路、邮电和其他运输部门等等经济企业在发挥其职能时绝对的协调和统一。"④ 列宁在总结中指出，"真正民主意义上的集中制的前提是历史上第一次造成的这样一种可能性，就是不仅使地方的特点，而且使地方的首创性、主动精神和达到总目标的

---

① 《列宁全集》第 34 卷，人民出版社 2017 年版，第 66 页。
② 《列宁全集》第 34 卷，人民出版社 2017 年版，第 139 页。
③ 《列宁全集》第 34 卷，人民出版社 2017 年版，第 139 页。
④ 《列宁全集》第 34 卷，人民出版社 2017 年版，第 139 页。

各种不同的途径、方式和方法，都能充分地顺利地发展。因此，组织竞赛的任务包括两个方面：一方面它要求实行上述的民主集中制，另一方面它意味着有可能找出改造俄国经济制度的最正确最经济的途径。"① 由此可见，列宁是在组织经济"竞赛"的前提和结论上来说民主集中制的。基于资本主义经济形式是私有制和竞争，列宁称之为经济民主。社会主义苏维埃的经济制度采取经济"竞赛"，既发挥地方的、行业的特点和优势，激发主动性和创造性，又有统一的计划安排。列宁在经济领域谈实行民主集中制，实质上突出的是经济建设的"组织"形式，其针对的问题在于当时的布尔什维克内部和社会群体存在仅以地方自治就是民主的认识来理解社会主义制度和经济建设的方式。遗憾的是，列宁的上述阐释并没有得到全党的承认。

在列宁正式提交全党代表大会通过的《苏维埃政权的当前任务》文本中，"组织竞赛"部分没有了"民主集中制"概念；在"'协调的组织'和专政"差别部分，强调苏维埃是无产阶级专政的组织，在这一政权的前提下普通的劳动者具有了参加国家生活和经济管理的条件，协调的组织是具有管理职能的。稍加敲现这个文本不难发现列宁和布尔什维克所面对的新问题。新的社会制度使人民的民主精神有了历史的空前的觉醒，但也存在将民主等同于开大会，包括国内外的反对派和解放的人民都有这种不切实际的观点，在劳动经济领域出现了以民主为理由的散漫涣散、怠工、劳动效率低下、在交通运输领域秩序混乱等突出问题。在这种条件下列宁专注的在于什么是社会主义民主制度、如何实现民主、经济建设如何高效率、人们的社会生活如何秩序化等问题。新社会是民主的，但国家生活和社会生活、组织经济建设是需要法令和管理权威的，应当将民主精神与法令、劳动纪律统一起来。列宁指出，"劳动群众开群众大会的这种民主精神，犹如春潮泛滥，汹涌澎湃，漫过一切堤岸。我们应该学会把这种民主精神同劳动时的铁的纪律结合起来，同劳动时无条件服从苏维埃领导者一个人的意志结合起来。"② 党的代表大会正式通过的《苏维埃政权的当前任务》的"劳动竞赛"部分突出了"苏维埃组织的发展"问题。将"苏维

---

① 《列宁全集》第 34 卷，人民出版社 2017 年版，第 140 页。

② 《列宁全集》第 34 卷，人民出版社 2017 年版，第 182—183 页。

埃组织"和"苏维埃政权组织"两个概念加以区分①，前者指人们的社会生活和经济活动要以党领导的苏维埃来组织实施，这就是缩略语的"苏维埃组织"的意涵，它突出了民主与权威、民主与授权责任制并不矛盾，还强调了管理是科学的问题，民主是权利与权力的关系，这两个方面虽有差别但并不矛盾；后者指工兵农代表大会制度的政权组织的苏维埃，它标明与资产阶级议会民主制度的差别。列宁指出，苏维埃类型的民主制"是更高类型的民主制，是与资产阶级所歪曲的民主制截然不同的民主制，是向社会主义民主制和使国家能开始消亡的条件的过渡"②。具体来说，过渡时期的苏维埃民主制度"实施的无产阶级民主制的社会主义性质就在于：第一，选举人是被剥削劳动群众，排除了资产阶级；第二，废除了选举上一切官僚主义的手续和限制，群众自己决定选举的程序和日期，并且有罢免当选人的完全自由；第三，建立了劳动者先锋队即大工业无产阶级的最优良的群众组织，这种组织使劳动者先锋队能够领导最广大的被剥削群众，吸收他们参加独立的政治生活，根据他们亲身的体验对他们进行政治教育，从而第一次着手使真正全体人民都学习管理，并且开始管理"③。列宁这段话的特别意义在于回答了对苏维埃民主制度误解的两种具有代表性的观点：其一，简单地将苏维埃民主制理解为西方的"议会制"；其二，简单地以辩证法的"飞跃论"否定过渡阶段，这种观点就是党内的所谓民主派的主张，试图实现国家工会化、工会全部管理工厂、人民群众自己管理经济和社会生活；其三，托洛茨基派的"不断革命论"认为俄国还没有实现现代工业化，工人和人民群众没有能力管理经济社会生活，必须使俄国社会主义革命世界化，在发达资本主义国家社会主义化的条件下依靠国外先进生产力的输入和管理技术的支持才能使俄国走上社会主义道路。第一种观点不是公开争论而是现实中的一种误解、曲解；第二、第三种观点在党内外都有一定的影响，在列宁解答性的阐释中强调了人民群众参加政治生活是苏维埃政权的民主制本质特征，人民群众参加经济、社会生活的管理是在苏维埃民主制条件下的基本规定性，但现实是人民群众才刚刚开始

---

① 参见《列宁全集》第34卷，人民出版社2017年版，第184页。
② 《列宁全集》第34卷，人民出版社2017年版，第183—184页。
③ 《列宁全集》第34卷，人民出版社2017年版，第183页。

学习管理。

列宁在《国家与革命》中就指出了"民主是国家形式，是国家形态的一种"，社会主义民主不仅是绝大多数人的"数量民主"，而且是"量转化为质"，也就是人民群众"都有决定国家制度和管理国家的平等权利"，这是超越资产阶级民主框架的典型特征，"如果真是所有的人都参加国家管理，那么资本主义就不能支持下去"①。列宁深刻认识到这个目标的实现是与社会主义改造相联系的，在人民群众还未达到对经济社会生活管理能力的条件下，可以首先实行工人苏维埃监督。在革命胜利后的较短时间内，工厂和交通运输等经济行业组织采取模仿巴黎公社式的民主管理方式，但混乱不堪，采取委员会授权管理人管理方式后情况才得到了扭转。列宁充分认识到经济管理是科学的问题不能简单地套用民主，因此列宁主张要学习泰罗制。"民主的组织原则，其最高级形式就是由苏维埃建议和要求群众不仅积极参加一般规章、决议和法律的讨论，不仅监督它们的执行，而且还要直接执行这些规章、决议和法律……如果没有统一的意志把全体劳动者结合成一个像钟表一样准确地工作的经济机关，那么无论是铁路、运输、大机器和企业都不能正常地进行工作。社会主义是大机器工业的产物。"② 可以看出，列宁在经济领域不再使用民主集中制的组织制度是与俄国特殊的历史阶段和大工业时代管理的科学化要求相适应的。

列宁逝世前没有在苏维埃政权组织制度上使用民主集中制的概念。在1918 年党章修改草案中"关于苏维埃政权的十个要点"中明确民主制是苏维埃政权的组织制度，"为了进一步发展苏维埃国家组织，应该使每一个苏维埃成员除参加苏维埃的会议外，都必须担负管理国家的经常工作；然后逐步做到使全体居民都来参加苏维埃组织（在服从劳动者组织的条件下）并负担管理国家的职务"③。列宁在这里所说的是一个发展的概念，他提出了实现这一目标的政治、经济、教育、财政等方面的发展要求。实现这一目标的过程就是实现一次重大飞跃，列宁批评了所谓未经过渡的由"必然王国"到"自由王国"的直接"飞跃"到社会主义的谬见④。

---

① 《列宁选集》第 3 卷，人民出版社 2012 年版，第 201 页。
② 《列宁全集》第 34 卷，人民出版社 2017 年版，第 143—144 页。
③ 《列宁全集》第 34 卷，人民出版社 2017 年版，第 66—68 页。
④ 《列宁全集》第 34 卷，人民出版社 2017 年版，第 184—185 页。

　　由上，可以得出这样的浅见：苏维埃的国家民主制度与党的民主集中制不同，苏维埃是国家政权组织制度但同时又是群众组织。尽管列宁区分了工会、共青团、基层群众组织与苏维埃政权组织的差别，但一直是将苏维埃的政权组织作为群众组织来看待的，到斯大林时代及后斯大林时代也是这样定位的。这种看法，与苏联共产党构想的尽快向共产主义过渡的全民民主有关，也与民主集中制适用的范围有关。显然，列宁在民主集中制是否适用于国家权力组织和国家治理形式问题上是犹豫不定的。

（二）苏维埃民主集中制的迟到与崩溃：以宪法为维度

　　在苏维埃的 1918 年宪法、1924 年宪法、1936 年宪法中都没有使用"民主集中制"作为国家权力的组织形式，苏维埃国家政权的组织制度是作为民主制来表述的。1977 年宪法出现了"民主集中制"概念，其内涵是："苏维埃国家的组织和活动实行民主集中制原则：一切国家权力机关自下而上地选举产生，这些机关向人民报告工作，下级机关必须执行上级机关的决定。民主集中制把统一领导同地方上的主动性和创造积极性、同每一个国家机关和公职人员对本职工作的责任感结合起来。"[①]

　　从宪法发展的逻辑上看，宪法对国家制度的规定一直贯穿民主，但有一个"谁的民主"的问题。1918 年宪法是工兵农代表苏维埃，国家权力全部归属苏维埃。这是社会主义民主制度创制的过渡时期。1924 年宪法的重要问题是发展和巩固"苏维埃社会主义共和国联盟"，自基层"苏维埃"组织的选举就不是全民选举，因为在此阶段苏维埃组织并不是普遍化的，还有相当数量的村社具有反苏维埃的情结。村社长期受民粹主义影响，社会革命党左派参加了"十月革命"，但胜利后不认同苏维埃制度进行反叛而被取缔。因此，在苏维埃内的选举还是"谁的民主"所规范的。列宁在批评共产主义"左派"幼稚病时深刻论述了代表会制度的苏维埃是"民主机构"[②]，是取消剥削者的无产阶级专政的一种形式，无产阶级专政不是党专政，也不是群众专政，更不是领袖专政。群众是一个非阶级的概

---

　　① 《苏维埃社会主义共和国联盟宪法（根本法）》，辛华译，生活·读书·新知三联书店 1978 年版，第 4 页。
　　② 《列宁选集》第 4 卷，人民出版社 2012 年版，第 158 页。

念，在无产阶级中还包括如马克思所分析的"工人贵族"和流氓无产者等复杂的成分，无产阶级是代表社会主义方向的革命主体；党是无产阶级的先锋队，无产阶级政党是"无产者的阶级联合的最高形式"①，在现代文明国家内，"阶级是由政党来领导的；政党通常是由最有威信、最有影响、最有经验、被选出担任最重要职务而称为领袖的人们所组成的比较稳定的集团来主持的"②，在战争的非常时期不得不放弃通常的选举。党领导无产阶级不仅要破坏旧世界而且要创建新世界，创造新世界要比破坏旧世界要难上多少倍，因此"无产阶级政党的内部就必须实行极严格的集中和极严格的纪律"③。现代国家是民主制国家，但民主制也是一种专政形式，俄罗斯苏维埃共和国的"专政是由组织在苏维埃中的无产阶级实现的，而无产阶级是由布尔什维克共产党领导的"④。可见，1918 年宪法和 1924 年宪法都是从民主制的角度来界定苏维埃的，它们都是为实现社会主义过渡而制定的。

在社会主义建设时期的两部宪法中，1977 宪法出现了"民主集中制"，这就存在一个民主制与民主集中制是什么关系的问题。1936 年宪法是在苏联宣布已经建成社会主义，为社会主义建设所制定的根本大法，也称"斯大林宪法"，它被称赞为人类历史上第一部社会主义的最民主的宪法。宪法中没有写入民主集中制是苏维埃的组织制度，而突出了"工农代表苏维埃"的社会主义国家性质。这里的"工农代表"是指由于社会主义过渡时期所进行的社会主义改造而成长和巩固起来的劳动者代表。劳动者代表和工农代表包含知识分子这一特殊基层，斯大林充分论述了经过社会主义改造和在工农阶级中成长起来的知识分子已经是社会主义劳动者的一部分。由此，苏联的一切权力属于城乡劳动者，由各级劳动者代表苏维埃行使的国家权力性质就是民主制的；城乡苏维埃和最高苏维埃代表的选举一律平等，"这就是说，每个公民都有一票选举权，所有公民都按平等原则参加选举"⑤。

---

① 《列宁选集》第 4 卷，人民出版社 2012 年版，第 160 页。
② 《列宁选集》第 4 卷，人民出版社 2012 年版，第 151 页。
③ 《列宁选集》第 4 卷，人民出版社 2012 年版，第 154 页。
④ 《列宁选集》第 4 卷，人民出版社 2012 年版，第 157 页。
⑤ 《联共（布）党史简明教程》，人民出版社 1975 年版，第 379—380 页。

斯大林并没有对"民主集中制"作出专门论断，在 1936 年宪法草案的说明中也没有涉及此概念。当然，这并不意味着斯大林所留下的文献和关于政治、经济、社会建设实践有关论述存在对于民主与集中关系的缺环，但斯大林的论述只是限于党内。研究者们以"斯大林时代"的《苏联大百科全书》中的"民主集中制"阐释，作为斯大林的民主集中制思想和实践模式，即民主集中制就是民主制与集中制共处于一个统一体中，它就是民主制与集中制两个部分的结合。事实上，《苏联大百科全书》的解读模式是以布尔什维克共产党的组织制度为模板的，它也不符合列宁关于民主集中制的原意。① 毫无疑问，"斯大林宪法"是将苏维埃作为民主制而设定的。

为什么"勃列日涅夫宪法"以民主集中制表述国家权力组织形式？1977 宪法是一部"发达社会主义"的宪法，也称"勃列日涅夫宪法"。应注意的是：宪法将苏联式社会主义确定为"全民国家"。"全民"这一概念是对"斯大林宪法"中"工农"社会主义国家的修改。斯大林论述了在建成社会主义国家的时候，工农之间的差别还没有完全消除，在建成社会主义的条件下努力消除工农差别是历史的任务。"勃列日涅夫宪法"意味着苏联已经消除阶级差别，所以将"工农代表"苏维埃改为"人民代表"苏维埃，"社会主义国家的全民性质包括两个方面：第一是社会方面，因为全民国家体现着各个阶级、居民各阶层的利益；第二是民族方面，因为全民国家体现着苏联各民族和部族的利益。"② "人民"概念在马克思的历史唯物主义语境中是指普通劳动者的全体，在全民国家的范围内，人民和全民都是等同的。发达的社会主义社会与成熟的社会主义社会两种表达是一致的，但后者更强调了它是向共产主义过渡的条件和阶梯。勃列日涅夫认为，"在成熟的社会主义阶段，在全民国家的条件下，劳动群众日益广泛、积极地参与国家生活管理，这一点已牢固地确定为苏维埃社会政治发展的主要方向"。实现这一伟大创举的历史逻辑和继续推进就是列宁所强调的真正解决民族平等的"办法只有一个，那就是实行彻底的民

---

① 参见许耀桐《关于民主集中制实质问题的探讨》，《上海行政学院学报》2010 年第 3 期。

② ［苏联］苏科院历史所编：《苏联民族—国家建设史》（下册），赵常庆等译，商务印书馆 1997 年版，第 520 页。

主主义"①。在这一逻辑上，苏联学者将宪法的"民主集中制"解释为苏维埃国家整体与部分紧密联系在一起的基本原理，其现实体现在于：全联盟的法律在各加盟共和国和自治共和国境内具有同等效力；联盟—共和国部和加盟共和国的国家委员会服从共和国部长会议和全联盟机关的双重领导；这里就体现了民主集中制原则。②

这种解释有其理论逻辑和历史的实践逻辑的双重维度。列宁在1920年的《〈苏维埃政权的当前任务〉一文初稿》（口述）中关于经济组织的民主集中制的论述就涉及联邦制与自治的关系问题，但在其后由中央委员会讨论通过的正式文本中改变了这一说法，强调苏维埃民主基础上的首长制。这是因为从"俄罗斯苏维埃共和国"到"苏维埃社会主义共和国联盟"，国家主权是"双层楼"，联盟共和国和加盟共和国都有自己的主权，再加之社会主义的劳动纪律和劳动生产率的要求还受到工人的"手工业"、农民受到个体劳动长期意识和习惯、陋习的严重制约，因此实行民主集中制的经济组织形式是没有条件的。只有经过布尔什维克的领导和大工业的训练、工农群众社会主义政治意识、法制观念和事实上的遵守才可能实现民主集中制。

苏联共产党认为实行民主集中制的权力组织条件是消除阶级差别。从社会主义过渡和社会主义建成的逻辑上，"斯大林宪法"是建成社会主义的工农民主国家，阶级差别还未完全消除，"双层楼"国家主权的结构之所以能够运行就是因为有布尔什维克的民主集中制原则的实行来保证，而且这种多民族国家的社会主义联邦之所以能够建立，就在于布尔什维克的统一意志及其强有力的领导。正如列宁所阐释的，苏维埃是非党组织，在阶级还没有消除的条件下国家政权组织不适宜采取民主集中制。在赫鲁晓夫主政时期所进行的改革，有一个苏联已经处于从社会主义向共产主义过渡的判断，它指定的目标是从1961年到1980年用20年左右的时间建成共产主义，这是在经济指标超过美国并将美国远远抛在后面的预设中作出的。因此，他在联邦制度上的改革是将垂直管理向地方自治方向转变。这

① 参见［苏联］苏科院历史所编《苏联民族—国家建设史》（下册），赵常庆等译，商务印书馆1997年版，第684页。

② 参见［苏联］苏科院历史所编《苏联民族—国家建设史》（下册），赵常庆等译，商务印书馆1997年版，第687页。

种改变带来了很大的问题，勃列日涅夫调整赫鲁晓夫改革的方向，恢复垂直管理，权力再次高度集中。1977 年宪法的引言部分指明成熟的社会主义"就是在各阶级和各社会阶层相互接近，各民族和部族享有法律上和事实上的平等并进行兄弟合作的基础上，形成了人的一个新的历史共同体——苏联人民"①。这里的共同体概念包含勃列日涅夫关于国家制度改革弱化各自治共和国的主权及其各方面自我决定的权利的事实。因此实行民主集中制的条件就是在"人民共同体"的前提下。宪法所给定的成熟社会主义发展的指向就是由民主集中制向"社会自治"的共产主义过渡的设计。但是，不能忽略宪法表述的逻辑，即"人民代表苏维埃"行使国家权力是"民主集中制"的上位，而民主集中制是属于人民代表行使国家权力的具体组织形式。所以，就其制度的设计逻辑来说，一切权力属于人民，人民代表苏维埃行使国家权力，这是民主制的国家性质，而民主集中制是这种民主制中的"国家组织和活动"的具体形式。

苏联 1977 年宪法颁布后，苏联共产党的主要领导人对国家制度的民主制和民主集中制的争论搁置了。勃列日涅夫之后的安德罗波夫和契尔年科在任短暂，没有涉及这一议题。戈尔巴乔夫公开反对党的民主集中制的组织原则，以"民主化"和"公开化"的党内制度改革毁灭了党的领导地位，在国家制度上以议会民主和总统制毁灭了苏维埃制度。这是社会主义运动史上深刻的历史教训。

列宁创建了民主集中制，对于以民主集中制建党、立党、治党、建国具有开创性的历史贡献，但在政权组织制度上没有对此问题进行推进。继承者教条主义地狭隘理解民主集中制只适合党内和无产阶级民主，到全民国家时期在强化国家权力的时候才使用民主集中制概念，但在法律上的解释又是偏颇的。总体来看，苏联共产党对民主集中制的国家治理形式无论理论还是实践都是缺环的。与之相比，中国共产党创造性地发展了民主集中制的理论和实践，在治党、治国中发挥了极为重要的作用，具有强大的生命力。

---

① ［苏联］苏科院历史所编：《苏联民族—国家建设史》（下册），赵常庆等译，商务印书馆 1997 年版，第 683 页。

第七章 民主集中制中国化：治国理政的制度探索

　　民主集中制的组织制度理论，是列宁对马克思主义政党制度的创造性发展。但是，这一历史成就，在列宁逝世后没有实现理论上和实践上的重大创新。在解释途径上大多停留于列宁的解释及其所设定于党内的组织制度。苏联 1977 年宪法在苏维埃民主制的前提下将民主集中制在"国家组织和活动"的语境中加以确认。这种确认是否受到中国共产党关于社会主义民主制度理论的影响并未加以考证。事实上，中国共产党在马克思列宁主义的指导下，在中国新民主主义革命和社会主义初步探索时期，创造性地实现了马克思主义政党组织制度和社会主义国家制度的民主集中制。民主集中制既是中国共产党的组织原则和党的根本组织制度、领导制度，也是国体的组织形式。在创制这种独特制度的历史进程中，中国共产党人付出了艰苦的努力，也付出了巨大代价。总结经验教训，不断推进民主集中制的创造性发展，是新时代国家治理现代化的重要工具。

一　民主集中制中国化的理论和实践路径

　　中国共产党成立暨党的第一次代表大会关于党的组织制度并没有将民主集中制写入党的纲领。党的第二次代表大会的党章体现了在没有自由的政治环境下秘密组织的特点，既有民主的成分也有集中的成分，但集中的要求明显高于民主。党的第五次代表大会将民主集中制写入党章，由此开辟了民主集中制中国化的道路。

(一) 作为党的民主集中制的中国化版本

源于苏联共产党的民主集中制中国化也走过了艰难的历程。指导世界无产阶级运动的第二国际在 1914 年第一次世界大战中分裂,列宁主导的第三国际即共产国际于 1917 年十月革命后诞生。列宁总结了第一国际与第二国际的经验教训,共产国际为加强意识形态和世界无产阶级一体化制定了严格的组织纪律章程,各国工人阶级政党加入共产国际,必须作为它下属的一个支部,接受其领导。中国共产党就是在作为共产国际的一个支部并接受其领导的条件下,以民主集中制作为党的组织原则的。

列宁在共产国际第二次代表大会中明确指出,共产国际"应该是按照民主集中制的原则建立起来的"①马克思主义政党。列宁阐释的这一原则就具有布尔什维克的理论和实践经验推广意义,同时也具有对中国这样半殖民地半封建社会如何进行社会主义革命的指导价值。列宁辟分出"殖民地半殖民地"国家的民族解放运动与社会主义运动专论。被压迫民族求得彻底解放包括民族独立和工农的平等、自由、民主,这就需要两个步骤来完成,即民族解放与社会民主主义解放运动作为同一历史过程的第一阶段,第二阶段是无产阶级推翻资产阶级实现社会主义。但是这两个阶段并不是分离而是有机联系的,只有在第一个阶段就由无产阶级政党来领导才能使这两个阶段形成辩证的飞跃,也才能与苏联的社会主义运动和各国工人运动联合成世界无产阶级运动,殖民地与半殖民地国家的民族解放的独立运动与各国工人推翻本国资产阶级的社会主义运动构成开辟无产阶级世界历史的大势。由此,殖民地与半殖民地的民族解放与民主革命是世界无产阶级革命的一部分。在殖民地和半殖民地国家无产阶级政党建设初期,首先应实行民主集中制,要经过秘密条件下逐渐壮大的过程,党的任务是在工人和农民、知识分子中塑造工人阶级先锋队,在支持民主主义革命中保持自己的独立性,努力创建苏维埃式的联邦制国家再实现向社会主义统一的国家过渡。这是一个策略的指引,即联邦制作为反对帝国主义和封建制的一个新的具有民主主义特点的新国家,造成无产阶级推翻资产阶级的有利条件而防止资产阶级先于无产阶级达到统一。这就是力图在实现民主

---

① 《列宁选集》第 4 卷,人民出版社 2012 年版,第 254 页。

主义革命的历史过程中构建一个"前资本主义"和"前社会主义"的中间地带国家。

列宁关于殖民地和半殖民地国家的无产阶级革命理论，也被称为马克思主义的"东方社会理论"。马克思关于世界无产阶级的革命实践，除关注欧洲之外，还密切关注俄国、中国这些落后国家的无产阶级革命问题。马克思于 1853 年所写的《中国革命和欧洲革命》就改写了黑格尔关于自然规律的"两级相连"的思辨辩证法，而提出了世界无产阶级革命的辩证法。英国的船坚炮利打开了与世隔绝的天朝王国，使其被迫与世界相联系，中国连绵不断的起义和惊心动魄的革命与欧洲人民起义所追求的共和、自由、廉洁政府结合在一起，"'两级相连'是否就是这样一个普遍的原则姑且不论，中国革命对文明世界很可能发生的影响却是这个原则的一个明显例证"①。列宁于 1912 年发表的《中国的民主主义和民粹主义》一文就是对孙中山所领导的中国民主主义把脉问诊。孙中山探求中国革命道路也非常关注欧洲革命的历史趋势。1905 年，孙中山在布鲁塞尔访问社会党国际执行局时发表的对欧洲无产者革命的一个认识，与中国的社会主义思潮联系起来：欧洲无产者深受资产者剥削的苦难，革命是不想做机器的奴隶；"中国社会主义者为采用机器生产，必须同它带来的种种弊端和缺陷作大力的斗争。他们想一举建立新的社会结构，想从文明的进步中取其利而避其害。总而言之，他们深信可以直接从中世纪的行会制度过渡到社会主义的生产组织，而不必经历资本主义制度带来的艰难困苦"②。孙中山通过对欧洲工人解放运动的考察，认识到中国的民主主义革命必须解决民生问题，将民生、社会革命、政治民主联系为一体化的整体。民生主义必然要求节制资本，"民生主义和资本主义根本上不同的地方，就是资本主义是以赚钱为目的，民生主义是以养民为目的。有了这种以养民为目的的好主义，从前不好的资本制度便可以打破"③。1912 年，孙中山的民生主义思想以《中国革命的社会意义》之名被译为法文在社会党的《人民报》上发表，其中以"地价税"来实现"平均地权"的构想，使列宁捕捉到中

---

① 《马克思恩格斯文集》第 2 卷，人民出版社 2009 年版，第 607 页。
② 《孙中山全集》第 8 卷，人民出版社 2015 年版，第 81 页。
③ 《孙中山全集》第 1 卷，人民出版社 2015 年版，第 519 页。

国民主主义革命的俄国民粹主义化之倾向。列宁认为，孙中山受到过欧洲教育，"这位先进的中国民主主义者简直像一个俄国人那样发表议论。他同俄国民粹主义者十分相似，以至基本思想和许多说法都完全相同"①。列宁对孙中山的民粹主义的评价是，主观社会主义与客观的资本主义相矛盾，如同俄国民粹主义一样。实际上，列宁只是通过孙中山来判断和评论中国的资本主义实质指向和社会主义思潮的。1900年前后欧洲的社会主义思潮涌入中国，其中就包括对马克思和恩格斯《共产党宣言》的部分摘译，一些知识分子包括蔡元培在内几乎成为社会主义者。但是在纷杂的社会主义流派中一些带有空想成分的社会主义思想受到知识分子的青睐。这也从列宁所说的孙中山的"主观社会主义"体现出来。列宁在辩证唯物主义和历史唯物主义、科学社会主义基本原理上分析，孙中山这位战斗的民主主义者不是要跨越资本主义"卡夫丁峡谷"，而是因为帝国主义和国内的封建专制没有广泛的民众就不可能取得民主主义的胜利，由此提出民生社会主义。但是民主主义的胜利就意味着中国资本主义的实现。孙中山这位民生主义的设计者，以平均地权来实现民生主义的构想，实质上是资产阶级反对封建专制的必然环节，这也是欧洲资产阶级革命的通常做法，它是资产阶级打破皇权和地主对土地垄断的武器。但是，列宁从中观察到中国的民主主义必然唤醒民众的革命热潮，这是建立无产阶级政党、将中国民主主义革命转变为世界无产阶级革命一部分的曙光。

列宁在共产国际第二次代表大会中专论殖民地和半殖民地国家的社会主义革命道路和策略，实质上具有将中国作为毗邻苏维埃俄国的落后国家带入世界社会主义阵营的构想。列宁主张，共产国际和各国共产党支持落后国家和殖民地国家进行资产阶级民主运动要分清民族解放与民主运动两个方面，对其国内的资产阶级民主运动不能"涂上共产主义的色彩"②；但在"民族"与"民主"解放运动结合在一起的情况下，代表这个国家未来的"无产阶级政党（不仅名义上是共产党）的分子已在集结起来，并且通过教育认识到同本国资产阶级民主运动作斗争是自己的特殊任务；共产国

---

① 《列宁选集》第2卷，人民出版社2012年版，第290页。
② 《列宁选集》第4卷，人民出版社2012年版，第220页。

际应当同殖民地和落后国家的资产阶级民主派结成临时联盟，但是不要同他们融合，要绝对保持无产阶级运动的独立性，即使这一运动处在最初的萌芽状态也应如此"①。列宁的这些主张在中国的实现体现在党的第二次代表大会所作出的决定中。

十月革命一声炮响给中国送来了马克思列宁主义。1919 年中国人民反帝反封建的"五四运动"爆发，无产阶级走上了中国民主主义运动的舞台，同时各种社会主义新的流派也在知识分子中传播，诸如基尔特社会主义、工会社会主义、费边社会主义、无政府主义的社会主义等，其中影响最大的是基尔特社会主义。孙中山通过欧洲社会党对社会主义的认识和对中国革命的构想也应是来源于此。当时的欧洲社会党已经开始流行伯恩斯坦的修正主义和考茨基的机会主义思想了，在其影响下，非马克思主义的各种社会主义思潮也相继被引入中国而流行。第二国际的修正主义和考茨基的机会主义对布尔什维克主义的批判，通过罗素影响当时中国的知识分子。罗素为取社会主义真经踏上刚诞生不久的苏维埃俄国，但让罗素大失所望的是俄国既很穷又缺少自由。罗素没有看到苏维埃俄国是从一个贫穷落后国家进行社会主义建设的，而且正在遭遇帝国主义封锁、国际帝国主义和国内反对派联合推翻新生苏维埃政权的非常时期。罗素被邀请在中国旅行演讲时向中国知识分子推销基尔特社会主义。被邀请来华演讲的美国著名实用主义大师杜威，他在中国的演讲一方面是对资本主义的批判，另一方面也在推广他的共同体主义的社区自治。两位著名学者引发了中国知识分子的社会主义论争。问题与主义、中国需要什么社会主义、社会主义应当怎样等问题成为焦点。马克思主义派的知识分子从争论中认识到社会主义民主与资产阶级议会民主的差别，对中国社会主义革命要建立无产阶级专政的目标更加清晰，这大大促进了马克思主义政党在中国大地上的诞生。在共产国际的支持和指导下，中国共产党由部分地区的马克思主义学社、共产主义小组，向组织起来的以马克思列宁主义理论指导的共产党方向发展。1921 年中国共产党成立暨第一次代表大会所制定的纲领就包括党组织的秘密性、严格组织纪律、"联合第三国际"和"承认苏维埃管理制

---

① 《列宁选集》第 4 卷，人民出版社 2012 年版，第 221 页。

度""无产阶级专政"等内容。① 1922 年,党的第二次代表大会发生了一个重大变化,对第一个纲领中"中国共产党彻底断绝同黄色知识分子阶层及其他类似党派的一切联系"② 作出了重大修改。中国共产党是无产阶级的政党,是"为工人和贫农的目前利益计,引导工人们帮助民主主义的革命运动,使工人和贫农与小资产阶级建立民主主义的联合战线"③。之所以建立革命的联合战线就在于民主主义革命的阶段是资产阶级革命,这个阶段要训练无产阶级和联合农民为社会主义革命做好准备。本次会议决定中国共产党作为共产国际的一个支部接受其领导,同时在会议的宣言中就已经在世界无产阶级与世界帝国主义的历史逻辑上构建了中国革命的任务,由此,一个重要的特点就是在对革命联合战线的决议案中提出构建包括国民党和工人、农民、商人、学生、妇女团体联盟"互商"的行动议程④。在统一战线的建构中,强调了党组织的独立性和无产阶级的独立性,使其"不致为小资产阶级附属物"。显然,这种革命道路和策略来自列宁。在党的第二次代表大会召开前,由沈泽民翻译的共产国际第二次代表大会决议案的中译本《第三国际议案及宣言》秘密出版,这对中国共产党人学习列宁的东方革命理论具有重大价值。其中关于革命联合战线的主张不仅成为共产党的纲领,同时苏联共产党与孙中山领导的国民党进行的合作也开辟了中国民主主义革命崭新的道路。共产党提出的与国民党、一切进步团体的"互商"概念也成为后来的"政治协商"概念的渊源。就党的组织制度来说,中国共产党二大所形成的党章决议案特别强调党必须深入群众、保持严密的集权和铁的纪律两个方面,民主集中制并没有写入其中,而是强调"集中制"。

　　中国共产党的组织制度经过了集中制到民主集中制的转变。国共合作是在苏联共产党与国民党合作情况下形成的。孙中山的民主革命是资产阶

---

① 参见中共中央文献研究室、中央档案馆编《建党以来重要文献选编(一九二一——一九四九)》第一册,中央文献出版社 2011 年版,第 1—2 页。

② 中共中央文献研究室、中央档案馆编:《建党以来重要文献选编(一九二一——一九四九)》第一册,中央文献出版社 2011 年版,第 1 页。

③ 中共中央文献研究室、中央档案馆编:《建党以来重要文献选编(一九二一——一九四九)》第一册,中央文献出版社 2011 年版,第 133 页。

④ 参见中共中央文献研究室、中央档案馆编《建党以来重要文献选编(一九二一——一九四九)》第一册,中央文献出版社 2011 年版,第 140 页。

级民主革命，但并没有得到西方资本主义国家的支持，孙中山已经看到资本主义转向帝国主义，他们瓜分世界与中国的民族解放相矛盾，苏联社会主义伸出了援手，使孙中山有了支援的力量。共产党员以个人身份加入国民党依然保持独立性，由此党的主要领导人陈独秀力主集中制而反对民主集中制，但又成了资产阶级的附庸。因孙中山的逝世，在北伐战争推进的过程中国共合作渐出裂隙，党内出现了关于组织制度的争论。瞿秋白对陈独秀的右倾投降主义和集中制进行了尖锐的批判，指摘集中制就是"官僚式"和"流氓式"的纪律主义。所谓官僚式，就是采取单一的命令服从的死板教条公式，采取单一的纪律处分；所谓流氓式，就是上级垄断政治权力，剥夺了下级参与讨论的权利；上级命令是军事化的，没有下级辩解的余地。① 瞿秋白对集中制的严厉批评传到共产国际。1927 年"四一二"反革命政变后，中国共产党召开第五次代表大会，采取会后委托的方式修改党章，才将民主集中制的组织原则写入党章②。但是并没有得到准确的理解和执行。民主集中制写入党章与瞿秋白对陈独秀的批评有关，共产国际第七次代表大会作出了《关于中国问题决议案》，批评了陈独秀的"家长制"作风，强调"中央集体领导"原则。直到 1927 年"八七会议"后，共产国际执行局代表起草的《中共中央执行委员会告全党党员书》批评陈独秀的集中制是党内的"宗法社会主义制度"，要求必须建立民主集中制的组织制度，保证"民权主义"的实现，强调在秘密组织的条件下要尽可能集权，但它一方面是集体领导的"民权主义"的集权；另一方面也要尽可能地扩大民主。③ 但是在其后的民主集中制实行中又出现了相反的情况，即反对集中制的极端民主化倾向。1928 年，在莫斯科召开党的六大对党章进行修改。这次党章修改不仅写入了民主集中制的组织原则，并且参照苏联共产党十四大党章对民主集中制的解释加以释义，即各级党的领导机关由选举产生；领导机关定期向代表会议报告工作；制定决议过程可以自由

① 参见中共中央政策研究室党建研究局《老一辈革命家论党的建设》第 1 卷，党建出版社 2001 年版，第 75—76 页。

② 参见中共中央文献研究室、中央档案馆编《建党以来重要文献选编（一九二一——一九四九）》第四册，中央文献出版社 2011 年版，第 268 页。

③ 参见中央档案馆《中共中央文件选集》第 3 册，中央党校出版社 1989 年版，第 303—305 页。

争论，但决议一旦形成必须无条件执行。① 这是中国共产党第一次对民主集中制作出解释。

（二）民主集中制理论成熟：基层政权建设与党的领导双重逻辑的统一

民主集中制内涵的丰富和适用范围的扩展的历史起点，是在井冈山农村根据地的创建和农村包围城市的独特中国革命道路实践中成熟起来的，创造性地发展了列宁的民主集中制理论。

毛泽东写于 1928 年的《井冈山的斗争》一文，提出并阐释了政权组织的民主集中原则和具体的组织建构设计。这是在中国民主革命的历史进程中将党的民主集中制扩展并应用于政权组织的创造性发展。毛泽东完全赞同共产国际所作出的中国革命处于民权革命或民主主义的历史阶段的判断，以及通过民权主义向社会主义过渡的革命阶段论。毛泽东在实践中深刻总结了苏维埃制度存在的问题、在寻找解决问题的方法中提出了"民主集中主义"的概念。农村革命根据地在村、乡、县成立工兵农代表会议工作中所存在的问题是，一方面代表会议虽然选举产生，但"一哄而集的群众会，不能讨论问题，不能使群众得到政治训练，又最便于知识分子或投机分子的操纵"；另一方面，代表会选举了临时执行委员会，代表会歇工，执行委员会便包揽全部权力。究其原因，一个是嫌民主制度麻烦，另一个是封建专制残余。② 群众只知道工农兵政府是委员会，而不知代表会的权力，更不知道委员会的权力来自代表会。由此，毛泽东明确提出了构建"民主集中主义的政府"主张，要让群众在行使代表会议权力中理解并适应这种制度，从中受到政治教育和训练。"民主集中主义的制度，一定要在革命斗争中显出了它的效力，使群众了解它是最能发动群众力量和最利于斗争的，方能普遍地真实地应用于群众组织。"③ 毛泽东在这里还不局限于政府，而且明确提出制定组织法，还要将其扩展到群众组织中去。这里使用的概念是"民主集中主义"，所谈的制度是民主制，但民主集中主义是指构建这种制度的坚强意志和决心，而且党领导的政府一定是民主集中

---

① 参见中共中央文献研究室、中央档案馆编《建党以来重要文献选编（一九二一——一九四九）》第五册，中央文献出版社 2011 年版，第 472 页。
② 参见《毛泽东选集》第 1 卷，人民出版社 1991 年版，第 72 页。
③ 《毛泽东选集》第 1 卷，人民出版社 1991 年版，第 72 页。

主义的，不是党给政府下命令政府执行，而是党要深入政府和群众之中并领导之。所以"民主集中主义的制度"，就是民主集中制的制度与以民主集中主义的精神实现制度目的预设的双重逻辑。这里的民主制与民主集中制既可以等同，后者又具有实现民主功能之义。

毛泽东在党组织制度的民主集中制的内涵上，是以"集中指导下的民主"逻辑来阐释的。写于 1929 年 12 月《关于纠正党内的错误思想》一文，总结了红四军中极端民主化出现的原因，即完全由自下而上的"民主集权制"所造成的。改变这种状况，要求"在组织上，厉行集中指导下的民主生活"①。这种集中的民主制是有严格的条件限制的，它包括：（1）党的领导机关是领导的中枢，要有正确的路线，遇事要拿出办法；（2）上级机关指导下级的客观原则是明了下级机关和群众生活的情况；（3）党的各级机关解决问题不要太随便，一成决议就要坚决执行；（4）上级机关凡属重要一点的立即传达下级和党员群众，视不同环境采取支部会、骨干分子会、积极分子会，或派人传达；（5）党的下级机关和党员对上级的指示，要经过详尽的讨论，以求彻底地了解指示的意义，并决定对它的执行办法。② 这种集中指导下的民主是在革命年代的特殊环境和对"极端化民主"纪律松弛、自由散漫问题的纠正，同时也是对"集中领导"的规范程序的设计，它也具有对不知下情盲目指挥问题进行纠偏的价值。针对"集中指导下的民主"的五点要义，毛泽东明确提出"党员的思想和党内的生活都政治化，科学化"③ 的要求。党员思想的政治化是"思想建党"的重要指针，也就是以马克思主义的世界观、历史观、阶级观、群众观和科学社会主义理论来武装，思想建党、理论强党是马克思主义政党走向成熟的必然要求。党内生活的政治化是反对宗派主义、个人主义、主观主义，有效解决民主与集中关系的组织纪律的要求。毛泽东明确提出少数服从多数是党的纪律之一，党内讨论问题要充分发表个人意见、开展批评，"党内批评是坚强党的组织、增强党的战斗力的武器"④，但党内批评与党外批评有严格的界限，党员要"懂得党的组织的重要性，对党委或同志有所批评应当

① 《毛泽东选集》第 1 卷，人民出版社 1991 年版，第 89 页。
② 参见《毛泽东选集》第 1 卷，人民出版社 1991 年版，第 89 页。
③ 《毛泽东选集》第 1 卷，人民出版社 1991 年版，第 92 页。
④ 《毛泽东选集》第 1 卷，人民出版社 1991 年版，第 90 页。

在党的会议上提出"①。党内生活政治化在党的建设上具有极端重要性。从马克思主义政党发展的教训上看，"第一国际""第二国际"、布尔什维克与孟什维克的分裂等，无不是党内有派，党外有党所造成的。开展党内的批评与自我批评也是克服民主与集中对立问题的有效方法。"集中指导下的民主"的"集中"有两层含义，一是党的上级机关的"集体领导"的集中，二是"自上而下"的集中。这两个方面都包含着民主，即集体领导内的民主，这自然包括内部的批评与自我批评，"自下而上的指导"依赖正确决策的客观基础，它是来自下面的。这种来自下面的客观基础即是党员思想和党内生活科学化的问题，毛泽东明确提出要以"马克思列宁主义的方法"去分析现实问题和发展趋势，要通过深入的调查研究基础来形成路线和策略的制定。此时毛泽东所提出的"集中指导下的民主"还处于民主集中制探索阶段，但对极端化的民主和极端化的集中两种弊端的纠偏有重要的现实与历史价值。如果仅仅将"集中指导下的民主"简单地理解为"反民主"，那么就是以"术语"的断章取义而忽视了毛泽东对"集中"的源泉和条件的论述。

毛泽东所设计的"集中指导下的民主"是党的组织路线的进一步发展。党的六大学习苏联共产党党章，也针对中国共产党的组织不健全，以及存在的极端集中专权问题，在《组织问题决议提纲》中提出了"组织路线"概念。毛泽东所提出的"党的组织路线"包括了应当如何深入群众和群众如何通过教育无产阶级化的重大问题，对红四军的党支部建在连队上、党组织之间的关系等重大问题作出了基本规范。这就进一步将"集中指导下的民主"置于党的组织路线之中。它为进一步探索苏维埃式的政权组织奠定了基础。

毛泽东对民主集中制探索的第二个阶段是中华苏维埃共和国时期。在创建和建设中华苏维埃共和国时期，毛泽东主要针对基层苏维埃政权建设的实践探索，进一步加深了对民主集中制的认识。党的第六次代表大会是中国共产党苏共化和创建苏维埃化的政权组织的重要依据。《苏维埃政权的组织问题决议案》指出，"苏维埃的正式名称应当是工农兵代表会议（乡区的可简称农民代表会议）。中国的苏维埃政权的正式名义应当是：中

① 《毛泽东选集》第1卷，人民出版社1991年版，第90页。

国工农兵代表会议（苏维埃）政府"①。该决议案规定要牢记列宁对苏维埃的定义，即苏维埃是新的国家政权机关，既不是资产阶级的议会制，也不是党的机关，但又是在党领导下的政权机关；苏维埃是由从民众中选举代表组成代表会议、选举执行机关，按民意可以撤换，是摆脱官僚主义的为民众服务的机关；但在战争时期苏维埃还不能实现全民选举，只能在先锋队内实行选举。苏维埃要密切联系各种社会组织，要大力培养和教育劳动群众参加苏维埃。② 毛泽东深入乡村苏维埃进行调查研究，写出了《寻乌调查》《东塘等处调查》《兴国调查》《长冈乡调查》《才溪乡调查》等文章，还在一些专项的调查研究基础上，撰写了具有指导乡村苏维埃政权建设的《乡苏怎样工作？》一文。毛泽东指出，"改善乡苏工作的方向，应该朝着最能够接近广大群众，最能够发挥群众的积极性与创造性，最能够动员群众执行苏维埃任务，并且最能够争取任务完成的速度，使苏维埃工作与革命战争、群众生活的需要完全配合起来，这是苏维埃工作的原则。"③ 这一原则就体现为以党为主体创建苏维埃政权制度，它与自发形成的权力制度有本质的差别。中国具有长期封建制度的习俗，中国共产党在向乡村扩展过程中出现了党的会议成为家族会议、党组织与家族不分的问题。在传统权力制度陋习还未根本动摇的乡村，要建立苏维埃政权谈何容易。党领导构建的苏维埃政府是工农代表会议的新型民主政府，其根基是工农，而且主要是以农民为主体的。毛泽东的《乡苏怎样工作？》就是以"集中指导下的民主"来阐释乡苏工作方法的。第一，乡苏维埃主席团怎样组织代表会议、如何使代表能够充分反映民意形成决议，主席团在代表会议闭会期间怎样执行决议；第二，毛泽东阐释代表会议作为乡苏维埃最高权力机关所形成决议的法令效力、代表会议怎样讨论问题和作出决策、乡苏维埃代表怎样联系村，主席团作为执行机构怎样合理分工将决议和政策变成工作指针，又怎样将群众的情况和意见汇集起来，带到下一次代表会议上讨论；第三，关于"村苏"的工作，怎样从村民中选举代表组建村

---

① 中共中央文献研究室、中央档案馆编：《建党以来重要文献选编（一九二一——一九四九）》第五册，中央文献出版社 2011 年版，第 452—453 页。

② 参见中共中央文献研究室、中央档案馆编《建党以来重要文献选编（一九二一——一九四九）》第五册，中央文献出版社 2011 年版，第 464—466 页。

③ 《毛泽东文集》第 1 卷，人民出版社 1993 年版，第 343 页。

代表会议，一个村代表联系相对稳定的和一定合理数量的村民、家庭，村苏与乡苏怎样联系等；第四，乡苏怎样和群众团体相联系、如何商量办事；第五，区苏怎样领导乡苏。这是自上而下的创建和领导方法的逻辑，同时也存在着自下而上的民主逻辑，即代表会自下而上的选举、监督和"民权"的彰显。正如毛泽东所指出的那样，"依靠于民众自己的乡苏代表及村的委员会与民众团体在村的坚强的领导，使全村民众像网一样组织于苏维埃之下，去执行苏维埃的一切工作任务，这是苏维埃制度优胜于历史上一切政治制度的最明显的一个地方"①。从自上而下地创建苏维埃和领导苏维埃来说，其实质上是一种民主的领导方法；从自下而上的权利与权力关系上，其体现的是主权在民的逻辑，两方面结合所体现的就是工农的权力用于工农，党的领导是实现形式。毛泽东特别强调领导方法的问题，"我们是革命战争的领导者、组织者，我们又是群众生活的领导者、组织者。组织革命战争，改良群众生活，这是我们的两大任务……一切工作，如果仅仅提出任务而不注意实行时候的工作方法，不反对官僚主义的工作方法而采取实际的具体的工作方法，不抛弃命令主义的工作方法而采取耐心说服的工作方法，那末，什么任务也是不能实现的"②。实质上，毛泽东的《乡苏怎样工作？》就是关于基层苏维埃政权建设的指导手册，既没有使用"集中指导下的民主"，也没用民主集中制的概念，但这种制度构建就是民主集中制的，也是在"集中指导下的民主"方法论意义上的运用。

毛泽东对民主集中制探索的第三阶段是在抗日战争时期。全面抗战是中国革命的民族解放与民主主义运动有效整合的一个特殊历史阶段。抗日民族统一战线的形成使国共两党在民族独立和民族解放目标上达成一致，但国民党右派及蒋介石政府敌视共产党以致消灭共产党的图谋并没有解除。按马克思主义政党的历史使命来说，这是既团结又斗争的对象。毛泽东在1935年12月的《论反对日本帝国主义的策略》一文中，提出了建立抗日民族统一战线的新型国家的构想——人民共和国。毛泽东对谁是抗日的主要力量和领导力量，进行了深刻的阶级分析。工人、农民占人口总数的百分之九十以上，这是主体力量，而工人阶级反帝反封建、反资本主义

---

① 《毛泽东文集》第1卷，人民出版社1993年版，第325页。
② 《毛泽东选集》第1卷，人民出版社1991年版，第139—140页。

的先进性必然是民族革命和民主革命的领导阶级；小资产阶级会跟着无产阶级走，但又有软弱性和动摇的一面；民族资产阶级虽然在民主革命上摇摆不定，但在民族统一战线上会与无产阶级形成同盟，同时它还具有反帝反封建、反官僚集团的一面，具有与无产阶级结成同盟的可能。因此，毛泽东认为，民族统一战线所构建的"人民共和国"就是各革命阶级联盟的共和国。人民共和国与原来的工农民主共和国既具有一致性又有所差别，"我们的政府不但是代表工农的，而且是代表民族的。这个意义，是在工农民主共和国的口号里原来就包括了的，因为工人、农民占了全民族人口的百分之八十至九十"①。但人民共和国更能凸显民族解放的阶级联盟的性质。这里的人民与国民党政府的"国民"不同，它不包括汉奸走狗，但又具有广泛性，它包括"不但那些只对民族革命有兴趣而对土地革命没有兴趣的人，可以参加，就是那些同欧美帝国主义有关系，不能反对欧美帝国主义，却可以反对日本帝国主义及其走狗的人们，只要他们愿意，也可以参加"②。毛泽东认为，这是民族团结统一战线的国家，同时也是民主主义革命阶段的国家，但还不是社会主义国家。这个国家的阶级结构因革命任务必须由无产阶级领导。毛泽东于 1936 年 9 月，在与美国记者斯诺的谈话中又提出了构建民族统一战线的新型国家概念，即"人民民主国家"或"民主共和国"；"一个统一的人民民主政府"的主要任务：抵抗外国侵略者的国防任务；扩大民主范围，改变国民党一党专制和剥削者占据国家权力的状况；加速发展国民经济，改善人民生活。③ 毛泽东认为，人民民主的政府也是一个"国会的代议制政府"，如果国民党政府同意这样的方案，苏维埃政府可以作为一个独立的整体作为它的一部分，"我们的地区将和国内其他地区一样，采取同样的措施以建立民主的代议制政府"④。这样的代议制政府的"选举权应该是普遍的，不受财产、社会地位、教育程度和性别的限制"⑤。毛泽东于 1937 年的《中国共产党在抗日战争时期的任务》一文中，再次指出民族革命与民主革命的一致性，强调共产党人的共

---

① 《毛泽东选集》第 1 卷，人民出版社 1991 年版，第 158 页。
② 《毛泽东选集》第 1 卷，人民出版社 1991 年版，第 156 页。
③ 参见《毛泽东文集》第 1 卷，人民出版社 1993 年版，第 408 页。
④ 参见《毛泽东文集》第 1 卷，人民出版社 1993 年版，第 408 页。
⑤ 《毛泽东文集》第 1 卷，人民出版社 1993 年版，第 410 页。

产主义目标不会变,但在民族、民主革命时期要"将政治制度上国民党一党派一阶级的反动独裁政体,改变为各党派各阶级合作的民主政体"①。毛泽东提出可以用孙中山先生的"三民主义"来形成共同的纲领,尽管共产党的土地政策和民生目标与孙中山的政策有差距,但共产党可以后退一步,以孙中山先生的"三民主义"来实现民族与民主革命的目标。即"我们认为,共产党、国民党、全国人民,应当共同一致为民族独立、民权自由、民生幸福这三大目标而奋斗"②。

毛泽东在民族统一战线的民主共和国构想中阐释了民主集中制的思想。1937 年 10 月,毛泽东在和英国记者贝特兰谈话中对民主共和国的"民主"之含义作出了精辟的阐释。民主共和国不是一个阶级的,而是各革命阶级共同的,"政府的组织形式是民主集中制,它是民主的,又是集中的,将民主和集中两个似乎相冲突的东西,在一定形式上统一起来"③。毛泽东的论述是由贝特兰所引发的,贝特兰问毛泽东,战时政府应当是专权,而你为什么又提出"三民主义的"民主政府呢?紧跟的问题就是民主与集中在名词上不是矛盾的吗?毛泽东指出,"应当不但看名词,而且看实际。民主和集中之间,并没有不可越过的深沟,对于中国,二者都是必需的"④。毛泽东进一步解释,人民选举政府、民意影响政府政策,政府能够真正地按人民意志去办事,就会得到人民的支持,"这就是民主制的意义";不违背人民利益的行政权力的集中化是必要的,人民要求的政策经民意机关交付自己选举的政府去执行,并且尊重民意,"这就是集中制的意义"。"只有采取民主集中制,政府的力量才特别强大,抗日战争中国防性质的政府必定要采取这种民主集中制。"⑤ 这是毛泽东在政府领域对民主集中制作出的第一次较为全面的阐释,用了"民主制"与"集中制"两个概念来解释人民民主政府的有机构成。

毛泽东在 1940 年的《新民主主义论》中对民主集中制的政府作了第二次阐释。《新民主主义论》标志着毛泽东新民主主义理论的成熟,也是

① 《毛泽东选集》第 1 卷,人民出版社 1991 年版,第 256—257 页。
② 《毛泽东选集》第 1 卷,人民出版社 1991 年版,第 259 页。
③ 《毛泽东选集》第 2 卷,人民出版社 1991 年版,第 383 页。
④ 《毛泽东选集》第 2 卷,人民出版社 1991 年版,第 383 页。
⑤ 《毛泽东选集》第 2 卷,人民出版社 1991 年版,第 383 页。

马克思列宁主义中国化的里程碑性成果。中国的新民主主义革命是无产阶级领导的民主主义革命，是世界无产阶级革命的一部分，是社会主义革命的必要准备。无产阶级领导的民族革命和民主革命需要建构各革命阶级联合的政府，毛泽东从国家制度的国体和政体的逻辑上更为深刻地阐释了民主集中制的属性和体制机制。毛泽东提出的新民主主义的政治纲领、经济纲领、文化纲领，既可以在民族革命中团结一切可以团结的力量，同时也是在民主主义革命中以社会主义为方向的政治、经济、文化的改造，因此三大纲领也具有对孙中山的民族、民权、民生的三大政策改造之意义。毛泽东指出，"现在所要建立的中华民主共和国，只能是在无产阶级领导下的一切反帝反封建的人们联合专政的民主共和国，这就是新民主主义的共和国，也就是真正革命的三大政策的新三民主义共和国"①。"新三民主义"就是新民主主义的三大纲领或政策，这就是在社会主义方向上对孙中山的三大政策的改造，这是革命阶级构建同盟的现实的历史的需要。因此，国体就是排除反动派的"各革命阶级联合专政"②，它体现了国家的阶级构成；政体就是"民主集中制"的，"这就是新民主主义的政治，这就是新民主主义的共和国，这就是抗日统一战线的共和国，这就是三大政策的新三民主义的共和国，这就是名副其实的中华民国。我们现在虽有中华民国之名，尚无中华民国之实，循名责实，这就是今天的工作。"③ 显然，毛泽东这里提出的"中华民主共和国"之名有一个重要的意图是在它的"实"的方面改造"中华民国"。其"实"就在于国体的各革命阶级联合专政的价值规定性和政体的实现形式。政体是国体的实现形式，政体采取民主集中制，而且毛泽东也将民主集中制说成是政体，这是在马克思主义国家制度理论发展史上的第一次提出。国体是各革命阶级联合专政，政体的构成就是政权的组织形式，它就必然要求各革命阶级实行民主集中制，否则就会出现政体与国体的矛盾，这也必然要求各革命阶级行使普遍的选举权才能使政府代表国家。由此，采取各级人民代表大会制度以实行民主，由人民代表大会选举政府，"这种制度即是民主集中制"④。显然，这

① 《毛泽东选集》第2卷，人民出版社1991年版，第675页。
② 《毛泽东选集》第2卷，人民出版社1991年版，第677页。
③ 《毛泽东选集》第2卷，人民出版社1991年版，第677页。
④ 《毛泽东选集》第2卷，人民出版社1991年版，第677页。

里的人民代表大会及其产生的政府的总体是政体，与民主集中制相等同，这是毛泽东将政体直接等同于民主集中制的原因。

毛泽东对民主集中制探索的第四阶段实现了理论与实践的有机统一，其典范特征就是"政治协商"的政体与民主集中制的组织形式。在抗日战争时期毛泽东对民族统一战线的"民主国家"的构想虽然没有达到改造国民党政府的目的，但它的成功就在于以延安为中心的解放区实行了"三三制"的政权组织制度，它为新民主主义革命胜利而创建新中国奠定了基础。从 1940 年开始各解放区按照毛泽东和中共中央的部署构建和运行"三三制"权力体制，即成立具有一定议会形式的参议会，代表工人和农民的共产党人占三分之一，非党的左派代表占三分之一，中间阶级和阶层占三分之一。在中国共产党领导下"三三制"政权得到了各革命阶级的认同和拥护，适应了民族革命和民主革命的要求。毛泽东将"三三制"政权称为"民主集中制"[1] 的。毛泽东在抗日战争即将胜利的 1945 年 4 月发表的《论联合和政府》中进一步阐释民主集中制的运用问题。毛泽东明确表示，即使国民党政府不认同"人民代表大会"沿用"国民代表会"也可以，但是"国民"概念必须包括工人、农民、各党派、各社会团体等，以期构建民主联合政府。毛泽东民主联合政府的设计，政权组织依然"采取民主集中制，由各级人民代表大会决定大政方针，选举政府。它是民主的，又是集中的，就是说，在民主基础上的集中，在集中指导下的民主。只有这个制度，才既能表现广泛的民主，使各级人民代表大会有高度的权力；又能集中处理国事，使各级政府能集中地处理被各级人民代表大会所委托的一切事务，并保障人民的一切必要的民主活动"[2]。这是毛泽东对民主集中制作出的最为完整的一次阐释。

中国共产党为了实现和平构建民主国家的目标，力主先召开党派会议或"协议会"，但国民党出于反共和"一党之国"提出了"政治协商会议"[3]。这也就有一种意味在其中，即政治协商不一定达成什么实质性协议。1946年由国民党主导的政治协商会议，因中国共产党首先拿出了建立民主国家

---

① 《毛泽东选集》第 2 卷，人民出版社 1991 年版，第 743 页。

② 《毛泽东选集》第 3 卷，人民出版社 1991 年版，第 1057 页。

③ 参见王新尚《新旧政治协商会议内在关联的探讨》，《中国人民政协研究会会刊》2008 年第 2 期。

的纲领，在国民党只是开空会的条件下，共产党在对自己的纲领作出了很大让步的条件下签订了"协议"，但这是一个为发动全面内战拖延时间的阴谋，致使构建民主联合政府成为泡影。但中国共产党并不因为1946年政治协商会议的失败而放弃，而坚持各党派的政治协商创建新民主主义国家的重要议程，保持与各民主党派的联系与合作。1947年蒋介石政府宣布"民盟"这个包含多个民主党派和社团的组织为非法，其他的党派也处于危险之中，在解放战争取得重大胜利的1948年4月30日，中国共产党发布了纪念"五一"节的"五一口号"，向各民主党派、人民团体、无党派人士发出召开"政治协商会议"的邀请。由中国共产党组织建立的"政治协商会议"被称为"新政协"，也称"人民政协"。这里的"人民"是指排除了反动派的革命党派、进步民主人士、社会团体，是毛泽东所说的新民主主义革命时期的人民的一部分。原定组建和召开新政协的目的是协商组建和召开人民代表大会及其选举政府等重要事宜，但因还有大片领土没有实现解放，所以暂定以人民政协代替人大，由解放区军民选举代表、各民主党派、人民团体、非党派的社会贤达组成第一届中国人民政治协商会议代行人民代表大会职责，选举第一届人民政府。在新政协筹备期间的1949年6月30日为庆祝中国共产党成立二十八周年，毛泽东发表了《论人民民主专政》一文，阐释了即将成立的新中国的性质和民主集中制的政权组织形式。毛泽东指出，"总结我们的经验，集中到一点，就是工人阶级（经过共产党）领导的以工农联盟为基础的人民民主专政。这个专政必须和国际革命力量团结一致。这就是我们的公式，这就是我们的主要经验，这就是我们的主要纲领。"[1] 毛泽东对人民民主专政的内涵作出了阐释，"对于人民内部，则实行民主制度，人民有言论集会结社等项的自由权。选举权，只给人民，不给反动派。这两方面，对人民内部的民主方面和对反动派的专政方面，互相结合起来，就是人民民主专政。"[2] 毛泽东在此文中虽然没有在"民主方面"使用民主集中制概念，但在政治协商会议取得的重大成果的《中国人民政治协商会议共同纲领》中关于政体或政权的组织形式明确各级政权机关一律实行民主集中制。在共同纲领及其政府

---

① 《毛泽东选集》第4卷，人民出版社1991年版，第1480页。
② 《毛泽东选集》第4卷，人民出版社1991年版，第1475页。

组织法中将民主集中制作为政权的政体及其组织形式。民主集中制在新民主主义革命胜利成果的中华人民共和国的政体设计中得到实现。

　　毛泽东和中国共产党人对民主集中制的探索实际上是双线的，即政权体制和党的组织制度。1945年4月召开的党的第七次代表大会是在中国共产党产生了自己的领袖和在中国马克思主义思想指导下召开的重大会议。大会确立了毛泽东思想作为我们党的指导思想，以民主集中制作为党的组织制度，并进一步加以确认阐释。刘少奇在关于修改党章的报告中对党的民主集中制原则的基本内涵作出了"民主基础上的集中、集中指导下的民主"的阐释。这一阐释是从党的六届六中全会毛泽东对民主集中制阐释以来得到全党的高度认同所达成的共识。毛泽东在六届六中全会上所做的《论新阶段》的报告，突出了以实事求是的精神和方法发展马克思主义的主题，明确提出了"马克思主义中国化"命题，并就马克思主义如何中国化的问题进行了科学的阐释。以中国化的马克思主义指导中国革命的观点得到了全党的高度认同。毛泽东在关于党的组织纪律的论述中指出，个人服从组织、少数服从多数、下级服从上级、全党服从中央，"这些就是党的民主集中制的具体实施，谁破坏了它们，谁就破坏了党的民主集中制，谁就给了党的统一团结与党的革命斗争以极大损害"[1]。毛泽东指出了党内生活既存在民主不足又存在个人自由主义的两方面问题，为此，对党员领导干部和新党员进行民主集中制的纪律教育就成为一项重要的任务，"使党员懂得什么叫做民主生活，民主制与集中制的联系，并如何实行民主集中制。这样才能做到:一方面，确实扩大了党内民主生活;又一方面，不至于走到极端民主化，走到自由放任主义"[2]。在如何处理好民主与集中的关系上，毛泽东强调"实行集中领导下的民主政治，密切政府与人民的联系，发挥抗日政权的最大能力"，无论在战区还是敌后建立人民政权机关，要尽可能扩大民主，选举各级人民代表机关，"依照中央法令而推行民主制"[3]。张闻

---

① 中共中央文献研究室、中央档案馆编:《建党以来重要文献选编（一九二一——一九四九)》第十五册，中央文献出版社2011年版，第645—646页。

② 中共中央文献研究室、中央档案馆编:《建党以来重要文献选编（一九二一——一九四九)》第十五册，中央文献出版社2011年版，第647页。

③ 参见中共中央文献研究室、中央档案馆编《建党以来重要文献选编（一九二一——一九四九)》第十五册，中央文献出版社2011年版，第615—616页。

天在《关于抗日民族统一战线的与党的组织问题》的报告中，是将个人服从组织、少数服从多数、下级服从上级、全党服从中央的"四个服从"作为党的纪律来说明的。① 刘少奇在所作的关于党规党法的报告中指出，"个人服从组织，少数服从多数，下级服从上级，一切领导集中于中央，此为党的民主集中制"②。这些阐释具有共同的话语，民主集中制既是民主的又是组织纪律的。刘少奇在党的七大上关于民主集中制是民主基础上的集中与集中指导下的民主的阐释，与毛泽东《论联合政府》所讲的完全一致。这应该说也是中央高层的共识。毛泽东于《在中国共产党第七次全国代表大会上的结论》报告中又辟分"民主集中制"的专论。毛泽东指出，"少奇同志讲得很好，放手的民主，高度的集中。我跟他交谈过，这是我们共同的意见，别的同志也赞成。我想可以叫做高度的民主，高度的集中。"③ 毛泽东还指出，"'放手'这两个字，可以再斟酌一下，这是个程度的问题。我们党历来就讲民主，但是有些时候、有些地方不够民主。我们党历来也是讲集中的，但是有些时候、有些地方集中得不恰当或者集中不够。民主要有很高程度的民主，集中也要很高程度的集中，这两个东西有没有矛盾呢？有矛盾的，但是可以统一的，民主集中制就是这两个带着矛盾性的东西的统一。"④ 这也是毛泽东第一次正式阐释民主和集中矛盾，但与回答英国记者贝特兰所提出的民主与集中名词的矛盾有所不同。

毛泽东对社会主义国家制度的民主集中制探索是第五阶段，主要集中在人民代表大会成立和社会主义初步探索时期。1954 年人民代表大会正式成立，人民政协完成了代行国家权力的职能。1954 年宪法规定国体是工人阶级领导的以工农联盟为基础的人民民主专政国家，人民行使权力的机关是全国人民代表大会和地方各级人民代表大会。全国人民代表大会、地方各级人民代表大会和其他国家机关，一律实行民主集中制。在社会主义改

---

① 参见中共中央文献研究室、中央档案馆编《建党以来重要文献选编（一九二一——一九四九）》第十五册，中央文献出版社 2011 年版，第 710 页。

② 中共中央文献研究室、中央档案馆编：《建党以来重要文献选编（一九二一——一九四九）》第十五册，中央文献出版社 2011 年版，第 753 页。

③ 《毛泽东文集》第 3 卷，人民出版社 1996 年版，第 398 页。

④ 《毛泽东文集》第 3 卷，人民出版社 1996 年版，第 398—399 页。

造基本完成和社会主义建设初步探索时期，毛泽东在 1957 年《关于正确处理人民内部矛盾的问题》讲话中，将民主与集中作为一对关系、自由与纪律作为一对关系，民主是对集中而言的，自由是对纪律而言的，"这些都是一个统一体的两个矛盾着的侧面，它们是矛盾的，又是统一的，我们不应当片面地强调某一个侧面而否定另一个侧面。在人民内部，不可以没有自由，也不可以没有纪律；不可以没有民主，也不可以没有集中。这种民主和集中的统一，自由和纪律的统一，就是我们的民主集中制"①。毛泽东的阐释为中国特色社会主义继续推进民主集中制的发展奠定了理论基础和实践基础。

二　民主集中制的实践诠释学

诠释学是哲学理论的一个重要分支，其第一阶段是解释者以文本为中介重建作者的环境来解释作者的思想，第二阶段是以读者为主体通过文本来解释作者思想的现实意义，第三阶段是实践诠释学，试图实现读者与作者的同一场域的建构来把握作者的思想。归结起来，诠释学试图实现读者对作者思想的准确把握，问题就在于文本解读模式中读者与作者的关系。因诠释学在于对解释模式的研究，所以它就是关于"解释"的"解释学"，或者是以"解释"本身为研究对象的解释学。诠释学对研究民主集中制的启发意义在于：通过文本把握民主集中制的准确含义，以及它的历史价值。国内外学者对民主集中制的解释陷入了一种文本困境，如何理解困境的产生、如何在马克思主义政党创建党的组织制度和国家制度的组织形式的实践探索中理解民主集中制，实践诠释学是具有启示价值的。但来源于西方的实践诠释学的"实践"概念，与马克思主义的实践概念有本质的差别，从科学社会主义实践的建构逻辑上来把握民主集中制是合理的。

（一）民主集中制的解释学困境及其解构

西方左翼学者对民主集中制的批判，由对"斯大林专制体制"的批判

---

① 《毛泽东文集》第 7 卷，人民出版 1999 年版，第 209 页。

引发，进而回溯对列宁所提出的民主集中制的根源进行批判，大有造成否
定民主集中制的理论之势。1956 年在苏共二十大上赫鲁晓夫批判斯大林个
人崇拜和专权的秘密报告是直接的诱因，"斯大林体制" 就是集中制的体
制，它是反民主的；戈尔巴乔夫和苏联右翼掀起的再次 "祛斯大林化" 形
成了反民主集中制的又一次高潮。中国学者反思 "斯大林模式" 和 "文
革" 问题，也引发了对民主集中制的解释学争论。中国学者的争论，有的
与西方的左翼和苏联的右翼基本相同，有的学者的目的在于通过经验途
径，揭示民主集中制的真实含义，使其实现创新发展，这一解释途径应当
是正确的，但也陷入了文本困境。

有学者将学者们的争论概括为 "四种解读模式" 并对其进行了评述。①
在此基础上，本书厘析出五种解读模式，针对这几种解读模式所限定的文
本和语境，再深入挖潜解读模式本身的困境。第一种解读模式将列宁的民
主集中制解读为集中制的组织加入民主部分，民主集中制的实质是集中
制。实际上，这种解读方法陷入了列宁的《怎么办?》和《进一步，退两
步》的两个连续文本。这是列宁在与普列汉诺夫和孟什维克论战期间，也
是列宁主导构建俄国统一的整体的马克思主义政党时期对民主集中制的阐
释。列宁所说的集中制是针对小组派别分散自治而言的，集中制与自治是
一对关系。这一问题在上一章已经作出了充分的阐释。这一解读模式忽视
了列宁在民主制的阐释中包含 "集中" 的论述，列宁在提出民主集中制
后，虽然没有明确对民主集中制下定义，但通过回溯列宁关于民主制与集
中制的描述性阐释，不难发现在集中制的阐释中包含民主制，在民主制的
阐释中包含集中制，在民主集中制概念形成后，就开始在民主制的特有形
式上阐释民主集中制了。列宁特别强调民主集中制得到确认后极其严肃而
又重大的任务是 "在党组织中真正实现民主集中制的原则，——要进行顽
强不懈的努力，使基层组织真正成为而不是在口头上成为党的基本组织细
胞，使所有的高级机关都成为真正选举产生的、要汇报工作的、可以撤换
的机关"②。列宁的阐释，一方面是要努力实现的，另一方面这也是对民主
集中制的简洁定义。如果仅仅以选举来界定民主，列宁确实说过秘密组织

---

① 参见许耀桐《关于民主集中制实质问题的探讨》，《上海行政学院学报》2010 年第 3 期。
② 《列宁全集》第 13 卷，人民出版社 2017 年版，第 59 页。

的集中制没有条件选举，但同时也要求在尽可能的条件下实行民主选举。那些批评列宁的民主集中制为"党专政"的论调并不是什么新话，而是列宁的同代人的反对派和第二国际的修正主义、机会主义者们的一贯主张。列宁将民主集中制限定在党的组织制度范畴内，在苏维埃制度上没有用过民主集中制，批评者认为"以党代政"是违反民主规范的，但批评者忽视了苏维埃创建的历史逻辑是：由苏共建制的工农代表苏维埃向全民代表的苏维埃发展的历史建构途径。党建国家是政治革命为先，以此为保障进行社会革命的历史逻辑，它与仅仅停留在社会革命层面的机会主义不同。一些解读者抛弃马克思主义的阶级分析方法，在纯粹的民主，即超阶级的民主观上解读苏共领导的工农阶级的民主是否符合西方的抽象普遍民意的民主观，是不得要领的。马克思恩格斯彻底审查了资产阶级的民主国家观的实质，其就在于将私人利益抽象为普遍利益，民主获得了抽象的公共性。苏维埃制度的探索逻辑就在于创建与资产阶级代议制民主相区别的实质民主与形式民主相结合的制度。就这一点来说，应当说斯大林是坚持列宁的政治路线的。

　　第二种解读模式将民主集中制理解为民主制加集中制。这种解读模式以《苏联大百科全书》对民主集中制的解释来还原斯大林的思想，是需要进一步考证的。1934 年苏联共产党第十七次代表大会通过的党章规定党的组织制度是：党的一切领导机关从上到下都由选举产生；党的机关定期向自己的党组织报告工作；严格地遵守党的纪律，少数服从多数；下级机关和全体党员绝对服从上级机关的决议。[①] 这实际上是一种民主集中制的表述，也应是斯大林主导的。苏联在 20 世纪 50 年代出版的《苏联大百科全书》中对民主集中制的界定，是"布尔什维克的集中制和民主制不可分割地统一起来"[②]。这种理解就将民主集中制等于民主制和集中制两部分相加，由此就可以指摘斯大林只要集中制而抛弃民主制，他的专权就得到了理论上的解释。实际上斯大林的专权是理论与实行的具体背离，没有证据证明百科全书的民主集中制词条是斯大林撰写的，应是撰写词条的知识分

[①]　参见中共中央党校党建教研室编《苏联共产党章程汇编》，求实出版社 1982 年版，第 68 页。

[②]　《苏联大百科全书选译：民主集中制·党内民主·党的集体领导·党内统一·党内纪律》，人民出版社 1954 年版，第 1 页。

子对布尔什维克组织制度创建过程的史实和对列宁论述的一种理解，因为这个时间的布尔什维克已经改名为共产党。从斯大林对民主的论述上看，存在"民主集中制"缺环。就斯大林所涉及的有关民主、党的统一、无产阶级专政等方面的文献，斯大林的论述集中于民主和如何实行民主的问题，并未出现民主集中制的概念，也没有对民主集中制的明确阐释。斯大林在《我们的意见分歧》《关于党的任务》《关于争论》《关于苏联经济状况和党的政策》《列宁主义基础》等文献中涉及党内民主的论述，有党的统一、党的纪律、党的阶级性、民主的阶级性以及民主的时代性和发展性等，但并未提到民主集中制。由斯大林钦定的《联共（布）党史简明教程》中没有出现民主集中制的概念。按斯大林时期对于民主集中制的解释，集中是关于集体领导的概念，但他自己并没有遵守这一规则，其中的一个重要原因是为了割掉反对派而走向极端专制，压制党内民主，委任代替选举，对来自党内批评采取阶级斗争的镇压手段，在社会主义民主政治建设史上造成了恶劣影响。斯大林的专权是理论与实际执行的背离。

第三种解读模式是在民主制与集中制的历史逻辑上解释民主集中制。这种解释逻辑将19世纪解释为民主制与集中制两种相对立的制度并存时期，这两种制度是水火不相容的；马克思和恩格斯认为党的组织制度是民主制，列宁在1905年探索党的秘密组织时期将民主制与集中制这两种相互对立的制度统一起来，形成了民主集中制。民主集中制是特定时间段的，在和平时期是要实现民主制的，而不是民主集中制，"民主集中制的实质和核心是民主制，而不是集中制"①；将民主集中制附加于马克思恩格斯头上是苏联做的，它不符合马克思和恩格斯的建党思想。② 即使列宁的民主集中制，也是因为先讲集中制而受到批评，便在集中制前面加了"民主的"形容词，在中文翻译的时候，把"民主的"误译为名词的"民主"，准确的应是"民主的集中制"。③ 这种解释途径关注到了民主制与集中制的历史维度，但也存在将19世纪的议会民主制等同于民主制的全部，而集中制就是君主专制或英雄专权的拿破仑、俾斯麦类型。马克思、恩格

① 高放：《政治学与政治体制改革》，中国书籍出版社2002年版，第437页。
② 参见高放《政治学与政治体制改革》，中国书籍出版社2002年版，第439页。
③ 参见高放《政治学与政治体制改革》，中国书籍出版社2002年版，第444页。

斯所说的民主制是区别于资产阶级议会制的民主，巴黎公社的无产阶级委员会制度还是一种"草创"类型，马克思、恩格斯既从中看到了无产阶级创建新的民主制度的曙光，但在经验总结中也指出了它的问题；恩格斯也以此向世界宣布，巴黎公社的委员会制就是代表"无产阶级专政的新类型"。恩格斯的发布类似一种宣言，但主要是针对德国社会民主党拉萨尔派的问题，即一方面宗派活动的集中主义，另一方面又以小团体派别自治的议会式模仿，恩格斯将巴黎公社的经验与其对比。恩格斯在1891年纪念巴黎公社20周年时批评他们不懂得无产阶级专政是何指出："近来，社会民主党的庸人又是一听到无产阶级专政这个词就吓出一身冷汗。好吧，先生们，你们想知道无产阶级专政是什么样子吗？请看巴黎公社。这就是无产阶级专政。"[1] 这是恩格斯将无产阶级专政等同于无产阶级民主的一种逻辑建构。但是，无论是马克思主义政党的组织制度还是无产阶级的国家制度，马克思和恩格斯在实践的逻辑上是没有完成的。列宁在党的组织制度上的探索从集中制到民主集中制是一种史实的路径。集中制只是特定环境下的，而民主集中制是由集中制扩展而来，这也是列宁构建党的组织制度的历史逻辑。但是，列宁始终是将党内的民主制作为"集中"的根基，如果将选举等同于民主，民主集中制的根基是民主，也毫无疑问是列宁的思想。列宁在创制有别于资产阶级政党的组织制度上实现了理论与实践的重大创新。但后来斯大林关于民主制的论述基本依从列宁的思想与党内反对派托洛茨基展开论战，以民主制反对托洛茨基的"军事化"集中，对民主集中制无论在理论上还是在实践上都没有创新性发展[2]。

　　第四种解读模式认为，民主集中制就是以少数服从多数的民主制与多数服从少数的集中制或官僚制的对立，但民主集中制的实质是少数服从多数。这种解读模式，是就少数与多数的关系来说的，而且将民主制与民主集中制做了一个分离，民主是一个政治范畴，而民主集中制是组织范畴，

---

① 《马克思恩格斯文集》第3卷，人民出版社2009年版，第111—112页。
② 对斯大林的民主集中制思想进行研究的学者，实际上并没有找出民主集中制的概念，但从斯大林关于党内民主、统一的论述中概括其民主集中制的思想，实际上这是一种概括式的，斯大林存在民主集中制论述的缺环。参见辛向阳《民主集中制若干理论问题辨析》，《思想理论教育导刊》2010年第2期；吴学琴《试析斯大林的民主集中制理论》，《石油大学学报》2002年第6期。

这是两个不同领域的问题。① 由此建构一种论证逻辑：民主与民主制，民主与民主集中制两对关系，在政治范畴的民主就是少数服从多数的民主制；民主制适用于国家的政权组织，一切组织都有集中，集中也是一切组织的通则，民主集中制是属于集中制的，它不属于民主制②，但政治民主的集中就是少数服从多数，而政党和其他社会组织的民主集中制就可以存在少数服从多数或反之。由此，民主集中制与民主制不能等同，民主集中制是民主服从集中，不可以将民主集中制分解为民主与集中的辩证统一③。还有学者从列宁的民主集中制设计中解读出民主集中制就是民主制加集中制，民主制是政治制度，集中制是组织制度，它们都是管理制度。"民主集中制是民主制的政治制度加集中制的组织制度组成的政治组织体制，它是一种管理体制。"④ 但这种解释逻辑在国家制度上就陷入了一种困境，如苏联和中国的政治制度都是民主制，但在组织管理制度上，苏联选择了联邦制，即民主制的管理制度，而中国选择了单一制国家，在管理制度上就是集中制；苏联共产党的政治组织是民主制，而管理制度就是集中制，斯大林的专权就是君主制的集中制管理。⑤ 这种论证逻辑又回到多数与少数的关系上，认为个人的集中制管理就是君主制，少数人掌权的管理就是贵族制，多数人掌权的管理就是民主制，民主集中制的管理制度就是多数人的管理，也就是少数服从多数。"少数服从多数"解释模式的困境在于，仅仅以少数服从多数作为民主制的全部规范，问题在于少数服从多数就是民主的全部吗？

第五种解读民主集中制的模式实际上是针对前四种生发出来的。基本观点主要体现在：不可以从集中制出发解读民主集中制，从民主制出发解读民主集中制是一个历史的逻辑；列宁是从民主制与集中制两个层面派生出了民主集中制，它是在特殊历史时期产生的，随着革命胜利后的发展，民主集中制最终归于民主制。⑥ 在历史维度上，民主集中制就是民主制加

① 参见王贵秀《论民主和民主集中集中制》，中国社会科学出版社 1995 年版，第 93 页。
② 王贵秀：《论民主和民主集中集中制》，中国社会科学出版社 1995 年版，第 106 页。
③ 参见王贵秀《论民主和民主集中集中制》，中国社会科学出版社 1995 年版，第 93 页。
④ 张慕良：《列宁民主集中制奥秘初探》，中央编译出版社 2017 年版，第 49 页。
⑤ 张慕良：《列宁民主集中制奥秘初探》，中央编译出版社 2017 年版，第 50—51 页。
⑥ 参见许耀桐《关于民主集中制实质问题的探讨》，《上海行政学院学报》2010 年第 3 期。

集中制,它的发展逻辑就是由集中制大于民主,到民主大于集中,再到民主制。这也就意味着集中制将在民主制的实现中消亡。这种解读也提出了一个重要问题,即少数服从多数不仅是民主的还是有纪律的,少数服从多数也不仅仅是票决的逻辑,还有过程的讨论和共识的形成过程等。

　　以上关于民主集中制的解读模式并不是全部,但问题的焦点集中在民主集中制过时论、取消论、专制的官僚制论等。反思对这些问题的讨论,其实它起始于赫鲁晓夫对斯大林专权的批判。由斯大林在联共(布)十四大上所主导制定的党章规定了党内的民主集中制的集中是"集体领导"的"集中",但事实上背离了这一原则。赫鲁晓夫批评斯大林有正确的一面,但在苏联社会主义阶段论上出现了严重的理论错误,认为苏联共产党已经到了没有阶级界限的历史时期了,因此"全民党"被区分为"工业党"和"农业党",在国家经济和军事组织上垂直的条条管理向地方分权的块块管理转变。从集中即是集权的观点来看,实质上,赫鲁晓夫的改革对民主集中制无论是党的组织制度还是国家制度都造成了很大的损伤。应当说,改革是迫切的,但"怎样改"的正确出路没有找到。勃列日涅夫时期恢复了党的民主集中制,但他也继承了斯大林的个人专权,党的民主集中制只是文本的话语;在苏维埃制度上,宪法写入了民主集中制,但勃列日涅夫所理解的民主集中制只符合"全民国家"和"全民党"的条件,对民主集中制在理论和实践上没有实质的发展。到戈尔巴乔夫时期,对民主集中制的看法出现了前后矛盾。在改革之初,戈尔巴乔夫以推进自治来消解高度的集中统一,他认为地方自治是社会主义的属性,地方自治与中央权威的统一就是民主集中制。他的改革思路体现在1987年的《根本改革经济管理的基本原则》文件中,他认为这是从列宁1921年的新经济政策继承来的,就是要"加强苏联社会的民主原则,发展自治,扩大我们整个体制的工作的公开性和开放性"[1]。这种主张和政策就是向列宁"求救"所得来的思想源泉[2]。戈尔巴乔夫认为,发展自治、公开性、开放性即是发扬民主和创造精神,打破高度的集中和统一计划,走向"集约化"的经济发展之

---

① [苏]米·谢·戈尔巴乔夫:《改革与新思维》,苏群译,新华出版社1987年版,第32页。
② 参见[苏]米·谢·戈尔巴乔夫《改革与新思维》,苏群译,新华出版社1987年版,第22页。

路。经济发展的全面集约化就是"在国民经济管理中恢复和发扬民主集中制原则，普遍运用经济的管理方法，放弃行政命令方法大力提倡革新和社会主义进取精神"①。这时的戈尔巴乔夫还未放弃民主集中制，但是他所说的民主集中制是在自治与集约化上把自治作为民主部分、把集约作为集中部分组合而成的。在时隔一年的1988年，戈尔巴乔夫在《我们拒绝什么遗产》一文中已经开始解构苏联共产党的领导体制，在同年的《官僚制现象》一文中，明确提出，以发展民主和自治代替官僚制的政治改革主张，由此，党的领导权全部回归苏维埃也就成为必然。戈尔巴乔夫的《我们拒绝什么遗产》是对列宁批判俄国民粹派的《我们应当拒绝什么遗产》的模仿，但饶有兴味的是，列宁是针对民粹派指责马克思的学生们拒绝民主主义的反批判，而戈尔巴乔夫是要拆苏联共产党领导地位的台。戈尔巴乔夫的理论支持者雅科夫列夫更加直接地指出拒绝什么遗产问题："把人的各种各样利益归结为经济利益，相应地把全部社会冲突和民族冲突也都归结为经济冲突，忽视众多具有自身逻辑的多种多样的社会生活领域的独立性，这就是远未克服的马克思主义遗产。"② 实际上，戈尔巴乔夫的自治论民主不是回到列宁，表面上是以列宁批判斯大林，但真实的是退回到列宁坚决拒绝的伯恩斯坦的修正主义。伯恩斯坦以所谓"自治—民主"论批判列宁，"如果要想使民主不致重演官僚政治的中央集权的专制主义，就必须是民主建立在一切行政单位和成年国民的有着相当的经济自己责任的复杂的自治制之上。"③ 戈尔巴乔夫在1990年苏共二十八大报告中公开批判党的民主集中制，大会通过的党章将原来的民主集中制条文修改为"苏共内部不允许建立具有自己内部纪律的派别，但并不限制共产党员在辩论过程中在立场方面进行联合的权利"④。1991年实行自由结社的派别活动，由此，"四个服从"的民主集中制被销蚀，一个统一完整的党成为自治的

---

① ［苏］米·谢·戈尔巴乔夫：《改革与新思维》，苏群译，新华出版社1987年版，第34页。

② ［苏］亚·尼·雅科夫列夫：《一杯苦酒——俄罗斯的布尔什维克主义和改革运动》，徐葵等译，社会科学文献出版社2016年版，第286页。

③ ［德］伯恩斯坦：《社会主义的前提与社会民主党的任务》，舒贻上等译，生活·读书·新知三联书店1958年版，第94页。

④ 苏群编：《苏联共产党第二十八次代表大会主要文件资料汇编》，人民出版社1991年版，第152页。

派别，已经退回到俄国社会民主工党第二次代表大会之前的状况，实行事实上的联邦制。"取消了民主集中制、在党内实行联邦制和在国内实行多党制，是套在苏共脖子上、置苏共于死地的三根绞索"①，在国家制度中实行自治民主制，就连一个"邦联制"国家也维持不下去，一个强大的社会主义国家轰然崩溃，苏联共产党作出巨大牺牲和所要实现的目标成为泡影。

（二）两种不同的反思逻辑

对上述民主集中制的解读模式进行深入分析，我们可以发现它们的共同方面就是以一定限度的文本和史实中的问题来解释。文本是一种叙事的规范逻辑，是通过术语与事实行动或要求体现为概念表征。学者在研究中将文本术语与具体行动中的规章制度设计相违背的方面结合起来，由此生成的新概念也就同原意产生差距；再者，以事实行动中的问题来反思制度规范，是否就能得出制度本身是什么的答案呢？戈尔巴乔夫对民主集中制的批评就是以具体行动的问题来对其指摘的。这也是推翻原有制度而重建的一般逻辑。民主集中制过时论、取消论、反民主论都是基于这种反思逻辑。但是，苏联和南斯拉夫与中国的本质差异构成了社会主义民主制度的比较路径。

1. 苏联和南斯拉夫的推倒重建

从赫鲁晓夫到戈尔巴乔夫的反思逻辑走的都是拆解民主集中制的路径。戈尔巴乔夫认为赫鲁晓夫开启了改革的道路，"苏共第二十次代表大会是我们历史上的一个重大里程碑。它对社会主义建设的理论和实践作出了很大贡献"，但赫鲁晓夫也具有 "唯意志论和主观主义"的色彩。② 其实，戈尔巴乔夫就是唯意志论和主观主义的典型。他在判断苏联社会主义阶段的问题上以"发展中的社会主义"之定论和以《改革与新思维》为理论导向来确立"社会主义完善论"。他在判断苏联已经出现停滞和僵化、已经处于危机的前期问题上也是正确的，但没有很好地回答斯大林的社会

---

① 李慎明：《居安思危——苏共亡党二十年的思考》，社会科学文献出版社 2011 年版，第 350 页。

② 参见［苏］米·谢·戈尔巴乔夫《改革与新思维》，苏群译，新华出版社 1987 年版，第 47 页。

主义建成论、赫鲁晓夫的共产主义建成论、安德罗波夫的发达社会主义起点论的重大发展阶段问题，试图重启赫鲁晓夫的道路，更为激进地在制度上完善社会主义，构建新意识形态、调整社会结构、推行民主化的新道路。就其意识形态来说，自由社会主义、人道社会主义的意识形态并不是新的观念，它一方面是第二国际伯恩斯坦的修正主义、考茨基的机会主义和欧洲社会民主党在这种途径上的延续，这也不需要戈尔巴乔夫和他的理论支持者动更多的脑筋；另一方面，它来自俄国本土的民粹主义的所谓"人民社会主义"的理论及其变种，还有俄国的无政府主义的社会主义。对这种社会主义意识形态的综合，列宁早已开展了坚决的批判。戈尔巴乔夫这种扭曲的社会主义意识形态不是对社会主义意识形态的发展，而是一种祛马克思主义的回潮，直接影响到他对社会结构改革的判断。重启赫鲁晓夫的自治社会主义，这是马克思主义关于社会主义历史发展的共产主义阶段的，赫鲁晓夫启动自治的改革之错误，就在于他的共产主义建成论和向共产主义过渡理论的谬误。列宁当时论述的"苏维埃社会主义联盟"自治，是关于各加盟共和国享有一定的主权，而且是一个以公有制为基础的政治制度一致性和共产党领导的不可动摇的整体，在一个"双层楼"主权结构的多民族国家，能够形成整体性和一致性，在于社会主义意识形态的一致性和党的统一领导的一致性。列宁依据马克思主义的社会发展规律和俄国的特殊国情提出了发展社会主义阶段论的初步构想，将真正的自治置于阶级和国家消亡的共产主义阶段，与各加盟共和国的自治是两个概念。列宁写于 1920 年的《共产主义运动的"左派"幼稚病》一文，就是针对社会民主党和国内的反对派，包括民粹主义和无政府主义的联盟、布尔什维克党内的所谓民主派等，以所谓的社会自治——地区、社团等民主制反对苏维埃体制和党的领导。由于列宁英年早逝，这些反科学社会主义的思潮并没有在国内完全消沉，乘坐"哲学船"① 体面流亡国外的反布尔什维克主义的知识分子组成学术团体，构成为苏联生产反科学社会主义的各种社会主义意识形态的连绵不断的思想流派。这种多元思潮在赫鲁晓夫反"斯大林主义"时就已经兴起，再加之东欧新马克思主义思潮的祛斯大林

---

① 1922 年一些反布尔什维克的知识分子被体面地驱逐出境，这是一个历史的重要事件。对这一事件有不同的解读，但别尔嘉耶夫这位民粹主义者的《哲学船事件》一书，尽管资料不全，但还是能够印证一些反对派的知识分子试图推翻苏维埃政权和党的领导的事实。

化运动，到戈尔巴乔夫时期的再度兴起，问题就更加复杂化了。20 世纪
80 年代初，西方世界兴起"里根—撒切尔主义"的新自由主义政府改革
运动，市场主义兴盛。这股思潮是以市场主义和社会自治解构福利国家困
境的逻辑，到 1989 年由美国的新自由主义理论家概括为"华盛顿共识"。
新自由主义理论就其功能来说是柄双刃剑，一方面可以用于指导西方的政
府改革，另一方面解构了社会主义的政府。戈尔巴乔夫在推行社会自治—
民主的逻辑上面临着困境，新自由主义的意识形态成为他的不二选择，因
此摧毁民主集中制的政党组织制度和经济组织制度①也就是必然的。民主
集中制过时论、取消论、专权论是随着戈尔巴乔夫对其的批判和事实上的
抛弃而兴盛的。

　　与苏联走同一道路的反思、推倒、重建运动的典型是南斯拉夫。20 世
纪 50 年代南斯拉夫的祛斯大林化与实践派哲学具有不可分割的关系。南
斯拉夫是第二次世界大战后建立起来的社会主义国家，而且是苏联化的联
邦制社会主义国家。1950 年的自然灾害使南斯拉夫的苏联化受阻，南共领
导人铁托与苏共领导人斯大林之间的矛盾冲突愈演愈烈，苏联采取了物资
禁运，但西方世界的稍许援助更加速了两党、两国的分裂②。南斯拉夫从
1949 年开始探索有别于苏联集权化的社会主义制度，即自治社会主义。其
典型特征在于：工人自愿组建工厂管理委员会，农民自愿结成合作社，中
央政府与地方分权、地方党委与党中央分权管理。1952 年 11 月召开的南
共第六次代表大会通过决议，南斯拉夫共产党更名为南斯拉夫共产主义者
联盟，简称"南共联盟"。1953 年 1 月国民议会通过的新宪法，规定了国
家主权属于劳动人民；国家权力机关设置为两院制，即国民议会联邦院和
生产者院，联邦院由公民普选代表组成，由生产者和消费者选举代表组成
生产者院；政权执行机关实行总统制，工人委员会以及公民委员会享有自
治权利。在 1963 年、1967 年、1968 年的修宪中逐渐加大地方自治的权
力。1974 年新宪法更加进一步将国家权力划分为自治区、自治共和国、联
邦三级，联邦对下级没有领导权只有监督权。国家权力体制连续向自治演

---

　　①　戈尔巴乔夫在改革之初，还将民主集中制作为打破集中垄断而"集约化"的概念。
　　②　参见［美］约翰·R. 兰谱《南斯拉夫史》，刘大平译，中国出版集团东方出版中心 2016
年版，第 285—300 页。

进，与南斯拉夫共产党对其自身与国家权力、社会的关系认识密切相关。1958 年 4 月召开的南共联盟七大对党的领导地位和职能权限作出了明确的界定，即发展社会自治，必然要求党从国家政权和行政执行权退出，在自治社会主义的人民民主国家中实行党政分离，党通过说服引导的办法影响国家机关和社会自治团体实现党的方针政策，不是国家生活和社会生活的直接管理者和指挥者，也不再将社会组织作为党的传送带和齿轮。南斯拉夫不断推进自治社会主义进程步伐，与赫鲁晓夫不同的方面在于：不是向共产主义过渡，而是回到所谓"实践"的马克思主义哲学构建社会主义。

实践派哲学是南斯拉夫共产党进行自治社会主义构建的理论基础。实践派哲学是南共为满足自我独立构建有别于苏联的理论而产生的东欧马克思主义的一个重要派别，占据南斯拉夫意识形态主导权。实践派哲学起初是以人道的社会主义对抗苏联意识形态和推行民主、自由为旗帜的新意识形态。但在批判斯大林的时候进一步回归列宁，认为斯大林的集权违背列宁的地方自治的社会主义思想。南斯拉夫的实践派哲学早期主要受葛兰西的《实践哲学》的影响，德国科尔施对马克思主义理论的特殊解释也是其思想的主要来源。葛兰西曾激烈批评列宁将马克思主义理论退回到旧唯物主义的道路上，压抑了人的主体性。葛兰西强调人对事物的认识是主观与客观辩证运动的历史生成，要在实践的维度上理解无产阶级革命的理论。从此观点来看这并不构成对列宁的挑战，他们认为列宁将理论与实践分裂了，把马克思主义的社会历史理论强制地应用于布尔什维克党的政治革命上的判断，就将对斯大林的批判引入对列宁的批判轨道上。科尔施在批判第二国际经济主义时出名，随后又挑战列宁领导的共产国际和德国社会民主党以及分离出来的德国共产党理论家，尖锐地批判列宁固守社会历史理论的客观性标准，对人的主体能动性和自由创造性加以贬低，主张扭转"马克思主义哲学认识论列宁化"的道路，重构以人的自由创造性为根基的"马克思主义实践哲学"。这里不论葛兰西和科尔施对列宁批评的狭隘性，但确实造成了南斯拉夫的反斯大林的理论家回到列宁又批判列宁的思想资源。实践派哲学确认马克思的哲学就是"实践哲学"。这里的"实践"概念是指人的自由创造和自我决定、自我实现，或者说人的本质就是实践的。可见，这种张扬着主体的自由创造活动而不受客体制约的人的本质规定性离开了主体能动地改造客体并受客体制约的马克思主义实践观。

他们认为，马克思基于物质生产和生产力的实践观"几乎没有提供任何使人满足之处，本身是无价值的，不过是使劳动力得以生存和传种接代的手段而已"①。在这种哲学基础上可以得出等级官僚制的民主集中制就是按照人的生产力属性建构起来的，由此对其解构必然要求回到"人的本质是实践的"道路来恢复人的自由创造，这就是人道的社会主义。在摆脱苏联模式构建自治社会主义的过程中，支持铁托改革的南共二号人物米洛万·吉拉斯认为，自治社会主义与人道社会主义是一回事，都是自由创造与民主、自治一致性的体现。吉拉斯在批判斯大林上具有影响力的著作就是《新阶级——共产主义制度分析》，将苏联体制中的官员称之为"新阶级"。实际上，吉拉斯思想的重要部分与无政府主义者巴枯宁密切相关，这种批判理论没有什么新意，其影响力在于适应解构集中制而建构自治的社会主义。但这种过度的批判也引起了严重的问题，他在被清除后作为反对派更加激进地宣扬民主的社会主义。民主的社会主义也是老套的，但作为反对派就受到吹捧。如果说吉拉斯的改革方案与实践派哲学具有同构性，那么在禁止后的再度兴起就与戈尔巴乔夫密切相关，它们都成了支持戈尔巴乔夫的理论资源。

2. 中国共产党人对民主集中制的反思和自我完善

中国共产党对斯大林在民主集中制上的反思逻辑，与苏联和南斯拉夫有本质的差别。中国共产党人对民主集中制有两次高度的审视，其基本认识在于，民主集中制作为党的组织制度是正确的，但民主集中制不是僵化的而是发展的；斯大林的错误在于破坏了民主集中制的原则。这是中国共产党的第一次反思。第二次集中的反思是纠正"文革"的错误。这两次反思使中国共产党的民主集中制理论更加成熟、实践创新的路径更加科学规范。

面对斯大林的错误，中国共产党人于 1956 年 4 月在毛泽东亲自领导下，由中央政治局扩大会议通过的《关于无产阶级专政的历史经验》一文中作出了集体的深刻反思，在此基础上，于同年的 12 月又由党中央政治局扩大会议讨论通过《再论无产阶级专政的历史经验》，深刻总结了马克思主义政党创造民主集中制的历史经验和如何坚持民主集中制的重大问

---

① ［南］米·马尔科维奇：《马克思的社会批判理论》，转引自中国社科院哲学研究所编译《南斯拉夫哲学论文集》，生活·读书·新知三联书店 1979 年版，第 269 页。

题。斯大林破坏民主集中制不是因为民主集中制本身出了问题，斯大林的错误主要在于大搞个人崇拜破坏了"集体领导"和民主的原则，主观主义、教条主义、脱离群众、脱离集体是破坏民主集中制的主观原因；在客观上，"党和国家的民主集中制之所以会受到某种破坏，有一定的社会历史的条件。这就是：党在领导国家方面还缺乏经验；新的制度还没有巩固到足以抵抗一切旧时代影响的侵袭（新制度的巩固过程和旧影响的消失过程，都不是直线的，它们的某种波浪式的起伏现象，在历史的转变时期是屡见不鲜的）；国内外的紧张斗争对于某些民主发展所起的限制作用；等等。但是仅仅这些客观条件并不足以使犯错误的可能性变为现实。"[1] 可见，这种总结经验的态度即是马克思主义政党的风骨体现，主客观的辩证原因符合马克思主义辩证法，但客观原因不足以使犯错误现实化，主观原因更为根本。制度是人创设的对人的规范，"制度是有决定性的，但是制度本身并不是万能的。无论怎样好的制度，都不能保证工作中不会发生严重的错误。有了正确的制度以后，主要的问题就在于能否正确地运用这种制度，就在于是否有正确的政策、正确的工作方法和工作作风。没有这些，人们仍然可以在正确的制度下犯严重的错误，仍然可以利用良好的国家机关做出并不良好的事情"[2]。中国共产党人既总结概括了苏联共产党创建民主集中制的理论源泉和民主集中制的效用，同时也深刻总结中国共产党发展历史中组织制度构建过程中的经验教训。中国革命的成功经验证明："只有依靠人民群众的智慧，依靠民主集中制，依靠集体领导和个人负责相结合的制度，才使我们党不论在革命时期或者在国家建设时期都能够取得伟大的胜利和成就。"[3] 这个经验总结中突出的是"三个依靠"，而在这三个变量中可以看出，民主集中制实际上是"中项"，它的"前项"是"依靠人民群众的智慧"，而且强调了民主基础；"后项"的"集中领导和个人负责"是"运用"民主集中制执行有关政策、法规"实现"人

---

① 中共中央文献研究室编：《建国以来重要文献选编》第 9 册，中央文献出版社 2011 年版，第 493 页。

② 中共中央文献研究室编：《建国以来重要文献选编》第 9 册，中央文献出版社 2011 年版，第 492 页。

③ 中共中央文献研究室编：《建国以来重要文献选编》第 8 册，中央文献出版社 2011 年版，第 197 页。

民群众利益。1956 年 9 月中国共产党第八次代表大会将民主集中制的经验教训总结反映在党章对民主集中制的新阐释上。在继承七大党章民主集中制规定的基础上，增加了任何党员和党组织都受到来自自上而下和自下而上的监督；各级党组织应加强上下级之间的生动活泼的联系，凡属全国性质的问题和需要在全国范围统一决定的事情，由中央集中统一处理事情，由中央统一集中统一领导，凡属地方的问题和需要地方决定的，有利于因地制宜，可以由地方决定；"党的各级领导机关必须经常听取下级组织和党员群众意见，研究他们的经验，及时地解决他们的问题"①；将原来的"民主基础上的集中和集中领导下的民主"修改为"民主基础上的集中和集中指导下的民主"②。"领导"与"指导"一字之差蕴意深刻。邓小平在《关于修改党的章程的报告》中指出，"对于党的民主集中制作了比较充分的规定。这些规定，是我们党组织生活的多年来经验积累的结果"③。关于党在国家中的领导地位与行政的关系，"党是阶级组织的最高形式，指出这一点，在今天党已经在国家工作中居于领导地位的时候，特别重要。这当然不是说，党可以直接去指挥国家机关的工作"④。党领导国家机关工作是通过在这些机关中的党员和领导干部组成党组来保证党的路线方针政策的执行和研究摸清机关工作的。党与群众团体的关系也应当如此。1956 年毛泽东的《论十大关系》标志着探索有别于苏联的符合中国国情社会主义建设的开始。毛泽东深刻阐释了中国社会主义建设中的工业与农业、重工业与轻工业、沿海与内地工业等十对矛盾问题，这一社会主义建设思想直到今天仍具有指导意义。毛泽东还就中央与地方关系指出："我们要提倡同地方商量办事的作风。党中央办事，总是同地方商量，不同地方商量从来不冒下命令"⑤；在中国和外国的关系上，毛泽东再一次告诫全党，要深刻总结苏联的经验教训，以苏为鉴，走自己的路。毛泽东在马克思主义辩证法的理论上说明，在社会主义建设中矛盾是不会消失的，因此"我们的任务，是要正确处理这些矛盾。这些矛盾在实践中是否能完全处理好，也

① 中国革命博物馆编：《中国共产党党章汇编》，人民出版社 1979 年版，第 155 页。
② 中国革命博物馆编：《中国共产党党章汇编》，人民出版社 1979 年版，第 155 页。
③ 《邓小平文选》第 1 卷，人民出版社 1994 年版，第 225 页。
④ 《邓小平文选》第 1 卷，人民出版社 1994 年版，第 236 页。
⑤ 《毛泽东文集》第 7 卷，人民出版社 1999 年版，第 31 页。

要准备两种可能性，而且在处理这些矛盾的过程中，一定还会遇到新的矛盾，新的问题。"① 毛泽东深刻认识到，在社会主义经济建设、政治建设、文化建设中人民内部矛盾与阶级矛盾的科学区分问题，明确提出了如何正确处理人民内部矛盾的辩证法思想，既阐释了民主与集中的具体矛盾形式，又明确提出了正确处理的方法。这是又一次在历史的经验教训深刻总结和推进社会主义建设的认识论上阐释民主集中制的理论问题。在 1956 年至 1957 年大体近两年的时间里，中国共产党人对党的组织制度和国家制度的民主集中制所作出的深刻反思，突出了问题导向，针对党内和政府机关中存在的命令主义、主观主义、脱离群众、脱离组织等问题进行了严肃的批判。

中国共产党第二次对破坏民主集中制的反思是针对"文化大革命"发生和如何防止类似问题重演、着眼于长久性的制度规范的考虑。"文化大革命"对民主集中制破坏的原因在于，一个是个人迷信和权力高度集中；另一个是搞所谓的"大民主"造成社会秩序混乱。党的十一届三中全会是中国共产党再一次总结民主集中制和恢复、发展民主集中制的一个新的起点，《中国共产党第十一届中央委员会第三次全体会议公报》指出，"由于在过去一个时期内，民主集中制没有真正实行，离开民主讲集中，民主太少，当前这个时期特别需要强调民主，强调民主与集中的辩证统一关系，使党的统一领导和各个生产组织的有效指挥建立在群众路线的基础上"②。在指出这一正确判断的同时强调要加强民主制度的完善，但不是无政府主义、不是反对集中，集中不是个人或少数人权力专断，而是民主基础上的"集体领导"的集中，它标志着我们开始恢复党的八大党章关于民主集中制的规定性，同时构建民主与法制的关系。"为了保障人民民主，必须加强社会主义法制，使民主制度化、法律化，使这种制度和法律具有稳定性、连续性和极大的权威，做到有法可依，有法必依，执法必严，违法必究。"③ 这是中国共产党人对民主集中制所达到的新的认识。党的十一届六中全会所作出的《关于建国以来党的若干历史问题的决议》，正确处理了

---

① 《毛泽东文集》第 7 卷，人民出版社 1999 年版，第 44 页。
② 《改革开放以来历届三中全会文件汇编》，人民出版社 2013 年版，第 12 页。
③ 《改革开放以来历届三中全会文件汇编》，人民出版社 2013 年版，第 12 页。

毛泽东思想与毛泽东个人晚年的错误，改正错误，将毛泽东说正确的没有做和没有做好的做起来。邓小平关于《党和国家领导制度的改革》的讲话进一步总结了破坏民主集中制的教训，基于坚持和完善民主集中制的经验制定创新发展的理论和实践路径。"我们过去发生的各种错误，固然与某些领导人的思想、作风有关，但是组织制度、工作制度方面的问题更重要。"① 邓小平从三个维度上分析民主集中制遭到破坏的原因。一是与旧思想旧观念有关。中国长期的封建社会所形成的长官意志的陈腐思想还没有完全革除，它会在一些人的思想和行为中有所表现。二是制度本身的原因。在共产主义运动史上所形成的民主集中制包含集体领导和个人负责两个方面，但个人负责经常脱离集体领导，给个人专权和官僚主义造成了滋生的客观条件。邓小平指出，"斯大林严重破坏社会主义法制，毛泽东同志就说过，这样的事件在英、法、美这样的西方国家不可能发生。他虽然认识到这一点，但是由于没有在实际上解决领导制度问题以及其他一些原因，仍然导致了'文化大革命'的十年浩劫"②。这个教训的深刻之处就在于，使中国共产党充分认识到既要从人本身的主观因素也要从制度的客观因素相结合方面探索问题的原因。三是法制不健全和没有得到很好遵守。对此邓小平提出了一个完善民主集中制的路径，即应当是有利于发挥社会主义制度的优越性，制度本身能够保证好人做好事、坏人做不成坏事。邓小平提出了党和国家领导制度改革、创新发展的三个检验标准，即"要在经济上赶上发达的资本主义国家，在政治上创造比资本主义国家的民主更高更切实的民主，并且造就比这些国家更多更优秀的人才"③。

　　邓小平和中国共产党人在改革开放、探索中国特色社会主义建设的历史逻辑上，开辟了坚持和完善民主集中制的理论和实践道路。邓小平开拓了对民主集中制概念进一步思考的先河，他曾经指出，"民主集中制问题是根本制度的问题，我们总有一天会把这个问题表述清楚"④。在1979年3月召开的党的理论务虚会议上，邓小平就在社会主义制度中来思考民主集中制的新阐释问题了："我们实行的是民主集中制，这就是民主基础上

---

① 《邓小平文选》第2卷，人民出版社1994年版，第333页。
② 《邓小平文选》第2卷，人民出版社1994年版，第333页。
③ 《邓小平文选》第2卷，人民出版社1994年版，第322页。
④ 《邓小平年谱（1975—1997）》下，中央文献出版社2004年版，第1351页。

的集中和集中指导下的民主相结合。民主集中制是社会主义制度的一个不可分的组成部分。在社会主义制度之下，个人利益要服从集体利益，局部利益要服从整体利益，暂时利益要服从长远利益，或者叫做小局服从大局，小道理服从大道理。"① 这段论述既包含对于民主集中制内涵的简要阐释，也包含民主集中制的功能两个方面。就民主集中制的功能来说，民主集中制的体制机制就是用以解决民主与集中的矛盾，或者说，民主与集中的矛盾是通过"民主集中制"的制度来协调处理。因此，可以说民主集中制是民主的关系体系，"民主集中制"是民主制的一种特有体制机制的制度设置，是一个有机的整体，"结合"二字不是民主与集中的相加，如果将其理解为是"民主制"＋"集中制"，那么这种理解恰恰是民主基础上的集中，而集中就会与民主相脱离，是集中领导与个人负责相脱离的现实表现。那些强调要"民主制"而不要"集中制"的观点，恰恰是将"结合"等同于相加的加号（"＋"）。在理论上，民主集中制是社会主义民主制的"民主矛盾"的辩证法，在实践上是实现民主的整体性的体制机制的制度，出现集中与民主相脱离的问题，是操作性的。

邓小平对"民主集中制问题是根本制度的问题"② 的研判，是改革开放以来坚持和完善民主集中制的主题。毛泽东将民主集中制与人民代表大会制度或政体相等同，邓小平将民主集中制作为根本制度，两者是一致的。以党的纪律和国家法律加以规范强化对民主集中制的根本遵循，以发挥社会主义制度优越性的功能为工具，坚持与完善民主集中制成为中国特色社会主义制度发展的极为重要的方向标。1978 年，邓小平在与匈牙利社会主义工人党总书记的谈话中就指出了这一点：共产党的领导是我们社会主义制度的优越性，但党的领导有监督、有制约，"再如民主集中制也是我们的优越性。这种制度更利于团结人民，比西方的民主好得多"③。党的十二次代表大会通过的党章突出了"在高度民主基础上实行高度集中"，这两个"高度"一方面是基于恢复民主集中制的要求；另一方面是计划经济体制向市场经济体制转变两个方面问题的叠加。高度民主，在党内强调

---

① 《邓小平文选》第 2 卷，人民出版社 1994 年版，第 175 页。
② 《邓小平年谱（1975—1997）》下，中央文献出版社 2004 年版，第 1351 页。
③ 《邓小平文选》第 3 卷，人民出版社 1993 年版，第 257 页。

了党员权利和党员的批评、监督的权利，以此制约个人和少数人专断。在
经济建设方面，邓小平提出了以经济民主克服单一的指令性计划的思想，
"现在我国的经济管理体制权力过于集中，应该有计划地大胆下放，否则
不利于充分发挥国家、地方、企业和劳动者个人四个方面的积极性，也不
利于实行现代化的经济管理和提高劳动生产率。应该让地方和企业、生产
队有更多的经营管理的自主权"①。在社会管理体制上，原来的"政社一
体"格局开始松动，社会民主开始涌动。在这种条件下，各种反社会主义
思潮也兴盛起来，这是对中国共产党的严峻考验。中国共产党的科学社会
主义信念没有变，必须在开辟中国特色社会主义道路上进行自我革命，决
心和勇气的一个重要方面就表现为在坚持和创新发展民主集中制的逻辑上
实现改革开放的良性秩序。邓小平指出，"解放思想，开动脑筋，一个十
分重要的条件就是要真正实行无产阶级的民主集中制。我们需要集中统一
的领导，但是必须有充分的民主，才能做到正确的集中"②。党的十二大党
章关于民主集中制的界定体现了党的建设、经济建设、社会建设的发展要
求。1992 年，党的十四次代表大会报告提出了"坚持和健全民主集中制"
的新要求③；对民主集中制的表述是"民主基础上的集中和集中指导下的
民主相结合"④。可见，邓小平对民主集中制的界定已经稳定化。《中共中
央关于加强党的建设几个重大问题的决定》，是党的十四届四中全会通过
的重大决定，深刻总结了党的组织制度的建设规律，从着眼于党的组织制
度不断完善的发展要求出发，将健全民主集中制作为一个重大问题提到党
的建设和国家制度建设的议程上来，在马克思主义的认识论上加以阐释民
主集中制的科学内涵："民主集中制是民主基础上的集中和集中指导下的
民主相结合的制度，是马克思主义认识论和群众路线在党的生活和组织建
设中的运用。"⑤ 这是在全党的重大决定的纲领性文件中首次将民主集中制
上升为马克思主义的认识论层次。江泽民在党的十四大、十五大的报告中

① 《邓小平文选》第 2 卷，人民出版社 1994 年版，第 145 页。
② 《邓小平文选》第 2 卷，人民出版社 1994 年版，第 144 页。
③ 《江泽民文选》第 1 卷，人民出版社 2006 年版，第 250 页。
④ 《江泽民文选》第 1 卷，人民出版社 2006 年版，第 250 页。
⑤ 中共中央文献研究室编：《十四大以来重要文献选编》中，中央文献出版社 2011 年版，
第 6 页。

都在"健全党的民主集中制"途径上阐释民主与集中、民主与党员权利、党员权利与义务、民主与纪律；党的集中统一领导与纪律、方法等重大问题①。"健全"二字，既是坚持与创新发展的关系又是强调配套制度建设的基本要求。党的十六大报告深刻阐释了坚持与健全民主集中制的基本理论和实践发展方向："坚持和健全民主集中制，增强党的活力和团结统一。民主集中制是民主基础上的集中和集中指导下的民主相结合的制度。党内民主是党的生命，对人民民主具有重要的示范和带动作用。要以保障党员民主权利为基础，以完善党的代表大会制度和党的委员会制度为重点，从改革体制机制入手，建立健全充分反映党员和党组织意愿的党内民主制度。"②胡锦涛在1998年《加强民主集中制，发挥领导班子整体功能》的讲话中强调，"在建设有中国特色社会主义新时期，在改革开放特别是发展社会主义市场经济的条件下，更要坚持和健全民主集中制"的重大意义；总结"党的十一届三中全会特别是党的十四大以来，民主集中制建设有了明显进步，形成了一系列具体制度，党的领导和党内生活逐步走上制度化、规范化轨道"③。这就是中国共产党人坚持与健全民主集中制的道路。党的十七届四中全会指出，"建立健全以党章为根本、以民主集中制为核心的制度体系，推进党的建设科学化、制度化、规范化，发展党内民主，保障党的团结统一，增强党的创造活力"④。以民主集中制为核心的党的制度体系建设的新要求，是治党、管党的重要抓手。由此，制度治党的观念意识不断深化。党的十八大以来，从全面从严治党的要求上深刻认识健全民主集中制的现实和历史意义，将制度治党的思想上升为党的自我革命的高度，并以党的建设之规律加以科学的确认。习近平总书记指出："抓紧建立健全民主集中制的具体制度，着力构建党内民主制度体系，切实推动民主集中制具体化、程序化，真正把民主集中制重大原则落到实处。"⑤党中央

① 参见《江泽民文选》第1卷，人民出版社2006年版，第250—251页，第2卷，人民出版社2006年版，第44页。

② 《江泽民文选》第3卷，人民出版社2006年版，第570页。

③ 《胡锦涛文选》第1卷，人民出版社2016年版，第341—342页。

④ 中共中央文献研究室编：《十七大以来重要文献选编》中，中央文献出版社2011年版，第144页。

⑤ 中共中央文献研究室编：《十八大以来重要文献选编》上，中央文献出版社2014年版，第488页。

明确提出了完善党内法规的路线图和时间表，以"党章为根本，以民主集中制为核心"是完善党内法规制度体系的规范路径，"到建党一百周年时全面建成内容科学、程序严密、配套完备、运行有效的党内法规制度体系"①。习近平总书记对党领导人民有效治理国家的途径指出了"我们要按照宪法确立的民主集中制原则、国家政权体制和活动准则，实行人民代表大会统一行使国家权力，实行决策权、执行权、监督权既有合理分工又有相互协调，保证国家机关依照法定权限和程序行使职权、履行职责，保证国家机关统一有效组织各项事业"②。党内与国家政权组织的民主集中制既密切联系、不可分割又有区别，对两个方面的完善和发展构成了改革开放以来党和国家制度建设的重要内容，取得了可喜的成就。

通过上述针对斯大林对民主集中制破坏的反思所形成的两种路径，可以清晰地看出，中国共产党对民主集中制的坚持与创新发展的自我完善，真正使马克思主义民主制度理论在中国化的路径上推向新的历史高度，它代表着世界历史的与资本主义民主制度相区别的更加民主、更加有效率、更加管用的优越制度的发展方向。

三　中国特色的民主集中制创新：治国理政的根本制度形式

自民主集中制传入中国以来，中国共产党人在马克思主义中国化的历史逻辑和实践逻辑上通过经验教训的科学总结，创造了马克思主义民主理论的新里程碑。自民主集中制被确认为党的组织制度以来，我们对其认识不断加深，已经成为党的根本组织原则、组织制度、领导制度，同时也是人民民主的国家制度，"坚持和完善"是民主集中制发展实践形态，它建立在理论自信、制度自信的基础上。

（一）民主集中制的理论释义

民主集中制是马克思主义民主制度理论中国化的理论成就。前述已经

---

① 中共中央文献研究室编：《十八大以来重要文献选编》上，中央文献出版社2014年版，第478—479页。

② 《习近平谈治国理政》第1卷，外文出版社2018年版，第139页。

充分说明马克思和恩格斯奠定了创建工人阶级政党组织制度的基本原理，特别是列宁所创建的民主集中制组织原则和组织制度的理论与实践形式具有重大的历史意义。但列宁并没有完成它的更科学、更规范的建构。由于斯大林缺少对民主集中制的进一步创新发展，而在他所破坏的经验上所出现的要民主制还是要集中制释义，基本上是取消集中制回归民主。真正把握民主集中制的准确含义，应在中国共产党近百年创造民主集中制的历史和实践逻辑上加以体认。中国特色的民主集中制代表着科学社会主义民主制的鲜活生命力，它是由规范的价值原则和组织制度、领导制度、决策制度、实现形式所构成的整体制度。

1. 民主集中制的历史唯物主义基础理论

马克思主义政党为什么构建民主集中制的组织制度，为什么以民主集中制作为组织原则、组织制度、领导制度？这就必须深刻认识人类社会历史规律、社会主义革命和建设规律、共产党自我创建、构建国家、完善国家制度发展社会主义的逻辑。这必须从辩证唯物主义和历史唯物主义的根基与马克思主义政党的使命担当逻辑上加以阐明。民主集中制不仅是工具，而且有着内在的马克思主义历史科学的立基和价值理性的规定性。

一般来说，原则是言行的标准、尺度、准则，作为社会政治行动的原则，民主集中制就是无产阶级民主理论与实践相统一的原则。马克思主义的民主理论是科学社会主义的重要组成部分，以民主集中制作为组织制度的原则，它包含无产阶级的世界观和价值观、方法论的统一。恩格斯以"世界观"来指称马克思所创立的新唯物主义的哲学，世界统一于物质的基本原理是其基础，物质世界的内在矛盾运动的对立统一是其运动性存在的基本形式，人的观念能动地反映物质世界及其运动的规律是自然科学的任务，但世界观是人们对世界的总的看法和根本观点，世界观就是理论形态的世界。古代朴素唯物主义、18世纪法国机械唯物主义、费尔巴哈的人本学唯物主义、宗教神学和以头立地的哲学唯心主义都是不同理论观念形态的世界观。马克思继承了旧唯物主义的世界观并将其提升到辩证唯物主义境界，创立了无产阶级的世界观和方法论。恩格斯将马克思的辩证法界定为自然界、人类历史和思维本身的规律，即"辩证法的规律是从自然界的历史和人类社会的历史中抽象出来的。辩证法的规律无非是历史发展的这两个方面和思维本身的最一般的规律。它们实质上可归结为下面三个规律:量转化为质和质转化为量的规律;对立的相互渗透的规律;否定的否定的规律"①。从对自然界的认识来说,马克思和恩格斯所处的历史时代,优秀的自然科学家们已经达到了对自然界自在自为辩证运动规律的解释,是马克思和恩格斯将自然科学家还处于非自觉状态的自然辩证法转变为理论的自觉。马克思、恩格斯能够实现这一步飞跃,当然受到黑格尔唯心主义辩证法的深刻影响,黑格尔的自然哲学将自然科学家研究成果引入他的唯心主义辩证法中,以绝对精神的外化和异化、对象化解释自然界现象的规律而构建他的自然哲学。不仅是黑格尔,德国古典哲学家康德也以人的认识能力和界限构建的《纯粹理性批判》就是自然哲学的一种,而且是其体系哲学的开端和基础。费希特的知识论也是如此,谢林的自然哲学既是其理论体系的奠基又是揭示人的诞生和在世的一种哲学,黑格尔克服了他们的不足并汲取了优点,达到了唯心主义的最高程度,但他把辩证法强加于自然界的问题就在于,以绝对精神自我创造来构造自然界的辩证运动。应当说黑格尔的自然辩证法比马克思和恩格斯先走了一步唯心主义,马克思和恩格斯在此基础上对其唯物的改造就结合了自然科学家所达到的最新成就。那些反对自然辩证法的人,将自然辩证法说成是恩格斯的发明是极为不准确的。黑格尔的客观辩证法就包括自然辩证法在内。其实,康德在自然界的认识论上就已经清除了上帝,自然界的自我生成是他的世界观的立基,在对人类社会的伦理世界上,康德又退回到唯心主义,将人类社会的现象规律解释为大自然隐秘的计划,再次迎回上帝。马克思的新唯物主义的彻底性,是彻底清除一切唯心主义关于自然界的前提预置,在世界的物质统一性上实现了唯物主义与辩证法的结合。马克思主义的实践观是自然界、人与自然间的物质变换关系构成的世界的图景,世界观就是在这个历史的逻辑上发生演变的,它是由人们的实践活动的水平所决定的,这就解释了世界观本身的历史。实践逻辑上的唯物史观包含辩证唯物主义和历史唯物主义。辩证唯物主义是世界观和方法论层面的,但辩证唯物主义不仅仅是指自然辩证法,那种将自然辩证法在历史领域进行应用来界说历史唯物主义,会制造出人类社会历史规律等同于自然规律的结论是极为严重的。

东欧的实践派哲学对"斯大林专断"进行反思的理论逻辑,就认为恩

---

① 《马克思恩格斯文集》第 9 卷,人民出版社 2009 年版,第 463 页。

格斯将自然规律等同于人类历史规律，列宁继承了恩格斯的思想将社会的物质生产规律提升到人之上而统治人，这就是权力专断的理由。这其实是理论与实践关系的问题，而关键在于理论。东欧的实践派哲学和西方一些学者对恩格斯的误解，就在于斯大林将自然辩证法推广到人类社会就是历史唯物主义的解释，这是其一；其二，将自然辩证法与人类社会"历史辩证法"两个概念混淆起来。马克思和恩格斯从来都没有将人类社会历史规律等同于自然规律，马克思所说的历史规律的自然性，是指历史规律类似于自然规律，它是客观的，不以人的意志为转移。历史辩证法是以人与自然界的物质变换为基础而创造人们生活所形成的生产力与生产关系、经济基础与上层建筑之间的辩证运动，其客观性在于人们不能任意地选择生产力，因为它是历史的成就或结果。这当然与自然辩证法有关系。人是自然界的一部分，但人以生命对象化的实践最基础的层面就是与自然界的物质变换，利用自然界、认识和改造自然界无疑是以自然界为对象的自然科学的活动，它包括自然规律和知识向技术转化的物质生产力发展过程及其历史成就，但人们作为关系生存的社会关系是以所有制为基础的，所有制又是由生产力发展水平所决定的。正是在这种逻辑上马克思才说生产力的发展与自然科学的发展、人的关系（社会关系）发展是同一历史过程的一体两面。因此不可能在自然规律上来解释人类历史。黑格尔在唯心主义历史辩证法上，将自然界的物理规律与人类社会法的规律加以区分，在人类社会历史规律上将人与自然界的物质变换作为人的物化环节来看待，而社会历史的演变只是作为绝对精神的必然性的否定之否定。马克思将现实的人们的生活与自然界的物质变换作为历史的开端贯穿于人类历史的始终，在这层基础关系上深刻揭示由生产力发展水平决定人们之间的社会关系的基本原理。从马克思关于人类社会三阶段和两阶段划分来看，马克思的人类社会历史理论就更加清晰了。从人的依赖性、物的依赖性、人的自由个性三阶段来看，人的依赖性包括了原始共产主义的人与人平等依赖的共同体阶段，这时每个人都以共同体为前提，共同体就是个体的生命，以生命为对象的生产就是再生产共同体，但结果却是对原始共同体的否定，也包括对个体间平等的否定，这就是奴隶社会和封建社会，这是以主从关系为依赖的虚假共同体生存方式。封建制的自我否定是资产阶级社会，资产阶级和无产阶级的原始生成就是被解放的农奴，随着机器生产力的发展资产阶级和无产阶级分化出来，这是以"物的依赖性"和"物的关系"掩盖人的真实关系的时代。对资本主义的否定是共产主义，即人的自由个性或人的全面而自由发展的社会。对于这三个阶段的历史演变，马克思深刻揭示出人的依赖性和物的依赖性两个大的阶段都是建立在物质生产力自然而然的发展水平上，资产阶级利用了以前积累的物质生产力发展的历史成就，并以它的生产力总和为前提，使生产资料资本化来建立资产阶级的生产关系，开辟了资本主义时代。这也就是说，人的依赖关系和物的依赖关系两个大的时代都是由生产力总和所决定的，而在掌握了这个规律的前提下，无产阶级能动地自觉地革命结束资本主义的自然史，开辟无产阶级的世界历史的新时代，自觉能动地促进生产力的发展和人的发展，实现人的自由个性。但无产阶级不再按照生产力总和决定而是支配生产力总和为人的发展服务，这就是共产主义第一阶段的规定性，即以自由人联合体的生产关系控制和利用生产力总和，并符合"促进生产力发展规律"，将合乎人的目的性与合乎规律的双重逻辑统一起来。由此，马克思又将人类社会历史划分为将"前共产主义"与共产主义两个阶段，"前共产主义"就包括人的依赖性和物的依赖性两个大的阶段，合乎目的性和合乎规律性相统一的规定性，要求以自由人联合体的生产关系和政治关系支配生产力总和并促进其发展。这就是受生产力总和支配和支配生产力总和两个不同的历史阶段的本质差别。从中可以看出，马克思在对历史阶段的划分中也揭示了不同阶段发展规律的不同，这也是马克思在政治经济学批判中进一步深化《共产党宣言》和《德意志意识形态》中的历史理论所确证的。马克思关于"自由人联合体"的"自由人"在一个层面上是指具有个体自由的人，一个是指共产主义社会中的自由而全面发展的各个人。其中前一个"自由人"具有历史的维度，但奴隶制和封建制时代指那些非奴隶非贵族的经常流动的人，资本主义时代，法律上已经确认了人格独立，但这只是在雇佣劳动与资本结合逻辑中个人出卖自己劳动力的自由，结束资本主义的共产主义的"自由人"，是指个人间非雇佣劳动的合作劳动的个人。但如何进行合作劳动的问题是马克思和恩格斯都没有深入探讨的。

2. 民主集中制的价值理性与工具理性的统一：党组织制度与国家民主制度

在马克思和恩格斯的论证逻辑上，落后国家进行社会主义革命和社会主义建设基本上以公有制的生产关系、劳动人民当权的政治民主制度来对旧社会进行改造为指导思想。这是列宁对苏联社会主义发展阶段划分初步探索极为重视的问题。列宁坚持的是：党的民主集中制是以科学社会主义原则为理论基础的，民主集中制的一个维度是以党员权利为基础；另一个是领导无产阶级革命的策略。列宁在策略论上论证较多，对党员权利这一维度的理论论证较少。列宁在十月革命后总结布尔什维克发展的经验教训时，突出强调布尔什维克坚定的马克思主义信念和勇于牺牲的意志、钢铁般的纪律是其成功的关键。这就包含马克思主义原则是组织制度的前提，是理论与实践的一致性。但列宁也认识到，理论到实践的飞跃是一个艰难的过程，一方面，理论的生命力在于实践的直接的现实性；另一方面实践又是在理论指导下的再创新，再以创新的理论指导实践，这是理论与实践的循环。在这个循环发展的历史逻辑中马克思主义的世界观是其不变的原则，马克思主义的辩证法的方法论是认识问题、改造客观世界和改造主观世界的工具。马克思主义的世界观和方法论不可分离，它是无产阶级革命和社会主义建设的原则性规定，当然方法论本身也是要发展的。列宁奠定的马克思主义的世界观和方法论是民主集中制的原则的基础，这也是他在民主集中制的策略论中强调理论立场决定策略立场的理据。列宁没有将民主集中制推进到苏维埃的组织制度中的原因，就在于马克思主义政党的原则立场是无产阶级，它只适用于共产党的组织制度，而工农联盟的农民，除了农业工人外大部分还不是无产阶级。这种理解是苏联到"勃列日涅夫宪法"才将民主集中制作为苏维埃的组织制度，这也是因为在发达的社会主义判定逻辑上认为阶级差别已经消亡。

中国共产党在中国革命和社会主义建设的实践中，使民主集中制的组织原则在两个相互联系不可分割又有差别的党的组织制度和国家的组织制度中，形成了具有中国特点的民主集中制原则。在党的组织制度上，党员权利与一般民主的"权利"本体有本质的差别。共产党员首先是马克思主义的信仰者，具有为共产主义奋斗的坚定意志，遵守组织制度章程规定，这个共产党员的条件就是组织制度的原则。从这个层面来说，党性就是高度集中的原则。这正是列宁在开创党的民主集中制组织制度之初将马克思主义哲学作为最高原则的原因。列宁将理论、策略、政治三者统一在无产阶级最高形式的党组织中。由此可见，只要阶级还未消亡、共产主义还未实现,这个层面的"集中"也就不会消亡。恩格斯和列宁的权威论就包含"马克思主义理论"的权威。人们在反思解读列宁的民主集中制概念内涵时,只关注"革命家组织"这个维度的集中而忽视了党性这个更根本的维度。离开党性这个根本的原则,孤立地来看民主集中制中的"民主"与"集中",就会产生在和平时期只需要民主制而不需要集中制的误解。中国共产党人继承了列宁关于组织原则的理论阐释,在实践中以马克思主义中国化的理论立场坚持与完善发展民主集中制取得了巨大成就,使世界上最大的政党保持了团结统一。在马克思主义理论指导下,中国共产党人创造性地将民主集中制推进到人民民主专政的国家权力组织制度的构建,并在实践中形成了创新发展的路径。

人民民主的民主集中制的基本规定性,是人民"权利"及其实现方式的基本原则。显而易见,"人民权利"与"党员权利"明显不同。中国社会主义的人民权利具有阶级属性和包容性的特点,因此对人民权利应在民主的一般性与特殊性的关系上来解读。资产阶级的民主也要从人民权利上解读,但资产阶级民主也是一种特殊性,如果将其作为一般的普遍性就会得出错误的结论。在解读民主集中制的问题上,一种典型的认识就是将西方民主形式作为普遍标准来消解中国社会主义民主集中制的原则前提。在党的组织制度和人民民主专政的组织制度两个方面理解民主集中制的原则,既有共同的一面也有差别的一面。党性原则是党的民主集中制所特有的;人民性是国家权力的民主集中制的基本原则,这是差别的方面。在二者的统一性和共同性方面,党性与人民性是高度统一的,党性是无产阶级意志的最高和最集中的体现,人民性是历史的、具体的、现实的,是广大的人民群众既有利益差别又有根本利益一致的统一性,在党的领导和具体工作中通过民主集中制的国家权力组织体系实现人民利益,"同资产阶级的政党相反,工人阶级的政党不是把人民群众当作自己的工具,而是自觉地认定自己是人民群众在特定的历史时期为完成特定的历史任务的一种工具"①。因此,国家权力的民主集中的根本原则也是党性与人民性的高度统一。那些在国家权力体系中排斥党性只强调人民性的一维判断是不对的,资本主义民主国家也是一种特殊的民主,试问它们的议会是不是

① 《邓小平文选》第1卷,人民出版社1994年版,第217—218页。

政党竞争呢？难道在国家权力体制中没有政党吗？党性与人民性的统一所标明的是：科学社会主义原则的国家权力的民主集中制与西方议会民主的本质差别。

（二）民主集中制的重大理论创新

作为组织制度的民主集中制无论是党的组织制度还是国家权力组织制度都由谁的民主、程序规范、领导体制机制三者构成。"谁的民主"是由民主集中制的原则前提决定的，但它同时体现在民主集中制的程序规范和实质中。程序即形式，形式与实质是一对矛盾，理想的民主是形式与实质的统一，这也是民主的一般规范，但在历史的特殊民主制度中，形式与实质的矛盾是现实的，而在民主集中制组织制度的创立之初，就是通过规避形式与实质矛盾的途径来建立的。但在苏联共产党的历史上这一问题既没有得到科学的揭示，更没有在制度完善的层面思考解决这一问题的方法。中国共产党人在实践的经验教训中自觉地认识到民主集中制的内在矛盾问题，探索解决问题的方法贯穿了各历史时期。领导体制机制包括了将原则贯穿在程序与实质相结合的民主过程的决议和执行中。

1. 民主集中制的三维结构

在民主集中制的整体框架中包含领导、决策、执行的三维结构，这个结构的运行由共时性与历时性构成，在共时性中形成民主基础上的决策，在历时性的实施中一方面实现决策的预期结果，另一方面实施纠错机制；在历时性的决策、执行、评价的循环中一方面使民主集中制的制度得到不断完善，另一方面运用民主集中制的功能实现制度预设的目的。从结构与功能的关系上看，一定的结构预设着一定的功能，功能实现的程度受两方面因素的影响，一个是制度执行的人，另一个是制度本身的缺陷。到底以哪方面的原因为主呢？中国共产党人的反思逻辑是更强调制度的根本性，一方面加强制度的完善，以制度框定人的行为；另一方面强化人的教育、管理、惩处机制，特别强调关键少数的领导干部带头执行民主集中制。

党的民主集中制三维结构中的运行具体体现在民主与集中、集中与民主的关系上。为阐明三维结构的共时性和历时性，首先必须对集中的含义作出基本阐释。以往对集中的解释，指领导核心、民主的共识、民主的纪律部分、执行机构的执行，还有以党创建之初的未经选举的革命家组织等同于集中制，以这些理解中的某一项解释集中都是不全面的，以民主与集中的关系来理解民主集中制，集中有广义和狭义之分。民主基础上的集中是狭义的"集中"、集中指导下民主的"集中"也是狭义的；广义的集中包括原则在内，原则就是民主集中制中理论的、政治的、价值的权威，因此，广义的集中就包括原则在内的民主集中制的共时性和历时性循环，领导核心的集中、决策集中、执行集中都是为实现民主的。"民主基础上的集中与集中指导下的民主相结合"是民主集中制在历史发展中所达到的稳定的表达，这种表达式既是民主集中制动态的运行规范，又在共时性与历时性的运行态中体现民主与集中的关系。在共时性，即一个民主决策的阶段内，民主基础上的集中与集中指导下的民主相结合，其中结合是一种关系，二者有没有时间的顺序？批判民主集中制的观点认为，由于集中指导下的民主在先，而民主基础上集中的民主就大打折扣，体现在选举领域就是任命或委任在前的选举，损伤了民主权利。这种解读的片面性体现在两个方面，其一，将选举等同于没有目标人的"海选"，就这方面来说，西方的政党内部和竞争政府权力的选举也是做不到的；其二，将二者结合的关系拆分开来进行机械性组装。其实，"结合"指的是二者不可分割的循环。在选举的事实逻辑上，集中指导下的民主包括党对领导干部的培养选拔机制、对成熟的干部向党的代表会议推荐，采取民主差额投票，选举领导集体和个人；对党的领导干部的培养考察既有党内的也有来自党外的监督与评价，这种民主不是一次简单的票决，而是随着党的代表大会的历时性周期，在每一次党的代表大会期间所完成的选举，在上一次代表大会的选举以来履行职责中党内考察和来自党内外的民主监督、民主评价的基础上来实现的。邓小平在党的八大修改党章的报告中就指出，党定期召开代表大会就是实现民主集中制的制度设计，"把党的民主生活提高到更高的水平，党中央委员会在党章草案中，决定采取一项根本的改革，就是把党的全国的、省一级和县一级的代表大会，都改作常任制"①。常任制的好处在于，在两次代表大会的周期内可以更便捷更高效地召开各级代表会议，"使代表大会可以成为党的充分有效的最高决策机关和最高监督机关……按照新的制度，党的最重要的决定，都可以经过代表大会讨论。党

① 《邓小平文选》第1卷，人民出版社1994年版，第233页。

的中央、省、县委员会每年必须向它报告工作，听取它的批评，答复它的询问"①。这段论述表明，中国共产党人探索民主集中制的合理性、合法性是经过一系列的经验的累积上升到认识论的，同时还表明在"一次代表大会"中，民主基础上的集中与集中指导下的民主不是时间序列而是共时性的上下贯通体制机制。之所以能够实现这种上下贯通就在于代表大会制度的体制中领导核心的运行机制。体制是机构组成的结构，机制是体制运行的动力系统。党的领导核心是民主选举产生的，是民主集中制历时性动态运行的核心动能，它既是共时态的也是历时态的，而且在历时态的集体领导与个人负责的领导制度中显现得更加充分。

集体领导是民主集中制中的重要制度，同时集体领导本身也是民主集中制的。在民主集中制的整体结构中，集体领导是属于集中的部分，但同时它在民主集中制运行的历时态中是民主集中制的。集体领导是一个组织机构的概念，它在推动民主集中制发挥功能的过程中按照委员会与个人负责相结合的方法进行自我运转。中国共产党在完善和发展民主集中制的历史实践中积累了成功的经验。毛泽东在七届二中全会的报告中结论部分，专门论述党委会的工作方法问题。实际上，这是总结中国共产党建立以来领导制度的经验与教训，并将其上升为认识论的。毛泽东提出了党委会工作方法的十二条原则，其中首条就提出领导核心（委员会的班长）与委员、集体决策与分工负责制关系的处理方法。毛泽东所提出的十二条方法就是集体领导制度落地的指导手册。自党的第六次代表大会修订党章将"集体领导"作为执行民主集中制的一个重要内容以来，以毛泽东为主要领导的中国共产党人在中国革命的历史实践中不断完善其方法，既克服"极端民主"又严格制约少数和个人专权，在委员会与个人负责相结合的探索中形成了独特的制度安排。毛泽东提出的委员会制度运行的十二条方法，由党中央确定下来后成为新中国成立后党的领导的工作方法。回溯历史，毛泽东在井冈山农村革命根据地和中华苏维埃共和国时期就开辟了探索集体领导的道路。《乡苏怎样工作?》《必须注意经济工作》《关心群众生活，注意工作方法》等都关涉党的集体领导这一重要问题。在这些充满经验总结的论述中内含深刻的马克思主义世界观、历史观和方法论的理论

---

① 《邓小平文选》第 1 卷，人民出版社 1994 年版，第 233 页。

逻辑。毛泽东于1943年所写的《关于领导方法的若干问题》成为中国共产党集体领导方法，并经中央委员会决议固定下来，也成为领导方法的认识论。中共中央于1956年集中反思斯大林的错误和纠正中国共产党内的官僚主义弊端，在《无产阶级专政的历史经验》和《再论无产阶级专政的历史经验》中一致强调群众路线是领导方法的认识论、一定要加以坚持和落实，它是反对官僚主义和极端民主的利器。1956年，邓小平在关于修改党章的报告中进一步深刻阐释了党的委员会制就是集体领导与个人相结合的民主集中制的重要部分，"民主集中制是我们党的列宁主义的组织原则，是党的根本的组织原则，也是党的工作中的群众路线在党的生活中的应用"[①]。党章中关于党的集体领导的规定，主要以《关于领导方法的若干问题》和《党委会的工作方法》为主要内容而变成条例化的行为遵循。改革开放以来，我们以民主集中制作为党的组织理论和根本组织制度、党的法宝，在坚持中创新，将党的领导方法作为"制度化"加以确认。党的十八大以来，以党章为遵循修订和完善党内法规的指导思想就是以民主集中制为核心，建构完整的相互配套的具体制度体系，包括规则、规定、办法、细则等，其目的就是在国家治理中发挥党统揽全局使人民群众有序参与国家治理、在参与中提升治理国家和社会事务的能力。

国家政权组织的民主集中制与党的民主集中制的三维结构既有类似又有差别。人民代表大会制度是国家的政体。它是在新民主主义革命胜利构建新民主主义国家、以国家政权为保证建设新民主主义的政治、经济、文化的理论与实践性统一的逻辑上所建构的。新民主主义社会的阶级构成是一个结构体系，即无产阶级通过共产党领导的、以工农联盟为基础的，包括革命阶级在内的联盟，人民民主专政国体的性质就是这个阶级结构的性质，因此它决定了人民代表大会的民主就是革命阶级通过共产党领导的民主。这种人民民主既不是无产阶级的民主也不是资产阶级的议会民主，中国共产党成功地设计了民主集中制的政体形式。毛泽东深刻指出，这种政体形式与各个革命阶级的民主内容是一致的，国体的性质与政体形式是一致的，这两个一致性规避了资产阶级国体性质与政体形式的矛盾。资产阶级国家的性质被称为"全民国家"或"国民国家"或"全民民主"，但政

---

① 《邓小平文选》第1卷，人民出版社1994年版，第225页。

体却是议会党争政治。美国民主制度建构者麦迪逊就论证了这种党争的议会政治是限制民众的理性，并由无知与竞争所造成的无序，针对这种制度设计，麦迪逊明确是按共和制设计的而不是按民主制，党争的共和制政体就是美国所需要的政治。① 那些对美国政治作所谓民有、民治、民享的过度解读，与政体设计者们如何设计它的理念和现实化相差甚远。马克思认为，美国是人类社会历史上最现代的国家，但它是金钱民主和抽象权利的矛盾。毛泽东认为，资产阶级民主是国体与政体的矛盾；而中国新民主主义社会的政体是国体与政体的一致。这种一致性就在于阶级结构的性质通过政体的内容来体现、民主集中制的政体形式是实现这一内容的；具有民主权利的各个阶级的利益作为民主的内容在民主集中制的形式中实现，这便是民主集中制的内容与形式的统一。新民主主义的国家不是一个无产阶级的民主，以无产阶级领导的工农联盟为基础的各革命阶级的联盟是"人民"概念的含义，因此，新民主主义的国家既是人民的也是民族的，是历史传承与无产阶级通过共产党领导的在科学社会主义历史方位上创造的相统一。

自阶级产生以来的国家都是阶级国家，由新民主主义社会过渡到社会主义社会，国体的性质已经发生变化，即已成为劳动人民当家作主的国家，但国体性质的表述还是沿用人民民主专政，而没有使用"无产阶级专政"这一概念；其理由在于社会主义社会还依然存在阶级，以无产阶级领导的工农联盟为基础的"人民"还存在"人民内部矛盾"，虽然"人民"的含义发生了变化，可以等同"无产阶级"，但人民还包括一切爱国者和拥护社会主义的人；人民还包含不同的阶层和民主党派。民主党派在新民主主义革命时期是小资产阶级性质的，经过社会主义改造它们已经基本成为自食其力的劳动者，民主党派是人民内部的阶层属性，各民主党派既经过选举成为人民代表进入人民代表大会的权力体制，又通过政党合作与政治协商会议作为政治制度的有机构成部分。人民政协既非主权也非治权的参政、议政、监督、团结等功能是通过民主集中制的政体发挥作用的。由此可见，作为政权组织形式的民主集中制与党内的民主集中制不同，前者

---

① 参见［美］汉密尔顿、杰伊、麦迪逊《联邦党人文集》，程逢如等译，商务印书馆1980年版，第48—49页。

更强调了国家权力的"人民性"，后者是"党性"，这是两种民主集中制的差别。党性是人民性的集中的最高的统一，政权组织形式之所以能够实现民主的内容就在于党的领导制度的民主集中制功能的发挥。人民代表大会三维结构的运行态比党内的民主集中制复杂得多，它要靠党的民主集中制来实现。党内的民主集中制不是内循环，而是内外连接的群众路线，两个民主集中制形成共时性与历时性的互动关系。

人民代表大会制度是民主集中制的，它的三维结构运行态有其独特的共时性和历时性循环逻辑。周期性的人民代表大会选举政府的共时性，是"人民代表"行使国家主权，由其派生治权并向主权机构负责，人民代表大会选举遵循民主程序原则，授权政府代表人民意志并实现人民意志的权限和职能，这是民主集中制的一部分。在实现这一部分的内容和形式统一的过程，它体现了中国特色的"领导式"人民民主制度的显著特征。为显现这一特征，稍加比较资产阶级国家权力的议会民主制度的特点就会更加清晰。议会代表国家主权是通行的法则，议会席位的竞争就是政党派别的竞争，议会席位多数的政党组建行政权力，这不是"党国"吗？美国的国家权力体制较为特殊，议会权力、行政权力、司法权力三权分立，但无论是议会权力还是行政权力无疑都是政党的，就司法中立来说，我们只要来看法官任命的政治竞争和意识形态竞争就显而易见了。党争民主是资产阶级为掩盖阶级差别作出的一种深思熟虑的选择。以"党建国家"解释社会主义国家的诞生是事实逻辑，但西方自由主义指摘社会主义国家是"党国"，因而否定民主；而事实上，对于美国这个"宪法国家"的缔造来说，立宪者们所代表的人民是谁呢？大农场主、大工商资本家、大律师三个集团，虽然当时没有用"政党"，但大资产阶级所缔造的国家不是"党建国家"和"党国"吗？再来看欧洲的阶级国家，哪一个不是资产阶级政党建构的党国？中国特色的社会主义政治制度超越了资本主义，同时也超越了苏联的社会主义政治制度。党领导的人民代表大会制度是通过民主集中制来实现的，在民主集中制的共时性循环中，党领导的民主集中制渗透于人民代表大会民主集中制的全过程。在人民代表大会之外的多党合作和政治协商将意见和建议，通过党的领导带入人民代表大会的决策程序中；作为人民代表的民主党派代表不是"派别的"而是代表选民的。在人民代表大会派生的治权中民主代表既具有政府职能的行政权，也具有监督权，在国法授权的行政决策范围内，民主党派和社会团体的参与和对执行环节的监督都是权利和权力的表达。在行政系统内党的领导是以党委会与分工负责相结合的方法来实现的。因此，民主决策、执行、领导的民主集中制在人民代表大会换届的周期内是历史性的循环，以人民代表大会和"政协"每年会议来贯穿。这种民主集中制是人类社会历史上的独特创造。

2. 民主集中制的矛盾理论

在民主集中制视角下审视民主与集中的矛盾是马克思主义认识论的重要发展。那些反对民主与集中矛盾论的观点有两种看法：其一，集中就是领导核心与民主的矛盾；其二，是民主制与集中制结合的矛盾。对此，解决的办法归入一种，即取消核心使集中制归于民主制。这种解释有两种路径，即在前述中已经分析的一种观点认为民主集中制的初始设计就是矛盾的，另一种认为在特殊时期的民主集中制矛盾具有合理性，但在和平时期应使集中制回归民主，这种解释是具有历史感的发展观念。但无论哪一种都归入取消集中制。通过前述的论证逻辑，显而易见的是，民主集中制的制度设计就是解决民主矛盾的，但同时将民主集中制作为解决民主矛盾的特殊制度，其本身也存在民主与集中的矛盾，这是两个层次的矛盾。

在历史唯物主义的境界看，任何民主都是利益矛盾的集中敞现。在国家产生的逻辑上，国家是阶级矛盾不可调和的产物，专制国家是一种解决社会利益矛盾的工具，民主的国家也是如此。但民主的国家是以民主的形式将社会冲突集中于政治制度的框架下来解决，政治制度就是物质利益的集中器，它不会致使社会断裂。资本主义的民主政治以"全民"和"国民"或抽象的"人民"掩盖民主的阶级属性。在马克思主义的世界观、历史观和方法论基础上看，不但资本主义的民主政治是阶级利益的，而且在资本主义的民主时代，阶级利益的冲突完全暴露出来，将历史上以语言的、民族的、神圣的信仰共同体所蒙蔽的布帘打开，赤裸裸的物质利益的金钱关系敞露出来，所以资产阶级民主采取代议制的"多数决"，或者称之为"计算民主"的基本理论就是以私人利益的最大化作为普遍利益。"多数决"的结果就是普遍利益，无论是选举还是立法、重大决策结果的决议都是如此。问题就在于"多数决"的结果是形式的；而在实质上，它确实体现了物质利益的实质方面，但这个实质是全体民众的吗？这个问题不用我们多说，公共选择学派的研究结论，如阿罗的不可能定理、奥尔森的集体行动的逻辑，以及 18 世纪法国思想家孔多塞的"投票悖论"等，都把这个问题说得再清楚不过了。马克思主义公然申明，社会主义民主依然是阶级社会民主的范畴，但它是高于资产阶级民主的新的历史阶段，它实现了人类社会历史上绝大多数人的民主，而且不仅是"量"的，更重要的是"质"的规定性，或"质性"，即人民的根本利益实现。苏联的社会主义民主在理论上出现的错误，在于对社会主义社会矛盾的长期存在缺乏科学的揭示，斯大林晚年在对政治经济学教科书的意见中注意到了计划经济的优越性，并以其克服价值规律自发性问题，试图以计划经济的科学性实现经济按比例协调发展的问题，试图以政治手段或无产阶级专政来消灭反动派，从而过渡到共产主义。稍加回溯，以毛泽东为代表的中国共产党人在新民主主义革命时期和社会主义初步探索时期的社会矛盾认识论，不难发现，它已经超越了斯大林和苏联共产党的理论局限。毛泽东在 1948 年 9 月就指出，新民主主义革命胜利后，"中国内部的主要矛盾就是无产阶级和资产阶级之间的矛盾，外部就是同帝国主义的矛盾。其次，内部还有民族矛盾……在某一个民族内部也有矛盾……此外，在工农之间也有矛盾，但这不是对抗性的矛盾，这可以在工农联盟内部通过供给机器、组织合作社、参加国家管理等予以解决。"[1] 如何解决工农之间的矛盾还是学习苏联，但在政治制度设计上已经超越了苏联。"过去我们叫苏维埃代表大会制度，苏维埃就是代表会议，我们又叫'苏维埃'，又叫'代表大会'，'苏维埃代表大会'就成了'代表大会代表大会'。这是死搬外国名词。现在我们就用'人民代表会议'这一名词。我们采用民主集中制，而不采用资产阶级议会制。……在中国采取民主集中制是很合适的。"[2] 毛泽东将民主集中制作为人民民主专政的国家政权组织形式，人民代表大会与由其派生的政府，共同构成了国家权力的体系构架。它超越苏联苏维埃政权体制实质的表现就在于新民主主义革命时期，中国共产党在处理各阶级之间矛盾的时候，采取了民主集中制。而苏联直到 20 世纪 70 年代的勃列日涅夫时期，在判断已经是发达的社会主义和阶级矛盾已经消除的条件下，才在政权的组织形式中使用民主集中制。在新民主主义社会采取民主集中

① 《毛泽东文集》第 5 卷，人民出版社 1996 年版，第 145—146 页。
② 《毛泽东文集》第 5 卷，人民出版社 1996 年版，第 136 页。

制，再加之多党合作和政治协商制度，与苏联的苏维埃制度相比，是大胆的突破。在新民主主义革命成就基础上向社会主义过渡的过程中，我国于1954 年成立人民代表大会并颁布社会主义的宪法，规定民主集中制是社会主义政权组织形式。在总结苏联社会主义制度的经验和教训过程中，毛泽东的《关于正确处理人民内部矛盾的问题》的讲话，直到今天依然是正确认识社会主义历史时期社会主义矛盾的方法论。社会主义社会依然存在生产力与生产关系、经济基础与上层建筑之间的基本矛盾，但这个基本矛盾已经不是前社会主义的阶级对抗性质的，对抗性的阶级矛盾依然存在，但在人民民主专政的条件下它已经不是主要矛盾。主要矛盾是非对抗性质的人民内部矛盾，"包括工人阶级内部的矛盾，农民阶级内部的矛盾，知识分子内部的矛盾。工农两个阶级之间的矛盾。工人、农民同知识分子之间的矛盾，工人阶级和其他劳动人民同民族资产阶级之间的矛盾，民族资产阶级内部的矛盾，等等"①。在这种认识论中，尽管 1956 年社会主义改造已经基本完成，原来的剥削阶级的经济基础已被改造，但资产阶级意识并没有完全被革除，虽然与资产阶级的矛盾由原来的对抗性转化为人民内部矛盾，但也存在转化为外部的对抗性矛盾的可能性。在人民内部矛盾中还包括人民政府与人民群众之间的矛盾，"我们的人民政府是真正代表人民利益的政府，是为人民服务的政府，但是它同人民群众之间也有一定的矛盾。这种矛盾包括国家利益、集体利益同个人利益之间的矛盾，民主同集中的矛盾，领导同被领导之间的矛盾，国家机关某些工作人员的官僚主义作风同群众之间的矛盾。"② 毛泽东的社会主义矛盾认识论就包含着采取民主集中制，在党的领导下来解决社会主义矛盾的政治建构和民主集中制本身的矛盾这两个方面的问题。就民主集中制解决社会主义社会的矛盾来说，它的合理性、合法性是基于阶级观和阶级分析方法所确认的，在有效性上它要经过不断的优化和完善的路径来实现，而这一过程要经过民主与集中之间矛盾的不断解决才能达到，旧的矛盾与新的矛盾的变化和运动，是随社会历史发展水平而转移的，它是在民主集中制历时性运动态中来解决的。

---

① 《毛泽东文集》第 7 卷，人民出版社 1999 年版，第 205 页。
② 《毛泽东文集》第 7 卷，人民出版社 1999 年版，第 205—206 页。

　　就民主集中制的民主与集中的矛盾关系来说，毛泽东早就指出，问题不在于词语，而在于现实的利益问题，这是马克思主义的认识论。人民代表大会选举政府，政府代表人民代表大会，具体履行实现人民利益的职能，这是基于人民民主的合法性、合理性的设计，但政府行动会出现与人民对它的价值期待的差距甚至忤逆的现象。对人民代表大会与政府之间的理想设计，"各级政府都要加上'人民'二字"① 就是对政府价值理性和工具理性相统一的规范。毛泽东在 1937 年最早回答民主集中矛盾就是在人民代表大会与其派生的政府的关系上来说的，集中制就是指"行政权力的集中化"②，民主制就是代表人民的代表大会。这一问题是在抗日民族统一战线临时政府的构想中提出的，中国共产党试图以这个纲领敦促蒋介石政府结束训政，将民主集中的政府（广义）与孙中山的宪政方案进行结合。毛泽东在解说民主集中制时指出，"它是民主的，又是集中的"，是"将民主和集中两个似乎相冲突的东西，在一定形式上统一起来"。③ 这一阐释所针对的问题有两个：其一，蒋介石政府（狭义的行政）实施训政排斥民主；其二，在抗日战争的特殊时期，蒋介石和国民党右派的观念认为绝对集中制的政府是合理的。在这种条件下，将代表会议的民主制与政府的集中制结合起来，民主集中制还是民主与集中形式上的统一。实质上，毛泽东的另一语境就是将民主集中制作为一个整体的政府（广义）④ 制度设计，即由享有民主权利的人民选举代表组成民意机构，由民意机构选举政府（执行机构）执行民意。这种由民意到民意循环即是民主集中制的，但它也只是将民主与集中在形式上统一起来，还不是在实质上。这是一点极为重要的结论。毛泽东对民主集中制的民主与集中矛盾的阐释，是在对斯大林错误的反思和中国共产党领导中国革命以来经验教训的总结、面对如何团结一切可以团结的力量建设社会主义现实问题的深刻思考。民主与集中、自由与纪律两对矛盾都是在民主集中制框架中的。

　　民主集中制作为中国社会主义政权的组织制度，与资本主义议会民主制度有本质的差别，也与当时社会主义苏联的苏维埃制度有差别。这种差

---

　　① 《毛泽东文集》第 5 卷，人民出版社 1996 年版，第 135 页。

　　② 《毛泽东选集》第 2 卷，人民出版社 1991 年版，第 383 页。

　　③ 《毛泽东选集》第 2 卷，人民出版社 1991 年版，第 383 页。

　　④ 广义的政府包括立法权、行政权、司法权；狭义的政府是指行政。

别要在民主制的根基上来审视。民主制是现代政治的本质属性，资产阶级创造了党争的议会政治，议会政治是资产阶级民主制的政权组织形式，所以议会政治从属于资产阶级民主制。无产阶级创造了有别于资产阶级议会制的"巴黎公社"，是政权组织形式的，属于无产阶级民主制，在无产阶级民主制的历史上具有开端启新的价值。作为世界历史上第一个社会主义国家的苏维埃制度，它是一种社会主义的联邦政权组织形式，属于社会主义民主制。"谁的民主"是民主性质问题，这是马克思主义审视现代民主制度的基本方法。从资本主义民主与社会主义民主都是特殊的民主制度来看，马克思主义政党将科学社会主义基本原理与工人运动相结合，创造有别于资产阶级的民主制度，这是一开始就已经公然昭示世界的。马克思和恩格斯对巴黎公社经验的初步理论升华，为无产阶级创造民主制度及其政权组织形式指明了方向，苏维埃制度是在这一基础上的创造。在巴黎公社和苏维埃制度的基础上以毛泽东为主的中国共产党人创造了中国特色的民主制度，实现了两个重大转变。从新民主主义社会向社会主义社会的转变，这是社会性质的转变，之所以能够实现和平的飞跃，正如毛泽东指出的"新民主主义的政治、经济、文化，由于其都是无产阶级领导的缘故，就都具有社会主义的因素，并且不是普通的因素，而是起决定作用的因素"①。在社会主义基本制度确立和社会主义初步探索基础上，中国共产党领导人民实现了中国特色社会主义历史性的飞跃，这是在社会主义性质如一条件下的自我革命。这两次飞跃贯穿着民主集中制的政权组织形式的如一性和功能有效性，但在实质上有差别。新民主主义社会与社会主义社会的实质差别，是"谁的民主"性质问题，在以民主集中制政权组织形式创建新民主主义社会的历史中，它就是以阶级结构在国家政权中的地位来设置的利益表达和利益整合的实现形式；在向社会主义过渡和社会主义初步探索中，民主集中制的政权组织形式成功处理了革命联盟阶级之间的矛盾，在社会主义改造完成后以团结一切可以团结的力量，正确处理人民内部矛盾，民主集中制发挥了巨大的制度优势。由此可见，民主集中制是社会主义民主制的一种特有形式，这正如任何民主都有其特有的组织形式一样。那些将民主制与民主集中制对立起来的看法明显有问题。

---

① 《毛泽东选集》第 2 卷，人民出版社 1991 年版，第 704—705 页。

　　民主集中制作为中国特色的民主制的政权组织形式，体现的是中国创造的独有的社会主义民主制的政权组织形式。民主制与政权组织形式的民主集中制既是同一的又是统一的。民主与民主制都是政治的上层建筑范畴，民主制是将民主形式（或程序）与内容同一的价值理念法治化、典章化而进行的确定性的制度化，但在现实的民主程序运行中内容与形式是否有矛盾，在循环性的链条中是否能在结果上实现内容与形式的相统一，这是重要的判定方法。在马克思主义的民主认识论上，资产阶级民主制度设计理念的性质与内容同一，以先天的各个人权利平等和自由为理论根据，但在实现的逻辑上是以维护私有制的经济制度和竞争形式，将私人利益最大化作为普遍利益而外推竞争性的议会制度。按照纯粹的理论逻辑，形式与内容是同一的，但是在社会经济地位不平等的现实中，无产阶级与资产阶级的平等竞争就是虚无。民主的最高形式是国家，任何国家都具有政治统治、社会经济文化管理和服务职能，专制型国家统治职能最大，其次是管理职能，最后是服务职能。资产阶级构建民主国家，其中包括了经济民主、社会民主与政治民主，但是自由主义的国家观，仅仅将政治国家作为国家制度，与经济、社会分割开来。哲学家黑格尔在他的辩证法的方法论中敏锐地发现了这种国家的矛盾与缺陷，也深刻论述了它的斗争性矛盾在于市民社会，这是自身突破不了的矛盾。因此他在绝对精神外化的唯心历史辩证法上确认这种"物化"的国家是国家发展没有完成的一个阶段，他构建的"内在国家制度"作为理想的伦理国家，既是国家制度发展的历史完成，也是实现国家决定市民社会的理论逻辑。以此解决市民社会矛盾的新的世界历史的开始。马克思敏锐和深刻地发现了黑格尔以绝对精神的内在国家外化现实国家、构建内在国家与外在国家的矛盾，以内在国家的历史必然性克服外在国家的偶然性的矛盾来解决经济利益的市民社会国家的矛盾，是历史理论的错误，其绝对精神的前提和内在国家的价值理想就不存在。马克思在辩证唯物主义和历史唯物主义的生产力与生产关系、经济基础与上层建筑的辩证发展逻辑上，揭示了资本主义社会的所谓全民民主实质上只是资产阶级的民主，它的矛盾就在于资产阶级的与全民的或人民的差别，因这一矛盾的根基性就否定了民主内容与形式的同一，议会民主作为"现代的国家政权不过是管理整个资产阶级的共同事务的委员会罢了"①。马克思和恩格斯从理论和现实上深刻分析了资产阶级民主国家的权力组织形式，在其功能上也和历史上的国家职能一样，具有统治、管理、服务职能，只要资产阶级还要统治下去，就必须通过国家权力调节统治阶级内部、统治阶级与被统治阶级的关系，也必须对社会事务实施管理和提供必要的社会服务。代替资产阶级民主制的社会主义民主制首先要解决的问题就是无产阶级国家的统治形式，它是绝大多数人的民主，在历史发展中逐渐使产生阶级根源的经济基础消亡的条件下，政治民主也随之消亡。马克思和恩格斯对无产阶级民主制国家的历史发展问题只提供了"大历史"逻辑的方位指向性，而对社会主义国家具体的、历史的运行态没有更为翔实的设计方案。这完全符合马克思和恩格斯的一贯做法，即没有现实经验的不会作出具体判断，也不会给后继者留下必须遵循的教条，只强调世界观和方法论的原则，并且随时要与具体的、现实的条件相结合。在前述中已经指出，苏联社会主义实践在国家权力组织上对民主集中制的理论探索是缺环的，对党的民主集中的实行既存在理论的停滞又出现实务上的破坏。中国共产党人以马克思主义的认识论为工具，深刻认识到社会主义的民主制要以马克思主义的世界观和方法论为原则，同时在实践中发展唯物辩证法的方法论，深刻解释了作为民主集中制的权力组织形式的矛盾问题。

民主集中制是社会主义"民主制"的一种特殊形式。在这一规定的认识论上，民主集中制就是作为民主制的形式来设计的，它已经不同于毛泽东1937年在回答英国记者改造蒋介石的"训政"政府到民主制加集中制的逻辑，而是按照民主制实现形式而设计民主集中制，其理念在于通过这种形式来解决民主的利益矛盾，使其在主权与治权的合法、合理关系上解决矛盾。但在经验教训的总结中进一步发现民主集中制本身的矛盾必须得到正视。从整体性来说，它是人民内部矛盾的体系，包括在民主环节形成集中，选举各级政府作为其代表，政府有脱离代表集体意志的矛盾，这是主权与治权关系的矛盾。全国人民代表大会是人民主权的最高凝结，具有垂直的自上而下的领导与被领导关系，上下级之间有矛盾；由全国人民代表大会派生的治权体系也具有自上而下领导与被领导的关系，也存在着矛

① 《马克思恩格斯文集》第2卷，人民出版社2009年版，第33页。

盾；人民按选区选举代表是间接民主的普遍特征，代表是集中选民意愿的，但与选民之间也有矛盾。这些矛盾是在非对抗性的具有根本利益一致性基础上特殊利益的矛盾。这些矛盾的解决，只有依靠民主集中制，同时还要求选民具有一定的民主素养、责任、能力，它直接影响到代表的民主素养、责任、能力。在代表行使主权过程中的集体决定直接影响其派生政府质量，政府的执行力和执行的质量涉及各级政府和公职人员的人民观、价值观、科学管理能力问题。在一切民主决策中都涉及民主与科学的关系问题。这一系列错综复杂的矛盾实际上都是在民主集中制的总体形式框架中，通过各个环节的民主与集中关系的循环来解决，如集体领导、选民选举代表的过程等都是如此。在这种事实的逻辑上，毛泽东将民主与集中作为一对矛盾，理论上是在民主与集中的现实循环中既以集中解决民主的矛盾又以集中指导下的民主解决集中的矛盾，这两个方面按照形式与实质同一的理念来设计，又在运行的事实中实现民主与集中的统一。由同一的理念到行动的统一是由一系列的原因与结果、必然与偶然、部分与整体等关系的链条在民主的实施和结果的事实中来检验的，而且在不断优化民主集中制中始终面对旧矛盾的解决到新矛盾产生的历时性运动。自由与纪律这对范畴的矛盾，它既是民主的矛盾，也是集中的矛盾，它既是个体的也是集体的。自由往往是就享有民主权利的个体来说，强调的是不受他者支配的地位，自由主义的个人自由有遵守法律下的不受干涉的消极自由和实现主体愿望的积极自由之分，民主行为无疑是积极自由的，它是在程序法或形式法的框架中的参与，更加重视的是形式，因为利益实现的形式就是"赛局"。社会主义民主是以形式来实现内容，这种要求在党的组织制度上将自由与纪律作为一对矛盾范畴，纪律无疑是党性的规范。在国家权力组织制度中，作为代表的个人都存在自由与纪律的统一性问题，作为党员代表来说，其是党性与人民性的统一，作为非共产党的代表的纪律要求体现在社会主义人民根本利益一致与特殊利益、长远利益与阶段利益、局部利益与全局利益的关系处理上，还有人民代表不是派系的党派活动、程序法和实体法的遵守等都是纪律的。对各类民主基础上的集中来说也是自由与纪律的统一关系，无论是党内的执行机构和领导机构，还是国家权力组织体系中的集中机构，都是如此。因此认识到民主集中制中民主与集中的矛盾运动，意味着历史唯物主义中民主制度及其组织理论的成熟，这是认识论的。在中国共产党推进民主集中制自我完善的历史进程中，进一步认识到民主与科学之间也是一对矛盾，在民主途径下解决民主与科学的矛盾是方法论的问题。

3. 民主集中制矛盾的治道

民主集中制的矛盾来自两层关系，即以民主集中制度设计来解决社会矛盾，将社会矛盾集中在民主政治的制度中，在形式与内容相一致的逻辑上来实现人民利益，但是民主集中制的理想形式与实际内容之间有矛盾，这涉及民主集中制本身是否完善的问题；再一个层次的问题是民主集中制执行的组织及其人的问题。这两个问题表现在治道逻辑上就是"群众路线"。这里的"治道"概念是从牟宗三的"政道与治道"观念中借用的，并对其内涵加以改造而来。牟宗三认为，"政道是对政权而言，治道是相应治权而言"① 的；中国传统儒家、道家、法家都没有政权思想也没有建立起政权，只有治道的善政；只有民主政治时代才能有主权与治权的分离。实际上，这种观念主要受西方民主政治理论和实践的影响，既观察到主权与治权分离的矛盾，又试图在传统中国文化的"道"之返本开新中构建主权的道与治权的道。姑且不论牟宗三观点的政治学理论问题，应当说他既发现了主权与治权关系的问题，又提出解决中国意识与民主政治结合的理论构想是可贵的。资本主义国家的分权和权力平衡的宪政是竞争性政治的一种选择，但是，分权和权力制衡既是权力斗争的结果，同时立法、行政、司法三种权力又构成了一种斗争态，而且这三种权力都代表着各自利益，作为主权的议会的立法权是利益集团和政党操持的，政党是由政党机器的核心层的职业政客掌控的，作为利益集团代表的议员既是政党的代表也是利益集团的代表，利益集团与职业政客之间既相互利用又有矛盾。西方的行政体制经历了专制时代的恩赐制到民主制的政党分肥制，再到价值中立的文官制。作为治权的文官体系是一个特殊利益的群体，形式主义的官僚精神是他们的典型特征，唯心主义的哲学家黑格尔最早审视这种制度的弊端是以英国和法国为主要背景的，他提出了解决问题的途径。马克思最早也是针对黑格尔所设计的理性主义的伦理方案进行批判，马克思颠倒黑格尔的国家决定市民社会，在市民社会决定国家的途径上，深刻揭示

---

① 牟宗三：《政道与治道》，吉林出版集团 2010 年版，第 3 页。

了议员、法官与行政官僚都是市民社会的成员，他们既为各自利益而战，也不得不履行公共职能。自文官制产生以来，行政官僚的官僚主义研究一直是西方学者关注的一个重点。作为马克思主义继承人的中国共产党，在创设社会主义民主制度的历史过程中，创立并不断完善民主集中制这种有效形式，科学提出了民主集中制的矛盾理论。

民主集中制矛盾理论的成熟和科学的阐释晚于解决这一矛盾的实践，在解决民主与集中矛盾的实践中不断积累经验才上升为认识论的，这完全符合马克思主义认识论的发展规律。民主集中制的矛盾一方面是自在的矛盾，另一方面是解决矛盾的方法。从自在的矛盾来说，它是以马克思主义阶级分析方法运用于具体历史条件的阶级利益分析，在科学社会主义历史方位上构建有利于无产阶级领导的革命同盟，将革命同盟者之间的矛盾置于民主集中制中，因此民主集中制本身就是一个制度的矛盾容器，同时民主集中制也是解决矛盾的方法。就解决矛盾的方法来说，还是在民主与集中的辩证关系上，但这两者之间的辩证不是思维的而是现实的行动主体的活动，在运行民主与集中的关系中使具体的矛盾得到合理的解决。具体来说，贯穿于民主与集中之间的是群众路线。无产阶级的领导是通过共产党的领导来实现的，中国共产党是创造和不断完善群众路线的主体。理论联系实际、密切联系群众、批评与自我批评是中国共产党的三大优良作风，同时这三者也是领导方法，群众路线不只是密切联系群众的，而是将三者有机统一的领导方法。群众路线中的"路线"二字表明了党是谁、为了谁、从哪里来走向何方的道路问题。

群众路线的起始语境是共产党深入发动群众、组织群众，构建以群众为主要力量的革命群体，形成的强大革命洪流；相反，没有革命群众参加，只有共产党单打独斗，革命是不可能成功的。受布尔什维克革命理论与经验的影响，"走群众路线"是中国共产党关于中国革命主体的认识论的重要转变。从党的文献考证，党的一大纲领没有"群众"话语，但工人、农民、士兵这三个主体也是群众的概念；党的二大提出了深入"群众"的口号，群众就已经扩大了范围，也包括学生、青年、工商等社会团体。党的六大提出争取群众的要求，李立三在口头谈话中提出了"群众路线"的概念。从总体来看，群众路线的概念都是在动员、发动、组织、争取群众的语境中论述的。井冈山农村革命根据地的创建和发展，群众路线在经验上体现的是"怎样"通过建立农村的革命组织、怎样通过政权组织来巩固和扩大群众基础，一个重要的理论问题是革命的目标必须起始于现实的历史条件，农民革命的现实需要是什么，如何将满足农民需要和长远目标结合起来。毛泽东在 1928 年所写的《中国的红色政权为什么能够存在?》《井冈山的斗争》两篇光辉文献，已经是在如何组织群众建立政权的问题上总结群众工作方法了。毛泽东的方法在根据地产生的争论涉及党内民主、党的领导与军队的关系、党的领导与政权的关系等诸多问题，陈毅将井冈山的争论带到上海的党中央进行了汇报，由陈毅起草周恩来审定的《中共中央给红四军前委的指示信》俗称"九月来信"（1929 年），肯定了毛泽东关于农村革命根据地的做法，信中三次提到群众路线①。实际上，这里提到的群众路线是在陈毅向中央汇报的两个报告，即《关于朱毛红军的历史及其状况的报告》《关于朱毛红军党务概况的报告》总结根据地好的经验基础上概括的②。关于群众路线的来源考察往往只注重词语而忽视其实际内容。毛泽东在《井冈山的斗争》中就已经在"民主集中主义"概念上阐述党领导政权组织和党领导军队的方法问题了，这个时候的"民主集中主义"就是对极端民主和极端集中的反对和将民主与集中相结合作为"主义"的确立，实际上就是对于组织路线的表述。要将民主与集中结合起来，就应当基于党的集中领导如何深入群众实行民主这一角度，毛泽东是从集中领导来实现民主，构建民主政权的关系途径来认识这一问题的。③1929 年毛泽东在《关于纠正党内错误思想》一文中从理论上和实践上阐释了"厉行集中指导下的民主生活"，既是党内的，也是政权组织的。从事实的逻辑上，民主制的建立不是自然发生的，甚至农民和一些红军战士都不知道什么是民主，对如何实现民主更为陌生。民主是建构起来的，民主素养和民主能力是经教育和实践训练成长起来的。在民主集中制创建的实践历程中，调查研究是集中指导下的民主在经验的基础上升华为理论的一个重要成果。毛泽东在《井冈山的斗争》一文中在解决极端民主与极端

① 参见中共中央文献研究室、中央档案馆编《建党以来重要文献选编（一九二一——一九四九)》第六册，中央文献出版社 2011 年版，第 509—523 页。

② 陈毅所写的两个报告收录在《建党以来重要文献选编（一九二一——一九四九)》第六册，中央文献出版社 2011 年版，第 448—487 页。

③ 《毛泽东选集》第 1 卷，人民出版社 1991 年版，第 72 页。

集中两种错误倾向过程中提出的民主集中主义，明确了党员的思想和组织生活政治化、科学化的三点要求，"（一）教育党员用马克思列宁主义的方法去作政治形势的分析和阶级势力的估量，以代替主观主义的分析和估量。（二）使党员注意社会经济的调查和研究，由此来决定斗争的策略和工作的方法，使同志们知道离开了实际情况的调查，就要堕入空想和盲动的深坑。（三）党内批评要防止主观武断和把批评庸俗化，说话要有证据，批评要注意政治"①。可见，这三点就将马克思主义的方法论的应用与调查研究、批评与自我批评结合在一起了。这是着重解决集中指导下的民主的方法，也就是领导方法。1930 年的《反对本本主义》非常明确地以开展调查研究抵制教条主义。在马克思主义认识论上，领导干部真心实意地开展调查研究，虽然与人民群众认识世界改造世界的现实活动还有距离，但它是一种实践的内容，有调查才有发言权，没有调查就会滑到主观主义、教条主义、经验主义、唯心主义道路上去。毛泽东既在理论上阐释调查研究的重大意义，同时还总结了经验和具体的操作技术、方法。毛泽东在这个文本中还有一个重要的指涉就是将调查研究等同于党的思想路线。毛泽东指出，只靠"本本"和只要遵循既定办法就可以无往而不胜，"这些想法是完全错误的，完全不是共产党人从斗争中创造新局面的思想路线"②。毛泽东在这篇文章之前的《星星之火，可以燎原》一文中针对党内关于在民权主义或新民主主义革命过程建立民主政权的质疑，在回答如何从民权主义革命向社会主义革命过渡的时候，就提出把握中国革命的主观条件和客观条件的科学分析方法，"我们看事情必须要看它的实质，而把它的现象只看作入门的向导，一进了门就要抓住它的实质，这才是可靠的科学的分析方法"③。这一方法在当时被称为认识路线，这一阐释与后来对"实事求是"的阐释较为接近，也可以认作对"思想路线"科学阐释的准备和过渡。可见，毛泽东这段时间着重解决的一个集中的问题就是调查研究，以及将调查研究与党的思想路线、政治路线、组织路线相联系。1938 年，毛泽东在《论新阶段》的报告中正式提出马克思主义中国化的重大命题，同

---

① 《毛泽东选集》第 1 卷，人民出版社 1991 年版，第 92 页。
② 《毛泽东选集》第 1 卷，人民出版社 1991 年版，第 116 页。
③ 《毛泽东选集》第 1 卷，人民出版社 1991 年版，第 99 页。

时在认识论上对"实事求是"进行解释。将中国传统的治学精神的实事求是转变成马克思主义中国化的认识论是一种创造性的发展。中国共产党是马克思主义的学生，同时又以马克思主义的方法论为工具深刻把握中国国情发展马克思主义。实事求是与调查研究不可分离，毛泽东在 1941 年《〈农村调查〉的序言和跋》中进一步强调调查研究是党不脱离群众、科学掌握群众情况、社情民意的基本方法，除了明确提出具体方法外还在情感和态度上加以深刻阐释："没有满腔的热忱，没有眼睛向下的决心，没有求知的渴望，没有放下臭架子、甘当小学生的精神，是一定不能做，也一定做不好的。必须明白：群众是真正的英雄，而我们自己则往往是幼稚可笑的，不了解这一点，就不能得到起码的知识。"① 毛泽东在《改造我们的学习》中以马克思主义的立场、观点、方法来分析中国革命的客观与主观条件，以"实事求是"为原则将理论与实际联系起来。毛泽东将实事求是作为方法、作为态度尤其作为党性更为深刻。以马克思主义世界观和方法论为指导，就是为了实事求是地调查研究中国国情，将理论运用与实际结合起来，"是为着解决中国革命的理论问题和策略问题而去从它找立场，找观点，找方法的。这种态度，就是有的放矢的态度。'的'就是中国革命，'矢'就是马克思列宁主义。我们中国共产党人所以要找这根'矢'，就是为了要射中国革命和东方革命这个'的'的。这种态度，就是实事求是的态度。"② 实事求是"这种态度，就是党性的表现，就是理论和实际统一的马克思列宁主义的作风"③。毛泽东在《整顿党的作风》一文中进一步强化理论联系实际和实事求是的作风建设。《反对党八股》一文的主题是"文风"问题，在毛泽东看来，解决文风问题的关键还是要作调查的，在调查研究中去发现问题、分析问题，把握住问题和拿出解决问题之道。"什么叫问题？问题就是事物的矛盾。哪里有没有解决的矛盾，哪里就有问题。"④ 对此，毛泽东提出了三个阶段的方法要求，即首先通过调查研究发现问题、提出问题。提出问题就包括调查研究与分析，从问题的外部联系再深入到内部联系，掌握问题的矛盾性质；其次，通过缜密的调查研究

---

① 《毛泽东选集》第 3 卷，人民出版社 1991 年版，第 790 页。
② 《毛泽东选集》第 3 卷，人民出版社 1991 年版，第 801 页。
③ 《毛泽东选集》第 3 卷，人民出版社 1991 年版，第 801 页。
④ 《毛泽东选集》第 3 卷，人民出版社 1991 年版，第 839 页。

掌握矛盾的主要方面和次要方面并进行综合；再次，拿出解决问题的办法。显然，这是对于唯物辩证法的现实运用，而从提出问题到把握问题的实质过程的分析与综合相结合的路径，都要密切联系群众，没有深入调查研究就不可能发现真实的客观矛盾，没有实事求是的科学分析就不可能有在问题本质上来完成反映全貌的科学综合，没有科学的综合就不可能拿出解决问题的方案。解决问题就是使矛盾的自在性转变为可协调的使其朝向有利于实现目标的方向发展，其中包括主要矛盾、次要矛盾，矛盾的主要方面与次要方面，既要抓住重点又要十个指头弹钢琴。毛泽东既强调正确解决问题的方案要科学，又要求党的决议的表述也要学习人民群众的语言，使人民群众理解各方面的利益关系。这为群众路线的理论阐释作出了准备。

在实践经验和理论准备的基础上，毛泽东于1943年《关于领导方法的若干问题》中阐释了群众路线的理论认知。"在我党的一切实际工作中，凡属正确的领导，必须是从群众中来，到群众中去。这就是说，将群众的意见（分散的无系统的意见）集中起来（经过研究，化为集中的系统的意见），又到群众中去作宣传解释，化为群众的意见，使群众坚持下去，见之于行动，并在群众行动中考验这些意见是否正确。然后再从群众中集中起来，再到群众中坚持下去。如此无限循环，一次比一次地更正确、更生动、更丰富。这就是马克思主义的认识论。"[1] 在马克思主义认识论上对群众路线的科学阐释与民主集中制有着内在的逻辑关系。邓小平在党的第八次代表大会关于修改党章的报告中阐释了一个重要的观点："民主集中制是我们党的列宁主义的组织原则，是党的根本组织原则，也是党的工作中的群众路线在党的生活中的应用。"[2] 可见，实践中民主集中制的民主与集中的矛盾解决之道就在于对党的群众路线的有效执行。它不仅是党的民主集中制的组织制度，同时也是国家权力组织的民主集中制解决民主与集中矛盾的根本方法。所有政府机关都以"人民"二字来加以规范，实质上内含"为人民服务"的伦理规范。无论是党内还是政府机构群众路线都是领导方法，是一切领导机关和领导干部的"领导方法论"。中国共产党人在

---

① 《毛泽东选集》第3卷，人民出版社1991年版，第899页。
② 《邓小平文选》第1卷，人民出版社1994年版，第225页。

反思斯大林违反民主集中制的问题时，在《无产阶级专政的历史经验》《再论无产阶级专政的历史经验》中都特别强调在群众路线上加以克服的重大意义。改革开放以来，在中国特色社会主义实践探索中，完善和发展民主集中制与坚持和发展群众路线的逻辑关系进一步得到巩固，在民主集中制和群众路线两个方面都得到了创造性发展。

综上，中国特色的民主集中制需要在三个维度的统一性上来理解。首先在宏观层面，党的政治路线、组织路线、思想路线的辩证关系是构建民主集中制和完善发展民主集中制的政治规定。其次，在中观上，民主集中制是区别于自由主义代议制的社会主义民主制度，它是人民内部矛盾的民主整合之制度框架，在这个框架中将人民利益的自在矛盾转化为自觉解决的机制，使其符合历史发展方位，将长远的、中远的、近期的、个别的、局部的、整体的利益结合起来。在微观上，民主集中制是从民主范畴解决人们具体利益要求的方法论，它与群众路线是一体化的。这三个层次是不可分割的有机统一，它将历史逻辑、理论逻辑、现实逻辑统一起来，也将目的与手段统一起来。所以民主集中制是党的根本组织制度、国家政权的组织形式、决策制度，也是通过民主解决矛盾的方法论。要充分认识到民主与集中的矛盾是实行民主解决利益矛盾所产生的矛盾，解决这一矛盾要靠领导方法的群众路线。民主集中制作为领导式的民主，区别于资本主义的代议制党争民主的关键在于，中国共产党能坚持正确的世界观、方法论，把握历史规律、历史方位的大局定向，以全心全意为人民服务为根本宗旨，以马克思主义的认识论的思想路线为保障，实行群众路线的领导方法以解决一系列现实矛盾。坚持和完善发展民主集中制与群众路线相统一的理论逻辑、历史逻辑、实践逻辑、现实逻辑，是推进新时代国家治理体系和治理能力现代化的基本遵循。

第八章　中国特色的善治制度化路径

善治是一个诱人的概念，但它有不同的路径。西方的善治是治理的规范，等同于"好的治理"或"良治"。世界银行是这一概念的发明者，它的起始语境就是以西方的民主为圭臬来改造所谓的"非民主政府"，因此善治的原义也就是"民主"。治理和善治都是行动的逻辑，无论哪种类型的政府无疑都是制度化的，因此在民主与善治相等同的意义上，善治就是解构政府统治的逻辑，或反政府的。中国特色的善治是民主的制度化，而且是协商民主的制度化，基于社会主义协商民主的善治，它包含善制和制度执行及其效果。由此，中国特色的善治，就是治理主体优化制度设计并运用制度提升治理能力谋求好的结果的过程。① 因此，这里的善治就是制度化安排的路径。从治理行为来看，制度优化和使用制度，都是既以"良法"保障善治的过程，又是在运用制度发挥制度效能的动态过程中来实现的。现实的善治逻辑进路指向的是新时代的历史方位，它起步于科学社会主义的理论逻辑、历史逻辑和实践逻辑，其中，民主集中制的制度逻辑在新时代的历史方位上创新发展是推进善治的基本规定性。

一　社会主义协商民主的属性

法治体系是国家治理体系的骨干工程，全面依法治国是国家治理的一场深刻革命，这就必然要求在法治途径上解决国家治理法治化的道路问题。法治是中国共产党治国理政的基本方式，是党领导人民治理国家的基

---

① 参见池忠军《习近平新时代国家治理的善治路径》，《河南师范大学学报》（哲学社会科学版）2018 年第 5 期。

本遵循，它贯穿于党领导人民立法、政府执法、社会群体尊法的全过程。法律是文本性的刚性制度，它作为规范公共事务治理的体制机制的确定化、稳定化就是法治化的概念。良法是法律的规范，立法是一个过程，良法的形成是民主与科学性的统一。只有民主立法或只有科学立法都不能保证法律就是良法。以往关于立法的科学性往往局限于法学家的立法，这是自古希腊就延续的一种理解，现代的实证主义法学反对唯意志论有正确的一面，但将科学仅仅局限于经验的可计算的范围，既与民主相脱节又将科学的权力归于专家。中国特色的民主立法与科学立法相结合的道路在于党的领导及其领导的民主性和科学性的统一，其能够实现民主性与科学性统一的原因就在于民主集中制的发展及其规范效用的发挥。在民主集中制的规范制度中发展社会主义协商民主是将民主立法和科学立法相结合的有效途径。

（一）协商民主是人民民主的重要形式

社会主义协商民主不是舶来品，具有深厚的中国根基。习近平总书记深刻指出，"协商民主是中国社会主义民主政治中独特的、独有的、独到的民主形式，它源自中华民族长期形成的天下为公、兼容并蓄、求同存异等优秀政治文化，源自近代以后中国政治发展的现实进程，源自中国共产党领导人民进行革命、建设、改革的长期实践，源自新中国成立后各党派、各团体、各民族、各阶层、各界人士在政治制度上共同实现的伟大创造，源自改革开放以来中国在政治体制上的不断创新，具有深厚的文化基础、理论基础、实践基础、制度基础。"① 我们应当在中国民主政治发展和民主集中制的国家权力组织制度上理解中国风格的社会主义的独有、独创、具有效力的协商民主形式。

"社会主义协商民主"这一概念，是"社会主义"对"协商民主"的定性和定向基础上的复合概念。人民民主是社会主义的生命，社会主义协商民主是人民民主的一种重要形式，也就是说，在中国特色社会主义语境上的协商民主是人民民主的发展。党的十八大报告在发展民主政治的语境，第一次明确社会主义协商民主概念的时候，就对其属性给予定性和定

---

① 《习近平谈治国理政》第 2 卷，外文出版社 2017 年版，第 293—294 页。

向，即"社会主义协商民主是我国人民民主的重要形式。要完善协商民主制度和工作机制，推进协商民主广泛、多层、制度化发展"①。中国式的协商民主作为一个独立的概念被译为英文传达给西方世界是"Consultative democracy"。"Consultative"意涵包括咨询、商议、协商、商量等。

追溯中国民主政治话语使用这一概念的历史，在新民主主义革命时期，这个"协商"概念在"政治协商"中就已经使用了，"中国人民政治协商会议"译为英文的"Chinese People's Political Consultative Conference（CPPCC）"，其所表达的就是中国新民主主义党派政治的一种特殊语义。用"会议"而不用"议会"所标明的是中国共产党代表人民领导的政治协商，既与资本主义的政党政治有差别，也不是社会主义的，但它是向社会主义民主政治的过渡形式。当时以"人民政协"代行人民代表大会职能，但对其性质的区分是明确的，在政治协商会议筹备期间，周恩来代表党中央在《关于人民政协的几个问题》的报告指出："关于政权制度方面，大家已经同意采用基于民主集中制原则的全国人民代表大会的制度。现在凡是通过普选方式产生出来的会，我们叫做大会，例如人民代表大会。凡是通过协商方式产生的会，我们就叫做会议，例如人民政治协商会议。"② 这也就充分说明了"人民政治协商会议"不是国家权力组织，是统一战线性质的民主形式。周恩来对这种民主形式作出了初步阐释："凡是重大的议案不只是在会场提出，事先就应提出来或在各单位讨论。新民主的特点就在于此。因此不是只重形式，只重多数与少数。凡是重大的议案提出来总是事先有协商的，协商这两个字非常好，就包括新民主的精神"③。新民主的精神是协商的，与资产阶级的旧民主只重视投票的多数结果不同，实质上是共产党领导和革命目标一致下的对革命阶级和党派的不同意见"以民主协商的办法来解决"④。"民主协商"是"政治协商"这种民主形式的概

---

① 中共中央文献研究室编：《十八大以来重要文献选编》上，中央文献出版社 2014 年版，第 21 页。

② 全国人民代表大会常务委员会办公厅、中共中央文献研究主编：《人民代表大会制度重要文献选编》一，中国民主法制出版社、中央文献出版社 2015 年版，第 43 页。

③ 政协全国委员会研究室：《老一辈革命家论人民政协》，中央文献出版社 1997 年版，第 17 页。

④ 中共北京市委海淀区委党史研究室：《中共中央在香山》，中共党史出版社 1993 年版，第 141—142 页。

念化，它标明的"民主"具有名词和形容词的两种属性，作为名词"民主"的"民主协商"，含有"既民主又协商"之义；作为形容词民主使用的"民主协商"，含有"民主的协商"之义，它区别于有民主无协商、有协商而无民主的状况。实际上，在政治协商的基本政治制度中既协商又民主、民主的协商可以混同使用，但也有一定的区别，后者在于，强调中国共产党领导的党派政治是真诚的，党的领导是既民主又协商的，协商就要平等相待、肝胆相照、荣辱与共。在新中国成立和全国人民代表大会成立后，按照民主集中制建立起来各级人民代表大会，以民主集中制的组织原则行使国家主权和地方权力，人民政协发挥民主协商的作用是为进一步扩大民主而设置的"咨询民主"形式，或者说是以民主功能来设定的。

改革开放以来，我国在探索中国特色社会主义民主政治建设的途径上，不断完善人民政协的组织机构和法规。1991年，江泽民在全国两会党员负责人会议上发表讲话《在统一战线内部形成党领导下的团结、民主、和谐的合作共事关系》并指出，"人民通过选举、投票行使权利和人民内部各方面在选举和投票之前进行充分协商，尽可能就共同问题取得一致意见，是我国社会主义民主的两种重要形式。"① 在这一阐释之后，2006年《中共中央关于加强人民政协工作的意见》指出，"在我国这个幅员辽阔、人口众多的社会主义国家里，关系国计民生的重大问题，在中国共产党领导下进行广泛协商，体现了民主与集中的统一。人民通过选举、投票行使权利和人民内部各方面在重大决策之前进行充分协商，尽可能就共同性问题取得一致意见，是我国社会主义民主的两种重要形式。"② "协商民主"这一概念在政治文件中最早出现于2007年国务院新闻办发布的《中国的政党制度》白皮书之中，将"选举民主"与"协商民主"作为中国社会主义民主的一大特点。在党的十八大以前，"选举民主"被确定为人民代表大会制度的国家权力组织领域，"协商民主"被确定在人民政协的扩大民主和民主功能领域。党的十八大报告和十八届三中全会连续对社会主义协商民主加以确认的是，推进社会主义协商民主向多层多领域制度化发展。习近平总书记指出，"在党的领导下，以经济社会发展重大问题和涉

① 参见《人民政协文献选编》中，中央文献出版社、中国文史出版社2009年版，第506页。
② 《人民政协文献选编》下，中央文献出版社、中国文史出版社2012年版，第793页。

及群众切身利益的实际问题为内容，在全社会开展广泛协商，坚持协商于决策之前和决策实施之中"①。很明显，作为改革开放以来的政治语境的协商民主，从多党合作与政治协商领域扩展到全社会领域，以至国家权力组织的人民代表大会领域。2015 年中共中央印发《关于加强社会主义协商民主建设的意见》，既对社会主义协商民主作出了权威性的界定又在战略上提出了构建其制度体系的具体行动路径。"协商民主是在中国共产党领导下，人民内部各方面围绕改革发展稳定重大问题和涉及群众切身利益的实际问题，在决策之前和决策实施之中开展广泛协商，努力形成共识的重要民主形式。"② 在这一总体概念下，人大、政府、政党、政协、人民团体、基层组织、社会组织等七大协商民主渠道建设全部展开，以推进各层次各领域协商民主制度体系的完善，使其发挥各自的功能及其整合的绩效。

在中国式协商民主发展的过程中也存在一定范围的学术话语与政治话语的张力，有"外来承认说"，有多党合作与政治协商扩展说。所谓"外来承认说"就是以西方协商民主理论来套化中国社会主义协商民主，或者以"飞来峰"挈入中国民主政治中。政治协商领域扩展说有一定的历史逻辑，但扩展只是方法论的，如果以为是国家权力体制的，那么无疑是错误的。有些也注意了周恩来早已提出的"民主协商"概念，但转回来却认为"民主协商"与"协商民主"有差别，实际上这是受西方协商民主概念，即自由平等的个人通过平等讨论和商议的过程达成共识的限制所作出的结论。实际上，西方学者的协商民主概念是多元的纷争境况，以自由平等"协商"的过程来规范民主，即是"协商的民主"，这种不考虑国家政治制度的特殊性和民主体制机制问题，以一个抽象的普遍来解释和规范一切是不可能实现的幻想。没有一定的制度为前提，所谓的自由平等的个人何以存在？协商的过程即是民主的过程，民主就是利益矛盾的集聚与敞现，面对这些问题有些民主理论家不得不将社会建构论的协商民主转向道德建构论。中国式的协商民主是在党领导人民民主制度创建和规律化地推进制度完善的历史实践中，从非国家权力的"民主协商"和"协商民主"到社会主义协商民主的多层多领域布局。就多党合作和政治协商制度范畴来

---

① 《习近平谈治国理政》第 2 卷，外文出版社 2017 年版，第 291 页。
② 《关于加强社会主义协商民主建设的意见》，《人民日报》2015 年 2 月 10 日第 1 版。

说，"民主协商"与"协商民主"两个概念并没有实质的区别，在出现"协商民主"这一概念的时候依然是周恩来对"民主协商"的解释途径；在这一范畴内，无论是用民主协商还是协商民主两个术语中的哪一个，其作为概念的内涵都是相同的，都表示"咨询民主"的意思。社会主义协商民主概念，在党的领导、人民当家作主、依法治国三者统一的逻辑上，人大协商、政府或行政协商、多党协商、政协协商、社会团体协商、基层组织协商的全面布局，是马克思主义民主理论和实践的创新发展，其逻辑路径在于：人民民主的实现形式在中国特色社会主义全面深化改革的新时代的重大创新发展。

人民民主是社会主义的生命，这是对社会主义民主本质的认识，如何实现人民民主还需要在形式上与时俱进。在中国共产党人的民主理论上，对"人民民主"概念的理解和发展人民民主的制度构建及其完善的历史过程都是独特的。当我们开始讨论"人民民主"这一概念的时候，不要先入为主地将其作为一个现成的概念，这就需要先引出一个问题域。美国民主理论家萨托利认为，"人民民主是个赘词。民主这个词本来就有人民权力的含义，若把这两个新标签完整地翻译过来，那就只能是'人民的人民权力'，如果有人想开句玩笑，也可以说它是双料的人民权力（bipopular power）"①。萨托利进一步引用列宁援引马克思的话语来指正国家与人民的关系，"即使你把'人民'和'国家'这两个词联接一千次，也丝毫不会对这个问题的解决有所帮助"②。列宁的引用语境是共产主义国家制度到底是什么③。对于这一问题，列宁以《哥达纲领批判》中马克思关于共产主义第一阶段的无产阶级专政国家向国家消亡的共产主义的过渡来说明。在无产阶级国家与国家消亡关系的语境中，马克思批评德国统一工人政党使用"人民国家"概念，以"人民"的抽象普遍性代替无产阶级、以人民国家代替无产阶级专政国家的后退。萨托利引入这一问题旨在指摘社会主义民主实践以"人民"为标榜出现了"人民民主"就是"人民"统治"人

---

① ［美］乔万尼·萨托利：《民主新论》下卷，冯克利、阎克文译，上海人民出版社2015年版，第703页。

② ［美］乔万尼·萨托利：《民主新论》下卷，冯克利、阎克文译，上海人民出版社2015年版，第703—704页。

③ 参见《列宁选集》第3卷，人民出版社2012年版，第187页。

民"的悖论。萨托利明白这是二战后东欧新出现的社会主义国家试图与斯
大林式的民主区别开来的不成功的话语建构，而实际上的东欧与苏联斯大
林式没什么区别。① 确实，自列宁到斯大林，以至苏联崩溃，在民主政治
的话语中没有使用"人民民主"概念。在罗森塔尔、尤金主编的《简明哲
学词典》中，主要以叙事的逻辑阐明以反法西斯主义争取民族独立和自由
的东欧、中欧、南欧和东方的中国、朝鲜、越南建立人民民主制度是以苏
联社会主义为榜样的，以工农民主政权为基础的还带有阶级调和妥协性的
向社会主义过渡的一个阶段。在本词条的阐释中涉及中国的部分，基本上
是以毛泽东关于在新民主主义革命基础上建立新民主主义社会、由新民主
主义社会经过社会主义改造进入社会主义社会的论述和实践进程的逻辑叙
事为基准的。这本词典最早撰写于 1939 年，经过了四版修订，每修订一
次都有一些新的词条选入，中文译本是 1955 年的俄文第四版翻译，此时，
正值中国社会主义改造基本完成的阶段。根据时间判定，这部词典的"人
民民主"概念应来自中国。因为词典所述二战前的东、中、南欧还没有出
现社会主义国家。

　　人民民主与"谁是人民"的回答不可分割。以毛泽东为主要代表的中
国共产党人，在新民主主义革命时期，因党的六大依据国民党反动派对共
产党的清剿作出了民族资产阶级和小资产阶级已经背叛革命的判断，因此
仿效苏联的苏维埃政权组织形式建立工农民主政权作为"民权主义"的一
种形式向社会主义过渡。在中国工农红军经过长征到达陕北的 1935 年，
毛泽东就提出了建立抗日民族统一战线的新型政府的主张，在《论反对帝
国主义的策略》一文中明确提出"人民共和国"的构想，这就是以无产阶
级领导的工农联盟为基础的民族革命、民主革命的阶级组成联盟的构想。
这一构想就包含着"人民"这一概念的内涵和外延。从文献考证看，毛泽
东最早在 1936 年提出"人民民主"的概念。这是依据民族、民主革命的
性质、任务、对象而提出的。在 1939 年《青年运动的方向》中再次阐释，
新民主主义革命所要达到的"目的就是打倒帝国主义和封建主义，建立一
个人民民主的共和国。这种人民民主主义的共和国，就是革命的三民主义

---

① 参见［美］乔万尼·萨托利《民主新论》下卷，冯克利、阎克文译，上海人民出版社
2015 年版，第 702—705 页。

的共和国。它比起现在这种半殖民地半封建的状态来是不相同的，它跟将来的社会主义制度也不相同。"① 人民民主这一概念涉及"谁是人民"的关键问题，毛泽东对这一问题的回答坚持和发展了马克思主义的人民观，即普通的劳动大众。毛泽东指出，"人民这个概念在不同的国家和各个国家的不同的历史时期，有着不同的内容。拿我国的情况来说，在抗日战争时期，一切抗日的阶级、阶层和社会集团都属于人民的范围……在解放战争时期，美帝国主义和它的走狗即官僚资产阶级、地主阶级以及代表这些阶级的国民党反动派，都是人民的敌人；一切反对这些敌人的阶级、阶层和社会集团，都属于人民的范围。在现阶段，在建设社会主义的时期，一切赞成、拥护和参加社会主义建设事业的阶级、阶层和社会集团，都属于人民的范围。"② 可见，毛泽东的"人民"概念是政治建构的，以劳动人民即工农为主体，在革命阶段的目的、任务、对象三者统一的历时性逻辑上，以阶级分析方法划分"敌"与"友"，革命主体和"友"都是人民的范畴。自提出构建抗日民族统一战线主张以来就以阶级结构的政治建构论稳定地表达"人民"这一概念。毛泽东在《新民主主义论》中更为翔实地阐释了阶级结构的人民。1942 年，《在延安文艺座谈会上的讲话》中强调文艺要为人民大众服务时提出并回答了"谁是人民"的问题，"人民，是工人、农民、兵士和城市小资产阶级。"③ 在《论人民民主专政》一文中直接回答了"人民是谁"的问题，"人民是什么？在中国，在现阶段，是工人阶级，农民阶级，城市小资产阶级和民族资产阶级。"④ 在社会主义改造基本完成后的 1957 年，在《关于正确处理人民内部矛盾的问题》中，将新民主主义的"人民"概念转变为社会主义的"人民"概念，又一次在历史维度上进行了阐释，一切赞成、拥护和参加社会主义建设的阶级、阶层和社会集团，都属于人民范围。人民民主专政的政治概念除了在"文革"的特殊时期用"无产阶级专政"代替外，改革开放以来恢复了人民民主专政的政治话语，并将人民民主作为社会主义的本质和社会主义生命的新认识加以确认。

---

① 《毛泽东选集》第 2 卷，人民出版社 1991 年版，第 563 页。
② 《毛泽东文集》第 7 卷，人民出版社 1999 年版，第 205 页。
③ 《毛泽东选集》第 3 卷，人民出版社 1991 年版，第 855 页。
④ 《毛泽东选集》第 4 卷，人民出版社 1991 年版，第 1475 页。

由上可见，萨托利从古希腊的"民主就是人民权力"来解读中国独创的人民民主概念仅仅是语词逻辑的解读。实际上，萨托利非常清楚古希腊的"人民"概念是指"城邦共同体"，城邦不是国家的概念，民主与人民的同一就是城邦的居民与公民一体化"共享权力"概念，其民主意涵与现代民主指称的"多数人统治"、人民就是"多数人"都不同。① 美国古典研究学者奥伯认为古希腊原初的"民主是人民权力"定义的所指是"做事的能力"，而不是多数人统治和"多数决"的投票；同时奥伯也指出了"多数决"是"希腊那些民主的批判者刻意用来表达对民主蔑视的问题"②。萨托利和奥伯的分析是可以相互印证的古希腊两种民主观，即人民共享权力和做事能力与投票的"多数决"是冲突的。前者的人民就是共同体本身，后者的人民就是平民的多数，所谓民主就是平民的统治。后者主要来自亚里士多德政体分类中对什么是民主政体的界定和对其的批判。"权力"这一概念，在现代的话语系统中有权威、力量、支配、统治、暴力等意涵，但在古希腊的语义中民主由 demos 和 kratos 构成，前者可译为"人民"，后者可译为"权力"。但权力不是各个人力量相互作用的总和，而是来自人的外部的力量，有的是城邦神，苏格拉底、柏拉图、亚里士多德认为是"理性"，因此权力是公共权威，从民主就是人民做事能力来说，亚里士多德所指认的就是"好公民"统治的理智德性的能力或实践智慧。西方学者汉娜·阿伦特具有"亚里士多德的女儿"的美誉，她认为亚里士多德的"权力"概念是指"潜能"和"自由""参与"的能力，与暴力是冲突的，"权力和暴力是对立物"，"权力的每一次削弱都是一次对暴力的公开邀请"③。这一点可以从"好公民"预设的"积极理性"，即"参与理性的活动"的界说和"好公民"统治的协商而非"多数决"的理智谋划中得到印证，这也是西方学者从亚里士多德的政治谋略语境中得出"协商民主"致思的理据。萨托利和奥伯都认为将权力等同于"暴力"和"统治"是错误的，它只是现代人对"多数决"就是合法暴力、统治与被统

① ［美］乔万尼·萨托利：《民主新论》下卷，冯克利、阎克文译，上海人民出版社 2015 年版，第 426—431 页。

② 参见王绍光主编《选主批判——对当代西方民主的反思》，欧树军译，北京大学出版社 2014 年版，第 2 页。

③ ［美］汉娜·阿伦特：《共和的危机》，郑群瑞译，上海人民出版社 2003 年版，第 137 页。

治、支配与被支配建立的话语系统和论证逻辑。① 尽管萨托利批判投票"多数决"的多数人统治弊端,但试图回到理想的民主不可能;尽管他对马克思主义的民主理论和人民民主理解存在偏差,但他所提出的人民民主就是"人民的人民权力"问题构成了一个重要的解释学。前述中,毛泽东对人民民主概念中"谁是人民"的历史的具体的现实的回答已经深刻说明"人民民主"不是赘词,深刻表达谁是人民就是谁的民主。其中"人民的"是关于"谁是人民"的问题。

(二)人民民主与群众路线、协商民主的内在逻辑

协商民主概念是在中国特色社会主义民主政治建设的历史过程中成熟的,但它起始于中国共产党领导中国人民进行新民主主义革命的实践。在这个历史维度上,在农村革命根据地创建和发展过程中虽没有"协商"二字,但经常使用"商量"。"商量"偏日常用语,"协商"偏学术化和概念化,二者的意思是一致的。在民主理论的一般理解上,选举是民主的,协商并不一定是民主的。在历史的维度上,有多种形式的商量,但并非民主的,有协商而无民主、有民主而无协商是协商与民主关系的一般问题。中国共产党自土地革命时期就创造了"商量"的民主政治和发展经济的方法。在马克思主义的民主理论和实践上,列宁将"协商"置于党派之间的合作,这不一定是民主的,而党的内部实行民主制;在苏维埃制度内没有协商而强调民主。1922年中国共产党第二次代表大会的决议中提出了通过"互商"的方式与国民党和各人民团体形成"民主主义大同盟"的策略。② 这是中国共产党为国共合作所作出的准备,也是探索政党、社会团体政治协商的起源。第一次国共合作有协商,但没有"协商民主"的事实。"商量"的政治与商量式的发展经济是武装割据的农村政权建设实行的,它是建立在阶级分析基础上实现革命阶级同盟军建构所采取的既民主又商量的方式。其中"商量"既有来自集中领导的自上而下的,也有阶级之间的,

---

① 参见〔美〕乔万尼·萨托利《民主新论》下卷,冯克利、阎克文译,上海人民出版社2015年版,第427—437页;参见王绍光主编《选主批判——对当代西方民主的反思》,欧树军译,北京大学出版社2014年版,第1页。

② 参见中共中央文献研究室、中央档案馆编《建党以来重要文献选编(一九二一——一九四九)》第一册,中央文献出版社2011年版,第140页。

生产生活主体之间的，也有自下而上的多种形式。

农村根据地政权组织的民主集中制是工农民主政权性质的，它本身就是阶级结构。在科学社会主义运动原理上，工人阶级是本能的社会主义革命的主体，产业工人又是工人阶级的主体，而大多数农民还不是无产者。马克思在《哥达纲领批判》中批评了德国统一工人党将农民和工人混同起来的错误，工人阶级先解放自己再解放农民，或工人阶级领导构建工农联盟来实现解放，哪种方式更好，要看具体的特殊的社会历史条件和革命形势。马克思在分析1848年法国革命的状况认为，工人阶级既缺乏理论武装和形成整体的力量，又没有自觉地联合农民，农民在小资产阶级和大资产阶级之间摇摆不定，这种状况是由农民的社会存在和历史意识决定的。因农民小块耕种彼此分割，"就像一袋马铃薯是由袋中的一个个马铃薯汇集而成的那样"①。马克思和恩格斯在生产力与生产关系的历史辩证法的逻辑上判定，在资本主义发展中的农民革命是走向资本主义私有制道路的，在资本主义经济盘剥农民的时候才有工人阶级领导和联合农民的可能的客观和主观条件。列宁领导的俄国布尔什维克探索落后国家的社会主义革命道路的经验总结极为重要：在处于封建政治和封建的农业经济、资本主义经济在成长的社会历史条件下，工人阶级自发的经济斗争和自发的政治要求还处于民主主义的资产阶级革命阶段。因此，在科学社会主义理论与工人运动相结合的社会主义革命实践途径上，首先以科学社会主义原理作为党性原则塑造工人阶级和知识分子，构建起工人阶级的先锋队，将科学社会主义原理灌输给工人阶级，党作为工人阶级的先锋队领导工人阶级构建工农联盟的革命主体，以民主主义革命来团结农民，因为农民的民主主义革命所要的土地与自由是小资产阶级范围内的，但小资产阶级革命的要求同时受到城市资产阶级的压迫，工人阶级的社会主义革命保障农民的要求，是农民一道革命的条件，建立工农民主政权向社会主义过渡，既是实现公有制的过程，也是对农民的教育和所有制、生产生活方式改造的过程。事实上，十月革命前，民粹派以农村为基地，布尔什维克在农村并没有建立起真正的工农民主政权，缺乏工农联盟的实践经验，真正的工农联盟政权是十月革命后建立的。中国的无产阶级革命一开始就模仿俄国的十

---

① 《马克思恩格斯文集》第2卷，人民出版社2009年版，第566页。

月革命。党的第二次代表大会按照共产国际的方案和列宁关于殖民地半殖民地国家的民主主义革命和社会主义革命两阶段论布局，在国共合作期间党内出现了左倾和右倾错误。党的第六次代表大会总结了经验教训，对中国革命还处于民主主义革命的资产阶级范围的确认符合列宁的主张，作出的革命处于低潮，主要任务是争取群众的形势判断也是基本正确的，但大会形成的几个重要决议对农村革命根据地及其苏维埃政权建设没有具体涉及，在《农民运动决议案》中强调工人阶级对农民的领导，"党只能经过党团的作用影响农协和苏维埃，更不能直接的命令或指挥群众。"① 显然，这种决定落后于井冈山根据地的实际经验，还是套用苏俄经验的体现。当时共产国际以建立"世界无产阶级专政"的要求和苏联实行新经济政策的经验指导他国的无产阶级革命，对半殖民和半封建社会的资产阶级在革命中的作用估计过低，而苏联国内的新经济政策也处于以公有制和计划经济排挤私有制的时期，1928 年 6 月共产国际第六次代表大会通过的纲领修正案所体现的就是苏联"过渡时期"的经验推广和严格执行。中国事实逻辑上的农村根据地苏维埃政权建设已经开启了独特的中国革命道路。在这条道路上，党坚强有力地领导苏维埃政权建设，实行"民主集中主义"和构建民主集中制的政权组织体制，开辟了独特的制度建设道路。

民主集中制的制度之所以能够得到建立并在革命的实践中得到推进和完善，在于以毛泽东为主的中国共产党人创造了独特的群众路线的领导方法，使民主与协商结合起来，既民主又协商的方法贯穿在民主基础上的集中与集中指导下的民主相结合的民主集中制体制机制中。在创建农村革命根据地和中华苏维埃共和国时期，构建工农联盟是革命的主要任务，但值得注意的问题是"怎样来构建工农联盟"？无产阶级领导的工农联盟实际上是共产党领导的以农民为主体的革命，而农民革命还不是"无产阶级化"的革命，还要保护农民的要求和实现农民的眼前利益。因此，既领导农民又保护和实现农民利益就要求与农民"商量"，这一深刻认识具有方法论的意义。在土地革命时期工农联盟的成功构建具有双重的历史意义，即无产阶级通过党领导的工农联盟在民主集中制的权力组织制度中得以有

① 中共中央文献研究室、中央档案馆编：《建党以来重要文献选编（一九二一——一九四九）》第五册，中央文献出版社 2011 年版，第 433 页。

效实行；民主集中主义的领导方式实质上是群众路线与商量式的民主有机统一。可以将"群众路线与商量"看成一对范畴，也可以视为一回事，一方面，群众路线包含着商量，毛泽东在论述调查研究的方法上既有实证的社会科学技术的要求，同时特别强调调查研究就是听取意见，向群众请教和学习的过程，它包含向群众宣传、党的路线政策与听取群众意见的双向流动；另一方面，与群众商量是使群众路线落地生根的现实要求，没有与群众商量的群众路线就会落空。工农联盟既是工农民主统一战线又是中国新民主主义革命的主体。新民主主义革命的"新"就在于无产阶级通过共产党领导，以解放农民为其基本问题。因此，新民主主义革命实质上是中国共产党领导的农民革命。马克思和恩格斯的工农联盟思想主要是关于欧洲和扩展北美地理空间的论断，苏俄的工农联盟在十月革命前还没有真正形成，俄国民粹派在农村组织的农民运动还只是基于"农民社会主义"的思想。中国新民主主义革命走以农村解放城市的道路，实质上是无产阶级通过共产党的领导将科学社会主义基本原理与农民运动相结合，这是极为特殊的马克思主义的伟大创举。工农统一战线的"民权政治"理论进一步得到扩展，就是无产阶级通过共产党领导的以工农联盟为基础的各革命阶级联盟的民族统一战线的再次构建。毛泽东明确提出政权的组织形式"应是民主集中制"①。共产党人在"三三制"中的领导地位不在于人数而在于"质量"的优越性，"是以党的正确的政策和自己的模范工作，说服和教育党外人士，使他们愿意接受我们的建议"。这就要求共产党人以真诚的合作态度，"提倡民主作风，遇事先和党外人士商量，取得多数同意，然后去做。同时，尽量地鼓励党外人士对各种问题提出意见，并倾听他们的意见"②。毛泽东在马克思主义认识论上对群众路线的理论阐释，就是在工农民主统一战线到抗日民族统一战线的历史实践的经验基础上达到了认识论的理论高度。

马克思主义认识论的群众路线，包含着历史的本体论、主体论和功能论、作风论。历史的本体就是人民群众，人民群众是历史的创造者，这是马克思主义历史认识论。人民群众既是创造世界历史的动力，同时也是主

---

① 《毛泽东选集》第 2 卷，人民出版社 1991 年版，第 743 页。

② 《毛泽东选集》第 2 卷，人民出版社 1991 年版，第 742—743 页。

体，但在无产阶级开辟新的世界历史以前，主体被英雄人物、神圣所代替，历史的解释学被神学和统治阶级以及依附于其的思想家的精神生产所垄断。马克思主义政党领导的无产阶级运动的历史任务，一方面是将人民群众创造的历史成就还给人民群众本身，使人民群众自己掌握自己的命运；另一方面以人民群众为主体开辟自己的未来历史，而党是实现人民利益和历史任务的工具。因此，党以群众路线为规范的领导方式，是实现民主和做事能力的统一。"在我党的一切实际工作中，凡属正确的领导，必须是从群众中来，到群众中去"①，这一重大的判定就是党的领导规律。从群众中来到群众中去既是党的领导规律同时也是历史的本体论、主体论的统一。群众路线作为党的领导规律也是民主功能论的。以权利作为现代民主理论的本体论是一般的抽象规范，现实上，任何权利都来自法律文本在形式和实体上的规定，应有权利与实有权利并不会自然统一，法律文本的规定性实质上是权力，这就是说法律文本赋予了人们应有和实有的权利。应有的权利与实有的权利的差异在于各个人和群体的活动能力、影响力的不同，实际上这又是权能的问题。群众路线作为党的领导规律加以制度化具有实现民主能力规定性的功能。

民主集中制是实现民主的形式，它是有历史方位的现实的利益表达、利益均衡的体制机制。权利的实体就是物质利益，在民主集中制的制度形式中将现实的与长远的、个人的与集体的、阶级的与阶层的、局部的与整体的、主要的与次要的矛盾加以整合，从群众中来到群众中去的领导功能即是合理均衡机制，其动力在于调适现实利益，整合推动历史进步的主体力量形成合力。这就是用阶级分析的方法科学把握社会历史条件和历史任务相结合的"谁是人民"问题。凡是人民范围内的，在民主集中制的制度形式中，以群众路线的领导方式来实现各自的现实的利益、实现利益均衡，是价值与科学的统一，其中各主体之间的商量是在一个没有自己特殊利益的领导者使他们在共同利益上得到整合形成合力。党的群众路线作为党的优良作风是使人民民主得以实行的基础。面对旧中国的"一盘散沙"格局，毛泽东提出以"人民的民主的统一"② 来整合。人民如何统一？以

---

① 《毛泽东选集》第 3 卷，人民出版社 1991 年版，第 899 页。
② 《毛泽东选集》第 3 卷，人民出版社 1991 年版，第 1071 页。

民主集中制的政府来统一是合理的选择，民主集中制得以实行的关键既在于党的领导又在于实行群众路线的领导方法，而群众路线的坚持在于党的作风优良。党的作风是内在的党性与人民性的高度统一，毛泽东指出，"以马克思列宁主义的理论思想武装起来的中国共产党，在中国人民中产生了新的工作作风，这主要的就是理论和实践相结合的作风，和人民群众紧密地联系在一起的作风以及自我批评的作风。"① 这三大作风是紧密联系在一起的，理论与实际相结合的机制就是群众路线的，批评与自我批评作为纠偏的机制也需要建立在群众路线的基础上。毛泽东指出，"我们共产党人区别于其他任何政党的又一个显著的标志，就是和最广大的人民群众取得最密切的联系。全心全意地为人民服务，一刻也不脱离群众；一切从人民的利益出发，而不是从个人或小集团的利益出发；向人民负责和向党的领导机关负责的一致性；这些就是我们的出发点。共产党人必须随时准备坚持真理，因为任何真理都是符合于人民利益的；共产党人必须随时准备修正错误，因为任何错误都是不符合于人民利益的。二十四年的经验告诉我们，凡属正确的任务、政策和工作作风，都是和当时当地的群众要求相适合，都是联系群众的；凡属错误的任务、政策和工作作风，都是和当时当地的群众要求不相适合，都是脱离群众的。"② 毛泽东这段极为重要的论述，点出了群众路线认识论的马克思主义的理论源泉和中国化实践道路。作风的属性是修养，群众路线的作风是一个成熟的马克思主义政党的修养，它在于实现人民解放和每个人全面而自由发展的伟大历史任务和阶段化、阶梯化地实现人民利益，而且将实现人民利益作为检验真理的标准。实践是检验真理的标准乃至唯一的标准，这是马克思主义哲学的基本命题，毛泽东将这一哲学命题推进到党的群众路线的作风建设维度上，构建了任务、政策、作风三个变量的关系，将检验真理的标准建立在历史的现实的具体的人民利益基础上。这种真理观的建构把哲学命题的理论与实践的建构结合起来，其重大意义在于，在理论指导实践，在实践中发展理论再指导实践的往复循环过程中，在一个确定的时间段的理论与实践关系之间插入了人民利益，使理论和实践都具有了检验的标准。

---

① 《毛泽东选集》第 3 卷，人民出版社 1991 年版，第 1093—1094 页。
② 《毛泽东选集》第 3 卷，人民出版社 1991 年版，第 1094—1095 页。

　　全心全意为人民服务，实现人民利益是共产党人的工作作风规范和任务的有机统一，同时人民利益具有连接理论与实践的功能。在马克思主义理论指导下的中国实践就是现实的具体的历史的人民利益的结合，在实现人民利益的途径上结合中国社会历史条件所设计的实践方案，使马克思主义中国化，形成中国的马克思主义理论，指导中国实现人民利益的实践。马克思主义的历史理论源于人民创造历史的实践，以马克思主义为指导，在实现中国人民利益的实践过程中发展马克思主义理论，这种理论与实践的关系始终贯穿着人民利益。中国共产党人在马克思主义中国化的历史实践中形成了独具特色的群众路线的工作作风，在人民民主制度中实现人民利益，并以人民利益为检验民主集中制的准则，推进民主集中制自身的完善。

　　群众路线是人民民主的认识论，它包含着发展协商民主的理论根据。习近平总书记指出："我们要深刻把握社会主义协商民主是中国共产党的群众路线在政治领域的重要体现这一基本定性。"① 这一深刻阐释，科学地揭示了协商民主的中国根脉。群众路线是协商民主的根脉，群众路线和协商民主都具有中华优秀传统文化的根脉，但二者都是优秀传统文化的创造性转化和创新性发展的成就。孙中山先生很重视优秀传统文化，亲自书写"天下为公"作为国民党的座右铭，但是因其党性和代表的阶级利益，国民党的既得利益者实际上是"家天下"。中国共产党人在党性和人民性相统一的实际工作中奉行全心全意为人民服务的宗旨，继承和创新了天下为公的观念。中华优秀传统文化中包含着兼容并蓄、己所不欲勿施于人、和而不同等协商精神，但它并非民主的。中国共产党人能够将协商与民主结合起来，在于没有私利地全心全意为人民服务的天下为公。中国共产党是马克思主义历史主义者，不仅继承和创新了中华优秀传统文化，也继承了西方民主思想的精华，改变了投票的"多数决"，使协商与民主统一起来，既有协商的共识又有"多数决"。毛泽东指出，从中国传统文化中有鉴别地"剔除其封建性的糟粕，吸收其民主性的精华，是发展民族新文化提高民族自信心的必要条件；但是决不能无批判地兼收并蓄。必须将古代封建统治阶级的一切腐朽的东西和古代优秀的人民文化即多少带有民主性和革

---

① 《习近平谈治国理政》第 2 卷，外文出版社 2017 年版，第 294 页。

命性的东西区别开来……我们必须尊重自己的历史，决不能割断历史。但是这种尊重，是给历史以一定的科学的地位，是尊重历史的辩证法的发展。"① 以共产主义思想为引领，批判汲取人类文明成就，中国共产党人创造了群众路线的方法论。这种方法论与党的作风一体两面，一经得到确立就成为坚守与发展的历史实践逻辑。1945 年，为深刻总结自党成立后的经验教训所形成的《关于若干历史问题的决议》，将"从群众中来，到群众中去"作为党的正确的"政治路线"和"组织路线"加以确认，同时指出了它也是坚持民主集中制的原则。② 1981 年，十一届六中全会作出的《关于建国以来党的若干历史问题的决议》进一步确认了群众路线的深远历史意义："把马克思列宁主义关于人民群众是历史的创造者的原理系统地运用在党的全部活动中，形成党在一切工作中的群众路线……这样，毛泽东同志就把马克思主义的认识论同党的群众路线统一起来了。党是阶级的先进部队，党是为人民利益而存在和奋斗的，但是党永远只是人民的一小部分；离开人民，党的一切斗争和理想不但都会落空，而且都要变得毫无意义。我们党要坚持革命，把社会主义事业推向前进，就必须坚持群众路线。"③ 坚持群众路线就必须与人民商量做事，不断提高商量的质量，提升做事的能力。

自党的群众路线形成认识论以来，以党的群众路线推进民主政治建设和协商民主就成为规范的路径。在社会主义建设初步探索时期，邓小平深刻指出了坚持和发展党的群众路线的价值。党的群众路线"包含两方面的意义：在一方面，它认为人民群众必须自己解放自己；党的全部任务就是全心全意地为人民群众服务……每一个党员必须养成为人民服务、向群众负责、遇事同群众商量和同群众共甘苦的工作作风。在另一方面，它认为党的领导工作能否保持正确，决定于它能否采取'从群众中来，到群众中去'的方法。"④ 这两个方面也就是"为了民主"与"实现民主"的统一。

① 《毛泽东选集》第 2 卷，人民出版社 1991 年版，第 707—708 页。
② 参见中共中央党史研究室编《两个历史问题的决议及十一届三中全会以来党对历史的回顾（简明注释本）》，中央党史出版社 2013 年版，第 21 页。
③ 中共中央党史研究室编：《两个历史问题的决议及十一届三中全会以来党对历史的回顾（简明注释本）》，中央党史出版社 2013 年版，第 114 页。
④ 《邓小平文选》第 1 卷，人民出版社 1994 年版，第 217 页。

毛泽东在《关于正确处理人民内部矛盾的问题》中提出了政府与人民商量、纵向的政府间要商量的思想。1957年，毛泽东在同工商界人士谈话中指出，"我们政府的性格，你们也都摸熟了，是跟人民商量办事的，是跟工人、农民、资本家、民主党派商量办事的，可以叫它是个商量政府。"①为了群众、依靠群众，从群众中来，到群众中去，一般与特殊相结合的工作方式，是实行商量式政府的制度自信的基础和依据。改革开放以来，中国共产党以发扬党的群众路线推进中国特色社会主义民主政治建设，并形成了一条基本的规范路径。江泽民指出，"真正学会运用党的群众路线，需要经历一个端正立场、改造世界观、锻炼工作方法和工作作风的长过程，要下一番苦功夫才能做到。我们还要结合建设和改革新的实践，创造新的经验，丰富和发展党的群众路线。"②胡锦涛在党的先进性建设上强调坚持和发展群众路线的重要意义，"我们党的根基在人民、血脉在人民、力量在人民。保持党同人民群众的血肉联系，是我们党无往而不胜的法宝，也是我们党始终保持先进性的法宝。"③

党的先进性与科学执政、民主执政、依法执政是不可分割的统一整体。就这四者的相互关系和统一性来说，它是建立在不断完善和发展党的群众路线和民主集中制基础上的。党的十八大以来，群众路线教育实践活动的安排具有特殊的巨大的深远历史意义，一方面，群众路线是纠正形式主义、官僚主义、享乐主义、奢靡之风的利器；同时也是纠正主观主义、教条主义、经验主义弊端，重树调查研究之风的矫正机制；另一方面，重塑群众路线的工作作风是保持党的先进性和纯洁性，推进党的领导、人民当家作主、依法治国有机统一的需要。以习近平同志为核心的党中央深刻认识到"群众路线是党的生命线和根本工作路线"，将群众路线作为党的生命线既是对于历史经验的深刻总结又是马克思主义认识论的再次提升和丰富。习近平总书记在群众路线制度化安排上提出要将历史的经验和新的经验、现实的和长远的需要结合起来实行制度的自我完善，"不管建立和完善什么制度，都要本着于法周延、于事简便的原则，注重实体性规范和保障性

① 《毛泽东文集》第7卷，人民出版社1999年版，第178页。
② 《江泽民文选》第1卷，人民出版社2006年版，第100页。
③ 中共中央党史研究室编：《十六大以来重要文献选编》下，人民出版社2008年版，第535页。

规范的结合和配套，确保针对性、操作性、指导性强。"① 自党的十八大以来，在人民民主制度完善的认识论和实践推进中最显著的标志就是社会主义协商民主在党的群众路线发展中推进。

"社会主义协商民主是人民民主的重要形式"，这是人民民主的重要认识论。"我们要全面认识社会主义协商民主是中国社会主义民主政治的特有形式和独特优势这一重大判断"②，这是对社会主义协商民主在人民民主途径上制度化的新的认识论。人民民主历史发展中的"商量"或"协商"，在民主集中制的制度中以群众路线行商量之风，更主要地体现为实质民主的方面。推进协商民主向多层多领域的制度化发展，将协商民主的形式原则和实体权利结合起来，构成完善和发展民主集中制制度体系的重要内容，是马克思主义民主理论的重大发展。习近平总书记指出："我们要深刻把握社会主义协商民主是中国共产党的群众路线在政治领域的重要体现这一基本定性。中国共产党来自人民、服务人民，这就决定了中国共产党领导人民建立的中华人民共和国必须紧紧依靠人民治国理政、管理社会。中国共产党在自己的工作中实行群众路线，坚持一切为了群众，一切依靠群众，从群众中来，到群众中去，把自己的正确主张变为群众的自觉行动。"③ 社会主义协商民主在群众路线中的发展创造了党的领导方式的新变革，其重要的方面在于"民主和协商是实现党的领导的重要方式"④。中国共产党在推进全面深化改革的伟大历史实践中，将群众路线与协商民主结合起来，形成了在群众路线中发展协商民主，以协商民主作为党的群众路线的新内容和新形式，实现了科学执政、民主执政、依法执政的有机统一，为正确决策开辟了新的途径，构成了党领导人民有效治理国家新的认识论。社会主义协商民主在人民民主历史发展的逻辑上，是将人民内部多数人的民主的"量"转换为"质"的重要标志。中国共产党的领导是民主与协商有机统一的条件，它贯穿于新民主主义革命、社会主义革命和社

---

① 中共中央文献研究室编：《十八大以来重要文献选编》上，中央文献出版社 2014 年版，第 318 页。

② 《习近平谈治国理政》第 2 卷，外文出版社 2017 年版，第 291 页。

③ 《习近平谈治国理政》第 2 卷，外文出版社 2017 年版，第 294 页。

④ 中共中央文献研究室编：《习近平关于社会主义政治建设论述摘编》，中央文献出版社 2017 年版，第 129 页。

主义民主政治建设的过程，也是民主的"质性"追求过程。

协商民主是人民民主的重要形式是重要的理论判定。协商民主不是人民民主的全部更不是替代，而是使人民民主的制度更加完善、制度优越性得到进一步发挥，使民主在"增量"和"增质"的双增中更注重"质"。习近平总书记指出："中国实行工人阶级领导的、以工农联盟为基础的人民民主专政的国体，实行人民代表大会制度的政体，实行中国共产党领导的多党合作和政治协商制度，实行民族区域自治制度，实行基层群众自治制度，具有鲜明的中国特色。"① 这套制度是经过长期的艰苦实践探索建立起来的民主集中制，其中，各级人民代表大会行使人民权力是根本，是政权属性，这是保障人民民主政权和扩大民主的体制。在党的领导下，人民内部以经济社会发展重大问题和涉及群众切身利益的实际问题为内容，在全社会广泛协商，坚持协商于决策之前和决策实施之中，是进一步扩大人民民主的需要。党的领导和"人民内部"的边界设定，是协商民主的制度路径依归。人民内部的商量具有"扩大"民主的"量"的规定性。习近平总书记指出："保证和支持人民当家作主，通过依法选举、让人民的代表来参与国家生活和社会生活的管理是十分重要的，通过选举以外的制度和方式让人民参与国家生活和社会生活的管理也是十分重要的。人民只有投票的权利而没有广泛参与的权利，人民只有投票时被唤醒、投票后就进入休眠期，这样的民主是形式主义的。"② 这就是说，推进协商民主不仅在于人民代表大会的代表行使权力的体制内，还在于体制外的广泛参与和日常化的参与，但民主集中制是广泛参与的体制机制，这是质的规定性或民主的"质性"要求，即构建起更加广泛更加真实更加管用的人民民主形式。习近平总书记指出："在中国社会主义制度下，有事好商量，众人的事情由众人商量，找到全社会意愿和要求的最大公约数，是人民民主的真谛。"③ 协商民主是人民民主的真谛，从"量"和"质"的双重规定性上体现了人民当家作主的本质要求，涉及国家政治生活、日常生活、公共事务治理的各领域。民主选举、民主决策、民主管理、民主监督的整个环节

① 中共中央文献研究室编：《习近平关于社会主义政治建设论述摘编》，中央文献出版社2017年版，第14页。
② 《习近平谈治国理政》第2卷，外文出版社2017年版，第293页。
③ 《习近平谈治国理政》第2卷，外文出版社2017年版，第292页。

嵌入协商民主，将人民民主的价值理性、程序正当性、制度规范性、科学性统一起来。发展社会主义协商民主，从积极意义上来说，就是努力实现更加广泛更加真实更加管用的民主价值诉求和实践布局；从否定性来说，着力解决人民群众参与不足、利益诉求渠道不畅、社会矛盾累积难以解决的问题，有利于破除权力机构脱离群众、官僚主义、形式主义等弊端。发展社会主义协商民主，"既坚持了中国共产党的领导，又发挥了各方面的积极作用；既坚持了人民主体地位，又贯彻了民主集中制的领导制度和组织原则；既坚持了人民民主的原则，又贯彻了团结和谐的要求。所以说，中国社会主义协商民主丰富了民主的形式、拓展了民主渠道、加深了民主的内涵。"[1] 社会主义协商民主在人民民主的增量与增质的双重规定性上，为新时代党领导人民有效治理国家作出了理论导向和实践布局。党的领导、人民当家作主、依法治国有机统一的核心要义是怎样实现人民当家作主的问题。"党的领导是人民当家作主和依法治国的根本保证，人民当家作主是社会主义民主政治的本质特征，依法治国是党领导人民治理国家的基本方式，三者统一于我国社会主义民主政治伟大实践。"[2] 社会主义协商民主是中国特色社会主义民主政治实践发展的重大创新成就，已被纳入国家治理的制度体系发展之中，法治化的发展道路是其基本遵循。

二　协商治理：善治的追寻

协商治理是民主治理公共事务的特有形式，它区别于政府单一主体的治理形式。这是讨论协商治理的一般语境。但中国特色的协商治理是基于社会主义协商民主途径的协商治理，良法与善治是其规范路径。良法与善治的实质意涵是良法保障善制和执行善制，善制就是好的制度。这就涉及善制和执行善制的治理活动两个方面。全面依法治国是国家治理的一场深刻革命，协商民主的法治化与以协商民主的程序合理性获得"良法"是辩证统一的。良法体现全体人民的意志，是符合社会发展规律和人民发展的

---

① 《习近平谈治国理政》第 2 卷，外文出版社 2017 年版，第 294 页。

② 习近平：《决胜全面建成小康社会　夺取新时代中国特色社会主义伟大胜利——在中国共产党第十九次全国代表大会上的报告》，人民出版社 2017 年版，第 36 页。

要求，规范国家治理和社会治理各主体依法有序参与的协同行为。良法不是头脑凭空产生的，协商民主的程序化、制度化安排是良法获得的理想渠道，它为国家治理制度的法律法规安排奠定了基础。"推进科学立法、民主立法、依法立法，以良法促进发展、保障善治"① 是国家治理的骨干工程。良法与善治相结合的桥梁和纽带是协商民主，既在良法供给的环节保证"善治"，又在良法实施中求得"善果"。良法善治是国家治理的规范路径。

（一）良法、善治与善制

在社会主义协商民主途径下实现协商立法是善治的内容。"良法善治"包含"良法的善治"和"良法与善治"两种关系。法学界一般认为"良法"包含宪法和行政法，行政法对应善治。② 这种途径所理解的善治对应的主体是行政系统。实质上，良法与善治是一对辩证范畴，在善治途径上获得良法，以良法规范制度设计构建"善制"，行政系统和社会主体运用善制治理公共事务是具体行动的治理。善治是治理的规范和理想，它体现在"治法"和执法、监督、评价的整个过程，也是各个主体间互动的过程。人们很关注法治与法制的关系，但对治法与法治关系的关注不够。从思想史的法治概念考察一般是从亚里士多德的论述来梳理，对新中国成立以来的法治概念，有的从学术史，有的从政治文献考察，但过多关注从法制到法治的发展线路，而对治法与法制、法治与法制的整体关系关注较少。

在西方思想史上，柏拉图的《法律篇》是法制概念的起源，"如果一个国家的法律处于从属地位，没有法律权威，我敢说，这个国家一定要覆灭；然而，我们认为一个国家的法律如果在官吏之上而这些官吏服从法律，这个国家就会获得诸神的保佑和赐福。"③ 将柏拉图的这段论述解释为"法治"思想是有问题的，正确的应是将其理解为"法制"思想。法制是法律制度的总称；法治的概念有的从权利与权力配置的关系理解④，有的

---

① 习近平：《决胜全面建成小康社会　夺取新时代中国特色社会主义伟大胜利——在中国共产党第十九次全国代表大会上的报告》，人民出版社 2017 年版，第 38—39 页。

② 参见郑磊、宋华琳《良法善治，民尊国范》，《法制与社会发展》2019 年第 1 期。

③ 转引自《西方法律思想史资料选编》，北京大学出版社 1983 年版，第 25 页。

④ 参见徐显明《论"法治"构成要件——兼及法治的某些原则及观念》，《法学研究》1996 年第 3 期。

认为法治与自然经济无缘、与国家垄断的产品经济无缘，它是与市场经济和民主政治、个人自由相联系的正义之法①；有的认为，"法治即依法治理，是一种与人治相对立的治国方略或良好法律秩序，法治本身不是法条之治，而是良法之治，良法不是指道德层面的善良，而是价值、功能层面的优良"②；有的认为，中国特色的法治体现为"依法保障人权、法治原则健全、法律规范完备、法治实施高效、法治保障有力、法治监督严密、党内法规完善七个方面"③。应当确认，法制与法治概念在历史的不同阶段所涵盖的价值、内容不同，它们都具有历史性、民族性、政治性、文化性。柏拉图所阐释的法律至上论实质上是法制思想而不是法治思想。柏拉图时代的城邦是地理边界内的公民共同体还不是国家，但是奴隶制的阶级社会的矛盾以公民间的矛盾为主，奴隶主与奴隶之间的矛盾并没有表现为主要矛盾。城邦的公民是指具有本帮血统和财产阶层的具有参与公共事务的男性居民，梭伦改革按财产等级构建了四个阶层，没有奴隶支配靠自己劳动为生的公民有参与议事会的权利，但没有承担公职的权力，理由很简单，因为公职没报酬，是义务性的。到伯利克里时代，将公职权力扩大到全体公民，对承担公职的人发放报酬，由此带来了竞争公职的欺骗。苏格拉底的理性主义哲学和精英统治论，是试图对伯利克里时代的民主碎片化而加以纠正的探索。柏拉图的哲学王统治建立在理念世界与现象世界二分法的哲学世界观基础上，法律来源于立法者，立法者就是哲学王。在柏拉图看来，人的现象界受理性和肉体两个矛盾的方面所左右，人的灵魂可以与理性相沟通，肉体受欲望支配。在灵魂和肉体二元论的人学视界，柏拉图区分了人的等级，各等级做自己应当所做的事就是正义的，而最高的正义就是作为理性观念的理念，只有哲学王才能达到这一境界。因此哲学王的立法就是将正义转变为法律。这种正义转变为法律的指涉就包含理念的正义法律化和各等级做自己应当所做的事的正义的法律化。在古希腊的传统思想文化中没有民主立法只有"贤人"立法。亚里士多德指出，"已成立的

① 参见张文显《马克思主义法理学——理论与方法论》，吉林大学出版社1993年版，第414页。
② 王利明：《法治——良法与善治》，北京大学出版社2015年版，第1页。
③ 陈佑武、李步云：《中国法治理论四十年：发展、创新及前景》，《政治与法律》2018年第12期。

法律获得普遍的服从，而大家所服从的法律又应该本身是制订得良好的法律"①，这实质上是法制思想。亚里士多德遵从了惯例，认为正义转换为法律，一个层次是正义本身的法律化，再一个层次是合乎正义的法律，所谓合乎正义的法律就是"维持尚善的宗旨，认为主奴关系应该以善良和卑恶为准则"②。亚里士多德依然把奴隶视为会说话的工具，当然属于卑恶的；但他也没有将有钱人或贵族都视为善良，而是他所预设的"好公民"。好公民以"止于至善"为目的，是合乎法律的，亚里士多德的正义概念继承了苏格拉底和柏拉图的思想，他所讨论的是如何使"法"合乎正义的问题。亚里士多德的政体划分，将民主政体界定为平民的多数统治，它的治权不是以法律为准绳而是以"群众"或公民大会代表"治权"，"这样的平民政体实在不能不受到指摘，实际上它不能算是一个政体"③。在亚里士多德看来，法律与政体不同，法律是城邦的主权和治权行使的规章，政体"是一个城邦的职能组织"，不能说政体符合法律，而是城邦制定法律，"执政者凭它来掌握他们的权力，并借以监察和处理一切违法失律的人们"④。在亚里士多德的实证研究中，古希腊诸城邦的政体没有达到良好的效果，他所设计的政体是将"好公民"作为统治者和被统治者，他们"应该是以道德优良的生活为宗旨而既能治理又乐于受治的人们"⑤。这种理想的设计与柏拉图的不同在于，将哲学王更换为"好公民"。亚里士多德的设计方案不是从理想的哲学王出发而是从现实问题着手，即"凡是属于最多数人的公共事物常常是最少受人照顾的事物，人们关怀着自己的所有，而忽视公共的事物；对于公共的一切，他至多只留心到其中对他个人多少有些相关的事物。"⑥ 事实上，亚里士多德独特的方面还在于他的"阶级"分析方法，这是很少受人重视的。汉娜·阿伦特认为亚里士多德是最早发现阶级和阶级斗争的人，他对政体的分类涉及了少数人的寡头统治和多数人的民主制，"把这两种政体作为基本概念用于阶级斗争论述的话，没有

① ［古希腊］亚里士多德：《政治学》，吴寿彭译，商务印书馆1965年版，第199页。
② ［古希腊］亚里士多德：《政治学》，吴寿彭译，商务印书馆1965年版，第17页。
③ ［古希腊］亚里士多德：《政治学》，吴寿彭译，商务印书馆1965年版，第191页。
④ 参见［古希腊］亚里士多德《政治学》，吴寿彭译，商务印书馆1965年版，第178页。
⑤ ［古希腊］亚里士多德：《政治学》，吴寿彭译，商务印书馆1965年版，第154页。
⑥ ［古希腊］亚里士多德：《政治学》，吴寿彭译，商务印书馆1965年版，第48页。

再比使用'阶级斗争'这个词语更能确切表达其政治正确性的方法了。"①
亚里士多德处于古希腊城邦的结束期，他敏锐地发现了阶级和阶级斗争的
现实，试图以理想政体的设计维护城邦而提出"善法"之"善制"、善制
实施乃善治的思想。但他所设定的善法或良法是基于好公民的理智德性的
积极理性行为参与本体的理性所获得的，本体的理性与先天正义、先天的
善都是等同的概念。因此，亚里士多德的法律统治思想依然是法制的。近
现代西方发展起来的法制思想是继承古希腊至古罗马的自然法思想，构建
自然法与人定法的关系，在人定法服从自然法的先天正义的条件下确立法
律统治。

　　资产阶级以民主来立论的法制也没有离开自然法与人定法关系的论证
逻辑，只是自然法概念以个人先天的自由和权利之基来为政治公共权力辩
护。康德在自然法根基上重构公共权利与公共权力的关系逻辑，与英国和
法国已经兴盛起来的资产阶级自由主义不同，尽管康德认同立法、行政、
司法三权关系，但他重构了法理逻辑。黑格尔的法哲学理论作为国家哲学
的面貌而出场，但他的自然法是绝对精神，理想的人定法是绝对精神的外
化。黑格尔和康德都批评法学家忽视了法律的内在性。康德在《法的形而
上学原理——权利的科学》中将先天的正义与公共权利相等同，将权利与
正义等同，与自由主义的权利概念不同。黑格尔将人类社会的历史确定为
"法"的规律，将"法"与法律区别开来。18世纪德国出现的"法治国"
（Rechts staat）概念，其实是官房学关于国家财税管理的行政管理制度，
它所表达的是有知识、有能力、忠于国家和国王的文官守法而治的意思，
因此法治国就是依法律行政。因为法律的供给来自王权，行政系统以法律
为最高权威的执行就是"依法"的概念。这也就是说，在德国出现的法治
国概念与官房学途径的官僚制行政是同源的，还不是关于现代民主制国家
的法治概念。关于民主制国家的法治国概念是以一些学者强调民主批评
"行政国家"语境出现的，他们思考的问题在于法律之源，或者是"元法
律"的问题。资产阶级议会民主制立的是什么法？在立法的程序原则与
实体原则的关系上看，完全符合立法程序的立法结果就是法律，因此就

---

① ［美］汉娜·阿伦特：《马克思与西方政治思想传统》，孙传钊译，江苏人民出版社2007
年版，第5页。

出现了"恶法亦法"的问题。民主理论家们深刻反思恶法亦法的严重问题，将资产阶级的法治国确认为"程序共和国"或"形式主义的精神"。为寻找法律的"实质"根据，20世纪70年代后的一些新自由主义理论家，有的是政治经济学家、有的是政治哲学家、有的是法学家、有的是伦理学家或社会学家，诸如哈耶克、布坎南、罗尔斯、德沃金、哈贝马斯等回到"元正义"和"古老自然法"途径探寻"元法律"的根本问题，构建具有实质意义的"法治国"。在这些学者看来，将"三权分立"和"立宪政治"视为法治国是没有现实意义的，他们试图要解决的就是资产阶级民主政治和行政制度的困境。因此，将资产阶级的法律统治概念等同于法治、将资产阶级国家等同于法治国家也是对这些学者思想的误解；尽管这些学者到古希腊和古罗马的思想中寻找智慧之源，但自苏格拉底、柏拉图、亚里士多德到西塞罗以降，秉持的都是法制的思想。20世纪70年代兴起的资本主义民主重要致思的"法治"概念是"治法"。如果将"法治"等同于"治法"而且不管是"谁治法"的问题，那么西方的思想传统有法治思想，如德谟克利特的法律统治比"人治"好的判断早已经就有了。但古希腊思想家一方面讨论"元法"的自然性与人定法的"人为性"冲突问题，另一方面也提出了"人定法"就是"人治"的问题。

中国对法治问题的讨论是改革开放以来逐渐形成的，法治概念具有独特的发展路径和中国特色的思想逻辑。中国古代思想的兴盛是在春秋战国的百家争鸣时期，被思想家们看作与西方文明的古希腊思想繁荣并列的两大文明的源头，而中国的独特性体现在治国思想上。儒家的"德主刑辅"与法家的"刑主德辅"两种策略不是理论的冲突，而是在治国的实践中确立了"德主刑辅"的思想。法家的"刑"等同于"法律"，"法"既具有规律之义也有方法之义。但法家注重的"刑法"是"刑罚"之法，它是功能性的，秦国以此之法治家、治政走向强盛。在寻找中国的法治思想之源的考证中往往从法家的思想中确立，实际上这是法制的思想，尽管它与古希腊的法制思想有差别。秦国由弱而强、由小到大一统、由盛而衰的经验，使后来者选择了"德主刑辅"的治国策略，而且将儒家思想作为国家意识形态教化民众、教化和培训统治者，统治者以儒家治国思想为标准选拔官吏。中国传统思想中的"德"字作为概念，是品格的"贤"与"才能"的统一,贤不一定有才,有才不一定贤,德是才之帅,德才兼备是教化和选拔官员的标准。这样的要求是"用"的范畴,而在"体"的根本上,德具有本体论色彩。周朝开举"尚德"之先锋规避了殷商时期借妖魔鬼魂之力的酷刑统治形式,创造了周之繁荣,其中"德"这一概念具有规律性的本体论与人的"心性"相结合的特点。基于周出现的"礼崩乐坏",思想家老子为"德"制定了前提的"道",道是一切事物的规律,德作为人的品格修养旨在"得""道","德""得"相同。孔子一方面继承老子的思想,另一方面复兴周之"礼"。社会秩序和政治秩序的"礼序"也等同于"德序",无论是礼序还是德序都具有本体论色彩,但更加注重现实的统治者和被统治者的教化。对统治者来说一个关键的问题是"民"的概念。在传统思想中的"民"是社会等级的"人"的类分,"民人"是最早用来指称处于社会底层民众的概念。"民本思想"虽然是统治者的策略,但周朝之初所确立的"以德配天"和"尚德"思想具有了早期"天人合一"思想,"民人"包含在人的整体中,"以德配天"虽然不是民选而是"天选",它包含"爱民"的内在逻辑。实际上这是一种世界观哲学。因此孔子的"克己复礼"思想被中外学者视为"温和的革命思想"。从儒家思想发展出的民本思想对统治者的约束就在于民情通过自然现象来体现,天选"天子"体恤民情、民生的逻辑关涉主权的配置。中国学者对这种逻辑的理解不尽相同,有三种代表性的观点可以比较。第一种是牟宗三所指认的,中国传统没有形成主权的政道或政体,而只有治道的策略,儒家思想作为治理的"常道"或"常理",在不同时代随统治者的需要也常有调整和变化。[1] 第二种是钱穆的观点:若论中国传统政制,虽有一王室,有一最高元首为全国所拥戴,然政府则本由民众组成,自宰相以下,大小百官,本皆来自田间,既非王室宗亲,亦非特殊之贵族或军人阶级。政府既许民众参加,并由民众组织,则政府与民众固已融为一体,政府之意见即为民众之意见,更不必别有一代表民意之监督机关,此之谓"政民一体"。[2] 这种观点明显把国家职能与民主混同了。第三种观点是费孝通的

---

[1] 参见牟宗三《政道与治道》,吉林出版集团 2010 年版,第 2 页。
[2] 参见钱穆《钱宾四先生全集(40)·政学私言》,台北:联经出版事业股份有限公司 1998 年版,第 6—7 页。

看法：传统中国的权力结构有横暴权力、教化权力、同意权力、时势权力四种。根据费孝通先生的论证，对皇权来说，横暴权力、教化权力、时势权力都有，但这三种情况因时因事因人不同而有不同的配置，横暴权力是君主专制的暴政；教化权力是"为政以德"伦理训诫的约束，时势权力主要体现在社会变迁和朝代更迭时期，类似于马克斯·韦伯所说的卡里斯马型权力；对社会来说，主要是长老统治和教化权力（家祖训诫），也有同意权力，但同意权力是一种契约合作的精神，它在传统社会是微弱的。因此，"用民主和不民主的尺度来衡量中国社会，都是也都不是，都有些像，但都不正当"①。从总体来看，儒家并没有明确提出法治思想，在"贤能"政治的途径上积累了丰富的德治思想。如果从儒家"德"的本体论来看，法律虽然从君主口中出，贤能的规范，对"口出"法律的人治也具有规范的要求，但这只是在儒家思想的内在性的"礼"中才能理解。

中国共产党的法制思想与民主、民权运动相一致，与马克思主义的科学社会主义运动相一致。中国共产党自诞生起就将探索有别于资产阶级的法制、高于资产阶级的法制作为奋斗的目标。在道路上来说，建构人民民主的新型国家与法制是一体两面，政治建构是其显著特征。马克思和恩格斯指出，"不应忘记，法也和宗教一样是没有自己的历史的"②。从历史唯物主义的社会形态演变的规律看，新的经济社会形态决定政治上层建筑的国家权力、法律和意识形态，而以革命手段摧毁旧的经济社会形态构建新的经济社会形态必然是政治建构和法律建构。尽管资本主义制度代替封建制度在西方民族国家的形式不同，但都是以政治建构和法律建构来实现生产关系从旧到新的转变的。一方面，社会生产力发展水平为资产阶级代替封建贵族的统治带来了客观条件，另一方面，旧的封建的生产关系和社会制度还有强大的力量，资产阶级在政治建构和法律建构上不得不呼唤"旧亡灵"来为自己效劳，但资本主义制度最终确立的无疑是法律制度的生产关系。马克思指出，"在观察世界历史上这些召唤亡灵的行动时，立即就会看出他们之间的显著差别。"③ 从法国革命来看，1789 年法国大革命推

---

① 参见费孝通《乡土中国》，上海世纪出版集团 2007 年版，第 60—64 页。
② 《马克思恩格斯文集》第 1 卷，人民出版社 2009 年版，第 585 页。
③ 《马克思恩格斯文集》第 2 卷，人民出版社 2009 年版，第 471 页。

翻了封建帝制为资本主义开辟了道路颁布了资产阶级法律，《拿破仑法典》表面上延续了罗马法的传统，但它是资产阶级开辟世界历史的法律。马克思深刻指出，"19 世纪的社会革命不能从过去，而只能从未来汲取自己的诗情。它在破除一切对过去的迷信以前，是不能开始实现自己的任务的。从前的革命需要回忆过去的世界历史事件，为的是向自己隐瞒自己的内容。19 世纪的革命一定要让死人去埋葬他们的死人，为的是自己能弄清自己的内容。从前是辞藻胜于内容，现在是内容胜于辞藻。"① 这种状况是资产阶级出于现实阶级力量的对比而采取的策略，共同之处在于资产阶级要将私有财产和竞争体制写在他们的法律旗帜上。因此，在历史唯物主义的视界上看，法律制度的阶级性和时代性是由经济社会形态的性质和谁是统治阶级所决定的。当然，我们也应认识到法制思想与法律制度有差别。西方学者出于对资本主义法律制度现实问题的反思提出法治思想，从社会建构和道德建构的致思路径回溯古代的思想资源是有借鉴价值的。但是，社会主义的法制思维不能依从资产阶级乃至罗马法典的模板或翻版。中国共产党在新民主主义革命时期，创制新民主主义的法制是在构建人民民主专政制度的道路上开辟的。人民民主是政治建构的，在人民民主的阶级结构的逻辑上提出新民主主义的法制理念，它不同于资产阶级旧民主的法制，与社会主义的法制也不同；但是，因为新民主主义革命是无产阶级通过共产党领导的，所以它具有了社会主义的决定因素，奠定了新民主主义社会向社会主义过渡的条件。社会主义法制体系是在社会主义的人民民主的政治建构中形成的。

在探索中国特色社会主义的道路上，对于法制与民主、法制与国家制度的关系认识，是在社会主义民主政治建设与经济体制变革的关系基础上，基于社会主义基本制度的自我完善向中国特色社会主义制度发展方向所确立的；同时也是在社会主义制度确立以来的经验教训和批判借鉴人类文明成就的基础上所获得的理性认识。在此基础上，进一步认识到法治与法制的关系。学界的致思路径一般以从"法制"到"法治"的路径来确立法治观念的发生，着重于政治话语中法制与法治两个术语在时间上出现的秩序。法治与人治相对立，它包含着"治法"与"依法之治"两个方面；

① 《马克思恩格斯文集》第 2 卷，人民出版社 2009 年版，第 473 页。

法制是法律制度总称，是静态的已成立的文本性强制执行的制度，它包括宪法及其各种实体法和形式法。仅以法治非人治、仅以法治是动态的与法制是静态的观点来看法治与法制的差别是不够的。实际上，在法律的运行态上，法治包含法制，不能以为"从法制到法治"的观念变革就以"法治"代替了"法制"；就法治与法制的学理关系上看，社会性质和国家性质决定了法治与法制的性质，法制的稳定性一方面在于社会和国家性质的稳定性，另一方面具体法律体系在一定时间段内相对稳定，其修缮具有周期性，但修缮具有法律实施过程中的问题意识和发展意识。因此，法治涉及立法、法制确立、法制实施、评价、反馈、废、改、立等环节的周期性循环。

从发展逻辑上看，学界对法治与法制概念的差别的研究起步更早些，在政治话语中一段时间将法治与法制在意涵上相等同。党的十一届三中全会公报就指出："为了保障人民民主，必须加强社会主义法制，使民主制度化、法律化，使这种制度和法律具有稳定性、连续性和极大的权威，做到有法可依，有法必依，执法必严，违法必究。从现在起，应当把立法工作摆到全国人民代表大会及其常务委员会的重要议程上来。检察机关和司法机关要保持应有的独立性；要忠实于法律和制度，忠实于人民利益，忠实于事实真相；要保证人民在自己的法律面前人人平等，不允许任何人有超于法律之上的特权。"[1] 从文本话语逻辑上看，在民主与法制的关系上确立立法的制度属性和民主集中制的形式，突出立法、执法、司法全过程的人民利益。这里的术语是"法制"，但内涵具有"法治"思想的启蒙之重大意义。1979 年人大颁布新立七部刑法，在严格执行刑法语境时指出"它们是否严格执行，是衡量我国是否实行社会主义法治的重要标志。"[2] 这里虽然是从法律执行途径来说法治，但它也包含了立法一经确立就必须得到有效执行的两个环节。在学界的讨论中有两种观点引发争议，即法治与人治的对立性，"以法之治"与"依法之治"。学界的讨论厘清了以法治规避人治的重大意义，但"以法"还依然是人治的范畴，因为它没有解决法

---

[1] 《改革开放以来历届三中全会文件汇编》，人民出版社 2013 年版，第 12 页。
[2] 参见陈佑武、李步云《中国法治理论四十年：发展、创新及前景》，《政治与法律》2018年第 12 期。

律的来源问题，如果治理主体随意宣布法律和规章，那么还是没有走出专制旧俗套。事实上，在基层也出现了"红头文件"治理的现象。而"依法"就要求将治理主体的行为确立在法律权威外在性的基础上，将治法和法律实行的各环节置于"合法"的制度之中，任何主体没有例外。学者们从理论的、经验的和问题解决的视角提出了法治与法制的差别，以法治规范法制的思想基本取得共识，法治就是"依法之治"的理念基本形成。中国共产党在马克思主义中国化的途径上正确处理坚持与创新发展之间的关系，同时与学界具有动态性的互动机制、回应人民群众的呼声，是理论创新的重要方面。党的十五大提出了"依法治国"和"建设社会主义法治国家"的新要求，将依法治国作为党领导人民治理国家的基本方略，其实质在于：依法治国必然要求将发展民主与健全法制结合起来，"依法治国，就是广大人民群众在党的领导下，依照宪法和法律规定，通过各种途径和形式管理国家事务，管理经济文化事业，管理社会事务，保证国家各项工作都依法进行，逐步实现社会主义民主的制度化、法律化，使这种制度和法律不因领导人的改变而改变，不因领导人看法和注意力的改变而改变。"① 对依法治国的明确界定就是对中国特色社会主义"法治国家"的界定。这是科学社会主义基本原理向实践飞跃以来的巨大成就，创造了社会主义法治国家的新形式。

党领导人民有效治理国家是中国特色社会主义最本质的特征，依法治国是其规范路径，其规定性在于："党领导人民制定宪法和法律，并在宪法和法律范围内活动。依法治国把坚持党的领导、发扬人民民主和严格依法办事统一起来，从制度和法律上保证党的基本路线和基本方针的贯彻实施，保证党始终发挥总揽全局、协调各方的领导核心作用。"② 依法治国将治法主体间的关系与法律实施的要求结合起来，在总体上就是对党领导人民有效治理国家制定的规范路径。党的十八大以来凸显的是在国家治理现代化语境中的全面依法治国，国家治理现代化与全面依法治国之间的关系是辩证的，一方面，社会主义法治体系是构建现代化国家治理体系的骨干工程；另一方面，以推进全面依法治国为基本方略在全面深化改革中构建

---

① 《江泽民文选》第 2 卷，人民出版社 2006 年版，第 28—29 页。
② 《江泽民文选》第 2 卷，人民出版社 2006 年版，第 29 页。

起合法、合理、科学的国家治理的制度体系。

国家治理的制度化就是国家制度体系的总称，其中"制度安排"就是对国家治理行动逻辑的规范性确定，法律法规安排又是制度安排的规定性。以习近平同志为核心的党中央明确提出，"坚持依法治国、依法执政、依法行政共同推进，坚持法治国家、法治政府、法治社会一体建设"① 的新要求。法治国家更主要体现在社会主义国家性质上的立宪和行宪的制度要求上，行使国家主权的主体和党的领导在法治的规范下，在治法环节保障良法的供给。法治政府是针对治权的行政系统而言的，它有两个方面的要求，一方面行政具体规章的制定具有法律效力，必须是良法，它与人大制定的具体部门法律一样，使其置于宪法审查范畴，"合宪"审查与行政规章的合法化，是人民主权机构对派生机构实施有效监督的极为重要的方面，有效规避了行政主体的责任性问题；另一方面在关于行政法的有效执行中，依法授权必执行，无法行政必追究。法治社会包含社会运行的体制机制的法律法规安排、社会治理各主体活动方式的制度化安排。法治国家、法治政府、法治社会三者之间相互联系不可分割，治法规范法制，法制是法律规范的国家制度自身完善和国家治理体系制度化要求。国家治理体系首要的是"治制"，以良法治"善制"、运用善制有效治理公共事务的过程就是良法与善治的有效实施过程。

（二）善制与协商治理

治制有序、法律先行、依法治制是善制建构的基本遵循。善制包括良法的法律制度和实施公共事务治理的机构设置。善治是良法之治，"良法之法"在于导向"良法之制"，善治在于善制的谋定和对其有效执行，这是理想状态的预设。在现实的逻辑上，治理善制先获得良法，依良法的法制规定对公共事务治理的体制机制进行修缮，这是法律先行的规定性，是法治之治的范畴。公共事务治理的体制是"机构"的总和，机构的纵向和横向关系就是结构与功能的关系，法律先行的规范是机构修缮的程序原则，但还不能说由此就能获得预设性的结构与功能的匹配。此问题又回到了一个基本问题，即机构设置的主导者先宣布法规再进行机构调整是法治

---

① 《习近平谈治国理政》第 1 卷，外文出版社 2018 年版，第 142 页。

还是人治的问题。因此，只有法治观念在机构设置的实践中得到切实遵循才能解决这一问题。法治预设了良法之法获得的途径，中国特色的良法之治或法治化的治法路径，在长期的实践中形成了协商民主的理路。践行社会主义协商民主的协商治理，既是获得良法治理善制的途径，同时也是善制得到有效执行的行动逻辑。

社会主义协商民主是良法获得的途径。在现代民主国家中，"治法"都是通过民主机构来进行的，法治观念在西方世界是针对两个历史阶段的不同境遇而产生的。19 世纪后期正式提出法治（rule of law）是限制一切特权的，也包括限制法制（legal system），因为法制是工具性的，而法治包含了立法的价值和法律实行的目的，更重要的在于限制公权力和保护私权利，针对的问题是行政机关。20 世纪 70 年代后，法治思想再次兴起所针对的问题关涉民主立法和行政自由裁量权、执行的问题。在法治的理论思潮中，良法之法的争论在民主形式的合理性与法律内容的民主精神实质两个重要派别中展开。二者的共同方面是都使用"正义"概念，认为没有正义的法律都不是良法；其差别在于，前者认为民主形式符合正义的法律就是良法，后者强调实质正义，内容符合民主精神就能生成良法，由此带来了关于什么是正义的广泛争论。对这些争论稍加审视就会发现，民主立法是"人定法"，它如何才能寻找到正义的根据而克服民主的悖论。西方的一些马克思主义理论研究者在"正义"争论的热潮中突出了马克思所写就的文本有没有"正义观"的激烈争辩。马克思主义的正义观不直接表现为马克思和恩格斯的文本中是否有"正义"的字眼，或者针对哪个问题、在哪个层次、在什么语境批判什么正义，阐释什么正义，而在历史唯物主义的逻辑上探索各个人全面而自由发展的"大正义"。马克思反对抽象地制定正义概念或从思想史中寻找某一种正义概念来衡量一切的唯心主义。马克思对虚假正义的批判，一个是在虚假的意识形态上进行的批判，另一个是在统治阶级掌控的物质生活的生产和分配中进行的批判，这两个方面是相互联系不可分割的。人民的事业就是正义的，这是马克思主义者不变的正义主题。人民概念不是抽象的人之整体，"劳动群众"是贯穿于马克思主义史观的人民概念，它是历史的具体的现实的。在中国特色社会主义民主政治的探索中人民民主既是不变的理念又是"实现"人民民主的历史创造活动，这两个方面是有机统一的。人民民主是政治上层建筑，是基于人民利益实现而设置的人民代表大会制度和民主集中制的形式，善法或良法也是通过人民代表大会制度和民主集中制的形式来实现的。

人民代表大会制度是中国特色社会主义的根本政治制度，基于社会主义协商民主的协商立法就是在这种特有的制度框架内实现的。习近平总书记指出："我们要全面认识社会主义协商民主是中国社会主义民主政治的特有形式和独特优势这一重大判断。中国共产党领导人民实行人民民主，就是保证和支持人民当家作主。保证和支持人民当家作主不是一句口号、不是一句空话，必须落实到国家政治生活和社会生活之中，保证人民依法有效行使管理国家事务、管理经济和文化事业、管理社会事务的权力。"① 党领导的协商民主通过各级人民代表大会来行使人民主权，在民主集中制的形式中嵌入协商民主将立法和决策的实质与形式结合起来，更加突出了立法和决策民主性与科学性的结合。这是将人民代表大会制度和民主集中制的制度优势转化为国家治理效能的具体体现。习近平总书记指出："人民代表大会制度是中国特色社会主义制度的重要组成部分，也是支撑中国国家治理体系和治理能力的根本政治制度。新形势下，我们要毫不动摇坚持人民代表大会制度，也要与时俱进完善人民代表大会制度。"② 推进协商民主并嵌入人民代表大会内，既是民主集中制的进一步完善，又在这一制度中增强了实质民主的分量，特别是对提高立法和决策的质量提供了条件保障。从代议民主与直接民主两种组织形式看，一般以为，直接民主更能接近实质；其实不然，只有周期性票决的直接民主也只是计算的多数，即使针对某一问题采取全民投票的"公投"也不是所谓的全民投票，投票者也往往跟风或"用脚投票"。代议民主确实是随着人口增加和地理空间扩大所采取的合理选择，但资产阶级设置代议制不是如此。中国特色社会主义民主制度是由根本政治制度、基本政治制度、管理公共事务的经济、政治、文化、社会、生态等多领域的重要制度组成的制度体系。在这个制度体系中，人民代表大会制度的根本是立法和决策的支柱，多党合作与政治

---

① 《习近平谈治国理政》第 2 卷，外文出版社 2017 年版，第 291—292 页。
② 中共中央文献研究室编：《习近平关于社会主义政治建设论述摘编》，中央文献出版社 2017 年版，第 44 页。

协商是扩大民主和充分反映民意的咨询性的民主功能设定，在人民代表大会组织形式的民主集中制中嵌入协商民主进行立法和决策协商更加扩大了民主的量和为增质提供了现实的条件。这并不是说人民代表大会是一个开放的随意进入的公共空间，它既是有条件进入的体制，同时也是开放的，其开放性在于领导人民民主的中国共产党的群众路线与人民代表的群众路线将更广泛的人民群众联系起来。群众路线是党的领导方法、工作作风、人民利益至上的有机统一，三者的有机统一构成了党的领导制度的重要方面。协商民主与群众路线的耦合同构创新了党的领导方法。前述已经指明了"从群众中来到群众中去"不是一个简单的时间秩序而是辩证的循环往复的接近人民群众利益真实的过程。到群众中去的主动者是党的机关和政府机关的领导者，将深入群众的调查研究过程嵌入协商民主进一步丰富和发展了调查研究的方法。既民主又协商是党的领导方式转变的重要方面，它更能真实地把握人民群众的根本利益所在。党的意志来自人民群众就是在深入群众联系群众的过程中通过既民主又协商实现的。任何协商都具有讨论和交换意见的特点，协商的过程就是解决矛盾的过程。协商不代替民主投票，任何投票都是多数意志代表的整体意志，但协商在前和行使民主形式过程中的协商为共识决策的票决奠定了基础。所以，协商民主作为党的群众路线在政治领域的重要体现就是既协商又民主的领导方式。

　　既协商又民主的领导方式是吸纳更广泛的人民群众参与到立法和决策中来的必要条件。美国著名学者奈斯比特提出了中国独特优势的"纵向民主"论，他认为，"中国自上而下的指令与中国人民自下而上的参与正在形成一种新的政治模式，我们称之为'纵向民主'"[1]。从与西方民主比较的方面来看，他认为中国的"纵向民主不是急功近利的，不需要向特殊的利益集团低头，也不需要担心选票、游说与幕后操纵"[2]。这样类似的话，发起"正义"问题持续争论的罗尔斯在批评西方协商民主理论家哈贝马斯时也说过。罗尔斯认为："倘若人们认识到公共协商是民主的基本特征，

_____

　　[1]　[美] 约翰·奈斯比特：《中国大趋势》，魏平译，中华工商联合出版社 2009 年版，第 39 页。

　　[2]　[美] 约翰·奈斯比特：《中国大趋势》，魏平译，中华工商联合出版社 2009 年版，第 59 页。

就必须使公共协商成为可能，并使之摆脱金钱的魔咒。否则，政治活动就将被公司和其他利益组织所宰制，这些组织通过给竞选阵营的大量捐资，来歪曲（如果说不是消除的话）公共讨论和公共协商。"[1] 罗尔斯还认为，尽管代议制体制被预设了协商政治的功能，但"在持续寻求竞选资金的过程中，这种政治体制很难发挥作用。它的协商能力也瘫痪了"[2]。奈斯比特所提出的纵向民主实际上是西方人对民主集中制的一种解释学，但他看不透中国逻辑的民主集中制运行的内在机理。美国推行协商民主的理论家费什金与那些规范民主的学者不同，进行实践中协商民主如何可能的研究。费什金构建了民意测验的协商导向法实验方案并加以经验验证。他在协商民主理论中预设了谁来协商、怎样协商、民主、合法性、共识五个要素。就解决的问题来说，既要排除麦迪逊关于大众"理性无知"的风险，又要排除政治精英过滤大众的意向而阻断参与道路的问题，它需要利益相关者直接的协商；民主都是围绕着候选方案的投票，使投票具有共识协商的可能，需要参与者能够理解候选方案，这就需要设定"协商日"作为协商程序，辅助以价值中立的专家对参与者知识和能力的培训，针对选举或决策的议题进行多次民意测验，既过滤掉大众的偏私又限制政治精英的偏私，实现双方的"私人偏好的改变"。但是，这样的方法，一方面成本过高、效率低下的问题难以解决；另一方面，民意测验只是试图填平参与者信息鸿沟，使每个人不受煽动而审慎表达意见，但又缺乏讨论而无协商。费什金是一位执着的学者，他认为在中国浙江泽国镇的公共决策中所验证的民意测验法的成功经验，将协商与民主相统一的五个规范要素统一起来了。费什金通过中国学者的帮助，在泽国镇的公共预算决策中设计了民意测验的协商民主实验方案。其一，采取随机抽样的方法形成代表性的民众，规避了有影响力的人物优先或当然代表的弊端，所解决的是"谁来协商"的问题。其二，怎样协商？通过专家培训并通过专家的咨询，使代表掌握决策项目更多的信息和知识，通过代表独立填写调查问卷形成结果统计。其三，协商过程体现了代表的审慎和深思熟虑，这是关于能否做到既民

---

① ［美］约翰·罗尔斯：《政治自由主义》（增订版），万俊人译，译林出版社 2011 年版，第 416—417 页。

② ［美］约翰·罗尔斯：《政治自由主义》（增订版），万俊人译，译林出版社 2011 年版，第 417 页。

主又协商的问题。其四，关于合法性问题，因为民意测验所形成的公共项目排序的结果将提交镇人大会议批准通过，镇政府执行，因此也获得了合法性。① 这是一个基层政府的案例。费什金所设计的方案是基层人大决策，以民意测验合理选择候选方案并对其根据民意倾向性加以修正，最后通过投票的多数终决，交由镇政府执行。具体的协商民主多种形式，在费什金所设计的方案中没有参与代表的直接讨论，而只有测验，但对镇人大代表的投票主体来说却具有民意的基础。这种协商也是咨询民主的一种，地方领导人也将这种决策称为科学决策。这种决策在尊重民意上具有合理性，但是否符合科学的原则另当别论。从这个案例中我们可以看到费什金对中国更广泛的协商民主如何实行的深层逻辑是看不透的，他也仅仅局限于民意测验法的应用可能性。在中国，基层协商民主的典型经验是党的群众路线领导方法所构建的"枫桥经验"的与时俱进。

既民主又协商是党的领导方式与人民参与的形式是一致的。既民主又协商既行进在人民代表大会体制的民主集中制的组织形式中，又经常化为公共事务治理和解决急迫公共问题中。民主与协商是解决问题的，问题就是矛盾。矛盾既有横向的也有纵向的。奈斯比特把中国的民主制解释为"纵向民主"是不全面的，他忽视中国的民主集中制也看不透民主集中制的运行逻辑。自上而下与自下而上的结合蕴含着横向矛盾和纵向矛盾的关系。从静态上看，横向矛盾是社会各阶层以及各阶层内部之间、城乡以及它们内部之间、人民群众与政府之间的复杂的矛盾等；在纵向上主要体现为层级政府之间和民主与集中之间的矛盾。从发展的动态来看，现实的与中长期、长远的矛盾将静态的矛盾包含其中，经济、政治、文化、社会、生态发展之间的矛盾是持续性的。所谓静态的矛盾是指一定时间段的状态，矛盾始终处于运动状态。

马克思主义的唯物辩证法理论为科学掌握矛盾的实质和解决矛盾提供了方法论的指导。协商民主解决矛盾的道理在哪里？习近平总书记指出："有事好商量，众人的事情由众人商量，是人民民主的真谛。"② 实质上，

---

① 参见［美］詹姆斯·费什金《倾听民意——协商民主与公众咨询》，孙涛、何建宇译，中国社会科学出版社 2015 年版，第 113—117 页。

② 习近平：《决胜全面建成小康社会　夺取新时代中国特色社会主义伟大胜利——在中国共产党第十九次全国代表大会上的报告》，人民出版社 2017 年版，第 37—38 页。

这是关于社会主义协商民主的价值理性和工具理性有机统一的认识论，也是科学把握矛盾与解决矛盾的方法论。从价值理性来说，人民群众对自身利益的诉求是权利的本体，这是现代民主的一般规定性，社会主义民主高于资本主义民主的一个重要方面就在于人民群众利益得到更加真实的表达。习近平总书记指出："涉及全国各族人民利益的事情，要在全体人民和全社会中广泛商量；涉及一个地方人民群众利益的事情，要在这个地方的人民群众中广泛商量；涉及一部分群众利益、特定群众利益的事情，要在这部分群众中广泛商量；涉及基层群众利益的事情，要在基层群众中广泛商量。"① 商量就是在参与中表达利益诉求的过程，也是民主的过程；同时也是矛盾凸显的过程。能否一起商量？从现实的经验来看，具有利益矛盾冲突的各方一方面很难商量，即使照面也会吵架，很难达到既协商又民主。所以，费什金采取民意测验的方法，而不是面对面的商量。

在基层成功的典范是党的领导。党之所以能够领导，正如习近平总书记所指出的那样："全心全意为人民服务，始终代表最广大人民根本利益，是我们能够实行和发展协商民主的重要前提和基础。"② 切实保障和维护人民权利、实现人民权利，需要将人民群众组织起来，在参与中表达，在表达中维护和实现自己的权利，这是协商民主真谛的人民本体、主体、价值理性的体现。从这一层面来说，协商民主概念就具有"协商的民主"和"民主的协商"的双重规定性，也就是说民主需要必需的协商，而协商必须是民主的。从工具理性上来看，协商民主是方法论的。它体现在两个层次上，一个是党的领导方式既民主又协商，这是党的群众路线的创新发展，是深入人民群众之中，在持续地保持与人民群众商量式的互动中深刻把握社会矛盾及其发展趋势，检验所施行的政策效果，接受人民评价，问政、问策于民。因此，习近平总书记深刻认识到，"协商民主是实现党的领导的重要方式，是我国社会主义民主政治的特有形式和独特优势"③。另一个层次是组织人民群众广泛商量，在民主过程中敞现矛盾，通过真诚的交换意见，协调各方面的利益，使各个主体发生"私人偏好的改变"，达

---

① 《习近平谈治国理政》第 2 卷，外文出版社 2017 年版，第 292—293 页。
② 《习近平谈治国理政》第 2 卷，外文出版社 2017 年版，第 295 页。
③ 习近平：《决胜全面建成小康社会　夺取新时代中国特色社会主义伟大胜利——在中国共产党第十九次全国代表大会上的报告》，人民出版社 2017 年版，第 38 页。

成共识。习近平总书记指出："在人民内部各方面广泛商量的过程，就是发扬民主、集思广益的过程，就是统一思想、凝聚共识的过程，就是科学决策、民主决策的过程，就是实现人民当家作主的过程。这样做起来，国家治理和社会治理才能具有深厚基础，也才能凝聚起强大力量。"① 这一阐释将人民当家作主的本体、主体的价值理性和方法的工具理性统一起来了，确立了协商民主在实现民主决策与科学决策相统一过程中的实践路径。

决策这一概念具有普遍性，它可以运用于立法和各种决定、制定、决议，包括公共的和私人的。国家立法是最高的决策，人民代表大会制度和民主集中制的形式，是党领导人民立法的制度规定性，它是由人民民主国家性质所决定的。在人民代表大会体制内通过协商民主的"协商立法"形式构成获得良法的基础。党领导的协商民主将人民利益的横向和纵向结合起来。以人民至上的价值规定性和促进以公平正义为始终的人民发展为中心，科学把握经济社会发展规律，是良法的价值理性和发展规律的科学性相统一的要求，也是原则的规定性。良法不是出自已有的法律思想中，也不是来自哪位思想家的理论预设，而是坚持社会主义良法原则的实践立法途径。渐进性决策是中国特色社会主义决策的典型特征，也是立法的典型特征，将立法原则嵌入人民代表大会的民主集中制的组织形式中，通过协商民主的功能为制定良法决策奠定基础。协商民主是化解矛盾的，这一功能的实现需要发挥党的领导的政治优势。习近平总书记指出："在中国共产党统一领导下，通过多种形式的协商，广泛听取意见和建议，广泛接受批评和监督，可以广泛达成决策和工作的最大共识，有效克服党派和利益集团为自己的利益相互竞争甚至相互倾轧的弊端；可以广泛畅通各种利益要求和诉求进入决策程序的渠道，有效克服不同政治力量为了维护和争取自己的利益固执己见、排斥异己的弊端；可以广泛形成发现和改正失误和错误的机制，有效克服决策中情况不明、自以为是的弊端；可以广泛形成人民群众参与各层次管理和治理的机制，有效克服人民群众在国家政治生活和社会治理中无法表达、难以参与的弊端；可以广泛凝聚全社会推进改革发展的智慧和力量，有效克服各项政策和工作共识不高、无

① 《习近平谈治国理政》第 2 卷，外文出版社 2017 年版，第 293 页。

以落实的弊端。这就是中国社会主义协商民主的独特优势所在。"① 显而易见，作为功能性的协商民主，党的领导是自上而下的，它将广泛参与协商应对的"五个"要克服的弊端作为矛盾关系统一起来，"五对"关系是横纵交错的，既是现实的又是发展的。

以人民代表大会为主体的立法协商推动了开门立法的实践路径，民主集中制的制度优势将人民群众日常生活的意见和智慧汇集到立法过程中，将政治协商的咨询民主的政策建议、智库和理论界的学术研究成果等集聚于人民代表的合法权利面前。人民代表是代表选民的，是选民利益的代表者同时也是联系选民、调查研究选民现实需要、长远需要，将国家利益、地方利益、集体利益、个人利益相结合的商量者和工作者，这是社会主义的人民代表与资本主义的议员只代表利益集团的本质差别。这并不是说民主集中制的立法过程没有矛盾，而一切矛盾的解决都在于党没有自己的特殊利益和为实现人民利益的目的性的双重逻辑的有机统一。习近平总书记指出："中国共产党及其领导的国家是代表最广大人民根本利益的，其一切理论和路线方针政策，其一切工作部署和工作安排，都应该来自人民，都应该为人民利益而制定和实施。"② 渐进性立法实践所要求的人民利益至上性与人民发展原则的不变性相统一，必须将价值与科学相统一。这里所说的科学起码包含四个维度，即经济社会发展规律与人的发展的辩证逻辑；法律的发展要与它相统一，形成互动的相互促进的辩证运动；由法律所规范的公共事务治理的制度的变革与法律制度形成辩证关系；对人与自然的关系和物质生产力发展的自然科学的正确运用，科学家和工程技术专家在立法上具有重要作用。科学的四个维度与人民利益至上的价值维度相互联系、相互作用、相互促进的关系，构成实践立法发展规律的规定性，它具有约束和激励的双重功能。中国特色社会主义的良法之治具有自身的认识论发展途径，一旦它上升为规律性的判断就具有理论的功能。

公共事务治理的制度包括价值原则、机构体系结构的体制和运行机制构成。从中国特色社会主义制度的根本、基本政治制度和重要制度的关系上看，公共事务治理制度的属性是关于经济、政治、文化、社会、生态文

---

① 《习近平谈治国理政》第 2 卷，外文出版社 2017 年版，第 295—296 页。

② 《习近平谈治国理政》第 2 卷，外文出版社 2017 年版，第 295 页。

明等各领域的体制机制。重要制度的优化设计受四个规范制约，第一个是根本政治制度和基本政治制度是重要制度的基础，重要制度是根本和基本政治制度的实现形式，因此重要制度的优化和设计要以实现根本和基本政治制度的优势为准则。第二个是制度优化和设计必须以法律先行为原则，要坚持依法治制的原则，这种法律规范是程序的或形式的。第三个是以职能优化为原则，这就是对"实质"的基本要求，它以维护和实现人民利益、"科学"地配置职能为准则，强调价值与科学相统一、合理设置机构，将政府职能配置于相应的机构中。第四个是权力配置，权力是政府职能实现的凭借，权力与责任相应，权责法定是法治之治的基本要求。这里的权力有三个基本特征。首先，权力是支配性力量，它具有强制性，其来源在于法定授权，这是一般性的现代法治政府所具有的特征。其次，权力是权威的影响力，这是马克思主义政府职能观的显著特征，它区别于资本主义政府职能仅以法定权力的支配力为终结，社会主义政府的权威来自人民的认可和人民的满意；社会主义政府职能以实现人民利益为旨归，合法性一方面在于合乎法律，另一方面在于合乎人们内心的法则和人民对政府的期待，因此合法性就是合乎法律性与合乎道德性的统一，合乎道德性是政府伦理的内容，它是受全心全意为人民服务的根本宗旨规范的。最后，权力与权利的关系不是西方冲突论而是权力来自权利主体的授权，是保护权利主体的法律配置。

党的领导权力来自人民的授权，一切国家机关的权力都来自人民的授权，因此法律的合法性和权力的合法性，都在人民信任和程序化民主制度的合法性中生成和在实际中受到人民满意度的检验。这里必须再次强调社会主义的合法之治与资本主义的合法之治之差别。西方的合法之治是在政治哲学家和法哲学家的思想中阐释的，他们面对民主立法和法律统治的困境，试图回到"正义"的哲学制定中，再以正义转换成法律的方法制作"合法"之法律。这种途径只是理想的哲学制定。法兰克福学派的哈贝马斯反思了法治思想的问题，提出以"交往理性"为途径的合法性政治和法律的建构原则，他认为："合法性意味着，对于某种要求作为正确的和公正的存在物被认可的政治秩序来说，有着一些好的根据。一个合法的秩序应该得到承认。合法性意味着某种政治秩序被认可的价值——这个定义强调了合法性乃是某种可争议的有效性要求，统治秩序的稳定性也依赖于自身（至少）在事实上的被承认。"① 哈贝马斯突破了在法律合法性和法律合法化途径上来理解合法性的限制，在政治秩序的规范性和事实的有效性关系上建构合法性，以此规范法律的合法性。这一理论将制度的合法性作为法律合法性的前提。但哈贝马斯还是依从了康德的理性和理性公开运用的致思路径。

马克思主义关于制度的合法性思想就是合乎人的全面而自由发展的目的性与合乎规律性的有机统一。在制度设计上，首要的是根本政治制度，它是国家治理体系的支撑，行政体制和机制是根本政治制度功能的设计，它必须在职能配置和权力配置上具有合法性的规范和事实运行的科学规范双重逻辑的统一要求。经济体制、政治体制、文化体制、社会体制、生态体制都是由具体的管理公共事务的机构设置及其运行所构成的，它们之间的职能具有相互联系、相互作用、彼此制约的关系。经济体制是经济制度的实现形式，它是管理经济发展的机构总称。政治体制是政治制度的实现形式，是国体与政体相统一的具体管理机构，是党和国家管理政治事务的机构总称。就具体的政治体制与政体的关系，有的人认为政治体制可简称为"政体"，有的人认为政治体制是微观的政体，有的人认为具体的政治体制是狭义的政体。实际上，作为具体的政治体制是建立在根本政治制度和基本政治制度基础上的党和国家领导与执行机构的总称，政体是由国体的性质决定的国家权力的组织形式，而作为具体的政治体制是实现政体价值的职能机构，其重点是通过党的领导机构和国家权力职能机构、咨询机构等更有利于实现人民当家作主的规范性政治价值。文化体制就是管理文化事业的机构的总称。对于社会体制这一概念，有的人从社会形态来理解，有的人从社会制度来理解，实际上，社会体制概念中的"社会"与社会形态和社会性质中的社会有差别。在马克思主义的社会历史理论中，社会形态和社会性质是整体的，社会是由人们相互作用的关系所形成的，它包括经济关系以及建立在这一基础之上的政治、法律关系。社会体制的社会是相对于国家而言的人民日常生活领域的关系，社会体制是因应社会建设与和谐社会建设的任务提出而形成的概念，也与村（居）民自治的机构形成和社会组织发展直接相关。社会体制就是管理人们日常生活的组织机

---

① ［德］哈贝马斯：《交往与社会进化》，张博树译，重庆出版社 1989 年版，第 184 页。

构总称，它包括党的领导机构、村（居）民自治组织、社会组织和政府组织的关系，以社会自治、社会规范、公共服务、矛盾化解为主要内容的机构构成社会体制的基本框架。生态体制就是管理生态文明建设的组织机构的总称。这"五种"体制的职能对应着经济、政治、文化、社会、生态"五位一体"的总体布局，是从改革开放以来构建适应社会主义市场经济体制开始，逐渐成增量发展而形成的，这些体制有的不完善，有的不健全，有的刚刚开始构建，还存在不协调、相互掣肘、相互抵消的诸多问题。将它们作为"五位一体"的总体布局是唯物辩证法的统筹观念，目的是使它们之间形成彼此制约、相互协调、相互促进的良好关系和系统集成的效能。以这五项重要的制度为主与党的领导制度构成了国家治理体系的重要内容，这是国家治理体系制度化的重点。国家制度体系的整体运行就是以重要制度的运行机制来牵引的。运行机制作为机构运行的动能和牵引系统的根本是现实的、发展的人民利益，党的领导制度包括政治路线、组织路线、思想路线和工作作风的群众路线，不忘初心、牢记使命的制度化和工作机构或体制的合理配置，以总揽全局不断解决国家治理体系的运行机理问题推进治理水平的提升。对经济、政治、文化、社会、生态等体制的运行赋予其具体机制包括职能、责任、法律规范。在党的领导下这些机制成为引动各机构协调运行的动力系统，实施政府治理、市场治理、社会治理。

三　治理主体能力提升的制度化

从国家治理体系和治理能力的辩证关系来看，以优化国家治理体系和治理体系得到有效执行作为治理方式，是有效克服人治和乱治的科学认识论，目的在于用制度规范治理者，但是，也正如习近平总书记所指出的那样，"国家治理体系和国家治理能力虽然有紧密联系，但又不是一码事，不是国家治理体系越完善，国家治理能力自然而然就越强"[1]。从现实来说，"治理能力已经成为影响我国社会主义制度优势充分发挥、党和国家

① 中共中央文献研究室编：《习近平关于全面深化改革论述摘编》，中央文献出版社2014年版，第28页。

事业顺利发展的重要因素"①。这就提出了如何提升治理能力的重要课题。一般而言，能力是一个人或一个组织在单位时间内完成任务的量与质的统一。在心理学上是指个体的心理特征；在组织社会学上，是指一个组织的制度规范得到广泛认同并得到普遍遵守，体制机制运转顺畅，与预期目标相一致或相接近的一种运行状态。西方新制度学派以制度的合法性作为主要指标，对制度设计和人的关系作出了持续性研究，他们所说的制度合法性是规章得到普遍认同。这一研究思路主要是通过突破理性制度主义的局限而重构制度绩效的。理性制度主义的困境在于，出于某种目的和缜密的理性思维或科学的技术的逻辑所涉及的制度并不能得到有效执行。新制度主义把脉这一问题认为，人的行为并不是理性的，而更主要关涉对制度的认同问题，因此，提出了超越理性制度，回到制度本身，即重新认识制度与政治、社会、经济绩效的问题。就基本的理论假设来说，从人与人的互动行为的理性思维去设置制度，存在人的行为与制度的冲突问题，影响着制度绩效；而从制度本身的设计来解决人的行为问题，就要发挥或增强制度绩效。新制度主义兼采社会学派和历史学派、理性选择学派的观点。这些研究具有启发意义，但不足以用来解释中国特色的国家治理制度体系的理论逻辑、历史逻辑和功能预设。但我们不可忽视国家治理体系和治理能力之间辩证关系的核心是"人"，在国家治理的制度体系中机构及其关系的科学性、合理性、合法性的设计和在各个机构运动的联动机制、效能的发挥都是由人来运作的。这就将治理主体的能力提高到相当重要的程度，法治之治是各个主体发挥能力的规范，但在这一规范下如何提升主体的能力还有一个重要的规定性，即具有优化国家治理制度体系的能力和运用国家制度治理形成制度绩效的能力。这是遵循治理体系与治理能力辩证关系的基本要求："国家治理体系和治理能力是一个有机整体，相辅相成，有了好的国家治理体系才能提高治理能力，提高国家治理能力才能充分发挥国家治理体系的效能。"② 这种辩证关系在法治之治的途径上，既限制了主体对国家治理制度变革和优化的任意性，同时又提出了优化国家制度和执

---

① 中共中央文献研究室编：《习近平关于全面深化改革论述摘编》，中央文献出版社 2014 年版，第 29 页。

② 《习近平谈治国理政》第 1 卷，外文出版社 2018 年版，第 91 页。

行国家制度两方面能力的限定，这就是关于怎样提升治理能力的规定性。实质上，提升治理主体能力是制度化的安排。

（一）提升中国共产党领导能力的制度安排

党的领导能力是国家治理能力的首位。"党领导人民"是治理国家的主体关系形构。这里的人民既包括广泛的人民群众也包括人民的代表机构及其所产生的政府、咨询民主机构、群团组织、基层自治组织等。习近平总书记指出："我们说要推进国家治理体系和治理能力现代化，国家治理体系是由众多子系统构成的复杂系统，这个系统的核心是中国共产党，人大、政府、政协、法院、检察院、军队，各民主党派和无党派人士，各企事业单位，工会、共青团、妇联等群团组织，都要坚持中国共产党领导。"[①] 党作为推进国家治理体系现代化的领导核心，面对当今世界百年所未有的大变局，必须通过制度规范的途径提升党领导制度的变革能力，具体来说，体现为具有构建优化协同高效的国家治理体系的能力、具有理论创新和实践创新的能力。

以人民发展为中心构建现代化的国家治理体系能力提升的制度安排。党的十九届四中全会已经明确提出，"建立不忘初心、牢记使命的制度"[②]。这一制度化的安排至少表明三点重大意义：邓小平于1992年所提出的再用30年左右的时间使党的领导制度和国家各方面的制度更加成熟、配套、定型的要求取得了历史性的成就，中国特色社会主义制度显现了巨大优越性；在此基础上，科学构建了坚持和完善中国特色社会主义制度与推进国家治理体系和治理能力现代化的辩证关系，在法治之治的规范下按优化协同高效的原则改革经济、政治、文化、社会、生态建设等方面的机构设置，涉及党的职能机构与政府职能的统筹、各层级的政府机构及其相互关系、军队机构、群团组织机构等，这是国家治理体系的深刻变革，也是一场制度自我完善的革命。中国之治的关键在于制度的自我完善，在于党的全面领导和以人民为中心价值理念的实践落实能力。着眼于"两个一百

---

① 中共中央文献研究室编：《习近平关于社会主义政治建设论述摘编》，中央文献出版社2017年版，第34页。

② 《中共中央关于坚持和完善中国特色社会主义制度 推进国家治理体系和治理能力现代化若干重大问题的决定》，人民出版社2019年版，第6页。

年"奋斗目标的规划，将国家治理体系更加成熟更加定型确定了三个时间节点，即到中国共产党成立一百年全面建成小康社会，实现国家治理体系优化协同高效的机构设置；在此基础上，到 2035 年基本实现社会主义现代化，"人民平等参与、平等发展权利得到充分保障，法治国家、法治政府、法治社会基本建成，各方面制度更加完善，国家治理体系和治理能力现代化基本实现"①；在基本实现社会主义现代化的基础上，到 2050 年建成社会主义现代化强国，"到那时，我国物质文明、政治文明、精神文明、社会文明、生态文明将全面提升，实现国家治理体系和治理能力现代化，成为综合国力和国际影响力领先的国家，全体人民共同富裕基本实现，我国人民将享有更加幸福安康的生活，中华民族将以更加昂扬的姿态屹立于世界民族之林。"② 可见，中国特色社会主义制度的自我完善是行走在以人民发展为中心的道路上，以坚持和完善中国特色社会主义制度规定推进国家治理体系现代化，是规范党统一领导和全面领导国家治理体系深刻变革之能力的"路径设定"，同时，以优化协同高效的机构职能配置为工具来完善中国特色社会主义制度进一步强化了中国特色社会主义道路。

这里需要对"路径设定"的概念进行合理解释。"路径设定"与"路径依赖"是有联系的一对概念。路径依赖是道格拉斯·诺斯在《制度、制度变迁与经济绩效》中提出的重要概念。实际上，诺斯并没有给出路径依赖的完整定义，我们只能按照诺斯提出制度依赖概念所要解释的问题来把握其要义。诺斯所提出的问题分析背景是："首先，随着时间的推移，是什么决定了社会、政治或经济的演化的不同模式？其次，我们该如何解释那些持续绩差的经济体的长期存在？"③ 就第一个问题来说，诺斯在什么是制度及其功能的解答中回应了这一问题："制度是一个社会的博弈规则，或者更规范地说，它们是一些人为设计的、形塑人们互动关系的约束。从而，制度构造了人们在政治、社会或经济领域里交换的激励。制度变迁决

① 习近平：《决胜全面建成小康社会 夺取新时代中国特色社会主义伟大胜利——在中国共产党第十九次全国代表大会上的报告》，人民出版社 2017 年版，第 28 页。

② 习近平：《决胜全面建成小康社会 夺取新时代中国特色社会主义伟大胜利——在中国共产党第十九次全国代表大会上的报告》，人民出版社 2017 年版，第 29 页。

③ ［美］道格拉斯·C. 诺斯：《制度、制度变迁与经济绩效》，杭行译，格致出版社、上海三联书店、上海人民出版社 2009 年版，第 126 页。

定了人类历史中的社会演化方式，因而是理解历史的关键。"① 诺斯对制度的界说是从"行为人"之间利益博弈途径来解释制度的形成逻辑，制度是由"行为人"之间获益最大化的驱使而构建起对各自都有利的规则体系，而政治组织和国家的出现是因行为人的规则难以遵守借用"第三方"的管理产生的。诺斯将制度与经济组织和政治组织区分开来，认为后者是在一定的制度下为适应制度而衍生的，是因经济行为人之间不致相互消灭和降低交易费用而产生政治组织和经济组织的。这些组织在一定的制度下活动方式不同，具有正式规则和非正式规则约束的二重性。诺斯提出对组织化的行为人的约束表现在于两个方面："有时它禁止人们从事某种活动；有时则界定在什么样的条件下某些人可以被允许从事某种活动。因此依照定义，制度乃是人类在其中发生的相互交往的框架。这和团体竞技体育的游戏规则十分相似。"② 诺斯认为制度变迁的主角是组织，它具有政治组织与经济组织互为性的特征。但诺斯讨论的重点不是它们之间的相互作用的制度变迁，而是在一定的制度条件下，经济行为人或企业家、经济组织在正式制度和非正式制度的约束下如何会产生"路径依赖"的问题。正式制度是刚性的法律典章规范，非正式制度是经济行为人以"交易费用最低化"和"绩效增强"的行为选择来决定的，这就是诺斯对绩效差的经济体如何长期存在问题的回答。诺斯认为，"有两种力量形塑了制度变迁的路径：报酬递增，以及明显的交易费用为特征的不完全市场。"③ 在报酬不增加和完全市场的条件下，不存在制度的路径依赖问题，制度本身是无足轻重的，因为从行为人的心智上会考虑初始的绩效最大化的模型设计是错的，或被市场竞争所淘汰。在报酬增强和完全市场条件下，制度就是举足轻重的，因报酬递增，行为人在心智模式上确认在完全市场竞争中只追求交易费用最低而不断强化制度路径的情况，不会出现低效行为的长期存在，低效会不断被修正，所以也不会出现制度的路径依赖。在报酬递增和不完全

① ［美］道格拉斯·C. 诺斯：《制度、制度变迁与经济绩效》，杭行译，格致出版社、上海三联书店、上海人民出版社 2009 年版，第 126 页。
② ［美］道格拉斯·C. 诺斯：《制度、制度变迁与经济绩效》，杭行译，格致出版社、上海三联书店、上海人民出版社 2009 年版，第 4—5 页。
③ ［美］道格拉斯·C. 诺斯：《制度、制度变迁与经济绩效》，杭行译，格致出版社、上海三联书店、上海人民出版社 2009 年版，第 130 页。

市场的条件下才出现路径依赖的问题，因为行为人对市场信息的不完全分析，会使其放弃其他路径选择，以主观的心智模型强化报酬递增的路径，但低绩效的行为被长期驻存。这是诺斯提出路径依赖的问题域和基本语境。诺斯认为，制度变迁是连续的而非间断的，因路径依赖在概念上缩小了选择范围，参与者将过去的报酬递增的经验演化出心智模式的意识形态，它不仅为社会结构辩护也为低效辩护。从制度渐进性变迁的历史看，是制度的过去形塑了现在和未来。在诺斯看来，没有路径依赖的制度演进是一种理想，问题在于人们忽视了制度选择的路径依赖或低绩效被经验的报酬增长所蒙蔽。诺斯指出，"路径依赖意味着历史是重要的。不去追溯历史的渐进性演化过程，我们就无法理解今日的选择（以及界定其在解释经济绩效的模型中的地位）。当然，对于探寻路径依赖的含义这一严肃的任务来说，我们才刚刚起步。"① 在诺斯之后，研究路径依赖的学者主要是验证诺斯所提出的问题是否存在和怎样存在的问题，由此也产生了诸多未解的争议，很少有去探索路径依赖的含义问题。但诺斯自己并没有止步，对一些滥用、误用路径依赖概念的现象进行了批评和纠正，他指出，"更全面理解路径依赖含义的步骤是认识到积累而成的制度产生了一些组织，他们能否持续下去依赖那些制度的持久力，因这些组织会用资源来阻止那些威胁他们生存的变革。路径依赖的大部分含义可以在这个大背景下得到很好的理解。"② 这就指明了诺斯将制度与组织加以区分的意义，在诺斯看来，制度是"矩阵"的型构，一些既得利益的组织既是一定的制度的产物又是依赖于这些制度而阻止好的制度演进的力量。青年时期的诺斯受到马克思的社会历史理论影响很深，他的制度演进理论虽然没有阶级的概念，但阶级就是大的组织集团，资本主义社会制度、国家制度就是资产阶级的组织集团所建构的，诺斯观照了封建制到资本主义制度的演进中的制度路径依赖问题，在资本主义制度框架下以制度的路径依赖分析经济绩效差别问题。诺斯的路径依赖概念，就是指由于短暂的初始经济绩效的经验上升为心智模式的观念、理论的意识形态而被强化的问题。这种被强化的意识

① ［美］道格拉斯·C. 诺斯：《制度、制度变迁与经济绩效》，杭行译，格致出版社、上海三联书店、上海人民出版社 2009 年版，第 138 页。
② ［美］道格拉斯·C. 诺斯：《理解经济变迁的过程》，陈正生等译，中国人民大学出版社 2008 年版，第 49 页。

形态在制度变迁中被两种人所运用。这两种人，即生产的经济组织和非生产性的政治组织，在现代民主的制度中以民主立法来确立交易的制度规则，因利益集团的竞争和操控，制度的路径依赖既在其中又难以消除，但并不是一种路径依赖长期的不变，新旧更替贯穿在制度演进中。因此，解决问题的办法只能是减少政府权力和正式的法律控制，增强经济组织的自我选择能力。

人们在使用诺斯的路径依赖概念的时候总是与改革相联系，认为改革就是"摆脱路径依赖"。但这一点也存在争议，有的人认为坚持与改革的关系就是路径依赖，路径依赖是不好的，反对者认为所谓摆脱中国的路径依赖就是对西方的路径依赖；有的人认为，中国道路就是路径依赖，如中国式的民主执政的路径依赖与体制创新就是中国道路的一部分①。实际上，在使用诺斯的路径依赖概念上来看中国道路和中国语境的坚持与改革的关系，坚持的就不是路径依赖，而改革的恰是革除路径依赖的问题——反教条主义、经验主义、官僚主义，坚持和发展群众路线，改革体制机制的弊端，采取民主集中制的决策制度，发展协商民主等就是如此；在正面上使用路径依赖概念也应赋予其新的内涵，将"坚持"的方面作为路径依赖来看待就不是诺斯意义上的概念。鉴于诺斯的路径依赖概念已经形成影响，应当使用"路径设定"概念。路径设定是依据马克思主义的唯物史观和方法论所设定的社会主义道路，是具有明确的历史方位和奋斗目标的。马克思主义哺育了中国共产党，中国共产党设定的中国革命的方向是社会主义，马克思主义理论与中国社会历史条件相结合，创造了马克思主义中国化的道路，通过新民主主义革命缔造了中华人民共和国，经过社会主义革命建立了社会主义基本制度，为开辟中国特色社会主义道路的实践探索奠定了基础，在坚持社会主义制度优越性基础上的改革，形成了中国特色社会主义制度体系。这个过程就是"坚持与改革"的"路径设定"，是"变与不变"的辩证关系，不变的是马克思主义的世界观、历史观、方法论和人民立场、人民观点，所变的是为更好地维护和实现人民利益的公共治理的体制机制，而且是在把握规律条件下制度的自我完善。路径设定包含着路径依赖的自我扬弃。从教训上看，在革命和建设的历史发展中的路径依

---

① 参见布成良《民主执政的路径依赖与体制创新》，中国社会科学出版社 2015 年版，第 18 页。

赖是存在的，其主要体现为教条主义、主观主义、官僚主义、经验主义、保守主义、自由主义等。从经验上看，中国共产党领导人民治国理政成功的一个重要的方面就是对这些问题的不断清除。所谓"不断清除"是因为这些问题在不同的历史时期以不同的形式表现出来，具有尾大不掉的特点，但清理诟病并不是改变路径。

从制度自我完善的路径上，逐渐形成了以解放思想与实事求是相统一的认识论来克服路径依赖的基本规律。党的十九届三中全会作出的《中共中央关于深化党和国家机构改革的决定》指出，"面对新时代新任务提出的新要求，党和国家机构设置和职能配置同统筹推进'五位一体'总体布局、协调推进'四个全面'战略布局的要求还不完全适应，同实现国家治理体系和治理能力现代化的要求还不完全适应。全党必须统一思想、坚定信心、抓住机遇，在全面深化改革进程中，下决心解决党和国家机构职能体系中存在的障碍和弊端，加快推进国家治理体系和治理能力现代化，更好发挥我国社会主义制度优越性。"[1] 这是在新时代的历史方位上按照国家治理体系现代化的既定路径有效克服路径依赖，科学推进公共事务治理机构和职能深刻变革的基本遵循。

（二）提升运用唯物辩证法治理国家的能力

不断学习和掌握唯物辩证法这一马克思主义哲学的看家本领，正确运用战略思维、创新思维、辩证思维、法治思维、底线思维等提升国家治理能力。深刻理解和把握统筹推进"五位一体"总体布局、协调推进"四个全面"战略布局的辩证关系，是以优化协同高效为原则构建国家治理体系的基本路径。协调推进"四个全面"战略布局与统筹推进"五位一体"总体布局之间是由国家治理体系连接的，包含着提升治理能力的价值预设和怎样提升治理能力的方法论。在马克思主义中国化的历史道路上，以毛泽东为主要代表的中国共产党人不仅运用唯物辩证法，而且创新了唯物辩证法，《实践论》《矛盾论》形成了唯物辩证法的中国话语、中国气派和中国风格。《新民主主义论》和《论持久战》构成了具有中国特点、中国历史方位和世界历史方位的革命辩证法和战争辩证法，《论人民民主专政》

---

[1] 《中共中央关于深化党和国家机构改革的决定》，人民出版社 2018 年版，第 4—5 页。

集中体现了国体与政体、民主集中制的辩证法。在社会主义初步探索时期，结合苏联社会主义建设经验教训和党的领导的经验教训，毛泽东的《论十大关系》和《关于正确处理人民内部矛盾的问题》初步构建了社会主义建设的辩证法和深化认识民主集中制的辩证法。毛泽东在 1959 年的《读苏联〈政治经济学教科书〉谈话》中指出，客观规律与主观能动性之间的关系就是主观辩证法与客观辩证法的关系，事物运动的客观规律就是对立统一的矛盾运动，它在人的头脑中的主观反映就是主观辩证法，二者应是一致的。人的主观之所以能够达到对客观规律的认识，就在于规律是反复出现的必然的，人的主观认识通过千百次的经验总结上升为思维的加工和处理才能飞跃到理性认识，其中也包括失败的教训。主观辩证法不仅仅是对客观事物矛盾运动规律的把握，还包括解决矛盾的方法。毛泽东认为，苏联的《政治经济学教科书》关于社会主义国家发展的动力只"说精神上政治上的一致，是社会主义国家强大的社会发展动力，不说社会矛盾是社会发展的动力。这样一来，矛盾的普遍性这个规律，在他们那里被否定了，辩证法在他们那里就中断了。没有矛盾就没有运动。社会总是运动发展的。在社会主义时代，矛盾仍然是社会运动发展的动力。因为不一致，才有团结的任务，才需要为团结而斗争"[1]。毛泽东还指出，"说批评和自我批评是社会主义社会发展的强大动力，这个说法不妥当。矛盾才是动力，批评和自我批评是解决矛盾的方法"[2]。苏联的《政治经济学教科书》没有按照生产力与生产关系、经济基础与上层建筑的基本矛盾运动去研究问题的原因，也在于他们的理论家和斯大林都认为，在进入社会主义社会的历史条件下，自发价值规律得到计划经济的控制，计划的问题主要是管理者和干部的问题。但毛泽东认为，"计划是意识形态"[3]，它是主观意识的部分，是寻求生产力与生产关系矛盾的平衡点，平衡是暂时的相对的，矛盾运动是绝对的，计划必须在主观意识上始终把握生产力与生产关系、经济基础与上层建筑的矛盾关系，在动态的发展中解决它们之间的平衡问题。虽然这是关于计划经济的认识论，但闪耀着唯物辩证法的思想光

---

[1] 《毛泽东文集》第 8 卷，人民出版社 1999 年版，第 133 页。
[2] 《毛泽东文集》第 8 卷，人民出版社 1999 年版，第 133 页。
[3] 《毛泽东文集》第 8 卷，人民出版社 1999 年版，第 119 页。

辉具有重要意义。毛泽东特别强调马克思主义理论绝不能丢，但必须在坚持中创新理论以及阐释其的新著作，而且理论的创新要适应不同时代的要求。他指出："我们在第二次国内战争末期和抗战初期写了《实践论》、《矛盾论》，这些都是适应于当时的需要而不能不写的。现在，我们已经进入社会主义时代，出现了一系列的新问题，如果单有《实践论》、《矛盾论》，不适应新的需要，写出新的著作，形成新的理论，也是不行的。"①遗憾的是由于"大跃进"和"文革"的发生，出现了违背经济社会发展规律和改变了党的八大所作出的主要矛盾的正确判断，"以阶级斗争为纲"的方法使经济建设遭遇严重挫折。

以邓小平为主的中国共产党人纠正违背经济社会发展规律和主要矛盾判断的错误认识，恢复实事求是的毛泽东思想精髓，确立解放思想、实事求是的思想路线和党的优良传统和作风，发扬党的群众路线，将民主集中制作为党的组织制度、工作制度、领导制度和工作作风一体化建设，在国家权力组织和地方权力组织制度上恢复并推动了开启完善民主集中制的新征程。邓小平在坚持社会主义制度自我完善的路径设定中，构建了以经济建设为中心与坚持四项基本原则、坚持改革开放的确定性道路，以唯物辩证法的"扬弃"原则开启了从社会主义基本制度向中国特色社会主义制度的变革路径。坚持运用和创新唯物辩证法治国理政是邓小平理论的一个重要贡献，确定了发展社会主义制度优越性与社会主义市场经济相结合的改革路径。江泽民提出了以坚持社会主义为改革方向的原则，在社会主义市场经济条件下进行社会主义现代化建设要正确处理十二对关系，即改革、发展、稳定的关系；速度和效益的关系；经济建设与人口、环境、资源的关系；第一、第二、第三产业的关系；东部地区和中西部地区的关系；市场机制和宏观调控之间的关系；公有制经济和其他经济成分的关系；收入分配中国家、企业和个人的关系；扩大对外开放和坚持独立自主的关系；中央和地方的关系；国防建设和经济建设的关系；物质文明建设与精神文明建设的关系。② 胡锦涛提出的科学发展观丰富和发展了马克思主义的发展辩证法。在继承中国共产党自觉运用唯物辩证法历史成就的基础上，

---

① 《毛泽东文集》第 8 卷，人民出版社 1999 年版，第 109 页。
② 参见《江泽民文选》第 1 卷，人民出版社 2006 年版，第 460—475 页。

习近平总书记提出的统筹推进"五位一体"总体布局与协调推进"四个全面"战略布局的辩证关系理论，又是在治国理政上运用和发展唯物辩证法的巨大成就。习近平总书记指出，"党的十八大提出了中国特色社会主义事业五位一体总体布局，后来我们提出了'四个全面'战略布局，等等。这些都体现了我们对协调发展认识的不断深化，体现了唯物辩证法在解决我国发展问题上的方法论意义。"① 这种方法论的意义在于以提升治理能力推进国家治理体系现代化的逻辑建构。

在新时代的历史方位上，统筹推进经济、政治、文化、社会、生态文明的"五位一体"总体布局与协调推进"四个全面"战略布局之间是大的辩证逻辑，同时"五位一体"总体布局内部之间，以及每一个领域内部都具有矛盾的关系，"四个全面"之间、每一个全面内部都具有辩证的关系。从"五位一体"总体布局与"四个全面"战略布局之间的关系上看，前者是治理主体的客体，也是国家治理体系的实体内容，五个领域之间一体化建设的总体布局在于对它们之间的体制机制相互协调、相互制约、相互促进，同时还必须对每一领域的体制机制的健全、管理职能的优化、依法授权等进行改革。"四个全面"的目标定位，即全面建成小康社会、基本实现现代化和建成社会主义现代化强国的"两个一百年"奋斗目标，目标是治理主体所设定的，但它是依据主体对现有条件和发展规律的科学把握，将发展的目的性与合乎规律性二者辩证地统一起来，使其成为治理主体的客体。目标治理是国家治理具体方向的设定，它把过去的规律性和未来的趋势性，通过主体能动性和创造性能力的发挥来实现。习近平总书记指出："全面深化改革，全面者，就是要统筹推进各领域改革，就需要有管总的目标，也要回答推进各领域改革最终是为了什么、要取得什么样的整体结果这个问题。正所谓'立治有体，施治有序。'"② 这就是为什么将坚持和完善中国特色社会主义制度、推进国家治理体系和治理能力现代化作为全面深化改革总目标的道理。国家治理体系就是中国特色社会主义制度体系，重点是经济、政治、文化、社会、生态建设的体制机制的重要制

---

① 《习近平谈治国理政》第 2 卷，外文出版社 2017 年版，第 205 页。

② 中共中央文献研究室编：《习近平关于全面深化改革论述摘编》，中央文献出版社 2014 年版，第 26 页。

度，对它们"优化协同高效"的目标与"两个一百年"奋斗目标的设定是一致的。

再来看在目标锁定条件下的"四个全面"战略布局的三大举措中国家治理体系的定位就更加清楚了。全面深化改革作为支撑"两个一百年"奋斗目标的重大举措是具体辩证关系的"总目标"，即在坚持和完善中国特色社会主义制度历史方向规范下推进国家治理体系和治理能力现代化，与以推进国家治理体系和治理能力现代化来完善中国特色社会主义制度两个方面的统一。在这个关系中，国家治理体系对应着经济、政治、文化、社会、生态建设的体制机制优化协同高效的"五位一体"总体布局，显然国家治理体系是支撑"两个一百年"奋斗目标的路径设定。在如何实现国家治理体系现代化的目标设定上，要以全面依法治国的总目标来设定国家治理制度发展的方向。全面从严治党是"四个全面"战略布局的保障。"四个全面"战略布局是一个围绕目标达成和紧密相连的三大举措（全面深化改革、全面依法治国、全面从严治党）的有机整体，而且设定层级逻辑形式的格局，构成了理论形态的"四个全面"战略布局。"五位一体"总体布局与"四个全面"战略布局之间是由"两个一百年"奋斗目标形成总的联系，在三大举措上，全面深化改革的总目标对应着"五位一体"总体布局，全面依法治国规定了着眼于经济、政治、文化、社会、生态建设各自的体制机制健全和总体协同高效的法律法规安排，通过全面从严治党加强党的领导来实现整体构建是保证。由此可见，"五位一体"总体布局与"四个全面"战略布局包含了国家治理的制度理论。在新时代历史方位上国家治理制度理论的成熟既是治理能力的体现，同时也是统筹推进"五位一体"总体布局与协调推进"四个全面"战略布局的实践设定了能力提升的规定性，其中，能否提升运用唯物辩证法和在实践中发展唯物辩证法的能力具有举足轻重的作用。

"四个全面"战略布局的层次递进关系，充分体现了理论建构的系统性和严密性、逻辑性、整体性特质，为实践的实施确定了理论导向。在协调推进"四个全面"战略布局的实践上，将理论设计的层次递进关系颠倒过来，以全面从严治党、完善党的领导制度为突破口。党的领导这一核心主体适应改造客体的需要必须以自身为客体，以保持自我革命的精神状态，引领国家治理体系的法治革命，使各领域的体制机制形成法律法规安排和发挥协调、系统集成的整体效能，保证"两个一百年"奋斗目标的达成。从治理主体来看治理体系，治理体系就是客体，而客体的相对独立性和部门实施的分散性既是造成各领域体制机制相互冲突的原因又是解决之的问题导向。因此，深刻把握协调推进"四个全面"战略布局与统筹推进"五位一体"总体布局辩证关系中的国家治理体系顶层设计，是党的领导和多元主体能力提升的基本规范。

（三）符合规律地推进国家治理体系现代化是治理能力的基本要求

深刻把握生产力与生产关系、经济基础与上层建筑矛盾运动的基本原理，正确处理政治体制改革与经济社会发展规律的关系，是优化国家治理体系的重要方面。经济体制、政治体制、文化体制、社会体制、生态文明体制的"五位一体"，是国家治理体系建构的应然指向。但它们已经不再是以往的经济体制与政治体制的关系，它们既有横向的关系又有纵向的关系。这里因篇幅所限不展现它们之间的复杂关系，仅从国家治理体系的内在结构，即政治体制的上层建筑与经济社会发展规律的关系，揭示政治体制所具有的保障和引领经济、文化、社会、生态体制改革的双重功能。

生产力决定生产关系、经济基础决定上层建筑，生产关系对生产力、上层建筑对经济基础具有反作用的基本原理，是马克思对人类社会历史规律"自然性"的揭示。但我们必须注意马克思所说人类历史规律的自然性与自然界规律的自然性之差别。人类社会历史规律是人们基于社会历史条件创造自己的物质生活所创造出来的，这种创造不是人们的任意想象而是受物质生产力的历史条件所制约的，经济社会形态的更替，就是新旧生产力更替的自然历史性。马克思对经济社会形态的历史阶段，有两形态、三形态、五形态的不同划分，但都是在生产力的历史维度上言说的。从马克思将人类社会划分为共产主义和前共产主义两形态来看，包括资产阶级社会的前共产主义的各历史阶段，都是在生产力发展的自然历史成就上建立与其相适应的生产关系，生产关系由新变旧，又阻碍新的生产力的对抗性矛盾运动，是前共产主义历史阶段的特征，"人类社会的史前时期就以这种社会形态而告终"①。马克思指出,共产主义第一阶段要改写史前时期受自然性生产力支配的形态,但改写不是消除。马克思一方面强调了共产主义第一阶段依然存在受生产力发展水平制约的经济规律的自然性之影响;另一方面,作出了运用生产力与生产关系辩证关系原理而改变其的科学推论。以生产力发展的历史成就为起点,以政治上层建筑和自由人联合体的生产关系支配物质条件并发展生产力,将资本主义受自发的交换价值所支配的经济规律改造为等量劳动交换的按劳分配规律,这虽然还是交换,"即一种形式的一定量劳动同另一种形式的同量劳动相交换"②,但它不再是受自发的自然性经济规律所支配。恩格斯在马克思论证的基础上,提出了政治权力反作用于经济社会发展终归于促进作用和阻碍作用两种③,这就构成了社会主义如何建构劳动人民当权的政治上层建筑并发挥其反作用经济社会发展功能的重要课题。其"反作用"在每一经济社会形态的历史过程中,起初都是适应新生产力的要求保障生产力发展的积极作用,但到后期统治阶级为了维护自身的利益,这种反作用就由原来的积极转向消极,成为新生产力的阻碍力量,这在经济社会形态的演进中是周期性循环。社会主义是打破这种周期循环的历史时代,既反对庸俗生产力论又要通过政治上层建筑保障和引领的双重功能促进生产力的发展,就成为社会主义实践的重要命题。中国共产党人在推进马克思主义中国化的实践道路上形成了社会主义社会的矛盾学说。社会主义的基本矛盾依然是生产力与生产关系、经济基础与上层建筑的矛盾,但其性质与资本主义有本质的差别,在社会主义制度的条件下主要是既相互适应又不完全适应的矛盾,通过社会主义政治制度的优越性调动一切积极因素大力发展社会生产力,构成了社会主义初步探索时期关于社会主义建设规律的基本理论认识,但也出现了严重的波折。改革开放以来,立足社会主义基本制度,以对中国社会主义初级阶段和社会主义本质的新认识为理论前提,解放和发展生产力,探索社会主义政治制度与市场经济相结合的体制机制获得的巨大成功就表现于,"既发挥了市场经济的长处,又发挥了社会主义制度的

---

① 《马克思恩格斯文集》第 2 卷,人民出版社 2009 年版,第 592 页。
② 《马克思恩格斯文集》第 3 卷,人民出版社 2009 年版,第 434 页。
③ 参见《马克思恩格斯文集》第 10 卷,人民出版社 2009 年版,第 597 页。

优越性"①。这是社会主义制度自我完善的巨大理论和实践创新。推进国家治理现代化是对"市场在资源配置中起决定作用与政府发挥更好作用"新命题的回答。

政府发挥更大作用的新命题，不仅要求从"后思"的逻辑上把握过去时代的经济发展规律，更要立足当下前瞻经济社会发展规律。但"前瞻"不是主观想象，必须以人的自由而全面发展的合目的性与合乎客观实际的双重逻辑为规定性。创新、协调、绿色、开放、共享的新发展理念"集中反映了我们党对我国经济发展规律的新认识"②。新发展理念是相互联系、相互约束的矛盾统一体，也是统筹推进经济、政治、文化、社会、生态文明"五位一体"总体布局的规律性认识。市场在资源配置中起决定作用是市场经济的一般规律，理论和实践证明其对促进生产力发展具有不可替代的功能；但是，市场经济是手段和工具，它属于经济体制的内容，是社会主义基本经济制度的实现形式，既要发挥工具的效能，又要有效防止受市场经济规律自发自然性支配的弊端，就必然构成市场在资源配置中起决定作用与政府发挥更好作用之间的矛盾关系。习近平总书记指出："使市场在资源配置中起决定性作用、更好发挥政府作用，既是一个重大理论命题，又是一个重大实践命题。"③ 推进国家治理现代化就是解决政府作用和市场作用辩证关系的应然需要，习近平总书记指出："我们要勇于全面深化改革，自觉通过调整生产关系激发社会生产力发展活力，自觉通过完善上层建筑适应经济基础发展要求，让中国特色社会主义更加符合规律地向前发展。"④ "适应"二字不能简单地理解为被动的状态，而是指在关系辩证法意义上具有能动调适或解决矛盾体运动的形式，使其矛盾的双方相互适应，它包括作用与反作用的关系的恰当处理方法。从发展的历史维度看社会主义社会条件下的生产力与生产关系，生产关系不是完全被生产力发

---

①　中共中央文献研究室编：《习近平关于社会主义经济建设论述摘编》，中央文献出版社2017年版，第64页。

②　中共中央文献研究室编：《习近平关于社会主义经济建设论述摘编》，中央文献出版社2017年版，第31页。

③　中共中央文献研究室编：《习近平关于社会主义经济建设论述摘编》，中央文献出版社2017年版，第58页。

④　习近平：《在纪念马克思诞辰200周年大会上的讲话》，人民出版社2018年版，第18页。

展水平所决定的，而构建、"促进"生产力发展的生产关系是区别前社会主义历史时期的显著特征。恩格斯用作用力的"平行四边形"揭示经济社会发展的总的合力，生产关系对生产力的反作用，上层建筑的国家权力和法律、意识形态对生产关系总和的经济基础的反作用是总的合力之中的，它们之间不是简单的决定与被决定的关系，这并不否定经济基础和经济发展规律的最终决定性，但在构建新社会的经济基础的历史运动的过程中，必然要求上层建筑、法律、意识形态反作用于经济社会发展规律。当然，这种反作用是有理论前提的，即在科学把握规律和发展趋势的前提下，正确运用上层建筑的反作用，即最终还是阻碍生产力发展或促进生产力发展。因此，辩证法的"适应"就是符合规律地能动地协调上层建筑与经济发展规律相互适应。习近平总书记指出："一个国家的政治制度决定于这个国家的经济社会基础，同时又反作用于这个国家的经济社会基础，乃至于起到决定性作用。在一个国家的各种制度中，政治制度处于关键环节。"① 这一重要论断，不仅是关于社会主义初级阶段的，而且关涉社会主义长久的发展。因为社会主义必须处于发展的进步状态的历史行程中，改革是社会主义的显著特征，改革就是社会主义自我完善的进步路径。资本主义社会为了生存下去也不得不进行改良，这是维持资本主义的需要；与此相比，社会主义的改革远大目标是共产主义社会的国家消亡，但它要经过若干个发展阶段而且是世界历史的。在社会主义历史的进程中，改革是社会主义的自我完善，而社会主义制度的自我完善是保证和引领社会发展的根本。上层建筑科学合理地反作用于经济社会发展趋势，促进生产力的发展需要科学的理论来支撑。科学的问题必须以科学的理论来处理，价值不能代替科学，价值与科学的统一是党领导人民治理国家基本要求。习近平总书记提出全党要不断加深"人类社会发展的自然性、历史性及其相关规律，关于人的解放和自由全面发展的规律，关于认识的本质及其发展规律等原理"② 的认识，实质上也是对不断提升治理能力提出的要求。

---

① 《习近平谈治国理政》第 2 卷，外文出版社 2017 年版，第 288 页。
② 习近平：《在纪念马克思诞辰 200 周年大会上的讲话》，人民出版社 2018 年版，第 25 页。

（四）以民主能力消除官僚主义顽疾

党领导人民有效治理国家包含着党的领导与发扬人民民主的关系和一切党领导机关、政府机构消除官僚主义诟病的要求。民主治理公共事务是国家治理现代化的显著特征，但同时民主本身也需要治理①，治理民主与民主治理二者之间是一对辩证关系。民主不仅是权利与权力的关系，还涉及民主能力的重要方面。民主治理是克服官僚主义的利器，官僚主义的滋生与集中统一领导和政府集权具有孪生性，解决民主问题和官僚主义问题要依赖党的领导和运用制度的能力。

克服官僚主义的弊害是提升国家治理能力的重要方面。官僚主义滋生于党的领导机关和党员领导干部中，一切政府机构和基层组织、群团组织、社会组织、企业组织等都不例外。马克思主义政党在探索组织制度的过程中就面对着以集中统一的组织制度克服民主的分散化和无纪律问题，同时又面对着集中统一领导如何克服官僚主义的问题。官僚主义概念是随着资产阶级国家制度逐渐形成和现代行政制度的文官制而产生的。18世纪，法国重农学派反对君主专制和重商主义，认为君主专制不同于贵族制和民主制，是君主聘用了一些领薪的官员来管理，并把这些人称为官僚。"Bureaucratie"既指这个特殊的群体也指他们中的个人，中文将其译为官僚制，是因为中国传统的"官僚"二字是同官为僚的意思，官僚还具有主从关系的意思或等级的意识，因此官僚制就是君主授权一些等级化或科层化的官僚统治。官僚主义（Bureaucratism）最初是指"形式主义"，即工作中的机械性和繁文缛节。马克思最初对官僚主义进行批判是针对黑格尔在《法哲学原理》中为官僚制正名而反对和解决官僚主义问题。在马克思看来，不从制度上解决官僚制的问题只解决形式主义的官僚主义是妥协和调和。马克思对西方官僚主义从君主专制制度向资本主义制度的演化史是有研究的，指出，"中央集权的国家政权连同其遍布各地的机关，即常备军、警察局、官僚机构、教会和法院——这些机关是按照系统的和等级的分工原则建立的——起源于专制君主制时代，当时它充当了新兴资产阶级

---

① 参见杨光斌《观念的民主与实践的民主——比较历史视野下的民主与国家治理》，中国社会科学出版社2015年版，第140—146页。

社会反对封建制度的有力武器。"① 马克思从对巴黎公社的经验总结上认识到了克服官僚主义是无产阶级彻底的民主制。关于党组织的民主制与集中统一领导问题,马克思和恩格斯遭遇到国家工人协会民主派的质疑,他们认为集中统一领导就是官僚主义的,所以恩格斯以民主与权威的关系论指出权威与民主并不始终是一对对立矛盾,彻底的工人阶级的合作制就是民主与权威矛盾消除的条件,但恩格斯非常慎重地看待这一问题,合作制只是客观条件,并不是所有的矛盾产生条件都已消除了,还需要主观条件。列宁在构建党的民主集中制的组织制度的过程中遭遇到民主派的集中就是官僚主义的指摘,列宁认为,民主集中制中的集中并不是天然的官僚主义的温床。列宁在回应孟什维克和民主派的指责——党的集中统一领导就是机械性和形式主义的官僚主义时指出,"官僚主义一词可以在俄语中译成地位观念。官僚主义就是使事业的利益服从于向上爬的需要,就是一味追求地位而忽视工作"②。这是列宁在"官本位"的视角下对官僚主义进行的初步阐释。这与十月革命前列宁在《国家与革命》中消除官僚主义的构想密切相关。任何设官而治的社会都会产生官僚主义,但依据巴黎公社的经验实行彻底的民主制,官员实行选举和监督,可以随时罢免,只领取相当于工人的工资,和过去的官员不同,是"亦官亦民"的,就可以解除官本位和亦官亦民化即官僚化和官僚主义的问题了。恩格斯在为马克思的《法兰西内战》所写的导言中指出,"为了防止国家和国家机关由社会公仆变为社会主人——这种现象在至今所有的国家中都是不可避免的——公社采取了两个可靠的办法。第一,它把行政、司法和国民教育方面的一切职位交给普选选出的人担任,而且规定选举者可以随时撤换被选举者。第二,它对所有公职人员,不论职位高低,都只付给跟其他工人同样的工资。……这样,即使公社没有另外给代表机构的代表签发限权委托书,也能可靠地防止人们去追求升官发财了。"③ 列宁在《马克思主义论国家》的笔记中认为,恩格斯所强调的工人阶级的民主及其产生的代表机构保持"公仆"的两种办法是"两个'可靠的'办法"④。十月革命刚刚胜利,列

---

① 《马克思恩格斯文集》第 3 卷,人民出版社 2009 年版,第 151 页。
② 《列宁全集》第 8 卷,人民出版社 2017 年版,第 363 页。
③ 《马克思恩格斯文集》第 3 卷,人民出版社 2009 年版,第 110—111 页。
④ 《列宁全集》第 31 卷,人民出版社 2017 年版,第 190 页。

宁亲自拟定了《罢免权法令草案》，当时社会革命党左派和有些革命民主派的政党还是布尔什维克的同路人，此法令草案由布尔什维克代表会议通过，并与其他党派进行了协商。从中可以看出，列宁构建民主制政府与保持政府机构人民公仆的决心，即使实行多党合作的按比例选举也要实行罢免权的法令。列宁指出："比例选举制所要求的只是改变罢免权的形式，决不是缩小罢免权。"① 在列宁看来，罢免权是民主制范围之内的。但是，事实的变化超出了他的预料和准备，由于在保卫新生的苏维埃民主政权过程中被迫实行了军事共产主义，再加之其他党派采取不合作的反叛，苏联成了一党制，在战争期间俄共的领导是成功的，但非选举的委任制、任命制代替了选举制和罢免制，党内和政府机构、企业中的官僚主义暴露出来。但对这种状况有两种不同的看法，其一，工人民主派认为官僚主义是党的统一领导，应当采取国家工会化；其二，认为官僚主义是因为工人作为领导阶级还不成熟，很多人不识字不具有管理政府和企业的知识、能力，盲目指挥、命令主义所造成的，工会不具有民主管理工厂的能力，应收回，由党组织代替管理，工会不应在国家之外而应国家化。可见，官僚主义的出现，不仅在于党的集中统一领导，在工会民主管理的工厂中同样也出现了官僚主义。列宁针对党内的辩论，深刻认识到党内官僚主义的严重性，在战争期间有明显的脱离群众造成政策失误和执行政策者不执行政策等现象，但工会民主派因此反对党的统一领导是工团主义和工联主义的。列宁坚定地指出，凡是否定党的统一领导贯彻民主制的决不让步，但"凡是有助于同官僚主义作斗争的工作，有助于维护民主制的工作，有助于加强同真正的工人群众联系的工作，都是绝对需要的。在这方面我们可以而且应当'让步'。尽管他们对我们说，他们决不让步。但是我们要一再说：我们可以让步。这完全不是让步，这是对工人政党的帮助。"② 针对党的领导和政府机构、企业的官僚主义如何克服的问题，列宁主要主张以党的自身建设和法制反官僚主义。在工人还缺乏管理知识和管理的条件下，工厂管理应采取委任制和聘任制、责任制，工会发挥监督职能。这也是列宁针对工厂管理问题所采取的过渡形式，从长期发展上，工人通过学

① 《列宁全集》第 33 卷，人民出版社 2017 年版，第 106 页。
② 《列宁全集》第 41 卷，人民出版社 2017 年版，第 37 页。

习过渡到直接管理工厂和交通、商业流通等。在实行新经济政策的过程中，列宁进一步发现在各方面不仅有不识字盲目指挥的新官僚主义，而且一些旧官僚主义死灰复燃。列宁充分认识到官僚主义的危害性，其对官僚主义针对不同问题的表述，大体有官本位、脱离群众、装腔作势、妄自尊大、空谈主义、形式主义、文山会海、繁文缛节、拖沓扯皮、盲目命令、瞎指挥、缺乏知识和能力。列宁晚年对如何克服官僚主义问题的论述主要体现四个方面，其一，科学组织劳动，要将社会主义的劳动上升到科学的层面，要学习欧洲的劳动组织形式；其二，改组工农检察院，使其克服掉官僚主义的习气成为模范机关；其三，在党的领导和政府的体制机制上考虑优化；其四，列宁认为官僚主义在深层次上是文化问题，要通过文化革命从根本上解决。列宁逝世后，斯大林批评官僚主义，注重干部培训，甚至使用更为严苛的方法强化纪律，但因斯大林的专断和集权本身是官僚主义的，以官僚主义反官僚主义很难取得实效。在斯大林后的苏联出现了值得深思的问题，即赫鲁晓夫采取地方分权办法解决高度集权的问题，不仅没有制约官僚主义，反而助长了官僚主义，政治上出现动摇；勃列日涅夫基本恢复了斯大林体制，官僚主义兴盛起来；戈尔巴乔夫以民主制反官僚主义，结果是苏联崩溃。

中国共产党探索反官僚主义的方法有其独特的历史逻辑和丰富的经验，但官僚主义也不断变换形式，尾大不掉。在新民主主义革命时期，对官僚主义的认识一部分受苏联共产党及其争论的影响，将集中制与官僚主义相等同。在以民主克服集中的官僚主义中又出现了"极端民主化"的新官僚主义，陷入民主选举的泥潭，将缺少革命理论和革命意志、没有领导能力的人选举为领导人，不懂中国革命的特点，教条主义、主观主义、脱离实际、脱离群众的严重问题。中国共产党以民主集中制作为党的组织制度、领导制度、工作制度和政权组织形式，开辟了以制度建设反对官僚主义的道路。在革命和建设的历史过程中不断对官僚主义的具体表现形式加以认识，逐渐形成了官僚主义的现象学。"官僚主义是领导机关最容易犯的一种政治病症"① 这一重要判断，来自两个方面：在理论上，共产党人和共产党领导的政府都是人民的公仆和勤务员，必须清理掉官本位和长官

---

① 《周恩来选集》下卷，人民出版社 1984 年版，第 418 页。

意志、父母官的旧官僚习气；但在实际经验上官僚主义却不断滋生，而且若明若暗的表现形式多样。官僚主义的敷衍塞责的怠工现象是容易发现的，这种官僚主义是背离党的宗旨的表现。还有一种官僚主义是"辛辛苦苦"和"忙忙碌碌"，这种官僚主义有一种"好"的名称，即"辛辛苦苦官僚主义"，但它与人民群众的现实生活隔离开来，陷入办公室的办会、发文、作报告，其结果是乱发指示、盲目命令、瞎指挥。周恩来对官僚主义的表现形式概括得最全面，即脱离领导和脱离群众的官僚主义；强迫命令式的官僚主义；无头脑无方向的事务主义的官僚主义；官气十足老爷式的官僚主义；不学无术不忠诚老实的官僚主义；不负责任的官僚主义；做官混饭吃的官僚主义；颟顸无能的官僚主义；糊涂无用的官僚主义；懒汉式的官僚主义；机构臃肿人浮于事的机关式官僚主义；文牍主义和形式主义的官僚主义；摆官架子的官僚主义；自私自利的官僚主义；争名夺利的官僚主义；多头领导相互排挤闹不团结的官僚主义；宗派主义的官僚主义；政治生活蜕变生活糜烂的蜕化变质的官僚主义；违法乱纪纵容歪风邪气的危险官僚主义。[①] 官僚主义的二十种表现既有旧官僚习气的死灰复燃，又附之于党政机关的体制机制中，在一些领导干部的思想意识中还魂；同时，在领导体制和政府制度、企事业单位的管理制度中也存在新官僚主义滋生的现实条件。官僚主义的认识论是为了把握它的现象及其演化形式，深刻揭示其本质，认识它不是为了沾染它，而是寻找消除其的方法。消解官僚主义的弊害是人与制度的双重逻辑，党的理论和奋斗目标、宗旨可以防止官本位、腐化堕落的官僚主义，但制度不完善更具有根本性。毛泽东将官僚主义与形式主义、教条主义、主观主义、经验主义联系起来，它们之间相互联系、互为表里。

将民主集中制与党的群众路线的领导方式相结合，是中国共产党人的创造性历史实践，群众路线的认识论是官僚主义的反面，或群众路线的反面就是官僚主义。改革开放以来，在构建和完善社会主义市场经济的过程中，官僚主义在一定时期表现突出，严重影响了党的执政和政府的公信力，周恩来概括的官僚主义现象又有增量，诸如跑官要官、卖官鬻爵、圈子文化、权力寻租等更为严重。对此，有的观点认为，其主要原因是政府

---

① 参见《周恩来选集》下卷，人民出版社1984年版，第418—422页。

推动型的改革，解决问题的根本在于"摆脱路径依赖"，走市场价值规律自发引导型的改革之路。这种观点的错误在于，官僚主义概念的发生学就是对专制君主制度和资本主义国家行政现象的图景描述，黑格尔在国家制度的理论上提出了消除官僚形式主义精神的方法，但黑格尔的国家制度不是现实的，其逻辑理念的概念辩证法中的国家制度是先验的绝对精神。马克思在历史唯物主义的唯物辩证法的逻辑上否定了黑格尔的理论。德国思想家马克斯·韦伯针对资本主义党争民主制的现实，基于政治与行政二分法，构建了形式法规范的行政制度。他确认依据形式法的公正原则履行行政职能就是合理的形式主义精神，这种形式主义基本理念是"基督行公正，上帝管结果"，也就是说行政人员只执行法律而不问结果，以此保证行政执行不受政党分赃的"民主"所控制。毫无疑问，上述错误观点完全可以被韦伯的认识论所反驳。但是，有的观点试图引进韦伯的政治与行政二分法来思考中国的行政改革问题，这就等于承认形式主义的合理性。韦伯的理论面对着资本主义的民主困境和国家制度的实然——既有行政形式主义的设计又有政党分赃的混杂，所以他提出政党通过议会斗争制定法律和公共政策，在行政执行中政党不再干预的方法，形式主义精神的合理性就是基于这样的认识所确认的。韦伯的理论一半来自经验一半是规范。在中国不存在政治与行政二分法。解决官僚主义问题，一方面要有对官僚主义滋生现象和本质的正确认识，另一方面要在加强和改善党的领导的前提下克服各方面的官僚主义，其基本的路径在于民主集中制和党的群众路线相结合。党的十八大以来，群众路线教育，"三严三实"专题教育，"不忘初心、牢记使命"主题教育针对全面从严治党新要求，以治国必先治党的逻辑理念，在教育与制度体系完善双重逻辑的有机统一路径上推进反官僚主义的实践。完善民主集中制的领导制度、组织制度、工作制度与群众路线的工作作风一体化推进，将群众路线与社会主义协商民主同构耦合，这些构成了反对官僚主义的新特征。

发展社会主义协商民主，一方面是人民主体论上的当家作主的体现，这是民主本质论的；另一方面，在功能论上，协商民主是有效克服官僚主义弊害的利器。在以民主制约官僚主义的认识逻辑上，实际上走过了两条并行的道路。在西方的历史上，资产阶级的民主制政治代替了专制君主制的官僚制和官僚主义，但资产阶级又构建了分工更加细密的官僚制。韦伯被学术界称为组织理论之父，揭穿了民主促生现代官僚制和形式主义精神共生的关系，这也就是说，民主并不能否定官僚制和官僚主义，反而需要形式主义的官僚精神与其相适应。20 世纪末期西方出现的治理和善治理论再次提出治理就是民主化，善治就是民主治理，以民主治理限制政府权力。这种理论又与市场主义的新自由主义经济理论相一致，但问题是碎片化的民主又导致了政府的无能。弗朗西斯·福山从西方民主的胜利和历史的终结向检讨民主的问题和政府能力的转变，也正是对于这一历史过程的反思。苏联的改革依从了西方的理论，导致社会主义制度的整体崩溃。与其并行的中国改革，坚持社会主义制度优越性，政治体制改革以发扬民主与加强和改善党的领导方式相一致，经济上以建立和完善社会主义市场经济体制为主要内容，解放和发展生产力提升人民生活水平，这两个方面是辩证的。发扬民主是在完善民主集中制的制度过程中进行的，推进协商民主在决策过程中的多层次多领域的全程化，也必须在民主集中制的制度框架中进行。协商民主具有克服官僚主义的强大功能，但也必须认识到它的制度规范性。协商民主之所以能够制约官僚主义，就在于党的群众路线的切实实行，领导机关、政府机关要经常深入群众调查研究，集聚群众意见和智慧。但这并不意味着将各种意见作算数加减，而是要通过系统分析，寻找最大公约数，平衡各种利益的冲突。协商不代替票决，但它为票决的共识决策奠定基础，同时也为有效执行开辟了道路。这种共识性民主与冲突论的票决民主的不同就在于，票决前和过程中贯穿了以协商寻求共识的实质民主的内容。从史实的逻辑上看，社会的冲突和动荡都是因为政策决策引发的。任何民主都是集体决策，但有成功的决策和失败的决策。成功的决策表明了民主的能力，民主的能力不是自发的，任何民主都有利益的冲突和矛盾，协商民主就是敞现矛盾和解决矛盾的，它的成功在于党的领导的成功，在于党没有自身的利益和具有科学决策、民主决策的领导能力。协商民主的可能性在于"可协商"，共识性民主在"可协商"范围的民主程序中才可能达成共识。基于协商民主的协商治理，是领导型的善治，是中国特色的党领导人民民主的善治。这种独特的善治通过各级党组织领导，将民主的决策过程控制在"可协商—可治理"的范围内，它标明了党的领导能力和政府能力的有效性。[①] 在新时代的历史方位上，以党的自我革命精神提升领导能力，以协商民主与群众路线同构的领导方式的制度化，有效克服官僚主义；在完善民主集中制的制度路径上推进协商民主的制度化，为协商治理提供民主制度的保证，善治的理念才能够得以实行。善治的领导者和主责者（行政机构）既要将善治纳入多层次多领域的多数民主决策中，又要在错综复杂的民主矛盾中作"明哲端谨"的贤明少数，推进协商治理实践。

---

① 参见池忠军《习近平新时代国家治理的善治路径》，《河南师范大学学报》（哲学社会科学版）2018 年第 5 期。

参考文献

一　马克思主义经典著作及重要文件

《马克思恩格斯全集》第 3 卷，人民出版社 2002 年版。

《马克思恩格斯全集》第 18 卷，人民出版社 1964 年版。

《马克思恩格斯全集》第 19 卷，人民出版社 1963 年版。

《马克思恩格斯全集》第 21 卷，人民出版社 2003 年版。

《马克思恩格斯全集》第 32 卷，人民出版社 1974 年版。

《马克思恩格斯全集》第 33 卷，人民出版社 1973 年版。

《马克思恩格斯全集》第 35 卷，人民出版社 1971 年版。

《马克思恩格斯全集》第 36 卷，人民出版社 1974 年版。

《马克思恩格斯全集》第 38 卷，人民出版社 1972 年版。

《马克思恩格斯全集》第 39 卷，人民出版社 1974 年版。

《马克思恩格斯全集》第 46 卷，人民出版社 2003 年版。

《马克思恩格斯全集》第 50 卷，人民出版社 1985 年版。

《马克思恩格斯文集》第 1—10 卷，人民出版社 2009 年版。

《列宁选集》第 1—4 卷，人民出版社 2012 年版。

《列宁全集》第 1—60 卷，人民出版社 2017 年版。

《斯大林选集》上、下卷，人民出版社 1979 年版。

《斯大林文集》，人民出版社 1952 年版。

《斯大林全集》第 1—13 卷，人民出版社 1953—1957 年版。

《孙中山全集》第 1—16 卷，人民出版社 2015 年版。

《毛泽东选集》第 1—4 卷，人民出版社 1991 年版。

《毛泽东文集》第 1—8 卷，人民出版社 1993、1996、1999 年版。

《周恩来选集》上、下卷，人民出版社 1980、1984 年版。

《邓小平文选》第1—3卷，人民出版社1993、1994年版。

《邓小平年谱（1975—1997）》上、下卷，中央文献出版社2004年版。

《江泽民文选》第1—3卷，人民出版社2006年版。

《胡锦涛文选》第1—3卷，人民出版社2016年版。

《习近平谈治国理政》第1卷，外文出版社2018年版。

《习近平谈治国理政》第2卷，外文出版社2017年版。

中共中央文献研究室、中央档案馆编：《建党以来重要文献选编》第1—26卷，中央文献出版社2011年版。

中共中央文献研究室编：《十六大以来重要文献选编》上、中、下卷，人民出版社2005、2006、2008年版。

中共中央文献研究室编：《十七大以来重要文献选编》上、中、下卷，人民出版社2009、2011、2013年版。

中共中央文献研究室编：《十八大以来重要文献选编》上、中、下卷，中央文献出版社2014、2016、2018年版。

《改革开放以来历届三中全会文件汇编》，人民出版社2013年版。

中共中央党史研究室编：《两个历史问题的决议及十一届三中全会以来党对历史的回顾（简明注释本）》，中央党史出版社2013年版。

中共中央文献研究室编：《习近平关于全面深化改革论述摘编》，中央文献出版社2014年版。

中共中央文献研究室编：《习近平关于全面依法治国论述摘编》，中央文献出版社2015年版。

中共中央文献研究室编：《习近平关于社会主义经济建设论述摘编》，中央文献出版社2017年版。

中共中央文献研究室编：《习近平关于社会主义政治建设论述摘编》，中央文献出版社2017年版。

习近平：《决胜全面建成小康社会　夺取新时代中国特色社会主义伟大胜利——在中国共产党第十九次全国代表大会上的报告》，人民出版社2017年版。

习近平：《在纪念马克思诞辰200周年大会上的讲话》，人民出版社2018年版。

《中共中央关于深化党和国家机构改革的决定》，人民出版社2018年版。

《中共中央关于坚持和完善中国特色社会主义制度　推进国家治理体系和治理能力现代化若干重大问题的决定》，人民出版社 2019 年版。

全国人大常委会办公厅、中共中央文献研究室编：《人民代表大会制度重要文献选编》第 1—4 卷，中国民主法制出版社 2015 版。

二　中文著作

《苏联大百科全书选译：民主集中制·党内民主·党的集体领导·党内统一·党内纪律》，刘丕坤辑译，人民出版社 1954 年版。

白钢：《制度自信十讲》，人民日报出版社 2013 年版。

布成良：《民主执政的路径依赖与体制创新》，中国社会科学出版社 2015 年版。

柴尚金：《政党与民主新论》，中国民主法制出版社 2018 年版。

陈建波：《国家治理与和谐社会》，浙江人民出版社 2015 年版。

陈之骅等：《苏联兴亡史纲》，中国社会科学出版社 2004 年版。

池忠军：《公共管理考辨与范畴》，知识产权出版社 2012 年版。

池忠军：《官僚制的伦理困境及其重构》，知识产权出版社 2004 年版。

池忠军：《马克思主义公共哲学研究》，中国社会科学出版社 2018 年版。

崔希福：《唯物史观的制度理论研究》，北京师范大学出版社 2010 年版。

樊钉：《政府决策能力现代化》，国家行政学院出版社 2016 年版。

费孝通：《乡土中国》，上海世纪出版集团 2007 年版。

冯仕政：《当代中国的社会治理与政治秩序》，中国人民大学出版社 2013 年版。

高放：《社会主义运动——从理论到实践的转变（1848—1917）》，北京师范大学出版社 2018 年版。

高放：《苏联兴亡通鉴——六十年跟踪研究评析》，人民出版社 2011 年版。

何毅亭：《以习近平同志为核心的党中央治国理政新理念新思想新战略》，人民出版社 2017 年版。

何增科、陈雪莲：《政府治理》，中央编译出版社 2015 年版。

胡鞍钢：《民主决策——中国集体领导体制》，中国人民大学出版社 2014 年版。

胡鞍钢：《中国国家治理现代化》，中国人民大学出版社 2014 年版。

黄文扬：《国内外民主理论要览》，中国人民大学出版社 1990 年版。

姜士林、陈玮主：《世界宪法大全》上卷，中国广播电视出版社 1989 年版。

姜义华等：《改革开放与大国治理》，辽宁人民出版社 2019 年版。

金雁、秦晖：《农村公社、改革与革命——村社传统与俄国现代化之路》，东方出版社 2013 年版。

郎毅怀：《从国家主义到民本主义——中国政治的体制与价值观》，中国发展出版社 2014 年版。

李建：《社会主义协商民主推进国家治理现代化研究》，中国社会科学出版社 2017 年版。

李捷：《毛泽东对新中国的历史贡献：典藏版》，社会科学文献出版社 2015 年版。

李强彬：《协商民主与公共政策前决策过程优化——中国的视角》，四川大学出版社 2013 年版。

李泉：《治理思想的中国表达——政策、结构与话语演变》，中央编译出版社 2014 年版。

李仁彬：《中国协商民主理论与实践探析》，四川大学出版社 2011 年版。

李慎明：《居安思危——苏共亡党二十年的思考》，社会科学文献出版社 2011 年版。

李永全：《俄国政党史——权力金字塔的形成与坍塌》，社会科学文献出版社 2017 年版。

梁孝：《社会主义市场经济与国家治理体系》，浙江人民出版社 2015 年版。

林尚立：《当代中国政治——基础与发展》，中国大百科全书出版社 2017 年版。

林尚立：《建构民主》，复旦大学出版社 2012 年版。

刘俊杰：《社会主义国家治理》，人民出版社 2018 年版。

刘同舫：《马克思人类解放思想史》，人民出版社 2019 年版。

刘显忠：《近代俄国国家杜马：设立及实践》，社会科学文献出版社 2007 年版。

刘志昌：《国家治理与公共服务现代化》，浙江人民出版社 2015 年版。

陆学艺：《中国社会结构与社会建设》，中国社会科学出版社 2013 年版。

罗平汉：《农村人民公社史》，人民出版社 2016 年版。

马龙闪、刘建国：《俄国民粹主义及其跨世纪影响》，广西师范大学出版社 2013 年版。

马平：《〈资本论〉辩证法》，求实出版社 1989 年版。

牟宗三：《政道与治道》，吉林出版集团 2010 年版。

潘焕昭：《中国共产党建国思想研究》，中共党史出版社 2006 年版。

逄锦聚等：《马克思劳动价值论的继承与发展》，经济科学出版社 2005 年版。

蒲国良：《社会主义思想——从乌托邦到科学的飞跃（1516—1848）》，北京师范大学出版社 2018 年版。

千家驹、冯和法：《学习"政治经济学教科书"》，新知识出版社 1955 年版。

秦宣：《科学社会主义基础理论研究》，北京师范大学出版社 2017 年版。

沈传亮：《决策中国——改革开放以来中共决策体制的历史演进》，人民出版社 2014 年版。

谈火生、霍伟岸、何包钢：《协商民主的技术》，社会科学文献出版社 2014 年版。

万军：《社会建设与社会管理创新》，国家行政学院出版社 2011 年版。

王东：《哲学创新的源头活水——〈哲学笔记〉中的列宁构想》，北京师范大学出版社 2017 年版。

王贵秀：《论民主和民主集中制》，中国社会科学出版社 1995 年版。

王利明：《法治——良法与善治》，北京大学出版社 2015 年版。

王浦劬：《国家治理现代化——理论与策论》，人民出版社 2016 年版。

王绍光：《选主批判——对当代西方民主的反思》，欧树军译，北京大学出版社 2014 年版。

王新颖：《奇迹的建构——海外学者论中国模式》，中央编译出版社 2011 年版。

王振中、胡家勇：《完善社会主义市场经济体制》，社会科学文献出版社 2015 年版。

魏礼群：《建设服务型政府：中国行政体制改革 40 年》，广东经济出版社 2017 年版。

项佐涛：《米洛万·吉拉斯的政治思想演变研究》，中央编译出版社 2012

年版。

谢春涛：《中国特色社会主义史》上、下卷，福建人民出版社 2013 年版。

辛向阳：《中国特色社会主义与国家治理现代化》，浙江人民出版社 2015 年版。

徐天新等：《斯大林模式的形成》，人民出版社 2013 年版。

许耀桐：《中国国家治理体系现代化总论》，国家行政学院出版社 2016 年版。

阎孟伟：《协商民主——当代民主政治发展的新路向》，人民出版社 2014 年版。

杨光斌：《观念的民主与实践的民主——比较历史视野下的民主与国家治理》，中国社会科学出版社 2015 年版。

杨光斌：《让民主归位》，中国人民大学出版社 2015 年版。

杨雪冬、张萌萌：《大国治理》，中央编译出版社 2015 年版。

姚海：《俄国革命》，人民出版社 2013 年版。

俞可平：《走向善治——国家治理现代化的中国方案》，中国文史出版社 2016 年版。

袁浩、刘绪海：《社会组织治理的公共政策研究》，广西师范大学出版社 2014 年版。

张慕良：《列宁民主集中制奥秘初探》，中央编译出版社 2017 年版。

张一兵：《回到列宁：关于"哲学笔记"的一种后文本学解读》，江苏人民出版社 2008 年版。

张翼主：《城市社会治理》，社会科学文献出版社 2014 年版。

郑异凡：《新经济政策的俄国》，人民出版社 2013 年版。

中共中央政策研究室党建研究局：《老一辈革命家论党的建设》第 1 卷，党建出版社 2001 年版。

中国社会科学院哲学研究所《哲学论丛》编辑部：《南斯拉夫哲学论文集》，生活·读书·新知三联书店 1979 年版。

周红云：《社会治理》，中央编译出版社 2015 年版。

三　中文译著

[丹麦] 考斯塔·艾斯平 – 安德森：《福利资本主义的三个世界》，郑秉文

译，法律出版社 2003 年版。

［德］伯恩斯坦：《社会主义的前提与社会民主党的任务》，舒贻上等译，生活·读书·新知三联书店 1958 年版。

［德］哈贝马斯：《交往与社会进化》，张博树译，重庆出版社 1989 年版。

［德］海因里希·罗门：《自然法的观念史和哲学》，姚中秋译，上海三联书店 2007 年版。

［德］黑格尔：《法哲学原理》，范扬、张企泰译，商务印书馆 1961 年版。

［德］黑格尔：《历史哲学》，王造时译，上海书店出版社 1999 年版。

［德］克劳斯·奥菲：《福利国家的矛盾》，郭忠华等译，吉林人民出版社 2006 年版。

［德］罗莎·卢森堡：《卢森堡文选》，李宗禹译，人民出版社 2012 年版。

［德］马克斯·韦伯：《经济与社会》上卷，林荣远译，商务印书馆，1997 年版。

［俄］尼·别尔嘉耶夫：《俄罗斯思想》，雷永生、邱守娟译，生活·读书·新知三联书店 2004 年版。

［俄］亚历山大·季诺维也夫：《俄罗斯共产主义的悲剧》，侯艾君等译，新华出版社 2004 年版。

［法］亨利·列斐伏尔：《马克思的社会学》，谢永康、毛林林译，北京师范大学出版社 2018 年版。

［法］米歇尔·克罗齐、［美］塞缪尔·亨廷顿、［日］绵贯让治：《民主的危机》，马殿军等译，求实出版社 1989 年版。

［法］皮埃尔·卡蓝默：《破碎的民主：试论治理的革命》，高凌翰译，生活·读书·新知三联书店 2005 年版。

［法］让·布隆代尔、［意］毛里齐奥·科塔：《政党政府的性质：一种比较性的欧洲视角》，曾淼、林德山译，北京大学出版社 2006 年版。

［法］让－皮埃尔·戈丹：《何谓治理》，钟震宇译，社会科学文献出版社 2010 年版。

［古希腊］亚里士多德：《政治学》，吴寿彭译，商务印书馆 1965 年版。

［美］珍妮特·V. 登哈特、罗伯特·B. 登哈特：《新公共服务：服务，而不是掌舵》，丁煌译，中国人民大学出版社 2004 年版。

［美］B. 盖伊·彼得斯：《政府未来的治理模式》，吴爱明等译，中国人民

大学出版社 2001 年版。

[美] 安德烈亚斯·威默：《国家建构——聚合与崩溃》，叶江译，格致出版社、上海人民出版社 2019 年版。

[美] 安东尼·唐斯：《民主的经济理论》，姚洋等译，上海世纪出版集团 2005 年版。

[美] 奥利弗·E. 威廉姆森：《治理机制》，石烁译，机械工业出版社 2016 年版。

[美] 奥利弗·E. 威廉姆森：《资本主义经济制度》，段毅才、王伟译，商务印书馆 2002 年版。

[美] 查尔斯·T. 葛德塞尔：《为官僚制正名——一场公共行政的辩论》，张怡译，复旦大学出版社 2007 年版。

[美] 道格拉斯·C. 诺斯：《制度、制度变迁与经济绩效》，杭行译，格致出版社、上海人民出版社 2009 年版。

[美] 弗朗西斯·福山：《国家构建——21 世纪的国家治理与世界秩序》，黄胜强、许铭原译，中国社会科学出版社 2007 年版。

[美] 汉密尔顿、杰伊、麦迪逊：《联邦党人文集》，程逢如等译，商务印书馆 2004 年版。

[美] 汉娜·阿伦特：《马克思与西方政治思想传统》，孙传钊译，江苏人民出版社 2007 年版。

[美] 罗德里克·麦克法夸尔、费正清：《剑桥中华人民共和国史》上、下卷，谢亮生等译，中国社会科学出版社 2007 年版。

[美] 乔万尼·萨托利：《民主新论》上、下卷，冯克利、阎克文译，上海人民出版社 2015 年版。

[美] 塞缪尔·亨廷顿：《变革社会中的政治秩序》，王冠华等译，生活·读书·新知三联书店 1989 年版。

[美] 威廉姆·A. 尼斯坎南：《官僚制与公共经济学》，王浦劬等译，中国青年出版社 2004 年版。

[美] 约翰·R. 兰谱：《南斯拉夫史》，刘大平译，中国出版集团东方出版中心 2016 年版。

[美] 约翰·奈斯比特：《中国大趋势》，魏平译，中华工商联合出版社 2009 年版。

［美］詹姆斯·费什金：《倾听民意——协商民主与公众咨询》，孙涛、何建宇译，中国社会科学出版社 2015 年版。

［美］詹姆斯·罗西瑙主编：《没有政府的治理——世界政治中的秩序与变革》，张胜军等译，江西人民出版社 2001 年版。

［挪威］汤姆·克里斯滕森、佩尔·斯格莱德：《新公共管理——观念与实践的转变》，刘启军等译，河南人民出版社 2003 年版。

［苏］列夫·托洛茨基：《"不断革命"论》，生活·读书·新知三联书店 1972 年版。

［苏］米·谢·戈尔巴乔夫：《改革与新思维》，苏群译，新华出版社 1987 年版。

［苏］苏联科学院哲学研究所：《马克思列宁主义的历史过程理论（历史唯物主义）》蔡振扬等译，上海人民出版社 1986 年版。

［苏］亚·尼·雅科夫列夫：《一杯苦酒——俄罗斯的布尔什维克主义和改革运动》，徐葵等译，社会科学文献出版社 2016 年版。

［苏联］苏科院历史所：《苏联民族—国家建设史》（上、下册），赵常庆等译，商务印书馆 1997 年版。

［英］安东尼·吉登斯：《第三条道路及其批评》，孙相东译，中共中央党校出版社 2002 年版。

［英］保罗·塔格特：《民粹主义》，袁明旭译，吉林人民出版社 2005 年版。

［英］克里斯多夫·约翰·阿瑟：《新辩证法与马克思的〈资本论〉》，高飞等译，北京师范大学出版社 2018 年版。

［英］斯图亚特·汤普森：《社会民主主义的困境——思想意识、治理与全球化》，贺和风、朱艳圣译，重庆出版社 2008 年版。

［英］托尼·布莱尔：《新英国——我对一个年轻国家的展望》，曹振寰等译，世界知识出版社 1998 年版。

《联共（布）党史简明教程》，人民出版社 1975 年版。

《普列汉诺夫机会主义文选（一九〇三——一九〇八年）》上、下卷，虚容译，生活·读书·新知三联书店出 1964—1965 年版。

《普列汉诺夫哲学著作选集》第 1—5 卷，曹葆华译，生活·读书·新知三联书店 1959—1984 年版。

《苏联共产党代表大会、代表会议和中央全会决议汇编》第 1—5 卷，中共中央马克思恩格斯列宁斯大林著作编译局译，人民出版社 1964—1967 年版。

《苏维埃社会主义共和国联盟宪法（根本法）》，辛华译，生活·读书·新知三联书店 1978 年版。

国际共运史研究室：《俄国民粹派文选》，人民出版社 1983 年版。

罗森塔尔·尤金：《简明哲学词典》，中共中央马克思恩格斯列宁斯大林著作编译局译，生活·读书·新知三联书店 1973 年版。

四 期刊论文

卜宪群：《中国古代"治理"探义》，《政治学研究》2018 年第 3 期。

陈佑武、李步云：《中国法治理论四十年：发展、创新及前景》，《政治与法律》2018 年第 12 期。

池忠军：《善治的悖论与和谐社会善治的可能性》，《马克思主义研究》2006 年第 9 期。

池忠军：《西方治理理论的公共哲学批判性诠释》，《南京师大学报》（社会科学版）2017 年第 1 期。

池忠军：《习近平新时代国家治理的善治路径研究》，《河南师范大学学报》（哲学社会科学版）2018 年第 5 期。

池忠军：《协商与民主关系问题的探讨》，《江苏行政学院学报》2019 年第 3 期。

尚庆飞：《"新的历史特点论"：党中央治国理政科学体系的历史基座》，《中国社会科学》2017 年第 4 期。

王浦劬：《科学把握"国家治理"的含义》，《光明日报》2013 年 12 月 29 日第 7 版。

王贵秀：《民主集中制的由来与含义新探》，《理论前沿》2002 年第 8 期。

吴恩远：《列宁领导的十月革命是"伟大的革命"——评对普京讲话断章取义引发的争论》，《红旗文稿》2016 年第 6 期。

肖贵清、刘玉芝：《中国特色社会主义制度体系的逻辑分析》，《马克思主义研究》2012 年第 8 期。

辛向阳：《民主集中制若干理论问题辨析》，《思想理论教育导刊》2010 年第 2 期。

徐显明：《论"法治"构成要件——兼及法治的某些原则及观念》，《法学研究》1996 年第 3 期。

许耀桐：《关于民主集中制实质问题的探讨》，《上海行政学院学报》2010 年第 3 期。

张建华：《从民粹主义到列宁主义：俄国知识分子思想的艰难跋涉》，《当代世界与社会主义》2001 年第 6 期。

张静：《马克思与米海洛夫斯基关于俄国道路的对话》，《哲学动态》2017 年第 6 期。

［美］安东尼·帕格登：《"治理"的源起，以及启蒙运动对超越民族的世界秩序的观念》，风兮译，《国际社会科学杂志》（中文版）1999 年第 1 期。

［美］弗朗西斯·福山：《什么是治理》，郑寰译，《国家行政学院学报》2013 年第 6 期。

［美］约翰·B. 福斯特：《作为意识形态的新自由主义：起源、实质与影响》，卢地生译，《国外社会科学前沿》2019 年第 10 期。

［英］鲍勃·杰索普：《治理的兴起及其失败的风险：以经济发展为例的论述》，漆燕译，《国际社会科学杂志》（中文版）1999 年第 2 期。

［英］格里·斯托克：《作为理论的治理：五个论点》，华夏风译，《国际社会科学杂志》（中文版），1999 年第 2 期。

［英］罗茨：《新治理：没有政府的管理》，杨雪冬译，《经济管理文摘》2005 年第 14 期。

五 外文文献

David Held, *Democracy and the Global Order: From the Modern State to Cosmo-politan Governance*, Stanford University Press, 1996.

Oliver E. Williamson, *The Mechanisms of Governance*, Oxford University Press, 1996.

Stephen P. Osborne, *The New Public Governance? Emerging Perspectives on the*

Theory and Practice of Public Governance, Routledge, 2010.

The Commission on Global Governance, *Our Global Neighborhood*, Oxford University Press, 1995.

Tom Bottomore, *A Dictionary of Marxist Thought* (*Second Edition*), Blackwell Publishers Ltd, 1998.

后　记

　　《马克思主义国家治理理论的创新逻辑》是国家社科基金项目"中国特色的国家治理制度推进路径研究"（14BKS039）的结题成果。2013年，中国共产党十八届三中全会审议通过《中共中央关于全面深化改革若干重大问题的决定》，在战略上确定以"完善和发展中国特色社会主义制度，推进国家治理体系和治理能力现代化"为全面深化改革的总目标。学界研究国家治理热潮由此兴起。2006年，我开始思考治理和善治问题——主要关涉中国特色社会主义治理的独特性，由此形成的研究成果为申报此课题打下坚实基础。本课题申报成功给予我很大鼓励。在课题研究过程中，我深刻认识到从马克思主义中国化途径上思考中国特色的国家治理问题的适切性。尽管马克思、恩格斯未参加过社会主义国家的治理实践，也并未专门阐释国家治理理论，但他们所创立的国家学说和科学社会主义一般原理对思考社会主义国家治理问题具有极为重要的指导意义。国家治理决定于国家性质，而国家治理的根本遵循是国家制度。在这一总体的认知逻辑上，东方不发达国家通过政治革命为社会革命开辟道路是科学社会主义基本原理的特殊化。列宁对社会主义国家治理的初步探索直接影响到中国创建社会主义国家制度以及国家治理的创造性实践。从马克思、恩格斯的国家学说到列宁领导俄国马克思主义政党创建社会主义国家贯穿着坚持民主集中制的逻辑，而中国共产党人创造性地发展民主集中制的思想构成国家治理制度理论创新的逻辑主线。

　　拙作为国家社科基金项目，耗时近五年完成。在庞杂繁复的治理理论中，廓清马克思主义国家学说中国化途径的国家治理概念生成、理论创新的阐释语境实属不易。感谢结题匿名评审专家的肯定。经修改完善，2021年与中国社会科学出版社签订出版协议。因拙作列为重大选题，马克思主义理论学科著名学者韩喜平教授、胡大平教授、王永贵教授、王岩教授作为审读专家对本书作出了慎重的推荐。韩喜平教授认为，国家治理理论与实践研究是重要的时代课题。致力于马克思主义经典著作中的国家制度学说的深层挖掘，以国家性质、国家制度、国家治理三者的逻辑关系为基本理论命题，揭示国家治理理论创新逻辑，是值得鼓励的学术探索。胡大平教授认为，将坚持和完善中国特色社会主义制度、国家治理体系和治理能力辩证关系作为中国特色的国家治理的认识论，在推进国家治理体系和治理能力现代化的路径、提升功能等重要问题的阐释中彰显国家治理理论创新逻辑，具有重要的时代价值。王永贵教授认为在马克思主义中国化时代化的逻辑主线阐释国家建构与国家治理的辩证关系，在比较视角展现和批判西方治理理论思潮，深化阐释中国特色的国家治理的历史逻辑、实践逻辑和理论逻辑，具有重要的学术和实践价值。王岩教授认为，民主治理是中国特色的国家治理的本质规定。深入阐释社会主义协商民主的中国独特性和独有优势，构建民主集中制、协商民主、群众路线三者的逻辑关系，凸显中国特色的国家治理的善治路径，颇具启示意义。中国社会科学出版社的评审专家，还有我所不知道的评审专家，对本书的出版给予大力支持，谨致谢意！

衷心感谢中国社会科学出版社的大力支持和田文编辑的辛勤编校。正是田文老师对本书语词的耐心修缮、语句的悉心润色、全文的精心编辑，才使本书以这样的面目问世。

感谢我的学生王新建、王志刚、郭超飞、张晓晶、段佳乐、刘禹暄、王明菊、邹洋、程书华等不辞辛劳地对书稿的悉心审读与认真校对。

尽管打更熬夜完成了致思苦旅，是因学力有限，还很难达到学术预想，恳请读者批评指正！

池忠军

2022 年 6 月 1 日